PHILOSOPHIE
DE
L'INCONSCIENT

II

OUVRAGES DE L'AUTEUR, TRADUITS EN FRANÇAIS

LA RELIGION DE L'AVENIR, 1 vol. in-18 de la *Bibliothèque de philosophie contemporaine.* 2 50

LE DARWINISME, *ce qu'il y a de vrai et de faux dans cette doctrine;* traduit par M. GEORGES GUÉROULT, 1 vol. in-18 de la *Bibliothèque de philosophie contemporaine.* 2 50

LA PHILOSOPHIE ALLEMANDE DU XIXº SIÈCLE DANS SES REPRÉSENTANTS PRINCIPAUX, traduit par M. D. NOLEN, 1 vol. in-8 de la *Bibliothèque de philosophie contemporaine.* 5 »

OUVRAGES DU TRADUCTEUR

LA CRITIQUE DE KANT ET LA MÉTAPHYSIQUE DE LEIBNIZ (1875). 6 »

QUID LEIBNIZIUS ARISTOTELI DEBUERIT. 1 50

PARIS. — IMPRIMERIE DE E. MARTINET, RUE MIGNON, 2

PHILOSOPHIE

DE

L'INCONSCIENT

PAR

ÉDOUARD DE HARTMANN

TRADUITE DE L'ALLEMAND ET PRÉCÉDÉE D'UNE INTRODUCTION

PAR

D. NOLEN

PROFESSEUR A LA FACULTÉ DE MONTPELLIER

ÉDITION REVUE PAR L'AUTEUR
ET PRÉCÉDÉE D'UNE PRÉFACE ÉCRITE POUR CETTE ÉDITION

« Résultats spéculatifs obtenus par la méthode inductive des sciences de la nature. »

TOME SECOND

MÉTAPHYSIQUE DE L'INCONSCIENT

PARIS

LIBRAIRIE GERMER BAILLIÈRE ET Cie

PROVISOIREMENT 8, PLACE DE L'ODÉON

La librairie sera transférée 108, boulevard Saint-Germain, le 1er octobre 1877.

1877

TROISIÈME PARTIE

MÉTAPHYSIQUE DE L'INCONSCIENT

« Venez à la physique, et apprenez à connaître l'Éternel. »   SCHELLING.

MÉTAPHYSIQUE DE L'INCONSCIENT

I

LES DIFFÉRENCES ENTRE L'ACTIVITÉ CONSCIENTE ET L'ACTIVITÉ INCONSCIENTE DE L'ESPRIT; L'UNITÉ DE LA VOLONTÉ ET DE L'IDÉE DANS L'INCONSCIENT.

1° *L'Inconscient ne connaît pas la maladie:* l'activité de l'esprit conscient peut être troublée par la maladie, à la suite de désordres occasionnés dans les organes matériels de la pensée, soit par l'action de corps étrangers, soit par les secousses violentes que les vives émotions de la sensibilité impriment au cerveau. Ce point a été traité, autant qu'il nous était permis d'y insister, dans le chapitre consacré à la vertu curative de la nature (p. 179-186).

2° *L'Inconscient ne connaît pas la fatigue:* l'activité de l'esprit conscient est toujours accompagnée par la fatigue. Les organes qui la servent deviennent à la longue incapables de fonctionner : c'est que la matière s'y dépense en moins de temps qu'il n'en faut à la nutrition pour la renouveler. Sans doute il suffit de faire succéder un sens à un autre, d'appliquer l'entendement ou les sens à des objets nouveaux, pour que l'esprit oublie sa fatigue. D'autres organes, d'autres parties du cerveau entrent alors en jeu; ou, du moins, si les mêmes organes continuent de travailler, leur activité prend une forme nou-

TROISIÈME PARTIE

MÉTAPHYSIQUE DE L'INCONSCIENT

> « Venez à la physique, et apprenez à
> connaître l'Éternel. »   SCHELLING

MÉTAPHYSIQUE DE L'INCONSCIENT

I

LES DIFFÉRENCES ENTRE L'ACTIVITÉ CONSCIENTE ET L'ACTIVITÉ INCONSCIENTE DE L'ESPRIT; L'UNITÉ DE LA VOLONTÉ ET DE L'IDÉE DANS L'INCONSCIENT.

1° *L'Inconscient ne connaît pas la maladie :* l'activité de l'esprit conscient peut être troublée par la maladie, à la suite de désordres occasionnés dans les organes matériels de la pensée, soit par l'action de corps étrangers, soit par les secousses violentes que les vives émotions de la sensibilité impriment au cerveau. Ce point a été traité, autant qu'il nous était permis d'y insister, dans le chapitre consacré à la vertu curative de la nature (p. 179-186).

2° *L'Inconscient ne connaît pas la fatigue :* l'activité de l'esprit conscient est toujours accompagnée par la fatigue. Les organes qui la servent deviennent à la longue incapables de fonctionner : c'est que la matière s'y dépense en moins de temps qu'il n'en faut à la nutrition pour la renouveler. Sans doute il suffit de faire succéder un sens à un autre, d'appliquer l'entendement ou les sens à des objets nouveaux, pour que l'esprit oublie sa fatigue. D'autres organes, d'autres parties du cerveau entrent alors en jeu; ou, du moins, si les mêmes organes continuent de travailler, leur activité prend une forme nouvelle. Mais la pensée a beau changer d'objet : l'organe central, qui sert à la conscience, ne peut échapper à une fatigue générale, qui se fait d'autant plus promptement sentir, à chaque travail nouveau, que l'attention s'est appliquée déjà à d'autres travaux. L'épuisement complet finit par se produire ; et le sommeil, en renouvelant la provision d'oxygène, permet seul de réparer les forces épuisées. Plus l'activité de l'esprit confine au domaine de l'Inconscient, moins la fatigue se fait sentir : c'est ce qui se remarque dans la sensibilité, dont les émotions nous fatiguent d'autant moins qu'elles échappent davantage aux analyses de la conscience, qu'elles relèvent par conséquent davantage de l'Inconscient dans leur essence intime. Une pensée n'occupe guère pendant plus de deux secondes l'attention exclusive de la conscience, et la réflexion ne peut être prolongée au delà de quelques heures : au contraire le même sentiment nous domine, avec une intensité variable il est vrai, pendant des jours et des nuits, et même pendant des mois. S'il finit par s'émousser, il nous laisse, à la différence de la réflexion, la faculté d'éprouver aussi vivement des sentiments nouveaux ; et l'énergie de ces derniers ne se ressent en rien de ce que l'âme a déjà été occupée par un autre sentiment. Cela n'est vrai toutefois qu'avec une restriction : il faut tenir compte ici des prédispositions de l'âme. — Avant le sommeil, alors que l'entendement est fatigué, les sentiments qui nous dominent se dressent devant la conscience avec d'autant plus d'énergie que la pensée réfléchie n'est plus là pour les contrarier, avec une si grande force qu'ils empêchent souvent le sommeil. Nos rêves présentent plus de sentiments vifs que de pensées claires ; la plupart des songes doivent évidemment leur origine aux sentiments qui possèdent l'âme au même moment. Qu'on songe aux nuits agitées qui précèdent les événements importants ; au sommeil vigilant de la mère, qui entend tout endormie les moindres plaintes de son enfant, alors que les autres bruits, même les plus violents, la laissent insensible ; à la faculté qu'on a de se réveiller à une heure déterminée, pour peu qu'on en ait la ferme résolution, etc. Tout cela montre que les sentiments, les intérêts, les désirs de la volonté gardent dans l'Inconscient leur énergie infatigable, ou du moins n'agissent que très-faiblement sur la conscience, tandis que l'entendement fatigué se repose ou assiste paresseusement aux jeux fantastiques de l'imagination endormie.

Considérons l'état psychologique qui, de tous ceux auxquels notre observation peut encore s'appliquer, accuse le plus profondément l'action de l'Inconscient, et relève le moins de la conscience, l'extase des mystiques. La fatigue y est réduite naturellement à son minimum ; « mille ans y passent comme une heure » ; la fatigue physique elle-même semble supprimée par l'incroyable ralentissement de toutes les fonctions organiques, comme dans le sommeil d'hiver de certains animaux. Qu'on songe aux stylites immobiles toute leur vie dans l'attitude de la prière, aux pénitents indiens et à leurs poses compliquées.

3° *Toute pensée consciente est assujettie aux formes de la sensibilité : la pensée inconsciente en est nécessairement affranchie.* Nos idées sont ou des images, et nous les tirons alors directement des souvenirs qu'ont laissés dans notre mémoire, soit les impressions sensibles, soit les transformations et les combinaisons que nous leur avons fait subir, ou des abstractions. Mais ces abstractions, à leur tour, sont formées à l'aide des impressions sensibles. Que l'abstraction néglige ce que l'on voudra des données des sens, si elle en conserve quelque chose, ce ne sera toujours qu'un élément contenu déjà dans le tout sur lequel l'esprit a opéré : les données abstraites ne sont jamais que les restes des données sensibles, et gardent par conséquent la forme de la sensibilité. — Les impressions que les choses font sur nos sens n'ont avec leurs causes aucune ressemblance : la physique le prouve suffisamment. Toute perception sensible est, en outre, par sa nature même, indissolublement associée à la conscience ; en d'autres termes, elle engendre la conscience, partout où elle ne la rencontre pas déjà agissante et éveillée. L'Inconscient devrait donc, pour se représenter les choses sous la forme de la sensibilité, non-seulement les voir autres qu'elles ne sont, donc sous une forme inadéquate; mais il serait, en outre, obligé de sortir de la sphère de la pensée inconsciente et d'entrer dans celle de la pensée consciente, ainsi qu'il le fait, du reste, en réalité dans la conscience individuelle de tout être organisé. Il suffit donc de s'interroger sur l'essence de la pensée inconsciente, pour reconnaître que cette pensée ne peut se prêter aux formes de la sensibilité. Nous avons déjà vu que, de son côté, la conscience ne se représente rien que sous la forme de la sensibilité. La conscience ne saurait donc se faire une idée exacte de la forme que prend la pensée inconsciente dans l'esprit inconscient. Elle sait seulement, d'une science toute négative, que cette forme n'a rien d'analogue avec celles qui lui sont connues. Il est permis, tout au plus, d'émettre l'opinion, très-vraisemblable d'ailleurs, que, dans la pensée inconsciente, les choses sont connues telles qu'elles sont en elles-mêmes. On ne comprendrait pas, en effet, pourquoi l'Inconscient verrait les choses autrement qu'elles ne sont, puisque les choses ne sont ce qu'elles sont qu'en vertu des idées que s'en forme l'Inconscient. Mais cette explication ne nous apprend toujours pas quelle idée exacte nous devons nous faire de la nature de la pensée inconsciente.

4° *L'Inconscient n'hésite et ne doute jamais.* Il n'a pas besoin de temps pour réfléchir; il saisit instantanément la conséquence en même temps que le processus logique d'où elle dérive. Les éléments de ce processus ne se présentent pas à lui successivement, mais tout d'un coup et les uns dans les autres. Ce qui revient à dire qu'il ne connaît point par une opération discursive, mais que l'intuition intellectuelle, avec la puissance de sa logique infinie, lui fait percevoir en un même moment les prémisses et la conséquence. Nous avons déjà souvent insisté sur ce caractère de l'Inconscient, et tous les faits nous ont paru le confirmer : aussi avons-nous pu nous en servir, comme d'un critérium infaillible, pour décider, dans les cas particuliers, si nous avions affaire à l'action de l'Inconscient ou aux œuvres de la pensée consciente. La vérité de ce principe résulte de toutes les considérations précédentes. — Je ne veux ajouter ici qu'une observation. L'idéalisme affirme l'existence d'un monde intelligible, étranger à l'espace et au temps, en opposition au monde phénoménal, lequel nous montre la pensée consciente et l'être partout assujettis aux formes du temps et de l'espace. Nous verrons plus tard comment l'espace n'apparaît que dans et avec la nature : il s'agit ici du temps. Nous devons admettre que l'Inconscient saisit en un instant indivisible, c'est-à-dire en dehors de la durée, chaque processus de sa pensée avec son résultat : la pensée inconsciente est donc étrangère au temps. Et cependant elle occupe une place dans le temps, puisque le moment où elle agit tient sa place déterminée dans la série des phénomènes successifs. Mais il faut songer que ce moment n'est pour nous que la manifestation phénoménale du résultat du processus en question ; et que la pensée inconsciente, dans chaque cas particulier, n'entre dans l'existence sensible que pour exercer une action déterminée sur le monde des phénomènes, et non parce qu'elle a besoin de prévoir, de calculer à l'avance. La conséquence est facile à tirer : la pensée de l'Inconscient n'est dans le temps qu'autant que sa manifestation phénoménale est dans le temps. En dehors du monde des phénomènes et de l'action qu'elle veut exercer sur lui, elle est non-seulement instantanée mais encore étrangère au temps, absolument en dehors du temps. On ne devrait même pas, à proprement parler, prêter à l'Inconscient une activité pensante. Le monde des idées possibles n'a au sein de l'Inconscient qu'une existence idéale : l'action, qui, par sa nature, est assujettie au temps ou du moins le produit, ne commence, pour la pensée inconsciente, qu'au moment où l'une ou l'autre des idées possibles qui dorment dans son sein sort du monde idéal où elle repose, pour faire son apparition dans la réalité phénoménale; et cela arrive lorsqu'une de ces idées devient l'objet de la volonté inconsciente ainsi que nous le verrons à la fin de ce chapitre (p. 16 à 18). Le royaume de l'Inconscient est donc pour nous comme le monde intelligible de Kant, dans ce qu'il contient de vérité métaphysique. — Cette manière de voir confirme ce que nous savons déjà : la durée résulte, pour la pensée consciente, de l'organe matériel auquel elle est attachée; et la pensée consciente n'a besoin du temps que parce que les vibrations cérébrales auxquelles elle est attachée elle-même ne peuvent se produire que dans le temps : c'est ce que j'ai brièvement démontré au chapitre VIII, 2ᵉ partie, pages 381 à 383.

5° *L'Inconscient ne se trompe jamais.* Je me bornerai dans ma démonstration à faire voir que les erreurs dont une observation superficielle accuse l'Inconscient ne sauraient lui être imputées après un examen un peu attentif. On peut ramener aux quatre cas suivants les prétendues erreurs de l'instinct par exemple.

a. Sans qu'aucun instinct spécial existe, l'organisation seule, en donnant à certains muscles une vigueur particulière, provoque l'instinct général du mouvement à exercer de préférence ces mêmes muscles. Ainsi les jeunes veaux donnent sans motif des coups de tête avant d'avoir des cornes; le vautour mangeur de serpents écrase de ses pattes puissantes la proie vivante ou morte qu'il se prépare à dévorer, bien que cet acte n'ait sa raison d'être que lorsqu'il s'agit de serpents vivants. La force organique sert ici à rendre inutile et à remplacer un instinct particulier qui, dans certains cas, répondrait à une fin utile. Pourtant, si les mouvements qu'elle provoque ont leur raison d'être dans certains cas, ils sont, dans d'autres, superflus et inutiles. Mais puisque l'Inconscient dispose le mécanisme de l'organisation en vue d'assurer une fois pour toutes le travail qu'il serait obligé autrement d'exécuter dans chaque cas particulier, cette économie de forces a sa raison même dans l'hypothèse où la force organique se dépenserait non-seulement d'une manière inutile, mais même agirait d'une façon déraisonnable et nuisible : il suffit que le nombre des cas où son action est salutaire l'emporte de beaucoup sur celui des autres. Je ne connais pas d'ailleurs un seul exemple qui justifie l'hypothèse en question.

b. Une habitude contraire à la nature étouffe quelquefois l'instinct. Cela se voit fréquemment chez l'homme et chez les animaux domestiques. Les derniers mangent des herbes et des plantes vénéneuses qu'ils éviteraient à l'état de nature. Quelques-uns même sont habitués par l'homme à une nourriture artificielle qui répugne à leur nature.

c. L'instinct pour des causes accidentelles cesse de fonctionner; et les inspirations de l'Inconscient ne se produisent plus ou sont si faibles, que d'autres impulsions opposées en triomphent aisément. Ainsi une bête ne reconnaît plus son ennemi naturel et s'expose à ses coups, tandis que les autres bêtes de son espèce sont habituellement poussées à le fuir par instinct. Ainsi l'instinct maternel est si faible chez le porc qu'il dévore ses petits dans l'emportement de sa gloutonnerie.

d. L'instinct répond bien par les actes convenables aux impressions que perçoit la conscience, mais ces impressions se trouvent fausses. Ainsi une poule se met à couver le morceau de craie qu'on place sous elle, s'il est arrondi, comme un œuf; l'araignée confond une pelotte de coton avec le cocon où elle renferme ses œufs, et l'entoure de tous ses soins. Chez tous deux c'est la conscience qui, trompée par une perception incomplète, prend le morceau de craie pour un œuf, la pelotte de coton pour un cocon : mais l'instinct ne se trompe pas et répond comme il convient à la perception que lui transmet la conscience. Il serait déraisonnable d'exiger que l'instinct mît en jeu sa seconde vue pour corriger l'erreur de la pensée consciente : car l'intuition de l'instinct ne se produit que pour suppléer à l'impuissance de la conscience, mais non dans les cas où la connaissance sensible suffit habituellement par son seul mécanisme. Si on persistait dans cette exigence, on ne pourrait toujours accuser l'Inconscient de se tromper, mais seulement de n'avoir pas fait intervenir sa seconde vue, là où il l'aurait pu.

C'est aux quatre cas précédents que se ramènent aisément toutes les prétendues erreurs de l'instinct. Les trompeuses et funestes inspirations que l'Inconscient est accusé d'envoyer à l'esprit humain supportent encore moins l'examen. Si l'on entend parler d'une inspiration trompeuse, on peut être sûr qu'on a affaire à une erreur volontaire ou involontaire, de même qu'on ne saurait regarder les songes, que l'événement ne justifie pas, pour des prophéties inspirées par l'Inconscient. Qu'on se persuade également que tous les excès maladifs et pernicieux de la pensée mystique ou de l'imagination artistique ont leur source non dans l'Inconscient, mais dans la conscience, c'est-à-dire dans les déréglements maladifs de l'imagination, dans les vices d'une éducation et d'une culture, qui ont faussé les principes du jugement et du goût. Il faut enfin savoir discerner, dans un cas déterminé, jusqu'à quel point et dans quelle mesure l'inspiration de l'Inconscient s'est manifestée. Je puis, par exemple, me creuser la tête à faire une invention et prendre mon élan dans une certaine direction. Si je me fatigue à résoudre un point qui me paraît manquer encore à la solution définitive, et que la solution de ce point m'apparaisse tout à coup, je devrai certainement rendre grâce à l'intervention de l'Inconscient. Mais il peut se faire qu'avec cela l'invention poursuivie ne soit pas achevée et applicable. Il est possible que je me sois trompé en croyant qu'il ne me restait plus à trouver qu'un seul point; ou encore le tout peut être achevé et cependant ne rien valoir. Je ne dois pas accuser pour cela l'Inconscient de m'avoir envoyé une inspiration fausse ou nuisible; elle était utile et appropriée au point que j'examinais. Je dois seulement affirmer que le point cherché n'était pas le bon. Qu'une autre fois l'Inconscient me suggère tout à coup l'invention dans ses traits définitifs et complets, il aura fait plus que je ne demandais. Dans les deux cas, étant donné le but particulier qu'elles atteignent, les deux inspirations, comme toutes les inspirations de l'Inconscient, sont justes et bonnes.

6° *La conscience doit tout son prix à la mémoire*, c'est-à-dire à la propriété qu'ont les vibrations cérébrales de laisser après elles des impressions durables ou de réaliser entre les molécules des modifications persistantes de position qui font que, à l'avenir, les mêmes vibrations se produisent plus facilement, et que le cerveau répond plus promptement aux mêmes excitations qu'auparavant. Cette disposition facilite la comparaison des perceptions présentes avec les anciennes, sans laquelle il serait impossible de former aucune notion générale ; seule elle permet, en un mot, de réunir les données de l'expérience. La perfection de la pensée consciente augmente à mesure que s'accroît le nombre des souvenirs sensibles ainsi que celui des concepts et des jugements tout formés, et enfin à mesure qu'elle est plus exercée. *Nous ne pouvons au contraire attribuer la mémoire à l'Inconscient :* c'est que cette faculté ne s'explique que par les impressions laissées dans le cerveau, et que les lésions du cerveau la troublent en partie ou en totalité pour un temps ou pour toujours. L'Inconscient d'ailleurs embrasse d'un seul regard, en un instant, tous les éléments d'un cas particulier ; il n'a pas besoin de faire des comparaisons. L'expérience ne lui est pas davantage nécessaire. La seconde vue lui découvre ou lui permet de savoir tout ce que la volonté veut énergiquement connaître. L'Inconscient a donc toute la perfection que sa nature comporte, et l'on ne conçoit pas comment quelque chose pourrait s'y ajouter. On ne doit chercher une perfection nouvelle que dans une autre direction et sortir de la sphère de l'Inconscient pour entrer dans celle de la conscience.

7° *Dans l'Inconscient la volonté et l'idée sont indissolublement associés*. Rien n'est voulu qui ne soit connu, et rien n'est connu qui ne soit voulu. Dans la conscience, au contraire, bien que rien ne soit voulu sans être connu, bien des choses peuvent être connues sans être voulues : *la conscience permet seule à l'entendement de s'affranchir de la volonté*. Nous avons déjà établi au chapitre IV, 1e partie, que le vouloir ne se sépare pas de la connaissance. Il s'agit de démontrer ici que l'idée inconsciente est toujours accompagnée par la volonté inconsciente de la réaliser, autrement dit que toute idée inconsciente devient le contenu ou l'objet d'une volonté inconsciente. Ce rapport est manifeste dans l'instinct, et dans les idées inconscientes qui se rattachent aux processus organiques. Chaque idée inconsciente y est associée à une volonté inconsciente, laquelle est à la volonté générale de la conservation de l'individu et de l'espèce dans le même rapport que la volonté du moyen a la volonté du but. Tous les instincts, à peu d'exceptions près, servent aux deux fins suprêmes de la nature, la conservation de l'individu et de l'espèce. Comment en douter, soit que l'on remonte au principe des mouvements réflexes, des manifestations de la vertu curative dans la nature, des processus du développement organique et des instincts de la vie animale, soit que l'on étudie les instincts qui président à l'intelligence de la perception sensible, à la formation des concepts abstraits et des notions essentielles de rapport, à la construction du langage ; ou encore les instincts de la pudeur, du dégoût, celui qui inspire le choix sexuel, etc. L'homme et l'animal souffriraient gravement si un seul de ces instincts leur faisait défaut, soit celui du langage ou celui de la formation des notions de rapport, lesquels sont tous deux également importants pour les bêtes et pour les hommes. Les instincts qui ne concernent pas la conservation de l'invidu ou de l'espèce servent à la troisième fin que poursuit la nature, l'amélioration et le perfectionnement de l'espèce; et c'est dans l'espèce humaine que cette fin se manifeste particulièrement. La volonté, qui veut cette fin générale, veut aussi tous les moyens particuliers qui la préparent. On voit alors intervenir l'Inconscient pour hâter le progrès historique, soit qu'il inspire les pensées (suggestion mystique de la vérité); soit qu'il provoque les actes tantôt des individus (les héros de l'histoire), tantôt des masses populaires (comme dans la formation des États, les migrations des peuples, les croisades, les révolutions politiques, religieuses ou sociales). Nous avons encore à parler de l'intervention de l'Inconscient dans les œuvres de l'art et de la science. Nous avons déjà reconnu pour les unes comme pour les autres, que l'intervention de l'Inconscient y est indépendante de la volonté consciente du moment, mais en revanche tout-à-fait subordonnée à l'intérêt qu'on ressent au fond pour l'objet, au besoin profond qui domine l'esprit et le cœur; en un mot, il importe assez peu que la conscience soit fortement occupée dans le moment par la pensée de l'objet, si l'âme s'en est déjà occupée longtemps et sérieusement. Mais l'intérêt de l'esprit et le besoin du cœur, lorsqu'ils sont profonds, doivent être considérés comme l'expression d'une volonté essentiellement inconsciente ou du moins en très-grande partie soustraite à la conscience. En tout cas, ils ne sont pas moins efficaces que l'application présente de la pensée à l'objet, pour provoquer et décider à l'action la volonté inconsciente. Disons encore que l'inspiration est d'autant plus prompte que l'intérêt ressenti par l'âme est plus profond, et se répand des surfaces éclairées de la conscience dans les sombres profondeurs du cœur, c'est-à-dire dans l'Inconscient. Nous sommes donc autorisés à reconnaître, dans tous les cas où se manifeste l'inspiration artistique ou scientifique, l'intervention d'une volonté inconsciente. La simple intelligence du beau elle-même doit être rapportée à un instinct qui concourt à la troisième fin générale, le perfectionnement de l'espèce. Qu'on se demande ce que serait l'humanité, à quoi tout le mouvement de l'histoire aboutirait, et combien la misérable vie des hommes serait encore plus malheureuse si aucun homme n'était ouvert au sens de la beauté.

Il nous reste à toucher encore un point sur lequel la plupart des lecteurs ne me feront sans doute aucune objection, je veux parler de la seconde vue dans les songes prophétiques, dans les visions, le somnambulisme naturel ou artificiel. Celui qui admet tous les faits de ce genre ne tardera pas à reconnaître que la volonté inconsciente y fait toujours sentir son action. Quand la seconde vue suggère à l'individu des moyens de guérison pour ses maladies propres, l'intervention de l'Inconscient ne peut être révoquée en doute. Mais, pour les remèdes qui s'appliquent aux maladies des autres personnes, je doute fort que la seconde vue serve à les indiquer : j'excepte le cas où le voyant est très-attaché à ces personnes, et s'intéresse à leur salut comme au sien propre. Les songes prophétiques, les pressentiments, les visions, les éclairs de la pensée, qui se rapportent à d'autres objets qu'à la guérison des maladies, doivent ou concerner des faits importants pour l'avenir du voyant, ou renfermer l'avertissement d'un danger qui menace sa vie, ou lui apporter des consolations dans ses chagrins (double vue de Gœthe) ou produire d'autres effets semblables. Tantôt ils fournissent au voyant des informations sur les personnes qui lui sont particulièrement chères, comme sa femme et son enfant; ou des présages sur la mort ou le malheur prochain d'un parent éloigné. La seconde vue peut enfin se rapporter à des événements considérables par les circonstances qui les accompagnent et les conséquences qu'ils produisent, et qui, par suite, émeuvent profondément tout cœur humain. comme l'incendie d'une grande ville (Swedenborg) et surtout de la ville qui nous a donné le jour. On voit, dans tous ces exemples, combien les inspirations de l'Inconscient sont étroitement associées aux intérêts les plus profonds de la volonté. Il est naturel d'admettre l'action d'une volonté inconsciente, qui *défend les intérêts généraux de l'individu dans tel cas particulier que la conscience ignore encore.* Mais jamais la seconde vue de l'individu ne s'étend à des objets qui n'intéressent pas profondément son être. Pour ce qui concerne les réponses que les somnambules artificielles font aux demandes, indifférentes pour elles, qui leur sont posées, qu'il me soit permis de douter que ces réponses soient inspirées par l'Inconscient, tant que je me croirai obligé de mépriser comme de vains fanfarons ou des charlatans menteurs les magnétiseurs, qui ne craignent pas de poser aux somnambules des questions, qui n'intéressent pas directement ces dernières. Bien que le sommeil magnétique soit l'état le plus favorable aux inspirations de l'Inconscient, toutes les fantaisies de l'imagination d'une somnambule sont loin d'être des inspirations de l'Inconscient. Les magnétiseurs expérimentés savent très-bien recommander qu'on se défie des mensonges où se complaît l'imagination capricieuse et la dissimulation naturelle de la femme même dans l'état magnétique, et sans qu'elle ait réellement l'intention de tromper.

De tout ce qui précède nous concluons que l'idée inconsciente est toujours associée à une volonté inconsciente. N'oublions pas, toutefois, que l'idée inconsciente est autre chose que l'idée qui se manifeste à nous dans la conscience, à titre de conception ou d'inspiration de l'Inconscient : et reconnaissons qu'il y a entre la première et la seconde la même différence qu'entre l'être et le phénomène, entre la cause et l'effet. Il demeure donc clairement établi que la volonté inconsciente, qui s'associe directement à l'idée inconsciente, et *représente l'intérêt général de l'individu par rapport à tel cas particulier*, ne peut être que la *volonté de réaliser l'idée inconsciente à laquelle elle est unie*. La réalisation dont il s'agit, c'est la manifestation phénoménale de l'idée inconsciente dans la nature, et, pour le cas qui nous occupe, sa manifestation dans *la conscience*, comme *idée soumise aux formes de la sensibilité par l'excitation des vibrations cérébrales correspondantes*. Telle est la véritable unité de la volonté et de l'idée : la volonté ne veut rien que la réalisation de son contenu, c'est-à-dire de l'idée qui lui est associée. Considérons maintenant la conscience et le mécanisme compliqué qui sert à sa manifestation ; rappelons-nous ce qui a été dit au dernier chapitre de la partie précédente, et sera développé davantage au chapitre XIII de la présente partie. Tout progrès dans la série des êtres et dans l'histoire consiste dans l'extension donnée à la conscience. Et l'empire de la conscience ne peut être assuré qu'autant que la conscience est émancipée de la domination des intérêts et des affections de la sensibilité, et, en un mot de la volonté : et ce résultat ne peut être atteint que par la soumission absolue à la raison consciente. Nous devons en conclure que l'affranchissement progressif de l'entendement vis-à-vis de la volonté est le principe essentiel, la fin suprême de la conscience. Mais il serait insensé que l'Inconscient fût par lui-même en état de réaliser cette émancipation : à quoi bon alors tout le mécanisme laborieux qui sert à la production de la conscience? Cette raison, jointe au fait que nous ne connaissons aucune idée inconsciente qui ne soit associée à une volonté inconsciente, me conduit à conclure que dans l'Inconscient la volonté et l'idée sont indissolublement unies. Il serait, à coup sûr, étonnant que l'idée inconsciente existât séparément sans que nous en ayons jamais rien su. On peut encore s'autoriser de la considération suivante.

La pensée ou la représentation comme telle est entièrement renfermée en elle-même; elle ne connaît ni le vouloir, ni la tendance, ni rien de semblable, et demeure étrangère en soi à la peine ou au plaisir, et par suite à tout désir. Car ce sont là des manifestations non de l'idée, mais de la volonté. L'idée ne trouve donc pas en soi une raison quelconque de changer : elle est absolument indifférente non-seulement à telle ou telle forme d'existence, mais même à l'existence ou au néant : rien ne saurait la toucher, puisqu'elle est absolument indifférente. Il suit de là que l'idée, qui ne s'intéresse pas à sa propre existence et est incapable d'aucun effort pour la conquérir ou la conserver, ne trouve en soi aucune raison de sortir du non-être pour entrer dans l'être, ou, si l'on aime mieux, pour passer de l'être en puissance à l'être en acte. Il faut donc pour expliquer l'existence actuelle de chaque idée une cause que l'idée par elle-même ne saurait fournir. Cette cause, pour l'idée consciente, ce sont les impressions sensibles et les vibrations cérébrales que produit la matière. Il n'en peut être de même pour l'idée inconsciente, autrement elle deviendrait consciente, comme nous le montrerons au chapitre III. Cette cause ne peut être que la volonté inconsciente. Cela s'accorde parfaitement avec nos expériences. Partout l'intérêt du désir, ou la volonté particulière, provoque l'existence de l'idée dans son application à tel cas particulier. La volonté particulière ne présente pas seulement la forme générale du vouloir, mais elle a un contenu déterminé (dans l'idée qui en fait l'objet). C'est ce contenu qui détermine la qualité ou l'essence de la pensée inconsciente du moment qui suit immédiatement : mais il ne la déterminerait pas, si l'existence de cette pensée n'était pas assurée par la volonté du moment précédent, et par la persistance de la volonté dans sa forme générale jusqu'à ce moment. J'ajouterai encore une remarque. Puisque l'acte suit immédiatement la volonté, il n'y a dans l'Inconscient d'activité spirituelle qu'au moment où l'acte commence. Peu importe que la volonté soit impuissante à réaliser un objet, et à triompher des obstacles. L'action consiste alors soit dans l'effort qui n'aboutit pas, soit dans le mouvement de l'Inconscient, qui passe immédiatement de la pensée du but à celle des moyens propres à réaliser. L'Inconscient peut encore être forcé de multiplier son intervention, si la réalisation matérielle de l'acte vient se heurter contre des obstacles mécaniques qu'il faut surmonter en procédant différemment.

On pourrait élever encore l'objection suivante : l'Inconscient a beau ne vouloir que le dernier résultat, cependant il doit connaître tout le processus des pensées qui conduisent à ce résultat. Celui qui a lu attentivement le § 4 de ce chapitre sait déjà la réponse qu'il convient de faire à l'objection. La pensée inconsciente embrasse tous les membres du processus, le principe et la conséquence, la cause et l'effet, le moyen et la fin, et en un seul moment. Elle ne les connaît ni avant, ni à côté, ni en dehors du résultat, mais dans le résultat lui-même; en un mot, elle ne les connaît que par le résultat voulu. La pensée de ce processus ne doit donc pas être considérée comme une pensée distincte de celle du résultat : elle est implicitement contenue dans cette dernière, et ne se produit jamais explicitement. Ce que nous désignons habituellement par le nom de pensée n'est ici que le résultat et la proposition reste vraie, à savoir que l'Inconscient ne pense que ce qu'il veut. On peut dire encore que, dans la catégorie ordinaire à la pensée inconsciente, celle du moyen et du but, le but qui est conçu implicitement par l'idée du moyen voulu, est aussi implicitement voulu en même temps que ce dernier.

D'après tout cela, il suit que toute l'activité de l'Inconscient consiste dans le vouloir, et que l'idée inconsciente, qui forme le contenu de la volonté agissante, est aussi un contenu par lui-même étranger au temps, mais qui est comme entraîné avec cette volonté dans le temps. Vouloir et agir sont donc deux concepts identiques ou corrélatifs. Par eux le temps est produit; par eux l'idée passe de l'être en puissance à l'être en acte, c'est-à-dire, de l'être pur à l'existence phénoménale, de la possibilité éternelle à la réalité temporelle. Il en est tout autrement de la volonté consciente, qui est le produit de facteurs différents, dont l'un, les vibrations cérébrales, est déjà lui-même soumis à la durée.

II

LE CERVEAU ET LES GANGLIONS, COMME CONDITIONS DE LA CONSCIENCE ANIMALE.

Presque tous les physiciens, les physiologistes et les médecins sont matérialistes. Plus la connaissance et la méthode des sciences physiques et de la physiologie se répandent dans le public cultivé, plus la conception matérialiste du monde rencontre d'adhérents. A quoi cela tient-il? A la simplicité, à l'irrésistible évidence des faits, sur lesquels le matérialisme appuie l'explication de l'âme des animaux et de l'âme humaine, les seuls esprits qui nous soient connus. Pour échapper à cette influence, il faut ne pas connaître les faits, comme la foule des ignorants, ou comme les lettrés qui sont absolument étrangers à la physique et à la physiologie, ou encore comme ceux qui portent dans l'examen de ces faits les idées préconçues qu'ils ont tirées de la religion ou de la philosophie. Tout homme qui juge avec impartialité ne peut résister à l'autorité de ces faits : il suffit de les prendre comme ils sont. Ils portent leur enseignement avec eux, et leur naïve clarté dispense de toute recherche. La certitude naïve, immédiate de la conséquence qui s'en tire, son irrésistible évidence, qu'on ne peut contester sans faire violence aux faits, c'est là ce qui assure à l'explication matérialiste de l'esprit une si grande supériorité sur les déductions et les vraisemblances subtilement élaborées, sur les hypothèses arbitraires et les raisonnements souvent sophistiques de la psychologie spiritualiste. Tous les esprits lucides, ennemis des spéculations du mysticisme philosophique, s'enrôlent sous le drapeau du matérialisme, parce que le matérialisme est simple comme la nature qui lui sert d'institutrice, clair et rigoureux dans l'enchaînement de ses conséquences comme son auguste mère. Par son hostilité déclarée contre les systèmes religieux, le matérialisme ne peut que voir se multiplier ses adhérents parmi les hommes de notre temps. Quant à l'opposition que lui font les philosophes spéculatifs, il ne s'en inquiète en aucune façon. Combien peu d'hommes ont le goût de la spéculation, combien moins encore ont une culture philosophique ! Aussi le matérialisme n'éprouve-t-il pas plus le besoin qu'il n'est en état d'analyser les concepts abstraits, si obscurs, de la force, de la matière, sur lesquels reposent ses raisonnements. Les hauts problèmes de la philosophie le trouvent sceptique. Il nie que l'esprit humain soit en état de les résoudre, ou que les questions soient légitimes. Il se trouve à son aise dans tous les cas ; et les progrès, les découvertes, que la science fait tous les jours, entretiennent sa confiance en lui-même, et encouragent son ferme espoir que tout ce que l'homme peut apprendre de l'expérience est du ressort des diverses sciences. Il est donc naturel que le matérialisme gagne du terrain, tandis que la philosophie en perd. Il n'y a qu'une philosophie capable *de faire leur part légitime à toutes les découvertes des sciences de la nature* et de *s'approprier complétement* le principe, vrai en soi, d'où est sorti le matérialisme, qui puisse espérer lutter avec succès contre le matérialisme. Une telle philosophie doit en même temps *être intelligible pour tout le monde :* tel n'a pas été le cas malheureusement pour la philosophie de l'identité et pour l'idéalisme absolu.

La première tentative d'une conciliation intelligente entre le matérialisme et la philosophie a été faite par Schopenhauer : et ce n'est pas là un faible mérite de ce penseur, ni la moindre cause de sa popularité récente. Mais la conciliation ne fut qu'incomplétement réalisée : Schopenhauer laissait au matérialisme l'explication de l'intelligence, à la spéculation philosophique celle de la volonté. Cette séparation violente est la faiblesse de son système. Si l'on accorde au matérialisme qu'il soit en état d'expliquer la conscience, l'entendement, on ne peut lui interdire légitimement d'expliquer le sentiment, le désir, la volonté, ces autres formes de la vie consciente. Les phénomènes physiologiques sont également la condition de toute activité consciente. C'est par une grave inconséquence que Schopenhauer rapporte la mémoire, avec le riche trésor de ses souvenirs, les dispositions intellectuelles, le talent, les facultés de l'individu, à la constitution du cerveau, tandis qu'il soustrait le caractère, qui se prête aussi et plus facilement peut-être à cette explication, aux influences de l'organisation cérébrale, et le transforme en une sorte d'essence individuelle et d'hypostase métaphysique. Il semble se mettre en cela en flagrante contradiction avec l'unité de l'absolu, son principe suprême.

Il n'y a en réalité que l'ignorance ou le sophisme qui puisse rejeter le premier principe fondamental du matérialisme : « Toute activité consciente de la pensée n'est possible que par le jeu normal des fonctions cérébrales. » Tant que l'on ne reconnaît ou ne veut admettre dans l'esprit d'autre activité que celle de la conscience, le principe en question équivaut à celui-ci : « L'activité de l'esprit n'est qu'une fonction du cerveau. » Il suit de là nécessairement ou que toute faculté de l'esprit est une pure fonction du cerveau ; ou qu'elle résulte de l'activité cérébrale et d'une autre cause qui ne peut se manifester par elle-même, mais existe purement en puissance, tant que le jeu normal des fonctions cérébrales ne lui a pas permis de se manifester, et qui se révèle alors seulement comme une activité spirituelle. Entre les deux explications, le choix ne saurait être douteux : on rejettera la seconde cause comme une supposition intelligible, qui charge inutilement le raisonnement. La chose se passe tout autrement, lorsqu'on reconnaît dans l'activité inconsciente la forme primitive et originelle de l'esprit, lorsqu'on admet que l'activité consciente a sans cesse besoin de son auxiliaire, sous peine de demeurer absolument impuissante. La proposition matérialiste signifie alors seulement que *l'activité consciente de l'esprit a sa condition dans le fonctionnement normal du cerveau;* mais elle ne nous apprend rien sur l'activité inconsciente, dont l'expérience nous montre l'indépendance vis-à-vis du cerveau, et qui demeure un principe autonome. La matière ne domine que cette forme de la pensée qu'on appelle la conscience.

Nous allons résumer les faits dont la formule ci-dessus est l'expression.

1° Le cerveau, soit dans sa forme, soit dans sa matière, est le produit le plus parfait de l'activité organique. « Nous trouvons dans le cerveau des éminences, des dépressions, des ponts et des aqueducs, des piliers et des voûtes, des étaux et des pioches, des griffes et des cornes d'Ammon, des arbres et des gerbes, des harpes et des bâtons sonores, etc. Personne ne connaît encore la signification de ces merveilleuses formations. » (Huschke, *Le crâne, le cerveau et l'âme de l'homme.*)

Aucun organe ne présente chez les animaux des formes plus délicates, plus étonnantes, plus variées, une structure plus fine et plus spéciale. Les cellules ganglionnaires du cerveau en partie donnent naissance à des fibres primitives, en partie sont reliées entre elles par des fibres de ce genre, en partie en sont enveloppées. Ces fibres primitives, creuses, remplies d'un contenu oléique coagulable, forment des vaisseaux dont l'épaisseur atteint à peine 1/1000 de ligne; et se mêlent, se croisent entre elles de la façon la plus singulière. L'anatomie si difficile du cerveau n'est malheureusement pas encore plus avancée que l'analyse de sa constitution chimique : mais nous savons pourtant déjà que la composition chimique du cerveau n'est pas si simple qu'on le croyait d'abord; qu'elle varie suivant les diverses parties de l'organe; que les corps gras avec leurs principes phosphoriques y jouent un rôle considérable; que d'autres éléments s'y rencontrent, qu'on ne trouve, au même degré, dans aucun autre tissu, comme la cérébrine et la lécithine. Pour juger de l'insuffisance de nos connaissances sur ce point, il suffit de se rappeler que le sang ou le pus, qui ont été altérés par une matière contagieuse, ne sauraient être distingués des mêmes substances à l'état normal; que les différences de substances isomères, c'est-à-dire dont la composition élémentaire est la même, mais dont les propriétés sont dissemblables, parce que les atomes y sont diversement placés, ainsi que le prouve la diversité de leur pouvoir réfringent et rotatoire, échappent la plupart du temps à nos analyses; qu'enfin la chimie commence seulement à découvrir par l'analyse spectrale une foule de métaux subtilement divisés, dont la présence, même dans une proportion infiniment petite, peut être pour l'organisme d'une importance considérable. Tous ces faits ont d'autant plus d'importance que l'on a affaire aux tissus d'organismes plus élevés.

2° Dans le cerveau, le renouvellement de la matière est plus rapide que dans toute autre partie du corps. Aussi l'afflux sanguin y est-il beaucoup plus considérable. Cela indique une plus grande concentration de l'activité vitale dans le cerveau que dans toute autre partie du corps.

3° Le cerveau (et sous ce nom je désigne seulement dans ce chapitre les deux grands hémisphères) n'exerce aucune action immédiate sur les fonctions organiques de la vie corporelle. La preuve nous en a été fournie par les expériences de Flourens : ce savant montra que des animaux sur lesquels on avait pratiqué l'ablation du cerveau pouvaient vivre et se développer pendant des mois et pendant des années. Il faut sans doute, pour cela, que l'opération et l'hémorrhagie qui la suit n'aient pas été trop précipitées, de manière à causer l'épuisement de l'animal. Aussi l'expérience ne se fait-elle avec succès que sur des animaux auxquels on peut facilement enlever le cerveau, comme les poules. Des trois considérations qui précèdent on peut conclure que le cerveau, cette fleur de l'organisme, ce foyer intense de l'énergie vitale, doit servir à une fonction spirituelle, puisqu'il ne sert à aucune fonction corporelle.

4° A la perfection croissante du cerveau ou des nœuds ganglionnaires qui le remplacent, répond le développement de l'intelligence dans la hiérarchie animale: les fonctions de la vie corporelle s'accomplissent en moyenne avec une perfection égale chez tous les animaux, qu'ils soient intelligents ou non. Les insectes offrent cette particularité étonnante que la grosseur des ganglions céphaliques est toujours en rapport avec le degré d'intelligence des ordres et des espèces. Les hyménoptères ont en général les ganglions plus développés que les inintelligents coléoptères; les ingénieuses fourmis surtout se signalent par la grosseur des ganglions. La comparaison des dimensions internes des différents crânes ne peut se faire chez les vertébrés, parce que le crâne contient en même temps, chez eux, les centres organiques du mouvement; et naturellement la grosseur de ces derniers correspond à la masse des nerfs et des muscles de l'animal, auxquels ils doivent communiquer l'énergie nécessaire à l'impulsion motrice. Mais, si l'on considère simplement les hémisphères cérébraux, on remarque que, chez les animaux dont les dimensions corporelles ne sont pas trop différentes, le développement du cerveau et celui de l'intelligence sont dans une évidente proportion. Si ce rapport paraît troublé chez les animaux que séparent des différences trop sensibles de volume (ainsi entre un petit et un très-gros chien, entre un oiseau des Canaries et une autruche), la qualité des hémisphères vient rétablir le rapport qui se manifeste alors clairement par le nombre et la profondeur des circonvolutions et des sillons.

5° Les dispositions intellectuelles et les aptitudes pratiques de l'homme se mesurent à la quantité de la substance cérébrale, pourvu toutefois que la qualité n'en soit pas altérée. « D'après les mesures exactes de l'anglais Peacock, le poids du cerveau humain croît d'une façon continue et très-rapide jusque vers la vingt-cinquième année, conserve jusqu'à cinquante ans le même poids, et diminue ensuite d'une manière constante. D'après Sims, la masse du cerveau s'accroît jusque vers trente ou quarante ans ; et atteint entre quarante et cinquante ans le maximum de son volume. Le cerveau des vieillards s'atrophie, c'est-à-dire devient plus petit, se dessèche ; des cavités vides se creusent entre les diverses circonvolutions qui auparavant se rejoignaient. La substance du cerveau devient plus visqueuse, sa couleur plus grise, la masse sanguine moins abondante, les circonvolutions plus petites ; et la constitution chimique du cerveau chez le vieillard se rapproche, selon Schlossberger, de celle des premières années. (Büchner, *Force et Matière*, 5ᵉ édit., p. 109.) Le poids moyen du cerveau, selon Peacock, est, chez l'homme, de 50 ; chez la femme, de 44 onces. Hoffmann porte la différence à 2 onces seulement. Leuret, après avoir mesuré deux mille crânes, conclut que la circonférence aussi bien que le diamètre, mesurés en différentes places, sont moins étendus chez la femme que chez l'homme. Le poids normal du cerveau est de 3 livres à 3 livres 1/2 ; le cerveau de Cuvier pesait pourtant plus de 4 livres. L'idiot de naissance présente toujours un cerveau remarquablement exigu ; et, à son tour, une petitesse insolite du cerveau s'associe toujours à la faiblesse d'esprit. Parchappe observa dans 782 cas qu'une diminution graduelle de poids correspond dans le cerveau à la diminution de l'intelligence. Dans la folie ou les troubles profonds de la pensée, le cerveau et le crâne des crétins sont toujours d'une petitesse frappante ; le second est asymétrique et difforme ; les deux hémisphères surtout sont méconnaissables. Le cerveau du nègre est beaucoup plus exigu que celui de l'Européen ; le front, fuyant ; le crâne, moins développé, plus semblable à celui de l'animal. Les parties supérieures du cerveau manquent dans une mesure étonnante aux indigènes de la Nouvelle-Hollande. Le crâne des Européens s'est perfectionné depuis les temps historiques d'une façon très-sensible. Avec le progrès de la civilisation, on voit la région antérieure de la tête se développer au détriment de la partie postérieure ; les crânes des diverses époques, qu'on a déterrés, ont permis de constater ces différences. La même remarque a été faite sur les hommes appartenant aux classes ignorantes et cultivées de la société contemporaine; l'expérience des chapeliers confirme la vérité générale de cette observation. Ce ne sont pas sans doute des faits isolés, mais des moyennes qu'il faut consulter ici; il est à peine besoin de le dire. Si l'on rencontre des hommes intelligents, par exemple, avec le crâne resserré, des sots avec le crâne développé, ce ne sont que des exceptions apparentes; il faut tenir compte soit de l'épaisseur du crâne, soit de la distinction des aptitudes naturelles et de l'éducation, soit enfin de la forme des circonvolutions et de la qualité du cerveau.

Nous ne sommes pas encore en état de déterminer l'importance de la constitution qualitative du cerveau, mais nous en savons quelque chose. Le cerveau de l'enfant est une sorte de bouillie, riche en eau, pauvre en graisse, si on le compare à celui de l'homme fait. Les différences de la substance grise et de la substance blanche, les particularités microscopiques ne s'accusent que peu à peu. Le tissu fibreux, qui est si apparent chez l'homme, ne se remarque pas encore chez l'enfant. Plus la formation de ce tissu est avancée, plus se manifestent les facultés intellectuelles. Le cerveau du fœtus contient peu de substance grasse, et par suite de phosphore; la masse graisseuse s'accroît jusqu'à la naissance, et, après ce moment, augmente assez promptement avec les années. Le cerveau des animaux renferme, en moyenne, d'autant plus de graisse, qu'ils sont plus élevés dans l'échelle des êtres; ou que le volume du cerveau est moins en rapport avec le developpement intellectuel de l'animal, comme chez le cheval. La graisse, en effet, paraît jouer un rôle considérable. Chez les animaux qu'on laisse mourir de faim le cerveau ne perd pas comme les autres organes une seule partie de sa graisse. — Le nombre, la profondeur et la forme des circonvolutions déterminent, à volume égal, l'étendue de la superficie du cerveau: c'est là une particularité très-importante, devant laquelle disparaît la faiblesse relative du poids. En règle générale, plus les circonvolutions et les sillons sont nombreux, profonds, entremêlés, plus l'espèce d'animaux ou la race d'hommes est élevée en perfection.

On comprendrait maintenant que la loi qui règle le rapport de la masse cérébrale et des facultés intellectuelles souffrît une exception chez quelques animaux, les plus grands de l'époque présente ; et que le volume de leur cerveau dépassât celui de l'homme. Mais cette exception apparente s'explique par la prédominance, chez ces animaux, des parties du cerveau, qui servent au système nerveux à titre de centres organiques des mouvements volontaires et des sensations. Le nombre et l'épaisseur plus grands des cordons nerveux qui viennent y converger, la quantité supérieure de force mécanique qu'exige la mise en mouvement d'une masse corporelle plus étendue, demandent que ces centres cérébraux présentent un volume plus considérable. Mais les parties supérieures du cerveau, qui sont particulièrement le siége des fonctions intellectuelles, n'atteignent chez aucun animal, au point de vue même de la quantité, le développement qu'elles ont chez l'homme.

6° L'exercice de la réflexion fortifie le cerveau comme l'exercice de toute fonction en fortifie l'organe ; et la dépense de force que nécessite la réflexion est toujours accompagnée d'une dépense de matière. De même que le muscle qu'on exerce spécialement devient plus fort et voit sa masse s'augmenter (comme pour les mollets des danseuses) : aussi le cerveau devient plus propre à la pensée par l'exercice même de la pensée, et croît en qualité et en quantité.

Albers à Bonn raconte qu'il a disséqué le cerveau de plusieurs personnes, qui s'étaient depuis longtemps livrées à de grands travaux intellectuels. Chez toutes, il trouva la substance cérébrale très-riche en graisse, la substance grise et les circonvolutions cérébrales étonnamment développées. On constate cet accroissement de la masse cérébrale par la différence que présentent, sous ce rapport, les classes ignorantes et les classes cultivées, ainsi que les diverses générations d'Européens aux âges successifs de la civilisation.

Sans doute la transmission héréditaire, en accusant davantage ce développement cérébral, permet seule de le constater. — Tout exercice de la pensée, avons-nous dit, est accompagné par une déperdition de la matière cérébrale. Le simple fait de la fatigue qui suit la réflexion suffit à le constater : ce fait ne s'expliquerait pas autrement. Le travail de la pensée développe, tout comme celui du corps, le besoin de manger, qui n'exprime que le besoin de réparer les pertes de l'organisme. Les expériences de Davy montrent encore que la même cause élève la température du corps, comme en témoigne la respiration précipitée, qui se produit alors pour décarburer le sang, plus rapidement carbonisé par suite du renouvellement accéléré de la matière.

On sait encore que les métiers sédentaires, qui exigent la moindre dépense de force corporelle, comme ceux des tailleurs, des cordonniers, des fabricants de menus objets, sont ceux qui comptent le plus de songeurs, d'esprits faux en religion et en politique. Les métiers qui demandent l'application de la force corporelle ne laissent au cerveau aucune force pour penser. Le corps, comme toute machine, ne dispose que d'une certaine somme d'énergie vitale ; si cette force se dépense en mouvements musculaires, il ne reste plus de force disponible pour le jeu des molécules cérébrales, qui est nécessaire à l'exercice de la pensée. Chacun en peut faire l'expérience sur soi-même. Personne n'est en état de continuer une méditation et de faire en même temps un saut considérable, ou de réfléchir et de courir vite. Même lorsqu'on marche lentement, il arrive qu'on s'arrête involontairement lorsque l'attention devient plus intense : une réflexion très-profonde donne parfois au corps l'apparence de la parfaite immobilité. Tous ces faits prouvent que les forces du corps se dépensent dans l'exercice de la pensée, ou, ce qui revient au même, qu'il se produit alors une consommation chimique de la matière, puisque la force organique ne se produit pas autrement.

7° Tout ce qui trouble l'intégrité du cerveau, trouble aussi l'activité consciente de l'esprit : à moins que la fonction de l'hémisphère altéré ne soit remplie par la partie correspondante de l'autre hémisphère. Chaque homme se sert plus particulièrement d'un œil, d'une oreille, d'une narine pour voir, entendre et flairer. Quand l'un des deux instruments du sens est devenu impropre à l'usage, l'autre continue de servir à la perception; de même on pense surtout à l'aide d'un des hémisphères, comme souvent les mouvements de la physionomie et surtout du front permettent de le constater. Si l'un des hémisphères est en partie incapable de fonctionner, l'autre se charge d'exécuter la fonction tout entière : c'est ainsi que l'un des poumons suffit à la respiration totale. Cette substitution est rare pour le cerveau. Il faut premièrement, pour qu'elle se produise, que la partie malade ou blessée ne contrarie pas par son influence le jeu des autres parties du cerveau, ce qu'elle peut faire de bien des manières, par exemple en étendant jusqu'à ces dernières la compression qu'elle subit. La lésion, en second lieu, doit avoir supprimé complétement le fonctionnement de la partie malade, et ne point permettre qu'il se continue et d'une manière anormale : car alors se développe dans cette même partie une activité désordonnée de la pensée, qui trouble le jeu des autres parties saines. Si ces troubles fonctionnels des parties malades viennent tout à coup à cesser, et que le reste du cerveau soit délivré de la compression qu'elles faisaient peser sur lui, le retour à l'état normal du fonctionnement des autres parties se traduit alors par la clarté plus grande des pensées. C'est ce qui arrive assez souvent quelques instants avant la mort pour le cerveau, dont les parties malades ont été longtemps troublées : alors se produit le phénomène, qui étonne et confond l'ignorant, d'un dernier retour de lucidité après un délire prolongé.

Les expériences déjà mentionnées de Flourens sur les poules nous montrent qu'après l'ablation du cerveau, les animaux demeuraient comme plongés dans un profond sommeil, immobiles au même endroit où on les avait placés. Toute faculté de percevoir les impressions du dehors semblait complétement abolie ; et il fallait les nourrir par des procédés artificiels. Mais les mouvements réflexes qui ont leur origine dans la moelle épinière, comme la déglutition, le vol, la course, n'étaient pas suspendus. « Si on enlève par couches successives les deux hémisphères d'un mammifère, on voit l'activité intellectuelle diminuer graduellement à mesure que diminue le volume de l'organe. Quand on est arrivé aux ventricules du cerveau, toute conscience est abolie (Valentin). — « Quelle preuve plus décisive de l'union nécessaire de l'âme et du cerveau, que celle qui nous est fournie par le couteau de l'anatomiste, lorsque nous le voyons enlever ainsi l'âme par tranches successives? » (Büchner.)

L'inflammation du cerveau produit les aberrations mentales et le délire furieux; l'épanchement sanguin dans le cerveau, la stupeur, et la perte totale de la conscience; la compression prolongée du cerveau (dans l'hydropisie cérébrale, l'hydrocéphale des enfants), l'affaiblissement de l'intelligence, l'idiotisme. La congestion chez les noyés et les gens morts-ivres, ou les pertes sanguines du cerveau causent l'évanouissement et la suppression de la conscience. L'accélération de la circulation sanguine dans la simple fièvre fait naître les visions de la fièvre, qui sont véritablement un délire passager. L'afflux sanguin, que produit l'alcoolisme, amène le trouble mental connu sous le nom d'ivresse. L'opium, le haschich, d'autres narcotiques, causent chacun un genre d'ivresse particulier, où se reconnaissent diverses formes de la folie.

Parry combattait les accès de délire furieux, par la compression de l'artère cervicale. Le même procédé, d'après les expériences de Flemming, produit à l'état normal le sommeil et les rêves désordonnés. Les hommes et les animaux dont le cou est court ont, en général, le tempérament plus sanguin que ceux dont le cou est allongé ; comme le cerveau est chez eux moins éloigné du cœur, la circulation du sang s'y fait plus activement. Toutes les affections sympathiques du cerveau, qui suivent les blessures graves ou même les maladies de l'organisme interne, un grand nombre d'apoplexies atteignent surtout la mémoire, la suppriment complétement, en amènent l'affaiblissement général; ou nous enlèvent certaines espèces de connaissances, par exemple la mémoire des mots (sans que l'organe de la parole ait été le moins du monde altéré non plus que l'intelligence obscurcie (aphasie), tantôt plus exclusivement le souvenir des noms propres, ou celui d'une langue particulière, ou la mémoire des événements qui se sont succédé pendant certaines années, ou certaines périodes de temps. Cela se présente surtout lorsque des parties déterminées du cerveau ont été détruites ou mises hors d'état de fonctionner. Les exemples les plus frappants en ce genre, comme ceux qui prouvent le retour des souvenirs, après que les parties correspondantes du cerveau ont été débarrassées du poids qui les opprimait, peuvent se lire dans la psychologie de Jessen. — La mémoire est attachée aux modifications durables de certaines parties du cerveau. Grâce à de telles modifications, ces parties sont prédisposées à reproduire plus facilement, à la suite des excitations convenables, les vibrations qu'elles ont déjà exécutées. N'en a-t-on pas la démonstration la plus décisive dans ce fait que certaines classes de souvenirs ne se présentent plus à la mémoire, lorsque certaines parties du cerveau sont altérées; et reparaissent quand les mêmes parties sont revenues à l'état normal.

L'expérience connue qu'aucune espèce de maladies ne dépend, en moyenne, autant des influences héréditaires que les maladies cérébrales, montre assez clairement que tous les désordres de la pensée résultent directement ou indirectement d'un désordre cérébral. On comprend bien que les anomalies des centres organiques du système nerveux se transmettent par la voie de la génération (ainsi les tubercules, les scrofules, le cancer et d'autres maladies). Mais quelle idée se faire de la transmission héréditaire d'anomalies immatérielles des facultés mentales, dont on ne s'explique même pas en général la possibilité. (Voir p. 183.)

8° *Il n'y a pas d'activité consciente de l'esprit en dehors ou en arrière des fonctions cérébrales.* Si nous devons admettre, après ce qui précède, que tout désordre des fonctions cérébrales produit un désordre correspondant de la conscience, nous ne devons pas moins affirmer que la suppression complète de l'activité cérébrale ferait disparaître du même coup toute l'activité consciente, et ne se bornerait pas à en paralyser la manifestation extérieure.

Les désordres de la conscience se développent parallèlement à ceux du cerveau et parcourent tous les degrés, de l'imbécillité intellectuelle jusqu'à l'entière suppression de la conscience, sans qu'il subsiste d'autre conscience que celle qui accompagne les instincts réflexes de la moelle épinière. Il faudrait nier tous ces faits, pour supposer que la conscience peut demeurer concentrée en elle-même, que sa manifestation extérieure est seule suspendue. Mais cette hypothèse, qu'un système préconçu peut seul adopter comme une dernière chance de salut, a contre elle toutes les vraisemblances, et ne saurait mériter de retenir un seul instant un observateur impartial. Le développement progressif de l'activité consciente, dont il a été question plus haut; ce fait que tout l'appareil cérébral, construit par la nature en vue des manifestations de la vie consciente, deviendrait inutile si la conscience pouvait exister sans lui, suffiraient à réfuter cette supposition : mais elle aurait encore contre elle l'absence de la mémoire. Si la conscience se concentrait en elle-même pendant l'inaction du cerveau, il faudrait que le souvenir de cet état se retrouvât plus tard. Quelques psychologues croient échapper à cette difficulté, en admettant une double conscience individuelle (par suite une double personnalité en chaque individu!), une conscience indépendante du corps et une conscience cérébrale; la première dans cette théorie doit être entièrement ignorée de la seconde. Les meilleurs arguments qu'on invoque en faveur de cette dualité se rapportent aux manifestations du principe spirituel sur lequel repose la conscience cérébrale et que nous avons reconnu comme l'Inconscient. Sans doute ceux qui ne reconnaissent que l'activité consciente de la pensée, doivent rapporter à une seconde conscience ces manifestations de l'Inconscient. Mais les faits qu'on invoque expressément en faveur du dualisme de la conscience sont très-mal choisis. On présente la conscience de l'homme endormi d'un sommeil magnétique comme indépendante du corps : mais elle ne se distingue de la conscience du rêveur dans le sommeil ordinaire que parce que la communication avec les sens extérieurs y est plus facile, et que la partie du cerveau qui fonctionne encore se trouve dans un état d'hyperesthésie artificielle (surexcitation, sensibilité excessive). Les influences de l'Inconscient y sont, par suite, plus facilement ressenties; et, en second lieu, l'étendue des vibrations cérébrales, à égale vivacité de l'idée, y est moindre que dans les cas ordinaires, et laisse des impressions moins profondes, moins propres à engendrer des souvenirs. C'est ainsi que les songes ordinaires, après que la surexcitation cérébrale s'est calmée, ne laissent dans le cerveau que des traces trop faibles pour se transformer en souvenirs conscients sous les excitations habituelles.

Il n'est pas étonnant que la conscience de l'homme endormi se rappelle les souvenirs de la veille aussi bien que ceux de son rêve, sans que la réciproque soit vraie pour la conscience de l'homme éveillé. Le rêve magnétique a son analogue dans le rêve ordinaire, soit dans les rêves agités, soit dans le somnambulisme naturel à ses divers degrés comme chez le promeneur nocturne; et la transition est si insensible de l'un aux autres qu'il est impossible de reconnaître une conscience indépendante des organes dans le premier plutôt que dans les seconds. D'ailleurs la conscience qui accompagne ces divers états ne nous conduirait pas loin. On doit plutôt l'appeler une demi-conscience, une conscience endormie, qu'une forme supérieure de la conscience. Les idées supérieures qu'elle présente quelquefois, et qui, à leur plus haut degré, peuvent être comparées à de rapides éclairs de génie, doivent être mises sur le compte soit de l'Inconscient, dont les inspirations se produisent alors plus facilement, soit de la surexcitation cérébrale elle-même qui facilite le réveil des souvenirs. C'est ainsi que l'on voit dans de tels moments apparaître sous le regard de la conscience des souvenirs que l'on croyait évanouis pour jamais, et qui étaient si faibles que les excitations ordinaires ne pouvaient les ranimer dans l'état normal du cerveau. Tout s'explique donc naturellement par les lois qui nous sont connues : il n'est pas besoin de recourir à une laborieuse hypothèse.

Un argument moins heureux encore en faveur de l'existence d'une conscience indépendante des organes a été cherché dans le réveil déjà mentionné de la conscience qui précède quelquefois l'heure de la mort. Dans ce cas se fait sentir l'action d'une hyperesthésie intérieure du cerveau, pendant que tous les organes extérieurs sont dans l'engourdissement. C'est à elle qu'est due cette lucidité de la pensée, dont les divinations prophétiques et les souvenirs très-vifs rappellent l'état magnétique ; dont la sérénité impassible se retrouve dans l'état analogue d'insensibilité nerveuse (analgésie), qui suit les tortures excessives ou l'ivresse causée par certains narcotiques. L'anesthésie des organes extérieurs n'est ici que le contre-coup de la surexcitation intérieure. Le même phénomène accompagne le ravissement des ascètes mystiques, le somnambulisme, les degrés inférieurs de l'état produit par le chloroforme ou bien par d'autres anesthésiques, comme le haschich. On le retrouve même dans certaines formes de la folie. D'ailleurs cette sensation d'indépendance à l'égard du corps n'accuse pas le moins du monde l'affaiblissement, mais trahit plutôt l'augmentation de l'excitation cérébrale ; et par conséquent la conscience n'y est rien moins que détachée du corps. Les mêmes causes produisent des effets analogues, peu d'instants avant la mort par submersion. Voudra-t-on regarder la suppression du temps dans la succession des pensées comme le critérium de l'affranchissement dont il s'agit? Mais un tel état serait exactement celui de la pensée intuitive, éternelle, instantanée, synthétique, qui s'oppose à toute conscience discursive, puisque cette dernière s'appuie sur l'analyse et la comparaison des éléments de la pensée. La rapidité du cours des idées, dans les exemples invoqués, se produit aussi dans les états où le cerveau présente l'excitation la plus vive, comme dans les empoisonnements par les narcotiques, dans l'asphyxie par submersion, etc. ; et de tout temps elle a caractérisé, sous le nom de « fuite des idées », des formes particulières de la folie. Quoi d'étonnant si, dans un cerveau surexcité, les idées se succèdent avec plus de rapidité que d'habitude? Tant que les pensées se suivent dans le temps, elles témoignent de l'action de la matière; car, sans les vibrations de cette dernière, la pensée serait étrangère au temps. Pour que la pensée soit indépendante du corps, il faut qu'elle soit en dehors du temps et appartienne, par suite, à l'Inconscient.

Ce que nous disons dans ce chapitre de la conscience humaine, la plus haute forme à nous connue de la conscience, celle que l'on pourrait s'attendre surtout à trouver indépendante du corps, s'applique à plus forte raison à la conscience ganglionnaire des animaux inférieurs, où les ganglions remplacent le cerveau des vertébrés. On en doit affirmer autant de la conscience particulière à chaque ganglion indépendant chez l'homme, comme chez les animaux supérieurs ou inférieurs, et enfin aux substances qui remplacent au dernier échelon de la série animale les centres du système nerveux. Si l'on devait douer de conscience les plantes et la matière inorganique, la même remarque s'appliquerait encore.

Nous terminerons ce chapitre par un passage de Schelling (Œuv., I, 3, 497). Nos idées s'y trouvent résumées en quelques mots, bien que, dans la bouche de Schelling, l'arrière-pensée de l'idéalisme transcendantal donne un sens un peu différent à la proposition : « Ce n'est pas la pensée elle-même, mais bien la conscience qu'on en a qui dépend des modifications de l'organisme. Si l'empirisme se bornait à cette affirmation, il n'y aurait rien à lui répliquer. »

III

L'ORIGINE DE LA CONSCIENCE

I. — COMMENT LA PENSÉE DEVIENT CONSCIENTE.

La conscience n'est pas un état fixe, mais un processus, un devenir perpétuel. Le processus intellectuel, auquel la conscience doit son origine, ne saurait tomber sous la conscience de l'observateur : cela s'entend de soi. Les antécédents de la conscience doivent se cacher derrière la conscience, et demeurer inaccessibles au regard de la conscience qui s'observe elle-même. Nous ne pouvons espérer résoudre le problème que par la voie indirecte.

Il faut d'abord que nous définissions le concept de la conscience avec plus de précision qu'il n'était nécessaire de le faire jusqu'ici. — Distinguons-le pour commencer de celui de la conscience de soi. La conscience que j'ai de moi-même, c'est la conscience que j'ai du sujet auquel mon activité spirituelle doit être rapportée. Par le sujet de mon activité spirituelle, j'entends l'élément interne de la cause totale à laquelle mon activité spirituelle doit être rapportée, par conséquent la cause interne de cette activité. La conscience de soi n'est donc qu'un cas particulier de l'application de la conscience à un objet déterminé, à savoir à la cause interne supposée de mon activité intellectuelle; c'est cette cause que je désigne par le nom de sujet. Ce n'est pas le sujet actif lui-même qui devient dans la conscience du moi le contenu ou l'objet de ma conscience, c'est seulement *l'idée* que je m'en fais par un raisonnement, où, faisant application de la catégorie de la causalité, je remonte par induction de l'activité de ce sujet à son existence. Le sujet actif, en lui-même, demeure aussi directement inaccessible à la conscience que la chose en soi, extérieure, dont il est pour ainsi dire la contre-partie comme chose en soi intérieure. Toute croyance à une perception *immédiate* du moi dans l'acte de la conscience de soi repose sur la même illusion que la foi naïvement réaliste à une perception immédiate par la conscience de la réalité extérieure et indépendante de la conscience, qu'on appelle la chose en soi. La conscience, comme telle, est par elle-même indépendante du rapport idéal qu'elle peut avoir accidentellement avec le sujet. Par essence elle ne suppose qu'*un objet* quel qu'il soit (non l'objet extérieur qui répond à l'objet pensé, ou la chose en soi, mais seulement l'objet pensé, qui n'est lui-même qu'un produit du processus de la pensée et qui se présente comme le contenu de la conscience). La conscience ne devient conscience de soi, qu'autant qu'elle fait *son objet* de *l'idée du sujet*. Il suit de là qu'il n'y a pas de conscience de soi sans conscience, mais qu'il peut y avoir très-bien conscience sans conscience de soi. C'est seulement la conscience réfléchie d'une tête philosophique, laquelle se tient par la pensée en dehors du processus de ses représentations pour le considérer dans sa réalité objective; ce n'est pas le sujet du processus lui-même, qui distingue le sujet et l'objet, et démêle leur action simultanée et réciproque. Par essence, le sujet et l'objet sont corrélatifs l'un de l'autre; mais le philosophe seul a conscience de leur essence, non pas l'homme naturel qui sent et ne réfléchit pas. Celui-ci, dans l'intuition qui lui fait percevoir l'objet concret, n'a pas conscience du rapport que le concept de l'objet a nécessairement à celui du sujet, et surtout il ignore ce dernier (voir plus bas, p. 68-71). Si la conscience de soi est bien différente de la simple conscience, elle doit être encore moins confondue avec la notion de la *personnalité*, c'est-à-dire de l'identité de tous les sujets des divers actes de ma pensée. C'est là un concept que l'on associe souvent au mot conscience de soi, comme nous le ferons nous-mêmes à l'avenir pour simplifier le discours.

Qu'est donc la conscience? Faut-il l'identifier avec la forme de la sensibilité, et confondre le concept de l'une avec celui de l'autre? Non. L'Inconscient lui-même doit avoir conçu la forme de la sensibilité : autrement il n'aurait pu la créer avec tant de sagesse. Nous pourrions d'ailleurs concevoir la possibilité d'une conscience soumise à de tout autres formes, si nous imaginons un monde autrement construit ; ou si, à côté et en dehors de ce monde de l'espace et du temps, d'autres mondes existaient où l'existence et la conscience fussent enchaînées à des formes différentes. Cette supposition n'a rien de contradictoire. Ces mondes (j'accorderai si l'on veut qu'ils soient en grand nombre) pourraient ne se gêner, ni communiquer en rien ; et l'Inconscient, affranchi lui seul de toutes ces formes, serait le même pour chacun d'eux. La forme de la sensibilité n'est donc pour la conscience que quelque chose d'accessoire, d'accidentel, et ne fait pas partie de sa nature, de son essence, au point que l'une ne puisse exister ou être conçue sans l'autre. — Placera-t-on la conscience dans la mémoire? Le souvenir n'est pas, à coup sûr, un mauvais critérium de la conscience. Plus la conscience est vive, plus les vibrations cérébrales sont énergiques, et par suite plus sont profondes les impressions qu'elles laissent après elles dans le cerveau, ou encore plus prompts, et, à excitation égale, plus nets sont les souvenirs. On voit aisément pourtant que le souvenir n'est qu'un effet indirect de la conscience ; il ne peut en former l'essence même. — Comment faire consister davantage l'essence de la conscience dans la possibilité de comparer les représentations? Ce pouvoir est plutôt une conséquence de la forme propre à la sensibilité, surtout du temps. D'ailleurs la conscience peut être très-vive, alors même qu'une seule représentation remplit l'esprit, et sans qu'aucun objet de comparaison y soit associé.

Après tout cela, il ne nous reste plus qu'à nous attacher au résultat du chapitre précédent, si nous voulons sûrement atteindre notre but : les vibrations cérébrales, plus généralement le mouvement matériel est la condition *sine qua non* de la conscience. Quand même nous supposerions que des mondes en grand nombre existent sous d'autres formes que celles de l'espace et du temps, il faut néanmoins, si le parallélisme de la réalité et de la pensée doit être maintenu, qu'on trouve en eux quelque chose qui réponde à la matière ; et que ce quelque chose ait une activité semblable à celle du mouvement matériel, car cette activité seule y peut être la condition de la conscience.

Admettons que l'origine matérielle de la conscience soit ainsi prouvée. Si nous nous rappelons maintenant que l'activité inconsciente de l'esprit est nécessairement immatérielle, un examen attentif nous conduit à choisir entre deux hypothèses. Ou nous considérons « la volonté et l'idée » comme le principe commun de l'idée inconsciente et de l'idée consciente ; nous regardons l'inconscience comme la forme originelle, la conscience comme un produit de l'esprit inconscient, et de l'action de la matière sur lui. Ou nous partageons le champ de l'activité spirituelle entre le matérialisme et le spiritualisme. Au premier nous abandonnons l'esprit conscient; pour le second, nous revendiquons l'esprit inconscient. En d'autres termes, nous accordons que l'esprit inconscient est, dans son existence, absolument indépendant de la matière; mais nous faisons de l'esprit conscient le produit exclusif de la matière, sans aucune intervention de l'esprit inconscient. Après nos précédentes recherches sur le rôle de l'Inconscient dans la formation de tous les processus de la pensée consciente, l'alternative ne peut nous tenir longtemps indécis. L'analogie de nature de l'activité consciente et de l'activité inconsciente ne permet pas d'en concevoir l'origine comme absolument différente. En tout cas, diviser ainsi le domaine de l'esprit, et en partager les parties entre des systèmes de philosophie tout opposés, ce serait une tentative plus artificielle encore que la séparation essayée par Schopenhauer entre la volonté et l'intellect. Ajoutez qu'au chapitre V la matière sera réduite par nous à la volonté et à l'idée, et que l'identité de l'esprit et de la matière se trouvera ainsi démontrée. Nous ne pouvons donc en aucun cas demander une explication définitive au matérialisme. La première seule des deux hypothèses doit devenir la nôtre.

Malgré tout cela, nous n'avons pas encore défini l'essence de la conscience. Nous n'en connaissons que les facteurs : d'un côté l'esprit dans son inconscience primitive; de l'autre le mouvement de la matière qui agit sur lui. En tout cas, l'origine de la conscience doit être cherchée dans le mode suivant lequel la pensée saisit son objet. La conscience ne sait rien de la matière : le processus générateur de la conscience doit donc se produire au sein même de l'esprit, bien que la matière y donne la première impulsion. Le mouvement matériel détermine le contenu de l'idée, mais la conscience n'est pas une propriété de ce contenu; car le même contenu, sans parler de la forme de la sensibilité, pourrait être conçu d'une manière inconsciente. La conscience ne dépend ni du contenu, ni, comme nous l'avons vu plus haut, de la forme sensible de l'idée : elle n'est donc pas attachée à l'idée en général, en tant qu'idée. Elle ne peut être qu'un attribut accidentel, qu'une cause étrangère ajoute à l'idée.

Tel est le premier résultat important de notre recherche. Au premier abord, il semble contredire les opinions reçues; mais une réflexion attentive en fait bientôt reconnaître la vérité, en même temps qu'elle le détermine avec plus de précision. L'erreur habituelle vient de ce que l'on considère la conscience comme un attribut qui n'appartient qu'à l'idée : on oublie que le plaisir et la peine deviennent également conscients. On regarde donc, en toute confiance et sans plus d'examen, la conscience comme exclusivement attachée à l'idée, surtout tant que l'on ne connaît pas suffisamment l'idée inconsciente.. Aussi ne se demande-t-on jamais quelle cause peut bien enrichir l'idée de cette propriété accidentelle, la conscience; on ne cherche pas à qui elle doit cet attribut. On verrait bien vite autrement que l'idée ne peut se le donner à elle-même. Si le processus générateur de la conscience, malgré l'excitation de la matière, ne peut être que d'une nature spirituelle, il ne reste plus qu'à recourir à l'action de la volonté.

Nous avons vu au chapitre premier de cette partie que la volonté et l'idée sont associées dans une unité indissoluble au sein de l'Inconscient. Les derniers chapitres nous montreront que le salut du monde repose sur l'émancipation de l'intellect vis-à-vis de la volonté. La conscience seule la rend possible ; et le progrès du monde est de réaliser cette possibilité. La *conscience* d'un côté, l'*émancipation de l'idée à l'égard de la volonté* de l'autre, ce sont là deux termes que nous avons déjà appris à réunir étroitement. Un pas encore, et, en proclamant l'identité des deux, nous trouvons le mot de l'énigme dans une solution qui confirme les résultats de notre précédente analyse. La conscience n'est au fond pour l'idée que le détachement de l'idée du sein maternel, c'est-à-dire de la volonté de la réaliser, et l'opposition de la volonté contre cette émancipation (1). Nous avons trouvé précédemment que la conscience est un prédicat que la volonté ajoute à l'idée ; nous pouvons définir maintenant le sens de ce prédicat : il exprime la stupéfaction que cause à la volonté *l'existence de l'idée qu'elle n'avait pas voulue et qui se fait pourtant sentir à elle*. L'idée, nous

(1) Cette émancipation ne signifie pas que la pensée consciente s'affranchisse de tout rapport avec la volonté et flotte pour ainsi dire dans le pur éther de l'idéal : les considérations qui ont été précédemment exposées réfutent suffisamment cette interprétation. On en sera encore plus convaincu, lorsqu'on verra que, tout en provenant de la volonté, la conscience traduit en même temps le mécontentement de la volonté par une sensation de déplaisir. C'est que la pensée consciente est formée de sensations élémentaires, dont chacune répond à un mécompte particulier de la volonté. L'émancipation de l'idée vis-à-vis de la volonté signifie ici seulement que l'idée consciente, à la différence de l'idée inconsciente, laquelle ne peut exister qu'à titre d'objet réalisé par la volonté (voir plus haut p. 15), peut exister et existe sans être directement appelée à l'existence par la volonté ; qu'elle demeure à l'état de simple idée, par conséquent libre de tout effort pour se réaliser. Mais cela ne doit pas faire oublier tous les autres rapports qu'elle peut avoir avec la volonté, et surtout la possibilité où elle est de devenir elle-même à son tour l'objet de la volonté.

l'avons vu, ne prend par elle-même aucun intérêt à sa propre existence, n'aspire en aucune façon à l'existence; l'idée ne doit l'être qu'à la volonté. L'esprit ne peut donc avoir, conformément à sa nature et avant l'origine de la conscience, d'autres idées que celles qui, appelées à l'être par la volonté, forment le contenu de la volonté. Tout à coup, au sein de cette paix que goûte l'Inconscient avec lui-même, surgit la matière organisée, dont l'action, suivant une loi nécessaire, provoque la réaction de la sensibilité, et impose à l'esprit étonné de l'individu une idée qui semble tomber du ciel, car il ne sent en lui-même aucune volonté de la produire. Pour la première fois « l'objet de son intuition lui vient du dehors. » La grande révolution est consommée : le premier pas est fait vers l'affranchissement du monde. — L'idée est émancipée de la volonté : elle pourra s'opposer à elle dans l'avenir comme une puissance indépendante, et la soumettre à ses lois après avoir été jusque-là son esclave. L'étonnement de la volonté devant cette révolte contre son autorité jusque-là reconnue; la sensation que fait l'apparition de l'idée au sein de l'inconscient, voilà *ce qu'est la conscience*.

Parlons un langage moins figuré. Voici comment je me représente le processus. Une idée apparaît engendrée par une action extérieure. L'esprit inconscient de l'individu s'étonne devant cette apparition d'une idée qu'il n'a pas voulue. Cet étonnement n'est pas le fait de la volonté seule. La volonté est absolument étrangère à la pensée, trop aveugle donc pour l'étonnement et la surprise. L'idée seule ne peut non plus la ressentir : l'idée qui vient du dehors est ce qu'elle est, et n'a aucune raison de s'étonner d'elle-même. Quant aux autres idées, à l'exception de celle-là seule, elles reposent, nous le savons, au sein de l'Inconscient, dans une union indissoluble avec la volonté. L'étonnement doit donc venir des deux côtés de l'Inconscient, de la volonté et de l'idée tout à la fois, c'est-à-dire d'une volonté associée à une idée, d'une idée unie à un vouloir. En second lieu, ce qui dans l'étonnement relève de l'idée est un élément qui doit son existence à un vouloir dont il forme le contenu. Nous devons nous représenter la chose comme il suit. L'idée produite par le dehors agit comme *motif* sur la volonté ; elle provoque un vouloir dont l'*unique objet* est de la *nier elle-même*. Si la volonté que provoque l'idée extérieure s'accordait avec cette dernière, il n'y aurait *pas d'opposition* et par suite pas de conscience. La volonté qui s'éveille ainsi est donc une volonté de contradiction. C'est par l'étonnement que cette volonté toute négative fait connaître sa présence ; que s'annonce l'apparition subite, instantanée de cette volonté opposante. N'est-ce pas le sens habituel du mot étonnement ? La seule différence, c'est que dans l'expérience de l'homme l'opposition qui se produit aussi d'une manière subite n'a lieu qu'entre des éléments *conscients*, tandis qu'elle s'établit ici entre des éléments *inconscients*.

Remarquons enfin que la volonté opposante, en face de l'idée qui vient du dehors, n'est pas assez forte pour réaliser son intention de l'anéantir. Elle n'est qu'une volonté impuissante, incapable d'atteindre la satisfaction qu'elle poursuit : la souffrance l'accompagne donc nécessairement. Tout processus de la conscience est par lui-même associé à une peine ; c'est comme l'irritation que ressent l'esprit inconscient dans l'individu, en voyant s'imposer à lui une idée qu'il doit subir et qu'il ne peut écarter. C'est le remède amer, sans lequel il ne saurait y avoir de guérison, un remède que l'individu boit à chaque moment par doses tellement infinitésimales que la conscience n'en saisit pas l'amertume.

Cette explication laisse toujours subsister une difficulté. Comment est-il possible que la matière, sous la forme des vibrations cérébrales, puisse troubler la paix de l'Inconscient avec lui-même ? La difficulté même est double. Comment la matière peut-elle agir sur l'esprit ; comment l'esprit en général peut-il communiquer avec quelque chose d'extérieur ? Nous retrouvons ici le vieux problème de l'union de l'âme et du corps. Nous ne nous y soustrairons pas comme Kant et Fichte, en faisant du corps une illusion du sujet pensant; ni comme le *matérialisme* en transformant l'esprit à son tour en une apparence extérieure résultant de processus matériels et objectifs. Nous devons envisager la difficulté en face : car pour nous l'esprit inconscient et la matière ont tous deux une réalité incontestable. Déjà au chapitre vii de la 1re partie, nous avons rencontré ce même problème : il s'agissait alors de rechercher comment la volonté peut se réaliser dans le corps, dans les mouvements des muscles. Nous avons affaire aujourd'hui à l'autre face de la question : comment une idée peut-elle être produite dans l'esprit par l'organisme? Le problème consistait à rechercher là comment la volonté peut influer sur les mouvements des centres nerveux; on demande ici comment les mouvements des centres nerveux influent sur l'idée. Là nous expliquions la réalisation de la *volonté* consciente par l'intervention d'une volonté inconsciente (chapitre ii, 1re partie); ici, l'origine *de l'idée* consciente doit être rapportée à la réaction de l'esprit inconscient. Là nous considérions la volonté inconsciente, dont l'action se fait immédiatement sentir aux molécules, comme associée à *l'idée* inconsciente; ici nous devons, pour expliquer la production de la sensation, faire intervenir comme facteur essentiel une *volonté* inconsciente. Dans les deux cas l'action réciproque s'exerce *immédiatement* entre certaines espèces de mouvements des centres nerveux d'un côté, et certaines fonctions de l'esprit *inconscient* de l'autre, pour lesquelles nous savons déjà, par le chapitre iv de la 1re partie, que la volonté inconsciente et l'idée inconsciente sont toujours associées.

Si la matière et l'esprit inconscients appartenaient à deux substances hétérogènes, et depuis Descartes la conscience européenne a été dominée par ce dualisme, on ne comprendrait pas comment s'exerce, entre les processus différents qui s'y rattachent, l'influx physicus que l'on admet. Heureusement nous verrons au chapitre v, 3e partie, que la matière n'est pas au fond autre chose que l'esprit inconscient, dont les représentations ne correspondent qu'à des attractions et des répulsions dans l'espace d'une intensité corrélative et régulière, et dont la volonté se borne à réaliser cette classe limitée de représentations. Si l'on admet à l'avance cette identité substantielle, que nous démontrerons plus tard, on comprend de suite que le commerce de l'âme et du corps ne nous arrêtera plus, comme précédemment, par l'impossibilité de combler l'abîme qui sépare deux substances hétérogènes. La volonté de l'âme dans les représentations, qui forment son contenu, peut aussi bien comprendre des relations locales et des changements entre des rapports d'étendue déjà existants, que le peut la volonté d'un atome cérébral. Les deux peuvent s'opposer l'une à l'autre, et se concilier entre elles aussi bien que le font les volontés d'atomes en conflit. Dans les deux cas la volonté la plus faible cèdera autant de ses prétentions dans le compromis final, que ses forces seront inférieures à celles de son adversaire. Si la volonté, par exemple, veut réaliser un mouvement particulier du corps, elle devra l'emporter de beaucoup en intensité sur les volontés individuelles des atomes cérébraux, qui, pour eux, ne veulent obéir qu'à leurs lois mécaniques : dans ce cas, elle réussira d'ordinaire à se réaliser. Mais là où une volonté de ce genre n'est pas amenée à rassembler ses forces pour l'action, les volontés particulières des atomes cérébraux, mises en jeu par l'excitation que leur communiquent les organes des sens, exerceront une action relativement grande sur la volonté psychique, qui cherche à agir sur l'organisme. En d'autres termes cette dernière, dans son conflit avec toutes ces volontés, devra faire de graves concessions pour arriver à une conciliation ; mais ces concessions ne se traduiront pas de son côté comme du côté de la matière par des phénomènes objectifs dans l'espace. Et cela tient, comme on le verra au chapitre XI, 3ᵉ partie, à cette différence que la volonté psychique n'est pas localisée en un point comme celle des atomes, dont les manifestations dans l'étendue sont dirigées exclusivement suivant des lignes qui, prolongées en arrière, viennent toutes se couper en un même point.

La *matière*, comme un *phénomène objectif et réel* (c'est-à-dire indépendant de l'intelligence qui le contemple), ne peut exister, qu'autant que deux ou plusieurs volontés d'atomes se croisent et se contrarient dans leurs manifestations ; de même la première conscience de la *sensation* comme *phénomène subjectif et idéal* ne peut exister sans le même conflit des volontés. La volonté d'un atome unique, qui existerait solitaire dans le monde, n'aurait aucune existence objective : elle ne pourrait s'objectiver, c'est-à-dire manifester à d'autres son être propre ; et, d'un autre côté, un esprit individuel, qui existerait seul et solitaire dans le monde et affranchi du corps (et c'est là une supposition irréalisable), quelque dépense de volonté et d'idée inconscientes qu'il fît, n'arriverait jamais à se manifester sous la forme subjective de la conscience. Une foule de volontés d'atomes ou d'esprits individuels, qui seraient isolés les uns des autres et incapables de s'entre-choquer et d'entrer en conflit avec leurs vouloirs différents, seraient dans la même condition que cette volonté unique et solitaire. C'est lorsque, dans son expansion au dehors, la volonté rencontre une résistance qui l'arrête ou qui la brise, que se produisent le phénomène objectif de l'existence matérielle et le phénomène subjectif de la conscience. Cette résistance, elle ne la peut éprouver que de la part d'une volonté identique à elle, dont l'action se déplace dans la même sphère que la sienne ; et dont la direction et le but s'opposent dans un certain sens à la direction et au but qu'elle suit elle-même. La communauté de la sphère d'action rend possible la rencontre des deux volontés ; l'opposition des directions et des buts poursuivis permet que la rencontre engendre le conflit, qui aboutit à un compromis déterminé par l'objet de chacune d'elles. Dans cette collision des deux volontés, le recul de chacune est involontaire, et n'est dû qu'à la résistance de l'autre volonté, résistance qui, seule, se fait d'abord sentir et s'impose. Le compromis, qui résulte de cette résistance, ne répond pas au but de la volonté, ni d'un côté ni de l'autre. Il y a donc un contraste entre l'objet voulu et le résultat atteint, comme entre le mouvement centrifuge par lequel débute spontanément la volonté, et le mouvement centripète que la collision lui fait prendre. La volonté, en se brisant contre la résistance de la volonté étrangère qu'elle rencontre, et dans le mouvement centripète que le choc étranger lui fait prendre, ressent une sensation ; et comme elle a éprouvé une contrariété, cette sensation est une sensation de peine. Mais, comme c'est un vouloir déterminé, et porté vers un objet spécial qui a été contrarié, la sensation a une détermination qualitative; elle contient une idée inconsciente et en reçoit son caractère propre (voir chapitre III, 2ᵉ partie). Comme sensation déterminée dans sa qualité, cette sensation constitue un élément de l'idée consciente; et, en ce sens, on peut l'appeler une idée consciente élémentaire. Le prédicat de la conscience est introduit dans la sensation par le contraste indiqué : l'opposition entre le vouloir et l'impression de la résistance répond à ce que je nommais, par un mot emprunté au langage de la vie consciente de l'esprit et appliqué à la vie inconsciente, l'étonnement de la volonté en face de l'apparition d'une idée qu'elle n'avait pas voulue. Peut-être le raisonnement que j'emploie ici contribuera-t-il à faire mieux entendre la chose, et à montrer que les images employées tout à l'heure ne doivent être considérées que comme des images.

La difficulté qui nous a obligé à cette digression n'est pas encore entièrement écartée par ce qui précède. En dépit de l'identité de nature reconnue entre l'esprit et la matière, la seconde question reste toujours sans solution : comment la volonté psychique de l'individu peut-elle agir sur une autre volonté, quelle qu'elle soit, et, en fait, sur les volontés des atomes cérébraux, alors qu'elle n'est même pas en état de communiquer et par suite d'entrer en conflit directement avec les volontés d'autres individus psychiques. Nous devons, ici encore, anticiper sur nos recherches ulté-

rieures; et reconnaître que la possibilité de ces rapports, de
ces conflits serait inintelligible, si les esprits individuels
d'un côté et les atomes matériels de l'autre étaient des substances différentes de nature. On ne la comprend que si
l'on voit seulement dans les uns et les autres autant de
fonctions différentes d'un seul et même être, et surtout
d'un être inconscient. Si cet être était doué de conscience,
cette conscience commune se retrouverait dans toutes les
fonctions dont il s'agit; et la conscience générale, en prévoyant et en pacifiant en quelque sorte le conflit, ne permettrait pas aux consciences particulières de se produire.
Mais sur le fond commun d'une substance inconsciente les
fonctions distinctes trouvent le lien nécessaire à leur action
réciproque, et en même temps un terrain convenable pour
développer leurs consciences distinctes, en se heurtant
pour ainsi dire par leurs extrémités ou leur périphérie. La
substance commune, qui leur sert de racine métaphysique,
permet le commerce des volontés individuelles; mais elle
ne suffit pas à expliquer la communication de certaines
fonctions par leurs extrémités périphériques distinctes. Il
faut encore, pour cela, trouver dans les idées, qui forment
le contenu de ces volontés, l'idée de la sphère commune où
elles doivent se rencontrer, et celle des directions selon lesquelles elles s'opposeront. Cette seconde condition ne se réalise pas dans les rapports qu'ont entre eux les divers esprits
individuels; mais elle se rencontre dans les volontés des
atomes. Dans les idées que les volontés atomiques réalisent
se trouve justement comprise l'idée que leurs communications se feront dans l'étendue : la réalisation de cette idée
produit le seul espace véritablement objectif. Telle est la
raison métaphysique qui fait que les esprits ne communiquent que par l'intermédiaire de leurs corps. Les corps se
meuvent et agissent dans l'espace réel, comme dans une
sphère commune où ils peuvent s'opposer. Les esprits
n'ont pas un rapport direct à cet espace commun de toute
matière; l'espace subjectif, où s'étend la conscience de
chaque esprit, varie de l'un à l'autre, et demeure une

sphère inaccessible et fermée. Il n'y a pas davantage pour les esprits une autre sphère de communication immédiate, analogue à celle que les corps ou plutôt leurs atomes trouvent dans l'espace.

Les conditions qui assurent le contact des diverses volontés, en leur assignant une sphère commune d'action, sont réalisées aussi entre l'esprit et le corps qui lui est uni. Au chapitre ix, 3ᵉ partie, nous verrons que l'esprit individuel ou l'âme d'un corps n'est que la somme des fonctions que l'Un-Tout ou l'Inconscient accomplit dans ce corps organisé. Cet organisme ou cet agrégat d'atomes, avec ses dispositions particulières, est donc le but contenu expressément dans la somme d'idées inconscientes que doit réaliser par ses actes ou ses fonctions la volonté de cet esprit individuel. Il ne peut y avoir dans cet esprit individuel une seule fonction qui ne se rapporte d'une façon inconsciente à cet organisme et ne contienne dans la compréhension de l'idée qui lui est associée la détermination parfaite de certaines parties de cet organisme et de tous leurs changements locaux (comme par exemple de ceux qui sont dus à l'excitation des vibrations cérébrales, correspondant à la formation d'une notion métaphysique). Chaque esprit individuel a donc le pouvoir d'entrer en conflit avec les volontés des différents atomes qui constituent son organisme; mais seulement avec ces volontés, non avec celles d'un organisme étranger. C'est que les idées contenues dans la pensée inconsciente, qui dirige chez lui toutes les fonctions de la volonté, n'embrassent que les rapports locaux des parties de son organisme, non des parties d'un autre organisme. Toute fonction de l'Un-Tout inconscient, qui se rapporte à un autre organisme, appartient à la somme des fonctions qui s'accomplissent dans cet autre organisme, par conséquent à son âme ou à son esprit individuel (1). — Nous avons à peine besoin de rappeler que le conflit des volontés se pro-

(1) Cette conséquence de la doctrine de l'Inconscient donne pour la première fois un sens raisonnable à cette proposition de Spinoza que l'âme est l'idée ou la représentation du corps.

duit sous les deux formes que présente le commerce du corps et de l'âme, aussi bien lorsque l'âme est l'élément qui domine et s'impose, ou lorsqu'elle cède et subit des conditions ; c'est-à-dire soit que la volonté influe sur le corps, soit que l'âme soit passive et doive ses idées aux impressions des sens et du cerveau. Si l'esprit individuel exerce son action sur la volonté des atomes cérébraux, il est juste, et on conçoit que la volonté des atomes cérébraux agisse à son tour sur ce même esprit individuel.

Ces considérations, qui anticipent sur le contenu des chapitres suivants, peuvent servir à faire entendre l'origine de la conscience : c'est là notre excuse pour l'abandon d'une marche plus méthodique. Cette explication de la conscience par l'opposition de facteurs divers dans l'Inconscient n'a encore été présentée, à ma connaissance et d'une manière relativement intelligible, que par Jacob Böhme et par Schelling. Le premier dit (en parlant de la contemplation divine, ch. 1, 8) : « Aucune chose ne peut, sans contrariété » interne, arriver à se connaître elle-même. Ce qui » ne rencontre aucune opposition se répand hors de soi, » sans jamais revenir à soi ; mais ce qui ne revient jamais » à soi comme au principe d'où son être est originairement » sorti ne connaît en aucune façon le fond de son être. » — Schelling dit dans le même sens (*Œuvres*, I, III, p. 570) : « Pour que l'Absolu se manifeste à lui-même, il doit, en » tant qu'objectif, paraître dépendant de quelque autre » chose, d'une chose étrangère. Ce n'est pas l'Absolu lui- » même, mais seulement le phénomène de l'Absolu qui est » ainsi dépendant. »

L'opposition de la volonté et de l'idée s'accuse plus fortement encore par ce fait que l'idée n'est pas le produit immédiat du mouvement matériel, mais est due avant tout à la réaction par laquelle le principe *inconscient de l'âme répond, suivant les lois de sa nature, à l'action matérielle*. Ajoutez encore que l'esprit inconscient de l'individu est forcé, par l'impression qu'exerce sur sa volonté propre et comme à la périphérie de son être la manifestation d'une volonté étrangère, d'entrer lui-même en *action* par la *sensation*. C'est ainsi que naissent surtout les qualités simples des sensations comme le son, la couleur, le goût, etc. De la combinaison de ces éléments se forme la perception sensible tout entière. Enfin les souvenirs, que la reproduction des vibrations cérébrales permet à l'âme d'en conserver, et les abstractions opérées sur ces souvenirs donnent naissance aux idées abstraites. La pensée consciente résulte toujours des vibrations cérébrales qui affectent l'esprit inconscient de l'individu, et provoquent en lui la réaction nécessaire. Toujours les qualités sensibles dérivent de cette réaction; et les éléments qu'elles fournissent servent à la construction du monde de nos représentations conscientes. Si ces éléments provoquent toujours le processus générateur de la conscience et deviennent ainsi conscients, il ne faut pas s'étonner que les combinaisons auxquelles ces éléments donnent lieu soient aussi perçues par la conscience, bien que souvent la nature de ces combinaisons dépende de la volonté elle-même.

Cela nous explique une apparente contradiction. Les idées, disons-nous, qui viennent de la volonté et ne peuvent en conséquence être en opposition avec elle, sont cependant perçues par la conscience. C'est qu'elles se composent justement d'éléments, que la réaction forcée de l'Inconscient contre des impressions extérieures a transformées en idées. La volonté ne peut provoquer une idée consciente qu'en éveillant le souvenir correspondant, c'est-à-dire qu'en reproduisant des vibrations cérébrales antérieures. Avant que l'idée consciente apparaisse, elle doit exister dans la volonté inconsciente, sans doute en dehors de toute forme sensible : la volonté autrement ne serait pas en état de la provoquer. Il faut, en outre, comme moyen d'atteindre le but, que l'esprit individuel ait une idée inconsciente du point du cerveau, d'où les vibrations correspondant au souvenir peuvent être excitées; et il est nécessaire qu'il veuille produire cette excitation. La volonté inconsciente ne peut pas davantage. Pour produire l'idée sous une forme sensible, il faut que la volonté trouve à réagir contre les vibrations cérébrales. Si les vibrations se produisent, et si la réaction de l'Inconscient leur succède, comme toujours suivant ses lois, la conscience de l'idée est alors produite. Il en faut dire autant de la participation de l'Inconscient à la production de la perception sensible, comme nous l'avons déjà observé. Il en est de même, si l'idée consciente forme l'objet d'une volonté qui s'appelle alors volonté consciente; l'idée consciente doit préexister, sous la forme de la conscience, à l'acte de la volonté, qui s'en empare sous cette forme et en fait son objet. L'idée, qui a une fois revêtu la forme de la conscience, ne la perd pas par suite de son union avec la volonté. Les éléments qui composent cette idée, et qui doivent se reproduire, aussi longtemps qu'elle persiste, le font toujours sous la forme de la conscience.

II. — COMMENT LA PEINE ET LE PLAISIR DEVIENNENT CONSCIENTS.

Nous n'avons jusqu'ici parlé que de la formation de l'idée consciente; ce n'est pas que l'idée nous paraisse le seul objet de la conscience. Notre unique raison pour limiter ainsi notre sujet était le désir de ne pas ajouter à la difficulté de l'étude, par une complication prématurée des questions. C'est pour cela qu'au lieu de parler en général de l'objet de la conscience, nous avons traité le problème d'un point de vue plus particulier et aussi plus caractéristique. Mais si notre théorie sur l'origine de la conscience est juste, elle doit s'appliquer à tous les objets possibles. Nous devons être en état d'en déduire logiquement quels principes se prêtent à la conscience, quels principes s'y refusent; il suffit de soumettre successivement les uns et les autres à notre formule. Nous avons à tenter l'expérience sur le déplaisir, le plaisir et la volonté; ce sont, en dehors de l'idée, les seuls objets possibles de la conscience. Ce que nous affirmons à priori comme une conséquence de notre principe doit se démontrer à posteriori par l'expérience. Cette confirmation empirique donnera la preuve du principe, si tout ce que l'expérience offre à nos explications se ramène à ce principe ; mais le principe lui-même nous l'avons trouvé à priori en éliminant toutes les hypothèses inadmissibles, et en n'en gardant qu'une seule parmi les suppositions possibles.

Si, après que le principe aura été démontré, à priori et à posteriori, on me demandait encore de montrer comment et de quelle manière le processus décrit aboutit justement à produire le phénomène interne que notre expérience nomme la conscience, je considérerais cette question comme peu légitime et semblable à celle que l'on ferait à un physicien, si on lui demandait d'expliquer pourquoi les ondes de l'air et la conformation de notre oreille ont justement pour effet la production du son. Le physicien nous apprend et peut seulement nous apprendre que ce qui pour le sujet se traduit par la sensation d'un son, répond objectivement à un processus des mouvements vibratoires. De même tout mon pouvoir se borne à prouver que le phénomène, qui, pour le sujet, s'appelle la conscience, est en soi objectivement un processus, dont les éléments et les conditions sont de telle ou telle nature. Il est impossible de demander davantage à l'expérience ; il serait même déraisonnable d'exiger plus. Pour expliquer la transformation du processus objectif en sensation du sujet, il faudrait se placer à un troisième point de vue, en dehors du sujet et de l'objet, ou, ce qui revient au même, à un point de vue où l'un et l'autre s'identifient. Mais ce point de vue est celui de l'Inconscient, non celui de la conscience, qui repose sur la distinction du sujet et de l'objet.

La sensation peut être un plaisir ou un déplaisir, une satisfaction ou une contrariété de la volonté. Toutes les autres déterminations plus spéciales de la volonté, comme nous l'avons montré au chap. III, 2ᵉ partie, appartiennent au domaine de l'idée. La contrariété de la volonté ne saurait échapper à la conscience. La volonté, en effet, ne peut vouloir être contrariée ; ses déplaisirs résultent donc d'une violence extérieure qui lui est faite. L'étonnement de la volonté, en présence d'un *objet indépendant d'elle-même* qui existe réellement et se fait sentir à elle ; les concessions qu'elle doit faire en partie à la volonté opposante, et le contraste de ce recul avec le but qu'elle poursuivait : toutes les conditions requises pour que la conscience apparaisse sont réunies, et par conséquent la conscience doit exister. L'expérience confirme cette supposition. Rien en effet n'éveille plus directement la conscience que la souffrance, et je parle de la souffrance, indépendamment de toutes les déterminations spéciales qu'elle doit à l'idée.

Mais la sensation du plaisir ou la satisfaction de la volonté échappe par elle-même à la conscience. La volonté ne réalise son objet et n'obtient ainsi la satisfaction poursuivie, qu'autant qu'elle ne rencontre aucune opposition ; aucune contrainte extérieure ne s'exerce sur elle, et rien ne l'empêche de se développer en pleine liberté : elle ne peut donc arriver à la conscience d'elle-même. Il en est tout autrement, lorsque le plaisir est perçu par une conscience, habituée déjà à rassembler et à *comparer* les résultats de ses observations et de ses *expériences*. Les nombreuses contrariétés qu'elle a subies lui ont appris à connaître les obstacles que chaque vouloir est exposé à rencontrer au dehors ; elle sait quelles conditions extérieures sont requises pour que la volonté puisse se réaliser. Aussitôt que ces conditions lui sont connues, et que le succès lui apparaît comme dépendant en partie ou totalement des circonstances extérieures, la conscience du plaisir peut avoir lieu. L'expérience confirme cette théorie.

Les enfants à la mamelle donnent des signes expressifs de souffrance, bien des semaines avant que leur physionomie ou leurs gestes témoignent du moindre plaisir. Les enfants gâtés, dont on fait constamment toutes les volontés, montrent évidemment, lorsqu'ils sont par hasard contrariés, qu'ils ne s'expliquent pas du tout comment leur volonté peut rencontrer une résistance. On a beau multiplier les satisfactions données à toutes leurs fantaisies, ils n'en ressentent aucun plaisir, parce qu'ils n'en ont qu'une conscience très-faible. Le seul plaisir qu'ils paraissent goûter leur vient des satisfactions sensibles (les friandises). C'est que la sollicitude de ceux qui les entourent ne peut ici leur épargner les comparaisons désagréables. Notre observation ne s'applique pas moins aux grandes personnes. Aucun de ceux qui connaissent l'homme ne le mettra en doute. Toutes les satisfactions, qui se renouvellent constamment sans être mélangées de quelques contrariétés, cessent de parler à la conscience, c'est-à-dire d'éveiller en elle la sensation du plaisir, aussitôt que l'on commence à penser que la chose ne peut se passer autrement. Au contraire la plus faible satisfaction cause à la conscience un vif plaisir, si l'on comprend clairement que nous la devons à la faveur des circonstances extérieures, si on se souvient de l'avoir souvent poursuivie en vain.

III. — L'INCONSCIENCE DE LA VOLONTÉ.

En ce qui concerne la volonté, nous l'avons jusqu'ici appelée consciente, quand elle a pour objet une idée consciente, et inconsciente dans le cas contraire. Mais il est facile de voir que c'est là une expression impropre, qui ne se rapporte qu'au contenu du vouloir. La volonté par elle-même est absolument inconsciente, puisqu'elle ne peut être en contradiction avec elle-même. Sans doute plusieurs désirs s'opposent les uns aux autres ; mais le vouloir de chaque moment est la résultante de tous ces désirs simultanés : il est toujours d'accord avec lui-même. La conscience est une propriété accidentelle, dont la volonté enrichit ce dont elle ne se reconnaît pas elle-même comme la cause, et qu'elle rapporte à une cause étrangère, ce qui en un mot est en opposition avec elle. Il suit de là que la volonté ne peut jamais se donner à elle-même la conscience, parce que les objets à comparer et le principe même de la comparaison sont ici identiques. Les deux termes ne peuvent donc différer, à plus forte raison entrer en conflit. La volonté n'arrive jamais non plus à reconnaître autre chose qu'elle-même pour la cause de ses déterminations, ou plutôt cette spontanéité est une apparence que rien ne saurait dissiper : car la volonté est la première réalité, tout le reste n'est derrière elle qu'à l'état de pure puissance, c'est-à-dire non encore réel. — Tandis que la peine est toujours consciente, que le plaisir l'est quelquefois, la volonté ne peut jamais l'être. C'est là peut-être un résultat inattendu ; et cependant l'expérience le confirme parfaitement.

Nous avons déjà vu au chapitre vii, 1ʳᵉ partie, qu'une idée consciente, par elle seule, suffit pour provoquer la volonté inconsciente à un mouvement ou à un acte, alors même qu'elle ne contiendrait aucun motif proprement dit d'agir. A plus forte raison, lorsque l'idée est elle-même un motif, une raison particulière d'agir, le désir inconscient s'éveille nécessairement à sa suite. Quand l'homme a conscience de penser à un mouvement, et qu'il voit ce mouvement se produire ensuite, et qu'il a en même temps la certitude de ne pas subir une contrainte extérieure, il conclut instinctivement que la cause du mouvement réside en lui. C'est à cette cause inconnue et intérieure de son mouvement qu'il donne le nom de volonté. Le concept ainsi formé n'est qu'une application du principe de causalité. Cela n'enlève rien à la certitude instinctive de sa vérité, pas plus que la certitude des objets extérieurs ne souffre de ce qu'ils ne sont pour nous que les *causes externes et inconnues* des impressions sensibles ; ou que la réalité du sujet de la pensée ou du moi intellectuel n'est compromise parce qu'il ne nous est connu que comme la *cause interne et inconnue* de nos pensées. Dans un cas, comme dans l'autre, nous croyons atteindre immédiatement la cause dont il s'agit, parce que ce n'est pas la réflexion, mais un processus inconscient qui nous la fait atteindre. Il appartient à l'analyse philosophique de nous découvrir sous tous ces concepts des essences impénétrables, qui ne se révèlent à notre pensée que par leur causalité ; mais, encore une fois, cette connaissance n'ôte rien à la certitude instinctive que nous en acquérons d'une manière directe et immédiate. C'est ainsi que celui qui écrit croit que le siége de la sensation est placé au bout de sa plume; un peu d'attention lui apprend que la sensation n'est que dans ses doigts : il a été trompé par une application inconsciente du principe de causalité. Mais il ne peut se débarrasser avec cela de l'illusion inconsciente, que produit en lui le sens du toucher. Il réussit toutefois plus tôt dans ce cas à se corriger de son erreur, que lorsqu'il s'agit des illusions psychologiques, qui sont si profondément enracinées chez nous.

Quand l'homme est mis une fois en possession du concept de la volonté de la manière indiquée, et assurément par un processus de la pensée inconsciente, il remarque bientôt que ses idées ne sont pas suivies ordinairement de phénomènes de mouvement, tandis que celles qui contiennent la sensation d'un plaisir ou d'une peine en sont constamment suivies et surtout lorsqu'elles sont accompagnées d'efforts pour retenir ou provoquer l'un et pour écarter l'autre. Il apprend à connaître ainsi par expérience la loi des motifs, en vertu de laquelle toute idée de plaisir éveille un désir positif, toute idée de peine un désir négatif ou aversion. Cette loi est sans exception; tout ce qu'on a dit pour la contester n'est que l'effet d'une erreur. Si, par exemple, l'idée d'un plaisir passé ne fait pas naître le désir et le vœu de le goûter de nouveau, il en faut conclure que ce plaisir actuellement ne serait plus ressenti comme tel. D'autres désirs opposés peuvent encore s'éveiller en même temps et empêcher le premier désir de se produire; il faut alors qu'ils dépensent pour l'étouffer la même énergie que celui-ci aurait eue, à son tour, s'il s'était manifesté. — Après que l'homme a reconnu que cette loi des motifs est sans exception, il conclut que toujours l'idée d'une sensation de plaisir ou de peine est asssociée à un désir; et que, si d'autres désirs ou les circonstances extérieures ne s'opposent pas à la production des actes matériels correspondants, ceux-ci ne manqueront jamais de se produire. Mais tout ce raisonnement est inconscient, comme le précédent. L'homme ne concevait jusqu'ici la volonté que comme la cause de certains effets; il la connaît maintenant comme l'effet d'une certaine cause. Cela lui permet d'en affirmer la présence en lui-même, alors que ses effets, c'est-à-dire sa réalisation matérielle, sont contrariés par d'autres désirs ou par les circonstances extérieures.

L'homme voit encore qu'à la vivacité de l'idée sensible et au degré du plaisir ou de la peine ressentis correspondent l'énergie des mouvements et des actes exécutés, et la durée de l'effort. Il en conclut que le principe, qui relie l'un à l'autre les deux termes du rapport causal, doit avoir une énergie égale à celle de chacun d'eux; et par là il possède un moyen de mesurer la *force* de la volonté. — Les faits analysés suffiraient à montrer que nous n'avons qu'une science indirecte, et à expliquer l'illusion d'une connaissance directe de la volonté; mais ces faits ne sont toujours que des circonstances extérieures de la volonté. D'autres circonstances plus essentielles encore ajoutent aux chances d'erreur de nos jugements sur la volonté. Il n'arrive que très-rarement, en effet, que le désir trouve à se réaliser aussitôt après qu'il a été formé. Il s'écoule toujours un temps plus ou moins long avant l'exécution; et tout cet intervalle est rempli par le sentiment *pénible, bien qu'ordinairement adouci sans doute par l'espérance, de la non-satisfaction, des contrariétés de l'attente, de la privation,* (tension, impatience, vive ardeur, langueur du désir). Tantôt ces déplaisirs de l'attente se prolongent jusqu'à la disparition graduelle du désir; tantôt la certitude de l'impuissance et la ruine de toute espérance causent le mécontentement absolu, la douleur, et le désespoir, si le désir conserve toute sa force sans recevoir aucune satisfaction. Tantôt enfin le contentement et le plaisir viennent couronner les vœux de l'âme. Tous ces sentiments accompagnent ou suivent le désir, et lui doivent exclusivement naissance. Comme la conscience les saisit, ils sont à vrai dire pour elle les représentants directs du désir. Le désir en réalité ne doit être considéré que comme leur cause ; mais, par un effet de l'illusion déjà mentionnée, il semble que dans ces sentiments on saisisse le désir lui-même. De même que le désir en général n'est connu que par les sentiments qui l'accompagnent, ainsi chaque espèce de désirs n'est connue que par l'espèce de sentiments qui lui sont particulièrement associés. Le rapport constant du désir et des sentiments se reconnaît encore en ce point que, pour démêler la nature spéciale du désir, la conscience s'éclaire de la connaissance particulière des motifs qui précèdent ou des actes qui suivent la détermination volontaire. Mais il est clair que l'erreur est possible, si les sentiments qui accompagnent le désir (l'attente et l'espérance en général) sont les seuls signes qui manifestent l'action de la volonté. On est exposé en effet à rapporter ces sentiments à des désirs dont on a déjà l'expérience, mais qui sont tout à fait étrangers au cas dont il s'agit.

Cela se voit dans les instincts et surtout dans celui de l'amour. L'amant ignore le but métaphysique que poursuit l'instinct ; il rapporte faussement la passion et l'espoir qui le consument au désir de ce qui n'est ici qu'un moyen (l'union avec telle personne), et par suite il se promet une félicité toute particulière avec cette personne : aussi la déception lui est-elle très-pénible. Si néanmoins une félicité infinie se rencontre dans l'amour, il n'y a en cela aucune contradiction. L'intuition inconsciente du but métaphysique fait naître un désir infini, qui éveille à son tour l'espoir illimité d'une jouissance sans bornes ; mais la conscience ne peut définir la nature du bonheur qu'elle poursuit et qui ne se réalise jamais. Il faut répéter ici : « l'espoir était tout ton partage ».

Les sentiments qui accompagnent les désirs présentent souvent des caractères tout spéciaux. Ils sont accompagnés de sensations physiques, que les modifications du cerveau, correspondant à ces sentiments, éveillent par une action réflexe dans les centres nerveux voisins. L'emportement provoque l'afflux du sang. La crainte et l'effroi causent l'arrêt du sang, la difficulté de respirer et le tremblement. L'ennui et le chagrin consument lentement la vie par leur influence. La rage impuissante nous étouffe et menace de nous faire éclater. L'émotion fait couler les larmes : il semble que la poitrine et l'estomac se fondent. Le désir nous consume de langueur; l'amour des sens nous enveloppe de ses flammes; la vanité cause au cœur comme des tressaillements. La tension intellectuelle, la réflexion prolongée ou la méditation sont accompagnées de la sensation d'une tension produite par les mouvements réflexes des diverses parties de la peau de la tête, selon les parties du cerveau en travail. La confiance, la fermeté indomptable, la ferme résolution ont leurs contractions musculaires spéciales; le dégoût, ses mouvements péristaltiques de l'œsophage et de l'estomac, etc.

Les sentiments doivent en partie leur caractère au mélange de toutes ces sensations physiques : chacun le reconnaîtra sans peine. Nous avons déjà montré à la fin du chap. III, 2ᵉ partie, que leur nature ne dépend pas moins des idées inconscientes qui les accompagnent. — L'homme croit donc avoir de trois manières une conscience directe de sa volonté parce qu'il saisit : 1° la cause qui la produit: le motif; 2° les sentiments qui l'accompagnent et la suivent; 3° les effets qu'elle produit ou l'acte matériel. Mais sa conscience ne possède réellement ainsi que l'idée du contenu ou de l'objet de la volonté. Il n'est pas étonnant après cela que l'on croie prendre directement conscience de la volonté, et que l'illusion soit si tenace et tellement fortifiée par l'habitude, que la science de l'éternelle inconscience de la volonté ne puisse que difficilement se produire et s'établir solidement dans la conviction. Mais qu'on s'observe attentivement dans quelques cas, et l'on reconnaîtra la vérité de mon assertion. Celui qui s'imagine que la conscience saisit la volonté elle-même n'a besoin que d'un peu d'attention pour reconnaître que la conscience ne saisit en réalité que l'*idée abstraite* : « *je veux* », et aussi l'idée qui répond au contenu de la volonté. Si l'on pousse plus loin l'analyse, on reconnaît que l'idée abstraite « je veux », nous est venue par l'une des trois voies décrites plus haut, ou par toutes les trois à la fois. L'analyse la plus pénétrante ne nous découvre *rien* de plus dans la conscience. Il est encore à remarquer que l'on se fâche (ce que chacun fait), en se voyant obligé de renoncer à une opinion invétérée. On se dit : « Morbleu! je puis pourtant vouloir ce que je veux et quand je veux; je sais bien que je puis vouloir; la preuve, c'est que je veux maintenant. » Mais ce que l'on prend ici pour la perception directe du vouloir n'est que la conscience d'*une sensation réflexe* vaguement localisée, et surtout d'un sentiment d'opiniâtreté, ou simplement d'une conviction fermement arrêtée. L'illusion qui nous fait croire que nous avons conscience de notre volonté vient des causes de la seconde espèce : elle naît des sentiments qui accompagnent le vouloir. On s'en convaincra aisément si on se donne la peine de faire l'expérience.

Enfin j'ai une dernière raison décisive à faire valoir en faveur de la nature inconsciente de la volonté; et la question reçoit ici une solution directe. Chaque homme *ne sait ce qu'il veut qu'autant qu'il connaît son propre caractère;* qu'il est familier avec les *lois* psychologiques qui président aux rapports du motif et du désir, du sentiment et du désir, et déterminent la force des différents désirs; et qu'il sait calculer à l'avance le *résultat* de leur mutuelle opposition, et prévoir la volonté qui en est la résultante. Satisfaire à toutes ces conditions, ce serait l'idéal de la sagesse. Le sage idéal seul connaît toujours ce qu'il veut; les autres hommes savent d'autant moins ce qu'ils veulent, qu'ils sont moins habitués à s'observer, à étudier les lois psychologiques, à mettre leur jugement au-dessus des troubles de la passion, à prendre en un mot la raison consciente (comme cela a été dit au chap. XI, 2ᵉ partie) comme le guide unique de leur vie. L'homme sait d'autant moins ce qu'il veut qu'il se confie davantage à l'Inconscient, aux suggestions du sentiment. Les enfants et les femmes le savent rarement et seulement dans des cas très-simples; les animaux, selon toute vraisemblance, l'ignorent encore bien plus complétement. Si la science de la volonté n'était pas un produit indirect du raisonnement et de l'expérience, mais une donnée directe de la conscience, comme le plaisir, la peine ou l'idée, on ne comprendrait pas du tout comment il arrive si souvent qu'on croie sûrement avoir voulu une chose, et qu'on ne soit convaincu qu'ensuite et par les faits eux-mêmes d'avoir voulu tout autre chose (voir plus haut p. 279 et 280). Lorsqu'il s'agit des choses que la conscience perçoit directement, comme par exemple la douleur, il ne peut être question d'une pareille erreur. Ce que l'on perçoit en soi-même, on le possède réellement en soi, on le saisit immédiatement dans son être propre.

Puisque la volonté en elle-même est inconsciente dans toutes les circonstances, on comprend qu'il n'importe en aucune façon à la volonté, pour que le plaisir ou le déplaisir soient conscients, qu'elle soit associée elle-même à une idée consciente ou inconsciente. Le déplaisir étant en opposition avec la volonté, il est indifférent, pour qu'il devienne conscient, que l'idée, qui forme le contenu de la volonté, soit consciente ou inconsciente; cela pourrait tout au plus avoir de l'influence sur la conscience du plaisir. Si le contenu de la volonté est une idée consciente, il est facile de voir que la satisfaction de cette volonté peut devenir consciente : mais, même avec une idée inconsciente pour objet, il en peut être de même, grâce aux sentiments et aux perceptions qui accompagnent la volonté. Si, dans un nombre de cas n, tels sentiments et perceptions qui accompagnent la volonté ont, un nombre de fois m, eu pour résultat un déplaisir, tandis qu'il en a été autrement un nombre de fois $n-m$, on conclut instinctivement que ces sentiments et ces perceptions sont le signe d'une volonté inconsciente, qui m fois n'a pas été satisfaite, c'est-à-dire a engendré le déplaisir; et l'on en déduit immédiatement qu'un nombre de fois $n-m$ elle doit avoir été satisfaite. Ainsi les satisfactions de la volonté, par suite d'un contraste semblable, peuvent être connues par la conscience, même lorsque le contenu de la volonté échappe à la conscience. Il suffit que cette volonté soit régulièrement accompagnée de certains caractères qui tiennent lieu de l'idée qui en forme le contenu, et représentent cette volonté en soi éternellement inconsciente. Cela peut servir de complément au chap. III, 2° partie, où de telles considérations n'auraient pas trouvé leur place.

La certitude ainsi démontrée de l'inconscience de la volonté en soi jette d'intéressantes lumières sur les efforts toujours renouvelés dans l'histoire de la philosophie, en vue de ramener la volonté à la pensée. Je ne rappelle ici que les plus illustres tentatives en ce genre, celle de Spinoza, et plus récemment de Herbart et de son école. Ces efforts, que Hégel paraît, à un moindre degré, avoir essayés, ne se comprendraient pas de la part d'aussi grands penseurs, si la volonté, qui est, par essence, entièrement différente de l'idée, était une donnée immédiate de la conscience. Mais ils s'expliquent du moment où il est reconnu que ce n'est pas la *volonté* elle-même, mais seulement l'*idée de la volonté* que saisit la conscience. Pour des philosophes, qui se placent au *point de vue exclusif de la conscience*, ces tentatives sont *légitimes et nécessaires*. Car, bien que la volonté n'ait d'existence réelle que dans le domaine de l'Inconscient, on ne la connaît que par ce qu'elle manifeste d'elle-même à la conscience. Il est remarquable que le plus dilettante de tous les philosophes en question, Schopenhauer, se place au-dessus de ces exigences de la pensée logique, et prétende trouver immédiatement la volonté dans la conscience, comme le principe même de l'être individuel. Tandis que la philosophie du sens commun croit percevoir directement les choses à l'aide des sens extérieurs, Schopenhauer, non moins dogmatique, prétend saisir la volonté directement par la perception intérieure. La critique nie l'une et l'autre de ces illusions propres au dogmatisme de l'instinct; mais la science permet d'acquérir indirectement la conscience de ce dont elle refuse à la foi aveugle de l'instinct la connaissance immédiate.

IV. — LA CONSCIENCE N'A PAS DE DEGRÉS.

Notre principe attend encore une dernière confirmation. Si nous avons raison de soutenir que la conscience est un phénomène, dont l'essence consiste dans l'opposition de la volonté à quelque chose qu'elle n'a pas produit et qui se fait pourtant sentir à elle ; qu'en conséquence les seuls éléments de l'idée ou du sentiment, qui peuvent être perçus par la conscience, sont ceux qui se trouvent en opposition avec la volonté, c'est-à-dire avec une volonté qui les repousse ou les nie : il suit de là que la conscience, pas plus que le non ou la négation, ne comporte de degrés. Il ne s'agit pour l'idée ou le sentiment que d'être conscients ou de demeurer inconscients. Si la volonté les approuve, le second cas se produit; si elle les repousse, le premier a lieu. La négation ne comporte ni le plus ni le moins; car la négation est un concept positif, non comparatif. On peut bien nier en partie ou en totalité; mais cette différence ne porte pas sur la négation elle-même, mais seulement sur l'objet de la négation : il n'y a donc pas de degré dans la négation. Si la négation de la volonté n'est que partielle, il en résulte que l'une des parties de l'idée est saisie par la conscience, que l'autre lui échappe. Mais il ne s'ensuit pas que la conscience, comme telle, ait des degrés différents.

L'objet ou le contenu de la conscience peut donc être connu en partie ou en totalité; mais la conscience elle-même doit être ou n'être pas : elle ne connaît pas le plus ou le moins. Sans doute la volonté, dont l'opposition à l'existence de l'objet fait que cet objet est perçu par la conscience, peut présenter bien des degrés, être plus forte ou plus faible. Mais l'énergie de cette volonté, pourvu qu'elle dépasse la limite où cesse l'inconscience, n'a aucune influence sur l'apparition ou non de la conscience ; il s'agit uniquement que le *contenu* de la volonté soit contraire ou conforme à l'objet que la conscience peut saisir. L'énergie plus ou moins grande de l'opposition que la volonté fait à l'existence de l'objet n'ajoute rien à la vivacité de la conscience. Une chose est perçue ou est ignorée par la conscience; elle ne peut être plus ou moins connue par elle. Je vais éclairer cela par un exemple.

Si je veux faire l'aumône à un mendiant, il est évident que ma générosité diffère selon que je lui donne un thaler ou un groschen. Mais cela n'a rapport qu'au contenu plus ou moins grand du don que je fais, nullement à l'énergie de ma volonté : car la volonté peut être égale dans les deux cas, que je me propose de donner soit un thaler, soit un groschen. L'un peut être détourné de son intention par une cause insignifiante, tandis que l'autre persiste dans son intention malgré toute la force des raisons contraires. C'est là ce qui mesure l'énergie de la volonté en soi. De même la conscience perçoit des différences dans son objet; mais, si les conséquences qui se tirent à priori de notre principe sont vraies, il ne peut être question d'une différence de degré dans la conscience elle-même. Si l'expérience était contraire à cette conséquence, notre principe se trouverait indirectement condamné.

Ce qui s'oppose à ce que la vérité empirique de ce principe soit reconnue, c'est qu'on confond le concept de la conscience avec deux autres concepts qui s'en rapprochent beaucoup, celui de l'attention et celui de la conscience de soi.

L'attention nous est apparue déjà bien des fois (voir 145 à 146, 193 à 195 et 303 à 305), comme résultant d'un courant nerveux qui se produit par une action réflexe aussi bien que volontaire, et qui parcourt les nerfs sensibles en se dirigeant du centre à la périphérie. Ce courant sert à augmenter la vertu conductrice des nerfs, surtout lorsqu'il s'agit de transmettre au cerveau les faibles excitations ou les différences peu sensibles des excitations. L'attention consiste donc en vibrations matérielles des nerfs. Elle fait que ces dernières, en se propageant du centre à la périphérie, ne peuvent manquer d'être réfléchies de la périphérie au centre, lors même qu'elles n'auraient rencontré aucune perception extérieure. L'attention occasionne d'ailleurs la tension, dans chaque espèce de sensations, d'une foule de muscles, qui facilitent la perception de l'organe, et finissent par mettre en mouvement certains autres muscles par une action réflexe, tels que les muscles de la peau du crâne. Ces trois effets concourent à transmettre les impressions à l'organe de la conscience par l'intermédiaire des vibrations matérielles; en d'autres termes, l'attention devient ainsi par elle-même *l'objet de la perception et par suite de la conscience*. On peut s'en convaincre, pour peu que l'on ait eu dans le silence de la nuit l'occasion de faire attention à un signal, ou de regarder à l'horizon si une fusée partira. Si la tension musculaire de l'organe sensible disparaît pour la pure idée, la tension réflexe des muscles de la peau de la tête (d'où vient le mot : se casser la tête) s'y fait sentir ainsi que l'effet des vibrations nerveuses. De là vient que l'on perçoit clairement l'effort d'attention qui ne se rapporte pas à un sens extérieur, mais concerne spécialement la vie intérieure de la pensée cérébrale. Chacun peut en faire sur soi-même l'expérience, en cherchant à se rappeler un mot oublié.

L'attention augmente l'irritabilité des parties sur lesquelles elle agit; elle facilite ainsi le réveil des souvenirs, aussi bien que la perception des faibles excitations ou des différences entre les excitations. On ne peut absolument affirmer qu'elle augmente l'amplitude des vibrations : car l'énergie d'une sensation (par exemple d'un son) n'est pas accrue sensiblement par l'énergie plus grande de l'attention. Mais cela peut, et c'est mon opinion, n'être qu'une apparence. On fait abstraction, sans en avoir conscience, de l'énergie croissante de la sensation : ainsi on ne perçoit pas facilement qu'un objet grossit à mesure qu'on s'en approche; et la comparaison de deux ouvertures circulaires, également éloignées de l'œil, n'est pas sensiblement plus facile que celle de deux ouvertures situées à une distance inégale du spectateur. Quoi qu'il en soit, il est certain que, dans chaque impression, nous avons à apprécier deux choses : l'énergie de la sensation, en tant qu'elle dépend de l'excitation, et l'énergie de l'attention donnée à l'objet. La perception doit aux vibrations cérébrales, provoquées par l'attention, un élément qui ajoute à la richesse, à l'étendue de la perception totale. Nous pourrions ajouter que les impressions sensibles, sans un certain degré d'attention réflexe, n'arriveraient pas au cerveau et par suite à la conscience. On en peut dire autant des pures idées du cerveau, et même à plus forte raison.

De même une idée, qui s'élève du fond de la mémoire, est par l'attention rendue plus vive, plus complète. Sans doute le contenu général n'en est pas pour cela changé. Mais, tandis qu'une idée, à laquelle on n'est pas attentif, nous présente tout obscur et confus, pâle et décoloré, et comme méconnaissable par un trop grand éloignement; les contours, les couleurs et le détail de l'objet sont d'autant plus nets, plus vifs, et plus rapprochés que l'attention est plus grande. Cela tient à ce que toutes nos idées dépendent des impressions sensibles, et que les concepts abstraits, s'ils n'en tirent la chair et le sang, ne sont que des squelettes desséchés : or les idées sensibles sont d'autant plus nettes et plus vives que le nerf particulier du sens et l'organe central des sens ont une plus grande part à la perception. Ainsi la perception sensible doit à l'attention un contenu plus riche, parce que, grâce à la conductibilité plus grande des nerfs, les plus petits détails de l'objet y sont transmis au cerveau, et que les vibrations qui accompagnent l'attention sont perçues avec plus d'intensité. Outre les mêmes effets, l'attention ajoute au souvenir la vivacité et la précision de l'impression sensible.

Tenons compte encore d'un effet dont il n'a pas été question : les autres perceptions ne peuvent plus contrarier la perception sur laquelle se porte l'effort de l'attention; et cela est d'une très-grande importance. Habituellement, dans l'état de veille, cette sorte d'excitation générale et involontaire de l'attention, qui se communique à tout le système nerveux de la sensibilité, est naturellement assez faible en chaque point, et n'est accrue dans une direction déterminée que par l'action réflexe d'une excitation énergique. Aussi habituellement l'attention est divisée et dispersée ; et la conscience ne perçoit qu'un mélange infini et confus de perceptions vagues. Que l'attention soit tendue dans une certaine direction, vers un sens, ou seulement vers le cerveau, cela ne peut se faire, étant donnée l'énergie limitée de l'activité totale du cerveau, qu'autant que l'attention portée dans les autres directions est amoindrie. Toute augmentation de l'attention en est donc aussi la concentration, et en prévient la dispersion. Au lieu d'une infinité de perceptions confuses, la conscience saisit maintenant une idée nette ; et toutes les autres perceptions sont réduites à une sorte de minimum. On voit que le contenu de la conscience est devenu par là bien différent ; et cela suffit à rendre compte de l'état nouveau de la conscience : mais il n'y a rien en tout cela qui autorise à admettre que le degré de la conscience ait changé. On comprend d'ailleurs aisément qu'une distinction insuffisante de l'attention et de la conscience puisse conduire à croire que la conscience a ses degrés comme l'attention. Il arrive très-souvent qu'on parle de conscience là où l'on pense à l'attention. Celle-ci peut avoir des degrés, parce qu'elle consiste dans des vibrations nerveuses ; et que, dans ces dernières, l'amplitude de la vibration produit l'énergie de l'impression. Mais la conscience n'a pas de degrés, elle est une réaction immatérielle de l'Inconscient ; cette réaction se produit ou non, mais elle n'a lieu que d'une manière uniforme.

La différence de la simple conscience et de la *conscience de soi* a été déjà esquissée au commencement de ce chapitre. La seconde ne peut naturellement exister sans la première, mais bien la première sans l'autre. Jusqu'à quel point dans la réalité constate-t-on l'absence de la seconde, nous ne pouvons encore le décider, puisque la conscience de la personnalité apparaît d'abord instinctivement comme l'obscur sentiment de soi. Il est certain toutefois que la conscience la plus claire peut se rencontrer avec un sentiment très-faible de la personnalité. Disons mieux, plus la conscience que l'individu a de l'objet est distincte, plus la conscience qu'il a de lui-même est affaiblie. Personne ne peut jouir véritablement d'une œuvre d'art, sans s'oublier soi-même en la contemplant. Ainsi on perd presque entièrement le sentiment de sa personnalité, quand on se plonge dans une lecture scientifique. Si l'on crée une œuvre, et que l'on soit plongé dans une profonde méditation, on devient étranger non-seulement au monde extérieur, mais à soi-même. On ne se souvient plus de ses intérêts les plus sérieux; et parfois, à l'appel soudain de son propre nom, on hésite un instant avant de savoir de qui il s'agit. Pourtant dans de pareils moments la conscience est très-claire; et cela justement parce qu'elle est tout entière attachée à l'objet. L'attention, en effet, atteint alors au plus haut degré de concentration. Cette absorption de l'esprit par l'objet est nécessaire dans tous les cas où la pensée veut produire une œuvre importante. Il faut faire exception pour les questions pratiques qui intéressent l'individu. Ici toutes les fins de la vie entière doivent être comparées et pesées; et la conscience de l'identité de l'individu à travers les moments de sa durée, ou de la personnalité joue alors un rôle considérable. C'est pour la même raison que les natures exclusivement pratiques, qui ne peuvent se détacher d'elles-mêmes, ni de leurs intérêts et de leurs poursuites personnelles, manquent généralement de toute haute aptitude scientifique et artistique.

On voit que la simple conscience et la conscience de la personnalité sont des choses très-différentes, et pourtant on les confond d'ordinaire. On dit par exemple d'un somnambule qu'il a perdu la conscience. Pourtant tout ce qu'il fait dans cet état (poésie, action d'écrire) montre qu'il a une conscience très-nette. Mais il n'a plus une pleine conscience de sa personnalité. Son attention concentrée sur un seul objet est fermée à toutes les autres perceptions qui ne se rapportent pas à cet objet; il n'a par suite aucun souvenir des intérêts ou des objets qui ne s'y rattachent point.

Comme la pleine conscience de la personnalité suppose que le moi a gardé la mémoire de tous les intérêts, de tous les objets qui l'ont occupé précédemment, on la désigne souvent par le nom de *pleine connaissance* de soi-même. Mais, parce qu'on est autorisé à dire que, dans tel moment et dans telle action, un homme ne se connaît plus ou n'a plus la conscience de soi-même, on n'est pas en droit pour cela de soutenir qu'il a perdu toute conscience. En sens contraire, lorsqu'un homme perd ou a perdu la conscience (comme dans l'évanouissement ou l'engourdissement), on dit qu'il ne se connaît plus ou qu'il a perdu la conscience de soi : dans ce cas les mots disent trop peu, dans l'autre ils disent trop. Il est clair, en tout cas, que la conscience de soi a des degrés. Elle est d'autant plus imparfaite que le moi ne perçoit que ses pensées présentes, et d'autant plus parfaite, c'est-à-dire d'autant plus élevée en degré, que sa conscience s'étend aux actes du passé et aux résolutions de l'avenir. La conscience de la personnalité n'est pas, comme la *simple conscience*, une forme pure et vide, mais elle est la conscience d'un *contenu très-déterminé*, du moi; et, puisque la connaissance de ce contenu en détermine et en constitue le *concept*, il suit de là que cette conscience croît ou diminue avec ce *contenu* lui-même. La simple conscience, au contraire, laisse son concept entièrement indéterminé; elle ne demande qu'un contenu, pour se manifester et devenir réelle. En elle-même, elle n'est qu'une *forme vide;* et son concept ne diffère pas de degré, parce que le contenu, auquel elle est entièrement indifférente, change lui-même. Si l'on ne distingue pas, du moins dans ce sens, la simple conscience et la conscience de la personnalité, il n'est pas étonnant que la confusion fréquente des deux concepts conduise à admettre des degrés dans la conscience. L'erreur est encore plus pardonnable, lorsque l'attention et la conscience de la personnalité sont confondues.

Que je sois attentif à un signal avec toutes les forces de ma personnalité, parce que je sais que tout le bonheur de ma vie en dépend, et qu'enfin la détonation d'un coup de fusil éloigné arrive à mon oreille : il est naturel que la conscience que j'ai de la détonation me paraisse plus vive que celle que j'aurais prise, comme simple voyageur, du même bruit. Mais que l'on sépare attentivement les éléments particuliers du phénomène : d'abord la pensée que mon existence future dépend de la perception prochaine ; la pensée que c'est moi qui applique mon attention dans un dessein particulier ; la tension musculaire et la perception de cet effort d'attention ; enfin la vivacité plus grande de la perception sensible, sa netteté plus grande, etc. : il faudra reconnaître que ce qui reste et appartient en propre à la conscience est identique dans les deux cas. Les différences ne proviennent que du contenu présenté à la conscience par le cerveau, en partie de la conscience de la personnalité.

Les erreurs que l'homme commet habituellement, en s'observant lui-même, sont ainsi expliquées. On trouvera moins étonnant maintenant que, dans la conscience supérieure et dans la conscience inférieure, comme on dit, de l'homme et des animaux inférieurs, je ne voie qu'une conscience absolument identique, dont les différences tiennent uniquement à la différence même de son objet. Nous avons vu que les qualités simples des sens, dont se compose toute perception sensible, ne sont que des réactions par lesquelles l'Inconscient répond aux vibrations matérielles de l'organe central (le cerveau, les ganglions, le protoplasma des animaux et des plantes). On comprend que les réactions diffèrent suivant la nature des vibrations. Elles sont d'autant plus fortes et plus vives que les vibrations le sont elles-mêmes ; d'autant plus distinctes dans leurs éléments et plus nettement séparées des autres sensations semblables, que les vibrations sont plus nettes et plus riches elles-mêmes, et qu'elles transmettent plus fidèlement à l'organe central les moindres nuances, qui distinguent les excitations extérieures.

L'œil du limaçon, que l'observation nous oblige de considérer à la lettre comme tenant lieu pour lui des cinq sens, et qui ne lui permet de distinguer qu'entre la clarté et l'obscurité d'une manière générale, ne peut provoquer dans le cerveau de l'animal des vibrations différentes pour la vue, l'odorat, le goût, l'ouïe et le toucher, comme celles qu'on trouve chez les animaux doués d'organes distincts, ni aussi variées pour chaque espèce de sensations. Or ce qui distingue une perception des autres sert aussi à la déterminer ; les perceptions sont d'autant plus indéterminées, que nous descendons plus bas dans l'échelle des animaux. Cette indétermination résulte de l'absence des détails, qui font la différence des perceptions chez les animaux supérieurs. Que l'on supprime les détails dans la perception, *son contenu devient plus pauvre :* car il ne lui reste plus que l'élément *général*, qui se retrouve dans toutes les *perceptions particulières* de la même espèce. L'indétermination de la perception vient de la pauvreté de son contenu : elle est d'autant plus déterminée, plus distincte que ce contenu est plus riche. Nous pouvons dire maintenant en quoi consiste la différence qui sépare des autres une conscience en apparence inférieure. Elle vient de l'*intensité moindre* et de la *pauvreté de son contenu ;* elle tient à ce que *les matériaux* aussi bien *de la perception et de l'idée particulière* que de la *masse entière des idées qu'elle peut embrasser sont plus pauvres.* Si je vois un point lumineux dans une nuit profonde, il m'apparaît parfaitement distinct par le contraste bien déterminé du degré de la lumière et du degré de l'ombre environnante, dont les couleurs s'opposent nettement. Ces distinctions font la richesse propre de cette perception simple. Le limaçon ne voit pas ce point lumineux : ou, si la clarté en est très-intense, il le perçoit comme une faible lueur, mais il ne voit rien de tout le reste : en cela consiste la pauvreté de sa perception.

Ajoutons que le limaçon n'a des perceptions visuelles moins intenses que parce qu'il a une moins grande force d'attention. L'attention est d'autant plus faible dans toutes les autres directions, qu'elle se concentre davantage dans une seule : cela prouve que la somme d'attention, dont dispose un être déterminé, est d'autant plus limitée que son énergie nerveuse est moindre. D'où il suit nécessairement que la force d'attention, dans chaque espèce animale, diminue à mesure que décroît la perfection du système nerveux. Un limaçon aura beau concentrer toute son attention sur un point lumineux, l'attention dont il dispose égale à peine celle que j'apporterais, même étant distrait, à l'observation du même point lumineux. L'organe central du limaçon est inférieur aux tubercules quadrijumeaux où aboutissent mes impressions visuelles, et où ces perceptions s'arrêtent, si les hémisphères sont occupés ailleurs. On voit, par cet exemple pris entre mille, ce qu'est la conscience des animaux inférieurs dans une perception isolée. La conscience est toujours la même que dans tous les autres cas; son contenu est seulement plus faible et plus pauvre.

Cela est encore plus évident, si l'on examine l'opération de la pensée dans la complexité des matériaux qui servent à la comparaison, à l'abstraction, aux combinaisons de l'esprit. Nous avons reconnu tout à l'heure que la perception particulière est toujours indéterminée et pauvre chez les animaux inférieurs : combien ne nous paraîtra pas plus pauvre, dans son ensemble, le savoir empirique auquel ces animaux peuvent atteindre. C'est que l'organe central de la pensée est chez eux incapable de conserver le souvenir des expériences faites, et d'en former, par voie d'abstraction, des idées plus faciles à embrasser (des notions). Il n'est pas besoin d'insister sur ce point. Tout cela justifie cette conclusion de notre principe, à savoir que la conscience, comme telle, est partout identique dans sa forme, et ne diffère que par son contenu. Nous n'avons plus de raison d'attribuer à la conscience des degrés, ainsi qu'on doit le faire pour la volonté, même lorsqu'on fait abstraction de son objet. Le principe a donc reçu ici une dernière confirmation.

V. — UNITÉ DE LA CONSCIENCE.

Une question s'impose à nous, à la conclusion de ce chapitre : Qu'est-ce que l'unité de la conscience? Nous devons naturellement, suivant nos principes, examiner le problème au point de vue empirique. Ainsi nous n'invoquerons pas l'unité de l'âme, en tant que principe de la vie individuelle : nous ne savons encore rien de la substance spirituelle, de son individualité, et de son unité ; et à vrai dire nous n'en pourrions affirmer quelque chose qu'après avoir résolu la question qui nous occupe. D'ailleurs les partisans de l'unité des âmes individuelles admettent que l'unité de la conscience peut se diviser en une pluralité de consciences profondément distinctes et indépendantes les unes des autres, tout en reconnaissant l'unité de l'âme qui sert de commun principe à toutes ces consciences distinctes. Je me borne à rappeler un exemple cité par Jessen dans sa psychologie. Une jeune fille, après un sommeil léthargique, avait perdu toute mémoire, sans que ses facultés intellectuelles et son aptitude pour apprendre eussent souffert en rien. Elle dut se remettre à étudier l'alphabet. Les accès se renouvelèrent ; et, après chacun d'eux, elle perdait la mémoire de tout ce qui s'était passé depuis l'accès antérieur, mais retrouvait le souvenir intact de ce qui avait précédé. Elle devait donc reprendre sans cesse ses études au point où elle les avait laissées, lors de l'avant-dernier accès. Cet exemple nous présente sous une forme complète et frappante des faits que l'on peut observer partout, mais à un degré moindre et incomplétement. Nous ne pouvons donc admettre l'unité de la conscience entre le passé et le présent, qu'autant que, dans le présent, la conscience garde le souvenir du passé, ou du moins qu'autant que la possibilité de ce souvenir persiste entière. A la rigueur on ne doit même parler de l'unité actuelle de la conscience, que lorsque la mémoire du passé existe actuellement : là où ce souvenir n'est que possible, l'unité de la conscience n'est aussi qu'en puissance.

Recherchons encore ce qui constitue un souvenir actuel, et quel est l'élément nouveau que présente l'idée considérée comme *connue*, comme un *souvenir*. Le chapitre VII, 2⁹ partie, ne m'y a découvert qu'un sentiment instinctif dont les éléments analysés sont les suivants : à côté de l'idée principale s'en présente une beaucoup plus faible, que la première provoque, et que j'affirme identique à une autre idée antérieure, d'où elle résulte comme de sa cause. Le lieu et le temps où cette idée antérieure doit être placée peuvent être déterminés par les circonstances que me rappelle la mémoire, et qui ont entouré cette idée.

C'est uniquement la comparaison d'une idée présente et d'une idée passée qui détermine l'unité de la conscience entre deux moments distincts. Cette comparaison n'est possible qu'autant que des deux idées, présentes actuellement à la pensée, l'une répond au présent, l'autre au passé : et cette dernière condition suppose que l'idée actuelle est reliée à une idée antérieure, qui lui est identique, par le lien de la causalité. Puisque, des deux idées, l'une représente le passé, la conscience, dans l'acte indivisible de la comparaison, réunit ensemble ces représentants de la conscience actuelle et de la conscience passée; et perçoit ainsi qu'une seule et même conscience embrasse l'idée passée et l'idée présente. Si j'ai deux idées conscientes, j'ai une conscience différente de l'une et une conscience différente de l'autre. Je n'ai nullement le droit d'affirmer l'unité de ces deux consciences, si je ne puis la démontrer. Mais comme, en rassemblant les deux idées pour les comparer, je réunis les deux consciences en une seule, celle de la comparaison, l'unité de la conscience est ainsi l'objet d'une intuition immédiate. La comparaison est donc la condition sans laquelle l'unité de la conscience serait impossible : sans la comparaison l'unité de la conscience devient impossible.

Nous venons de voir la comparaison, d'où se déduit l'unité de la conscience, porter sur une idée passée et une idée présente, autrement dit, sur deux idées séparées dans le temps ; elle porte aussi sur des représentations distinctes dans l'espace, c'est-à-dire provoquées par des molécules de matière distincte. Un cerveau humain a une certaine étendue, les idées qui se produisent à l'une de ses extrémités sont distantes de plusieurs pouces des idées qui se produisent à l'extrémité opposée. Nous ne doutons pas cependant de l'unité de la conscience cérébrale. La raison en est simple. Dans l'état normal de veille, chaque idée qui se produit à l'une des parties du cerveau peut être *comparée* avec toute autre idée qui naît en une autre partie. Au contraire les idées, qui ont leur siège dans la moelle épinière et les ganglions, par exemple celles que les mouvements réflexes, provoqués par les blessures des intestins, supposent nécessairement, ne sont en aucune façon rattachées par l'unité de la conscience aux idées du cerveau. Chacune de ces idées est l'objet d'une conscience séparée ; aucune comparaison ne permet de réunir ces consciences diverses dans une conscience commune. Les fortes impressions des centres nerveux inférieurs rendent seules possible cette comparaison, et par là constituent l'unité de conscience, que présente le sens général de la vie organique. Tandis que, pour les divers centres nerveux de l'organisme, cette unité de conscience résulte de l'énergie des excitations qu'ils reçoivent, elle ne saurait exister entre les centres nerveux d'individus différents, à moins qu'elle ne soit rendue possible par la réunion de deux organismes en un seul, par l'effet d'une déviation originelle ou par suite de l'union intime de la mère et du fœtus. On trouve, dans de tels cas, que les impressions énergiques sont perçues comme par une conscience unique.

La cause de ces phénomènes se comprend aisément. Dans le cerveau, en dehors des fibres commissurantes spéciales, des fibres innombrables traversent toute la masse et relient intimement chaque partie avec les centres. La moelle épinière est sans doute plus imparfaitement associée au cerveau. Le système sympathique n'est rattaché au cerveau que par le seul nervus vagus. Les individus soudés ensemble peuvent présenter des liaisons plus ou moins accidentelles des cordons nerveux inférieurs; mais entre les individus séparés toute liaison fait défaut. Plus les parties des divers centres nerveux communiquent facilement entre elles, moins il est nécessaire que l'excitation soit énergique, pour que l'excitation de l'un se communique à l'autre, sans être affaiblie ni troublée. Plus, au contraire, les voies qui les mettent en rapport sont longues et laborieuses, plus aussi les obstacles sont nombreux, plus les excitations doivent être énergiques pour se communiquer à d'autres centres, plus enfin elles y arrivent confuses et effacées. Celui qui est habitué à se représenter la complication infinie et cependant harmonieuse des vibrations cérébrales ne s'étonnera pas de voir présenter sous cet aspect les processus nerveux; et d'entendre dire que chaque pensée se produit à une place du cerveau, et est télégraphiée en même temps à toutes les autres places du même organe. La composition anatomique du cerveau, avec ses combinaisons infinies de fibres, ne s'expliquerait pas autrement. C'est la *facilité des communications* entre les molécules nerveuses qui, en fait, est la cause physique *de l'unité* de la conscience : les deux phénomènes se produisent *dans la même proportion*. Nous établissons donc, en principe, que la *séparation des parties matérielles répond à la séparation des consciences*. C'est là une vérité qui se recommande à priori, et que la séparation des individus justifie à posteriori. Tant que la fourmi d'Australie est entière, les parties antérieure et postérieure de son corps n'ont qu'une conscience unique : qu'on la coupe, l'unité de conscience est abolie, et les deux parties s'élancent l'une contre l'autre pour se combattre. — Nous admettons encore que la comparaison des idées, qui ont chacune leur siège à une place différente, n'est possible qu'autant que les vibrations produites à l'une de ces places se transmettent sans être affaiblies ni troublées à l'autre place. Il faut que les deux idées deviennent l'objet de la comparaison pour que les deux consciences qui leur correspondent soient unies dans l'acte comparatif d'une conscience unique, disons mieux, pour que cette union soit par le fait même effectuée. (Quant au principe *métaphysique*, suivant lequel la substance inconsciente de l'âme est partout identique, principe dont il sera pour la première fois question au chap. vii, 3ᵉ partie, nous le sous-entendons naturellement ici. La communication physique des nerfs serait aussi impossible sans ce principe que cette identité sans une telle communication.) Les jumeaux Siamois s'interdisaient de jouer ensemble au trictrac : ils trouvaient cela aussi peu naturel que si la main droite eût voulu jouer avec la main gauche. Les deux négresses, accolées l'une à l'autre par la partie inférieure du dos, qui, au commencement de 1873, se sont montrées à Berlin sous le nom de Rossignol à deux têtes, ressentaient sans doute les impressions opposées qui étaient faites sur leurs extrémités inférieures; c'est-à-dire qu'en dépit de la distinction de leurs deux personnalités, elles avaient une conscience commune et unique pour une certaine classe de sensations. Si l'on pouvait imaginer entre les cerveaux de deux hommes une communication semblable à celle qui relie les deux hémisphères d'un même cerveau, les pensées de l'un et de l'autre seraient perçues par une conscience commune et unique, qui réunirait les deux consciences individuelles. Chacun d'eux serait incapable de séparer ses idées de celles de l'autre : ils ne formeraient plus deux moi distincts, mais n'auraient qu'un seul moi. C'est ainsi que chez moi les deux hémisphères du cerveau sont rapportés à un seul moi.

IV

L'INCONSCIENT ET LA CONSCIENCE DANS LE RÈGNE VÉGÉTAL

Les plantes ont-elles une âme? La question est bien vieille déjà. Elle a été presque partout, en dehors du judaïsme et du christianisme, résolue par l'affirmative. Notre siècle, qui a été élevé sous l'influence de ces deux dernières religions, et n'a rétabli que depuis peu entre l'esprit et les sens le lien qu'avait brisé le christianisme, ne s'est pas décidé sans peine à voir dans les animaux les frères inférieurs de l'homme. Il n'est pas étonnant qu'il n'ait pu encore le résoudre à reconnaître une âme aux plantes : la physiologie, qu'il a acceptée, a pris l'habitude de ne considérer le jeu des fonctions organiques et des mouvements réflexes chez les animaux que comme l'effet d'un pur mécanisme. Fechner a très-bien exposé la question dans l'écrit intitulé *Nanna ou la Vie psychique des plantes*, Leipzig, 1848; la fantaisie tient sans doute une certaine place dans ce livre. Il faut encore consulter sur le même sujet Schopenhauer : *Sur la volonté dans la nature*, au chapitre de la physiologie végétale; et Autenrieth, *Vues sur la nature et la vie de l'âme*. Il ne me reste à présenter ici qu'une courte esquisse, et surtout à mettre en lumière les conséquences si décisives pour la solution de ce problème qui se tirent de la distinction faite entre l'activité consciente et l'activité inconsciente de l'âme. Je suis persuadé que plusieurs de ceux que les démonstrations présentées jusqu'ici avaient dû trouver incrédules, seront, par l'examen séparé de l'inconcient et de la conscience dans les plantes, réconciliés avec la doctrine de l'âme végétative.

I. — L'ACTIVITÉ INCONSCIENTE DANS L'AME DES PLANTES.

On trouve chez la plante, comme chez l'animal, l'activité organique, la force médicatrice, l'activité réflexe, l'instinct et la tendance esthétique. Si tous les phénomènes correspondants sont à considérer chez l'animal comme les effets de l'activité d'une âme inconsciente, comment cesseraient-ils de l'être dans la plante ? De ce que l'activité inconsciente de l'âme végétative n'a pas la puissance de s'élever aux manifestations intellectuelles de la vie animale, de ce qu'elle demeure enfoncée tout entière dans l'organisme, en est-elle pour cela moins une âme ? Les œuvres qu'elle produit ne sont-elles pas aussi parfaites dans leur genre que celles de l'animal dans le sien ? Ne leur sont-elles même pas supérieures ? Elle modifie les matériaux rebelles du monde inorganique et les élève aux formes de plus en plus parfaites de la vie organique : l'animal ne fait que régler et surveiller le processus naturel qui tend à les ramener à leur premier état. Étudions de plus près les diverses fonctions de la plante.

a. Activité organogénique de la plante.

Elle travaille, comme chez l'animal, à réaliser le type de l'espèce. Sans doute rien n'est moins réglé par ce type que le nombre des racines, des feuilles, etc., mais tout y est rigoureusement déterminé quant à la place, à la forme des feuilles, à la fleur et à la structure intérieure de la plante. Le type morphologique est constant et invariable au suprême degré ; et pourtant les détails de sa forme sont assez indifférents à l'accomplissement des fonctions physiologiques. La constance du type particulier n'est donc pas uniquement le simple résultat d'une accommodation intéressée, produite par la lutte pour l'existence. Il faut, au contraire, reconnaître essentiellement dans les types variés des formes végétales la manifestation des idées de l'Inconscient par une sorte d'instinct plastique. De même que, en s'élevant dans la série animale des organismes, on est étonné de rencontrer des ébauches d'organes qui n'ont leur raison d'être que dans les espèces supérieures, nous trouvons dans le règne végétal que l'instinct plastique de la nature inconsciente se plaît à de semblables anticipations. Ainsi les hautes algues ont un axe dont l'un des côtés est couvert d'efflorescences régulières : l'ignorant n'hésite pas à y distinguer une tige, des racines, des feuilles ; mais, suivant les règles fixées par la botanique, les algues sont des plantes sans racines et sans feuilles. Les feuilles de la sargasse sont appelées par le botaniste des « efflorescences foliacées » ; les racines, « des tissus radiciformes » qui n'ont pas à leur sommet de « coiffe radiculaire » : Dieu nous garde de troubler son opinion !

On peut diviser les plantes comme on divise les animaux inférieurs ; et l'on voit chaque fragment jouir de la propriété de reproduire par lui seul le type entier de l'espèce. Pour les plantes encore, comme pour les animaux, la division ne doit pas être poussée trop loin, si l'on veut que la régénération complète soit possible. Chez la plante également, toutes les parties sont dans une mutuelle dépendance les unes vis-à-vis des autres. La partie qui touche au sol fait subir à la matière une première transformation, sans laquelle la partie qui vient immédiatement après ne pourrait accomplir son propre travail. La racine du chêne ne porterait pas un hêtre ; ni l'oignon de tulipe, une jacinthe. Les parties de la plante accomplissent un travail harmonieux. Tout cela ne s'explique qu'autant que la reproduction du type spécifique est le but poursuivi à travers les phases multiples du développement organique.

Si on arrache dans l'hiver une branche à un arbre qui a grandi en plein air, pour la transporter dans une serre chaude, on voit cette branche porter des feuilles et des fleurs, tandis que les autres rameaux de l'arbre se dessèchent. L'expérience nous apprend que ce sont les racines qui aspirent l'eau, dont l'arbre a besoin pour fleurir : il faut donc que la vitalité de la branche détachée ait augmenté, pour que les racines qui l'alimentent ait été provoquées à une aspiration plus abondante. (Voir de Candolle, *Physiologie des plantes*, I, 76.) Jusqu'où s'étend la communication qu'ont entre elles les diverses parties de la plante, c'est ce que nous ignorons. Pourtant les vaisseaux spiriformes nous le font pressentir. Nous ne savons pas mieux, d'ailleurs, déterminer ce qui est dû à l'harmonie des rapports fonctionnels qu'ont entre elles les diverses parties de l'organisme, et ce qui relève immédiatement de l'action et de l'intuition de l'Inconscient, telle qu'elle se manifeste à nous entre les individus qui composent la république des abeilles ou des fourmis.

La reproduction s'opère dans le règne animal et dans le règne végétal suivant des lois identiques : par segmentation cellulaire, par formation de spores ou de bourgeons, par génération sexuelle. La ressemblance est si frappante, surtout dans les premières phases du développement embryonnaire, que les mêmes raisons commandent d'admettre l'influence psychique de l'Inconscient à l'origine de la plante comme à celle de l'animal. Les directions suivies par le développement embryonnaire se séparent très-promptement, sans doute comme le commande la diversité des types à produire. Mais dans les deux règnes le processus organique est une lutte continuelle de l'énergie plastique de l'âme contre la tendance des composés matériels à s'altérer, à se dissocier, à se détruire. Ce n'est qu'en s'opposant constamment à ces processus de dissociation, en renouvelant sans cesse les conditions nécessaires au développement organique, que la matière relativement informe et inorganique est transformée en matière organisée, et que la réalisation d'un degré supérieur du type spécifique peut avoir lieu à chaque moment.

Chaque cellule particulière exécute ce travail. Chaque

partie vivante n'est qu'un composé de cellules vivantes dans la plante comme dans l'animal. La différence, c'est que chez l'animal on reconnaît en moyenne une combinaison, une fusion plus intimes, et par suite des transformations plus actives des cellules; et que la substance intercellulaire, qui est sécrétée et nourrie par les cellules, est aussi plus riche. La cellule est le laboratoire où se préparent les diverses combinaisons chimiques de l'organisme; la séparation et la combinaison des cellules sont les seuls procédés employés par la nature pour produire la forme extérieure. Le travail est dans la plante aussi rigoureusement réparti que chez l'animal entre diverses espèces de cellules: les unes composent tel tissu, les autres tel tissu différent. De même que chez l'animal les cellules donnent naissance aux os, aux muscles, aux tendons, aux nerfs, au tissu conjonctif, aux cellules épithéliales ; ainsi dans la plante les cellules primitives engendrent les cellules médullaires, ligneuses, libériennes, amylacées, etc. Chaque cellule n'absorbe, à travers les parois, que les matières qu'elle peut s'assimiler ; lorsqu'elle en a absorbé d'autres, elle les rejette sans les avoir utilisées. Chaque cellule particulière est le siége de la même circulation de la séve qui se fait dans toute la plante. Il n'y a pas en réalité de vaisseaux ouverts ; et la circulation de la séve se fait par endosmose et exosmose d'une cellule à l'autre : on observe cependant un mouvement ascendant et descendant, une véritable circulation de la séve, analogue à celle du sang dans toutes les parties du corps animal, qui n'ont pas de vaisseaux alimentaires (comme dans la partie caduque du cordon ombilical, dans les os, les tendons, la cornée), ou avec lesquels les vaisseaux alimentaires ne sont pas en rapport direct. Hales coupa un cep de vigne à une hauteur de sept pouces, et fixa un tube à la partie supérieure. A une première expérience, l'ascension de la séve dans le tube au-dessus de la surface de sectionnement s'éleva jusqu'à vingt et un pieds ; à une seconde expérience, la séve souleva de trente-huit pouces une colonne de mercure qu'on avait introduite dans le tube. Hales calcule d'après cela que la force ascensionnelle de la séve est cinq fois plus grande que celle du sang dans l'artère crurale d'un cheval. L'effet que produit, chez les animaux supérieurs, l'action du cœur est dû dans la plante à la force d'absorption de toutes les cellules séveuses agissant de concert. La différence, c'est qu'habituellement les mêmes effets sont produits dans l'animal par centralisation; chez la plante, par décentralisation. L'organisation est monarchique chez le premier; chez la seconde, républicaine. Mais l'absorption cellulaire n'est pas un phénomène purement mécanique; elle suppose plutôt un choix dans la direction et la qualité des matières employées. Sans cela, la circulation et la distribution de la matière alimentaire aux différentes cellules ne serait pas possible.

Les directions que les plantes ou les parties de plantes suivent dans leur développement dépendent en général de la pesanteur et de la lumière. Tantôt ces deux forces agissent de concert; tantôt la plante cherche à présenter sa face transversale à la lumière; tantôt les deux forces se combattent. Les complications qui résultent de là sont encore augmentées par ce fait que certaines plantes doivent se comporter différemment vis-à-vis des deux forces d'où dépend leur attitude, suivant les diverses phases de leur développement, comme lorsque certaines circonstances les ont placées dans une position qui rendrait leur attitude régulière dangereuse pour les nécessités de leur existence. Ainsi Duchartre trouva sur le fond d'une tonne d'eau de nombreux champignons de l'espèce agaric, qui avaient dû croître de haut en bas, mais s'étaient écartés de la ligne perpendiculaire d'au moins 30 degrés. Ceux qui étaient les plus développés, et dont les chapeaux commençaient à s'ouvrir et à s'élargir, relevaient leur stipe en faisant un coude à cinq millimètres de l'extrémité, et rétablissaient ainsi le chapeau ouvert dans sa position normale. Sept échantillons de clariceps qui avaient été introduits au fond d'un tube en verre, dans une position renversée, se comportèrent de la même manière; seulement le stipe ne fit pas ici un coude, mais décrivit un arc de 3 à 5 millimètres. (Voy. *le Naturaliste*, 1870, p. 194.)

Les appropriations organiques ne sont pas dans le monde végétal inférieures à ce qu'elles sont dans le règne animal. Beaucoup de détails, auxquels l'instinct suffit chez l'animal, sont, à cause de la plus grande pesanteur des plantes, réglés à l'avance chez elles par des mécanismes organiques; mais l'activité psychique de l'Inconscient a pu seule les prédisposer. Nous trouvons aussi que la transition entre le mécanisme et l'instinct est si insensible dans les plantes, qu'on est parfois embarrassé pour faire leurs parts respectives.

Nous observons d'abord toute une série de phénomènes qui favorisent l'alimentation de la plante, en lui facilitant l'acquisition de matières animales putréfiées. Les feuilles touffues du chardon à foulon commun, le *Dipsacus fullonum*, forment autour de la tige une sorte de cuvette qui se remplit d'eau lorsqu'il pleut, et où l'on trouve souvent des insectes accidentellement noyés; la même chose se voit dans une plante parasite des tropiques, la *Fillandsia utriculata*. Les sarracenies ont des feuilles qui sont enroulées d'un côté en forme de cornet, et sont en partie surmontées d'un opercule; des cils courts et roides empêchent les insectes qui sont venus boire de sortir du cornet. La *Nepenthes distillatoria* porte en appendice à l'extrémité de son limbe une urne recouverte par un opercule. Elle ferme la nuit l'opercule et distille une eau agréable qui attire les insectes. Pendant le jour, cette eau s'évapore insensiblement par l'urne ouverte. La douceur de l'eau lui est communiquée par la sécrétion d'organes piliformes et glandulaires. La dionée attrape-mouche, *Dionea muscipula*, a chacune de ses feuilles terminée par deux lobes arrondis. Cet appendice est garni de nombreuses petites glandes, et renferme au milieu six pointes et sur ses bords des poils durs. Aussitôt qu'un insecte attiré par la sève se place sur les deux lobes, ceux-ci se ferment brusquement pour ne se rouvrir que lorsque l'animal ne remue plus, c'est-à-dire lorsqu'il est mort. Curtis observa, en plusieurs cas, que la mouche prisonnière était enduite d'une substance visqueuse qui paraissait agir sur elle par décomposition. Les feuilles de la rosée du soleil (*Drosera*) sont garnies de poils sétiformes, très-rouges, qui se terminent chacun par une glande d'où, pendant la chaleur, s'échappe une petite perle de liqueur visqueuse. Cette humeur gluante retient le petit insecte pendant que les poils se replient promptement sur lui, et insensiblement la feuille tout entière se recourbe depuis la pointe jusqu'à sa base (A. W. Roth, *Beiträge zur Botanik*, 1ʳᵉ partie, 1872, p. 60). Cette humeur est en même temps un poison pour les insectes ; elle est même nuisible aux moutons qui mangent les feuilles ; elle remplace donc la promptitude des mouvements qui manque à la plante. Roth trouva souvent à l'air libre les feuilles de la *Drosera* enroulées ; elles contenaient toujours des insectes décomposés en plus ou moins grand nombre. « Qu'on se représente dans une eau marécageuse de petites feuilles utriformes, enroulées de manière à former un cylindre creux dont l'ouverture soit libre, et les bords garnis de fils irritables, piliformes et souples. L'ouverture est destinée à agir sur les petits insectes par l'humeur empoisonnée qu'elle contient ; et la surface interne du cylindre est une véritable pompe aspirante. Qu'un petit insecte ou un petit ver, comme ceux qui habitent les eaux, se pose sur les poils impressionnables : ceux-ci se replient sur lui et le portent à l'ouverture du tube aspirateur ; le poison le tue promptement, et il est aspiré ensuite au fond de la cavité cylindrique formée par la feuille. Telle est l'image que nous pouvons nous faire des feuilles disposées en cornet ou en urne de la sarracène et de la népenthée ; de l'appendice foliacé de la dionée, dont l'irritabilité est si grande ; des poils impressionnables encore, bien qu'à un moindre degré, de la drosère, qui supplée à ce défaut d'irritabilité par la sécrétion d'une humeur empoisonnée. On y reconnaît en même temps les artifices d'un petit animal que son instinct rend admirable, le polype vert d'eau douce, l'*Hydra viridis* » (Autenrieth). Le contact de la bouche de cet animal produit aussi l'effet du poison. Toutes les plantes dont nous venons de parler absorbent par leurs feuilles les corps décomposés des insectes; elles s'en nourrissent et s'en engraissent, comme le montrent les expériences faites sur la dionée.

Le mécanisme de la reproduction dans les plantes n'est pas moins étonnant que celui de la nutrition. Les fleurs droites ont généralement les étamines plus longues que les pistils; c'est le contraire chez les autres. Quand les graines polliniques ne peuvent aisément tomber sur le stigmate, et que le vent ne suffit pas à les y porter, la fleur a recours à l'intermédiaire des insectes. Aussi se revêt-elle des couleurs les plus brillantes pour attirer les insectes, et répand-elle au besoin ses parfums, qui ne se dégagent jamais avec autant de force qu'aux heures de la journée où voltigent les insectes qui conviennent à la fleur. Une liqueur délicieuse se forme encore dans l'intérieur de la fleur; et l'insecte gourmand ne peut résister à l'envie de descendre plus avant pour la savourer. Les poils dont son corps est couvert se chargent du pollen qui se trouvera ainsi porté et collé au stigmate soit de la même plante, soit d'une autre plante que l'insecte visitera. Les asclépiadées et les orchidées attachent le pollen au corps des insectes par une matière résineuse. La fleur de l'*Aristolochia clematitis* est bombée avec une étroite entrée; des cils dirigés vers le bas ne permettent plus de sortir aux cousins, qui se sont une fois introduits par l'ouverture. L'insecte s'agite dans sa prison, jusqu'à ce qu'il ait enlevé avec ses antennes garnies de poils toute la poussière pollinique, et l'ait portée sur le stigmate. Aussitôt que la fécondation est achevée, les poils de la plante se dessèchent et tombent; et l'insecte peut sortir de sa prison.

Si l'humidité agit sur les graines polliniques, elles se développent et crèvent, et rendent la fécondation impossible. Aussi le temps pluvieux est-il très-peu favorable à la floraison du fruit et de la graine. Les moyens qu'emploient les fleurs, pour échapper à l'humidité qu'elles redoutent, sont des plus variés. La vigne, les diverses espèces de raiponce protègent la fécondation sous l'abri formé par les pointes des feuilles qui se rejoignent. Le pavillon (*vexillum*) des légumineuses joue le même rôle. Chez les labiées, c'est la lèvre supérieure de la corolle; chez les variétés de kalyptranthes, c'est le calice operculaire qui protège la fleur. Beaucoup de plantes ferment leur corolle à l'approche de la pluie (c'est là déjà un effet de l'instinct); d'autres la nuit, pour se protéger contre la rosée; d'autres enfin recourbent la nuit leurs pédoncules, en sorte que la face ouverte de la corolle regarde le sol. La balsamine des bois, l'*Impatiens noli me tangere*, cache la nuit ses fleurs entre les feuilles. Pour la plupart des plantes aquatiques, la fructification peut se faire à sec, parce qu'elles ne fleurissent que lorsque leurs tiges ont atteint la surface de l'eau. Le varech, qui est attaché au fond de la mer, fleurit dans les replis de ses feuilles, qui sont bien ouvertes d'un côté, mais s'opposent à l'entrée de l'eau par le gaz qu'elles dégagent. La renoncule aquatique (*Ranunculus aquaticus*), dont les fleurs sont submergées lorsque le niveau de l'eau s'élève, a soin de répandre le pollen hors de l'anthère, lorsque la fleur est encore un bourgeon fermé et rempli d'air. La châtaigne d'eau (*Trapa natans*) vit au fond de l'eau jusqu'à l'époque de la fructification : alors ses pétioles, qui sont réunis en une sorte de rosette, se gonflent et deviennent des vésicules cellulaires remplies d'air, qui permettent à la plante de s'élever à la surface de l'eau. La floraison et la fructification se font alors en plein air : après cela, les vésicules se remplissent d'eau, et la plante redescend au fond de l'eau pour laisser mûrir les graines. Les variétés d'utriculaires atteignent le même but par un mécanisme encore plus compliqué. Leurs racines, divisées en nombreux segments, sont pourvues de nombreuses vésicules arrondies (utricules), fermées par une sorte d'opercule mobile, et remplies d'un mucus plus pesant que l'eau. Ce poids retient la plante au fond de l'eau; mais, au temps de la fructification, le mucus est remplacé par des gaz dont la légèreté spécifique permet que la plante s'élève doucement et vienne fleurir à la surface de l'eau. La plante redescend ensuite au fond, grâce au mucus que sécrète de nouveau la racine et qui chasse les gaz des vésicules. (De Candolle, *Physiologie des plantes*, II, 87.) La vallisnérie est une plante aquatique dont les fleurs sont unisexuées (dioïques), et qui croît touffue au fond de l'eau. Les fleurs femelles ont une hampe très-longue, tortillée en spirale, qui finit par s'allonger et élever la fleur sur l'eau. Les fleurs mâles cherchent à les rejoindre. Leur spathe quadrifoliée s'ouvre en quatre par une tension des parties intérieures, et les organes mâles de la fructification s'en échappent pour flotter librement sur l'eau par milliers. Aussitôt qu'une fleur femelle a été fécondée par le pollen des mâles, la spire qui la soutient se resserre, et le fruit va se développer au fond de l'eau. De même chez la *Serpicula verticillata*, les fleurs mâles sur le point de s'épanouir se détachent des spathes ouvertes et nagent vers les fleurs femelles, et viennent se déposer sur la pointe des sépales et des pétales renversés.

« Une espèce de plante lance artificiellement ses graines lorsqu'elles sont mûres, grâce à l'élasticité des capsules qui éclatent d'elles-mêmes. Les arêtes de l'avoine sont contournées en spirale, et si sensibles à l'humidité que la moindre pluie les développe, et que la graine, lancée en arrière par ce mouvement, est obligée de se cacher en rampant sous la première glèbe et d'aller mûrir sous terre. D'autres graines sont munies d'ailes ou de corolles à plume qui leur permettent d'être portées par l'air. D'autres ont des crochets à l'aide desquels elles s'attachent aux insectes qui passent et se font ainsi transporter en un autre endroit. » (Autenrieth, 151.) Les graines du *Pelargonium* sont, par l'élasticité des barbes spiriformes, projetées à 3 ou 4 pieds loin de la plante. L'humidité allonge les barbes, qui, en se développant par un mouvement de vrille, enfoncent d'abord dans le sol l'extrémité pointue de la graine et lui creusent un trou. Si le temps est sec, les arêtes de la graine, qui agissent comme les barbes d'une flèche, l'empêchent de sortir du sol; et la sécheresse, en la contractant, rapproche l'arête de la graine. Alors, sous l'action nouvelle de l'humidité, le nouveau point d'appui, que l'arête a pris par son extrémité, aide la graine à s'enfoncer davantage en terre. La partie inférieure de l'arête elle-même étant munie de barbes également résistantes, les carpelles peuvent, grâce aux variations successives de la température, s'enfoncer dans le sol comme un tire-bouchon, jusqu'à y disparaître complément.

Beaucoup de graines s'enferment, pour se protéger, dans une solide enveloppe; et, afin que les animaux les mangent et les transportent au loin, en même temps qu'elles trouveront dans leur fiente l'engrais qui leur est nécessaire, elles s'entourent d'une chair savoureuse (comme les fruits à noyau, les raisins, les groseilles à maquereaux, les groseilles rouges); ou se disposent elles-mêmes autour de la chair qui devient comme le noyau du fruit (ainsi les fraises, etc.) Les graines des plantes aquatiques sont habituellement plus pesantes que l'eau, et tombent, par conséquent au fond de l'eau; celles de la plupart des grands arbres sont légères, nagent et sont portées par le vent sur la surface de l'eau dans des régions nouvelles. Le manglier (*Rhizophora mangle*) croît à l'embouchure des fleuves ou sur le bord de la mer, aussi loin que l'eau salée baigne la vase. Il ne peut se développer que sur un espace restreint et les graines doivent croître à côté de l'arbre maternel. Sur le pédoncule de la fleur se développe insensiblement un jet charnu et creux à l'intérieur. C'est de là que la graine, à l'aide d'une tige d'un pouce et demi de long, est poussée dehors à une distance telle qu'au bout presque d'une année elle pend verticalement. La graine elle-même est longue de dix pouces, plus épaisse et plus lourde à son extrémité libre, mais se terminant en forme de poinçon. A l'intérieur de son enveloppe, la graine germe elle-même, et projette déjà une racine considérable. La forme et le poids de la graine font qu'elle enfonce, en tombant dans l'eau et la vase, de 3 à 4 pieds, et pénètre d'un pouce dans le sol, où sa racine déjà formée lui permet de se fixer bientôt. — Ces exemples peuvent suffire pour montrer que l'âme de la plante, dans la construction de mécanismes appropriés dont on ne voit pas toujours la fin, réalise des effets véritablement admirables.

b. Vertu curative de la nature.

Chaque organe, chez les animaux, n'est répété qu'autant de fois qu'il est nécessaire à la conservation de l'organisme tout entier : de là leurs efforts pour remplacer par un autre semblable l'organe perdu. Il est dans la nature de la plante que le même organe soit répété chez elle un nombre de fois illimité : une perte partielle ne menace donc pas d'ordinaire le salut de la plante entière. Il n'y a pas ici de raison pour reproduire à la même place et de la même manière les parties détruites. Il est bien plus facile à la plante de réparer la perte en d'autres places, à l'aide des bourgeons déjà formés. Il y a pourtant des circonstances où la vertu curative de la nature se manifeste dans la plante elle-même. Qu'on enlève à une plante une certaine classe d'organes nécessaires à sa conservation, par exemple toutes les racines. On la verra produire aussitôt de nouvelles racines ou mourir, si elle n'a plus la force de les produire. Le processus de cicatrisation des blessures ou des fractures est le même ici que chez l'animal. Enfin la plante comme l'animal multiplie indéfiniment, pendant toute la durée de sa vie, les manifestations infiniment petites de la vertu curative : car, à chaque moment, la puissance destructrice des forces physiques et chimiques demande à être paralysée et dominée.

c. Mouvements réflexes.

Les physiologistes distinguent le mouvement réflexe et « la simple excitation du tissu contractile ». Ils ont raison, s'il s'agit de déterminer la place où l'excitation s'est changée en mouvement réflexe, et de savoir si le siége de la réaction est la place où l'excitation s'est produite, ou une place différente. Dans un cas comme dans l'autre, le mouvement réflexe consiste essentiellement dans la transformation de l'excitation en un mouvement de réaction. Jamais cette réaction n'est rigoureusement limitée au point excité. Mais que le mouvement s'étende plus ou moins loin, cela ne change rien au principe. Ce qui fait qu'un mouvement de réaction mérite le nom de mouvement réflexe, c'est que les lois générales de la matière ne suffisent pas à en expliquer la production. Là où ces lois sont suffisantes, comme lorsqu'il s'agit de rendre compte de l'élasticité, ou d'une réaction chimique, là seulement on doit nier l'existence d'une action réflexe, dont le principe intérieur ne peut être jamais qu'un principe spirituel et inconscient, et par suite une réaction de l'instinct. Qu'un mouvement réflexe se produise à l'aide des nerfs ou des muscles ou d'autres mécanismes qui les remplacent, cela ne constitue aucune différence essentielle, puisque la matière véritablement active est toujours le protoplasma, qu'il soit libre ou renfermé dans des espèces différentes de cellules.

Si l'on agite l'eau dans laquelle vit un polype, on voit l'animal se replier aussitôt en pelote. Chacun nomme ce phénomène une action réflexe, sans s'inquiéter de savoir si l'avenir saura découvrir, dans la masse uniformément mucilagineuse du polype, des tissus analogues aux nerfs et aux muscles. Mais quand la sensitive (*Mimosa pudica*), effrayée par le pas du voyageur, replie ses feuilles, comment ne verrait-on pas là une action réflexe? Si le pénis entre en érection à la suite du changement que le frottement a opéré dans la circulation du sang, on reconnaît en cela l'effet d'un mouvement réflexe. Pourquoi, chez les plantes, les changements opérés dans la circulation de la sève ne serviraient-ils pas parfaitement à des mouvements réflexes? Les mouvements continus et rapides, auxquels l'animal emploie ses muscles, ne sont pas nécessaires à la plante; et les muscles seraient pour elle un luxe inutile. Chez l'animal, les actions réflexes se reconnaissent à ce signe que la réaction se produit toujours de la même manière, qu'elle vienne à la suite d'une excitation mécanique, chimique, calorique, galvanique ou électrique; il en est de même pour les plantes. On ne voit, au contraire, les mécanismes sans vie répondre qu'à une espèce tout à fait déterminée d'excitations. De fortes secousses électriques détruisent l'irritabilité des plantes, comme celle des animaux. Que l'on enfonce dans le pédoncule d'une épine-vinette une aiguille en communication avec le pôle positif d'une pile galvanique, et que l'on mette le fil du pôle négatif en communication avec un pétale par l'application légère d'une feuille de papier humide : au moment où l'on ferme la chaîne, on voit l'étamine correspondant à la feuille se redresser vers le pistil. Que l'on change les pôles, le courant devient moins énergique. De même les réactions sont plus énergiques chez les animaux, lorsque le pôle négatif est mis en communication avec la périphérie du corps électrisé. Quand on ouvre la chaîne, le courant disparaît, ainsi qu'on l'observe sur les cuisses des grenouilles. D'après Blondeau, le courant continu qu'on produit, en observant les précautions nécessaires, sur la sensitive, réussit aussi peu à provoquer chez elle des mouvements réflexes que sur les muscles d'un animal; au contraire, le courant intermittent d'induction est un excitateur très-énergique. La partie de l'animal qui a été électrisée ne reprend sa position normale que lentement après que l'excitation a cessé : ainsi l'huître ou le polype, qu'on a électrisés, se ferment subitement, et ne se rouvrent que lentement. L'excitation trop répétée émousse l'irritabilité; le repos la rétablit. Enfin l'irritabilité dépend de l'état de santé, de l'âge, du sexe, de la saison, de la température et d'autres circonstances extérieures. Tout cela s'observe chez la plante comme chez l'animal.

Les mouvements réflexes de la *Dionée muscipula* ont été déjà mentionnés. Que l'on place un insecte sur l'une de ses feuilles, les poils qui les recouvrent l'enveloppent aussitôt et le tiennent immobile, et la feuille tout entière s'enroule autour du prisonnier. Une simple excitation à une seule place produit dans cet exemple la participation ou simultanée ou successive de toutes les parties de la feuille à un but commun, absolument comme nous sommes habitués à voir le phénomène se passer chez les animaux. Mais, au lieu de la direction en quelque sorte monarchique d'un centre nerveux, nous trouvons ici la solidarité républicaine et la participation harmonieuse de toutes les parties. Le travail est plus centralisé et par suite plus semblable à ce qui se voit chez les animaux, lorsqu'il est accompli par les feuilles, les étamines, etc., là où le foyer de la réaction se trouve dans les articulations auxquelles ces parties sont attachées.

Dans beaucoup de fleurs les étamines, arrivées à la maturité, s'inclinent d'elles-mêmes lentement sur le pistil. Chez quelques fleurs il existe une articulation qui, sous l'excitation d'un insecte, précipite l'étamine vers le stigmate. Chez d'autres encore, le pistil, enroulé sur lui-même, est irritable et s'allonge à la première excitation ; et, dans son mouvement, ramasse le pollen des étamines. La *Mimosa pudica* a des feuilles bipennées ; et les folioles et les nervures, le pétiole commun, et même le ramuscule ont chacun leur mouvement propre. Si l'on porte avec précaution, en évitant toute secousse, un corps fortement acide sur une foliole, toutes les feuilles voisines se ferment successivement. Suivant Dutrochet, cette transmission sympathique se propage avec une rapidité de 8 à 15 millimètres par seconde dans les pétioles ; mais n'est que de 2 à 3 millimètres dans le pistil. On voit ici la conductibilité en acte. Le même effet se produit si l'on brûle lentement une foliole. Les feuilles se replient les unes sur les autres beaucoup plus loin que l'effet de la chaleur ne peut se faire sentir. Brücke et après lui Bert ont démontré que, dans cette plante merveilleuse, les mouvements spontanés, qui consistent dans un mouvement d'ascension ou d'inclinaison des pétioles, suivant les moments de la journée, sont bien différents des mouvements qui suivent une excitation extérieure ; car la propriété qu'ont les plantes d'exécuter ces derniers est annulée par les vapeurs d'éther, qui paralysent également le système nerveux des animaux, tandis que les mêmes vapeurs n'empêchent pas les mouvements de la première espèce de se continuer. Il n'est pas douteux que les mouvements quotidiens d'ascension ou d'inclinaison reposent sur les changements réguliers survenus dans la circulation de la sève; mais par quelle cause la tension des renflements supérieurs et inférieurs que présentent les pétioles est-elle modifiée sous l'action d'une excitation extérieure? On n'a pu encore l'établir directement pour la sensitive, mais bien pour les étamines de l'épine-vinette, dont il a été question plus haut. Ici, comme dans presque toutes les parties des plantes, les diverses parties des tissus ont une tension opposée : l'épiderme tend à raccourcir l'étamine ; le protoplasma, qui se trouve sous l'épiderme, tend au contraire à l'allonger. Qu'une excitation appropriée agisse à l'intérieur de l'étamine, le protoplasma se contracte; l'équilibre des tensions contraires, qui existait auparavant, se trouve rompu en faveur de l'épiderme ; ce dernier est maître de satisfaire sa tendance contractile, et réussit à incliner l'étamine. L'action, qui rompt l'équilibre des forces préexistantes, est ici une contraction du protoplasma, comme dans les animaux inférieurs ou les muscles des animaux supérieurs.

Il est impossible de méconnaître l'analogie profonde que présentent les actions réflexes des animaux et des plantes. Les différences sont déterminées par la structure générale des organismes, et les fins particulières auxquelles doit servir chacune de ces réactions. Lorsqu'on a une fois reconnu dans les mouvements réflexes des animaux les dernières manifestations de la nature psychique, on ne peut s'empêcher d'attribuer aux plantes aussi ce principe spirituel et inconscient, de même qu'on doit l'accorder à toute partie de l'organisme animal qui se montre encore capable d'exécuter des mouvements réflexes.

d. L'instinct.

Nous avons vu dans le règne animal que l'instinct, l'activité réflexe et la force organogénique sont inséparables. Il est encore moins facile de les distinguer dans le règne végétal. D'un côté, les moyens de locomotion sont si défectueux dans la plante, que la force organique a dû recourir à des mécanismes intelligents pour réaliser le but que les animaux atteignent par des mouvements instinctifs (qu'on songe à l'accouplement et à la translation des graines). D'un autre côté, la conscience se dérobe chez les plantes à une telle profondeur, que la différence y est imperceptible entre les excitations auxquelles répond le mouvement réflexe, et les motifs qui guident dans les plantes l'acte instinctif. Nous trouvons pourtant encore des traces assez reconnaissables de ce que nous appelons instinct dans le règne animal. Un polype se porte instinctivement de la partie obscure du vase où il séjourne vers la partie qu'éclaire le soleil. Si les oscillaires en font autant, si le tournesol se rompt presque le cou pour diriger sa face vers le soleil, pourquoi ne verrait-on pas là l'effet de l'instinct? Dutrochet raconte dans ses recherches, page 131 : « Je vis que, si on couvre avec une petite planche la face supérieure de la feuille d'une plante qui se tient droite en plein air, cette feuille cherche à se dérober à cet abri par des moyens qui varient et paraissent toujours les plus propres et les plus prompts pour le but qu'elle poursuit. Tantôt le pétiole fait un coude de côté, tantôt il se courbe sur la tige. »

Knight observa qu'une feuille de vigne, dont la lumière du soleil éclairait la face inférieure, et à laquelle il avait fermé toute voie pour prendre la position naturelle, faisait tous ses efforts pour présenter à la lumière la face supérieure, qui lui sert à respirer. Après avoir pendant quelques jours tenté de se rapprocher de la lumière dans une certaine direction et avoir recouvert presque toute sa face inférieure en retournant ses lobes, elle s'étendit de nouveau et s'éloigna de la fenêtre pour se rapprocher de la lumière dans une direction opposée (Treviranus, *Beiträge*, 119). Récemment, Franck (*Die naturl. wagerechte Richtung, etc.* Leipzig, 1870) a confirmé le même fait en l'étendant à une foule d'autres plantes. Il est remarquable selon lui que ce mouvement se fasse toujours par la voie la plus courte : la feuille tantôt s'élève, tantôt s'abaisse, tantôt se tourne à droite, tantôt à gauche. Le merveilleux de la chose n'est pas diminué parce que les feuilles et les pétioles perdent cette faculté après que leur croissance est complètement achevée, sauf quand ils sont munis à la base du pétiole de renflements pulviniformes particuliers, à l'aide desquels ils peuvent en tout temps reprendre ces dimensions changeantes, qui, pendant la période de croissance, doivent être considérées comme les perturbations relatives de leur développement. — Dutrochet couvrit avec une planchette la foliole extrême d'une feuille de févier trifolié (*Phaseolus vulgaris*). Comme le pétiole secondaire était trop court pour permettre à la feuille d'échapper à l'ombre, la feuille, pour atteindre ce but, recourba le pétiole commun; mais à l'ombre elle ne cherchait pas à éviter la planchette. « Quand on considère, dit le naturaliste, tous les moyens qu'emploie la plante pour atteindre à son but, on est tenté de croire qu'elle est gouvernée en secret par une intelligence qui choisit les moyens les mieux appropriés au but. » L'évidence des faits arrache au naturaliste l'aveu d'une vérité qui lui est incompréhensible parce qu'il ne sait pas que l'âme a une activité inconsciente. Nous n'avons pas affaire ici à une simple action réflexe répondant à une excitation, on le voit facilement : car c'est justement l'absence de l'excitation nécessaire que la plante cherche à éviter.

On connaît les phénomènes du sommeil des plantes, pendant lequel les plantes tantôt s'inclinent, tantôt se replient, et où les fleurs penchent leurs têtes ou se ferment. Ces phénomènes ont été déjà mentionnés en partie, et s'expliquent par le besoin de protéger contre la rosée de la nuit les graines polliniques. Mais l'inclinaison des pédoncules n'est pas seulement l'effet de l'assoupissement : on peut s'en convaincre facilement. On trouve au contraire les pédoncules, dans ce reploiement sur eux-mêmes, plus tendus, plus élastiques. La *Malva peruviana* forme, en dressant ses feuilles autour de la tige ou autour de la pointe des ramuscules, une sorte d'entonnoir à l'intérieur duquel les jeunes fleurs ou les jeunes feuilles sont protégées. La balsamine des bois, l'*Impatiens noli me tangere*, tresse avec ses feuilles supérieures inclinées un berceau pour protéger les jeunes pousses ; quelques autres plantes enveloppent les fleurs en rapprochant les folioles de toutes les feuilles réunies. Les périodes du sommeil et de la veille sont aussi variables pour les plantes que pour les animaux. Quelques-unes de nos plantes se guident sur le soleil, d'autres ont des heures déterminées, qu'elles observent exactement, quel que soit le climat sous lequel elles se trouvent transportées, qu'elles soient en hiver ou en été. On voit par là que ces mouvements périodiques sont indépendants en partie des excitations extérieures, et déterminées purement par les dispositions internes des plantes : ce sont donc des fonctions que l'instinct gouverne.

Beaucoup de plantes inclinent pour la fructification l'étamine vers le pistil, répandent le pollen et reprennent leur position. Chez d'autres, le pistil se tourne vers l'étamine ; il en est enfin où ils se portent mutuellement à la rencontre l'un de l'autre. (Treviranus, *Physiologie des plantes*, II, 389.) Les anthères du *Lilium superbum*, de l'*Amaryllis formosissima*, du *Pancratier maritime*, se rapprochent successivement du stigmate. Elles se courbent tour à tour vers le style dans la *Fritillaire persica*. Dans la *Rhus coriaria*, deux ou trois étamines se dressent en même temps, décrivent un quart de cercle, et portent l'anthère tout près du stigmate. Les saxifragées *tridactylites, muscoïdes, aizon, granulata et cotylédon* inclinent simultanément vers le stigmate les deux étamines opposées, qui s'écartent, après avoir répandu leur semence, pour faire place à d'autres. Chez la

Parnassia palustris les organes mâles se tournent vers les organes femelles dans l'ordre même où la poussière pollinique mûrit : promptement et en un seul mouvement lorsqu'ils approchent du stigmate, et en trois mouvements lorsqu'ils s'en éloignent après la fécondation. La capucine (*Tropæolum*), lorsqu'elle est en pleine floraison, redresse l'une après l'autre ses étamines qui sont d'abord penchées, et les incline de nouveau, après que les anthères ont répandu le pollen sur le stigmate, pour faire place à d'autres. On ne peut souhaiter d'exemple plus frappant d'une action instinctive. Le motif de l'action, c'est la présence du stigmate et la maturité de la poussière pollinique ; mais l'ordre de l'approche, la manière dont les étamines se meuvent successivement, manifestent aussi clairement une volonté que tout autre mouvement des animaux.

On ne saurait trop admirer les mouvements que l'instinct fait exécuter aux plantes grimpantes. (Voir Mohl, *Über das Winden der Ranken.*) Ces plantes croissent d'abord en partie par un mouvement ascendant et perpendiculaire. Leur tige se courbe ensuite pour prendre la direction horizontale, décrire des cercles et chercher un point d'appui dans le voisinage : semblable à la chenille sans yeux, qui décrit un cercle avec sa partie antérieure à la recherche d'une nouvelle feuille. Plus la tige s'allonge, plus ces cercles s'étendent naturellement : car, si la plante ne trouve pas près d'elle l'appui qui lui est nécessaire, elle va le chercher au loin. La tige finit par ne plus pouvoir supporter son propre poids, elle tombe sur le sol et rampe dans le voisinage. Quand elle a rencontré l'appui cherché, elle pourrait ne pas s'en apercevoir ou trouver plus commode de ramper sur le sol et de ne pas s'élever en l'air. Mais l'expérience montre qu'elle saisit aussitôt l'appui qui s'offre à elle, et recommence à le gravir en spirale. Et la plante fait encore ici preuve de choix. Les cuscutes (surtout quand elles sont jeunes) ne s'enroulent pas autour des plantes mortes ou de supports inorganiques ; elles ne s'enlacent qu'autour de plantes vivaces, au sommet desquelles elles semblent impatientes de grimper : car leurs racines fixées au sol ne tarderaient pas à mourir, et il leur faut chercher leur nourriture et l'extraire avec leurs suçoirs de la plante qu'elles entourent. Quand elles l'ont épuisée ainsi, elles s'en détachent et cherchent à s'enrouler autour d'autres plantes. Toute plante grimpante se porte de sa nature à gauche ou à droite. Que l'on détache un jeune liseron (*Convolvulus*) du corps qui lui sert d'appui, et qu'on essaie de l'enrouler dans un autre sens, il revient à son mouvement primitif de spirale, ou meurt s'il ne peut le reprendre. N'est-ce pas ce que nous avons vu dans l'instinct? Mais si deux plantes de ce genre, privées de soutien étranger, s'enlacent réciproquement et s'élèvent ainsi l'une autour de l'autre, on voit l'une des deux renoncer volontiers à la direction naturelle de ses circonvolutions pour faciliter cet enlacement réciproque. (*Parmer's Magazine*, reproduit dans le *Times* du 13 juillet 1848). Ainsi, plutôt que de céder à la violence qu'on lui fait pour changer ses habitudes, la plante préfère mourir; mais, aussitôt que ce changement a sa raison d'être, elle s'y prête d'elle-même. L'aptitude de l'instinct animal à varier ses procédés se manifeste ici en pleine lumière.

e. L'instinct esthétique ne peut être ici l'objet d'une longue démonstration. Je considère comme évident, pour le règne végétal, que tout être se donne toute la beauté que comporte la fin particulière de son espèce, et que permettent les matériaux rebelles dont il dispose. Les végétaux les plus puissants comme les plus humbles, le chêne magnifique ou la mousse microscopique, l'ensemble ou le détail des plantes, les forêts vierges avec leur parure brillante, ou les sapins modestes, tout confirme cette vérité.

Nous avons donc retrouvé dans le règne végétal les cinq propriétés par lesquelles s'était manifestée à nous l'action de l'Inconscient dans le règne animal. Nous ne sommes plus en droit de refuser à la plante la volonté et la pensée inconscientes. Si nous ne trouvons pas dans les plantes de manifestations plus hautes de la pensée, nous ne devons pas nous en étonner. Le règne végétal, dans les parties et dans l'ensemble, n'a pas d'autre fin que de préparer au règne animal le sol, la nourriture et l'atmosphère. Il faut sans doute reconnaître qu'indépendamment de cette fin le principe créateur agit dans le règne végétal à sa manière et librement.

§ II. — LA CONSCIENCE DANS LES PLANTES.

Les conclusions de l'étude que nous venons de faire étaient faciles à prévoir et n'exigeaient pas, pour être trouvées, beaucoup de pénétration. Il est plus difficile de décider si les plantes ont aussi une conscience.

Le dissentiment sur la nature animale ou végétale de certains êtres est aussi vieux que la science elle-même, et l'on n'est pas plus aujourd'hui qu'au temps d'Aristote en état de résoudre le problème, pour cette raison que la question n'est pas susceptible d'être tranchée simplement dans l'un ou l'autre sens. En tant qu'êtres organiques, les animaux et les plantes ont certaines propriétés communes ; ils diffèrent par d'autres propriétés relatives à leurs destinations diverses dans l'économie de la nature. Mais, comme tous les phénomènes de la vie peuvent se ramener à une forme tellement simple que leurs caractères distinctifs se réduisent plus ou moins à rien, et qu'il ne subsiste plus essentiellement que leurs propriétés communes ; de même les différences entre l'animal et la plante doivent tendre à s'effacer à leur tour, et il est absurde de persévérer dans une polémique qui, par sa nature, doit rester sans résultat. L'observation microscopique a été poussée tellement loin que, s'il existait un critérium certain pour la distinction des plantes et des animaux, il n'aurait pu échapper à l'œil de l'observateur, et la question serait vidée depuis longtemps. Mais le fait qu'aucun des systèmes en présence ne sait fournir de critérium généralement reconnu prouve bien que l'on est loin de se faire une idée claire du sujet sur lequel on discute. Si l'on prenait les faits avec impartialité, il en ressortirait tout simplement que l'on a renfermé dans des limites beaucoup trop étroites le domaine des propriétés communes aux deux règnes; que la différence entre les animaux et les plantes est bien moindre qu'on ne l'a cru jusqu'à présent; et qu'enfin cette différence devient seulement dans les formes élevées assez éclatante pour ne permettre à personne de la méconnaître. Dans ces derniers temps, cette manière de concevoir a de plus en plus gagné du terrain dans le monde savant. On en trouve l'expression la plus complète dans l'essai de Hæckel pour établir antérieurement aux deux règnes des végétaux et des animaux un troisième règne, le règne *protiste*. Mais peut-être ce savant a-t-il attribué à ce règne des limites trop larges, et son critérium de la propagation asexuelle pourrait bien être insoutenable : car, si la génération sexuelle est commune aux animaux et aux plantes, cela ne s'explique que par une origine commune, c'est-à-dire parce qu'elle existait antérieurement dans le règne protiste. La tentative de substituer des déterminations précises aux limites naturellement vagues qui séparent le règne protiste d'un côté et les deux règnes des végétaux et des animaux de l'autre, serait donc tout aussi vaine que les essais antérieurs relativement aux deux derniers.

Cette manière de voir est aussi la seule qui puisse être acceptée par la géologie. Tandis qu'aujourd'hui la création de la terre ne subsiste que par l'équilibre des productions des deux règnes des animaux et des plantes, il est évident que la première pierre fondamentale de la nature organique n'a pu être posée qu'avec des êtres qui renfermaient cet équilibre en eux-mêmes et se trouvaient par conséquent sur la limite entre l'animal et la plante. Parmi ces êtres merveilleux, un des plus importants, auquel l'histoire de la terre rapporte la formation de la craie, a été mis en lumière par les récentes explorations de la mer, et est appelé *Bathybius*. C'est encore aujourd'hui une énigme que d'expliquer de quelle manière peut se nourrir et prospérer, sans le secours d'aucun rayon de lumière, cette masse gélatineuse et visqueuse, parsemée de grains de protoplasma qui remplit le fond de la mer et sécrète même des coquilles microscopiques de craie (*Coccolithes*). C'est en partant de ces commencements obscurs qu'a pu se réaliser avec le progrès le développement en différents sens. Alors naquirent des animaux marins qui se nourrissaient de ces *protistes* indifférents (polypes, etc.); et, pour former contre-poids à ces animaux, les premiers degrés des formes végétales distinctes devinrent possibles. Plus la population des deux règnes augmenta, plus devinrent considérables les moyens de nutrition pour les classes supérieures d'animaux; et plus, en même temps, des classes plus élevées de plantes purent subsister des produits vivants ou morts de ces animaux. Ainsi le développement se fit toujours à pas égaux dans les deux règnes, comme nous l'apprend la géologie, puisque dans chaque règne les degrés inférieurs précèdent toujours, en général, les degrés supérieurs. On doit en conclure que le règne végétal et le règne animal ne sont pas, en somme, des domaines subordonnés, mais coordonnés de la création; et si le règne animal, s'appuyant sur un plus haut développement de la conscience, a droit à être placé au-dessus du règne végétal, c'est uniquement parce que ce dernier, supérieur à lui au point de vue de la production organique, élabore les matériaux, à la consommation oisive desquels l'animal doit sa conscience supérieure. Or, si le fait de consommer des matériaux qui ont été formés dans un organisme étranger, suffit pour définir le parasitisme (car l'habitation du parasite est indifférente: que l'on pense par exemple, aux punaises de chambre), on peut appeler le règne animal, dans son ensemble, un parasite du règne végétal. A ce point de vue, le règne animal est semblable à la grande classe des champignons, qui, bien que jusqu'à présent comptés au nombre des plantes pour des raisons morphologiques, ne sont en réalité que des parasites des plantes. Il leur manque notamment cette « pierre philosophale » des plantes, ce secret à l'aide duquel le végétal transforme la matière inorganique en organique, la chlorophylle ; ils sont par conséquent, destinés, comme le règne animal, à consommer une matière organique toute préparée.

Toutefois ce contraste de la production et de la consommation ne doit pas être pris dans ce sens rigoureux, que la plante ne fasse que produire et que l'animal ne fasse que consommer. Nous voyons aussi dans chaque animal des procédés, soit de perfectionnement de la matière reçue (par exemple, la formation de la graisse cérébrale), soit de pure transformation sans changement rétrograde, soit de décomposition et de recomposition dans le travail de la digestion et de l'assimilation ; d'un autre côté, nous voyons dans chaque plante une consommation à certaines places de produits qu'elle-même a élaborés à d'autres places (tel est le procédé des fleurs, leur absorption d'oxygène et leur sécrétion d'acide carbonique). Dans la levûre, les champignons et quelques autres végétations monocellulaires, nous trouvons même une merveilleuse ambiguïté, en ce sens que ces êtres tirent de l'ammoniaque l'azote nécessaire à leurs productions organiques, mais qu'ils ne peuvent emprunter leur carbone qu'à des combinaisons supérieures et ternaires. Des deux côtés, par conséquent, il ne peut être question que de plus ou de moins : chaque animal est en partie de nature végétale ; chaque plante en partie de nature animale. Là où l'une des deux espèces de caractère domine clairement, on nomme le tout d'après ces caractères ; mais là où toutes deux se font contre-poids, la dénomination d'après l'une d'elles seulement devient difficile, sinon inadmissible. Nous ne trouverons pas étonnant qu'un seul et même être présente pendant une partie de sa vie une constitution principalement végétale et pendant une autre partie une constitution éminemment animale ; à ces degrés si rapprochés du point d'indifférence, ce n'est pas une plus grande métamorphose que celle des insectes, des grenouilles ou des poissons. Sans doute, celui qui attribue des âmes aux animaux, mais ne voit dans les plantes que de vides agglomérations sans âmes, devra être complétement dérouté par cette instabilité des limites des deux règnes et cette facilité de sauter de l'un à l'autre. Pour nous, nous verrons seulement, et dans les considérations qui précèdent et dans ces faits, une preuve de plus pour affirmer que les plantes et les animaux ont beaucoup plus de points communs que notre époque n'est habituée à le supposer.

En ce qui concerne la forme générale extérieure, les plantes perdent à leurs degrés inférieurs leur type foliifère et prennent des formes simplement articulées ou arrondies, plus ou moins définies (par exemple, les conferves, les champignons). Chez les animaux inférieurs, au contraire, on trouve des ressemblances frappantes avec des formes végétales supérieures. « Quelques-uns (les animaux du genre des coraux) croissent comme des feuilles enroulées les unes sur les autres, semblables à une tête de choux; d'autres consistent en folioles minces, frisées, irrégulièrement disposées. La surface de chaque feuille est couverte de fleurs de polype, par la croissance et la sécrétion desquelles elle est elle-même formée. On peut aussi trouver des ressemblances avec un ramuscule de chêne ou d'acanthe, avec des champignons, des mousses ou des lichens » (Dana, dans *Schleinden's und Froriep's Not*, 1847, juin, n° 48). — La composition chimique ne peut assurément fournir la base d'aucune différence. Linné, qui voyait dans la formation de la chaux un monopole du règne animal, crut pouvoir ranger parmi les animaux un certain nombre de plantes marines calcaires, comme les corallines. Des cuirasses siliceuses se trouvent aussi bien dans des organismes végétaux (diatomées) que chez certains animaux (infusoires). On connaît la ressemblance de la protéine dans les animaux et les plantes. Les champignons sont particulièrement riches en combinaisons semblables à celle du règne animal. Dans le manteau des ascidies et des autres tuniciers salpiens se trouve de la cellulose. On a découvert de la chlorophylle dans les turbellaires (vers aquatiques) et dans certains infusoires.

Souvent différentes espèces d'un seul et même genre sont rangées en partie dans le règne végétal, en partie dans le règne animal : ainsi toutes les espèces d'*Alcyonium* sont d'une constitution tellement semblable que Linné a eu certainement raison de les réunir dans une seule espèce. Il n'en est pas moins vrai que quelques-uns d'entre eux sont les véritables *Animalia ambigua* (d'après Pallas), et se rangent par conséquent très-bien parmi les amorphozoaires, par exemple l'*Alcyonium cidaris* (Donati), le *Cydonium* (Leba), et le *Ficiforme* (Solander, Ellis et Marsigli). D'autres furent généralement placés dans le règne végétal, et notamment plusieurs du genre synonyme *Peziza*, si riche en espèces. D'autres encore présentent d'une manière tellement évidente les caractères non-seulement de l'animal, mais du polype, qu'on les a séparés des spongiaires et rangés parmi les polypaires, en même temps qu'on leur attribuait une seconde dénomination générique; c'est ainsi que les *Lobularia digitata, palmata* et *arborea*, parmi les alcyonées coralliaires, sont synonymes des *Alcyonium lobatum, palmatum* et *arboreum*. L'espèce éteinte, *Manon peziza*, fut désignée par l'union d'un nom de plante et d'un nom d'animal. Nous ne faisons que retrouver ici ce qui arrive dans d'autres départements du règne animal, où par exemple certains rotateurs sont rangés parmi les vers, d'autres parmi les infusoires; et une espèce de *Cercaria* est classée parmi les vers, tandis que d'autres espèces du même genre le sont parmi les spermatozoaires (?).

Les petites cellules globuleuses qui constituent la matière colorante rouge de la neige (*Protococcus nivalis*) ont été considérées comme des algues par Agardh, de Candolle, Hooker, Unger, Martins, Harvey, Ehrenberg. Ce dernier les a même semées sur la neige fraîchement tombée, et a étudié leur reproduction. Les jeunes plantules avaient un réceptacle lobé à granulations fines, et des radicelles; mais elles ne présentaient aucune trace de caractère animal. Voigt et Meyen trouvèrent plus tard que la matière colorante offrait plutôt la forme et les mouvements des infusoires; et Shuttleworth finit par établir entre ces êtres une distinction, et par reconnaître les uns pour des algues, les autres pour des infusoires. Ces contradictions sont élucidées par les études consciencieuses de Flotow sur des plantules ou animalcules tout à fait analogues qui vivent dans les eaux pluviales (*Haematococcus pluvialis*). Ces derniers présentaient d'abord une nature purement végétale; mais, dans des infusions et dans les circonstances appropriées, ils se transformaient, à travers différents degrés de métamorphoses faciles à suivre, en petits infusoires (*Astasia pluvialis*), doués, suivant toute apparence, de mouvement spontané et munis d'appendices en forme de trompe, quelquefois même bifurqués. On fit des observations analogues sur l'*Astasia nivalis* de Shuttleworth dans la neige rouge. Kuetzing (*De la transformation des infusoires en types inférieurs d'algues*, Nordhausen, 1844) fit observer que l'infusoire *Chlamidomonas pulvisculus* se métamorphosait de différentes manières, par exemple, en une espèce d'algue bien déterminée, le *Stygeoleonium stellare*, et en d'autres formes ayant les caractères des algues, mais qui conservaient en partie l'aspect d'infusoires immobiles (*Tetraspora lubrica* ou *gelatinosa*, *Palmella botryoides*, différentes espèces de *Protococcus* et de *Gyges*). Le même auteur décrit la transformation de l'infusoire *Enchelys pulvisculus* en *Protococcus*, et en dernier lieu en *Oscillaria*. Dans toute une série d'algues (*Zoospermæ*), et chez d'autres organismes inférieurs (*Champignons*, *Nostocs*), les appareils reproducteurs, spores ou sporidies, ont une forme semblable à ceux des infusoires; ils se meuvent au moyen de cils ou d'organes flagelliformes. Il y a même, parmi eux, certaines formes qu'Ehrenberg a reconnues pour des infusoires. Les embryons de beaucoup de polypes et de méduses se comportent également de la même manière : eux aussi parcourent, avant de se fixer à un degré plus complet de développement, une période où ils produisent au moyen de cils un mouvement à la fois circulaire et progressif; eux aussi ont la forme des infusoires et point d'ouverture buccale. Unger (*Die Pflanze in Moment der Thierwerdung*) observa que les sporidies d'une petite algue (*Vaucheria clavata* ou *Ectosperma clavata*), délivrées de l'utricule maternelle, s'élèvent d'abord dans l'eau, et exécutent avec rapidité plusieurs circonvolutions comme des infusoires, font alors volontairement alterner des moments de repos avec le mouvement, esquivent d'une manière remarquable tous les obstacles, et contournent avec beaucoup d'habileté les filaments des *Vaucheria*; elles s'évitent tellement bien qu'on n'en voit jamais deux se heurter. — L'émission de filaments mucilagineux, sans formes déterminées et se rapprochant ensuite pour se réunir, phénomène caractéristique de plusieurs espèces d'animaux inférieurs, se retrouve aussi dans certaines plantes (*Myxomicètes*). Une petite algue filiforme offre, pendant toute la durée de sa végétation, un triple mouvement : l'un qui fait prendre des courbures variées à la partie antérieure du filament; un va-et-vient semi-oscillatoire, semi-élastique de la première moitié; et enfin une succession de mouvements progressifs. « Ces mouvements ont en soi quelque chose d'étrange, je pourrais dire de mystérieux » (Schleiden, *Grundzüge*, II, 549). Les oscillaires et les spores de plusieurs espèces d'algues (par exemple, la *Vaucheria sessilis*) se dirigent aussi bien que les polypes vers la partie éclairée du vase où on les observe; d'autres spores (par exemple ceux de l'*Ulothrix speciosa*) s'en éloignent, tandis que d'autres encore (ceux des familles de *Stephanosaura*) évitent autant une lumière intense que l'obscurité, et se rassemblent en des lieux à demi obscurs. — La pandorine, algue vivant dans les mares, présente un exemple pour la classe des volvocinées. Elle consiste en seize cellules pyramidales qui, avec leur base dirigée en dehors, forment par leur étroit enchevêtrement un assemblage oviforme. Chaque cellule a à sa base une tache incolore où sont placés plusieurs cils, au moyen desquels l'organisme nage en tournant. On s'est longtemps fondé sur cette mobilité pour en conclure la nature animale de la pandorine; et Ehrenberg prit pour un œil la granulation pigmentaire rouge qui se trouve près des cils vibratiles.

Nous voyons que tous les caractères, qui ont été considérés de différents côtés comme pouvant servir de fondement à une distinction essentielle entre l'animal et la plante, ne résistent pas à l'épreuve, comme la locomotion partielle ou totale, le mouvement spontané, les différences morphologiques ou chimiques, l'ouverture buccale et l'estomac. En ce qui concerne l'ouverture buccale, elle est remplacée dans le *Rhizostome de Cuvier*, méduse d'un ou deux pieds de diamètre habitant la Méditerranée, par de nombreuses ouvertures et des canaux dans ses huit bras : elle manque complétement dans beaucoup d'entozoaires, de cercaires, d'infusoires et d'embryons. Les grégarines, qui se rencontrent par troupes et vivent en parasites dans le canal alimentaire d'insectes et d'autres animaux, sont non-seulement dépourvues de bouche, mais encore de cils vibratiles; elles n'ont même aucun organe visible; ce sont de simples cellules avec nucléus apparent. Il n'y a pas à parler d'estomac, là où la bouche manque, car on pourrait alors appeler estomac l'intérieur de chaque cellule.

De tels faits suffisent pour justifier les idées générales que nous avons exposées au commencement de ce chapitre. Voici maintenant ce que ces considérations nous fournissent relativement à la solution de la question de la conscience dans les plantes : nous avons vu que les animaux et les plantes ont à la fois des caractères communs et des caractères distinctifs; et que, pour déterminer la somme des caractères communs, nous n'avions qu'à descendre dans les deux règnes l'échelle de l'organisation jusqu'à ces êtres où les caractères différentiels disparaissent entièrement pour ne laisser subsister que les caractères communs. Or, si parmi les caractères communs que nous rencontrons dans ces êtres, nous observons le sentiment et la conscience ; si par conséquent les organismes végétaux les plus bas en sont doués, nous n'aurons plus qu'à chercher les conditions matérielles auxquelles le sentiment et la conscience paraissent se rattacher. Et, pourvu que ces conditions matérielles se retrouvent au même degré ou à un plus haut degré dans les plantes d'un ordre supérieur, nous serons en droit d'attribuer à ces dernières un même ou plus haut degré de sentiment et de conscience qu'aux plantes inférieures en organisation. Enfin, comme nous ne savons pas d'une manière immédiate ce que sent la plante, mais seulement ce que nous sentons nous-mêmes, nous descendrons en suivant la voie de l'analogie les degrés du règne animal jusqu'au point où l'animal et la plante se confondent, et remonterons au contraire, toujours en suivant la voie de l'analogie, les degrés du règne végétal.

Il est nécessaire de se rappeler ici le résultat auquel nous sommes arrivé à la fin du premier chapitre de l'introduction et dans le chapitre III de la troisième partie, à savoir que tout sentiment éveillé par un mouvement matériel s'accompagne de conscience, tandis que, dans le cas où le mouvement matériel ne dépasse pas la limite de l'excitation, non-seulement il n'y a pas de sentiment conscient, mais il n'y a pas de sentiment du tout. Aussi loin par conséquent que nous pourrons suivre les signes d'un sentiment produit par une excitation, aussi loin nous devrons tenir le sentiment pour conscient, et affirmer l'existence d'une conscience, quelque pauvre qu'en soit le contenu.

Nous avons déjà réfuté plusieurs fois (1re partie, chap. VII, p. 191-192) le préjugé que les nerfs sont la *conditio sine qua non* de la sensibilité. Il est certain que, sur cette terre et jusqu'à présent, les nerfs sont la forme de la matière la plus propre à produire la sensation : mais il ne s'ensuit nullement qu'ils soient la seule. Une multitude de faits prouvent au contraire qu'ils peuvent être remplacés par d'autres formes. Dans beaucoup de parties du corps, les papilles tactiles sont situées à des intervalles assez éloignés (comme le prouve la grandeur des ellipses dans l'intérieur desquelles deux attouchements sont sentis comme un seul) ; et cependant tous les points de la peau sont également sensibles, même aux excitations caloriques ou chimiques, pour lesquelles il est impossible de se fonder sur la pure propagation de l'impression mécanique ou sur la conduction de la chaleur. Burdach prétend que les parties sans nerfs du corps peuvent devenir sensibles, lorsque leur vitalité est accrue par une augmentation de l'afflux du sang et le ramollissement des tissus; il soutient par exemple que, dans la guérison des blessures, la chair nouvellement formée et sans nerfs est extrêmement sensible, et qu'une inflammation des cartilages et des tendons sans nerf est beaucoup plus douloureuse que l'inflammation des nerfs eux-mêmes. Wundt (*Beiträge*, p. 392-395) montre que ces douleurs s'accompagnent toujours de sensations organiques d'un caractère spécifique. A dire vrai la douleur dont l'homme a conscience existe avant tout dans le cerveau; mais la faculté pour certaines parties sans nerfs de produire des sensations semblables à celles des nerfs n'en est pas moins prouvée, de même que la propriété de transmettre des courants de vibrations moléculaires semblables à ceux qui ont lieu dans les nerfs. Or, là où il existe des états vibratoires semblables à ceux des nerfs, ils devront causer également des sensations qui seront semblables à celles causées par les nerfs, en supposant que ces vibrations ne soient pas au-dessous de la limite de l'excitation. Ce dernier cas n'est guère admissible, puisqu'après de si fortes résistances dans le cerveau, la partie dont il s'agit est encore en état de causer de si vives douleurs. Nous avons vu d'ailleurs à plusieurs reprises que l'âme agit sur le corps sans le secours des nerfs, par exemple dans l'état embryonnaire avant le développement des nerfs; dans l'action des nerfs s'exerçant au delà de leurs propres limites, soit sur les muscles, soit sur les membranes qui les enveloppent, là où la masse des organes qui entrent en jeu dépasse certainement le domaine de la conductibilité nerveuse; dans le changement subit de la couleur des cheveux après une forte émotion, etc. Or, si l'âme, sans le secours des nerfs ou au delà des limites des nerfs, peut agir sur le corps, de même le corps, sans le secours des nerfs ou au delà de leurs limites, doit pouvoir agir sur l'âme, c'est-à-dire produire des sensations.

Il est certain aussi que les animaux du plus bas degré, les polypes, les infusoires, beaucoup d'entozoaires sont dépourvus de nerfs. Car les nerfs et les muscles vont partout ensemble; et, d'après Dujardin et Ecker, ces animaux n'ont pas de muscles. Au lieu de fibrine musculaire et de substance nerveuse, on ne trouve chez eux que de la fibroïne de Mulder. Les propriétés de cette substance sont à peu près les mêmes que celles du *neoplasma* des blessures, et c'est pourquoi on l'appelle généralement *protoplasma*. Il est prouvé d'une manière de plus en plus certaine que la véritable base de la vie dans chaque cellule est le protoplasma ; et que le protoplasma de la substance grise des cellules, qui concourent à l'exercice des fonctions supérieures de la pensée, ne diffère pas en substance, mais en degré seulement, du protoplasma des organismes inférieurs. Cette matière azotée, albumineuse, nommée protoplasma, est celle dans laquelle s'exercent les volitions organiques et motrices de l'âme animale conformément à leur but; c'est par conséquent en elle que nous devons également chercher la constitution de la manière organique, qui permet aux impressions matérielles de produire sur l'âme une action immédiate.

Il convient de rappeler à ce sujet les connaissances relativement élevées des animaux inférieurs. Le polype d'eau douce distingue, à la distance de quelques lignes, un infusoire vivant ou un être végétal, d'un être mort ou inorganique. Il attire d'abord à lui le premier en produisant, à l'aide de ses bras, une sorte de tourbillon, tandis qu'il ne s'inquiète pas du second; ou si, par hasard, il saisit ce dernier, c'est pour le rejeter aussitôt. Le polype doit donc avoir différentes perceptions relativement à ces différents objets ; et ces perceptions ne peuvent se présenter que comme des sensations dépassant la limite de l'excitation, c'est-à-dire comme des sensations conscientes. Le polype quitte l'ombre pour aller se placer dans la partie du vase éclairée par le soleil; et, plus souvent encore, deux polypes se battent pour leur proie. Pour qu'un tel fait puisse avoir lieu, il faut nécessairement que le polype ait conscience que son adversaire veut lui arracher son butin. Si un animal sans nerfs manifeste un aussi haut degré de conscience, nous ne devons pas nous étonner des manifestations de la conscience dans les animaux du degré immédiatement inférieur, dans les infusoires; or, un grand nombre de plantes inférieures se placent sur le même niveau que les infusoires. On ne voudra certainement pas soutenir que le sentiment et la conscience s'arrêtent à l'avant-dernier degré du règne animal; pourquoi en effet, à l'avant-dernier degré, qui présente encore pour la conscience une matière tellement riche, qu'on peut concevoir entre ce degré et l'absence complète de conscience un nombre infini de degrés inférieurs, auxquels rien ne correspondrait dans le monde, si les infusoires et les plantes les plus simples n'étaient là pour remplir cette place? Une observation attentive des espèces les plus basses du règne animal met encore en évidence des faits de perception parfaitement clairs, comme on peut le conclure du parti que savent tirer ces êtres de certaines circonstances en vue de leur conservation. Je me contente de rappeler les mouvements évidemment volontaires de l'*Arcella vulgaris* au moyen de vésicules pleines d'air convenablement développées (104-105).

La propriété, que manifeste le protoplasma des nerfs, d'exécuter des actes de volonté et de produire des sensations tient à la consistance à demi liquide de la masse tout entière, qui favorise le déplacement, et le mouvement rotatoire des molécules électriques et à la polarité électrique des mêmes molécules laquelle a pour condition un très-haut degré d'organisation chimique de la matière. Le premier de ces caractères se retrouve à égale mesure dans le protoplasma des animaux inférieurs, aussi bien que dans celui des plantes. On distingue du moins, dans chaque cellule, un contenu liquide et une cloison solide, et le plus souvent un noyau. Le noyau, ou du moins ce qui l'entoure, aussi bien que la limite de l'enveloppe et du contenu, souvent même le contenu tout entier de la cellule, montrent une consistance à demi liquide et un haut degré d'organisation chimique. Ces caractères physiques et chimiques semblent prouver la polarité des molécules, à un moindre degré toutefois que dans les nerfs ou les cellules centrales des ganglions, qui consistent également en un noyau, une membrane, et un contenu. Cette polarité devient encore plus évidente, si l'on considère les phénomènes de contractilité du protoplasma animal ou végétal sous l'influence de l'excitation électrique. Il est probable que ces conditions se retrouvent encore à un plus haut degré dans les parties vivantes des plantes d'un ordre supérieur : car l'organisation chimique de la matière dans les organismes les plus élevés va toujours en s'élevant et jamais en s'abaissant. Le protoplasma végétal, qui est la véritable cause du mouvement réflexe chez les plantes supérieures, paraît être complétement identique avec le protoplasma des *protistes* et des animaux les plus bas ; l'effet semblable produit sur les uns et les autres par les excitants les plus divers et les narcotiques en est la preuve. Ce protoplasma prend d'ailleurs dans les plantes de l'ordre le plus élevé une très-grande extension ; et, si l'attention des physiologistes a été attirée en premier lieu sur sa vitalité par les cas où ses mouvements produisent des résultats frappants et visibles à l'œil nu, aujourd'hui on étudie avec ardeur les mouvements du protoplasma dans l'intérieur des cellules sous l'action de la chaleur, de la lumière et d'autres excitations, mouvements qui ont évidemment les rapports les plus intimes avec la vie et la reproduction des cellules (1). Il n'y a par conséquent aucune raison de croire que le sentiment et la conscience soient moindres dans les plantes

(1) De même que chez les animaux inférieurs (par exemple les Amibes) ; ainsi dans le protoplasma des cellules vivantes des plantes, il faut distinguer un état d'activité et un autre de repos absolu, qui peuvent alterner ensemble une ou même plusieurs fois. Bien que les deux états appartiennent également à la vie, il semble qu'il n'y ait de véritable sensibilité que dans le premier, tandis que dans le second l'irritabilité diminue, et que l'on y trouve un état semblable à l'anesthésie du protoplasma produite par les vapeurs narcotiques, et peut-être même un état analogue au sommeil des animaux ou mieux au sommeil hibernal. De même que certains infusoires, après une période de vitalité et d'action, entrent dans une période d'incrustation ; ainsi

supérieures, que dans les plus bas degrés de l'échelle animale ou végétale. Nous devons supposer au contraire que si la faculté de locomotion totale ou partielle diminue dans les plantes supérieures en raison des conditions de vie qui s'imposent à elles, leur sensibilité doit au contraire, dans les parties les plus favorables de la plante, s'élever au-dessus de celle des plantes inférieures.

Plus nous descendons l'échelle animale, plus les sensations intérieures, se rattachant à la digestion ou aux fonctions de reproduction, acquièrent d'importance en comparaison des sensations qui proviennent d'excitations extérieures. Dans les plantes où la surface résiste davantage aux excitations extérieures qui sont sans importance pour elle, la disproportion devient plus considérable encore; car, à l'exception de la lumière et de la composition chimique de l'atmosphère, le monde extérieur conserve peu d'intérêt pour les plantes. Nous apprenons toutefois, grâce à quelques cas particuliers, que des plantes d'un ordre élevé prennent aussi connaissance de certains faits qui sont pour elles pleins d'importance : par exemple les plantes qui attrapent des insectes sont sensibles aux attouchements des feuilles; les plantes grimpantes discernent des points d'appui, etc.

D'après les considérations qui précèdent, on ne sera point surpris si nous accordons aux plantes une sensibilité, et, qui plus est, une sensibilité consciente, à l'égard de toutes les excitations contre lesquelles elles réagissent, soit instinctivement, soit d'une manière réflexe. Nous pensons que l'oscillaire, quand elle se dirige vers la partie éclairée du vase qui la contient, est aussi sensible à la lumière que le polype; que la feuille de vigne sent la lumière, vers laquelle elle s'efforce de tourner le côté droit; et qu'enfin

---

beaucoup de cellules végétales s'enveloppent avec l'âge d'une paroi cellulaire plus épaisse qui peut durer même après que la cellule est morte (ainsi les cellules ligneuses). Le point culminant de la sensibilité chez la cellule végétale ne correspond donc qu'à une période déterminée, peut-être très-courte de sa vie; et cette période est aussi le point culminant de son activité vitale, et coïncide presque toujours avec sa période de jeunesse.

chaque fleur sent la lumière vers laquelle, en s'ouvrant, elle tourne la tête. Nous pensons aussi que la feuille de la *Dionea* et de la *Mimosa pudica* sent le contact des insectes, avant de réagir contre cette sensation en se repliant, car il est de l'essence de toute action réflexe comme de toute réaction psychique qu'une perception psychique les précède; et cette dernière est précisément la sensation consciente. Nous soutenons encore que la plante a la sensation des processus physiques de l'organisation qui correspondent à la digestion animale; qu'elle a aussi des sensations sexuelles, et que ces dernières se produisent dans les organes où la vitalité de la plante est concentrée au plus haut degré, et au moment de la floraison, alors que son activité formatrice ne suit plus une marche chimiquement ascendante, mais descendante (comme le prouve l'absorption de l'oxygène et l'exhalation de l'acide carbonique par les fleurs) : d'où il résulte que les forces formatrices ont passé d'une construction matérielle à une sorte de concentration animale, et sont devenues disponibles pour des processus réceptifs de plus haut degré. Il n'y a pas à douter d'ailleurs que le contenu de cette conscience soit encore très-pauvre, bien plus pauvre, par exemple, que dans le dernier des vers; car d'où viendraient ici cette richesse et cette précision, que donnent aux animaux même les formes les moins parfaites des organes des sens?

Nous avons donc trouvé dans la plante une conscience. Mais jusqu'à quel point peut-il y avoir dans la plante unité de conscience? — Nous avons vu que l'unité de la conscience dépend de la possibilité de la comparaison entre deux représentations ou sensations; et que cette comparaison dépend, à son tour, d'une communication suffisante entre les points qui produisent les deux sensations. La question est donc celle-ci : une telle communication existe-t-elle dans les plantes? Dans les animaux déjà les rapports entre plusieurs centres nerveux, bien qu'établis au moyen de cordons nerveux, restent très-défectueux; et l'unité de conscience se trouve de fait n'exister que dans le cas d'excitations très-énergiques. La vitesse de propagation du courant nerveux dans l'homme s'élève, d'après Helmholtz, à environ cent pieds par seconde; dans la *Mimosa pudica*, dont nous parlions tout à l'heure, la vitesse n'est que de quelques millimètres. On peut, d'après ces vitesses, se faire une idée approximative des obstacles à la communication, ainsi que de l'altération et des modifications des résultats transmis. Il est possible que les vaisseaux spiraux servent à des communications de ce genre, mais cela n'est point prouvé. En tout cas les conditions sont infiniment moins bien remplies pour une unité de conscience entre deux étamines voisines, qu'entre le cerveau et les ganglions chez l'homme. Il pourra toujours exister une communication suffisamment forte et fidèle entre deux parties d'une plante situées l'une tout près de l'autre; mais je ne pourrais soutenir qu'il puisse être question de l'unité de conscience d'une fleur, peut-être même d'une seule étamine. La plante d'ailleurs n'a pas besoin, comme l'animal, d'une unité de conscience; elle n'a besoin ni de faire des comparaisons, ni de réfléchir sur ses actions. Elle a seulement besoin de sensations isolées qui puissent agir sur elle comme motifs pour l'intervention de l'Inconscient; ces sensations n'ont pas dans la plante d'autre rôle, et elles le remplissent aussi bien avec des consciences séparées qu'avec une conscience unique.

V

LA MATIÈRE COMME VOLONTÉ ET COMME PENSÉE.

La physique étudie trois objets qui rentrent l'un dans l'autre : les lois, les forces et la matière. On ne peut qu'approuver cette division : elle réunit sous des points de vue distincts des groupes différents de phénomènes, et facilite le langage. La question est de rechercher si ce sont là trois principes de nature différente, ou s'ils ne sont pas autre chose que les points de vue divers sous lesquels se manifeste un seul et même objet. Cela ne saurait faire de doute pour les lois : n'est-il pas évident qu'elles ne sont pas des réalités en l'air, mais de pures conceptions, auxquelles on n'est arrivé qu'en faisant abstraction de la force et de la matière. C'est parce que telle force et telle matière ont telles propriétés, qu'elles agissent de telle manière. Cette constance dans la manière d'agir reçoit de nous le nom de loi. Ce rapport est d'ailleurs généralement reconnu. Et, en fait, les matérialistes ne parlent jamais que de la force et de la matière : ce sont leurs principes essentiels ; les lois y sont sous-entendues, sans qu'on ait besoin de le dire. Nous avons, au chap. II, de la 3ᵉ partie, défendu le matérialisme, et soutenu avec lui que la matière organisée est la condition *sine quâ non* de l'activité consciente. Mais toutes nos recherches précédentes ont démontré l'existence d'un principe spirituel et inconscient au-dessus de la matière ; et nous avons par là prouvé l'étroitesse du matérialisme qui ne veut admettre que des principes matériels. Nous devons maintenant nous occuper des principes qu'un matérialisme exclusif donne comme les principes uniques de toute existence, comme les premiers principes au point de vue philosophique, à savoir la force et la matière (1).

Je considère comme superflu d'essayer ici une analyse critique de ces concepts : je ne serais pas sûr de les entendre exactement dans le sens où les prend le matérialisme ; ma démonstration ne prouverait rien d'ailleurs à un matérialiste. La seule méthode qu'il convient de suivre ici, c'est d'approfondir l'analyse de la matière au point de vue physique. Sans doute l'avenir peut, sur cette question, nous réserver bien des explications nouvelles, qu'on ne saurait prévoir aujourd'hui. Je crois pourtant que les principes généraux, sur lesquels doit reposer la seule explication possible de la

(1) Nous verrons que la force est un principe pseudomatérialiste, au fond un principe spiritualiste. Le matérialisme conséquent, qui ne s'est pas d'ailleurs produit encore sous cette forme, devrait avant tout nier l'existence de la force, et donner le mouvement comme un principe dernier, qui ne comporte ni n'exige aucune démonstration, comme une propriété éternelle, primordiale de la nature. Beaucoup de forces dérivées d'ailleurs (par exemple l'attraction ou la répulsion magnétique entre deux fils que traverse un courant magnétique) ne sont en réalité que les effets produits par des combinaisons particulières de mouvements; ne pourrait-on pas être encouragé par cet exemple à pousser plus loin, et à rechercher si les forces élémentaires, l'attraction générale des masses matérielles (la gravitation) et la répulsion ne trouveraient pas à s'expliquer comme la résultante de certaines formes de mouvements? On nierait d'abord dans ce but l'existence de l'éther : on admettrait que l'espace est rempli d'une matière gazeuse très-raréfiée et permanente. La répulsion serait ensuite considérée comme l'effet des vibrations caloriques; et la gravitation expliquée, par analogie avec l'attraction des courants galvaniques, comme un produit indirect des vibrations transversales caloriques ou autres, ou comme un phénomène résultant de la répulsion entre des couches périphériques. (Dans les deux cas la gravitation ne serait plus sans doute proportionnelle à la masse des corps, mais à leur surface diamétrale perpendiculairement à la direction de la gravitation.) Cette théorie n'est encore qu'en voie de formation; et l'on ne peut la soumettre déjà à la critique. Il est toutefois certain qu'elle repose sur l'affirmation de la matière, d'un concept renfermant toutes les contradictions que nous étudierons plus loin. Et pourtant ce qui se meut, c'est la force et non le mouvement. La théorie admet donc deux principes inintelligibles, la matière et le mouvement, tandis que nous n'avons besoin de notre côté que de recourir à la force seule. Et c'est là un principe affranchi des contradictions de la matière, et qui n'est pas un principe dernier et inintelligible. Il se ramène au contraire aux principes derniers et spirituels que nous soutenons, la volonté et la pensée : le monde matériel est au fond identique au monde spirituel.

matière, ont été sûrement définis par les récentes découvertes de la physique et de la chimie, et que l'avenir ne pourra en rien les modifier. Ces principes nous fournissent dès à présent un point d'appui suffisant pour essayer de creuser jusque dans les dernières profondeurs de cette mystérieuse essence. Si on ne l'a pas fait jusqu'à présent, si, du moins, les physiciens n'ont pas songé à le tenter, c'est simplement parce que la physique ne s'intéresse au fond qu'aux hypothèses dont elle attend une direction pour de nouvelles expériences, ou une aide pour l'application du calcul aux faits matériels. Tout ce qui ne sert pas à l'une de ces deux fins, n'a pour elle aucun prix pratique, et lui demeure indifférent. Nous aurons d'abord à récapituler ce que la physique sait sur la constitution de la matière et sur les forces qui lui sont inhérentes. Nous rechercherons ensuite si l'on ne pourrait pas pousser plus loin, simplement et sans faire violence aux choses, l'analyse des principes auxquels la science aboutit.

Qu'on imagine un composé chimique homogène, par exemple le carbonate de chaux ; et qu'on en pousse la division aussi loin que possible. On finira par arriver à des parties d'une certaine grosseur, qui ne se laissent plus diviser, sous peine de cesser d'être des parties de carbonate de chaux. Si l'on réussit à les diviser, on n'a plus qu'une partie d'acide carbonique et une de chaux. On donne à ces dernières parties d'un corps le nom de molécules (1). Ces molécules agissent de différents côtés avec une force diffé-

---

(1) Il ne faut pas les confondre avec les atomes, comme faisait l'ancienne physique. Les lecteurs philosophiques qui ont des préventions contre la théorie physique des atomes, feront bien de lire l'écrit de Fechner « sur la théorie des atomes, au point de vue des physiciens et des philosophes » (Leipzig, 1855, surtout p. 18 à 63, et 129-141). Du reste, la théorie physique des atomes a été depuis singulièrement mise en faveur par les progrès de la Thermodynamique. Étudiez à ce sujet mon essai intitulé le Dynamisme et l'atomisme (Kant, Ulrici, Fechner) dans mes *Studien und Aufsätze*. C. n° VII. — Qu'il me suffise de faire remarquer ici que la division des corps en atomes ne signifie pas autre chose au sens métaphysique que la forme spéciale sous laquelle le principe général et philosophique d'individuation trouve à s'appliquer à la matière.

rente, parce qu'elles présentent en général la forme cristalline essentielle à la matière chimique qui les constitue, ou une forme qui donne aisément naissance à la forme cristalline. Les molécules de différentes matières se distinguent donc par une configuration différente, outre qu'elles présentent déjà une différence de poids (poids moléculaires). Mais lorsqu'elles se groupent pour former des corps à l'état gazeux, elles occupent à température égale des espaces égaux. Si deux corps d'espèce différente se combinent, les forces des molécules, qui agissent différemment dans des directions différentes, se contrarient mutuellement à la périphérie des deux corps et voient leur équilibre rompu. Ces perturbations se manifestent par une excitation électrique, et se propagent comme des vibrations galvaniques. Si la perturbation est assez forte, un déplacement durable, une combinaison chimique des molécules différentes se produisent, et donnent naissance à des composés moléculaires nouveaux. Les diverses combinaisons chimiques se distinguent par le nombre et la disposition des molécules qui s'agrègent. Les molécules, que nous n'avons pas encore pu analyser à leur tour, sont appelées en chimie des molécules simples. Nous savons presque sûrement pourtant de quelques-uns de ces éléments qu'ils sont eux-mêmes composés (ainsi pour le brome, le chlore, les variations du spectre à des températures très-élevées semblent indiquer une dissociation des atomes constituant les molécules ; les métaux sont peut-être tous des combinaisons d'hydrogène). On peut conclure de là que le nombre des éléments chimiques pourrait sans doute être simplifié. En outre la chimie moderne distingue les molécules élémentaires d'après leurs proportions dans les combinaisons chimiques en molécules monoatomiques et en molécules polyatomiques. Elle se représente ces dernières comme des composés de plusieurs équivalents, dont chacun est l'équivalent chimique d'une molécule monoatomique. Elle donne à ces parties le nom d'atomes, et à leurs poids relatifs celui de poids atomiques. Mais déjà cette différence de poids prouve que ces atomes chimiques ne peuvent pas plus être les derniers éléments de la matière, que ne le sont les molécules chimiques dans la multiplicité de leurs formes essentielles. La simplicité des rapports numériques des poids atomiques conduit à cette conclusion que toutes ces particules de la matière ne sont, en définitive, que les formes différentes, que présentent, suivant leur disposition, des groupes diversement nombreux d'éléments primitifs ou d'atomes primordiaux équivalents : d'autant plus que l'accord des poids atomiques avec la chaleur spécifique, celui des poids moléculaires avec les poids spécifiques des gaz, ne pourraient s'expliquer autrement. Ces atomes primitifs et identiques, que j'appellerai simplement désormais atomes corporels, doivent agir dans toutes les directions avec une force égale : on peut donc, si on veut s'en faire une représentation matérielle, les regarder comme sphériques.

En dehors de ces atomes corporels, il y a encore les atomes d'éther qui séparent les molécules dans chaque corps comme ils séparent les corps célestes, et qui se révèlent par la propriété d'émettre de la chaleur. (Certains degrés de l'échelle calorique sont perçus par nous comme lumineux par suite de la configuration de l'organe visuel.) Les atomes d'éther, qui sont comme les enveloppes des molécules corporelles, produisent les phénomènes électriques; et, par le mouvement circulaire qu'ils exécutent autour des molécules corporelles (courants moléculaires d'Ampère), les phénomènes magnétiques. Ce sont eux encore qui font que les molécules d'un gaz rebondissent les unes contre les autres et produisent la répulsion élastique. Bref, c'est une hypothèse dont il est impossible de se passer, si l'on veut expliquer les effets des forces, dans lesquelles, outre l'action de l'attraction suivant la loi newtonienne de la gravitation, se font aussi sentir des actions répulsives.

Les corps et les atomes corporels s'attirent en raison inverse du carré des distances : c'est-à-dire que la force qu'un atome corporel déploie dans toutes les directions de l'espace à la fois, demeure toujours la même pour toutes les distances. L'éther et les atomes d'éther se repoussent avec une force qui augmente à mesure que la distance diminue, mais suivant une loi supérieure à la seconde puissance de la distance, au moins à la troisième puissance ; c'est-à-dire, en d'autres termes, la force d'un atome d'éther, dans toutes les directions de l'espace à la fois, augmente tout au moins dans une proportion inverse à l'éloignement (1).

Tous les atomes corporels se confondraient en un seul point, si les atomes d'éther, qui les environnent et sont comme les enveloppes de chaque molécule, ne les empêchaient pas de se toucher. Deux atomes d'éther ne peuvent jamais se rencontrer, parce que leur répulsion, à des distances infiniment petites, est infiniment grande. De leur côté deux atomes corporels ne pourraient jamais se séparer, si l'on supposait qu'ils se fussent une fois rencontrés, parce que leur attraction serait infiniment grande. Les molécules corporelles, même à l'intérieur des combinaisons chimiques, doivent donc encore être séparées les unes des autres par des atomes d'éther, puisqu'elles se laissent elles-mêmes diviser par les vibrations de l'éther (la chaleur, l'électricité).

Les atomes des corps et de l'éther se repoussent vraisemblablement à la distance qui sépare les molécules entre elles. Précédemment on admettait qu'ils s'attirent à la distance où sont ordinairement les molécules les unes vis-à-vis des autres ; et que cette attraction ne se transforme en répulsion que lorsque les molécules sont extrêmement rapprochées. Cette conception domine encore dans le livres d'enseignement. Sans doute jusqu'à un certain point les

---

(1) D'après Briot (Traité sur la théorie mécanique de la chaleur, p. 255) la puissance de la distance qui est ici en question doit être plus élevée que la quatrième : autrement les vibrations transversales de la lumière ne pourraient se propager à travers le milieu de l'éther. Les lois de la propagation de la lumière dans des milieux biréfringents, aussi bien que l'absence de toute dispersion de la lumière dans l'espace vide, conduisent à admettre que c'est vraisemblablement à la sixième puissance de la distance que la répulsion mutuelle des atomes d'éther est inversement proportionnelle.

phénomènes s'expliquent également bien par les deux hypothèses ; et, comme il fallait pour le calcul faire son choix entre les deux, on choisit au hasard l'attraction. Wiener a prouvé (*Annales de Poggendorf*, vol. 118, page 79 ; et Wiener dans « *Die Grundzüge der Weltordnung* », premier livre), que l'hypothèse de la répulsion pour expliquer l'état d'agrégation des corps liquides offre des avantages considérables, et qu'elle s'accorde en général d'une façon plus satisfaisante que l'autre avec nos conceptions physiques. Dans cette hypothèse, chaque corpuscule élémentaire n'est plus, comme dans le « système des dynamides », de Redtenbacher, entouré d'une épaisse enveloppe d'atomes d'éther. Au contraire, l'éther est très-raréfié au contact immédiat des molécules corporelles, et, par suite, plus rare à l'intérieur des corps que dans l'espace vide, parce que les molécules corporelles, étroitement pressées, repoussent en partie l'éther. Nous verrons plus tard qu'à de grandes distances les atomes des corps et de l'éther s'attirent toujours : la différence des deux théories opposées ne consiste donc que dans une divergence d'appréciation sur l'étendue de la distance où l'attraction se change en répulsion. Les deux doctrines s'accordent toutefois à la représenter comme si petite qu'on peut bien la comparer à une distance de molécules.

La théorie atomique, dans l'état présent de son développement, explique d'une façon étonnante les lois de la chaleur et les agrégations diverses produites par les variations de la chaleur. (Voir Wiener, *Grundzüge der Weltordnung*, Ier livre, et dans un traité plus mathématique, Ch. Briot, *Traité de la théorie mécanique de la chaleur*, traduit en allemand par H. Weber.) Elle présente l'avantage de ne voir dans les nombreuses propriétés qu'on attribue à la matière, comme la gravitation, l'élasticité, la chaleur, le galvanisme, les affinités chimiques, etc., que les manifestations des forces combinées des molécules et des atomes, c'est-à-dire qu'elle permet de constater et de calculer réellement comment les premières dérivent des autres. Le dynamisme, qui, comme celui de Kant, nie les atomes et les énergies atomiques, se borne à soutenir d'une manière générale que les principales propriétés de la matière dérivent de l'attraction et de la répulsion, mais ne peut en aucune façon nous expliquer comment elles en dérivent.

Nous avons à parler encore d'une autre propriété de la matière, l'inertie, dont l'atomisme a eu tort de nier jusqu'aujourd'hui qu'elle pût s'appeler une force, ou qu'il a considérée comme une force nouvelle distincte des autres. Kant aurait pu lui apprendre (voir *Nouvelle doctrine du repos et du mouvement.* — Comparez Œuv. de Kant, t. V, page 282-284, et 287-289, et 409-417), que l'inertie résulte uniquement de la réciprocité ou de la relativité du mouvement, ce que Leibniz avait déjà clairement établi (Œuv. mathém., VI, page 252). Si l'on imaginait un atome solitaire dans l'espace, le concept du repos et du mouvement ne pourrait plus lui être appliqué : il n'occuperait pas *dans l'espace* une *place déterminée*, il ne pourrait *changer de place*. Il n'y a donc ni repos, ni mouvement absolus, mais seulement relatifs. Il suit de là qu'on n'a pas plus le droit de dire : A se meut vers B que B se meut vers A ; le but se meut vers la balle que la balle se meut vers le but. La résistance que le blanc oppose à la balle est aussi bien la résistance du blanc en mouvement relativement à la balle, ou sa force vive. Ce qui est manifeste, s'il s'agit du choc, n'est pas moins vrai de la pression et de la traction, mais doit s'entendre dans ce dernier cas de l'intégrale déterminée d'un nombre infini d'actions, différentielles attractives et répulsives, exercées par les atomes et les molécules. Dans les deux cas, la résistance de l'inertie qu'il faut surmonter résulte de l'action réciproque de l'attraction et de la répulsion, et de la relativité du mouvement.

Pour expliquer l'inertie, nous n'avons donc pas besoin, en fait, bien que l'inertie agisse comme une force opposante, d'autres forces que l'attraction et la répulsion des atomes corporels et des atomes d'éther. — Voyons maintenant si les principes exposés jusqu'ici ne pourraient pas être naturellement simplifiés par l'analyse.

Imaginons deux atomes corporels A et B; ils se porteraient l'un vers l'autre, si A possédait seul une force attractive ; car, en attirant l'atome B, A, puisque le mouvement est relatif, se porte vers B, aussi bien qu'il attire B vers soi. On en doit dire autant de B. Puisque A et B s'attirent également, ils sont causes l'un et l'autre de leur mutuel rapprochement ; et l'attraction qu'ils exercent réellement est égale au produit de leurs deux énergies individuelles. Il en faut dire autant de la répulsion des atomes d'éther. Mais il faut remarquer qu'un seul et même atome corporel d'après l'opinion reçue possède deux forces opposées : la force attractive qui s'exerce entre les atomes corporels et la force répulsive qui agit entre lui et les atomes d'éther. L'atome d'éther doit ou posséder une force répulsive spéciale pour les atomes d'éther et une force répulsive spéciale pour les atomes corporels : ou bien repousser également les atomes corporels et éthérés, c'est-à-dire avoir une force répulsive une et identique. La dernière hypothèse n'a rien contre elle; comme elle est plus simple, elle doit obtenir la préférence : car *principia non sunt multiplicanda præter necessitatem*. D'après cette seconde hypothèse, chaque atome d'éther se comporte vis-à-vis de *tout autre atome* d'une manière uniforme par répulsion, quelles que soient d'ailleurs les autres forces qui peuvent se rencontrer dans cet atome. En d'autres termes, s'il rencontre un atome corporel, il le repousse tout comme un atome d'éther, quelque grande que soit la force de répulsion que l'atome corporel exerce à son tour contre un atome d'éther par rapport à la force répulsive d'un atome d'éther. La répulsion totale, qui s'exerce ainsi simultanément de chaque côté, est naturellement égale à la somme des deux forces. Mais si la force répulsive de l'atome d'éther est indifférente à l'énergie de la force répulsive de l'atome corporel, il lui est aussi indifférent que cette dernière force soit égale à zéro, ou qu'elle devienne négative, c'est-à-dire soit remplacée par l'attraction : on suppose toujours que la force répulsive totale des deux atomes est égale à la somme algébrique de leurs énergies particulières. D'après notre dernière hypothèse, le résultat total serait la répulsion, aussi longtemps que la force répulsive de l'atome d'éther est plus grande que la force attractive de l'atome corporel; dans le cas contraire, l'attraction l'emporterait. Nous arrivons ainsi à rejeter l'hypothèse peu naturelle de l'existence de deux forces opposées dans les atomes corporels. La répulsion s'exerce toujours la même entre l'atome éthéré et l'atome corporel pour toutes les petites distances où la répulsion du premier l'emporte sur l'attraction du dernier. L'atome corporel agit *uniformément* par attraction sur *tout autre* atome; de même que l'atome d'éther repousse uniformément tout *autre* atome. En réalité, les atomes d'éther et les atomes corporels ne se repoussent *pas à toute* distance indifféremment, mais seulement à de petites distances : cela, d'ailleurs, me paraît résulter évidemment de ce qui suit. L'édifice matériel du monde doit être absolument regardé comme fini : cela résulte de considérations *a priori* aussi bien que de calculs astronomiques (1). Mais l'éther devrait s'étendre à l'infini, s'il n'y avait pas une limite où la force attractive de tous les atomes corporels réunis l'emportât sur la force répulsive de tous les atomes d'éther. Un mouvement rotatoire du monde autour d'un ou plusieurs axes (en supposant qu'un tel mouvement puisse se comprendre en général, si on admet la relativité du mouvement) augmenterait sous l'action de la force centrifuge la dispersion progressive des atomes d'éther. Lors même qu'on admettrait l'hypothèse insoutenable d'un nombre infini d'atomes d'éther en opposition avec un nombre fini d'atomes corporels, l'écoulement progressif des atomes d'éther dans l'espace infini produirait une raréfaction croissante de l'éther dans la masse cosmique : or, rien ne paraît justifier cette supposition.

Nous sommes donc forcés, par les dimensions finies du monde, d'admettre une distance finie et déterminée, où la

(1) Voir Zöllner : *Über die Natur der Kometen*, 2º Aufl.

répulsion de l'atome d'éther sur l'atome corporel égale l'attraction de l'atome corporel sur l'atome d'éther. La conséquence immédiate est celle que nous cherchons, à savoir qu'à de petites distances la répulsion doit *l'emporter* sur l'attraction, puisque la répulsion de l'atome d'éther croit avec la diminution de l'éloignement plus promptement que l'attraction de l'atome corporel. De quelque manière qu'on envisage la chose, comme c'est toujours l'hypothèse la plus simple qui doit être préférée, nous admettrons que l'atome corporel n'a que la force attractive, et l'atome d'éther, la force répulsive ; et que chacune de ces forces s'exerce également sur les deux espèces d'atomes. Pour une distance déterminée (qui doit évidemment se mesurer d'après la grandeur du monde visible), les deux forces demeurent égales à elles-mêmes : la loi différente, qui règle le changement de chacune d'elles avec la distance, veut qu'à de grandes distances l'attraction, pour de petites la répulsion l'emporte progressivement. Pour les distances, comme celles qui séparent les molécules d'un corps, la répulsion l'emporte prodigieusement, selon toute vraisemblance. Cela, d'ailleurs, est nécessaire, si les atomes d'éther, d'après l'hypothèse de Wiener, sont plus rares à l'intérieur des corps que dans l'espace vide, et néanmoins doivent suffire pour contre-balancer l'attraction mutuelle des molécules corporelles qui se trouvent si étroitement pressées.

Si l'on ne veut pas se contredire en admettant l'existence d'une infinité réalisée en acte, c'est-à-dire d'une infinité définie, le nombre des atomes d'éther, comme celui des atomes corporels, doit être fini. Nous n'avons pas de raison pour croire que le nombre des uns diffère de celui des autres. Nous devons plutôt les considérer, au contraire, comme égaux en nombre. Les atomes d'éther seraient sans doute plus répandus à travers l'espace, et tiendraient plus de place ; mais les atomes corporels seraient plus pressés, plus serrés entre eux : la différence de densité suppléerait à l'inégalité de volume. Nous avons donc pour chaque atome corporel un atome d'éther. Indépendamment de la loi qui régit les modifications que leur force subit selon les différences des distances, ces atomes ne se distinguent que par la direction positive et négative de leur force. Si l'on imaginait que chaque atome corporel et chaque atome d'éther se fondissent ensemble, toute force serait immédiatement supprimée dans le monde : car les oppositions se seraient neutralisées. Nous découvrons ici que la génération du monde matériel repose sur le dualisme et la polarité de ses principes.

Demandons-nous maintenant ce qu'il faut entendre par la masse d'un corps. On mesurait d'abord la masse par le poids; mais aussitôt que la science est arrivée à l'hypothèse de l'éther, qui, étant étranger à l'attraction, ne peut avoir de poids, il a fallu chercher autre chose que le poids pour mesurer la masse, quelque chose qui soit *commun* à l'éther et à la matière pondérable; et la résistance semble être cette propriété commune aux deux. — Une fois arrivé à mesurer ainsi la masse, on n'a toujours pas une *définition* de la masse, à moins qu'on ne veuille se contenter de la concevoir comme le sujet inconnu des forces égales de résistance. Personne ne se contente au fond d'une telle affirmation. — La physique définit la masse comme *le produit du volume par la densité;* et cela est d'accord certainement avec la façon dont chaque esprit impartial définit le concept de la masse. Il faut prendre garde toutefois qu'on ne commette pas un *cercle* en définissant la densité, et qu'on ne la confonde pas à son tour avec la masse. La densité ne doit être conçue que comme la distance moyenne dans la juxtaposition des particules équivalentes. Si le produit du volume par la densité reste le même, il est évident que cela n'est possible qu'autant que le nombre des éléments équivalents demeure le même : il faut admettre sans doute que l'analyse des choses à comparer ait été poussée assez loin pour que nous ayons atteint partout les éléments équivalents. On voit évidemment que seuls les atomes primordiaux et ceux-ci tout-à-fait satisfont à cette condition. Les atomes éthérés et corporels doivent eux-mêmes être considérés entre eux comme équivalents, puisque chaque atome d'éther repousse aussi bien un atome corporel qu'un atome d'éther, et que réciproquement chaque atome corporel attire tout atome d'éther comme tout atome corporel. La réciprocité de leurs forces, c'est-à-dire leur pouvoir de résistance, est donc égale. Nous devons donc définir la masse d'un corps le nombre de ses atomes : nous avons ainsi la seule expression possible, vraiment scientifique, pour déterminer la propriété que chacun désigne plus ou moins clairement sous le nom de masse. La conséquence immédiate de cela, c'est qu'il n'est pas permis de parler de la masse d'un atome : il faudrait autrement imaginer que cet atome pût être lui-même divisé en parties équivalentes, et on ne se trouverait toujours pas plus avancé qu'auparavant. On peut bien parler de la masse d'une molécule, car cette dernière se compose d'atomes. On peut dire encore, par comparaison, qu'une molécule corporelle est plus grosse qu'un atome d'éther ; mais on ne peut comparer les masses de deux atomes, parce que chacun d'eux est justement l'unité même de la masse. On concevrait encore qu'un nombre n d'atomes corporels pussent s'aggréger de manière à former une molécule sans qu'aucun atome d'éther s'interposât entre eux, et de telle sorte qu'ils fussent à jamais inséparables : chaque atome d'éther repousserait chacun de ces atomes réunis avec une force simple, et leur ensemble avec une force n fois plus grande : l'ensemble aurait assurément la masse n. Mais il serait faux d'appeler cet ensemble un atome ayant une masse égale à n. Tant qu'on considère les atomes comme des globes matériels et impénétrables, on n'a toujours qu'un agrégat de n atomes. — Du reste rien ne nous autorise à croire à l'existence réelle de ces mélanges immédiats d'atomes corporels. On doit admettre que les atomes corporels, qui constituent la molécule d'un élément chimique considéré jusqu'ici comme tel, sont tenus éloignés les uns des autres par des atomes d'éther, tout comme les molécules des éléments chimiques le sont elles-mêmes dans chaque molécule du composé chimique. Et ce dernier fait est prouvé, puisqu'elles se laissent traverser par les vibrations de l'éther (chaleur, galvanisme). Nous devons encore, en songeant aux grandes différences des poids atomiques, nous représenter le nombre des atomes corporels qui s'unissent pour former une molécule élémentaire comme *très-considérable*, de même que, dans la molécule d'un composé organique supérieur, on trouve souvent associées des centaines de molécules élémentaires.

Le résultat de tout ce qui précède, c'est que l'atome est l'unité d'où résulte la masse, comme les nombres viennent de l'unité ; — et qu'il n'est pas *plus raisonnable de demander* quelle est la *masse d'un atome que de demander quelle est la grandeur numérique* de *l'unité*.

Nous arrivons enfin à la dernière et à la plus difficile des questions. L'atome est-il autre chose que la force? L'atome est-il encore matière, et que faut-il entendre par ce dernier mot? Rappelons d'abord comment nous arrivons à concevoir les atomes. Nous nous heurtons comme l'enfant à la tête, nous sentons la douleur ; nous tâtons les objets, et nous en recevons des perceptions visuelles et d'autres. Nous projetons instinctivement ces perceptions au dehors, et nous supposons aussi instinctivement qu'elles ont des causes auxquelles nous donnons le nom de choses. Ces choses extérieures supposées, qui agissent sur nous, mais plus particulièrement *celles contre lesquelles nous nous heurtons*, nous les appelons *matière*. La science ne s'en tient pas longtemps à cette grossière hypothèse, que suggèrent l'instinct sensible et les besoins pratiques ; elle cherche à approfondir les causes de nos perceptions, elle en fait l'analyse. Par elle nous apprenons que les perceptions sont produites dans les organes des sens : les perceptions visuelles par les vibrations de l'éther ; les auditives, par les vibrations de l'air ; les perceptions de l'odorat et du goût, par des vibrations chimiques dans les organes des sens ; que toutes ces perceptions ne dérivent pas d'une matière quelconque, mais d'un mouvement, qu'il faut à son tour rattacher, pour l'expliquer, à des *forces ;* que ces forces enfin ne sont que les *manifestations* des forces combinées dont sont doués les molécules et les atomes. La science nous montre encore que le fondement de toutes nos perceptions tactiles, ce qu'on appelle l'*impénétrabilité* de la matière ou la résistance qu'elle oppose aux corps étrangers qui tentent de l'approcher au delà de certaines limites, n'est que *le résultat de la force répulsive inhérente aux atomes d'éther*. Cette force agit à des distances infiniment petites avec une énergie infiniment plus grande que la force attractive des atomes corporels. Un *contact* direct des atomes, et par suite une impénétrabilité, qui ne serait pas *une conséquence de la force*, mais appartiendrait à la *matière comme telle*, ne se rencontre nulle part. Toutes les explications que la science donne ou essaie de donner des faits portent donc sur des *forces*. La matière n'est tout au plus qu'un fantôme qui, caché derrière les forces, assiste en spectateur oisif à leur travail. L'existence n'en peut être soutenue que là *où la lumière de la science n'a pas encore* pénétré. Plus la science, c'est-à-dire l'explication des phénomènes répand ses clartés sur la nature, plus la matière s'enfonce et disparaît dans la nuit du passé. Pour l'intuition naïve de la connaissance purement sensible, elle règne encore en maîtresse dans le monde des perceptions extérieures.

Aussi loin que la science de la nature s'étend ou peut atteindre, elle ne saurait admettre autre chose que des forces. Si elle emploie encore aujourd'hui le mot de matière, elle ne désigne par là qu'un système de forces atomiques, un système dynamique. Le mot matière n'est *qu'un signe abrégé indispensable, ou une formule pour ce système de forces*.

Puisque les hypothèses physiques ne doivent pas s'étendre au delà des besoins de l'explication, et que le concept de matière ne répond et ne peut répondre à aucun besoin scientifique, il suit de là que, si on lui fait représenter autre chose qu'un système de forces, il n'a droit à aucune place dans la physique : la physique elle-même n'établit-elle pas que tout ce que les sens considèrent comme un effet de la *matière* n'est en réalité qu'un effet des *forces?*

Assurément rien n'est plus difficile que de se débarrasser des représentations immédiates des sens, que l'on a comme sucées avec le lait maternel, que l'on a admises instinctivement comme les premières hypothèses grossières sans doute mais suffisantes pour la pratique, et que les habitudes de la vie ont fait grandir avec nous. L'application, le calme, la clarté et la force de la pensée sont indispensables à qui veut reconnaître pour ce qu'elles sont les impressions des sens et les autres préjugés de la pensée. Il faut même du courage pour renoncer non-seulement au principe, mais aussi à toutes ses conséquences. Et quand on a fait tout cela, il faut une vigueur presque surhumaine d'intelligence et de caractère pour ne plus se laisser surprendre en aucune façon par l'ancienne croyance, pour n'en plus ressentir la moindre influence. Car rien n'est plus difficile que de conquérir simplement une pleine liberté de penser, ne serait-ce que pour la négation. Les préjugés qui ont leur source dans la sensibilité ne sont pas des conclusions obtenues par la réflexion, mais des inspirations de l'instinct, qui suffisent à la pratique ; c'est pour cela qu'il est si difficile de les écarter et d'en triompher par le raisonnement. On a beau se dire mille fois que la lune à l'horizon a la même grandeur d'angle, la même grosseur visible qu'au haut du ciel ; que l'entendement se trompe en la considérant comme plus petite au haut du ciel qu'à l'horizon (et c'est là une erreur semblable à celle qui nous fait paraître la voûte céleste non comme une demi-sphère, mais comme un segment sphérique aplati), — on n'arrive pas à voir la lune également grosse dans les deux cas : c'est qu'en dépit des corrections de la réflexion l'instinct maintient son hypothèse.

La matière est l'objet d'un *de ces préjugés instinctifs* qu'engendre la sensibilité. Aucun physicien ne s'occupe comme savant de la matière que pour la réduire à des forces, que pour ramener les effets apparents de la matière à l'action des forces, en un mot que pour dissoudre de plus en plus la matière en force. Pourtant aujourd'hui encore on ne rencontre que de rares physiciens pour affirmer la conséquence à laquelle aboutit leur science propre, à savoir que la matière n'est qu'un système de forces ; et la raison en doit être cherchée purement dans les préjugés des sens. On oublie que nous ne *percevons pas directement la matière*, pas plus que l'*atome*, mais seulement la pression, le choc, les vibrations qu'elle produit, etc. La matière n'est donc qu'une hypothèse qui doit se *justifier* d'abord devant le tribunal de la physique : or elle est éternellement incapable de faire cette justification, ou plutôt, dans toutes les enquêtes auxquelles on l'a soumise sous quelque forme que ce soit, on l'a toujours vue s'évanouir en force. On oublie cela, parce qu'il arrive toujours que, au moment où l'on pense à tout cela, on se heurte le coude, et que l'instinct de la sensibilité fait revivre tout à coup la matière au beau milieu du raisonnement. Prend-on sérieusement une fois ce préjugé corps à corps, il sait se défendre avec des sophismes. Le physicien oublie les règles de sa méthode, et invoque les raisons à priori pour sauver son cher préjugé.

On l'entend dire alors : « Mais je ne puis *concevoir la force sans la matière;* la force doit avoir un *substratum* où s'appuyer, et un *objet* sur lequel agir ; et c'est là justement la matière. La force sans la matière est un non-sens. » Examinons donc les arguments à priori, après avoir reconnu que l'hypothèse de la matière ne peut *se justifier par aucune* raison empirique.

On peut affirmer d'abord que l'homme est organisé de telle sorte qu'il peut penser à *tout ce qui n'est pas contradictoire;* c'est-à-dire qu'il peut combiner réellement tous les concepts représentés par les mots, pourvu que la *signification* de ces concepts soit *claire* et *précise*, et que la *liaison* demandée ne *contienne aucune contradiction*. L'affirmation précédente soutient que « la force ne peut être
» *conçue* comme ayant une existence réelle, indépendante,

» mais seulement comme indissolublement associée à la
» matière ». Le concept de la force est clair; celui de
réelle et indépendante existence ne l'est pas moins. Tout
entendement raisonnable doit donc pouvoir effectuer la
combinaison de ces deux concepts, si cette liaison n'est
pas contradictoire. Prouver qu'elle est contradictoire pourrait bien être difficile : donc la première négation que
contient la première proposition est fausse. En réalité, il ne
s'agit maintenant que de savoir si la liaison est *possible*, non
si elle *est réelle* : autrement l'affirmation ne serait plus à
priori. — La seconde partie de la proposition est affirmative,
et soutient que la force peut se concevoir comme associée à
la matière. C'est là une seconde erreur, qui n'est pas moindre
que la première. On ne peut concevoir l'union de la force et
de la matière, par la raison qu'on ne peut *concevoir la matière, car à ce mot ne répond aucune idée*. Examinons les
diverses significations qu'on pourrait donner à ce mot. La
signification qui s'y attache pour la sensation est sans doute
bien définie : la matière est *la cause de la résistance sentie*.
Mais la matière se résout ici en forces atomiques; elle ne
s'oppose donc pas au concept de la force. La notion de la
masse, qu'on pourrait substituer adroitement à celle de la
matière, a été précédemment ramenée à celle des forces atomiques : notre conclusion reste donc la même. On ne
confond, du reste, la masse avec la matière que parce que
l'acception grossière que les sens nous font attacher au
mot matière identifie le concept de la matière avec la notion de la densité. Quant au concept physique de l'*impénétrabilité*, il a été ramené à celui de la force répulsive
qu'exercent les atomes d'éther, et qui est infiniment grande
à des distances infiniment petites. Ce concept ne convient
d'ailleurs qu'aux atomes d'éther, et aux corps ou aux systèmes de dynamides, par suite aux atomes d'éther qui les
constituent, mais ne saurait s'appliquer aux atomes corporels qui sont doués de la force attractive. On ne comprend pas autrement pourquoi entre deux atomes corporels, que ne sépareraient pas des atomes d'éther, une

pénétration mutuelle, une parfaite fusion ne pourrait pas avoir lieu.

Enfin reste un dernier sens à examiner. La matière est le « *substratum de la force* ». Je dois avouer à ma honte que le mot substratum ne m'est pas ici plus intelligible que le mot matière. Schelling a dit avant moi (*Système de l'idéalisme transcendantal*, p. 317-318. Œuvres, t. Ier, 3 p. 529-530) : « Celui qui dit qu'il ne peut concevoir aucune action sans un substratum avoue par là-même que ce sub-
» stratum prétendu, que sa pensée conçoit, n'est qu'un
» *produit pur de son imagination*. C'est sa *propre pensée*
» qu'il est ainsi forcé de supposer indéfiniment der-
» rière les choses comme ayant une réalité propre. Par
» une pure *illusion de l'imagination*, après qu'on a *dé-*
» *pouillé* un objet *des seuls prédicats qu'il possède*, on af-
» firme que quelque chose *subsiste encore*, on ne sait quoi.
» Personne ne doit donc dire que l'impénétrabilité est inhé-
» rente à la matière : l'impénétrabilité est la matière elle-
» même. » (Ce qui n'est sans doute que la moitié de la vérité). Substratum a souvent le même sens que sujet. On ne voudra pourtant pas soutenir que la matière morte soit quelque chose de plus subjectif que la force. Substratum signifie encore : *ce qui est au fond*, c'est-à-dire la cause. Nous avons encore moins à discuter ce sens. Habituellement, la matière est prise pour une sorte de *support*, dans l'acception tout à fait sensible du mot. La conception est trop grossièrement sensible pour que nous nous y arrêtions ; nous en avons déjà fait justice. Bref, le mot substratum n'a ici aucun sens. Quand même, d'ailleurs, il correspondrait à quelque chose d'intelligible, les défenseurs de la matière devraient toujours prouver qu'ils sont fondés à admettre l'hypothèse d'un substratum de la force. Car je ne vois pas, pour mon compte, qu'il soit nécessaire, en dehors et comme en arrière de la force, de recourir à une hypothèse ; j'affirme au contraire qu'on peut très-bien entendre l'existence indépendante de la force. Concluons donc, la matière est un mot inintelligible pour la science : on ne peut

trouver une seule propriété qui convienne particulièrement au concept désigné par ce mot. C'est même un mot en soi vide de sens, si l'on veut lui faire signifier autre chose qu'un « système de forces ». Il suit de là que ceux qui soutiennent qu'ils ne peuvent concevoir la force comme une réalité indépendante, sont *avant tout incapables* de la concevoir associée à la matière.

On affirme encore que « la force doit avoir un objet sur lequel elle agisse, qu'autrement elle ne pourrait agir ». Cette proposition est incontestable; mais je nie que cet objet doive être la matière. « La force de chaque atome suppose d'autres atomes comme son objet » : c'est tout ce que l'hypothèse scientifique exige. Quant à rechercher ce qui, dans l'atome, joue le rôle de l'objet, le physicien ne s'en inquiète pas. Mais nous avons à constater que nous ne connaissons jusqu'ici dans l'atome que la force. Rien ne s'oppose donc à ce que nous considérions la force comme ce qui dans un atome sert d'objet à la force que déploie un autre atome. On n'a donc pas trouvé là une raison de justifier la nouvelle hypothèse sur la matière. Ajoutez que les forces spirituelles se servent mutuellement d'objet, et fournissent une analogie en notre faveur : par exemple, l'idée qui agit comme motif a la volonté pour objet; et la volonté à son tour a l'idée pour objet, etc. D'ailleurs l'action mutuelle qu'exercent les unes sur les autres dans leurs rapports les forces atomiques devrait nous détourner d'admettre que l'objet soit autre ici que la force.

Admettons maintenant un instant que les atomes soient constitués non-seulement par la force, mais aussi par la matière; et voyons quelles difficultés va présenter pour la pensée l'action mutuelle de deux atomes A et B, et comment l'admission d'une hypothèse illégitime et superflue condamne à en accepter de nouvelles également arbitraires. La force de A doit agir sur la matière de B, et réciproquement; par suite les matières de A et de B se rapprochent. tandis que les forces qui les meuvent sont sans aucun rapport l'une avec l'autre. Et pourtant on devait à l'avance s'attendre au contraire, puisque c'est la force qui agit à distance et non la matière ; puisque la force est de même nature que la force, tandis qu'il n'y a aucune analogie de nature entre la force et la matière. Les matières de A et de B se rapprochent donc par suite de l'attraction momentanée des forces opposées. Que résulte-t-il de là? Évidemment que la force et la matière de chaque atome doivent se séparer, car la matière est obligée par la force étrangère de quitter la place qu'elle occupe ; mais cette nécessité ne s'impose pas à la force attachée à cette matière. Si pourtant la force et la matière de chaque atome doivent rester unies, et si la force d'un atome ne peut être directement contrainte à changer de lieu par la force d'un atome étranger, il suit de là rigoureusement que la force de A doit être contrainte à changer de place par la matière de A. Mais alors la matière agit, elle est douée d'activité ; et pourtant elle ne doit, par définition, représenter que le principe passif, par opposition à la force qui est le principe actif de l'atome. La nature de cette action est complètement inintelligible : si la matière agit, elle devient force à son tour. Au lieu que la force A, comme il serait naturel, attire à soi la force B, elle meut la matière de B ; et la matière de B à son tour meut la force de B.

Comment la force peut-elle être « *attachée* » à la matière, comme se plaisent à dire les partisans de la matière, c'est, je dois l'avouer, ce qui m'est tout à fait incompréhensible. Mes adversaires seraient d'ailleurs peut-être bien embarrassés de répondre à la question suivante : La force est-elle attachée au *centre* de l'atome de la matière, ou est-elle répartie *également* dans *toute* la matière de cet atome? Un atome de matière doit, en effet, avoir une certaine étendue.

La première hypothèse évite les difficultés que l'autre présente ; mais la force n'est plus attachée à la *matière* proprement dite, mais à un *point mathématique* qui ne *peut être matériel*, et qui ne coïncide qu'accidentellement avec le centre d'une sphère matérielle. Le rôle de la matière dans le mouvement de la force ne se comprend pas d'abord ; et la sphère matérielle ressemble fort à la cinquième roue d'un carrosse, puisqu'on n'a vraiment affaire qu'au point qui lui sert de centre idéal. La seconde hypothèse présente des difficultés encore plus grandes : chaque point de l'atome matériel est un foyer partiel de force, et chacun de ces points est à une distance différente de l'atome sur lequel l'action s'exerce. Il faut d'abord prendre la résultante de toutes ces forces partielles ; et leur centre dynamique, comme elles agissent à des distances limitées, ne peut coïncider avec le centre stéréométrique de l'atome sphérique de matière, mais doit changer avec la direction de chacune des actions exercées. En se plaçant à ce point de vue, d'ailleurs, on doit évidemment se représenter l'atome comme divisé en un nombre infini de parties; chacune d'elles est associée à une partie infiniment petite de la force totale de l'atome. Mais si petite que soit cette fraction d'atome, elle est toujours de la matière et non un point mathématique. L'union de cette fraction et de la force correspondante ne peut se comprendre, qu'autant qu'on admet que la force se trouve uniformément répartie en elle. On se retrouve de nouveau placé en face d'une division à l'infini de la matière, etc. En un mot, on est obligé de diviser l'atome à l'infini, sans arriver pourtant à comprendre comment la force est répartie au sein de la matière. On ne peut en effet concevoir la force dans sa *simplicité* que comme rattachée à *un point mathématique;* et ce centre ne peut *être matériel* (c'est ce que les physiciens et les mathématiciens les plus éminents, comme Ampère, Cauchy, Weber, etc., ont reconnu. Aussi sont-ils d'accord pour admettre que les atomes doivent être conçus comme étrangers à l'étendue).

Voyons maintenant comme la chose s'explique sans matière. Nous n'avons plus qu'à concevoir, ce que font du reste les partisans de la matière eux-mêmes, la force de l'atome comme une force dernière et inconnue de mouvements dirigés suivant des lignes différentes, qui, prolongées en arrière, se coupent en un point mathématique. Celui-là même qui admet que la force atomique est répartie uniformément sur toute la matière de l'atome, ne peut, nous l'avons dit, se soustraire à cette conception. Il doit se représenter la force totale de l'atome comme la résultante d'une masse infinie de points agissant au sein de l'atome, quelque contradictoire que soit cette hypothèse.

Les partisans de la matière admettent encore le *déplacement relatif du point* où les manifestations de la force se coupent dans leurs directions diverses. Nous laissons provisoirement de côté la question de savoir si la force comme telle, indépendamment de ses manifestations, est quelque chose d'étendu ou susceptible de localisation. Il nous suffit de remarquer que si elle occupe une place, ce ne peut être en tout cas que le *point d'intersection* dont nous venons de parler. Nous appellerons donc ce point provisoirement le *siège* de la force. Nous admettons d'ailleurs que les forces atomiques se servent mutuellement d'objets, c'est-à-dire que l'attraction réciproque de A et de B fait que le siège des forces n'est plus à la même place, en ce sens que ces forces se rapprochent, tandis que la répulsion les écarte. Je ne vois pas quelles difficultés on peut trouver à tout cela. Les forces, d'après l'hypothèse scientifique, agissent à distance et sont de nature identique. Pourquoi n'agiraient-elles pas l'une sur l'autre? On a bien admis jusqu'ici que la force agissait sur la matière, qui est si différente d'elle-même; et que la matière inerte agit sur la force, qui est tout le contraire de l'inertie. Nous ne faisons qu'employer des hypothèses qui étaient admises déjà. Des hypothèses antérieures, nous en rejetons plusieurs comme superflues et injustifiables; et nous n'arrivons pas moins sûrement au but, mais d'une façon beaucoup plus simple et plus plausible, en évitant toutes les difficultés qui naissent des hypothèses superflues. Ajoutons que ces hypothèses, que nous rejetons, reposent sur un mot vide de sens, et l'on ne pourra trop estimer l'avantage que nous trouvons à simplifier ainsi les principes.

Enfin une dernière et décisive raison. Notre présente définition de la matière supprime l'opposition qui a toujours existé entre les atomistes et les dynamistes. Notre théorie en effet repose sur la *transformation de l'atomisme en dynamisme*. Tous les *avantages* que présentait jusqu'ici l'atomisme, et qui lui ont assuré dans la science actuelle une autorité exclusive, se retrouvent *entièrement* dans notre doctrine. Nous ne faisons que le *débarrasser* de tous les défauts que les dynamistes lui reprochent trop justement. Quant au principe essentiel du dynamisme, la négation de la matière, notre doctrine y conduit naturellement d'elle-même; mais elle l'établit par une méthode nouvelle et plus rigoureuse. Nous sommes donc en droit d'appeler notre doctrine un *dynamisme atomistique*. Le dynamisme, tel qu'il s'était produit jusqu'ici, outre qu'il ne reposait sur aucune donnée empirique, ne pouvait se faire accepter par la science, parce que, ne se présentant sous aucune forme précise, il rendait toute application du calcul impossible. Si les forces doivent agir dans l'espace, il faut que leurs effets occupent une place déterminée dans l'espace, et par conséquent partent de points déterminés. Le point matériel est ainsi donné, immédiatement comme le point de départ de la force matérielle. Aussi le dynamisme, du moment où il voulait revêtir une forme précise, devait-il se transformer nécessairement en atomisme. Il ne revêtait une forme saisissable qu'en rapportant le jeu des forces opposées à des unités agissantes, c'est-à-dire à des atomes. Leibniz exprimait ce point de vue d'une manière assez nette : « Il n'y a que les » points métaphysiques, ou de substance, qui soient exacts » et réels. — Il n'y a que les atomes de substance, c'est-» à-dire les unités réelles et absolument destituées de par-» ties, qui soient les sources des actions et les premiers » principes absolus de la composition des choses, et comme » les derniers éléments de l'analyse des substances. » (Système nouveau de la nature, numéro II). — Leibniz définit la « substance » absolument comme la force; la force est pour lui la seule et vraie substance, voir *De primæ philo-*

sophiæ emendatione et de notione substantiæ. C'est cette doctrine, et la réunion implicite, dans la définition de la substance, du concept de la volonté à celui de la force, qui constitue essentiellement la supériorité métaphysique de Leibniz sur Spinoza. Sans doute la science d'alors était encore trop peu avancée pour qu'il pût s'appuyer efficacement sur elle en défendant son dynamisme. Schelling aurait pu le tenter avec beaucoup plus de succès, lui qui se déclare résolûment pour l'atomisme dynamique. Mais l'affirmation de ses principes repose exclusivement sur des déductions à priori. Aussi sa doctrine n'a-t-elle exercé aucune influence sur les physiciens. Il dit (Œuvres, I, III, p. 23) : « Ce qui est
» indivisible ne peut être matière, et réciproquement ; et
» doit par conséquent demeurer en dehors de la matière.
» Mais, en dehors de la matière, règne *la pure intensité*, et
» ce concept de la pure intensité est exprimé par le concept
» de la force. » — (p. 22) : « Les forces primitives ne sont
» pas elles-mêmes *l'espace*, et ne peuvent être considérées
» comme parties de l'espace. Ce que nous affirmons ici
» peut donc s'appeler le principe de l'atomisme dynamique.
» Toute force primitive est pour nous, comme l'atome
» pour les philosophes corpusculaires, véritablement *indi-*
» *viduelle*; chacune est en soi complète et fermée, et re-
» présente une monade de la nature. » — (p. 24) : « Dans
» l'*espace* ne peut se manifester que leur action ; la force
» elle-même est antérieure à l'*espace, extensione prior.* »

D'un côté le dynamisme, même là où il admettait que la force s'individualise dans l'atome, n'était pas capable de se justifier au nom des faits ; de l'autre, l'atomisme était incapable de se défendre suffisamment contre les contradictions logiques qui ont de tout temps été justement reprochées à sa conception de l'atome matériel. Et pourtant la science s'attachait de plus en plus résolûment à l'atomisme. Une nécessité profonde et pressante, la force des faits, en dépit des contradictions reconnues, obligeait sans cesse le savant à recourir à l'hypothèse atomistique. Le dynamisme atomistique satisfait à toutes les exigences, en même temps qu'il concilie, dans ce qu'ils ont de vrai, les principes des deux écoles.

Récapitulons encore une fois ces principes.

Il y a des forces positives et négatives, c'est-à-dire attractives et répulsives, en nombre égal. Les directions, suivant lesquelles s'exerce l'action de chaque force, se coupent en un point mathématique que nous nommons le siège de la force. Ce siège de la force est mobile. Chaque force agit sur toutes les autres d'une manière uniforme, quels que soient ses caractères. La force positive s'appelle l'atome corporel; la négative, l'atome d'éther. A une certaine distance la répulsion de l'atome d'éther et l'attraction de l'atome corporel sont équivalentes; mais, comme, dans leurs variations correspondantes à l'éloignement, elles obéissent à des lois différentes, c'est la répulsion qui domine à de petites distances comme celles des molécules entre elles, dans les rapports de l'atome d'éther et de l'atome corporel. C'est l'attraction, au contraire, qui l'emporte pour les grandes distances. Les atomes corporels, séparés par des atomes d'éther qui se trouvent placés entre chacun d'eux, s'unissent pour former les molécules des éléments chimiques. Celles-ci de la même manière s'agrègent pour constituer les molécules des composés chimiques, lesquels enfin, à leur tour, servent à former les corps matériels. La matière est donc un système de forces atomiques, qui se maintiennent dans un certain état d'équilibre. Les combinaisons, les réactions infiniment variées de ces forces donnent naissance aux forces proprement dites de la matière : gravitation, pesanteur, expansion, élasticité, cristallisation, électricité, galvanisme, magnétisme, affinité chimique, chaleur, lumière, etc. Nulle part dans le monde inorganique nous n'avons besoin de recourir à d'autres forces qu'aux forces atomiques.

Nous avons vu ainsi que des deux principes matérialistes, la force et la matière, le dernier s'est évanoui à l'examen et s'est confondu avec le premier. Nous savons maintenant ce que nous devons entendre par la force : elle est un *point dynamique*, un centre d'attraction ou de répulsion, d'action positive ou négative. Le concept de force est défini de cette manière avec assez de précision, pour que nous puissions en aborder l'analyse immédiate, sans que le cours de notre recherche soit troublé par la crainte que nous n'ayons conçu le concept de force autrement que les savants et les matérialistes. Voyons maintenant ce que nous trouvons dans ce concept.

La force attractive de l'atome corporel tend à rapprocher de soi tout autre atome; le résultat de cette tendance est la production, la réalisation du rapprochement. Nous avons ainsi à distinguer dans la force *la tendance* elle-même comme acte pur, et le *but* poursuivi, le contenu ou l'objet de la tendance. Mais la tendance précède l'accomplissement du but. Quand le but est atteint, la tendance est réalisée, cesse d'exister : la tendance, comme telle, n'existe qu'autant qu'elle est encore en voie de réalisation, qu'elle n'est pas satisfaite. Le mouvement produit n'est donc pas contenu en réalité dans la tendance, puisque la tendance et lui existent à des moments différents. Mais si ce mouvement n'était pas contenu dans la tendance, il n'y aurait aucune raison pour que celle-ci produisît l'attraction plutôt qu'autre chose, la répulsion par exemple; pour qu'elle changeât avec la distance suivant telle loi plutôt que suivant telle autre. Nous n'aurions qu'une tendance vide, la pure forme de la tendance sans but ou contenu déterminé. La tendance ne poursuivrait aucun but, n'aurait aucun objet et par conséquent n'aboutirait à aucun résultat : or l'expérience nous apprend le contraire. L'expérience enseigne bien plutôt qu'un atome n'exerce pas au hasard la force attractive ou répulsive; mais qu'il tend à son but d'une manière constante, et demeure toujours semblable à lui-même. Il ne nous reste donc qu'à admettre que la tendance de la force attractive contient en soi la raison du rapprochement des atomes et la loi des changements que subit son action suivant la distance; c'est-à-dire toutes les déterminations changeantes de son mode spécial d'action :

mais que pourtant elle ne les contient pas en soi comme une réalité.

Puisque la *tendance* ou la *force* de l'atome est l'élément primitif qui constitue la matière, et comme telle est en soi simple et immatérielle, et qu'il ne peut plus être question ici de prédispositions matérielles, c'est donc d'une manière immatérielle que la force satisfait aux conditions qui viennent d'être énumérées. Or cela n'est possible que si la tendance porte en soi la détermination réglée de tous les changements de son action *extérieure*, comme une ombre semblable à la réalité, comme une image : il faut donc qu'elle la porte *idéalement* ou *comme une idée* dans son sein. Il faut qu'à la tendance de la force atomique soit associée la *représentation* idéale du tout poursuivi, pour que la tendance puisse être *déterminée*. Alors seulement la tendance peut aboutir à un *résultat*. Alors seulement on s'explique que toujours le même individu dynamique poursuive le même but positif ou négatif ; et qu'il agisse avec telle énergie sur un second atome à tel degré d'éloignement, et avec une énergie différente sur un troisième atome différemment éloigné. Sans changer elle-même, la force atomique mesure l'énergie de son action à la diversité des circonstances, et suit en cela des règles *logiques* (mécanique — mathématique appliquée ; mathématiques — logique appliquée). Cette action nécessaire que les circonstances exercent sur elle n'enlève rien à son activité, à son indépendance ; et ne nous oblige pas moins de dériver immédiatement l'acte extérieur d'une détermination *intérieure*. Il faut toujours admettre que l'idéal *précède* le réel ; la nécessité ne se conçoit que comme une nécessité logique (résultant de la détermination logique de l'idée).

Mais que peut être la *tendance* de la *force* sinon la *volonté*, cette tendance dont le contenu ou l'objet est l'idée inconsciente du but poursuivi ? Qu'on compare le chap. IV 1re partie, p. 130-135 : ce que nous disions de la volonté, nous le redisons ici de la force. La volonté est de sa nature un principe éternellement inaccessible à la conscience : nous l'avons prouvé au chap. III, 3ᵉ partie, p. 55 à 63 ; elle doit être conséquemment ici également inconsciente, puisque son contenu est une idée inconsciente : cela s'entend de soi. Nous n'avons pas forcé l'extension du concept de la volonté pour y faire rentrer celui de la force. Nous avons commencé par reconnaître la volonté de la conscience cérébrale : mais bientôt le concept de la volonté a brisé les limites où la conscience voulait injustement l'emprisonner (p. 77 à 79), et nous a manifesté son action dans toute l'étendue du règne animal et végétal. Nous découvrons maintenant, à notre surprise, que si, sous le concept d'une force (non dérivée, mais primitive), nous voulons entendre *quelque chose* d'intelligible, nous devons y attacher *le même sens* qu'au mot volonté. Les deux principes seraient donc regardés comme *identiques*, si celui de la force n'était pas rétréci par une limitation *conventionnelle* de son contenu, et en outre s'il n'était pas employé pour désigner des forces *dérivées*, par exemple les combinaisons et les manifestations des forces atomiques, comme l'électricité, le magnétisme, la force musculaire, etc. Substituer le concept de force à celui de volonté, ou du moins faire rentrer le second dans le premier, ce serait donc peu logique. Au point de vue des premiers principes, la force est un dérivé : ce n'est qu'au sens strictement scientifique qu'elle est un principe. La volonté, au contraire, est *toujours* le premier principe. La force, d'ailleurs, dans la signification ordinaire des mots et pour le sens commun, est un concept beaucoup plus obscur que celui de volonté. Enfin on est habitué par l'influence grossière des sens à se représenter la force comme quelque chose de matériel, parce que le concept en est appliqué aux objets extérieurs, dans l'acception où les sensations de la force musculaire nous le font entendre d'abord. Autant la volonté exprime quelque chose de plus intime que la sensation de la force musculaire, autant le mot volonté est plus précis que celui de force pour caractériser l'essence du principe dont il s'agit (voir Schopenhauer : *Le monde comme volonté et idée*, § 22, et Wallace, *Contributions à la théorie de la sélection naturelle*, traduit en allemand par A. B. Meyer, p. 417-423. Wallace se prononce aussi résolûment contre l'association de la matière à la force, que pour la doctrine qui fait de la volonté l'essence de toute force et par suite de l'univers entier).

Les manifestations des forces atomiques sont donc les actes de volontés individuelles, dont l'objet est l'idée inconsciente de l'effet qu'il s'agit de produire. *La matière se résout au fond en volonté et en idée.* Ainsi s'évanouit l'opposition radicale de l'esprit et de la matière. Ils ne diffèrent plus que parce qu'ils manifestent sous des formes inégales le même être, l'éternel Inconscient. Leur identité consiste en ce que l'Inconscient agit dans la matière aussi bien que dans l'esprit, comme un principe idéal dont la logique intuitive réalise au dehors le mouvement dont elle porte en elle-même l'idée. La notion de l'identité de l'esprit et de la matière n'est plus un postulat incompréhensible et indémontrable, ou le produit d'une inspiration mystique : elle est élevée à la dignité de notion scientifique. Ce n'est pas en tuant l'esprit, mais en animant la matière que ce résultat est obtenu. Il n'y avait jusqu'ici que deux doctrines qui évitassent le dualisme de l'esprit et de la matière; mais elles n'y échappaient qu'en niant audacieusement la réalité de l'un des deux termes. Le matérialisme niait l'esprit; l'idéalisme, la matière. Le premier considérait l'esprit comme une apparence sans fondement, qui résulte de certaines combinaisons des fonctions matérielles. Pour le second, la matière à son tour n'était qu'une apparence sans réalité, qui tient aux dispositions subjectives de l'esprit conscient. L'une de ces opinions est aussi exclusive et fausse que l'autre; et le grossier dualisme, qui maintient l'opposition inflexible de l'esprit et de la matière, valait mieux que ces tentatives pour subordonner l'un à l'autre. Il ne s'agissait donc pas d'échapper au dualisme en niant l'un des principes de la réalité, mais de le supprimer résolûment, et de l'absorber dans l'unité d'une doctrine compréhensive. Il fallait pour cela une philosophie qui sût voir dans la conscience de l'esprit subjectif aussi bien que dans la matière, dans le sujet comme dans l'objet, les manifestations d'un seul et même principe qui leur est supérieur à tous deux, et est en même temps moins différencié que tous deux : en un mot une philosophie de l'Inconscient (que l'on admette l'idée inconsciente de Hégel ou la volonté inconsciente de Schopenhauer, ou l'unité substantielle des deux dans l'éternel Inconscient de Schelling).

Examinons comment la volonté de l'atome se comporte vis-à-vis de l'espace. Nous n'avons pas besoin, pour cela, de discuter l'essence de l'espace. Qu'il nous suffise de dire que l'espace peut avoir une double existence, une réelle dans les corps ou les diverses limitations du vide, une idéale dans l'idée de ces corps ou de ces limitations du vide. Si l'espace *idéal* n'est qu'une pure *idée*, la *pensée* qui crée cette idée ne peut être elle-même dans l'espace idéal. Si la perception consciente n'est due qu'à une réaction de l'Inconscient provoquée par les vibrations cérébrales, cette perception n'a rien à voir avec la place que la vibration occupe dans le cerveau, ou avec le lieu que l'homme qui perçoit occupe sur la terre : ici encore l'idée n'est pas située dans l'espace *réel*. La volonté est la *traduction de l'idéal par le réel*. Elle ajoute à l'idéal, qui est son contenu, ce que la pensée pure ne peut lui donner, à savoir la *réalité*. Comme ce contenu en tant qu'idée, contient des déterminations de l'espace, purement idéales, sans doute, la volonté réalise ces déterminations de l'espace; elle fait ainsi *passer l'espace du monde idéal dans le monde réel; elle réalise, en un mot, l'espace*. (Nous n'avons pas à rechercher ici comment l'espace se forme dans l'idéal : il nous suffit de savoir que l'espace doit à la volonté sa réalité.) Ce que la volonté seule produit ne peut exister qu'après l'entier achèvement de son acte : la volonté en elle-même est étrangère à l'espace réel. Quant à l'espace idéal, la volonté n'a rien à voir avec lui, il n'existe que dans *l'idée*. En un mot, la *volonté* et *l'idée sont toutes deux par nature étrangères à l'espace : l'idée crée l'espace idéal, et la volonté à son tour, en réalisant l'idée, engendre l'espace réel.* Il suit de là que la volonté de l'atome ou la force atomique est absolument *étrangère à l'étendue :* comme dit Schelling, elle est *extensione prior*.

Au premier abord, cette doctrine semble choquer les idées reçues; mais l'étonnement cesse bientôt, si l'on compare les effets locaux de la volonté dans les organismes. La volonté meut en moi certaines molécules nerveuses ; grâce à la propagation du courant nerveux et à l'emploi des forces de polarisation qui résident dans les nerfs et les muscles, mon bras peut soulever un quintal. La volonté a donc produit *directement certains changements de position* entre les parties de la matière; nous ne les connaissons sans doute pas exactement, mais nous pouvons dire que les *directions de ces mouvements* divers ne se coupent pas à un point commun d'intersection, et qu'elles consistent probablement dans les mouvements rotatoires d'un certain nombre de molécules autour de leur axe. Le mouvement s'accomplit de cette manière, parce que l'idée inconsciente qui forme l'objet de la volonté contient idéalement cette sorte de mouvement. Si la compréhension de l'idée inconsciente contenait au contraire des mouvements tels qu'ils se coupassent à un point commun, la volonté réaliserait ces mouvements : et c'est *ce qu'elle fait lorsqu'elle se manifeste par la volonté atomique*. On voit donc que si tous les mouvements produits par la volonté atomique se rencontrent en un point commun d'intersection, c'est là un point de rencontre *tout à fait idéal*, je pourrais presque dire, pour éviter tout malentendu, un point *imaginaire*; et l'on ne peut, sans une grande licence d'expression, appeler ce point le siége de la volonté ou de la force. Il n'y a, en tout cela, de véritablement étendu que les *manifestations extérieures de la force*, qui ne sauraient par elles-mêmes *aboutir* à un point commun, puisque ce point ne résulte que de leur prolongement idéal. Ce point doit pourtant être *déterminé* dans son rapport avec tous les autres (car dans l'espace pur aucun point n'est déterminé) : autrement la place respective des diverses manifestations de la force ne serait pas déterminée. En un mot, l'éloignement qui sépare le point idéal d'intersection de tout autre point également idéal d'intersection est *déterminé*. Il suit de là que cet éloignement peut changer, et par suite que le point est capable de se mouvoir.

Qu'arrive-t-il, en réalité, quand deux forces attractives se rapprochent l'une de l'autre? D'abord l'attraction va en *augmentant;* en second lieu son action sur les atomes qui sont à ses côtés se modifie suivant des directions telles, que leurs points idéaux d'intersection doivent être actuellement conçus comme plus rapprochés les uns des autres. Le premier et le second changement dont nous venons de parler sont dans un rapport tel, que l'attraction croît n^2 fois, si l'éloignement des points d'intersection produit par le déplacement de direction des forces voisines diminue dans la simple proportion de n^2 fois. Il n'y a toujours de *réel* que les manifestations de la force, suivant une certaine *direction* et une certaine *énergie*, et les changements survenus dans cette direction et dans cette énergie; mais les points d'intersection sont et restent quelque chose d'*idéal*. Les deux premières conditions des manifestations de la force forment comme idée le contenu de la volonté atomique. On comprend maintenant que la volonté elle-même puisse être *étrangère à l'espace*, n'avoir pas son *siège* dans un point d'intersection idéal, et ne pas *voyager* avec lui. Mais, en réalisant son contenu, elle produit des objets dont la nature est d'être étendus, et qui ont un point commun d'intersection idéale, dont la place ne se détermine que par rapport à celle d'autres points également idéaux d'intersection, et change avec elle.

On pourrait se demander maintenant si les atomes ont une conscience. Je crois que toutes les données nécessaires à la solution nous font presque entièrement défaut. La nature du mouvement nécessaire à la production de la conscience, et le degré d'énergie que le mouvement doit avoir pour dépasser ce que nous avons appelé la limite de la sensation nous sont presque entièrement inconnus. Nous pouvons toutefois affirmer nettement que, si la matière est douée de conscience, c'est une conscience exclusive à chaque atome qui s'y rencontre; et qu'aucune *communication* n'est possible entre les *consciences individuelles* des atomes. Il est donc entièrement faux de parler de la conscience d'un cristal ou d'un corps céleste : dans les corps inorganiques les atomes ont tout au plus, chacun isolément, une conscience particulière. Sans doute cette conscience atomique, par son contenu, serait la plus pauvre qu'il fût possible d'imaginer. Leibniz, qui ne connaissait pas le phénomène que nous désignons sous le nom de la limite de la sensation, croit être autorisé par la loi de la continuité (natura non facit saltus) et celle de l'analogie (σύμπνοια πάντα) à reconnaître à la moindre monade un certain degré de conscience. La loi de la limite est peu favorable à cette analogie. Si on comprime de plus en plus par exemple un gaz d'acide carbonique, on le voit occuper un espace de plus en plus restreint, sans cesser d'être un gaz. Mais tout à coup on arrive à un point, où la compression n'est plus possible, et où le gaz devient liquide : on est alors pour ainsi dire à la limite de l'état gazeux. De même, si on descend l'échelle des individus ou des monades, la conscience devient de plus en plus pauvre, sans cesser d'être la conscience. Mais tout à coup un point peut se rencontrer où s'arrête la décroissance; car la conscience cesse, si la limite de la sensation est franchie. Mais qui peut, dans la nature, fixer ce point avec certitude?

Nous avons enfin à examiner la question de savoir si notre doctrine, qui ramène les atomes à des actes de volonté, nous oblige de considérer les atomes comme autant de substances indépendantes, ou comme les phénomènes d'une seule et même substance; s'il faut attribuer à chaque atome une volonté distincte, indépendante, substantielle, qui alors aussi différerait sans doute des autres par les idées qui forment son contenu : ou si ces actions et ces activités opposées ne sont au fond que les manifestations d'une seule et même volonté. Nous avons reconnu que le réel dans l'espace n'est que l'opposition et le conflit des actions qui dérivent des forces. Mais les forces elles-mêmes sont absolument en dehors de l'espace. Nous n'avons donc aucune raison de fractionner la volonté et l'idée de l'être éternellement étranger à l'espace en une multitude infinie de substances particulières. L'impossibilité de comprendre comment des substances isolées et sans contact pourraient agir les unes sur les autres nous oblige d'admettre que les atomes, comme tous les individus, ne sont que les purs phénomènes objectifs et réels, ou les manifestations de l'un tout; qu'ils ont en lui leur racine commune et le lien qui permet leur communication (voir chap. VII et XI de la 3ᵉ partie). Si les atomes étaient séparés et distincts substantiellement, les espaces, que concevrait en chacun d'eux l'idée inconsciente, seraient aussi nombreux qu'il y a d'atomes; et les espaces réalisés par la volonté inconsciente de chaque atome seraient également aussi nombreux que les atomes eux-mêmes. Il ne serait pas possible que les rapports des actions des atomes dans l'étendue eussent cette liaison qui produit l'unité de l'espace dans son objectivité phénoménale, dans son objectivité réelle. Il faut pour cela que la réalisation des espaces idéaux contenus dans les idées inconscientes des atomes ne soit, pour chaque atome, que la réalisation des éléments divers d'une seule idée totale : et cela n'est possible que si les fonctions de tous les atomes réunies sont les fonctions d'un seul et même être, les modes d'une seule et même substance. Celui qui s'en tient à la pluralité substantielle des divers atomes trouvera dans notre conception de la matière elle-même une dernière et insurmontable difficulté, qui disparaît aussitôt que l'on se décide à pousser jusqu'à la doctrine métaphysique de l'unité substantielle des êtres.

VI

LE CONCEPT DE L'INDIVIDUALITÉ

Individu signifie indivisible (comme l'atome). Chacun sait pourtant que les individus peuvent être divisés et partagés. On doit donc, en parlant d'un individu, songer à un être que sa nature ne permet pas de diviser, s'il doit rester ce qu'il est. L'unité est prise ici dans le sens de la monade grecque, qu'il ne faut pas confondre avec le concept numérique de l'unité, en grec ἕν. On serait tenté de confondre les notions de l'unité ou de la monade, et de l'individu. Mais on voit bientôt que l'unité est une notion plus étendue que celle d'individu. Tout individu est une unité, mais toute unité n'est pas un individu. Ainsi tout corps dont les parties sont liées dans l'espace, et constituent une forme particulière, est véritablement une unité. Je ne puis séparer ces parties sans supprimer la forme qui résulte de leur union : personne n'appellera pourtant cette unité accidentelle de la forme, telle qu'une motte de terre, du nom d'individu. Chaque mouvement, chaque fait doit à la continuité de ses éléments dans le temps d'être une unité : ainsi un son. Une telle unité n'est pourtant pas un individu (voir Kirchmann, *Philosophie de la science*, volume Ier, p. 131, 141; 285-307). L'unité résultant du mélange ou de l'action réciproque des parties, comme celle qui naît d'un mélange de couleurs, de saveurs, d'odeurs et d'autres propriétés d'une même chose, provient ou de ce qu'elles existent à la même place, ou de ce qu'elles se manifestent simultanément, ou de ce qu'elles dépendent d'une même cause : il n'y a pas là place pour une espèce d'unité particulière. L'unité du lien causal est la plus solide de toutes; nous pouvons en distinguer trois espèces. 1° L'unité résultant de l'unité de la cause pour des effets variés (ainsi dans les diverses perceptions d'une même chose); 2° l'unité résultant de l'unité du but poursuivi, par exemple des dispositions multiples de l'œil dans l'intérêt de la vision; 3° l'unité qu'engendre l'action réciproque des parties, lorsque l'action de chaque partie est la condition de l'action d'une autre. Toutes ces unités ne suffisent pas à rendre compte de l'individualité. L'unité des perceptions diverses qu'un objet éveille en nous fournit un exemple de la première : ces perceptions n'ont point par elles-mêmes l'identité du lieu et du moment; elles doivent leur unité à l'identité de la cause à laquelle on les rapporte. Personne ne voudra faire un individu de l'unité qui relie les perceptions d'un même objet. De ce que l'on trouve l'unité du dessein dans la construction d'un édifice, la somme des ouvriers qui le réalisent ne s'appellera pas un individu. Enfin, en troisième lieu, de ce qu'un pays vit des produits de ses colonies, et que les colonies vivent à leur tour des produits de l'art de la mère-patrie, la réciprocité d'action qui se remarque ici, quelque étendue qu'elle soit, ne fera regarder par personne les colonies et la mère-patrie comme un seul individu.

Chacune de ces unités est donc insuffisante pour constituer l'individualité. On ne se contentera pas davantage des caractères extérieurs, que l'on voit présentés par plusieurs auteurs comme des signes suffisants. Ce n'est pas assez par exemple que les êtres proviennent d'un même germe ou d'un seul œuf (Gallesio et Huxley). Tous les saules pleureurs d'Europe seraient à ce compte un seul individu, puisqu'on prouve historiquement qu'ils sont tous sortis d'un seul arbre transporté d'Asie en Angleterre, tous issus par conséquent d'un même germe. Tous les pucerons (au nombre peut-être de plusieurs millions), qui sont sortis d'une mère, engendrée par un couple, mais qui n'a pas eu besoin de s'accoupler elle-même, et qui se reproduisent par une série de dix ou plusieurs générations dans le courant d'un été, ne formeraient aussi qu'un seul individu. — Pas plus que la provenance d'un œuf unique, la conformité au type de l'espèce ne peut être prise comme la marque de l'individualité. L'idée type est l'idée d'un individu normal, qui représente l'espèce, parce qu'il est exempt des caractères particuliers aux individus. Pour former cette idée du type spécifique, on abstrait tous les caractères particuliers des individus d'une espèce ; et les caractères communs régulièrement à tous les individus constituent le type de l'espèce. Mais il faut déjà savoir en quoi consiste l'individu, pour être en état de comparer plusieurs individus, et en abstraire le type normal. Ce type ne peut donc servir à son tour comme marque des individus, dont il est lui-même tiré : autrement on tournerait dans un cercle. Ne trouvons-nous pas d'ailleurs des individus qui ne répondent pas au type de leur espèce ou ne le représentent qu'imparfaitement? Ainsi la racine est un élément du type spécifique de la plante ; les tentacules, de celui du polype. Si je détache un rameau d'une plante ou un fragment du cylindre d'un polype, ces fragments n'ont plus ni racines ni tentacules, et continuent pourtant de vivre d'une vie propre, puisqu'ils portent en eux-mêmes toutes les conditions nécessaires à l'existence. On ne peut leur refuser le nom d'individus. Ainsi ce n'est pas assez pour caractériser l'individu de la provenance d'un seul œuf ou de la conformité au type de l'espèce : revenons donc à notre première définition du concept de l'unité.

Les diverses espèces d'unités que nous avons étudiées sont également incapables de rendre compte isolément de l'individualité : mais, si chacune d'elles a trop d'extension, peut-être que réunies elles limitent comme il convient le concept de l'unité individuelle. Nous avons exigé que l'individu fût une unité, parce qu'il ne pouvait être divisé sans changer de nature. Il est évident que cette condition n'est réalisée qu'autant que l'être est essentiellement indivisible, non pas seulement sous tel ou tel rapport, mais sous tous les rapports possibles, c'est-à-dire s'il réunit en soi toutes les formes d'unité possibles. Les cinq espèces d'unités examinées plus haut sont toutes possibles et les seules possibles. On s'en convainc facilement en remarquant qu'elles épuisent les trois formes communes au sujet et à l'objet, l'espace, le temps et la causalité.

Nous avons ainsi une définition suffisante de l'individu. L'individu est l'être qui réunit en soi les cinq espèces possibles d'unité : 1° L'unité dans l'espace (la forme) ; 2° l'unité dans le temps (la continuité de l'action) ; 3° l'unité de la cause (interne) ; 4° l'unité de la fin ; 5° l'unité de la réciprocité d'action entre les diverses parties (en tant qu'il y a diverses parties, autrement la dernière condition est supprimée). Là où manque l'unité de la forme, comme dans un essaim d'abeilles, les autres unités ont beau être réunies au plus haut degré : on ne parle point d'individu. — La continuité d'action peut faire défaut ; ainsi pour les poissons qui ont été successivement congelés et dégelés, pour les rotifères desséchés et ranimés. L'être n'en garde pas moins sans doute son unité, mais je n'admettrais pas qu'on parlât ici de l'unité de l'individu. On a en réalité deux individus qu'une suspension de la vie active sépare aussi complétement, que je suis distinct moi-même d'un homme qui vivait il y a mille ans. Aucune des trois espèces d'unité causale ne doit évidemment manquer à l'individu.

Il faut bien remarquer que, appliquée à la définition de l'individu, aucune de ces unités n'est une unité inflexible, absolument fermée ; chacune d'elles peut contenir en soi des unités inférieures de la même espèce, et être elle-même contenue avec plusieurs autres unités, semblables à elle dans une unité nouvelle et supérieure. Il est tout à fait impossible d'atteindre une unité dernière en quelque genre que ce soit, qui ne puisse être ramenée à des unités supérieures : de même les choses sont comprises dans l'unité du monde, qui, à son tour, peut n'être qu'une fonction de l'unité métaphysique formée par la coordination de mondes différents que nous ignorons. Si cela est vrai pour le concept de l'unité, on en doit dire autant du concept de l'individu : tracer des limites, séparer absolument l'individu de ce qui l'entoure, c'est céder à de pures apparences. Si l'observateur superficiel est trompé par ces apparences, c'est que l'individu n'existant que par la réunion de toutes les unités énumérées ci-dessus, pour que plusieurs individus puissent être compris dans un individu d'ordre supérieur, il faut que les individus de l'ordre inférieur comme ceux de l'ordre supérieur réunissent toutes ces espèces d'unités. Si une seule manque aux uns ou aux autres, on constate bien encore la subordination des unités inférieures à l'unité supérieure, mais on ne peut plus parler de la coexistence de plusieurs individus au sein d'un individu supérieur. Spinoza, le plus décidé des monistes dit (*Éthique*, Th. 2, prop. 7, *postulat*) : « Le corps humain se compose d'un grand nombre d'individus de nature différente, dont chacun est lui-même très-complexe ». Leibniz développe cette idée dans sa monadologie.

Examinons la question par rapport aux individus spirituels, où les rapports sont beaucoup plus faciles à saisir. Nous n'avons jusqu'ici parlé que d'individus matériels. Les individus spirituels sont tout différents et n'ont rien de commun avec eux; ils demandent donc une analyse particulière. Si on avait su jusqu'ici faire cette distinction, on n'aurait pas vu s'établir la confusion déplorable qui règne encore aujourd'hui sur la question.

Nous avons à séparer à leur tour les individus spirituels qui sont doués de conscience et ceux qui ne le sont pas. Nous parlerons seulement des premiers jusqu'à nouvel ordre. Locke a déjà déclaré que l'identité de la personne repose exclusivement sur l'identité de la conscience; et tous les philosophes ultérieurs ont volontiers reconnu cette vérité. L'unité, qui ne doit pas être divisée, et qui constitue l'individualité, est ici cette unité de la conscience, dont il a été déjà question au chap. de la 3º partie III, p. 74 à 78. Il faut d'abord que les consciences de deux idées, consciences qui sont séparées dans le cerveau par le temps, ou par la place qu'elles occupent dans l'étendue, soient rassemblées par la conscience commune de la comparaison, c'est-à-dire ramenées par cette dernière à une unité plus haute, pour que le sujet, c'est-à-dire la cause interne instinctivement supposée de l'une et de l'autre idée soit reconnue comme une et identique; pour qu'en conséquence toutes deux soient rapportées à une cause commune et intérieure (le moi). L'individu spirituel et conscient s'étend aussi loin que s'étend l'unité de la conscience ou l'unité des faits psychiques, que la causalité relie entre eux et ramène à un sujet commun.

Nous savons maintenant que, dans les centres nerveux inférieurs des hommes et des animaux, des processus psychiques et conscients se produisent, qui, à l'intérieur de chacun de ces centres, et grâce à l'excellence des moyens de communication, sont ramenés à une unité intime. Nous reconnaîtrons donc nécessairement dans ces unités des individus spirituels. Qu'on n'objecte pas que l'intelligence attachée à ces centres est trop basse pour former une conscience personnelle, un moi. Ce moi est toujours supposé instinctivement. Il n'a pas besoin de se manifester comme conscience personnelle; les actions n'en suivent pas moins comme si la conscience personnelle existait et rapportait toutes les actions au moi. C'est ce que nous voyons dans les animaux inférieurs et les plantes, ce que nous appelons le sentiment zoopsychologique de l'individu. Rien ne s'oppose donc à ce que nous considérions les centres nerveux inférieurs comme le siège d'individualités spirituelles et conscientes. Si nous remarquons maintenant que les sensations de divers centres nerveux peuvent, suivant les circonstances, être rassemblées par une conscience unique, qui consiste dans une sorte de sentiment total de l'organisme plus ou moins constant, il est difficile de ne pas voir dans cette unité de la conscience un individu spirituel supérieur, qui contient en soi les individus inférieurs. Remarquons encore que les parties spécialement actives des nerfs blancs destinés à conduire les impressions, à savoir leurs axes cylindriques, sont comme la masse grise ; et ne doivent leur blancheur apparente qu'à la masse médullaire destinée à isoler les fibres, laquelle sépare l'axe cylindrique et la membrane fibreuse. On ne peut s'empêcher de conclure que les parties actives de la masse blanche des nerfs ont une conscience particulière de l'espèce de vibrations qu'elles sont particulièrement chargées de propager dans l'économie du corps entier. De même aussi les fibres musculaires, qui se contractent, ou les tissus sécréteurs qui se modifient sous l'excitation des nerfs, ont assurément un certain sentiment des processus auxquels ils servent, puisqu'ils sont destinés à propager les vibrations des nerfs excitateurs au delà des limites des fibres nerveuses jusqu'aux parties voisines (ainsi, d'après Engelmann, les mouvements péristaltiques de l'urétère sont les fonctions spontanées de sa paroi musculaire non striée).

Que l'on se rappelle les conclusions du chap. IV, 3e partie. Nous y avons établi que les cellules végétales étaient chacune douées de conscience. Il est naturel, après cela, que les cellules des animaux, dont l'organisation est en partie supérieure à celle des cellules des plantes, aient aussi leur conscience particulière. Cette hypothèse trouvera dans la suite de ce chapitre de nouvelles confirmations. Il est en tout cas certain que les cellules animales vivent, croissent, se multiplient, apportent à la nutrition du tout leur concours spécial, d'une manière en grande partie aussi indépendante que le font les cellules des plantes. Pourquoi, si elles mènent une existence aussi indépendante, n'auraient-elles pas aussi des sensations indépendantes ? Virchow dit (*Pathologie cellulaire*, 3e édit., p. 105) : « Il faut admettre
» que l'alimentation est l'effet de l'activité (attraction) des
» éléments des tissus, si l'on veut comprendre comment
» les cellules individuelles ne sont pas à chaque moment
» submergées sous l'afflux du sang ; et comment, au con-
» traire, chaque partie ne prend, dans les matériaux de la
» nutrition, que ce qui est nécessaire à son besoin réel, et le

» distribue de telle sorte que, en général du moins, et tant
» que la conservation est possible, aucune partie ne peut
» nuire sérieusement aux parties voisines. » Si cette activité
autonome des cellules est nécessaire pour expliquer l'introduction des matières alimentaires, comment s'en passer
lorsqu'il s'agit de la transformation chimique, formelle des
aliments? Il y a dans le corps animal des parties considérables entièrement dépourvues de nerfs et de vaisseaux,
comme la substance épidermique, les tendons, les os, les
dents, les fibro-cartilages; et pourtant la séve y circule à
travers les cellules comme dans la plante; la vie et l'accroissement des cellules n'y ont pas besoin de l'excitation
des nerfs. Si les cellules animales manifestent la même activité individuelle que les plantes, pourquoi ne seraient-elles pas aussi le siége d'une conscience individuelle? Il
n'y a d'autre différence que la suivante : chez l'animal la
conscience individuelle de chaque cellule s'efface devant
la conscience individuelle des organes supérieurs; dans les
plantes la conscience cellulaire est la forme essentielle de
la vie consciente. Il n'y a que certaines parties douées
d'une sensibilité supérieure, comme les fleurs, etc., qui
peuvent être considérées comme les manifestations d'une
conscience individuelle d'ordre supérieur.

Si jamais on pouvait résoudre par l'affirmative la question de l'existence de la conscience pour les atomes, ces
derniers représenteraient les formes les plus infimes de la
conscience. Nous avons ainsi trouvé *chez les individus
conscients* une *superposition* des individus d'ordre supérieur et inférieur : nous avons à rechercher s'il en est de
même chez les individus matériels.

Revenons aux individus organisés. Il est plus difficile de
définir en quoi consiste l'individualité des plantes que celles
des animaux. Le profane appelle individu dans les plantes
supérieures ce que le botaniste nomme la souche (cormus).
Linné, Gœthe, Érasme, Darwin, Alexandre Braun, etc.,
cherchaient l'individu dans la pousse, qui répond à un axe
particulier de la plante. Ernst Meyer et d'autres regardaient

la feuille dans la diversité de ses formes que Gœthe a découvertes, comme l'individu véritable, et la tige comme la partie inférieure de la feuille. Gaudichaud, Agardh, Engelmann, Steinheil, etc., croyaient avoir trouvé l'individu dans chaque article de la tige dont la feuille, ou les feuilles ressortant au même niveau ne seraient que le développement supérieur. Schulzschultzenstein prétendait au contraire le trouver dans les groupes de cellules qu'il appelait anaphytes, et qui semblent des bourgeons embryonnaires. Schleiden et Schwann firent enfin le dernier pas, et donnèrent la cellule comme le seul individu vivant dans la plante. Chacune de ces opinions peut s'appuyer sur de solides raisons. Chacune est vraie en tant qu'elle considère telle ou telle partie comme individu, mais est fausse lorsqu'elle conteste les autres affirmations. Il n'est pas question ici de se prononcer d'une manière exclusive sur tel ou tel élément, mais de les affirmer également comme des individus. Non-seulement la plante entière, mais chaque racine et chaque pousse, comme chaque feuille et chaque cellule, réunissent en soi toutes les unités que nous avons reconnues plus haut nécessaires pour constituer l'individualité. Cette manière de voir a trouvé de plus en plus des partisans. Ainsi De Candolle distingue cinq classes d'individus dans le végétal (la cellule, le bourgeon, le provin, la souche, l'embryon); Schleiden, trois (la cellule, le bourgeon, la souche); Hæckel (1), six (la cellule, l'organe, le segment (*antimere*), l'article (*metamere*), le rejeton, la souche).

Il serait tout à fait faux et insoutenable d'affirmer que la séparation et la distinction dans l'espace sont les conditions de l'individualité. Car, dans ce cas, deux jumeaux qui resteraient attachés l'un à l'autre par un point quelconque de la peau (que l'on songe aux deux frères Siamois

---

(1) Voir sa « Morphologie générale des organismes. Berlin, Reimer, 1866, vol I, p. 251. » Les chapitres 8 et 9 de cet ouvrage, que je n'ai pu connaître malheureusement qu'après l'apparition de la 4ᵉ édition de la philosophie de l'Inconscient, sont la meilleure et la plus décisive confirmation des vues que je développe ici sur le concept de l'individualité.

qui ont aujourd'hui plus de soixante ans) ne formeraient qu'un seul et même individu : ce serait absurde. Il n'est pas moins erroné de demander que l'individu puisse exister sans le concours d'autres individus (1).

Qu'on pense à ce que deviendrait le nourrisson si la mère ne lui présentait pas le sein ; ou les jeunes animaux de proie, si leurs parents ne les exerçaient pas avec eux à chasser. Personne ne contestera pourtant que les enfants et les jeunes animaux soient des individus.

Les organismes inférieurs nous présentent régulièrement cette fusion des formes individuelles, qui, aux degrés élevés de l'organisation, est considérée comme une anomalie de la vie embryonnaire. Une algue unicellulaire, la *rotula pediastrum*, se présente à l'état de complet développement comme un agrégat ou colonie de cellules ; elle se compose d'une cellule centrale et de sept cellules périphériques. Le protoplasma vert, qui forme le contenu de chacune des cellules, donne naissance par segmentation à 4, 8, 16, 32 ou 64 cellules sphériques. Une fois produites, ces filles des premières possèdent un mouvement propre et qui dure assez longtemps. Puis elles s'agrègent en

(1) Pour cette raison, je ne puis admettre la différence que Hæckel établit entre l'individualité morphologique et l'individualité physiologique : la dernière n'est qu'un nom mal choisi pour désigner l'autonomie biologique. On doit sans doute reconnaître un individu dans tout être autonome et qui se conserve lui-même, non parce qu'il jouit de l'autonomie physiologique, mais parce que cette dernière suppose la réunion des diverses espèces d'unités qui constituent l'individualité. Hæckel lui-même définit (*Morphologie générale*, I, p. 333) « l'individu physiologique » comme naturellement divisible par opposition à « l'individu morphologique », qui est de sa nature indivisible : il admet évidemment par là que le concept contredit le mot. Il est sans doute important pour le physiologiste de déterminer par quelle espèce d'individus l'autonomie biologique se manifeste d'abord dans les diverses classes de plantes et d'animaux. Mais pourquoi au concept parfaitement clair et suffisant du « Bion » ou de l'autonomie de l'être vivant substituer celui de l'individu physiologique ? D'ailleurs la notion de l'individu morphologique contient dans sa compréhension certains éléments physiologiques, qui s'y sont glissés sans qu'on le remarque. Ne suppose-t-elle pas nécessairement l'unité de fin et d'action réciproque entre les parties ? Nous croyons donc être fondés à nous en tenir à notre concept unique de l'individu organique, et à rejeter la division que Hæckel tente d'y introduire.

feuillet au nombre de 8 environ, et constituent en s'accolant les unes aux autres une nouvelle colonie en forme de rosette, qui, bien que composée de huit algues unicellulaires, se comporte à son tour comme un seul individu. On observe des processus semblables chez quelques autres algues comme le filet d'eau (*hydrodictyon*). — Sur un polypier, chaque animal est aussi évidemment un individu que le polypier lui-même en est un. Les parties, comme les membres d'un animal unique, participent à la nourriture commune, tout en conservant leur forme indépendante. « Chaque zoophyte complexe naît d'un seul polype, et croît, se développe comme une plante, par un bourgeonnement continu, en forme d'arbre ou de dôme. Un tronc d'astrée, qui mesure un diamètre de douze pieds, réunit cent mille polypes, qui ont chacun un demi-pouce carré. Une porite, où chaque polype a tout au plus la largeur d'une ligne, contiendrait plus de cinq millions et demi de ces animaux. Il y a par conséquent le même nombre de bouches et d'estomacs qui s'unissent pour ne former qu'un seul animal; ils concourent en commun à l'alimentation, à la reproduction par bourgeons, au développement du polypier total : ils communiquent donc latéralement les uns avec les autres. » (Dana dans les *Schleiden's und Fror* Not. 1847, juin, n° 48.) Celui qui reconnaît l'individualité d'un chêne doit admettre aussi celle de l'arbre d'un tel polypier.

L'animal globuleux, nommé *volvox globator*, est (sans appartenir aux coraux) un polypier formé de nombreux individus vivants, qui, placés autour d'une sphère, ne communiquent entre eux que par des tubes penniformes. « Si l'on plonge dans l'eau un corps bleu ou rouge, on observe au microscope une grande agitation autour des masses arrondies. Ce phénomène résulte de l'action commune de tous ces animaux, qui, comme les animaux d'un troupeau ou des bandes d'oiseaux, ou encore les hommes ou les foules qui chantent et dansent, adoptent un rhythme commun et comme une direction commune, sans obéir à un commandement, et sans se rendre compte de ce qu'ils font.

On voit ainsi nager tous les volvoces vers l'objet coloré. L'observateur ardent comme le juge le plus froid reconnaît là un instinct de sociabilité, qui pousse ces animaux à employer leurs forces et à se dévouer à une œuvre commune. Mais cela demande une activité intelligente; rien n'autorise à la juger insignifiante : on est seulement tenté de le faire. On ne doit pas d'ailleurs oublier que tous ces infusoires ont des organes sensitifs qui sont analogues aux yeux. Ils ne s'agitent pas dans l'eau à l'aveugle. Citoyens d'un monde très-étendu, où nos sens ne peuvent guère pénétrer, ils partagent avec nous, quoi qu'en pense notre orgueil, la jouissance d'une existence riche en sensations (Ehrenberg, dans son livre important *Sur les infusoires*, page 69). Ce jugement est intéressant : il montre comment un observateur superficiel, mais remarquable, est, par la force même des faits, obligé de reconnaître un instinct collectif, une vie très-active de la pensée, même aux degrés inférieurs du règne animal.

« Dans la Méditerranée, il y a une riche espèce de polypiers nageurs, que Carl Vogt surtout a fait connaître aux savants (*Recherches sur les animaux inférieurs de la Méditerranée*). D'un œuf sort un jeune polype. Il nage librement sur la mer et commence à grandir. A son extrémité supérieure se forme une vésicule remplie d'air libre, qui le porte. A la partie inférieure, des antennes et des tentacules et d'étranges organes de nature urticaire se développent sous des formes de plus en plus riches et belles. Le tronc, qui s'allonge insensiblement, est traversé par un tube. De ce tronc sortent des rejetons bourgeonnants. Les uns forment des campanules natatoires, qui se meuvent entraînant le tout avec elles. Les autres se transforment en nouveaux polypes, qui ont bouche et estomac, et non-seulement rassemblent les aliments pour tout le reste, mais encore les digèrent avant de les faire circuler dans le tube commun. Enfin d'autres bourgeons prennent la forme extérieure d'acalèphes, et travaillent à la reproduction. Ils produisent les œufs, que plus tard les polypes nageurs laissent tomber. » (Des polypes, doués de tentacules longs et sensibles, représentent les organes des sens ou l'intelligence dans cette petite république.) — « Où est ici l'individu? Le jeune polype nous paraît simple; mais il donne naissance à une souche qui ressemble à une plante. La souche pousse des tentacules, comme des racines, mais ces tentacules se meuvent librement et saisissent leur proie. Cette souche forme un tronc traversé par un canal alimentaire; mais elle n'a pas de bouche, pour utiliser ce canal, pas plus que les plantes. Elle porte des bourgeons et des rejetons comme les plantes; mais chaque bourgeon a un rôle spécial qu'il remplit avec l'apparence d'une activité spontanée. Divers rejetons ou racines, doués d'un mouvement propre, s'occupent les uns de recevoir et de digérer les aliments, les autres de la reproduction. Le tronc n'est rien sans les membres, et ceux-ci ne sont rien sans le tronc. » (Virchow, 4ᵉ discours, pages 65-66.) Celui qui ne croit pouvoir attribuer l'individualité qu'à telle ou telle partie, sera sans doute embarrassé par de tels exemples. Pour nous, nous voyons dans les membres différents autant d'individus, tantôt ayant la forme d'un polype, tantôt celle d'un acalèphe. Le tout n'est pour nous qu'un individu d'ordre supérieur, qui comprend en soi tous ces autres individus. Dans l'association des abeilles et des fourmis, nous regarderions aussi le tout comme un individu d'ordre supérieur, si l'unité dans l'espace, c'est-à-dire la continuité de la forme, se montrait à nous. Nous la trouvons ici, voilà pourquoi nous n'hésitons pas à parler d'individu.

On réunit sous le nom de polymorphisme ces phénomènes très-fréquents dans le règne végétal et animal, qui consistent dans un développement différent des formes d'abord semblables, à mesure de la différence de leurs fonctions physiologiques. La séparation des sexes se ramène à ce principe. Tout récemment Kölliker en découvrit un exemple intéressant dans la famille des pennatules (pennatulides). Nous négligeons d'insister sur la forme des organes, qui constituent la tige et comme le support de ces animaux. Les animaux qui représentent ici les sexes, ceux qui concourent à la nutrition, ceux qui servent au toucher ne sont pas distincts et ne forment qu'un seul être. D'un autre côté, des individus incomplets sans tentacules et sans organes sexuels s'y rencontrent, que l'on prenait d'abord pour de simples granulations, mais qu'on a reconnu posséder d'ailleurs la même structure que les autres animaux sexués, et qui servent peut-être spécialement à recevoir et à rendre l'eau. Le même principe qui préside à la division du travail, et facilite l'œuvre collective en la répartissant entre divers organes doués de propriétés spéciales, principe qui, dans l'organisation de la république des abeilles et plus encore des fourmis, donne naissance à trois ou cinq espèces différentes d'individus, fait également ici que le mouvement, l'absorption et la digestion des aliments, la perception et la reproduction sont répartis entre des individus différents, mais réunis entre eux de manière à former un individu de l'ordre supérieur. Ce même principe, nous le voyons se manifester dans les plantes supérieures : les racines prennent la nourriture, les feuilles respirent, les fleurs travaillent à la reproduction ; et un tronc ou tige commune soutient et réunit le tout, semblable au tronc du polypier nageur. De même que, chez les abeilles, la fonction sexuelle est représentée par des êtres distincts, bourdons, et reine ; ainsi, dans les plantes dioïques, les organes mâles se trouvent sur un pied, les organes femelles sur l'autre. Si, chez les plantes monoïques, les fleurs staminifères et les fleurs pistillées sont réunies sur le même pied, pourquoi ces fleurs ne seraient-elles pas des individus, parce qu'elles sont accidentellement unies dans l'espace par les autres parties de la plante ?

Ce n'est pas seulement dans le monde éloigné de nous des animaux aquatiques inférieurs, que nous trouvons des individus réunis ensemble d'une façon si évidente. L'exemple des tæniadés, où la tête, à l'aide de ce que l'on appelle la genèse par nourrices, produit toute une colonne d'animaux sexués hermaphrodites, nous conduit à entendre la construction anatomique des annélides ; et de celle-ci nous passons à la conformation des articulés. Chez les vers annelés inférieurs, chaque article a ses germes distincts, son élargissement propre du canal intestinal, son élargissement contractile du grand vaisseau sanguin, ses ganglions, ses ramifications de troncs nerveux et vasculaires, ses organes reproducteurs, ses appendices locomoteurs, et enfin même sa paire d'yeux particulière. Parmi les articulés, les myriapodes sont très-rapprochés des vers annelés. La gemmiparité des anneaux qui naissent les uns des autres, laquelle caractérise l'individu composé, s'observe ici très-clairement dans le développement embryologique de l'animal. La larve du myriapode, qui éclot avec huit anneaux, en produit, dès la première mue, six autres nouveaux entre le dernier et l'avant-dernier segment. Dans la mesure où la répartition du travail et la perfection du type va croissant des tænias aux annélides et aux myriapodes, et de ceux-ci aux articulés supérieurs (les écrevisses, les araignées, les insectes), on voit se différencier de plus en plus les articles qui constituent l'animal composé. Mais, même chez l'insecte le plus parfait, on peut, en étudiant l'histoire du développement et la paléontologie des formes individuelles, constater sûrement la juxtaposition des segments, qui, à l'origine, ont dû être isolés ; et la différenciation a beau avoir été portée très-loin, certaines fonctions, comme la respiration, demeurent toujours décentralisées.

Ces segments des vers composés et des articulés ont assurément leurs analogues dans les segments des vertébrés, qui consistent en une vertèbre avec ses apophyses et toutes les paires correspondantes de muscles, de vaisseaux et de nerfs. Cette analogie pourtant ne me paraît pas autoriser Hæckel à mettre les deux formes organiques au même niveau d'individualité. Chez les vers composés, la multitude d'où résulte l'individu collectif est formée par l'agrégation de beaucoup d'individus particuliers ; chez les vertébrés, par une différenciation interne. Il importe peu que les nombreux individus soient produits par l'intervention des sexes, ou que, comme chez le ver rubané, ils naissent par parthénogénèse d'un premier individu simple. Dans les deux cas, on trouve également l'opposé de la différenciation intérieure et successivement progressive qui caractérise l'organisation des vertébrés, organisme dont le prototype, l'amphioxus, n'est nullement l'analogue d'un ver composé, mais d'un ver simple. Le développement des invertébrés et des vertébrés est donc absolument différent. Chez les premiers la multitude des individus différents, mais étroitement rattachés les uns aux autres, se développe comme une unité collective; chez les seconds, l'unité de l'être est le point de départ, et l'être en se diversifiant à l'intérieur engendre la riche variété de ses organes. Dans le premier cas, les individus d'ordre inférieur forment par leur développement collectif un individu d'ordre supérieur. Dans le second, un individu unique se fractionne en une multitude d'individus d'ordre inférieur, et élève par là, du moins d'une manière relative, le degré de son individualité. On comprend que, malgré l'opposition des points de départ, les deux séries de développement aboutissent à des résultats de plus en plus semblables, à mesure que, d'un côté, les membres de l'association resserrent leur unité, et transforment, en la faisant servir au tout supérieur, leur activité qui se dépensait d'abord pour des fins particulières; et à mesure que, de l'autre, la différenciation intérieure des segments des organes et des systèmes d'organes est poussée plus loin.

Nous avons remarqué plus haut, chez les polypiers nageurs et les pennatules, que les individus distincts sont tous réduits au rôle d'organes différenciés de l'organisme total supérieur. Chez les animaux supérieurs, au contraire, les organes ont une individualité d'autant plus nettement accusée, que leurs fonctions et leur constitution présentent des différences plus profondes. On peut, parmi les organes, distinguer trois degrés d'individualité : les organes simples, les organes complexes et les systèmes d'organes. Les organes simples (chez Hæckel les organes de premier et de second ordre) sont les tissus similaires; les composés, les tissus de composition variée; les systèmes d'organes consistent dans la combinaison d'un grand nombre d'organes simples et composés en un tout organisé, qui sert à une fonction déterminée. Les organes simples sont, par exemple, l'épiderme, ses appendices (poils, ongles, écailles, follicules sébacées, cristallin), le cartilage et quelques autres formes de la substance conjonctive sans vaisseaux et sans nerfs. Les organes composés sont les muscles, les nerfs, les os, les vaisseaux sanguins, les muqueuses. Les organes des sens offrent d'ordinaire une telle complication d'éléments qu'ils nous font passer des organes aux systèmes organiques : ainsi la multitude des extrémités nerveuses des organes tactiles sous l'épiderme. Comme système d'organes, on peut encore citer le système tégumentaire de la surface du corps, (l'épiderme et ses appendices), le système osseux, le système musculaire, le système nerveux, le système vasculaire ou de la circulation, le système intestinal ou digestif, le système respiratoire, le système génital ou de la reproduction. Sans doute, ces divers systèmes, chez les animaux supérieurs, se pénètrent et s'entremêlent profondément; mais on peut toujours les séparer anatomiquement. Leur intime dépendance ne saurait faire mettre en doute leur individualité relative, alors que, chez les polypes nageurs, qui sont pourtant inséparables dans l'espace, la distinction de ces systèmes apparaît si manifeste; alors que, chez les républiques d'abeilles et de fourmis, elle va jusqu'à la répartition des fonctions entre individus séparés. Lorsque les organes simples ou composés sont bien distincts dans l'espace, la reconnaissance de leur individualité doit encore souffrir moins d'objections. Si chaque feuille ou étamine de la plante est une sorte d'individu distinct, chaque cheveu de la tête humaine a aussi son individualité propre. Les organes particuliers des animaux inférieurs prouvent leur individualité, en ce qu'ils peuvent se séparer de l'organisme total, et continuer de vivre et de remplir exactement la fonction pour laquelle ils sont faits. Ainsi, chez plusieurs espèces de céphalopodes (Argonauta, Philonexis, Tremoctopus), les mâles ont un hectocotyle, c'est-à-dire un bras développé en forme d'organe sexuel, qui accomplit l'acte reproducteur, en se détachant du mâle pour aller s'introduire dans le corps de la femelle. Cet hectocotyle fut d'abord pris pour un parasite, plus tard pour l'embryon du mâle de la seiche; on reconnut enfin qu'il formait un organe masculin vivant de sa vie individuelle.

Notre théorie trouve une précieuse confirmation dans la doctrine pathologique des formations parasites. Je laisse la parole au professeur Virchow, qui fait autorité sur ce point (*Pathologie cellulaire*, p. 427-428). « Qu'on se rappelle que le parasitisme n'est séparé que par une différence de degré de l'autonomie propre à chaque partie du corps. Chaque cellule épithéliale ou musculaire mène, par rapport au reste du corps, une sorte d'existence parasite. De même chaque cellule particulière d'un arbre, par rapport aux autres cellules du même arbre, jouit d'une vie particulière qui lui est propre, et enlève aux autres éléments les matières nécessaires à ses besoins (aux fins qu'elle remplit). Le parasitisme, au sens restreint du mot, se ramène à l'indépendance des parties distinctes. Tant que les autres parties ont besoin de l'existence d'une partie, tant que cette dernière est nécessaire aux premières, on ne lui applique pas le nom de parasite. Mais, aussitôt qu'elle devient inutile ou nuisible au reste du corps, elle reçoit ce nom. La qualification de parasite ne doit donc pas se donner seulement aux excroissances d'une certaine classe, mais à toutes les formations plastiques, avant tout aux formes hétéromorphes, qui, en se développant, engendrent non pas des produits homologues, mais des formations nouvelles plus ou moins étrangères, à la place où elles paraissent, au reste de l'organisme. » Si les parasites ont incontestablement une vie individuelle, s'ils ne diffèrent que par le degré des produits normaux, ces derniers ont donc aussi une individualité propre.

L'existence indépendante de l'individu est bien plus évidente encore dans ces productions organiques qui vivent jusqu'à un certain point séparées du reste du corps, et qui pourtant, dans l'exercice indépendant de leurs fonctions, servent aux fins du tout organisé : je veux parler des filaments spermatiques. Le temps est passé où l'on regardait les spermatozoïdes comme des entozoaires sans bouche et sans estomac, qui vivraient d'une vie propre : la fonction qu'ils remplissent et avant tout l'histoire de leur développement réfutent absolument cette hypothèse. On ne peut cependant refuser à ces organismes une sorte d'individualité. Dans un sperme très-clair, on voit ces filaments s'agiter, tourner autour de leur axe, donner des coups de queue, diriger en avant la pointe de leur tête, et remuer leur corps dans toutes les directions, à l'aide des mouvements ondulatoires ou spiriformes de leur queue. Ces mouvements des spermatozoaires sont d'autant plus capricieux que la fécondation de l'espèce animale à laquelle ils appartiennent est plus laborieuse, comme chez les mammifères. On les trouve d'autant plus simples et plus réguliers que l'on descend l'échelle des espèces; et que le nombre, la grosseur des œufs, la disposition de la matrice facilitent davantage la fécondation. Que l'existence dépende dans une certaine mesure de circonstances extérieures déterminées ou soit associée à l'existence d'autres organismes, cela ne prouve rien contre l'individualité, comme nous l'avons déjà montré pour les parasites. Les spermatozoïdes d'ailleurs, même en dehors du liquide spermatique, peuvent vivre assez longtemps dans tout liquide à la température du sang, quelle qu'en soit la composition chimique, pourvu qu'ils ne subissent pas une altération hygroscopique. Dans les organes génitaux des mammifères femelles, ils vivent des jours, des semaines entières. Dans les poches spermatiques que les écrevisses mâles, à l'époque du rut, en automne, attachent sous le ventre de leurs femelles, ou dans les réceptacles spermatiques des bourdons et des guêpes que le mâle emplit à l'automne, les spermatozoïdes vivent jusqu'au printemps de l'année suivante pour féconder les œufs qui ne sont mûrs qu'à cette époque. Cela n'indique-t-il pas qu'ils possèdent à un degré élevé une vitalité indépendante, après qu'ils se sont séparés de l'organisme qui les a produits? Le type primitif de tous les spermatozoïdes dans le règne animal, ce sont les zoospores du règne des protistes, organismes dont l'indvidualité ne saurait faire aucun doute. Les zoospores des organismes inférieurs présentent l'individualité la plus accusée : les spores des myxomycètes se multiplient même par segmentation pendant plusieurs générations. Beaucoup de zoospores n'en perdent pas moins leur indépendance dans l'acte de la reproduction, où deux ou plusieurs individus abandonnent leur individualité et se fondent pour n'en former plus qu'un seul. Dans l'accouplement des zoospores n'avons-nous pas le type primitif de l'acte reproducteur, ou deux individus (l'œuf et le spermatozoaire) confondent leurs individualités distinctes dans celle d'un unique et nouvel individu? Si les plasmodes des myxomycètes, dans leur rotation en apparence désordonnée, tantôt se divisent, tantôt se confondent en un seul, il ne faut voir là qu'une pure manifestation de leur vie, qu'un phénomène d'accroissement. On voit encore combien dans l'acte copulatif, où les matières génératrices se combinent, la génération ressemble à l'accroissement, si l'on compare au mélange de deux plasmodes la réunion d'un certain nombre de zoospores pour faire un plasmode. S'il n'est question ici que de la réunion de forces individuelles semblables, la combinaison de deux zoospores élève la pensée à l'idée de la fusion de différences individuelles invisibles; et, dans la reproduction sexuelle, ces différences deviennent l'opposition caractéristique des matières génératrices.

On ne peut contester l'autonomie des mouvements exécutés par les spermatozoïdes, en se fondant sur l'analogie qu'ils présentent avec ceux des cils vibratiles. Je prétends plutôt que l'autonomie des premiers permet d'affirmer celle des seconds. Lorsqu'un organisme bien distinct des autres par sa forme exécute des mouvements alternatifs, que l'on peut démontrer ne venir ni d'une pure excitation extérieure, ni de l'impulsion de parties centrales (puisqu'il persiste après qu'on a isolé des autres le plus petit fragment d'épithélium vibratile), ces mouvements doivent avoir leur cause dans un principe inhérent à l'organisme lui-même; en d'autres termes ils témoignent d'une certaine individualité. Si les mouvements des cils vibratiles s'harmonisent entre eux fréquemment, au point que leur ensemble offre une certaine régularité et qu'ils produisent de véritables ondulations, cette particularité n'infirme en rien notre assertion. Les spermatozoïdes unis en groupes ne font-ils pas la même chose? Les mouvements de chaque groupe ne se combinent-ils pas pour former une succession d'ondes régulières? Il en est de même chez les spermatozoaires qui forment une masse compacte, comme chez le lombric, et dont le mouvement, par sa belle régularité, pourrait se comparer à celui d'un champ de blé. On admire ici le concours d'une multitude d'individus pour réaliser un but commun, comme dans l'organisme.

Il y a des protistes (*amœba diffluens* et *porrecta*), dont tout le mouvement consiste à envoyer des expansions dont la plupart se retirent ou rentrent : mais quelquefois les bouts de deux ou plusieurs de ces expansions se confondent; et alors il arrive que la plus grande partie de la masse protoplasmatique coule dans le point nouveau de réunion, et que le point, qui était central jusque-là, se rétrécit pour former un prolongement postérieur, qui se replie à son tour vers le nouveau centre de gravité. C'est de la même manière (selon Recklinghausen) que se meuvent les corpuscules du pus (pyocytes), tant qu'ils sont vivants. Ils émettent à leur périphérie des expansions radiales, qui rentrent ensuite dans la masse du corps; et l'on remarque parfois que le contenu visqueux des cellules pousse de tels prolongements. Plus tard, Cohnheim démontra l'identité de ces pyocytes avec la forme habituelle aux globules blancs du sang; et constata qu'ils ne sont que des globules blancs du sang, sortis des vaisseaux capillaires dans la partie enflammée. Virchow observa des mouvements analogues dans les grandes cellules coudées, qui se trouvaient dans un enchondrome, qu'on venait justement de trancher. On avait déjà, dans les hématies de plusieurs animaux, observé aussi des mouvements. Sans vouloir, au point de vue anatomique, chimique ou physiologique, identifier les pyocytes et les autres produits, qui sont doués comme eux de mouvements spontanés, aux animaux inférieurs correspondants, dont ils demeurent toujours si différents par l'histoire de leur développement, je crois pourtant qu'ils peuvent prétendre comme ces derniers à une certaine individualité. S'ils ne sont pas des animaux au sens zoologique, ils sont pourtant des êtres dont les mouvements sont aussi bien appropriés aux circonstances, et aussi spontanés, aussi vivants en apparence que ceux des infusoires inférieurs. Leur alimentation s'accommode au milieu dans lequel ils vivent; et, c'est là une loi universelle dans la nature organique. Ils n'ont pas sans doute de bouche et d'estomac; mais cela ne les empêche pas d'être des individus : bien d'autres animaux n'ont ni l'un ni l'autre.

Les plus récentes découvertes sur l'introduction et la sortie de ces corpuscules amibiformes de l'intérieur des vaisseaux dans les tissus, et réciproquement, obligent de concevoir le processus de la nutrition comme un phénomène d'ordre organique et non plus purement physique. Elles nous montrent qu'il est, non moins que celui de la génération, déterminé par *l'énergie vivante des individus qui en sont les agents*. Le liquide nourricier, tel qu'il pénètre de l'intestin dans les vaisseaux lymphatiques, ne contient pas encore d'éléments organiques, mais il les puise abondamment dans les glandes lymphatiques. De même les glandes des vaisseaux sanguins, et surtout la rate, sont les laboratoires où se forment ces éléments amibiformes. Ils pénètrent ensuite à travers les parois des vaisseaux sanguins dans les tissus; et pour cela ils poussent un prolongement filiforme et souple qu'ils font pénétrer à travers un pore de la paroi vasculaire. Le corpuscule entier s'introduit ainsi peu à peu, si rien ne vient troubler cette opération qui dure des heures. Tous ces faits ont été clairement constatés; ces corpuscules, en effet, saisissent avidement les pigments finement subdivisés, ce qui en facilite l'observation. Comme globules du tissu conjonctif, ils pénètrent dans tous les organes. Les migrations des cellules du tissu conjonctif, qui enveloppe tous les organes, sont connues depuis longtemps. Lorsqu'elles ont ainsi rempli leur tâche, elles rentrent dans la circulation à travers les parois des vaisseaux sanguins ou lymphatiques. Malheureusement nous ne savons encore rien de précis sur les différences de constitution chimique qu'elles présentent à l'entrée et à la sortie, et sur cette sorte de régénération qui les rend propres à la nutrition. Il est certain toutefois que les globules sanguins incolores doivent être considérés comme donnant naissance aux globules rouges, qui sont les agents de la respiration au sens le plus large du mot. Le passage de la première de ces formes à la seconde est préparé par de nombreux états intermédiaires. Sans doute les hématies ne présentent à leur périphérie aucun mouvement visible; mais les recherches de Brücke, que d'autres histologues ont confirmées, ont montré que l'individu amiboïde de couleur rouge (le zooide) n'exécute les mouvements qu'à l'intérieur de sa demeure, qui consiste dans une substance poreuse, immobile, très-blanche, incolore et translucide comme un gaz (oikoïde). A l'état normal, le zooïde traverse toute l'oikoïde, et laisse au centre un noyau incolore. Plongé dans l'eau, il se retire de la périphérie au centre : la périphérie paraît maintenant incolore et le centre rouge. Il n'est pas rare de voir le centre rouge pousser vers la périphérie des prolongements amiboïdes. — En présence de tels résultats, qui démontrent que les agents de la nutrition et de la respiration dans ces organismes animaux sont des individus vivants, les naturalistes sérieux ont été obligés de reconnaître que l'organisme ne se conçoit que comme un *agrégat d'êtres élémentaires vivants*, si l'on veut tenir compte des données de l'expérience. Chacun de ces individus nage spontanément dans la lymphe ou le sang, et accomplit d'une façon autonome les fonctions auxquelles les aptitudes spéciales de sa nature individuelle le prédisposent. Le concours de toutes ces activités distinctes aboutit à une harmonie de l'organisme, qui ferait croire qu'un lien secret unit tous ces individus, ou qu'un chef mystérieux fait servir tous leurs efforts à la réalisation d'un plan commun.

Mais déjà, avant les découvertes surprenantes des récents histologues sur les agents de la respiration et de la nutrition, de profonds naturalistes avaient été conduits, par l'analyse des cellules, envisagées comme l'élément premier de toute formation organique, à reconnaître une individualité vivante à l'intérieur de tout organisme limité extérieurement. « La vie est attachée exclusivement à la cellule; et la cellule n'est pas seulement le réceptacle de la vie, elle est elle-même la partie vivante de l'organisme » (Virchow, *Quatre discours*, p. 54). « Qu'est-ce que l'organisme? Une société de cellules vivantes, un petit État bien réglé, où l'on trouve des fonctionnaires d'ordre supérieur et d'ordre inférieur, des serviteurs et des maîtres, des grands et des petits » (p. 55). — « La vie est l'activité même des cellules; les particularités qu'elle présente sont celles mêmes qu'offrent les cellules » (p. 10). — « L'activité spéciale, les opérations particulières de la matière organique nous paraissent lui appartenir exclusivement : mais nous ne trouvons pourtant là que l'activité et les fonctions que la physique rencontre dans la nature inorganique. Il n'y a de particulier que la réunion dans un très-petit espace de la plus grande diversité possible des combinaisons matérielles. Chaque cellule est comme le foyer des mouvements les plus intimes, des combinaisons de matière les plus variées. Ainsi sont obtenus des résultats que nulle part ailleurs la nature ne produit, parce que, nulle part ailleurs, on ne trouve un tel déploiement d'activité interne, p. 11. » — « Si l'on ne veut pas se résoudre à distinguer entre les individus collectifs et les individus particuliers, il faut, dans

toutes les branches de la science des organismes, rejeter le concept de l'individualité, ou l'appliquer exclusivement à la cellule. Les matérialistes systématiques aussi bien que les spiritualistes doivent, s'ils sont conséquents, prendre le premier parti. Une étude réaliste et impartiale de la nature me paraît conduire à l'adoption du second : il n'y a pas d'autre moyen de maintenir dans son unité le concept de la vie dans le monde entier des organismes végétaux et animaux (p. 73-74). » Telle est la conclusion dernière de Virchow. On voit qu'il approche de la vérité, sans avoir le courage de la saisir hardiment. Mais ce qui nous intéresse ici, c'est la définition si solidement établie qu'il donne de la cellule. Il a développé les vues de Schleiden et de Schwann, et opéré, pour ainsi dire, une transformation, qui est un progrès considérable dans la physiologie et la pathologie cellulaires. (Voir Virchow, *Pathologie cellulaire*, surtout chap. I et XIV.) — Si les organismes sont construits surtout de cellules, et de cellules si nombreuses et si microscopiques, la raison en est que, la nutrition ne pouvant se faire que par endosmose, et l'endosmose n'étant possible qu'à travers des parois très-minces et très-fermes en même temps, ces parois ne peuvent avoir la mince épaisseur et le solidité nécessaires, qu'autant que le tout est un agrégat de cellules très-petites. Pour juger du nombre des cellules, qu'on lise la citation suivante : « A Zurich, dans le Tie-
» fenhof, se trouve un vieux tilleul. Chaque année, pour
» arriver à déployer sa couronne de feuillage, il doit former,
» suivant l'estimation de Nægeli, environ dix billions de
» cellules nouvelles. Dans le sang d'un homme fait, les cal-
» culs de Vierordt et de Welcker portent à soixante billions
» (qu'on songe à ce chiffre : 60 000 000 000), le nombre des
» globules cellulaires. » (Virchow, p. 55.).

D'après tout cela, on ne saurait douter que chaque cellule ne constitue un individu : mais avons-nous, avec la cellule, atteint le degré le plus bas de l'individu dans l'échelle des organismes ? c'est là ce qui peut être encore douteux.

Nous démêlons, en effet, dans la plupart des cellules :

une cloison, un contenu, un noyau ou nucleus, et souvent encore des corpuscules nucléaires ou nucléoles. Ces parties doivent être définies comme les organes des cellules ; elles ont leurs fonctions distinctes. La paroi cellulaire détermine la quantité et la qualité de l'assimilation et de l'exsorption ; le nucleole travaille à la reproduction, à la multiplication des cellules (les cellules sans nucléoles sont stériles). Le nucleus assure la solidité de la cellule, et très-vraisemblablement préside aux transformations, aux combinaisons chimiques à l'intérieur de la cellule. Si ces organes ont incontestablement une spontanéité relative, il est difficile de contester qu'ils sont des individus organisés. On doit certainement reconnaître que chacun d'eux, dans sa sphère d'action particulière, assure le concours organique des parties de la matière, en vue de la fonction dont il est chargé.

Cette affirmation a priori, relativement à la vitalité indépendante des organes cellulaires, a reçu récemment la confirmation souhaitée des recherches et des conclusions du botaniste Hanstein, qui concernent surtout les cellules dans les cils de quelques végétaux, et aussi les cellules parenchymateuses de diverses plantes. Dans les grosses cellules ciliées des Cucurbitacées et de beaucoup de Composées par exemple, on voit le noyau cellulaire fixé d'ordinaire au milieu de la cellule par des attaches de protoplasma « comme l'araignée dans sa toile ». L'enveloppe sacciforme, que produit le protoplasma autour du noyau, les attaches et la paroi cellulaire exécutent les mouvements les plus différents : et c'est par ces mouvements que doivent s'expliquer les courants principaux et accessoires du contenu liquide des cellules. Indépendamment de ces derniers mouvements, dont ils ne suivent en aucune façon ou même dont ils contrarient souvent la direction, se produisent les mouvements du noyau cellulaire, qui, tantôt en quelques minutes, tantôt seulement en plusieurs heures, parcourent toute l'étendue de la cellule. Tantôt ils se croisent en ligne droite, tantôt dans plusieurs sens ; tantôt le noyau parcourt la cellule transversalement, tantôt il se glisse et semble s'attacher à l'une des parois. En même temps, le noyau aussi bien que l'enveloppe nucléaire et les attaches changent constamment leur forme; et le nucléole, sa place dans le noyau. Lorsque les cellules se segmentent, on observe des mouvements caractéristiques. Le noyau se transporte au centre; et les attaches se rapprochent de manière à former un amas plasmatique. Alors on voit le nucléole se partager en deux; le noyau se sépare par une faible limite d'abord à peine visible au microscope, jusqu'à ce que l'amas protoplasmatique se scinde à son tour, et que, dans son sein, peu à peu se forme une nouvelle cloison de cellulose. Les deux nouveaux noyaux (dans les cellules du parenchyme médullaire des dycotylédonées), se rendent assez promptement en rampant vers la paroi aux places opposées à l'ancienne paroi cellulaire : ils s'y tiennent longtemps en repos, avant de recommencer à vivre de leur vie normale. « Ainsi le noyau cellulaire, par la mobilité de ses formes comme par la mobilité plus grande encore de son enveloppe, et la diversité incessante de place et de forme que présentent les attaches qui partent de lui et le soutiennent en l'air, offre une singulière ressemblance avec un jeune plasmode ou un organisme amibiforme. Pendant qu'il se meut en rampant çà et là, il lui ressemble tellement qu'il ne s'en distingue que par son union au protoplasma pariétal. » Aussi Hanstein se range t-il à l'opinion mentionnée (175) précédemment de Brücke. « Suivant l'opinion de ce dernier, on doit maintenant considérer le système tout entier du protoplasma comme un *individu* organisé, c'est-à-dire un individu vivant et actif. Le noyau, l'enveloppe périphérique, les organes radiaires ou rétiformes des attaches le constituent; et il se meut constamment, au milieu de l'enveloppe qu'il s'est construite lui-même, au milieu de la paroi de cellulose, par un mouvement de côté et d'autre, en même temps que par une constante transformation de ses articulations intérieures. De même que le mollusque se construit son enveloppe, en même temps qu'il se meut à l'intérieur de sa construction; ainsi fait le corps protoplasmatique dans son enveloppe cellulaire. Ce ne sont pas les attaches contractiles, ni le noyau cellulaire, ni l'utricule primitive qui sont isolément le siége ou la cause de ces mouvements. Le corps *protoplasmatique tout entier*, qui n'est pas une simple matière, mais un *organisme*, se meut dans *toutes ses parties* d'une façon tantôt simultanée tantôt *successive*, comme un individu distinct amibiforme, vivant, lequel dans les plantes supérieures n'est naturellement qu'un fragment vivant d'un tout plus grand. » (*Journal de botanique*, 1872, n°˚ 2 et 3.)

Si les monères ou les organismes formés du protoplasma primitif ne présentent au microscope aucune variété de formes, si leur petite masse visqueuse paraît homogène, le fait qu'on a dû déjà distinguer entre eux sept espèces différentes, parce qu'ils se reproduisent et se nourrissent différemment, oblige d'admettre qu'ils présentent des différences d'organisation intérieure. Si la viscosité ou la ténacité d'une goutte d'eau, si fluide pourtant, est beaucoup plus grande à la surface qu'à l'intérieur, cette distinction est infiniment plus accusée dans l'albumine étendue d'eau : mais on doit la constater aussi dans une goutte visqueuse ou dans un petit amas de protoplasma, bien que la cohésion de la surface n'ait pas été assez complète pour que cette surface apparaisse à l'œil comme une enveloppe cellulaire solide, à plus forte raison pour constituer isolément une membrane séparable. Les affirmations sur l'absence de membranes dans certaines cellules ou certaines petites masses de protoplasma ne doivent pas être prises au sérieux. Même là où l'on voit des molécules solides de pigment introduites par intussusception et à l'aide de mouvements amibiformes, on trouve que l'agrégation moléculaire de la surface est dans un certain état de fluidité visqueuse ; et jamais rien n'y contredit ce que nous disons de la différence de l'état moléculaire entre la surface et le contenu. (La formation de l'enveloppe des gouttes a été récemment analysée avec beaucoup d'habileté par Famintzin dans des dissolutions de carbonate de chaux. Il faisait agir l'une sur l'autre des dissolutions concentrées de chlorure de calcium et de carbonate de potasse avec une addition progressive d'eau.) De même que la coagulation de la surface peut se produire avant d'être visible, celle de l'intérieur peut également s'effectuer sans être visible. En tout cas, la coagulation de la surface doit répondre à une distinction fonctionnelle de cette surface et du contenu moins épais, ainsi que la résorption de la proie enveloppée le manifeste. De même la cohésion intérieure du noyau cellulaire répond à une différence fonctionnelle, comme le prouve la segmentation qui part toujours du centre nucléaire. Là où la membrane cellulaire et le noyau semblent manquer, bien que la cellule accomplisse évidemment les fonctions de ces diverses parties, il est nécessaire que des parties, imperceptibles sans doute pour l'œil, mais analogues à ces organes, soient réellement présentes. On ne s'explique pas autrement que des cellules, possédant une membrane et un noyau, sortent de simples masses protoplasmatiques, ainsi que le veut la théorie de la descendance. Il serait téméraire de n'en croire que les apparences, pour nier que les monères sont différenciés par les organes comme par les fonctions. N'y a-t-il pas plusieurs espèces de cils vibratiles, à l'extrémité desquels ne se découvre aucune membrane? Mais, si l'on veut une analogie concluante, que l'on songe à l'œuf fécondé dont les molécules paraissent homogènes, et qui contient cependant en germe toutes les différences, « qui feront qu'en se développant tous les caractères physiques et spirituels les plus imperceptibles des deux ascendants se reproduiront dans l'être nouveau. Nous devons nous arrêter dans une muette admiration devant l'incompréhensible subtilité des détails que contient la matière albuminoïde. » (Hæckel, *Histoire naturelle de la création*, 2ᵉ éd., p. 179.)

Il semble que nous ayons atteint ici les individus les plus bas placés dans l'échelle des êtres organiques. Mais sommes-nous autorisés à exiger que tout individu soit un organisme? Il est certain sans doute que toute chose composée de *parties* doit présenter une action réciproque ou organique de ces parties, pour que l'unité téléologique s'applique à leurs rapports mutuels. Autrement dit, toute chose composée de parties doit être un *organisme*, pour être un *individu*. Mais quoi! supposons qu'une chose n'ait pas de parties. On ne demande à une chose composée de parties, que ces parties soient unies intimement par le lien de causalité, qu'*afin* de trouver entre elles et dans toutes les directions la plus grande unité possible. Mais cette unité parfaite, ne la rencontre-t-on pas, avec bien plus de certitude, là où l'objet est *simple* de sa nature, c'est-à-dire sans parties, et par suite rend à l'avance superflue toute exigence de cette nature? L'unité du lieu, de la cause, du but, est donnée *eo ipso* par la simplicité même de l'objet. On n'a pas ici à demander que les parties agissent les unes sur les autres, ce qui est un mal nécessaire chez l'être composé : cette demande est heureusement écartée avant même de se produire, puisque toutes les parties se réduisent à une seule partie, qui est en même temps le tout. L'unité, qui naît de la simplicité même de l'être, est bien plus solide que celle qui résulte de l'action réciproque des parties. Il importe peu à la question que l'on soutienne que le concept de l'unité ne s'applique pas à ce qui est simple : car nous ne sommes arrivés au concept de l'unité qu'en cherchant une définition de l'individu, c'est-à-dire de ce *qui, par sa nature, est indivisible*. Mais ce caractère d'indivisibilité, nous le trouvons au moins autant dans l'être simple que dans l'être unifié, ou plutôt bien plus dans le premier que dans le second. L'unité qui résulte de la combinaison des parties est par elle-même toujours susceptible de division; le simple ne l'est pas.

Une chose douée d'une telle simplicité et méritant au suprême degré la dénomination d'individu, nous la rencontrons dans la force atomique, étrangère à la matière, agissant en un point mathématique; elle ne consiste que dans l'acte simple d'une volonté toujours la même. *En dehors* des atomes, il n'y a *pas d'individus dans le règne inorganique*. Chaque corps se compose de *plusieurs* atomes, qui sont comme ses parties; et doit être un *organisme* pour être appelé un *individu*. Il est faux d'appeler un cristal ou une montagne du nom d'individu. Mais les corps célestes, tant qu'ils sont *vivants*, méritent ce nom : ils sont en réalité des organismes. Lorsqu'ils meurent, l'individualité disparaît en eux, comme chez les animaux et les plantes. Comment douter que les corps célestes, comme la terre, soient des organismes? Qu'on observe dans quels rapports intimes sont l'atmosphère et l'intérieur de la terre par la circulation de l'eau; la formation des couches terrestres et celle des espèces d'animaux inférieurs; ces mêmes couches entre elles dans les métamorphoses des roches, et les divers règnes organiques entre eux. Qu'on étudie en un mot la géologie, la météorologie, l'économie générale de la nature, on verra que ce qui fait l'essence de l'organisme, à savoir *la conservation et le perfectionnement de la forme par le renouvellement de la matière*, se réalise complètement sur la terre. On n'est pas d'ailleurs en droit de conclure de là que l'intervention directe de la volonté de l'Inconscient soit nécessaire pour expliquer ces faits; et que les combinaisons actuelles des forces atomiques et l'action des organismes, occupés à la formation des couches terrestres, ne suffisent pas à en rendre compte.

Voyons maintenant quels rapports existent entre l'individu conscient et l'individu matériel ou, pour mieux dire, extérieur. Il est évident tout d'abord que l'individualité consciente n'est possible que là où existe déjà l'individualité physique; mais tout individu physique n'est pas pour cela un individu conscient. Le *premier est la condition*, non la *raison suffisante du second*.

Nous savons que la conscience a son origine dans une certaine espèce de mouvements matériels d'une certaine énergie. L'individu conscient ne pourra donc se produire dans les individus physiques, chez qui ne se trouvent pas réunies ces conditions, à savoir la nature et l'énergie de ces mouvements spéciaux. Et il semble naturel que les forces atomiques, peut-être aussi certaines cellules, par leur constitution trop solide ou trop liquide, se trouvent dans ce dernier cas. Les masses inorganiques, qui n'ont pas l'individualité matérielle, sont, cela s'entend de soi, étrangères à l'individualité consciente. Lors même que les atomes auraient chacun leur conscience particulière, l'absence de tout lien de communication les laisse toujours dans l'isolement atomistique, qui ne leur permet pas d'atteindre à une plus haute unité. Les premières traces évidentes de la conscience ne se manifestent que dans la cellule avec son contenu à demi-liquide (protoplasma des protistes). Ici les mêmes conditions, d'où naît la conscience, en assurent incontestablement l'unité. La partie de ces organismes élémentaires qui les réunit, le contenu cellulaire, est réparti d'une manière assez homogène dans toutes les parties de la cellule. Nous pouvons donc admettre que la cellule, où la conscience apparaît, réunit l'individualité interne de la conscience à l'individualité externe.

Plusieurs cellules peuvent s'agréger pour former un individu d'ordre supérieur, sans que les consciences des cellules particulières soient le moins du monde combinées dans l'unité d'une conscience supérieure : cela dépend de l'existence et de la qualité des communications qu'ont entre elles ces cellules. Il n'est peut-être pas téméraire d'affirmer qu'entre cellules jeunes, vivaces, il y a toujours, dans une mesure si faible qu'on voudra, une certaine communication, du moins entre cellules voisines. Mais il reste toujours à se demander si le degré d'irritabilité dépasse chez elles la limite de l'excitation. Si la sensation est communiquée à la cellule voisine et y fait naître également une sensation, on doit reconnaître là l'influence indirecte d'une cellule sur l'autre. Cette influence n'est qu'indirecte sans doute et trop faible évidemment pour se faire sentir à plusieurs cellules, parce que la communication y rencontre des obstacles grandissants. Elle ne doit pas tarder à tomber au-dessous de la limite de l'excitation, et ne permet pas qu'on attribue à l'ensemble des cellules une individualité consciente. On ne saurait cependant méconnaître entre elles une certaine solidarité des intérêts. Si à toute individualité physique d'ordre supérieur ne répond pas nécessairement une individualité consciente du même ordre, il est sûr toutefois que divers individus conscients ne peuvent se fondre en un individu conscient d'ordre supérieur, qu'autant que les individualités physiques correspondantes sont associées dans une individualité physique d'ordre supérieur. La communication nécessaire à l'unité de la conscience ne peut s'établir que dans une matière organisée avec une certaine perfection; et cette perfection entraîne immédiatement l'unité de la forme, de la réciprocité organique, en un mot l'individualité extérieure d'ordre supérieur.

Ainsi, à tous les points de vue, se trouve justifiée notre affirmation que l'individualité externe est bien la *condition*, mais non la *cause* suffisante de l'individualité consciente. L'apparition de cette dernière est subordonnée à la présence de trois conditions nouvelles : une certaine *espèce*, et une certaine *énergie* du mouvement matériel, et, chez les individus d'ordre supérieur, une certaine perfection des moyens de *communication*. Si l'une de ces trois conditions n'est pas remplie, l'individualité extérieure ne correspond pas à l'individualité consciente.

Je pense que la *séparation*, l'analyse que je viens de faire de l'individualité extérieure et de l'individualité interne, servira à éclairer la question de l'individualité. Elle était nécessaire d'ailleurs pour compléter la démonstration du caractère relatif, qui appartient au concept de l'individualité.

Ce caractère relatif de l'individualité n'est pas d'ailleurs une idée nouvelle et propre à ces dernières années. Spinoza dit, comme nous l'avons déjà rappelé, que « le corps humain se compose d'un grand nombre d'individus de nature différente, dont chacun à son tour est lui-même très-complexe. » Gœthe s'exprime ainsi : « Chaque être vivant n'est pas un individu simple, mais une pluralité. Là même où il apparaît comme individu, il se compose au fond d'une agrégation d'êtres vivants, indépendants : ils sont semblables quant à l'idée fondamentale ou à la disposition primitive, mais dans le développement réel ils peuvent se présenter comme égaux ou semblables, inégaux ou dissemblables. Plus une créature est imparfaite, et plus les parties qui la constituent sont égales ou semblables, plus elles ressemblent au tout. Plus la créature est parfaite, plus les parties sont dissemblables. Plus elles sont semblables, moins elles sont subordonnées entre elles. La subordination des parties annonce une créature plus parfaite. » La remarque finale dit ce que nous avons cherché à rendre plus sensible par la comparaison empruntée au régime monarchique et au régime républicain.

Leibniz a analysé avec beaucoup d'étendue le caractère relatif du concept de l'individualité ; mais les vices de sa définition du corps font que sa définition de l'individu est très-différente de la nôtre. Selon Leibniz, chaque monade est attachée particulièrement à un corps immuable et impérissable. Le corps fait la limitation et par suite la nature finie de la monade. Le corps n'est pas une substance, pas plus que l'âme de la monade, prise isolément, n'est elle-même une substance. Entre le corps et l'âme, il n'y a pas d'harmonie préétablie ; à quoi bon d'ailleurs, puisque l'un et l'autre ils ne sont que des éléments, des forces diverses d'une seule et même substance, la monade, qui constitue leur unité naturelle ? Telle est l'identité que Leibniz maintient entre l'âme et le corps (entre la pensée et l'étendue). Ce corps immuable est toutefois une réalité purement métaphysique, nullement physique. On ne peut tout au plus appliquer qu'aux atomes, et dans un certain sens, l'interprétation physique du concept leibnizien. Pour tous les individus ou monades d'ordre supérieur, l'idée d'un corps immuable, distinct du corps visible que composent les autres monades ou atomes par leur réunion (conception qui s'est longtemps dissimulée sous le nom de corps éthéré), a été heureusement rejetée par la science. Nous savons maintenant que tous les organismes ne font qu'*échanger* entre eux la matière dont ils sont formés. Mais ne soyons pas pour cela injustes envers Leibniz : ce qu'il entendait par le corps particulier à la monade est une conception très-soutenable en métaphysique. Il voulait, je crois, affirmer par là seulement que la monade immatérielle a le pouvoir de produire des *actions déterminées dans l'espace* : et c'est là une faculté que toutes les monades, les supérieures comme les inférieures, possèdent également. Elle repose sur ce que toutes les *directions*, selon lesquelles s'exerce l'action des monades atomiques, *peuvent être rapportées à un point unique* ; et que ces actions, en se combinant pour la perception du sens externe, provoquent *le phénomène de l'étendue corporelle*. En tout cas, c'est une dénomination malheureuse que d'appeler corps le pouvoir d'agir au dehors. Ce n'est qu'au résultat produit par la combinaison des forces extensives du degré inférieur que ce mot peut être appliqué. Laissons de côté ce corps immuable de la monade, et voyons ce que Leibniz entend par l'union des monades.

Quand plusieurs monades se combinent, elles forment un agrégat inorganique ou un organisme. L'organisme comprend des monades supérieures et inférieures ; l'agrégat inorganique ne renferme que des monades inférieures. Dans le premier, les monades sont subordonnées les unes aux autres ; dans le second, elles ne sont que coordonnées. Plus l'organisme est élevé, plus on y observe la prédominance d'une monade sur toutes les autres. Cette dernière s'appelle monade centrale. Les monades supérieures sont « représentées » confusément et imparfaitement par les inférieures ; les inférieures, au contraire, clairement et parfaitement par les supérieures. « Et une créature est plus parfaite qu'une autre en ce qu'on trouve en elle ce qui sert à rendre raison à priori de ce qui se passe dans l'autre ; et c'est par là qu'on dit qu'elle agit sur l'autre. Mais dans les substances simples, ce n'est qu'une influence idéale d'une monade sur l'autre. » (*Monadologie*, n° 50, 51, p. 709.)

Leibniz nie l'*influxus physicus* entre les monades. Il dit qu'elles n'ont pas de fenêtre, par où quelque chose du dehors puisse pénétrer chez elles. L'*influxus idealis*, qu'il admet à la place, n'est que *l'accord* à priori de leurs « représentations » mutuelles, c'est-à-dire une *harmonie préétablie*. Le rapport de la *monade centrale* à toutes les *monades subordonnées* est, dans l'organisme, ce qu'on a de tout temps appelé le rapport de *l'âme et du corps*. Ainsi entre ce corps et l'âme il n'y a, selon Leibniz, qu'une harmonie préétablie.

Le rapport de l'âme et du corps formé par un agrégat variable, n'est qu'une idée empruntée par Leibniz à Aristote. C'est le rapport de ἐνέργεια et de ὕλη, de la forme qui agit spontanément ou de l'idée, et de la matière qui en subit l'action. Quant au rapport de l'âme et du corps invariablement associé à elle, Leibniz l'a emprunté à Spinoza, qui soutient que la substance unique se manifeste toujours sous deux attributs indissolubles, la pensée et l'étendue. Les deux rapports se confondent merveilleusement dans les monades inférieures, les monades atomiques. Il suffit pour cela que l'artifice de la nature fasse converger en un seul point toutes les directions, suivant lesquelles s'exerce l'action de la monade. Malheureusement Leibniz n'a pas suffisamment distingué ces deux acceptions du mot corps, qui prêtent à confusion. Aussi a-t-il été souvent mal compris.

L'idée essentielle, à nos yeux, de Leibniz est celle de l'agrégation de plusieurs monades ou individus, pour constituer le tout collectif, qui est subordonné, comme corps, à une monade ou à un individu d'ordre supérieur comme âme. Si Leibniz avait connu les découvertes de la physique, de l'anatomie, de la physiologie et de la pathologie de nos jours, il n'aurait certes pas hésité à étendre sa théorie aux atomes, aux cellules, aux organismes : faute des données nécessaires de l'expérience, sa théorie demeura une hypothèse de génie. Ce que nous ne pouvons en accepter, c'est l'hypothèse artificielle et vaine de l'harmonie préétablie. Elle supprime la vie de la réalité, et ne fait plus du mouvement du monde que le mouvement des idées, qui, en se succédant par séries distinctes, juxtaposées et sans rapport entre elles, constituent la vie des monades isolées et sans activité propre. Leibniz nie expressément toute influence réelle d'une monade sur l'autre; mais l'*influxus idealis*, qu'il substitue à l'*influxus physicus*, est une expression mal choisie et équivoque. Sans doute la série des « perceptions » dans chaque monade correspond, à chaque moment, à la série des « perceptions » d'une autre monade; mais cette correspondance (accord, harmonie) ne résulte pas le moins du monde de l'influence idéale que la « perception » d'une monade exercerait au même moment sur l'autre (ainsi que l'on serait tenté d'interpréter à la lettre l'expression *influxus idealis*). Leibniz veut dire seulement que, de toute éternité et pour l'avenir infini, la série des « représentations » de chaque monade est prédéterminée ou préétablie, et de telle manière qu'entre les séries différentes de « perceptions », dont chacune constitue la vie d'une monade, l'accord ne manque jamais d'exister. L'harmonie préétablie ou prédéterminée est un mécanisme factice qui n'a aucune raison d'être. Si les diverses séries de « perceptions » des monades se déroulaient avec une rapidité inégale, et n'étaient pas harmoniques entre elles, les monades n'en sauraient absolument rien, et seraient dans le même cas que s'il en était autrement. Cette théorie, qui supprime l'action mutuelle des monades, et, par suite, toute causalité, est donc tout à fait inutile.

Ce qui nous sépare encore de Leibniz, c'est d'abord que nous croyons savoir que l'individu organisé d'ordre supérieur *n'est que* l'unité corrélative des individus d'ordre inférieur; c'est ensuite que l'individu conscient résulte pour nous de l'action réciproque, qui s'exerce entre certaines parties matérielles de l'individu organisé et l'Inconscient. La monade centrale ou l'individu central, ni par rapport à l'*organisme*, ni par rapport à la *conscience*, n'existe *au delà ou en dehors* des monades subordonnées ou des individus. Si, dans l'individu supérieur, nous devons reconnaître, en dehors de la liaison des individus inférieurs, la présence d'un élément nouveau, cet élément ne peut être qu'*un facteur inconscient*. Mais ce facteur inconscient, que nous avons appris à connaître comme le principe directeur de la vie organique et consciente de l'individu, nous laisse toujours incertains, si nous avons affaire à une monade centrale *distincte* pour chaque individu; ou si l'Inconscient, qui agit dans tous les individus, n'est qu'un être identique et *le même dans tous*. Leibniz se voit forcé lui-même de substituer à *la juxtaposition* et à l'isolement de ses monades sans fenêtres, la subordination, c'est-à-dire l'absorption de toutes les monades dans une monade centrale *absolue*. La question peut être ainsi posée : le faisceau des fonctions que l'activité psychique de l'Inconscient déploie dans chaque individu différent doit-il être rattaché *immédiatement* à un seul et même centre, ou rapporté à des centres différents et relatifs, et rattaché indirectement par eux à un centre général du monde? C'est à cette formule concise que se ramène la question relative à l'individualité de l'Inconscient; mais il faut qu'on soit assuré auparavant de son unité. Nous allons traiter le problème, comme il mérite de l'être, dans un chapitre spécial.

VII

L'INCONSCIENT, COMME L'UN-TOUT.

L'Inconscient, tel qu'il se manifeste dans l'individu organique ou conscient, ne manque pas d'une solide unité : cela se voit aisément. Nous ne connaissons l'Inconscient que par les effets qu'il produit : il est la cause de tous les processus de la vie organique ou consciente dans l'individu, qui obligent d'admettre une cause spirituelle et pourtant inconsciente. Nous n'avons trouvé d'éléments à distinguer au sein de cette activité inconsciente que le rôle de la volonté et celui de l'idée ; mais nous avons dû reconnaître bientôt l'unité indissoluble des deux dans l'Inconscient. Celui qui persisterait à soutenir que la volonté et l'idée sont des éléments séparés dans l'unité de l'Inconscient ne peut cependant contester qu'ils agissent l'un sur l'autre, soit lorsque l'idée devient le motif du vouloir, soit lorsque l'intérêt de la volonté provoque l'apparition de l'idée. Ce qui dans l'organisme n'est qu'une unité de rapport entre les actions mutuelles des diverses parties fait place, dans la cause unique de ces processus, à l'unité du but, auquel l'activité multiple des diverses parties sert comme un ensemble de moyens. L'unité dans le temps résulte pour l'Inconscient de la continuité de l'action ; on ne saurait lui attribuer l'unité dans l'espace, puisqu'il est étranger à l'étendue : mais l'unité de l'espace se retrouve dans ses *actions*, comme l'unité de temps. Il est donc certain que l'unité du principe spirituel inconscient est dans l'individu la plus haute que l'on puisse trouver. Nous ignorons toujours si le principe spirituel et inconscient se divise entre plusieurs individus. L'Inconscient pourrait présenter une unité si parfaite, que toutes les manifestations de l'activité spirituelle inconsciente dans l'univers dérivassent de lui comme d'un principe absolument indivisible. Il n'y aurait plus à distinguer d'individus au sein de l'Inconscient. L'Inconscient serait l'individu unique, qui ne connaîtrait ni subordination, ni coordination, ni domination d'autres individus par rapport à soi. Comme la matière et la conscience ne sont que des manifestations diverses de l'Inconscient, ce dernier serait donc l'individu qui embrasse tout, qui *est tout être*, l'individu absolu, ou l'individu κατ' ἐξοχήν.

Lorsqu'il s'agit des organismes, la question de savoir si nous avons affaire à plusieurs êtres ou à un seul ne comporte aucune discussion : la distinction locale des formes individuelles la résout à l'avance. Pour les individus conscients, la question, qui ne saurait guère se résoudre *a priori*, trouve sa réponse dans le témoignage de l'expérience interne. Cette dernière nous apprend que la conscience de Pierre et celle de Paul, du cerveau et des ganglions inférieurs ne sont pas une seule conscience, mais plusieurs consciences différentes. Avec l'Inconscient, le problème se complique singulièrement. L'être de l'Inconscient n'est pas étendu; l'expérience interne de la conscience ne nous apprend naturellement rien sur l'Inconscient. Personne ne connaît directement le *sujet inconscient de sa propre conscience :* ce sujet ne se manifeste à moi que comme la cause spirituelle, *en soi inconnue*, de ma conscience. Quel droit ai-je de soutenir que cette cause inconnue de *ma* conscience est *autre* que celle à laquelle est due la conscience de mon *voisin*, qui lui-même n'en sait pas plus que moi sur ce sujet ? En un mot, l'*expérience* « *immédiate* », *interne ou externe*, ne nous donne aucun moyen de trancher cette difficile question : *provisoirement*, nous devons la réserver d'*une façon absolue*. Toutefois, nous pouvons invoquer ici la règle que les principes ne doivent pas être multipliés sans nécessité ; et que, à défaut des données immédiates de l'expérience, les hypothèses *les plus simples* doivent être adoptées de préférence. Il faut donc supposer l'*unité* de l'Inconscient, tant que l'adversaire de cette supposition si naturelle n'aura pas réussi à en prouver la fausseté : et c'est à lui qu'incombe l'obligation de faire la preuve. Personne ne l'a tenté jusqu'ici à notre connaissance. La proposition d'Herbart « autant de manifestations phénoménales, autant de manifestations de l'être » ne prouve évidemment que la *multiplicité des formes*, non la *pluralité essentielle* de l'être : un seul et même être, vu de divers côtés, peut paraître très-différent, comme chacun sait. L'hypothèse qui admet l'unité immédiate de l'être, est beaucoup plus simple que l'autre : cela n'a pas besoin d'une démonstration particulière. On n'a plus affaire, dans cette supposition, qu'aux rapports de l'agent et des actes, et à la combinaison des actes *d'un seul et même agent* entre eux ; dans l'hypothèse opposée, les rapports des différents agents à leurs actes, et en outre l'action mutuelle des *divers* agents et de leurs actes *entre eux* demeurent toujours inexpliqués. Ces dernières relations restent tout à fait inintelligibles, ou ne s'expliquent que par les relations compliquées, tout à fait impénétrables et indiscutables pour nous, des nombreux agents à l'Absolu, qui les domine et les embrasse.

C'est parce qu'une partie de mon cerveau est en communication avec l'autre partie que les consciences des deux parties n'en font qu'une seule (voir 3ᵉ partie, ch. III, 5, p. 420-424). Si l'on pouvait unir les cerveaux de deux personnes par des liens propres à en assurer la communication, comme les fibres du cerveau le font pour les deux hémisphères, les deux personnes n'auraient plus deux consciences distinctes, mais une seule. Comment deux consciences pourraient-elles se confondre en une seule, ainsi que l'expérience nous montre que cela se fait partout, si l'Inconscient, qui engendre la conscience à la suite de l'excitation matérielle, n'était pas déjà un lui-même?

La fourmi entière n'a qu'une conscience; les deux parties, entre lesquelles on la divise, en ont une chacune. Si l'on joint ensemble les moitiés de deux polypes différents (donc deux consciences jusque-là distinctes), on voit se former un seul polype qui n'a plus qu'une conscience unique. La richesse et la pauvreté, qui caractérisent de telles consciences, ne constituent aucune différence dont nous ayons à tenir compte dans la recherche générale des principes. On ne peut, après les recherches précédentes, nier qu'on ait autant de consciences (plus ou moins indépendantes) qu'on a de centres nerveux, et même de cellules vivantes : mais on est toujours en droit de nier qu'on ait autant d'âmes agissant sans conscience, qu'on a de centres nerveux ou de cellules. L'unité de fin dans l'organisme, le fonctionnement intelligent de chaque partie au moment convenable, bref la merveilleuse harmonie de l'organisme seraient inexplicables autrement que par une véritable harmonie *préétablie*, si l'âme qui anime le corps n'était *pas indivisible*, n'agissait pas *en même temps* dans toutes les parties de l'organisme, où son action est nécessaire; — si ce n'était pas une seule et même âme qui préside ici à la respiration, là aux sécrétions; qui produit ici dans le cerveau la conscience cérébrale, là dans les ganglions la conscience ganglionnaire. Le sectionnement des animaux inférieurs nous montre que la même âme, qui gouvernait auparavant les diverses parties de l'animal entier, et produisait les diverses consciences qui se montraient en lui, continue d'agir de la même manière même après le sectionnement : comment croire que la division matérielle a divisé l'âme, l'a partagée en deux parties? Comment concevoir que la séparation des atomes, qui sont simplement agrégés, modifie l'âme inétendue, qui les dominait accidentellement, *sinon en ce qu'elle change les conditions de son activité ?*

Mais, si l'âme qui continue d'animer les deux parties, entre lesquelles on a partagé artificiellement un animal, reste encore une, pourquoi cesserait-elle d'être indivisible dans la plante dont les bourgeons, dans l'écrevisse dont les pinces se détachent spontanément? Et pourquoi n'en serait-il pas de même dans la génération bisexuelle, où un animal hermaphrodite se féconde lui-même (exemple : le ver solitaire)? (Voir pour plus de détails le chap. IX.) Si l'âme inconsciente demeure une encore et identique à elle-même dans les divers fragments d'un insecte, ou dans la souche et dans les bourgeons détachés, pourquoi ne serait-elle pas une aussi dans les insectes, séparés naturellement, qui composent une république d'abeilles ou de fourmis? Sans être unis matériellement, ces êtres organisés n'agissent-ils pas avec le même concert que les diverses parties d'un seul et même organisme? La seconde vue infaillible, que nous avons reconnue partout dans les interventions de l'Inconscient, et qui contraste d'une manière si surprenante avec l'imperfection de l'individu, ne suffit-elle pas à prouver que les *actes de l'Inconscient, qui paraissent individuels, ne sont au fond que les manifestations d'un Inconscient identique dans tous les êtres?* Tout le mystère de la seconde vue disparaît alors : le voyant et l'objet vu ne forment plus qu'une seule et même âme. Si l'âme inconsciente d'un animal peut être à la fois présente et agir convenablement dans tous les organes et les cellules de l'animal, pourquoi le monde ne serait-il pas animé par une âme inconsciente, dont la présence et l'action intelligente se feraient simultanément sentir à tous les organismes, et aux atomes? Ces deux âmes ne doivent-elles pas être conçues l'une et l'autre comme également étrangères à l'étendue?

Qu'objecter à cette conception? sinon l'ancien préjugé qui *identifie l'âme avec la conscience*. Tant qu'on n'a pas triomphé de ce préjugé, tant qu'on n'en est pas entièrement délivré, l'universalité et l'unité de l'Inconscient demeurent naturellement ignorées. Mais, aussitôt qu'on comprend que la conscience appartient, non au fond *essentiel*, mais aux *manifestations* de l'être, et que la multiplicité des consciences n'est que la *multiplicité des manifestations phénomenales d'un même être*, on peut alors se soustraire à l'empire de l'*instinct « pratique »*, qui crie sans cesse : «*moi, moi*». On comprend alors l'unité substantielle de tous les individus physiques et spirituels, qui ne sont que des phénomènes, cette unité que Spinoza concevait dans l'inspiration de son mysticisme, et qu'il définissait la substance unique. Qu'on n'objecte pas contre l'universalité et l'unité de l'Inconscient que le sentiment individuel du moi, d'abord confus comme un instinct pratique, se développe avec la conscience, et *s'élève à la forme suprême de la pure conscience de la personnalité;* que, par conséquent, l'individualité du moi paraît, au regard de la pensée consciente, avoir une vraisemblance d'autant plus *irrésistible*, que la pensée consciente est plus développée. Cela, je le répète, ne prouve rien contre l'unité de l'Inconscient. Toute pensée consciente, en effet, reste soumise aux conditions de la conscience, et ne peut naturellement ni directement s'en affranchir; elle doit s'envelopper *d'autant plus* dans le voile trompeur de la Maia, qu'elle *développe davantage sa propre nature*. L'unité de l'Inconscient se concilie très-bien avec cette illusion. L'Inconscient ne peut tomber *sous le regard* de la conscience, puisqu'il se cache *derrière* elle, de même le miroir ne peut se refléter lui-même (il ne peut tout au plus se refléter que dans un second miroir). Tant que le concept de l'Inconscient n'a pas été rigoureusement déterminé et développé, l'objection conserve toute sa force; et l'idée de l'Un-Tout ne peut être comprise et acceptée par l'entendement. Elle est tout au plus l'objet d'une inspiration mystique, qui s'affirme *malgré* la protestation de la conscience.

Une autre objection, dont on se sert souvent comme d'une raillerie commode contre la théorie monistique, c'est le paradoxe que l'Un-Tout, en se divisant, entre en lutte avec lui-même; par exemple que le même être, sous la forme de deux loups affamés, cherche à se dévorer lui-même. On confond ici deux problèmes : la question du passage de l'un au multiple, et la question de savoir comment la multiplicité, si elle n'est que la réalisation, l'objectivation ou la manifestation phénoménale de l'Un, peut entrer en lutte, en conflit avec elle-même? Le premier problème, celui de l'individuation, sera traité dans un chapitre particulier (3ᵉ partie, chap. xi). Il faut sans doute admettre provisoirement que la solution en sera donnée d'une manière suffisante : autrement il serait inutile de s'occuper de la seconde question. Je me bornerai pour le moment à dire que le fractionnement de l'être ne serait incompréhensible, que si l'Un y sacrifiait son unité, et, par suite, une partie de sa substance. Mais un fractionnement qui ne conduit qu'à une multiplicité secondaire, c'est-à-dire phénoménale, où l'unité demeure présente sous la multiplicité, n'a d'autre effet que d'introduire la diversité au sein de l'unité abstraite. Disons mieux : l'Un peut engendrer la pluralité sans contradiction, pourvu toutefois qu'il ne s'agisse pas de la naissance de nombreuses *substances* isolées par le fractionnement de la substance unique, mais seulement de la manifestation phénoménale de l'être, qui est et demeure un sous la diversité de ses *fonctions*.

Une fois admise, la diversité des fonctions, puisqu'elles sont les fonctions d'un seul et même être, la diversité idéale de leur objet doit provoquer entre elles un conflit idéal, destiné à en amener l'accord ; et cette lutte idéale devient une lutte réelle, parce que les idées, entre lesquelles elle s'engage, sont en même temps les objets d'actes réels de la volonté. C'est le même processus qui se déroule dans la conscience de l'individu, sous la forme d'un conflit entre les tendances, désirs, affections, différentes. Si la lutte se produit ici, malgré l'unité de l'âme, dont ces désirs opposés ne sont que les fonctions, il en peut être de même au sein de l'Inconscient. La lutte de deux passions dans l'âme d'un homme ne le cède assurément pas en rage, en impitoyable violence au combat de deux loups affamés. La seule différence, c'est qu'elle se déroule là dans la conscience d'un seul individu et se dérobe à l'observation directe d'un tiers : le combat de deux individus différents, dont chacun n'est que la réalisation d'un acte de la volonté de l'Inconscient, possède une réalité phénoménale objective ; les deux individus qui luttent ensemble se perçoivent réciproquement, et sont directement l'objet de la perception sensible d'autres individus étrangers à la lutte. Si l'on présente la question autrement, et que l'on se demande « pourquoi les fonctions multiples d'un seul être sont ainsi en lutte, au lieu de se développer pacifiquement », la réponse devra être cherchée au chapitre III. On y a vu que la conscience n'existe pas sans cette collision des divers actes de la volonté ; et la conscience est justement ce dont il s'agit ici.

Nous avons montré d'abord qu'il n'y a aucune raison pour nier l'unité de l'Inconscient ; et ensuite que les vraisemblances à posteriori sont nombreuses en sa faveur. Nous pouvons maintenant traiter la question, en nous appuyant sur des principes déjà établis, par voie de *déduction* à priori, au sens aristotélique du mot.

L'Inconscient est étranger à l'étendue ; car c'est lui qui crée l'espace (par son idée l'espace idéal, par sa volonté l'espace réel, qui n'est que l'idée réalisée de l'espace). L'Inconscient n'est donc ni grand ni petit ; ni en un lieu ni dans un autre ; ni fini, ni infini ; ni présent sous une forme, ni en un point ; ni quelque part, ni nulle part. L'Inconscient est *étranger par lui-même aux différences locales*, bien qu'elles dérivent de sa pensée et de son acte. On ne peut donc dire : ce qui agit dans un atome de Sirius est autre que ce qui agit dans un atome de notre globe ; il faut dire seulement que *l'action est différente* dans les deux cas, puisqu'elle répond à des différences locales. Nous avons deux actions ; mais cela ne nous autorise pas à supposer deux êtres pour les expliquer. La diversité des *actions* ne prouve que la diversité des *fonctions* dans l'être ; mais la diversité de deux fonctions ne démontre pas du tout qu'elles n'appartiennent pas à *un seul et même être*. Répétons encore que nous sommes forcés de nous en tenir à l'hypothèse la plus simple (celle de l'identité de l'être agissant), tant que nos adversaires n'en ont pas prouvé l'impossibilité. C'est à eux, non à nous, qu'échoit l'obligation de faire la preuve, à eux qui supposent la multiplicité, tandis que nous nous en tenons à l'hypothèse la plus simple, celle de l'unité. Nous avons en tout cas fortement prouvé que l'Inconscient est étranger à la diversité qui naît des *determinations locales*, puisqu'il ne comporte aucune détermination de ce genre.

Il est encore plus clair qu'aucune des déterminations de la durée ne s'applique à lui. Nous sommes habitués à admettre l'identité de l'être dont l'action se fait sentir d'une manière continue, malgré les différences de temps qui se produisent dans la succession de ses actes. Il n'y a pas, au sens objectif, d'autres distinctions, que des distinctions locales. Les autres distinctions, celles des idées entre elles, celles de la volonté et de l'idée, ne sont que des différences internes, subjectives, entre les diverses actions du même être ou sujet, non des différences entre divers êtres et sujets. Cela est évident à priori de la différence des idées entre elles; mais il en faut dire autant de la différence qui se rencontre dans tous les individus de la nature, entre les deux activités fondamentales, le vouloir et le penser. C'est le même Inconscient qui veut et pense; mais ici il déploie sa volonté, là sa pensée. Il est, à ces deux formes de son activité, ce qu'est la substance de Spinoza vis-à-vis de ses attributs (voir plus loin les développements au chapitre XIV, 3º partie, 4). La diversité des existences ne répond pour nous qu'à la diversité des déterminations dans l'étendue ou le temps. L'espace et le temps sont le seul principe d'individuation que nous connaissions. Affirmer avec Schopenhauer qu'ils sont aussi le seul principe possible d'individuation, c'est aller trop loin. On peut concevoir des mondes soumis à d'autres formes d'existence que l'espace et le temps. Mais d'abord nos adversaires auraient à prouver l'existence de pareils mondes; et, en attendant que cette preuve impossible nous soit fournie, nous n'avons pas à nous fatiguer à discuter de pures possibilités. Toutefois ces formes inconnues d'existence n'auraient dans les mondes où elles se rencontreraient qu'une signification purement phénoménale, comme l'espace et le temps chez nous. Il serait facile de prouver qu'elles ne constitueraient pas plus des déterminations propres de l'Inconscient, que l'espace et le temps qui distinguent les phénomènes de notre monde; elles ne vaudraient pas plus que ces derniers pour démontrer une multiplicité quelconque dans l'essence de l'Inconscient. Puisque ni les différences locales ni toute autre ne prouvent une diversité dans l'être inconscient, il faut le considérer comme un être *un et simple*.

Cette démonstration, qui se tire directement de principes établis, peut être fortifiée par une autre preuve indirecte. Supposons que la séparation phénoménale des individus soit autre chose qu'une simple pluralité de fonctions au sein de l'être qui en est le principe. Admettons que cet être ne soit pas identique, et que la diversité des fonctions repose sur la diversité des substances, il n'y aurait plus alors entre les individus de relations réelles; et pourtant l'expérience démontre le contraire. Un des plus grands mérites du grand Leibniz, ç'a été de reconnaître franchement, expressément, la vérité de cette proposition, malgré les conséquences mortelles pour son système individualiste qui en découlent. Herbart lui est bien inférieur sous ce rapport. De la pluralité des apparences, Herbart conclut d'abord *faussement* à la pluralité de l'être lui-même, au lieu de se borner à affirmer la pluralité des manifestations de l'être; il suppose ensuite entre ces nombreuses substances (les réalités simples) des oppositions mutuelles, comme si cela était de soi intelligible, tandis que Leibniz déclare la chose impossible. Celui qui admet la pluralité des substances (c'est-à-dire reconnaît une infinité d'êtres dont chacun subsiste par soi et continuerait d'être, quand tout le reste autour de lui s'anéantirait tout d'un coup), celui-là doit avouer que de telles monades, non-seulement ne sauraient avoir des fenêtres par où pût pénétrer en elles seulement cet *influxus idealis* dont parle Leibniz, mais encore que rien ne fait comprendre comment ces substances indépendantes les unes des autres, qui n'ont rien de commun entre elles, peuvent être réunies par un lien métaphysique quelconque. Chacune d'elles devrait plutôt représenter par elle-même un monde isolé. Pour supposer un lien métaphysique, capable d'assurer le commerce de ces substances, il faudrait expliquer d'abord, et cela n'est pas facile, quel rapport réel unit la substance nouvelle qui formerait ce lien aux autres substances. Voir dans cette communication une fonction de l'absolu ou l'absolu lui-même (outre que la pluralité des substances ne permet pas de parler d'un seul absolu, mais seulement d'autant d'absolus qu'il y a de substances), c'est provoquer cette remarque, que si le rapport réel de ce soi-disant absolu avec les autres substances ne paraît plus intelligible que celui de ces substances entre elles, c'est que l'imagination se plaît à douer cet absolu du pouvoir de réaliser des effets incompréhensibles. L'action de l'absolu sur la multitude des autres êtres ne se conçoit qu'autant que le soi-disant absolu cesse d'être une substance réellement limitée par la multitude des autres, et se transforme en une substance infinie qui comprend réellement et par conséquent embrasse dans son sein les autres substances comme des éléments de son être total. Mais alors les substances multiples sont dépouillées de leur indépendance, de leur substantialité, et ne sont plus que les moments d'un seul et unique absolu. Résoudre ainsi la doctrine de la pluralité des êtres, que l'on voulait maintenir, en une véritable conception monistique, c'est là ce qu'ont fait, malgré eux, Leibniz par sa théorie de la monade centrale qui embrasse tout, et Herbart par sa foi dans un Dieu créateur. Mais ils n'ont pas reconnu expressément l'impossibilité de concilier ces développements de leur système avec les principes mêmes sur lesquels ils le font reposer : ils n'ont pas su expliquer ainsi l'influxus physicus ou la causalité des monades, laquelle ne saurait autrement se soutenir, mais s'explique aisément dans la doctrine qui identifie la pluralité et l'unité au sein de l'être unique.

Quoique la doctrine de la pluralité des substances ne soit pas en état de se maintenir sous sa forme propre, du moment où elle a conscience des conséquences auxquelles elle conduit, elle cherche cependant à sauvegarder l'apparence mensongère, qui lui est chère, d'une individualité consciente et substantielle, à l'aide d'une sorte de monisme honteux qu'elle refuse d'avouer. Elle se sert pour cela du concept contradictoire de la *substance dérivée*. Mais la substance est ce qui *subsiste en soi* (non dans un autre), et *par soi* (sans le secours d'autrui). Or la substance dérivée ne subsiste pas en soi, mais dans la substance absolue ; ne subsiste point par soi, mais par la substance absolue. La substance dérivée n'est pas une substance ; elle n'est qu'une espèce, une forme déterminée (modus) de la manifestation de l'absolu, ou, comme nous disons, un pur *phénomène*. Le pluralisme cherche encore à ennoblir du moins le phénomène de l'esprit individuel et à le transformer en un phénomène supérieur, ou en tout cas à rabaisser d'un degré les autres phénomènes, comme s'ils n'étaient que des phénomènes dérivés de celui-là. Mais cela est d'autant plus injuste que, dans un sens, le contraire est la vérité : l'esprit individuel résulte en une certaine mesure des phénomènes matériels. Il faut que les rayons de l'Inconscient, ce soleil d'où toute lumière émane comme de son centre, viennent frapper le miroir concave que constitue en quelque sorte l'organisme, avant de se réfléchir et de converger au foyer de la conscience personnelle. C'est ainsi que se forment les foyers de lumière, qui répondent aux consciences distinctes des esprits individuels. Le centre absolu ne communique pas avec eux directement ; il a besoin de l'intermédiaire des rayons inconscients (des fonctions) qui arrivent à l'organisme (au cerveau), et sont de là réfléchis au foyer supérieur de la conscience. De ces centres séparés et conscients ne provient aucune des fonctions qui doivent être rapportées au maître inconscient de l'organisme. Si l'action de ce dernier supposait en chaque individu un centre séparé, ce serait un second centre à côté du premier. Dans ce second centre, les rayons ou les actes du centre absolu seraient réfractés ou brisés. On ne comprendrait pas comment cette réfraction se produirait dans un tel centre imaginaire : la réflexion dans l'organisme, c'est-à-dire dans l'organe de la conscience, est une image au contraire très-acceptable. D'ailleurs, les difficultés, que multiplierait l'existence de ces centres séparés, ne profiteraient en rien à l'explication des faits. Ces points de réflexion inconscients, qui ne seraient pas substantiels, mais purement mathématiques, idéaux, ne sont qu'*une hypothèse fatigante et stérile.*

De quelque façon que l'on s'y prenne, pour conserver aux individus une réalité et une indépendance autres que celles qui appartiennent aux purs phénomènes, on perd son temps à servir la cause peu philosophique d'une conscience acharnée à la défense de son moi propre. Si la pluralité des individus n'est qu'un phénomène, tout ce qui n'appartient pas aux phénomènes et ne relève pas du monde multiple de l'individualité se rapporte à l'Inconscient un et universel, et à son activité. De cette manière seulement la monade centrale et absolue de Leibniz échappe à la contradiction, qui est autrement inévitable. Elle s'identifie avec la substance unique de Spinoza, vis-à-vis de laquelle la pluralité des individus ou des monades se réduit à la diversité des formes dépendantes de l'existence phénoménale, ou des « modes ».

Ramener ainsi Leibniz à Spinoza, ce n'est pas plus le faire reculer, que le retour de la science actuelle de la nature aux conceptions du premier de ces penseurs n'est pour elle un recul. Dans les deux cas, les progrès de l'expérience et de l'induction ont permis de comprendre et de justifier à postériori les inspirations antérieures du génie mystique. Revenir de la sorte aux conceptions des grands esprits du passé, c'est pour la pensée humaine un progrès véritable et un profit durable. Qu'il me soit encore permis de rappeler que la marche de la philosophie n'est que la transformation des conceptions mystiques du génie en connaissances démonstratives (voy. chap. ix, 2ᵉ partie).

Partout où nos regards se portent, les philosophies originales et les systèmes religieux de premier ordre obéissent à une secrète tendance vers le monisme. Ce sont les étoiles de seconde et troisième grandeur qui se complaisent dans le dualisme, ou même dans une division plus grande des principes. Les religions polythéistes elles-mêmes, comme la religion grecque et les diverses mythologies des peuples septentrionaux, manifestent cette tendance au monisme; les plus anciennes formes de ces croyances, comme les interprétations postérieures des esprits les plus profondément religieux, en font foi. Même les doctrines plus philosophiques du monothéisme chrétien ne voient dans le monde qu'un phénomène créé par Dieu, un phénomène qui n'a de consistance (ne subsiste) qu'autant que Dieu le soutient, ou encore qui est sans cesse créé de nouveau. Les systèmes, qui aspirent au monisme, n'ont pas tous réussi à l'atteindre réellement. On sent pourtant en chacun d'eux le besoin incontestable d'une conception monistique du monde. Les systèmes philosophiques ou religieux les plus superficiels ont seuls pu se contenter d'un dualisme tout extérieur (exemple la distinction d'Ormuzd et d'Ahriman, de Dieu et du monde, du Démiurge et de la matière chaotique, de la force et de la matière); ou même d'une pluralité de principes primordiaux. L'âme mystique se complaît surtout à regarder le monde comme un être unique, l'individu comme une partie de cet être unique, mais comme une partie au sein de laquelle l'être universel est présent en même temps tout entier; à se pénétrer du contraste du moi et de l'absolu; et, en pensant à la sublimité du premier, à jouir religieusement de la participation du second à cette infinité. L'influence du christianisme a fait donner à cet être unique le nom jadis générique de Dieu. La doctrine, qui identifie cet être unique avec la totalité des choses ou l'univers, a reçu par suite le nom de panthéisme (au sens le plus large du mot). Bien compris, ce mot, à coup sûr, est très-satisfaisant : pourtant les malentendus, auxquels il donne lieu, me font préférer le mot de monisme, qui pour moi est absolument l'équivalent du mot panthéisme. Le catholicisme orthodoxe et le sec rationalisme du protestantisme, qui s'imaginent tous deux exalter Dieu en le rabaissant par leur anthropomorphisme, ont sans doute constamment condamné comme hérétiques, et brûlé les esprits profonds, qui, au sein de l'Église chrétienne, reconnaissaient et traduisaient le besoin de ce monisme (qu'on songe à Eckhart, à Giordano Bruno). Mais, après toutes ces persécutions, le besoin d'une interprétation du christianisme dans le sens du monisme, s'est toujours manifesté plus énergiquement, et a toujours davantage conquis l'assentiment des esprits capables de juger. Schelling le déclare : « En Dieu réside tout être, et tout être n'est que l'être de Dieu : ni la raison, ni le cœur ne peuvent renoncer à cette pensée. Cette vérité seule fait battre tous les cœurs » (Œuvres, IIe partie, vol. II, p. 39) ; et encore : « Tout est Dieu : on en a eu le sentiment également vif à toutes les époques ; on peut même dire que c'est là le vrai sentiment inné de l'humanité » (Œuv., IIe partie, vol. III, p. 280). Ce sentiment primitif et mystique de l'humanité est une tendance toujours très-imparfaitement satisfaite sans doute, mais, si l'on excepte les sceptiques, toujours reconnaissable, de l'humanité vers le monisme, et comme le trait commun de tous les systèmes de philosophie depuis les plus antiques traditions de l'Inde jusqu'aux temps les plus récents. Puisqu'un coup d'œil, même superficiel, sur l'ensemble de l'histoire des systèmes m'est interdit par les limites de ce travail, je me bornerai à esquisser en traits rapides, à ce point de vue, le développement des doctrines récentes.

L'être caché au fond des phénomènes, qui sont l'objet de la perception, est appelé par Kant du nom de la « chose en soi ». On s'étonne que Kant, après avoir enseigné que le temps et l'espace sont les propriétés, non de la chose en

soi, mais de sa manifestation phénoménale, n'ait pas tiré la
conséquence si naturelle de sa doctrine, à savoir qu'il n'y
a pas de choses en soi, mais seulement *la chose en soi* au
singulier, puisque toute pluralité naît de l'espace et du
temps. Pourtant il a remarqué lui-même (*Œuvres de Kant*, II,
288, 289 et 303) que la chose en soi et le principe purement
intelligible, qui se trouve au fond du moi empirique, pourraient bien être un seul et même être, puisqu'aucune différence ne se saisit entre eux. C'est là un trait où s'accuse
incontestablement la tendance volontaire de tout grand esprit vers le monisme. Si Kant hésitait à tirer les conséquences de semblables idées, c'est qu'il ouvrait l'ère de la
philosophie moderne. Le travail de la pensée, qui se concentrait autrefois en une ou deux intelligences de génie,
devait réclamer désormais les efforts de plusieurs esprits.
Le travail en effet était devenu plus difficile : les anciens
problèmes se présentaient sous une forme toujours nouvelle
et plus raffinée ; le cercle des connaissances scientifiques et
de l'expérience s'étendait sans cesse.

Kant n'avait présenté que comme une supposition in-
certaine l'idée que la chose en soi et le sujet actif pourraient bien être un seul et même être : Schopenhauer
l'affirma catégoriquement. Il fit de la volonté le caractère
positif de cet être (voir mes *Études et Essais*, sect. D.,
n° IV.) Nous avons déjà (I vol., p. 31, 33 et 134) observé
que la volonté, chez Schopenhauer, se comporte comme
si elle était associée à la pensée, bien que Schopenhauer ne
l'accorde pas pour son propre compte.

Fichte méconnaît la vérité de l'indication de Kant. Il
refuse à la manifestation phénoménale de la chose toute
réalité indépendante du sujet connaissant, et en fait un pur
phénomène, une simple création du sujet pensant. La réalité
de la chose en soi disparaît au profit immédiat du moi. Ce
qui existe sous la forme d'un moi est seul réel pour Fichte.
La nature, comme une chose sans vie propre, excepté les
objets qui se laissent ramener à la forme d'un moi, n'est
plus qu'une apparence purement subjective, c'est-à-dire

qu'une pure création du sujet pensant. Mais Fichte, lui aussi, ne peut échapper au monisme : le moi se dépouille du caractère accidentel, qui lui donne l'apparence de tel ou tel moi fini et empirique ; il est élevé à la dignité de moi absolu. Le moi absolu est l'être réel, qui seul réside au fond de tous les moi accidentels, empiriques, limités. L'être qui se développe dans le processus du moi absolu est le même être qui réalise ce processus par les limitations contingentes de son existence empirique. Les moi multiples ne sont donc plus à leur tour que les manifestations du moi unique et absolu.

Schelling cherche dans son idéalisme transcendantal à faire sortir de l'activité du moi la riche diversité des propriétés de la nature, que Fichte réduisait à de froides abstractions par sa théorie du non-moi. Il cherche à prouver l'accord des intuitions particulières des différents moi finis, en affirmant l'unité de l'intelligence infinie ou du moi absolu sous la diversité des intelligences finies ou des moi limités. Mais, du point de vue où se place l'idéalisme transcendantal, Schelling est conduit nécessairement à la philosophie de la nature. Cette fois il déduit immédiatement du moi absolu ou du sujet pur les propriétés du monde extérieur, sans se préoccuper du moi fini : naturellement l'esprit et ses produits se présentent d'eux-mêmes parmi les autres propriétés de la nature. Les deux systèmes supposent également l'identité du sujet et de l'objet ; mais dans le premier l'Absolu sujet-objet est plutôt envisagé du point de vue du sujet, dans l'autre du point de vue de l'objet.

La méthode à laquelle Schelling soumet l'évolution du sujet pur, qui se pose successivement comme objet, et, à chacun des degrés de cette objectivation, revient sur lui-même et se retrouve à un degré supérieur de la subjectivité, conduisit Hégel à sa méthode dialectique.

« La méthode n'est que le mouvement de l'Idée elle-même ; mais en ce sens que l'*Idée est tout* et que son évolution constitue l'universelle et absolue activité. »

Hégel reconnaît que la déduction de Schelling ou n'a

aucune valeur, ou n'a qu'une valeur purement logique à titre de processus de la pensée : mais il prétend que la logique, qu'il construit sur les mêmes fondements, est en même temps la science de la réalité ; que l'*Idée est tout, c'est-à-dire la seule substance, le seul et absolu sujet;* que le processus de l'univers n'est que le mouvement spontané et purement dialectique de l'Idée; qu'il n'y a pas place, par conséquent, pour l'existence de ce qui n'est pas logique, du non logique, je ne dis pas de l'antilogique. Dans son imposant et si complet système, la vie universelle est épuisée par le retour de la Notion à l'Idée absolue, par l'expansion hors de soi dans la nature et le retour à soi dans l'esprit de l'Idée absolue (voir mes *Études et Essais*, D., n° III).

Schelling dans son dernier système (voir *Philosophie positive de Schelling*, dans mes *Études et Essais*, sect. D., n° V; particulièrement la seconde et la troisième partie) affirmait le caractère négatif, c'est-à-dire purement logique ou purement rationnel de la philosophie hégélienne. Elle ne nous dit pas, selon lui, ce qui est, et comment sont les choses. Elle montre seulement que ce qui est a sa raison d'être. Schelling déclarait que, dans la philosophie hégélienne et dans toutes les doctrines antérieures, il ne peut être question que d'un *éternel* devenir. « Mais un éternel devenir n'est pas un devenir véritable. Tout le processus et le mouvement de l'Idée n'est donc qu'illusoire : rien n'est arrivé en réalité. Tout ne s'est passé que dans la pensée, tout ce mouvement n'est qu'un mouvement de la pensée. » (*Œuvres*, I, 10, p. 124-125.)

Schelling définit l'existence la chose vraiment *supra-intelligible*, ce qui constitue la réalité et ne s'explique pas par l'entendement, ce qui ne peut être que l'objet de l'*expérience* (*Œuvres*, II, 3, p. 69). Aussi nomme-t-il la nature et l'expérience les principes étrangers à l'entendement (*Id.*, p. 70). Si donc l'Idée suprême ou absolue est sans valeur au point de vue réel, si elle n'est qu'*une pure Idée*, si elle n'a pas la véritable *existence*, elle ne peut pas même être conçue comme *pensée* puisqu'elle n'est pas l'Idée d'un *sujet pensant* (I, 10, p. 132). Il faut doublement s'élever au-dessus de l'Idée, jusqu'à un être placé en dehors et indépendant de la pensée, à un principe antérieur à toute pensée (II, 3, p. 164), à un *être inaccessible* à la pensée. Tant que l'on ne parle de l'être que du point de vue propre à la philosophie purement rationnelle ou négative, on ne parle que de son essence ou de son concept ; on n'en peut dire davantage à priori. La philosophie positive, au contraire, débute par se demander *qu'est-ce que* (sujet grammatical) *l'être* (objet grammatical); ou, selon une autre expression de Schelling, qu'est-ce qui fait que l'être est; ou « qu'est-ce qui devient la cause de l'être (αἰτία τοῦ εἶναι) pour celui qui en soi n'est guère μὴ ὄν) et contient en soi tout au plus la pure possibilité de devenir tout? » « L'un est connu par cela ou en cela qu'il est l'être universel, le πᾶν, l'être par son contenu (non l'être en réalité). Il se connaît et se distingue des autres individus en ce qu'il est l'*Individu* qui est le *Tout en même temps* (II, 3, p. 174). »

Qu'on compare à ces paroles le passage cité déjà dans notre introduction (p. 27-28) de l'idéalisme transcendantal; on reconnaîtra que Schelling dans son premier système, sous le nom d' « éternel inconscient », désignait essentiellement le même principe sur lequel repose son troisième système, sa philosophie positive.

Ainsi tous les philosophes de l'époque moderne ont traduit, sous des formes diverses, un égal besoin du monisme; et l'ont plus ou moins complétement satisfait. La conception, à laquelle aboutit l'évolution spéculative de la pensée moderne, la notion de Schelling « de l'individu qui est tout être », nous l'avons atteinte par la méthode inductive à posteriori ; ou plutôt elle s'est présentée d'elle-même à nous, non plus comme un principe spéculatif, auquel peu d'esprits peuvent s'élever, mais comme la conséquence rigoureuse des expériences les plus concluantes. Il nous a suffi de séparer soigneusement le domaine de l'Inconscient de celui de la conscience, et de reconnaître que la conscience n'est qu'une pure manifestation de l'Inconscient (chap. III, 3ᵉ partie), pour voir s'évanouir les contradictions dans lesquelles s'embarrassait inévitablement la conscience, et qui contrariaient son désir instinctif de recourir aux explications du monisme. Et ce n'est pas seulement la conscience, mais aussi la matière (chap. V, de la 3ᵉ partie) qui s'est révélée à nous comme une pure manifestation phénoménale de l'Inconscient. D'un autre côté tout ce qui dans le monde ne se réduit ni à la matière, ni à la conscience, à savoir les œuvres de la force organique, l'instinct, etc., s'était déjà (dans les parties I et II) montré à nous comme la manifestation immédiate et facilement saisissable de l'Inconscient.

1° La matière, 2° la conscience, 3° la force organogénique et l'instinct, etc., nous sont ainsi apparus comme trois formes de l'activité ou trois manifestations de l'Inconscient; et l'Inconscient, comme la substance même de l'univers. Après avoir enfin soumis à notre analyse le concept de l'individualité d'un côté, et la nature particulière de l'Inconscient de l'autre, autant que cela était nécessaire, nous avons vu s'évanouir notre dernier argument en faveur de la multiplicité substantielle de l'Inconscient. La diversité ne se rencontre que dans les phénomènes, non dans la substance qui les produit. Cette substance est individuelle, absolue, unique, l'individu enfin *qui est tout;* et le monde, malgré sa puissance, n'est que le pur phénomène de cet absolu : non pas un phénomène subjectif comme il est pour Kant, Fichte et Schopenhauer, mais un phénomène objectif, c'est-à-dire naissant d'événements objectifs (comme dit Schelling, Œuvr., IIᵉ partie, vol. 3, p. 280) « un phénomène divin »; ou, comme s'exprime Hégel (Œuvr., VI, p. 97) « un pur phénomène non pas seulement *pour nous*, mais *en soi* (1) ».

(1) Ce monde des phénomènes objectifs ou ce monde du phénomène en soi est le lien causal indispensable, qui rattache la substance unique aux mondes de la représentation subjective et phénoménale, lesquels répondent à la diversité des consciences. Le monde objectif est à l'Inconscient unique comme l'apparence à l'être; et aux images qui le reflètent dans les divers sujets, comme la chose en soi à ses phénomènes (subjectifs). L'idéalisme subjectif commet l'erreur de méconnaître cet intermédiaire indispensable,

Ce qui nous apparaît comme nature « n'est que la pure expression de l'équilibre d'actions opposées » (*Œuvr. de Schelling*, 1, 3, p. 400); ce qui nous apparaît comme conscience ne manifeste également que la simple opposition

et de vouloir immédiatement conclure du monde phénoménal, qui se forme dans la conscience du sujet, à la substance dernière des choses. Il ne reconnaît pas la réalité objective (transcendante, selon la terminologie de Kant) d'un monde des choses (selon Kant de choses en soi), comme le premier modèle des mondes si nombreux de la représentation subjective : ce monde des choses en soi, en regard de la substance unique, n'est sans doute que « le vêtement vivant de la divinité. » Kant vieillissant et son école cherchèrent à corriger cette erreur de sa critique trop subjective; de même Schelling voulut corriger Fichte par sa philosophie de la nature Schopenhauer vieillissant et surtout ses jeunes disciples essayèrent la même chose, en reconnaissant à l'objectivation individuelle de la volonté unique et universelle une réalité indépendante de la conscience du sujet connaissant (voir plus haut chap. VIII, 2e partie, p. 352-365). La connaissance théorique comme la métaphysique obligent également d'admettre la phénoménalité objective. La vérité durable, que contient la doctrine théiste de la création et de la conservation (voir chap. VIII, 3e partie et plus haut p. 197, 201) ; la théorie panthéiste de l'émanation ; le système scientifique des dynamides (v. chap. v de la 3e partie ; le concept admis par Schelling et Schopenhauer de l'objectivation du sujet absolu et de la volonté; celui de Herbart « de la position absolue » par opposition à la position relative pour la conscience, c'est-à-dire à l'affirmation subjective ou au phénomène ; en un mot tout ce qui a jamais été pensé sur les rapports de la réalité à son principe métaphysique trouve son explication dans le concept de la phénoménalité objective. Le mot phénomène est pris ici dans un sens métaphysique. Cela est permis, bien que la théorie de la connaissance se soit emparée de ce mot depuis l'apparition de l'idéalisme subjectif Jusqu'à Kant le mot phénomène avait surtout une signification métaphysique ; mais on doit reconnaître que la confusion, introduite par Kant, de la métaphysique et de la théorie de la connaissance a fait associer le sens logique au sens métaphysique de ce mot. De même qu'on a définitivement séparé le problème logique et le problème métaphysique, on doit distinguer dans le mot phénomène le sens subjectif et le sens objectif. Cela est d'autant plus légitime, qu'à ces deux sens correspondent diverses oppositions, comme celle de la chose en soi et de l'être, etc. Il pourrait être utile de ne pas laisser disparaître le sens métaphysique du mot phénomène, parce que bien des affirmations de Kant, qui sont fausses en ce qui regarde la phénoménalité subjective, sont vraies pour la phénoménalité objective. Cela vient de ce que la métaphysique chez Kant est sacrifiée à la théorie de la connaissance, comme celle-ci l'était avant lui à la métaphysique; en d'autres termes de ce que Kant dérive du sujet toutes les qualités des choses réelles, et ne laisse à la chose en soi que la pure existence : or une telle existence est plus vide encore que l'être métaphysique le plus vide; et il n'est plus possible de distinguer l'une de l'autre.

d'activités contraires. Chaque fragment de la matière n'est qu'un agrégat de forces atomiques, c'est-à-dire d'actes par lesquels l'Inconscient exprime sa volonté d'exercer de ce point de l'espace une certaine force d'attraction, de cet autre une certaine force de répulsion. Que l'Inconscient interrompe ces actes de volonté et cesse de les produire : au même moment ce fragment de matière cesse d'exister. Que l'Inconscient veuille de nouveau les produire, la matière reparaît. Ainsi le miracle effrayant de la création fait place au miracle journalier, renouvelé à chaque moment, de la *conservation* du monde, qui n'est qu'une *création continue*. Le monde n'est que la série continue des combinaisons spéciales qu'effectue par ses actes la volonté de l'Inconscient. Le monde n'existe qu'autant qu'il est constamment créé. Que l'Inconscient cesse d'en *vouloir* l'existence : et le jeu de ces combinaisons, effectuées par l'Inconscient, cesse aussitôt d'*exister*.

Une réflexion attentive dissipe l'illusion, et c'est au sens large du mot une véritable illusion des sens, qui nous fait croire que le monde, le non-moi est une réalité immédiate. C'est également un mensonge de l'égoïsme instinctif qui nous fait admettre la réalité propre de notre moi, de notre cher moi. Le monde n'est qu'une certaine somme d'actions, d'actes volontaires de l'Inconscient; le moi, une somme différente d'actions ou d'actes volontaires du même Inconscient. En tant que les actions de la première espèce s'opposent aux secondes, le monde devient pour moi le monde de mes sensations; en tant que les dernières s'opposent aux premières, j'ai le sentiment de mon individualité. Dans le domaine de la représentation ou de l'idée pure, les oppositions idéales coexistent paisiblement, et les liaisons logiques des idées se produisent en paix et sans trouble. Qu'une volonté s'empare de ces oppositions logiques et en fasse son contenu propre, les actes volontaires, qui tendent à la réalisation de ces idées contraires, entrent aussitôt en opposition les uns avec les autres; et un conflit réel (voir p. 197) se produit, où les volontés s'opposent, et menacent de s'anéantir réciproquement. Tantôt l'une d'elles triomphe complétement; tantôt les volontés contraires luttent avec un succès égal, qui les oblige de limiter leur énergie par un compromis. C'est cette lutte, c'est l'opposition que se font mutuellement les actes volontaires de l'Un-Tout, qui constitue les volontés individuelles; c'est elle qui produit ce que nous appelons la *réalité*. Le nom de *réalité* ne doit pas se donner à une substance inerte et passive, comme la matière pure ou abstraite, que nous avons, au chap. v, 3º partie, soumise à notre analyse, mais à l'action *efficace* et actuelle d'une volonté. Cette table, par exemple, me prouve sa réalité par les forces répulsives que les atomes d'éther des molécules, qui en constituent la surface, opposent aux molécules qui forment la surface de mon propre corps, répulsions qui augmentent d'énergie dans une progression rapide, à mesure que je m'approche de la table au delà d'une certaine limite. Cette lutte des volontés atomiques, qui composent la table, avec celles des autres volontés atomiques, qui forment mon corps, est une partie de l'activité ou de la réalité de la table. Sa réalité entière n'est que la somme des collisions qui peuvent s'établir entre les volontés atomiques qui la constituent, et les autres atomes de l'univers. S'il n'y avait dans le monde que cette table, sa réalité serait beaucoup plus restreinte, mais elle ne serait pas pour cela supprimée : les atomes constitutifs de la table ne pourraient plus déployer leur action au dehors, mais ils se trouveraient toujours en conflit entre eux. Mais si l'on supposait que tous les atomes du monde fussent réduits tout à coup à un seul, on supprimerait, en même temps, l'activité ou la réalité de cet atome unique : il n'aurait plus d'objet auquel appliquer son énergie : il ne serait plus en état d'exercer une action, d'agir actuellement.

Que l'Inconscient change la combinaison des actions ou des actes de sa volonté qui me constituent, et je deviendrai un autre; qu'il interrompe son action, et je cesserai d'être. *Je suis un phénomène semblable à l'arc-en-ciel dans les nuages. Comme lui, je ne suis qu'un ensemble de rapports; je* change à chaque seconde comme ces rapports eux-mêmes, et m'évanouirai avec eux. A la même place, un autre arc-en-ciel pourra s'élever, absolument semblable au premier, sans être pourtant le même que lui : il faudrait pour cela la continuité dans la durée. Ainsi, à une place, un autre être absolument semblable à moi peut se montrer; mais ce ne sera plus moi. Et pourtant le *soleil* continuera de briller, lui qui se jouait tout à l'heure dans ces nuages; et l'*Inconscient* agit éternellement, lui que mon cerveau a reflété un moment.

Les résultats, rapidement esquissés ici, trouveront aux chapitres IX-XI des applications et des développements variés de détails, qui contribueront, je l'espère, à les rendre plus acceptables au lecteur, habitué à juger les choses avec l'instinct pratique des sens. Mais, auparavant, nous allons essayer d'éclairer nos conclusions par la comparaison du concept de l'Inconscient unique avec le concept de Dieu, que les esprits cultivés de notre temps ont emprunté à la métaphysique officielle des religions dominantes en Europe, et qu'ils transportent avec eux de l'école dans la vie.

VIII

L'INCONSCIENT ET LE DIEU DU THÉISME

Nos précédentes recherches nous imposent l'examen d'un nouveau problème. « En admettant que les actions, que l'Un-Tout accomplit dans l'individu, échappent à la conscience de l'individu, pourquoi ne pourraient-elles pas être connues dans l'Un-Tout par une conscience spéciale? » Il serait très-facile de réfuter cette supposition, en se bornant à montrer que la preuve doit être faite ici par celui qui soutient l'affirmative. Ce n'est pas à moi de prouver que les fonctions inconscientes de l'âme, qui suffisent, en tant qu'inconscientes, à rendre compte des faits, ne sont pas l'objet d'une connaissance consciente de la part de l'Un-Tout. Ceux qui éprouvent le besoin de recourir à cette nouvelle et stérile hypothèse, pour rendre compte des faits qui s'expliquent très-bien sans elle, sont tenus de justifier leur assertion. Jusqu'à ce qu'ils y aient réussi, leur affirmation est pour nous tout à fait vaine et sans autorité scientifique. Cette remarque suffirait à écarter l'objection précédente; mais je veux examiner la chose de plus près. L'examen de cette question doit jeter un nouveau jour sur la nature de l'Inconscient.

Si le théisme s'est tant préoccupé jusqu'à ce jour d'attribuer à Dieu une conscience propre dans la sphère de sa divinité, il s'appuyait sur deux raisons également respectables; mais il en tirait des conséquences illégitimes, parce qu'il n'avait pas encore songé qu'une intelligence inconsciente pourrait bien être possible. Voici ces deux raisons.

En premier lieu l'homme frémissait à la pensée que, si un Dieu conscient n'existe pas, il n'est plus lui-même que le produit des *forces brutales de la nature;* que l'effet d'une combinaison fortuite, accidentelle, qu'une nécessité aveugle a produite sans but comme elle la détruira sans raison. En second lieu, on croyait honorer Dieu, l'être suprême, en lui prêtant toutes les perfections possibles à la façon des scolastiques ; et l'on craignait de le dépouiller d'une perfection considérée par l'homme comme la plus haute de toutes, à savoir la claire conscience et la conscience distincte de sa personnalité. Si l'on entend bien la nature de l'Inconscient, ces deux craintes doivent s'évanouir. La doctrine de l'Inconscient tient, en effet, le juste milieu entre un théisme qui transforme l'idéal de l'homme jusqu'à l'anéantir en voulant l'élever à l'absolue perfection, et un naturalisme qui fait de l'esprit, cette fleur de la vie, et de la nécessité éternelle des lois de la nature, d'où cette fleur de l'esprit est sortie, le pur résultat du hasard et des forces aveugles, qui ne nous en imposent qu'à cause de notre faiblesse : et c'est là le juste milieu entre la finalité consciente que l'on prête à la nature par analogie avec l'art humain, et le mécanisme qui nie absolument toute finalité dans la nature. Cette doctrine intermédiaire admet la finalité naturelle, mais sans la concevoir à l'image de l'activité consciente de l'art humain et de notre réflexion discursive. Elle reconnaît en elle la finalité immanente inconsciente d'une intelligence intuitive et inconsciente elle-même, qui agit dans les choses et les individus par cette sorte de création continue ou de conservation que nous avons précédemment décrite, et dans laquelle nous avons reconnu le phénomène réel de l'Un-Tout.

Notre impuissance à nous faire une idée *positive* du mode de connaissance propre à cette intelligence (voir plus haut, t. II, p. 5) nous condamne à la définir par *opposition avec notre manière de connaître* (la conscience), et par suite à ne lui prêter d'autre attribut que celui de l'*inconscience*. Mais nos recherches antérieures nous ont appris que l'activité de cette intelligence inconsciente n'est *rien moins qu'aveugle;* qu'elle est, au contraire, une vue véritable, même une *intuition clairvoyante*. Mais cette vue ne se voit pas elle-même et voit seulement son objet, le monde ; et cet œil, qui voit toutes choses, a besoin, pour se voir lui-même, d'être réfléchi dans le miroir de la conscience individuelle. Nous savons que cette clairvoyance absolue de la pensée inconsciente est infaillible dans la poursuite de ses fins ; que les moyens et les fins sont saisis par elle en un seul instant, en dehors de toute durée ; et que sa seconde vue embrasse à la fois toutes les données nécessaires à l'exécution de ses desseins. Elle est *infiniment supérieure* à la marche défectueuse, toujours bornée à un point dans ses mouvements, malgré les échasses dont elle fait usage, qui est propre à la réflexion discursive : car celle-ci est toujours dans la dépendance de la perception sensible, de la mémoire et des inspirations de l'Inconscient. Nous pouvons donc définir cette intelligence *inconsciente*, qui est supérieure à toute conscience, comme une intelligence *supraconsciente*. Par là s'évanouissent les deux objections précédentes contre l'inconscience de l'Un-Tout. Cet être possède, en effet, malgré son inconscience, une intelligence omnisciente et souverainement sage, supérieure à la conscience ; et cette intelligence réalise ses fins dans la création et l'histoire du monde. Nous ne sommes donc plus le produit accidentel des forces de la nature. Refuser la conscience à Dieu dans de telles conditions, ce n'est pas le rabaisser.

Le théisme n'a plus à craindre de voir son Dieu diminué par la perte de la conscience. Il doit comprendre bien plutôt que le prédicat de la *conscience* ne ferait qu'amoindrir Dieu, puisque l'intelligence que nous lui reconnaissons est *supérieure* à la conscience. Le seul attribut qui soit véritablement et absolument une perfection, l'*intelligence rationnelle*, notre Inconscient le possède, tout comme le Dieu du théisme. Ce qui fait que l'intelligence humaine est bornée, c'est la conscience qui repose justement sur la séparation du sujet et de l'objet : or le théisme doit lui-même écarter toute limite de l'intelligence de son Dieu, s'il veut en faire un être « absolument parfait ». Sans doute, *pour nous hommes*, la conscience et la personnalité sont une perfection, non pas pourtant comme la raison une perfection absolue, mais seulement une perfection relative. La conscience n'est un avantage que parce que nous vivons *dans* le monde de l'*individuation* et *dans ses limites*. Pour réaliser complètement les fins de notre être individuel, nous devons séparer notre personne le plus profondément possible des autres personnes et du monde impersonnel des choses extérieures. Mais l'Un-Tout, en dehors duquel rien n'existe, ne connaît pas de tels besoins. *En soi et pour soi*, et *en dehors* des besoins spéciaux d'une intelligence limitée par la place qu'elle occupe dans le monde de l'individuation, la conscience *n'est pas une perfection*. Disons plutôt qu'en regard de l'unité des attributs qui constituent l'Inconscient, elle constitue un manque, une perturbation dans la paix absolue où s'exerce la clairvoyance intuitive et spontanée de l'Inconscient, enfin comme un déchirement dans l'harmonie des attributs de l'Un-Tout. A la place de l'accord elle met la division ; et le sujet et l'objet, qui se concilient et s'unissent dans l'Idée absolue (voir mes *Études et Essais*, sect. D, n° IV), sont violemment séparés et arrachés à leur indifférence absolue par cette rupture. L'opposition des attributs de l'Inconscient, à laquelle est due l'apparition de la conscience ; la cessation pour le sujet et l'objet de l'état d'indifférence où ils coexistent au sein de l'absolu, ne se comprendraient pas au sein de l'Idée absolue qui est, par essence, assurée dans son immuable et inviolable unité. Une telle opposition suppose que l'activité totale de l'Un-Tout s'est brisée pour faire place à la multiplicité de l'individuation, au conflit, à la lutte des volontés différentes, qui est produite par l'opposition relative de leurs objets. Le conflit de la volonté particulière avec d'autres volontés particulières ; la résistance que la volonté particulière oppose, dans la réalisation de son contenu idéal, au compromis, que les autres volontés lui imposent, rendent seuls possible l'étonnement qui provoque la rupture du sujet et de l'objet dans l'acte de la conscience (voir chap. III, 3ᵉ partie, 1). Cet éveil de la conscience ne se produit qu'autant que le corps impose à l'âme une idée, c'est-à-dire qu'autant que la *sensibilité* est en jeu. Plus tard, à l'aide de la réflexion discursive et par le moyen de l'abstraction, la conscience réussit à s'élever jusqu'à des objets suprasensibles.

Toutes ces limitations de l'être, et le théisme le reconnaît lui-même, doivent être écartées de son Dieu : la conscience s'évanouit avec elles, puisqu'elle ne vient que de ces limitations mêmes. Si donc la conscience peut être définie une limitation de l'être, nier qu'une telle limitation se rencontre au sein de l'Un-Tout, ce n'est pas lui prêter un défaut positif. L'affranchir d'une limitation n'est-ce pas plutôt l'enrichir d'une perfection? Sans doute cet avantage positif et réel constitue toujours une privation formelle : de même l'absence de glandes vénéneuses chez le boa constrictor, dont la force n'a pas besoin de ce moyen de défense, ou l'absence de tout péché dans le personnage idéal du Christ constituent une privation formelle. Déjà, au chap. II, 3ᵉ partie, nous sommes arrivés par la méthode inductive à reconnaître qu'il n'y a pas de conscience sans cerveau, sans ganglions, sans protoplasma ou autre substratum matériel. Nous avons fait justice, par là, de l'hypothèse, qui prête une conscience transcendante et unique à l'âme du monde. C'est que les conditions matérielles, sans lesquelles cette conscience unique ne pourrait exister, ne se rencontreraient nulle part. Les recherches du chap. III, 3ᵉ partie, ont transformé cette certitude inductive en une certitude métaphysique. Elles nous ont montré que la conscience est impossible en dehors de l'individuation, et autrement que par la division de l'être en corps et en âme. Si l'on supprime les bornes que les sens et l'individualité finie apportent à l'être (et l'on ne peut ni ne doit faire autrement pour Dieu); si à la place de la représentation limitée on conçoit l'Idée absolue, on n'a plus devant soi que la *pure ma-*

tière de la représentation. En supprimant toute opposition, toute collision des pensées et des actions finies, on a du même coup supprimé la conscience qui en vient. Lors même qu'on accepterait pour un moment la supposition impossible que la conscience pût continuer d'être encore la forme d'une représentation ainsi illimitée, cette forme devrait être conçue comme infiniment supérieure à la conscience que nous connaissons. Mais on verrait bientôt aussi que la *forme infinie* équivaut à l'*absence même de toute forme;* et que la *conscience absolue*, qu'on réclame pour Dieu, est *identique à l'inconscience absolue*. Même dans la supposition extrême que nous examinons, l'intelligence absolue peut donc être aussi bien définie une pensée inconsciente qu'une pensée consciente : et cela ôte tout intérêt à l'opposition que l'on fait contre notre absolu inconscient (voir Fichte, *Œuvr. comp.*, vol. I, p. 103-253; vol. V, p. 266 et 457).

Sans doute la conscience garde toujours, outre son prix pour l'individu, une importance générale pour la délivrance du monde, c'est-à-dire pour la transformation de la volonté du monde et son retour à l'état où elle se trouvait avant le commencement du processus universel (voir plus bas, chap. XIV, 3ᵉ partie). Pour atteindre à ce dernier but, l'Un-Tout a besoin de la conscience, et c'est pour cela qu'il la possède (1), à savoir dans *la totalité des consciences individuelles, dont il est le sujet commun*. Nous avons vu, en effet, que l'Un Inconscient est, en réalité, la substance ou le sujet de toutes les consciences individuelles. Les individus, comme tels, ne sont que des phénomènes résultant de la combinaison des mouvements de l'organisme avec les ac-

(1) De même chez Spinoza l'attribut de la pensée absolue doit être soigneusement distingué de l'entendement infini de Dieu (voir *Éthique*, 1ᵉ partie, 31 proposition. Démonstr). Ce dernier n'est que la somme des intelligences finies, infiniment nombreuses, qui le composent comme ses éléments intégrants (Vᵉ partie, prop. 40, remarq.). Chacune de ces intelligences infinies en nombre est l'idée d'un corps ou d'une chose étendue (IIᵉ partie, prop. 11 et 13). Il ne faut pas seulement entendre par là les intelligences humaines, mais, en général, les idées de toutes les choses naturelles, lesquelles sont toutes animées à des degrés différents (II, 13 remarq.) : la totalité de ces idées forme le contenu idéal de l'univers.

tions exercées sur cet organisme par l'Inconscient. Celui qui possède à vrai dire la conscience de Pierre et de Paul, ce n'est ni Pierre, ni Paul, ni tout autre dont on donnerait le nom à ces combinaisons de phénomènes, mais l'Un-Tout inconscient lui-même. Sans doute la conscience, que l'Inconscient possède dans les individus, est une conscience plus ou moins limitée; mais toute autre conscience est impossible. Cette conscience suffit toutefois pour conduire l'Absolu à la conscience de soi-même, c'est-à-dire à la connaissance que le moi véritable de Pierre et de Paul est l'Un-Tout lui-même. Cette conscience, que l'Absolu prend de lui-même dans les individus, est une conscience réfléchie : cela tient à la nature même de la conscience de soi, qui n'est possible que grâce à la réflexion (1). Ceux donc qui ne sont satisfaits qu'autant que l'Un-Tout a part à la conscience et à la personnalité, voient maintenant qu'il possède réellement l'une et l'autre, autant que la nature de ces attributs le permet, c'est-à-dire comme conscience limitée et personnalité réfléchie. On ne doit pas assurément chercher ces attributs dans l'Un-Tout en tant qu'être infini, et étranger à toute réflexion ; mais on les trouve en lui comme sujet des consciences individuelles. L'action, que l'Un-Tout exerce sur un organisme déterminé, ne constitue qu'une portion de son activité totale; et cette action est saisie par la réflexion dans l'organe de la conscience chez l'être organisé.

Admettons un moment par impossible que l'Absolu, en dehors de la conscience et de la personnalité qu'il a de lui-même dans les individus, possède en soi et pour soi une conscience distincte. Nous allons nous perdre dans des

---

(1) Chez Hegel lui-même l'idée absolue n'a pas d'autre conscience d'elle-même que celle-là. Bien que Hegel insiste sur ce point que l'Absolu n'est pas seulement substance, mais encore sujet (de la pensée), il n'est pourtant d'après sa doctrine même sujet conscient que dans les individus finis. De la fausse supposition que la conscience est un moment *nécessaire et éternel* de l'être absolu, il ne s'ensuit rigoureusement pour Hegel rien autre chose, sinon l'éternité du processus de la nature, et la durée infinie d'un monde rempli d'êtres d'une organisation supérieure, en qui la conscience de l'Absolu ne pé-

difficultés inextricables en voulant expliquer le rapport de cette conscience de l'Absolu avec les consciences individuelles. Précédemment, en conformité avec notre hypothèse sur l'inconscience de l'Un-Tout, et d'accord avec l'expérience, nous avons admis que les consciences, qui naissent en des endroits séparés, c'est-à-dire non suffisamment reliés par des communications nerveuses, forment des consciences *distinctes* : il est bien difficile de concilier cette conclusion avec l'hypothèse de la conscience absolue. Si une telle conscience absolue réside dans le sujet substantiel de deux consciences individuelles, le lien métaphysique d'une telle unité rend bien misérable et bien inutile la communication nerveuse exigée. Au contraire, cette communication a sa raison d'être, si on admet que le sujet identique des consciences individuelles est un sujet inconscient. Si les actions, que l'Un-Tout exerce sur les organismes disposés pour cela, sont des actions *inconscientes*, les fins différentes qu'elles réalisent suffisent à les distinguer; on n'a pas à craindre la confusion des consciences, puisque ces dernières n'apparaissent qu'autant que les actes de l'Inconscient sont réfléchis par des organismes distincts. Mais si l'on a affaire aux fonctions conscientes d'un être qui a la conscience de soi, ces fonctions doivent être ramenées par la conscience de cet être à l'unité supérieure de cette conscience de soi. On ne peut plus comprendre comment, en se réfléchissant ou en se réfractant sur des organismes convenables, ces fonctions de l'Inconscient peuvent encore se briser en deux consciences, au lieu de ne servir qu'à enrichir le contenu de la conscience unique et absolue. On ne s'explique pas ainsi que les consciences de Pierre et de Paul soient distinctes. On ne voit même pas qu'il puisse exister une conscience finie, individuelle, et que le contenu et la forme de cette conscience ne soient pas dévorés et comme absorbés tout entiers par la conscience absolue; autrement dit que la conscience de l'in-

---

rit jamais. Mais cette fausse supposition ne permet pas à Hegel de soutenir l'existence d'une conscience transcendante dans l'Absolu.

vividu ne soit pas anéantie. Admettons pourtant l'apparition d'une conscience limitée, distincte des autres. Les actions qu'exerce sur elle l'Un-Tout, en admettant que l'Un-Tout en ait conscience lui-même, projetteraient dans cette conscience individuelle la lumière de la conscience absolue. On ne s'expliquerait pas, en effet, comment les actes de l'Un-Tout, que la conscience absolue aurait une fois éclairés et qui même selon les théistes en seraient inséparables, pourraient cesser d'être éclairés par cette conscience, par cela seul qu'ils auraient pénétré dans l'individu et auraient donné chez lui naissance à la conscience individuelle. L'individu se trouverait donc toujours éclairé par la conscience absolue ; et la conscience absolue serait toujours accessible à son regard. Toutes ces conséquences sont démenties complétement par l'expérience : on n'y échappe qu'en renonçant à l'hypothèse insoutenable d'une conscience absolue dans l'Un-Tout.

Le monisme rejette absolument la conscience de l'être universel : c'est parce que le monisme s'est corrompu pour donner naissance à la doctrine de la pluralité, qui admet une substance créatrice et des substances créées, que la conception anthropomorphique d'un Dieu conscient a pu se produire. Cette transformation ne s'est pas faite sans que les rapports intimes de la créature et de son créateur transcendant n'aient été par là rendus inintelligibles : on ne peut plus se les représenter que comme la possession magique d'un esprit personnel par un autre esprit et comme une sorte de sorcellerie.

Un Dieu, dont l'être consiste exclusivement dans la pensée, et dont la pensée est exclusivement associée à la forme de la conscience, ne peut avoir une conscience distincte qu'*en se séparant réellement du monde ;* qu'autant qu'il est en dehors, au delà du monde. Celui qui, au contraire, cherche et invoque un Dieu *immanent*, qui descende dans notre cœur et y réside, en qui nous vivions, agissions, existions, comme toute religion profonde doit le réclamer, et comme en réalité le christianisme et le judaïsme (Deut. VI,

4, 30, 11 ; Jes. 66, 1) en expriment le besoin : celui-là doit comprendre que l'Un-Tout ne peut véritablement habiter dans le cœur des individus qu'autant qu'il est vis-à-vis d'eux dans le rapport de la substance aux phénomènes, du sujet à ses actes ; qu'il n'est pas séparé d'eux par une conscience distincte de la leur ; en d'autres termes, qu'autant qu'*une seule et même* activité peut être, en même temps et sans engendrer le *conflit de deux consciences*, l'activité de l'individu et celle de l'Un-Tout ; enfin qu'autant que l'Un-Tout, comme volonté *impersonnelle* et intelligence *inconsciente*, se répand à travers le monde dans la diversité des personnalités et des consciences individuelles. Si Dieu, avec la conscience distincte qu'on lui prête, est un être séparé du monde, chaque action nous met fatalement en présence d'une redoutable alternative : ou cette action vient exclusivement de l'homme, ou elle vient de Dieu exclusivement. Une troisième supposition, l'union des deux activités sans que le conflit de ces volontés conscientes et différentes ait lieu, serait exceptionnellement l'effet du hasard ; mais ne se produirait que rarement et ne serait pas la règle (voir plus haut chap. x, 2e partie, p. 435-438).

Nous avons reconnu que c'est l'Inconscient qui, dans les individus organisés, prend conscience de lui-même. Il suit de là que l'on doit trouver dans l'Inconscient la *raison suffisante*, qui explique la production en lui de la conscience : bref que l'Inconscient est la cause de la conscience. Il serait peu raisonnable de vouloir conclure de là que la conscience doit résider déjà dans les profondeurs de ce prétendu Inconscient, parce qu'autrement elle n'en pourrait sortir. Ce raisonnement serait aussi peu acceptable que celui des sauvages et des ignorants, qui disent souvent que le feu doit se trouver contenu dans l'acier ou la pierre, pour que le choc puisse l'en faire jaillir. Ce qui est vrai, c'est que la cause contient la somme de toutes les conditions nécessaires et suffisantes à la production de l'effet ou du résultat. Mais il n'est pas juste de soutenir que l'effet doit être déjà contenu dans la cause comme effet, c'est-à-dire sous la forme où il se manifeste. La production de l'effet ne serait plus alors un véritable changement, la manifestation d'une réelle causalité, mais seulement l'apparition d'une réalité déjà préexistante. Nous avons vu plus haut qu'une conscience absolue ne peut expliquer la formation des consciences individuelles : l'Inconscient en rend au contraire très-bien compte, puisque l'Inconscient seul réunit toutes les *conditions nécessaires et suffisantes* pour produire la conscience comme forme d'une idée ou d'une sensation, qui tire d'ailleurs son contenu et ses déterminations. Ces conditions, nous l'avons vu au chap. III de la 3ᵉ partie, sont la dualité des attributs et la possibilité du conflit entre les fonctions qui résultent de ces attributs : ces conditions doivent donc être nécessairement réunies au sein de l'Inconscient. Celui qui ne considère pas comme suffisantes les conditions indiquées peut en supposer d'autres dans l'Inconscient. Il peut même ne pas chercher du tout à les déterminer, pourvu qu'il ne commette pas la faute de supposer la conscience, comme la condition indispensable à la naissance de la conscience. Une telle affirmation est absolument dénuée de tout fondement ; nous avons déjà trouvé en faveur du contraire les arguments les plus décisifs : nous en opposerons bientôt de nouveaux.

L'objection que nous venons d'examiner aurait une apparente solidité, si l'on s'attachait à dire que les principes téléologiques, sur lesquels repose la philosophie de l'Inconscient (voir plus bas, chap. XIV, 3, de la 3ᵉ partie), font sortir la conscience de l'Inconscient, non comme l'effet du hasard, ou d'un déterminisme nécessaire, c'est-à-dire dans les deux cas d'un processus aveugle, mais comme l'effet d'une finalité de l'Inconscient, *agissant en vue* d'un but supérieur ; et que cela suppose que la conscience existe déjà en idée dans l'Inconscient. On pourrait croire que cette anticipation idéale de la conscience ou autrement que l'idée de la conscience comme du but poursuivi doit correspondre déjà à la conscience, et représenter un degré supérieur de la conscience. Il y aurait à répondre d'abord que dans l'Inconscient la pensée du but renferme implicitement celle du moyen et vice-versa : mais on peut ajouter ce qui suit.

La pensée de la conscience ne suppose nécessairement une conscience supérieure que si la conscience doit être pensée comme conscience, c'est-à-dire si l'Inconscient doit penser à la manière dont le sujet de la conscience se sent affecté par la conscience. Or l'Inconscient ne peut concevoir la conscience d'une telle manière, puisque sa pensée est absolument opposée à notre pensée subjective, et devrait être appelée une pensée objective, si cette détermination n'avait pas aussi un sens spécial et par suite n'était pas ici tout à fait impropre. Si nous voulons exprimer positivement quelle est la pensée véritable de l'Inconscient quand il conçoit la conscience comme une fin intermédiaire pour atteindre la fin suprême qu'il poursuit, il ne nous reste plus, l'élément subjectif de la conscience étant écarté, qu'à parler d'abord du *processus objectif* dont la conscience est la manifestation subjective ; secondement de la *réalisation* de l'affranchissement de l'Idée vis-à-vis de la volonté, qui doit être la conséquence de ce processus. (Voir plus haut, chap. III, 1, de la 3ᵉ partie). Tels sont les deux éléments essentiels de l'idée qui peut exister dans la pensée de l'Inconscient, lorsqu'il conçoit à l'avance la conscience comme son but ; ces éléments sont l'idée du moyen et celle de la fin. La forme subjective de la conscience n'est qu'un accident au point de vue *téléologique*, et par suite n'intéresse pas la représentation idéale que l'Inconscient se fait à l'avance du processus.

On pourrait encore présenter l'objection sous une forme plus générale et dire par exemple : réaliser un but, c'est travailler dans l'intérêt de son avenir. Comment un Inconscient, qui n'a pas même conscience de son existence actuelle, peut-il avoir conscience de son existence future ? Je pourrais me borner à répondre que toute cette finalité active ne poursuit qu'une fin toute négative (la négation universelle de la volonté) ; qu'elle n'est donc elle-même qu'une finalité négative. Il s'agit pour elle de *supprimer l'état présent* (la volonté de vivre qui s'est produite), non de créer un état réel dans l'avenir. Mais la finalité active devrait toujours, d'un côté, se représenter l'état négatif et futur comme la limite de l'état présent qu'il s'agit de supprimer; et, d'un autre côté, cette incapacité de se représenter l'état futur comme but du processus semblerait peu s'accorder avec l'omniscience que nous avons reconnue dans l'Inconscient. Je n'ai pas d'ailleurs besoin de cette explication; le raisonnement de mes adversaires renferme un sophisme. Dans le monde de l'individuation, la conscience ne poursuit d'ordinaire que des fins individuelles, ne tend qu'à des états individuels; elle exclut la participation des autres individus à ces états qu'elle poursuit. Le caractère exclusif des fins qu'elle veut réaliser demande naturellement que le sujet, qui se les propose, soit profondément et clairement distinct de tous les autres. Il en est autrement dans le royaume de l'Un-Tout inconscient; il n'y a plus lieu ici de distinguer entre des sujets multiples, qui agissent pour la fin poursuivie, ni de préférer l'un d'eux à l'exclusion des autres, puisque la diversité phénoménale ne pénètre pas au sein de l'être inconscient (comme nous l'avons vu au chapitre précédent). Ici, on peut le dire, l'état poursuivi est un état absolu, un état concernant l'univers entier, et en dehors duquel aucun état ne peut plus se produire. Si dans le royaume de l'Un-Tout inconscient un état futur est poursuivi, il l'est absolument comme un état universel, en dehors duquel aucun autre n'existera plus dans l'avenir. Se demander pour quel sujet cet état est recherché, c'est une question dénuée de sens, qui n'a rien à voir avec la réalisation du but en question. Il suit de ce qui vient d'être dit qu'il n'est pas permis d'appliquer, sous l'empire de l'habitude, à l'activité que déploie l'Inconscient dans la réalisation de ses fins la réflexion que la conscience a coutume de faire sur le sujet que la poursuite d'une fin concerne. Ne voyons-nous pas d'ailleurs, dans les instincts individuels, que l'individu travaille à son avenir, sans songer qu'il sert l'intérêt de son propre avenir; et, dans les instincts généraux, que l'individu se fatigue à la poursuite de fins générales, par suite pour des sujets étrangers, sans savoir pour qui il souffre et se sacrifie.

De l'objection précédente il reste donc seulement que l'Inconscient doit connaître l'état qu'il travaille à détruire, et qu'il ne peut le connaître qu'autant qu'il le trouve tout à coup et le sent en soi, puisqu'il ne l'affirme pas spontanément et ne le produit point par sa représentation idéale comme toutes ses autres intuitions. En un mot le besoin d'expliquer l'activité finale de l'Inconscient nous conduit à la nécessité d'admettre à posteriori une conscience transcendante en dehors du monde, conscience dont l'objet est un état qu'elle sent et qu'elle veut faire cesser, un état de misère et de souffrance. Cette hypothèse trouvera au chap. xv, 2, de la 3ᵉ partie, sa démonstration à priori ; elle nous paraîtra résulter nécessairement de la nature de la volonté et des lois qui président à l'origine de la conscience. Cette *conscience transcendante, la seule* que nous ayons sujet d'accorder à l'Un-Tout, n'a pas *une idée ou une représentation* pour objet ; son *seul* objet c'est le *déplaisir absolument indéterminé et transcendant*, ou la souffrance du vouloir vide et infini. Cette souffrance métaphysique indéterminée, comme l'état qu'il faut justement nier, forme le *point de départ* nécessaire de l'activité téléologique de l'Inconscient. Elle est l'état qui ne doit pas être, et par suite le fondement indispensable de la vie universelle. La conscience, que nous venons de reconnaître ici à l'Inconscient, a suivi chez lui l'apparition funeste du vouloir au sein de la volonté jusque-là plongée dans un repos profond ; et doit cesser avec le retour de la volonté à son état primitif de paix intérieure avec elle-même. Toutes ces idées trouveront leur justification et leur explication au chap. xv de la 3ᵉ partie. Mais il va de soi que le théisme n'a aucun sujet de triompher de la nécessité d'une telle conscience au sein de l'Inconscient. Toute tentative pour déduire de la finalité que manifeste le processus du monde l'existence d'une conscience plus riche que celle dont nous venons de parler, ne nous apparaît que comme une tentative stérile.

Rassemblons encore une fois nos idées sur la question de la conscience de l'Un-Tout. Nous sommes arrivés à la conclusion suivante : en dehors de la conscience, *vide de toute idée*, qu'il a du déplaisir indéfini auquel le condamne la volonté de vivre, qui s'est élevée sans se satisfaire dans son sein, l'Un-Tout n'a que la conscience *finie* des individus conscients. Cette conscience lui suffit pour les fins réalisées par le processus du monde. Nous avons encore établi que la nature spéciale, la forme de son intuition omnisciente et parfaitement sage (l'Idée absolue) est telle que, dans l'impuissance où nous sommes d'un attribut positif pour la caractériser, nous devons nous borner à reconnaître qu'elle est au-dessus de cette forme que nous appelons la conscience, c'est-à-dire que nous pouvons *négativement* la définir une intuition *inconsciente*. Si nous voulions la définir *positivement*, mais sans la *déterminer*, nous l'appellerions une intuition *supraconsciente*. La tentative d'attribuer à l'Un-Tout une conscience divine, exclusivement propre à lui, d'après l'analogie de la conscience humaine, est une erreur grossièrement anthropomorphique, une dégradation, une diminution de l'être divin, comme celle que nous trouvons dans les livres bibliques, lorsqu'ils prêtent à Dieu des sentiments de colère, de vengeance et d'autres dispositions analogues à celles que l'expérience nous découvre en nous-mêmes (les pères de l'Église les plus pieux, comme Augustin, se sont déclarés eux-mêmes peu satisfaits de toutes ces conceptions sur la conscience divine). Si cela est vrai de la conscience en général, il faut plus encore l'affirmer de la tentative qui a été faite pour attribuer à la conscience divine la connaissance de son unité absolue, pour prêter à Dieu la conscience de soi-même comme sujet éternellement actif. Mais examinons de plus près cette nouvelle supposition.

La conscience transcendante que j'accorde à l'Absolu ne saisit qu'un déplaisir absolu, indéterminé, mais n'a aucune idée pour objet, et encore bien moins l'*idée de* l'Un-Tout. La conscience, que l'Un-Tout prend de lui-même dans la personne des individus qu'il produit, a été depuis des siècles transfigurée par les têtes philosophiques en une sorte de conscience de l'Un-Tout comme tel, depuis que l'homme a compris qu'il n'est lui-même que l'incarnation de l'Un-Tout. Mais ce n'est toujours là que la conscience que l'Un-Tout prend de lui-même dans le monde, non en dehors du monde, comme le prétend le théisme. Quant à la représentation inconsciente, que l'Un-Tout ou l'Idée absolue a d'elle-même, nous n'en pouvons assurer certainement qu'un attribut négatif, à savoir qu'en jouissant de son intuition pure, elle n'a pas plus occasion de faire en général une réflexion quelconque, que de faire une réflexion déterminée sur soi ou sur toute autre chose. Elle ne peut réfléchir sur un autre qu'elle même, puisque rien n'existe en dehors d'elle : et sur soi-même pas davantage, puisque, pour réfléchir sur soi-même, il faut d'abord réfléchir sur autre chose que soi. L'unité de l'Idée absolue ne permet aucune division du sujet et de l'objet. Il n'y a pas à plus forte raison en elle cette action réciproque du sujet sur l'objet qui produit la conscience. L'on n'y saurait trouver surtout ce reploiement de la pensée sur elle-même pour remonter à son principe, ce retour au sujet actif comme à la fin même de la pensée, qui caractérisent la conscience de soi, telle que la conscience de soi chez l'homme nous permet de l'entendre par abstraction. L'Idée absolue embrasse tout ce qui est : ses déterminations idéales constituent l'objet que la volonté réalise en produisant les phénomènes dont le monde est l'ensemble. La pensée inconsciente de la substance absolue épuise donc la somme de tous ses modes ; et, en tant que son être total s'est décomposé entre eux, elle se saisit elle-même comme la somme de tous ces éléments (dans son devenir comme nature). Mais c'est seulement en ce sens qu'elle se saisit elle-même, non dans le sens où l'on entend la conscience de soi, comme centre actif de l'émanation (1). Pour connaitre ce dernier, il faut que

(1) C'est dans ce sens seul qu'il est question chez Spinoza de la connaissance de soi-même pour Dieu. L'idée, que Dieu actuellement possède, est toujours l'idée unique, embrassant tout (*Ethique*, partie II, propos. 4), qui en-

la pensée inconsciente fasse une réflexion sur elle-même ; et cela ne se peut que dans les cerveaux individuels. L'Idée absolue perd ici son caractère d'intuition ; mais elle devient en revanche la conscience de soi au *sens rigoureux* du mot (sans doute non pas pour cela une conscience extra-sensible, transcendante). Cette conscience connaît bien l'Un-Tout comme le principe central du monde : mais elle ne saisit qu'une *très-petite partie* des phénomènes où il se manifeste ; elle n'en embrasse *pas la totalité* comme l'idée inconsciente. De même que les rayons de la lumière éclairent tout l'espace où ils s'étendent, mais non le point d'où ils émanent, à moins que quelques-uns d'entre eux ne rencontrent des surfaces réfléchissantes, et soient renvoyés dans la direction d'où ils étaient venus : de même l'activité totale, où se déploie l'intuition idéale de l'Un-Tout, peut tout connaître, sauf le point d'où elle émane, à savoir le centre de son activité infinie, à moins que quelques faisceaux de ses rayons ne viennent se briser sur le cerveau de quelque organisme et ne soient réfléchis de là sous la forme de la conscience. Mais c'est toujours une réflexion particulière, limitée, non la réflexion totale, absolue de la pensée inconsciente, qui se produit alors.

Les considérations présentées jusqu'ici, jointes à celles que nous présenterons plus bas et qui reposent sur l'existence du mal dans le monde, sont suffisantes pour démontrer avec évidence l'impossibilité d'une conscience spéciale et divine, d'une conscience de soi dans l'Un-Tout. Nous sommes ici en parfaite communion d'idées avec les philosophes allemands modernes. Ni l'Absolu de Fichte, soit dans sa première doctrine, où il était défini

---

ferme en soi tous les entendements particuliers comme les idées des modes de l'étendue (voir supra, p. 220, Rem.), et les idées de tous ces intellects ou les idées de ces idées : *Ethiq.* II, prop. 20 et 21), c'est-à-dire les formes pures de ces idées sans égard à leurs objets étendus (II prop. 21, rem.) ; et les contient comme des affirmations logiques et nécessaires. Dieu, comme sujet ou *natura naturans*, ne se connaît pas comme sujet de l'activité intelligente ou de l'attribut de la pensée, mais comme objet de la pensée, c'est-à-dire comme *natura naturata* (voir prop. 1, rem. 29).

comme un principe sans réalité substantielle, comme le fondement abstrait de l'ordre moral dans le monde (*Œuvres de Fichte*, V, 186-187, 264, 368); soit dans son enseignement postérieur, où il est défini comme l'être éternellement immuable et caché derrière notre conscience qui en est la manifestation (*Œuvres*, V, 441-442); ni l'Absolu de Schelling (voir ses *Œuvres* I, 1, p. 180; I, 3, p. 497; I, 4, p. 256; I, 7, p. 53-54 et 67-68); ni celui de Hégel (bien que la partie réactionnaire de son école cherche à le contester); ni celui enfin de Schopenhauer ne possède une conscience en dehors de celle des individus qu'il contient dans son sein (voir plus haut, Introduction, 1ᵉʳ chapitre, les remarques sur les philosophes mentionnés ici).

Après ce qui vient d'être dit de la simple conscience et de la conscience de soi en Dieu, nous ne devons pas nous attendre à ce que la *personnalité* divine soit plus heureusement démontrée. Ce concept a tant d'importance aux yeux des théistes, que, pour le sauver, ils défendent énergiquement le concept insoutenable de la conscience et de la conscience de soi, alors que pourtant on leur a prouvé que l'intelligence de l'Un-Tout est inconsciente, supraconsciente, étrangère à toute réflexion, intuitive enfin; et que toutes les objections précédentes, qui voudraient conserver à Dieu des prédicats anthropomorphiques, ont été écartées (voir plus haut 215 et suiv.). Rien ne s'opposerait à ce que l'on affirmât la personnalité de Dieu, si on se bornait à la définir *comme l'individualité associée à la volonté et à l'intelligence* (1), si l'on savait écarter tout attribut inadéquat, anthropomorphique. Mais on se garde malheureusement si peu de ces erreurs, qu'au contraire le concept de la personnalité a presque toujours servi à introduire subrepticement dans la définition de Dieu des éléments qui jurent avec lui, mais qui plaisent sans doute au sentiment. Au sens *juridique*, la

---

(1) C'est dans ce sens que Schelling dans son dernier système, « la philosophie de la révélation », entend le théisme comme la doctrine d'un Dieu en trois personnes (voir la définition de la personnalité (*Œuv.* II, 1 p. 28)) et mon écrit « Philosophie positive de Schelling », p. 42-43, Remarque).

personnalité correspond au libre exercice des droits civils ; dans ce sens, le concept ne saurait s'appliquer à Dieu. Au sens *moral*, la personnalité s'entend de la faculté de juger ses propres actions et d'en être par suite déclaré responsable : mais cette notion d'une relation, très-importante sans doute entre individus dont les volontés s'opposent, ne paraît pas pouvoir s'appliquer à l'individu absolu, qui comprend tout. Il n'existe pas d'individus *à côté* de lui, mais seulement *en* lui ; et ces individus ne sont que les manifestations de son être propre, des *phénomènes*, non des substances. On ne saurait donc les mettre en rapport de *coordination* avec la substance, d'où ils tirent tous la vie, comme le concept d'une relation morale l'exigerait (1). Au sens *logique* la personnalité n'est que la cons-

(1) A ceux de mes lecteurs qui sont habitués à unir indissolublement le concept de la liberté à celui de la personnalité, je rappellerai ce qui suit : 1° la liberté peut disparaître avec la responsabilité morale, sans que pour cela la personnalité cesse d'exister ; 2° le concept de la liberté ne se rapporte à celui de la personnalité, qu'autant qu'il signifie le pouvoir de l'individu d'affirmer son moi en regard d'autres individus : mais alors ce concept, pour les raisons données précédemment, ne saurait s'appliquer à l'Un-Tout, qui n'a besoin de s'affirmer en face de rien autre ; 3° le concept de la liberté humaine au sens indéterministe repose sur une illusion (voir chap. XI, 2° partie : commencement) ; la responsabilité ne dépend pas de la volonté, mais avant tout de l'entendement et de l'entendement discursif : elle ne peut donc s'appliquer à l'Un Tout. Lors même que la liberté humaine existerait, elle ne pourrait être transportée à l'Un-Tout par analogie ; et, si cette analogie était permise, elle ne prouverait nullement que le concept de la personnalité convient à l'Un-Tout. Enfin, une fois que l'idée de la liberté est complétement distinguée du concept de la personnalité qui lui est étranger, en accordant la liberté à l'Un-Tout on ne lui attribue aucun caractère qui ne se rencontre déjà dans notre Inconscient. Toute opposition créée par une nécessité étrangère (et le concept d'une telle opposition constitue l'élément de la liberté) ne saurait se trouver dans l'Inconscient, qui jouit incontestablement d'une absolue liberté, puisqu'il ne puise qu'en lui-même toutes ses résolutions et n'a aucune influence étrangère à redouter. Il a, en outre, comme nos propres expériences nous l'ont montré, le pouvoir faussement attribué à l'homme d'intervenir à chaque moment, comme une cause libre, dans l'évolution naturelle des phénomènes, d'en modifier le cours en y introduisant des éléments nouveaux : et constamment, dans l'intérêt de son plan éternel, il use de cette faculté. Enfin, comme nous le verrons au chap. XV, 3° partie, avant la résolution définitive, qui, jusqu'au retour de l'état antérieur des choses, enchaîne son pouvoir, il est absolument libre d'agir avec ou sans raison, c'est-à-dire de demeurer dans le repos du non-vouloir ou se décider au vouloir, c'est-à-dire de créer le

cience de l'identité des sujets, auxquels sont rapportés, dans une conscience unique, tous les actes de conscience réfléchie, qui sont séparés dans le temps (voir p. 37, t. II). Elle est donc le résultat d'une *réflexion* assez compliquée sur une multitude d'*actes de réflexion* où le moi a pris conscience de lui-même, et que la *mémoire* a rassemblés. Mais l'intuition absolue de Dieu est bien au-dessus de toute réflexion (supérieure à la simple conscience de soi, à plus forte raison à toute réflexion sur l'identité des sujets qui ont fait ces actes de réflexion). Puisqu'*il n'existe aucun être dont il ait à se distinguer, toute réflexion serait pour lui absolument inutile, une pure tautologie.* Le concept de la personnalité, au sens logique, ne s'applique donc pas à Dieu, pas plus qu'au sens juridique ou moral. Le désir de sauver à tout prix, dans un but religieux, la personnalité divine conduit nécessairement, par ses conséquences, à l'hypothèse fantastique d'une nature divine, élevée en Dieu, au-dessus du monde de la matière et du temps (Jacob Böhme et Franz Baader), laquelle en Dieu se développerait dans un processus éternel, en se séparant de soi-même pour retourner à soi : de la même manière que, dans la nature réelle et dans le monde de la succession, la division du sujet et de l'objet au sein des consciences finies se concilie avec l'unité de l'Un-Tout, dont elles forment la conscience totale. Mais on comprend combien est compromise une hypothèse qui a besoin, pour se défendre, de recourir à des suppositions si artificielles, si arbitraires, si dénuées de tout fondement.

Ces considérations prouvent qu'il convient de restreindre la signification du mot personnalité plus que ne faisait la définition précédente, si l'on veut qu'il puisse s'appliquer à Dieu. Il y a beaucoup d'*individus*, doués d'intelligence et

monde. L'homme, au contraire, agit conformément au plan absolument raisonnable du monde, autrement dit avec raison, alors même qu'il croit s'y opposer, c'est-à-dire agir avec déraison. L'Un-Tout inconscient possède donc toute la liberté possible ; et, en lui attribuant une liberté de volonté analogue à la liberté supposée par erreur dans l'homme, on n'ajoute rien absolument à la liberté qu'il possède déjà réellement.

de volonté, qu'on ne saurait pourtant appeler des personnes (ainsi les animaux, les sauvages les plus rapprochés de l'animalité, les idiots, etc.), et auxquels on en refuse le nom par conséquent. Pourquoi ne pas avoir la même réserve lorsqu'il s'agit d'un individu qui ne répond plus à l'idée de la personnalité, puisqu'il est affranchi de toutes les limitations qui entrent dans la compréhension de ce concept envisagé sous ses divers aspects. Ce n'est pas rabaisser l'être suprême que de lui refuser la personnalité : c'est au contraire l'amoindrir que de la lui prêter. Qu'on y regarde de près d'ailleurs : ceux qui la lui attribuent *veulent au fond rabaisser Dieu*, c'est-à-dire songent à faire de Dieu une personne, par analogie avec l'homme, afin que, par cette sorte d'*assimilation* de Dieu à l'homme, le moi, qui cherche des consolations auprès de Dieu, puisse communiquer plus familièrement avec l'être suprême, comme avec un être égal que l'on vénère pieusement. On veut être assuré, en répandant son cœur devant lui, de trouver pour ses propres émotions une intelligence compatissante à la façon humaine. Les apôtres chrétiens eux-mêmes, à mesure que l'idée de Dieu s'épurait dans leurs esprits, commencèrent à soupçonner combien est indigne de Dieu cette façon de l'honorer enfantine, que les conceptions naïvement anthropomorphiques du vieux Judaïsme ne trouvaient point choquante. Plus le théisme chrétien se développa au contact de la philosophie grecque et perfectionna ses conceptions religieuses, plus les besoins de la sensibilité religieuse, que contrariaient les conceptions nouvelles, se virent forcés de demander satisfaction à la conception d'une personnalité humaine, intermédiaire entre Dieu et les hommes (le Christ, plus tard la Vierge Marie et les Saints). De même que le protestantisme, en rejetant l'invocation des saints, fut obligé d'insister sur la personnalité humaine du Christ, plus que ne le faisait le catholicisme ; ainsi le théisme, au milieu de l'affaiblissement graduel de la foi au Christ, se vit dans la nécessité de rapprocher la distance qui sépare Dieu de l'homme, en prêtant au premier les traits de la nature humaine.

Telle est la raison principale qui fait affirmer la personnalité divine, alors que le concept de Dieu se refuse absolument à un tel attribut. Que l'on songe maintenant qu'au point de vue philosophique l'influence pratique de la prière est bien amoindrie dans la pensée moderne, qui ne lui reconnait plus qu'une signification et une utilité purement subjectives : le postulat de la personnalité divine, qui ne satisfait le cœur qu'en contrariant la raison, ne paraîtra plus de ce côté avoir qu'une utilité bien douteuse. Une fois qu'on a reconnu l'illusion, qui fait croire à l'efficacité extérieure, à la valeur objective de la prière, peu importe la nature de l'être auquel s'adressent nos prières, puisque, en vérité, la prière n'est qu'un monologue; et que cette sorte d'habileté grossière, qui consiste à se tromper volontairement sur la nature de l'être imaginaire auquel on s'adresse, ne change rien au fond de la chose. On est bien obligé de convenir aujourd'hui que la prière n'est qu'un monologue où le cœur s'épanche; et qu'elle ne vaut que comme moyen de relever l'âme abattue (Schleiermacher). Le théisme lui-même n'a donc plus aucun intérêt religieux et pratique à éluder, à mépriser les exigences de la logique, pour revêtir Dieu de l'attribut de la personnalité, au sens propre du mot. Mais, si l'on renonce au prédicat de la personnalité, le sentiment religieux n'a plus d'intérêt pratique à maintenir en Dieu la conscience de la personnalité; et alors s'évanouit la dernière raison qu'on avait d'affirmer la conscience distincte et transcendante de l'Un-Tout. Aussitôt que l'on a écarté le prétendu besoin religieux, qui seul refusait jusque-là d'abandonner des concepts dont les contradictions étaient depuis longtemps démontrées, les difficultés logiques, les démonstrations philosophiques reprennent toute leur force. Le théisme, qui avait cherché à transformer le grossier naturalisme des religions anthropomorphiques, à l'épurer, à l'éclairer par la philosophie, et à le remplacer par une métaphysique raisonnable, se voit condamné, par son effort même pour analyser et approfondir ses concepts, à la nécessité de faire le dernier pas, devant lequel il avait toujours reculé par un intérêt religieux mal entendu. Ce dernier pas qui doit le conduire à la pleine lumière, le théisme ne peut se refuser aujourd'hui à le faire. La philosophie de l'Inconscient, qui est arrivée d'elle-même au même résultat par une méthode toute différente, présente son principe au théisme comme une dernière planche de salut : toutes les anciennes se sont successivement pourries et sont tombées en pièces ; le théisme ne doit pas refuser de saisir la nouvelle qui lui est offerte.

Tous les attributs de l'intelligence divine (l'omniscience, la sagesse absolue, l'omniprésence, l'ubiquité) conviennent à l'intuition clairvoyante et inconsciente de l'Un-Tout. Nous le montrerons plus longuement au chapitre XII, 3ᵉ partie. Nous savons déjà que la volonté absolue de l'Inconscient est aussi toute-puissante. Ajoutons que le chapitre précédent nous a découvert dans l'Inconscient un individu, au sens véritable du mot. Si les anciennes affirmations du théisme, relativement à la personnalité, à la conscience de soi, à la conscience de Dieu, ne peuvent plus être soutenues, tout ce qu'elles *offrent d'acceptable se rencontre dans notre concept de l'Inconscient*. Il suit de là qu'entre un théisme intelligent et la philosophie de l'Inconscient on ne saurait trouver une *différence sérieuse de principes*.

Une plus grande différence semble exister, si nous considérons les rapports *de l'individu à l'Un-Tout*. Mais nous allons voir même ici qu'un théisme intelligent n'a qu'à faire quelques pas au delà de la conception vulgaire pour se rencontrer avec notre doctrine. Le théisme est primitivement un dualisme, qui attribue au monde la même réalité substantielle qu'à Dieu. Ce dualisme, il est vrai, n'existe d'après cette doctrine que depuis la création (considérée comme un acte accompli dans le temps) ; il n'a donc pas une durée infinie dans le passé, mais il sera *éternel dans l'avenir*, puisque la réalité substantielle des créatures supérieures doit être éternelle. Le dualisme a pris naissance avec l'acte créateur ; mais il existe une fois pour toutes et ne doit plus disparaître. Un tel dualisme ne peut se soutenir en bonne philosophie, et pousse inévitablement au monisme. Nous avons vu, au chapitre précédent, qu'un dualisme sérieux supprime la causalité réciproque des individus, laquelle est un fait d'expérience en même temps qu'une loi à priori; et lui substitue la conception inférieure de l'occasionalisme ou de l'harmonie préétablie, deux pis-aller également insoutenables. D'un autre côté, la causalité, entendue dans le sens de l'influxus physicus, conduit nécessairement à l'absorption des individus comme phénomènes au sein de la substance unique et absolue. Nous arriverions au même résultat en analysant le concept de la création, qui est l'un des principes fondamentaux et caractéristiques du théisme.

Le dualisme conséquent doit admettre que le monde, créé comme substance, subsisterait, lors même que le créateur serait tout à coup anéanti. A cette condition seulement, le monde peut être considéré comme l'effet durable d'un acte unique de création; à cette condition seule, il est une réelle et véritable substance. Mais cette conséquence effraie le théisme; et c'est pourquoi il n'ose voir dans le monde le résultat, une fois réalisé pour toujours, d'un acte unique de la volonté créatrice. Il attribue à son Dieu un rôle d'ordonnateur, de gouverneur du monde, analogue à celui que le dualisme grec prêtait à son Démiurge en face de la matière éternelle incréée. Quant à cette matière elle-même, et à rigoureusement parler, quant aux esprits individuels, qui une fois introduits dans la réalité sont immortels, le théisme cherche bien à sauver le concept de la substance créée, cette sorte de caput mortuum d'un acte unique et depuis longtemps accompli de création. Dieu, en effet, a le pouvoir d'anéantir ce résidu de son acte primordial, si cela lui plaît; mais, à moins de cette intervention divine, la substance créée persiste indestructible. Néanmoins le théisme s'aperçoit bientôt qu'il est toujours en présence de la même difficulté, et que la puissance de Dieu n'est pas moins amoindrie que dans l'hypothèse précédente : ce résidu de l'acte créateur subsisterait quand même Dieu serait anéanti, et conserve une réalité indépendante qui limite l'absolue puissance de Dieu. On ne peut écarter l'objection qu'en niant que la création puisse subsister, si Dieu était anéanti. La création, en un mot, doit retomber dans le néant, si le créateur lui retire un seul instant l'appui de sa main. Il faut donc que la conservation des créatures dépende de l'action *perpétuelle* de Dieu, *d'un acte constamment renouvelé de la volonté divine*.

L'action par laquelle Dieu conserve le monde et prévient l'anéantissement qui menace toujours la créature, ne diffère en rien de l'acte de la première création, qui tira la créature du néant. Dans un cas comme dans l'autre, le néant de la créature fait place à l'existence. La conservation de la créature par Dieu est donc, si on y réfléchit, une *création continuée*. Il faut rejeter le concept insoutenable d'une sorte de caput mortuum, laissé par l'acte d'une création antérieure : peu importe que des siècles sans nombre ou seulement l'espace d'une seconde la séparent du présent. L'existence de la créature est, à chaque moment, un acte de création à ce moment lui-même. La création ex-nihilo, que le théisme judaïco-chrétien s'est plu à opposer au dualisme grec, pour corriger la doctrine de l'éternité d'une matière que Dieu aurait trouvée devant lui, doit s'entendre en ce sens, que Dieu crée en puisant dans sa puissance créatrice les matériaux de son œuvre. Toute l'existence réelle de la créature n'est que l'action créatrice continue, que Dieu déploie à son égard ; comme toute l'essence de la créature n'est à chaque moment qu'un don que Dieu lui fait, à chaque moment aussi, par son action créatrice.

Telles sont les conséquences auxquelles le théisme a été conduit par l'analyse philosophique de ses principes théologiques. Mais on voit facilement que le concept de la *substance* ne saurait plus s'appliquer à la créature. Elle n'existe plus que par son rapport à la substance absolue de Dieu. C'est la substance divine qui se manifeste constamment dans la créature par l'acte volontaire de la création continue ; qui, par conséquent, subsiste et dure dans la créature. Celle-ci et son existence ne sont que la manifestation ou la révélation des actions que l'absolu accomplit constamment pour la créer ou la conserver : elle n'est qu'*un phénomène de l'Un-Tout* (1). L'existence réelle et l'essence de la créature ne sont pas amoindries pour cela. Nous avons déjà vu que ce qu'on appelle la réalité n'est que la somme des actes de la volonté éternelle qui agit dans le monde (voir supra, p. 212-213). Le concept de la substance créée une fois écarté, la création n'est plus que la *manifestation* constante de la Volonté absolue et de l'Idée absolue, c'est-à-dire le *phénomène* de l'être absolu. L'individu, qui s'est élevé à cette conception, conserve pour alimenter en lui le sentiment religieux, la conviction désirée que tout son être et tout ce qu'il est, il le doit à chaque moment à Dieu et à Dieu seul; qu'il n'est rien qu'en Dieu et par Dieu, et que le fond de son être, c'est l'être même de Dieu. Le dualisme est ainsi écarté du théisme. En se pénétrant sérieusement des enseignements purs du monisme, l'âme religieuse et entièrement dévouée à Dieu acquiert la conscience du rapport intime qui unit l'homme à Dieu. Un abîme les séparait, tant que l'homme, par la conception fausse, contradictoire de la substance créée, s'opposait à Dieu comme une substance étrangère, indépendante, enfermée dans la personnalité; car on se demande comment Dieu aurait pu descendre dans un homme séparé substantiellement de lui. Le pur monisme est aussi seul en état d'établir sur un fondement métaphysique une morale débarrassée des prétentions de toute volonté individuelle à la souveraineté (voir Schopenhauer). La doctrine pluraliste ne peut fonder une morale universelle qu'autant qu'elle admet la révélation divine d'un canon moral universellement obligatoire. L'intimité plus profonde du rapport qu'il conçoit entre l'in-

(1) Il ne s'agit pas du tout ici naturellement du concept logique et théorique de « la phénoménalité subjective », lequel est le corrélatif du concept logique et théorique « de la chose en soi. » Il n'est question que du concept de la phénoménalité telle que Dieu l'a créée, de la phénoménalité objective, laquelle a pour corrélatif le concept métaphysique « de l'essence ». (Voy. plus haut p. 211.)

dividu et l'absolu, la solidité plus grande des fondements de son éthique : tels sont les avantages qu'oppose le monisme au théisme dualiste. Aussi les théosophes mystiques et les théologiens de l'Occident ont-ils ressenti de tout temps une inclination forte et décidée vers le panthéisme. Bien avant l'apparition du christianisme, les religions purement ariennes de l'Inde ont été dominées par le même besoin. Au contraire l'origine sémitique du christianisme le portait à maintenir entre le créateur et la création un dualisme, auquel les enseignements orthodoxes des principales Églises se sont toujours efforcés de demeurer fidèles. Mais les religions panthéistes de l'Inde, enchaînées à la croyance illusoire que le phénomène est éternel et méconnaissant la réalité du temps, n'ont pu s'élever à l'intelligence vraie de l'histoire du monde. Leurs croyants s'enfonçaient et s'anéantissaient dans les ténèbres d'un quiétisme pour lequel l'histoire n'existait pas. Le théisme judaïco-chrétien rachetait au contraire ses autres défauts par l'intelligence de l'évolution historique des choses. En soumettant le monde à l'action souveraine d'une sagesse providentielle, il associait au développement de la nature le progrès historique de l'humanité d'après un plan préétabli vers une fin dernière souverainement sage. La croyance de plus en plus claire, que les nations européennes ont prise de l'évolution intelligente de l'histoire, leur a communiqué la force de se dévouer à la cause du progrès.

Aujourd'hui que les formes traditionnelles de la religion chrétienne sont évidemment surannées, et que la croyance au développement historique et providentiel de l'humanité est profondément enracinée dans la conscience moderne, il s'agit de débarrasser ces principes essentiels et durables du théisme de leur enveloppe gâtée, et de les fondre avec les vérités essentielles du panthéisme enseigné par les religions indiennes. Il faut se servir de ces idées, qui sont les purs produits du génie de notre race arienne, pour donner plus de profondeur et d'énergie au sentiment religieux et moral, et rajeunir ainsi la croyance moderne qui est à la fois si peu religieuse et si attachée par une sorte d'ardeur maladive aux manifestations extérieures de la religion. Les vieilles croyances ne peuvent plus être gardées; on ne les conserve, comme les momies, que par des procédés artificiels et violents : tout le monde le sent et l'avoue. Mais des négations critiques n'améliorent rien; il faut, en même temps, que le sentiment religieux soit rajeuni par l'introduction d'éléments nouveaux. Personne ne douterait de cette nécessité, si l'on ne concevait pas tant de doutes sur la possibilité de découvrir quelque part ces principes régénérateurs. S'ils existent, c'est au fond des pures doctrines du panthéisme arien indestructible. Qu'on les fonde avec la conception historique, que les peuples attachés au judaïsme et au christianisme ont développée par une culture toute différente. Cette conciliation donnera une doctrine où les avantages des deux croyances se rencontreront sans leurs défauts; et qui, par conséquent, vaudra mieux que chacune d'elles. En ce sens nous n'hésitons pas à dire que la doctrine judaïco-chrétienne n'a plus que le temps de *choisir entre la ruine définitive et une transformation panthéiste*. La base métaphysique, sur laquelle doit reposer cette transformation, avait déjà été préparée par les philosophes panthéistes et mystiques du moyen âge et de la réformation (Scott, Érigène, maître Eckhart, Giordano Bruno, Jacob Böhme, Spinoza). Elle a été étendue et consolidée par les travaux de la dernière philosophie allemande, dont les efforts légitimes et féconds dans leurs directions diverses, sont venus tous se confondre provisoirement dans l'unité du principe de l'Inconscient. De notre temps, où l'opposition des deux esprits contraires, la croyance théiste à l'infaillibilité d'une doctrine inflexible et le naturalisme irréligieux de l'athéisme, s'accuse de plus en plus et menace d'être irréconciliable, le *panthéisme* ou le *monisme spiritualiste* paraît l'heureux intermédiaire destiné à réaliser l'entente et la conciliation, sur un terrain neutre, des deux esprits opposés, et semble de la plus haute importance pour assurer le développement pacifique de la pensée moderne.

Nous nous sommes efforcé de prouver que les différences importantes, qui séparent l'Inconscient et le Dieu du théisme, s'évanouissent dans une analyse philosophique des conceptions du théisme; nous devons en terminant insister sur un point essentiel. Le théisme affirme que l'existence du monde est l'effet d'un dessein conçu par la bonté et l'omniscience de Dieu. L'existence du mal l'oblige à recourir à une théodicée, dont Kant a déjà fait ressortir l'impossibilité dans un ouvrage spécial. Nous ne discutons pas ici avec l'optimisme de ceux qui, comme le théisme judaïque, trouvent tout admirable dans le monde et dans la vie, et considèrent la somme du mal comme insignifiante en regard des perfections de la création. Nous n'examinons pas non plus la prétendue nécessité d'une théodicée pour assurer la punition du mal moral, qui serait en soi-même indifférent, s'il n'augmentait pas la souffrance. Nous nous adressons seulement à ce théisme, qui, comme le théisme chrétien, admet que la souffrance et le malheur dominent dans le monde (voir chap. XIII de la 3ᵉ partie), et soutient pourtant que la création d'un tel monde est l'œuvre d'une science et d'une sagesse parfaites. Se consoler par l'espérance de l'immortalité ne sert de rien ici : même dans l'autre vie, le nombre des élus est infiniment petit en regard de celui des damnés (Matth. VII, 13-14; XXII, 14). La doctrine, qui n'est pas généralement adoptée, de la résurrection future de toute créature à la fin des choses, est trop problématique pour mériter l'examen ; et d'ailleurs elle ne dit pas pourquoi le monde a été si malheureux jusque-là. Puisque Dieu ne peut et ne doit, en aucune façon, être l'auteur du mal, le théisme se voit forcé de chercher en dehors de Dieu l'origine du mal, et, comme en dehors de Dieu il n'y a que la créature, de la placer dans la créature. Le péché du premier (?) couple humain est supposé avoir eu pour conséquence naturelle la corruption générale de la nature entière : mais on demandera toujours à Dieu pourquoi. tant de milliards d'êtres souffrent pour la faute commise par deux individus morts il y a des milliers d'années, c'est-à-dire souffrent innocemment. D'ailleurs, en dépit de cette explication, faire dépendre de la chute de l'homme la corruption de la nature entière, et d'une seule faute morale la misère universelle de la nature, une telle invention ne tarda pas à paraître trop subtile. On dut faire intervenir une créature surhumaine, un diable qui aurait apporté le mal et le désordre dans l'œuvre parfaite de la création divine. Un âge enfant pouvait se contenter d'une théodicée qui fait ainsi de Lucifer et d'Adam les boucs émissaires du monde : de telles imaginations nous font rire aujourd'hui. Nous repoussons en principe toute tentative pour dégager Dieu de la responsabilité dans l'existence du mal, en la rejetant sur quelqu'une de ses créatures. Nos études précédentes ne nous permettent pas de reconnaître à la créature une initiative capable de contrarier ainsi les desseins de la puissance divine. Ensuite un Dieu, doué de la science et de la sagesse absolues, doit avoir prévu au moment de la création les résolutions de sa créature dans tous les cas possibles, ainsi que toutes leurs conséquences indirectes : il doit avoir tenu compte de tout cela, et s'être demandé s'il était sage de créer un monde condamné à un tel avenir.

Remarquons bien qu'il est tout à fait indifférent, et que la difficulté reste la même, que l'on rapporte la résolution de créer le monde à l'action d'une intelligence consciente ou à celle d'une raison inconsciente. Si l'intelligence divine a pris une part quelconque à la résolution qui devait décider que le monde existerait ou non, le seul fait d'avoir résolu la question dans le sens de l'affirmative constitue une cruauté inexcusable de Dieu contre les créatures, au sens du théisme dualiste ; au sens du monisme, la création ressemblerait à la folie d'une mortification divine, d'une sorte de mutilation volontaire de Dieu par ses propres mains. Si réellement l'intelligence absolue (consciente ou inconsciente, peu importe) figure parmi les attributs de Dieu, comme nous l'admettons d'ailleurs, il est impossible, en présence du mal qui désole le monde, d'admettre que cette intelligence a été pour quelque chose dans la résolution de créer, impossible par conséquent qu'elle ait agi et soit intervenue, alors que la volonté prononçait sur le monde son *fiat*. Il faut que l'existence du monde ait été décidée par l'acte d'une volonté *aveugle*, que n'éclairait aucun rayon de l'intelligence raisonnable, pour que cette existence devienne compréhensible, et que Dieu, comme tel, n'en soit pas rendu *responsable*. Mais cette inaction de l'intelligence à l'origine des choses est tout à fait inexplicable pour le théisme, sous les formes qu'il a reçues jusqu'aujourd'hui. Elle doit même pour lui, qui admet dans l'esprit divin la vie éternelle d'une pensée consciente, être déclarée absolument impossible. Nos principes, au contraire, s'accommodent très-bien d'une telle supposition, et la démontrent même à priori. L'Idée en soi (d'après le chap. I de la 3ᵉ partie) n'a aucun intérêt à être : la Volonté doit intervenir pour faire passer l'Idée du non-être à l'être. L'Idée n'existe ni avant, ni pendant l'acte de la Volonté, mais seulement par cet acte. Supposé que l'acte par lequel la Volonté aveugle engendra le vouloir actuel (c'est-à-dire l'acte d'initiative qui précède toute intelligence actuelle dans l'Un-Tout) suffise, comme nous le verrons plus tard, à expliquer le fait de l'existence du monde, on comprend alors que, en dépit de l'omniscience (que Dieu déploie pendant le processus du monde), une œuvre aussi malheureuse que le monde ait pu cependant commencer.

Une seconde question se présente : pourquoi Dieu n'a-t-il pas corrigé la faute commise dès le premier moment où il fut en état de la voir, c'est-à-dire où son intelligence omnisciente entra dans l'existence? pourquoi n'a-t-il pas alors tourné sa volonté contre lui-même? Si le premier commencement du monde est incompréhensible, et injustifiable dans l'hypothèse d'une action aveugle, se résigner à une sorte de « laisser-aller » en présence d'un mal si grand, se borner à en être le témoin, ne serait pas moins incompréhensible et injustifiable, s'il était possible de supprimer ce mal immédiatement. Nous échappons encore ici à la difficulté en admettant que l'Idée est absolument dépendante de la Volonté dans l'Inconscient, qu'elle n'a aucune liberté par elle-même et dépend de la Volonté. Il suit de là que l'Idée peut bien déterminer sa propre nature, son but et son contenu; mais non décider qu'elle sera et si elle sera. Nous verrons que tout le processus du monde n'a d'autre but que d'émanciper l'Idée de la Volonté par l'intermédiaire de la conscience; que de ramener la volonté au repos par l'opposition de l'idée. Si ce but suprême pouvait être atteint sans la conscience, ou si une telle conscience, conçue comme l'indépendance de l'Idée à l'égard de la volonté, existait en Dieu au commencement du monde, la vie du monde ne serait plus qu'un mouvement insensé et aveugle. Le monde se fatiguerait à poursuivre un but qui ne lui servirait en aucune façon, ou qu'il aurait depuis longtemps atteint. Cette considération condamne de la façon la plus décisive l'hypothèse d'une conscience transcendante en Dieu, au sens d'une émancipation de l'Idée à l'égard de la Volonté; mais les raisons précédentes étaient pour cela déjà plus que suffisantes. Ce dernier argument, qu'on le remarque bien, repose absolument sur une *induction*. Il part du fait que le monde est mauvais; et conclut qu'il n'est pas possible d'expliquer ce fait sans contradiction par l'hypothèse d'un Dieu conscient.

Bien que Spinoza, en identifiant Dieu, la Substance et la Nature, ait donné en quelque sorte au concept de Dieu le droit de cité dans la philosophie, je considère pourtant l'origine d'un concept comme si importante pour sa signification, qu'il me paraît prudent d'éviter autant que possible d'employer en philosophie un concept comme celui de Dieu, dont l'origine est si exclusivement religieuse. Je me servirai donc habituellement de l'expression « l'Inconscient ». Les analyses précédentes montrent pourtant que je serais plus autorisé que Spinoza et quelques autres à faire usage du mot Dieu. Si la forme négative de mon expression doit la rendre insuffisante dans l'avenir pour désigner l'être le plus positif de tous, elle servira à mettre en garde contre l'illusion anthropomorphique qui attribue la conscience à l'absolu, autant du moins que cette illusion sera respectée. Mais quand le prédicat négatif de l'inconscience paraîtra naturel à tout le monde, et ne sera plus regardé comme un attribut extraordinaire de l'absolu, alors sans doute cette interpellation négative aura été depuis longtemps remplacée par une dénomination positive et plus convenable, que suggérera le progrès historique de la philosophie.

IX

L'ESSENCE DE LA GÉNÉRATION DU POINT DE VUE DE L'UNITÉ ET DE L'UNIVERSALITÉ DE L'INCONSCIENT

Nous allons appliquer les principes nouveaux que nous avons établis, à l'examen de quelques questions qui occupent les philosophes depuis des siècles, et qui ont conquis l'intérêt particulier du public dans le temps présent. On verra que les solutions qui découlent de nos principes s'accordent parfaitement avec les exigences des faits qu'il s'agit d'expliquer, et résistent seules à la critique, qui écarte, sans se lasser, toutes les autres tentatives d'explication.

La première de ces questions concerne la nature de la génération. Deux doctrines se combattaient autrefois sur ce problème, le créatianisme et le traducianisme. La première admet qu'à chaque génération une âme nouvelle est créée; la seconde, que des parcelles de l'âme des parents passent dans l'enfant. La première soutenait donc à chaque génération une création ex nihilo, un nouveau miracle : aussi les idées plus justes des modernes l'ont-elles fait définitivement rejeter; la seconde était en contradiction avec les faits. Puisque un homme ayant commerce avec le nombre de femmes nécessaire pourrait facilement engendrer par an plus de cent enfants, par suite plusieurs milliers d'enfants pendant la durée de son pouvoir génétique, sans qu'aucun affaiblissement de son âme se fasse remarquer, il faut qu'à chaque génération la partie de son âme qui est transmise à l'enfant soit plus petite qu'un millième de la diminution infinitésimale qui pourrait se constater par l'observation dans son âme. Avec une fraction aussi minime de l'âme paternelle, l'enfant ne pourrait à coup sûr se suffire longtemps, encore bien moins ses enfants et les enfants de ses enfants, qui n'auraient plus en partage suivant la progression décroissante que des billionièmes d'âme. La parcelle transmise ne devrait donc être considérée que comme un germe susceptible de se développer. Mais un germe représente une énergie formelle, qui a le pouvoir d'attirer à soi pour se les assimiler des éléments étrangers, matériels, et par suite de s'accroître. Si l'âme, que l'enfant reçoit dans la génération, n'était qu'un germe, on se demande où elle devrait puiser les éléments étrangers qui doivent servir à son développement. Les matérialistes ont une réponse très-simple. L'âme est pour eux le résultat de combinaisons matérielles; la croissance de l'organisme et de ses parties les plus nobles produit la croissance de l'âme elle-même. Nous ne pouvons naturellement accepter cette hypothèse, qui est au moins en elle-même claire et conséquente. Si nous nous demandons encore où peuvent être empruntés les éléments que l'âme doit s'assimiler, nous ne trouvons que l'esprit universel, l'âme impersonnelle, en un mot l'Inconscient. C'est à ce dernier que l'ame fractionnaire, que l'enfant reçoit de ses parents, devrait demander les éléments de sa croissance.

Mais à quoi bon une âme en germe, puisque le germe organique produit le même effet! Est-ce que l'enfant dans le ventre de sa mère a besoin d'une autre activité spirituelle, que de celle qui préside au développement organique? Et après que cette activité spirituelle inconsciente a préparé dans le cerveau l'organe de l'activité spirituelle consciente, faut-il une autre cause pour provoquer l'Inconscient à exercer sur cette âme rudimentaire son action, que la présence de cet organe lui-même? A quoi donc sert cette hypothèse si peu naturelle des germes d'âme dérivés? Ils ne représentent que les influences spéciales des âmes des parents, ce qui n'explique rien; ou des diminutifs d'âmes qui se détacheraient en quelque sorte de l'âme paternelle ou maternelle et auraient à l'avance été couvés par cette dernière : horrible imagination.

Comment d'ailleurs ces bourgeons d'âmes s'introduiraient-ils justement dans les deux germes organiques de la génération, puisque l'un et l'autre seraient considérés comme ayant une origine indépendante ? Est-ce que, dans chaque émission spermatique, à chacun des millions de filets spermatiques qu'elle contient viendrait se joindre une parcelle infinitésimale de l'âme ? Ou bien faut-il croire que le diminutif d'âme, qui s'est détaché de l'âme paternelle, ne s'unit qu'au spermatozoaire qui a eu le bonheur de rencontrer un œuf propre à la fécondation ? Comment le diminutif d'âme en question, que le père garde en provision, connaît-il qu'un spermatozoaire, émis dans un accouplement qui s'est accompli quelques heures ou même quelques jours auparavant, a réussi à opérer la fécondation d'un œuf ?

Admettre maintenant que l'âme de l'enfant soit puisée à la source universelle de l'âme du monde, ou encore que les éléments psychiques qui la constituent viennent se cristalliser autour du germe organique nouvellement produit, c'est là toujours une conception bien différente de celle du créatianisme, qui fait créer l'âme de rien par Dieu au moment de la génération. Cette conception ne nous ôte pas, comme le créatianisme, la possibilité de comprendre la transmission héréditaire des facultés psychiques. Selon elle, le *germe organique* dépend des *propriétés des parents ;* et l'âme que l'Inconscient vient y joindre, comme une sorte de cristallisation, diffère elle-même à son tour suivant les propriétés du germe organique. Dans ce sens l'hérédité, qui transmet à l'enfant la constitution du cerveau de ses parents, rend compte de la transmission des facultés intellectuelles, aussi aisément qu'elle explique celle d'une disposition maladive ou d'un doigt surnuméraire. D'un autre côté, rien n'interdit que le génie, réclamé par les intérêts supérieurs de l'évolution historique, vienne s'ajouter comme une faculté nouvelle à l'âme de l'enfant. Si l'Inconscient a besoin pour se manifester d'organes particuliers, il les dispose lui-même au moment convenable. Il peut donc se créer dans l'organisme, qui lui paraît le mieux approprié pour cela un organe de conscience, capable de servir à l'exercice d'une activité spirituelle supérieure.

Nous échappons de cette manière aux vices essentiels du traducianisme et du créatianisme. Mais il faut avouer que, tant que l'âme individuelle, non-seulement dans ses actes, mais dans son essence et sa substance, est regardée comme un principe absolument distinct et séparé des autres âmes individuelles et aussi de l'esprit universel, la théorie de la génération est toujours embarrassée par les plus grandes difficultés. Comment l'âme nouvelle se détache-t-elle de l'âme universelle pour se fixer dans un germe organique nouveau? Cela est bien peu compréhensible, soit que, comme nous faisions tout à l'heure, on considère cette individualisation de l'âme nouvelle comme un processus progressif, comme une sorte de cristallisation qui suit pas à pas les progrès du développement physique ; soit qu'on la considère comme un acte unique et instantané par lequel la nouvelle âme toute formée s'incorpore pour la vie dans le germe donné.

Si l'on se souvient des conclusions du précédent chapitre, le problème ne va pas tarder à s'éclaircir : l'âme de chacun des parents, comme celle de l'enfant, n'est que *la somme des actions exercées sur un organisme approprié par l'Un-Inconscient* (1).

Les âmes des parents ne sont plus pour nous des substances séparées, indépendantes. Elles ne peuvent donc rien perdre de leur substance. L'enfant n'a pas besoin de

---

(1) Nous avons à peine besoin de rappeler que partout où, dans les deux premières parties du livre, le mot âme se rencontre, il ne faut plus l'entendre, après les explications du précédent chapitre, que dans le sens de la définition que je présente ici. Si je n'ai pas insisté dans les précédentes parties sur la théorie monistique de l'âme, cela tient à ce que l'acception courante du mot âme suffisait à l'intelligence des idées que j'exposais alors. En insistant prématurément sur la conception monistique qui domine toutes mes théories, j'aurais sans profit compliqué l'étude des problèmes pour le lecteur peu familiarisé avec la philosophie.

recevoir une âme particulière, individualisée. Son âme n'est, comme celle de ses parents, que la somme des actions exercées à chaque instant par l'Inconscient sur son organisme. Si les parents pouvaient donner une parcelle quelconque de leur âme à l'enfant, ils ne feraient que la puiser au même plat, où tous trois en tout cas se nourrissent.

Il n'est plus étonnant que l'âme de l'enfant suive dans son développement les progrès de l'organisme. Plus ce dernier est développé, plus varient, se multiplient, s'élèvent les actions exercées sur lui par l'Inconscient. Notre principe fait disparaître le caractère miraculeux de la génération, qui cesse d'être un phénomène unique dans son genre. Ce n'est plus même, au point de vue spirituel, qu'un acte identique, par son essence, à la conservation et à la régénération organique. C'est, du reste, sous cet aspect que la physiologie l'envisage depuis longtemps comme acte purement matériel. Si l'Inconscient cessait, à un moment quelconque, d'exercer son action (par la sensation, l'idée, la volonté, la formation organique, l'instinct, l'action réflexe) sur un organisme préexistant, ce dernier serait au même moment dépouillé de son âme, c'est-à-dire serait mort : et les lois de la matière le détruiraient impitoyablement. Et, à son tour, la matière dont cet organisme est composé cesserait d'être, si l'Inconscient suspendait les actes de volonté qui constituent les énergies atomiques d'où cette matière résulte. De même que l'Inconscient anime à chaque moment l'organisme convenable, il peut animer le germe récemment formé suivant la mesure de sa capacité vitale.

Ajoutez qu'on ne peut absolument déterminer le moment où le germe cesse de faire partie du corps maternel et devient un organisme indépendant, si l'on ne veut pas se borner à fixer à l'époque de la naissance la date de cette séparation. Tant que l'organisme de l'enfant fait partie de celui de la mère, on se trouve en présence d'un phénomène qui ne diffère pas essentiellement de toute autre formation organique. Cela deviendra évident, si l'on jette un regard sur la progression que suit la nature, depuis les formes inférieures de la reproduction jusqu'à la génération sexuelle.

La génération la plus simple est celle qui se fait par *segmentation* : c'est le cas habituel pour la multiplication des cellules; mais le même phénomène s'observe aussi chez les infusoires et d'autres animaux. Lorsqu'un animal, en se divisant, donne naissance à deux autres animaux, on ne peut dire que la substance de son âme ait été divisée : nous l'avons déjà remarqué. De la segmentation, nous nous élevons insensiblement jusqu'au *bourgeonnement*. Le bourgeon se développe encore comme une partie de l'organisme maternel, jusqu'au moment où il devient capable de vivre d'une vie propre et se détache (ainsi les polypes, etc.).

Il n'y a pas de différence essentielle dans l'œuvre de l'activité organogénique, soit que l'animal reproduise les parties de son corps qu'il a perdues, soit qu'il forme des bourgeons pour se multiplier. Dans les cas où les bourgeons se montrent d'une façon caractéristique comme tels et ne se confondent plus avec une simple segmentation, leur développement provient toujours d'une cellule particulière, logée à une certaine place du tissu maternel, je veux dire d'une cellule germinative : il est facile de le constater. On ne voit pas en quoi diffère essentiellement le développement de la cellule germinative, à quelque place que ce soit de l'organisme maternel qu'elle se trouve placée, que ce soit au côté, à une extrémité, aux bras, dans la cavité abdominale de l'animal, ou dans quelque autre cavité favorable à l'incubation. Les deux derniers cas se distinguent de la reproduction par bourgeons, et constituent la *multiplication par cellules germinatives* au sens restreint du mot. Les cellules germinatives, qui se développent dans la cavité abdominale ou dans quelque autre cavité interne d'incubation, sont d'ordinaire absolument semblables par la forme et les dimensions aux œufs des animaux supérieurs; et l'on peut presque affirmer qu'elles ne s'en distinguent pas anatomiquement.

Chez quelques animaux (les pucerons), la multiplication par cellules germinatives alterne avec la reproduction sexuelle : un seul accouplement suffit pour rendre fécondes les cellules germinatives ou les œufs durant plusieurs générations successives. Un insecte, qui appartient aux diptères, la *Cecidomye*, produit par génération sexuelle des larves, qui vivent sous l'écorce des poiriers malades, et développent, dans un organe appelé ovisac semblable à l'ovaire, et sans avoir besoin d'être fécondées, des rejetons qui viennent au monde tout semblables à des jeunes vivants, et rappellent la forme de la mère. Quelques papillons présentent l'étonnant phénomène de la génération virginale ou de la parthénogénèse. Il en est de même pour toute une série de crustacés inférieurs. Chez les uns comme chez les autres, les produits de cette parthénogénèse sont exclusivement des femelles. Chez les bourdons terrestres, les guêpes et les abeilles, les mâles naissent au contraire d'œufs non fécondés; les femelles, d'œufs fécondés. Chez les abeilles, la reine seule pond des œufs, qu'elle peut à volonté mettre en contact ou non avec les spermatozoaires, dont une fécondation antérieure lui a permis de faire un approvisionnement. Chez les bourdons et les guêpes, des individus séparés donnent naissance à la descendance mâle et à la descendance femelle. Après l'hiver, les femelles qui ont été fécondées à l'automne donnent le jour à de jeunes femelles; celles-ci, qui sont nées au printemps, n'ont pas besoin d'être fécondées pour pondre des mâles, qui à leur tour assureront la fécondation d'autres femelles à l'automne. La cellule germinative ou l'œuf non fécondé se développe comme l'œuf fécondé : la seule différence, c'est que le premier n'a pas besoin de l'excitation spermatique. Des expériences dignes de foi nous apprennent que des œufs d'animaux, qui ne se reproduisent que par accouplement, sont cependant, bien que notoirement ils n'eussent pas été fécondés, entrés dans le processus du sillonnement vitellin comme s'ils avaient été fécondés. Les œufs de truie ont été observés dans ce cas par l'anatomiste Bischof à Munich, il y a déjà quelques années. Sans doute la vitalité de ces œufs s'arrêtait bientôt; et ils ne dépassaient pas les premières phases du développement embryonnaire. Dans les circonstances propices pourtant, le développement de l'œuf peut atteindre un assez haut degré. On sait depuis longtemps que des poules, sans avoir été fécondées par un coq, peuvent pondre des œufs, qui vont bien au delà des premières phases du développement embryonnaire.

Le spermatozoaire, qui pénètre par son extrémité effilée dans la membrane vitelline et mélange probablement son contenu avec le vitellus par voie d'endosmose, ne fait donc rien autre chose que d'activer par son impulsion énergique la tendance de la masse vitelline à commencer le processus du sillonnement; mais cette impulsion, dans les circonstances favorables, n'est pas nécessaire aux œufs : quant aux cellules germinatives, elles s'en passent très-bien en toute circonstance. La transmission héréditaire des dispositions, même du côté paternel, montre que le mélange des matières génétiques dans la génération sexuelle, sous ses formes supérieures, a sans doute une importance plus considérable; et sert à produire un mélange réel des propriétés des parents. Comme prototype de la génération sexuelle, on peut considérer l'accouplement de certaines zoopores; il ne s'agit ici que d'associer les énergies de deux cellules, puisque les éléments combinés ne présentent aucune différence, soit dans leur constitution propre, soit dans leur origine.

D'après tout ce qui précède, la production d'un nouvel organisme par une femelle, avec ou sans le concours d'un organisme mâle, n'est rien autre chose qu'une formation organique. Elle diffère des autres, par exemple de la formation, aux diverses périodes de la vie, de certains organes qui n'existaient pas encore, non par l'essence même du processus, mais seulement par la fin à laquelle sert la formation nouvelle. Cette fin pour toutes les autres formations organiques (à l'exception de la production du lait chez les mammifères) se trouve *à l'intérieur* de l'individu générateur lui-même; dans la génération seule, la fin réside *en dehors* de l'individu. Une fois la formation nouvelle, quel qu'en soit le départ, achevée et portée à un point qui lui permet de vivre comme un organisme indépendant, le produit se détache de l'organisme maternel. Mais c'est là un acte auquel on ne peut attacher une importance psychique plus grande, qu'à l'accommodation instinctive et réflexe d'un organisme aux conditions nouvelles de l'existence (ainsi, chez les mammifères, l'apparition de la respiration).

L'expérience montre que l'organisme de l'embryon, du fœtus et de l'enfant, comme toute autre partie d'un organisme complet, possède, à chaque phase, à chaque moment de son existence, *autant d'âme qu'il a* besoin d'en posséder pour la conservation et le développement de son corps, et que les organes de la conscience chez lui sont en état d'en comporter. L'Inconscient *rassemble autant de vie qu'il le peut* en chaque créature. Et, sous ce rapport, le nouvel embryon, indépendamment de son rapport avec l'organisme maternel, a toujours autant d'âme qu'il est en état d'en avoir. Ce n'est là d'ailleurs qu'un cas particulier d'une loi générale de la nature, comme on peut le montrer par plusieurs exemples.

Les *Considérations sur la vie de la nature et des âmes* d'Autenrieth contiennent (p. 265-266) les réflexions suivantes : « Ainsi Lister (Kirby et Spence, *Introduction à l'entomologie*, traduction de l'anglais, vol. II, p. 506), Bonnet et Stickney ont vu des chenilles et des chrysalides de papillons, des larves de *Tipula oleracca* se congeler au point de ressembler à de petites masses de glace, et revivre au premier dégel. Les minutieuses observations de Spallanzani (*Opuscoli di fisica animale e vegetabile*, Modena, vol. II, p. 236), ont porté sur les Rotifères, *Furcularia rediviva* de Lamarck, qui avaient été trouvés dans l'eau des marais et dans le sable arrosé par une gouttière. Pour peu qu'ils n'eussent pas été exposés au contact de l'air, mais recouverts par le sable et qu'ils se fussent desséchés avec lui, les uns au bout de trois, les autres après quatre années, pendant lesquelles le sable qui les enveloppait s'était complétement desséché dans le verre ou la boîte qui le contenait, recommençaient à vivre aussitôt que le sable sec avait été mouillé. Plus s'était prolongé pour eux cet état de complète dessiccation, moins on en voyait revivre et reprendre leurs fonctions accoutumées. Ceux qui revivaient étaient pourtant tellement durcis par la dessiccation (et ils ne forment d'ailleurs vivants qu'une masse gélatineuse), qu'il suffisait d'en piquer quelques-uns avec la pointe d'une aiguille, pour que le corps entier éclatât en morceaux comme un grain de sel. On peut ainsi onze fois de suite les dessécher, les tuer, et les faire revivre ensuite au contact de l'eau. Ils ne perdent même pas la faculté de revivre, si on les laisse se congeler dans l'eau ; ils supportent alors un froid de 19 degrés au-dessous de zéro. Une fois desséchés, on les expose à une chaleur de 49 degrés, et même pour quelques-uns de 54 degrés au-dessus de zéro, sans qu'ils perdent leur faculté de revivre sous l'action de l'eau : et pourtant, lorsqu'ils sont vivants, une eau chauffée à la température de 26 degrés les tue définitivement. »

Même auteur, p. 20 : « John Franklin (dans son premier voyage sur les côtes de la mer polaire : *Nouvelle bibliothèque des voyages les plus intéressants*, vol. XXXVI, p. 302) vit dans l'hiver de 1820-1821, à son premier voyage sur les côtes de la mer de glace, au nord de l'Amérique, des poissons qui gelaient, aussitôt qu'on les tirait de l'eau et qu'on les exposait à l'air. Ils formaient alors une masse de glace si dure qu'on pouvait la fendre en morceaux avec la hache, et que les entrailles n'étaient plus que de la glace solide. Pourtant les mêmes poissons, si on les dégelait au feu en prenant bien garde de les blesser, recommençaient aussitôt à vivre. Une carpe, après avoir passé trente-six heures dans un état de parfaite congélation, se ranima si complétement, qu'elle se mit à s'agiter dans tous les sens avec la plus grande force. »

Ellis (*Voyage à la baie d'Hudson*, trad. de l'anglais, p. 236), pendant un hiver qu'il passa sur les bords du fleuve Nelson, trouva un bloc de stratiomes noirs entièrement congelés; en les approchant du feu, il les fit revivre. Le même voyageur reconnut que l'on trouve fréquemment, sur les bords de ces mers, des grenouilles qui se congèlent et deviennent aussi dures que de la glace, et qui, après avoir été réchauffées à une température moyenne, se remettent à vivre avec une énergie telle qu'elles se traînent d'une place à une autre. — Des arbres absolument gelés peuvent, sous l'action lente du dégel, se ranimer et pousser de nouvelles feuilles (1).

Hunter conclut de ses propres expériences qu'un poisson, dont le froid a lentement amené la mort et la congélation, ne saurait être ramené à la vie par le dégel. La même raison fait qu'un animal à sang chaud, après la congélation, ne revient pas à la vie sous l'action du dégel. Nous ne pouvons pas espérer qu'un éléphant antédiluvien, même parfaitement conservé dans la glace du pôle, ou qu'un rhinocéros des mêmes contrées puisse revivre, dans les conditions même les plus favorables ; tandis qu'on a trouvé dans des pierres des crapauds, qui, après avoir passé des centaines et peut-être des milliers d'années dans cette prison, n'avaient besoin que d'en être délivrés pour revivre et se mouvoir.

De modernes autorités considèrent comme impossible la réviviscence d'animaux à sang chaud, lorsqu'ils sont une

---

(1) L'*Helleborus niger* et la *bellis perennis* (pâquerette) se congèlent dès les premiers froids, à quelque période de floraison qu'ils se trouvent ; et ne refleurissent qu'après le dégel. Les variations de la température renouvellent souvent pour eux dans l'hiver ces révolutions. Goeppert a vu des fleurs, à moitié ouvertes, rester dans cet état une semaine entière. Il y a, sans doute, pour toute espèce de plantes, même pour celles qui supportent le mieux le froid, une mesure qu'elles ne peuvent dépasser sans mourir définitivement. D'après les observations microscopiques, faites directement par Cohn, les cellules de la *Nitella syncarpa* meurent à un froid de 3° C : le protoplasma, contenu dans l'utricule primitive, est désorganisé par la congélation de l'eau. D'autres plantes même meurent à quelques degrés au-dessus de zéro.

fois congelés, parce que le froid amène chez eux la décomposition du sang. Mais les recherches les plus récentes de Schenk établissent, au contraire, qu'une température de 3 degrés au-dessous de zéro est parfaitement supportée par les globules du sang blanc, par les globules salivaires, par les spermatozoaires et même par des œufs déjà fécondés; et ne compromet en rien la vie, le mouvement et le développement futurs de ces éléments organiques. Quelques-uns d'entre eux même supportent, pendant peu de temps il est vrai, un refroidissement au-dessous de 7 degrés (la lymphe variolique résiste à un refroidissement qui va jusqu'à 78° au-dessous de zéro, sans perdre de sa force). L'étude des questions agitées ici n'est pas encore terminée; les exemples cités suffisent pourtant en général à confirmer la vérité, probable à priori, qu'un organisme peut perdre toute apparence de vie et cependant garder la propriété de revivre dans des circonstances favorables. Il suffit qu'il n'ait pas subi d'altérations anatomiques ou physiologiques, qui rendent impossible le rétablissement des conditions normales de son existence. Il faut pour cela que, pendant cet état de mort, la dessiccation, la congélation des organes ou la séparation hermétique d'avec le dehors; et que, pendant le passage de la vie normale à l'état de mort, la rapidité de la congélation par exemple, empêchent toute altération chimique ou histologique capable de compromettre le retour des facultés vitales. Mais la réviviscence n'a rien à redouter des changements qui ne menacent que l'exercice normal des fonctions futures. Ces changements n'ont d'autre effet que de condamner l'organisme à son réveil à une vie maladive, qui sans doute ne peut tarder à s'épuiser.

On pourrait admettre que les rotifères n'arrivent jamais à l'état de parfaite congélation, et qu'il se produit toujours un échange de matière entre eux et le dehors. On n'aurait donc pas affaire avec eux à une suspension absolue des fonctions vitales, mais seulement à la réduction de ces fonctions à leur expression la plus simple (comme dans le sommeil d'hiver de certains animaux). Cette supposition ne saurait se soutenir, lorsqu'il s'agit de corps gelés au point de devenir durs comme des pierres sous l'action du froid des hivers polaires, ou de crapauds qui sont demeurés enfermés pendant des milliers d'années et même plus dans l'intérieur d'une roche. Pour ces derniers, le minimum d'échange de matière, auquel on pourrait réduire l'action de l'eau qui filtre à travers les rochers, aurait dû amener dans un si long espace de temps la lente consomption de l'animal. D'ailleurs, chez des organismes congelés, il ne peut se produire qu'une faible évaporation de la surface. Quant aux fonctions de la vie, elles sont rendues impossibles par l'absence des conditions physiques les plus essentielles à l'échange organique de la matière, à l'endosmose, comme par l'absence de l'état liquide, qui est indispensable aux réactions chimiques.

Si l'on accorde qu'un corps absolument gelé ne peut plus remplir aucune fonction organique, par suite aucune action vitale, ce corps ne garde plus rien de la vie; il est *absolument mort*. Son état est différent dans l'espèce et en totalité des autres états de dépression que peuvent présenter les fonctions vitales, comme le sommeil, l'engourdissement hibernal, l'évanouissement, le tétanos, la mort apparente. Pendant cet état, le corps congelé se comporte à l'égard de la vie comme la matière véritablement inorganique.

Il est naturellement indifférent en soi que le corps dans cet état soit désigné comme mort : cela dépend du sens que l'on attache à ce mot. Si l'on identifie inanimé et mort, comme cela est assez naturel, le corps pourra s'appeler mort. Si l'on distingue les deux mots, si l'on ne donne le nom de mort qu'au corps inanimé qui ne peut revivre, il n'en sera plus de même. Mais la dernière distinction pourrait bien tenir au préjugé, qui fait croire que ce qui est mort ne saurait revivre. Or c'est là une affirmation qui ne saurait se démontrer à priori, et qui repose uniquement sur les inductions tirées de l'expérience : on comprend sans doute qu'elle a pu longtemps se faire accepter. Aujourd'hui que des faits nouveaux ont montré que ce qui est mort peut revivre dans certaines conditions, il aurait mieux valu reconnaître que l'induction admise comme règle générale comporte des exceptions, que de restreindre arbitrairement l'application du mot mort par respect pour un ancien préjugé. Cette remarque serait sans doute inutile, si cette restriction apportée au sens du mot mort n'était inspirée par un préjugé et n'en favorisait pas un autre, en faisant croire que ce qui est absolument inanimé pourrait bien n'être pas sans âme. Le contraire est pourtant aussi clair que possible : l'âme d'un corps n'est en effet que la somme des fonctions ou des *actions de l'Inconscient* qui s'y rapportent, et que l'on nomme d'un seul mot *ses* fonctions vitales.

Si un organisme, quelque temps qu'ait duré sa congélation, n'a plus part ni à la vie, ni à l'âme, il suit de là que, lorsqu'au bout d'un certain temps la vie et l'âme reparaissent en lui, cette âme ne saurait être considérée comme identique à celle qui habitait en lui avant qu'il entrât dans l'état de la congélation. Pour que deux âmes, séparées dans le temps, puissent être considérées comme une seule et même âme, il faut que l'activité de la première succède sans discontinuité à l'activité de la seconde. L'identité de l'organisme qu'elles animent successivement, l'identité des dispositions que présentent ces deux âmes par suite de leur rapport à un organisme unique, ne sauraient être des raisons suffisantes d'affirmer l'identité de ces âmes. Pour parler le langage vulgaire, si la cessation de la vie a causé le départ de la première âme, le retour de la vie peut aussi bien correspondre au retour d'une seconde âme semblable à la première, qu'au retour de la première âme elle-même. Qu'on se rappelle seulement que l'ancienne comme la nouvelle âme n'expriment que les actions exercées sur le même organisme par un seul et même être, par l'Inconscient. C'est ce dernier qui communique la vie à l'organisme, aussitôt que les lois de la matière le permettent.

Ces exemples montrent que c'est la même chose pour la nature, que les organismes capables de vivre exercent, comme cela est d'ordinaire, d'une manière continue, les fonctions de la vie; ou qu'un corps, incapable précédemment de participer à la vie, devienne à tel moment capable de vivre. Aussitôt que la possibilité de la vie se rencontre dans un corps, l'Inconscient anime le corps, en exerçant sur lui les fonctions psychiques que la constitution de ce corps comporte. Supposons donc que le germe d'un jeune organisme, que nous voyons naître d'ordinaire par l'effet du développement vital comme une partie intégrante au sein de l'organisme maternel, naisse tout à coup libre de toute attache à une vie préexistante : il devrait, aussi infailliblement que le poisson ranimé par le dégel ou le rotifère ranimé par l'humidité, recevoir de l'Inconscient une âme, dès le premier moment de sa capacité organique pour la vie. Ce cas ne devrait plus être considéré comme une exception à la règle générale.

Je recommande cette considération à celui qui voudrait affirmer que l'œuf non fécondé n'a pas encore d'âme, et qu'il ne reçoit son âme qu'au moment de la fécondation, qui du reste a lieu chez la plupart des animaux inférieurs en dehors de l'organisme maternel. Une telle manière de voir est en contradiction à la fois avec notre doctrine, qui prête une âme à chaque cellule, et contraire à l'analogie que présente le cas dont il s'agit avec le développement des cellules germinatives sans fécondation. De même notre doctrine s'applique très-bien au concept de la génération primitive, ou à l'apparition d'êtres organiques au sein de la matière inorganisée sans l'intervention d'un organisme maternel. Une première génération de ce genre doit s'être rencontrée. La géologie démontre en effet que la terre, comme tous les autres corps célestes, après avoir été d'abord une masse liquide en fusion, s'est refroidie insensiblement et a fini par atteindre la température actuelle. Aujourd'hui une température supérieure à celle de la coagulation de l'albumine rend impossible l'existence des organismes : la terre doit donc avoir été inhabitée pendant la plus grande partie de sa durée. Puisqu'elle est aujourd'hui peuplée d'organismes de tout genre, il doit y avoir eu nécessairement un moment où, soit le premier, soit les premiers êtres firent leur apparition (1), après que jusque-là rien autre chose que la matière inorganique n'avait existé. Tel est le sens qu'il faut attacher à l'idée d'une première génération.

Je ne dis pas qu'à ce moment n'existait aucune matière organique, mais seulement aucune matière *organisée*. Je crois bien plutôt que, sous l'action d'une atmosphère humide et très-riche en acide carbonique, et aussi sous celle d'une haute température, de la lumière et de puissantes influences électriques, des combinaisons d'ordre encore inorganique, mais supérieures déjà aux autres, ont dû se former entre le carbone, l'oxygène, l'hydrogène et l'azote, entre ces matières que la chimie d'aujourd'hui à cause de leur rôle prédominant dans les êtres organiques appelle improprement des matières organiques.

Les recherches les plus récentes des chimistes ont réussi à renverser la vieille doctrine, qui voulait que les matières organiques ne pussent sortir de la matière inorganique. Les expériences ont été si décisives que l'empire absolu de l'homme dans le domaine de la chimie organique n'est plus qu'une question de temps. La synthèse chimique s'est montrée, sur le domaine de l'organisme, la sœur et l'égale de l'analyse chimique. Une partie des chercheurs de génie (comme Berthelot) lui ont consacré toutes leurs forces; et chaque mois leur apporte de nouveaux triomphes surprenants. Le problème de la production d'acides appartenant à la série des corps gras, des aldéhydes et des alcools, à l'aide des éléments inorganiques, doit être considéré comme résolu en principe. Le succès des opérations tentées sur la série des corps aromatiques (qui compren-

---

(1) Thomson (*Discours prononcé à la réunion des naturalistes anglais à Édimbourg*, 1871) suppose que des germes développés ailleurs ont été apportés sur la terre par la chute de certains aérolithes; mais on peut lui répondre que leur chute à travers l'atmosphère développerait une chaleur telle qu'ils seraient consumés avant d'atteindre notre sol : encore faudrait-il admettre que le froid des régions intrastellaires ne les aurait pas déjà fait mourir à l'avance.

nent la plupart des matières combustibles liquides, des matières colorantes organiques, des essences et des parfums) suit une marche si rapide et si sûre, qu'on n'a plus besoin actuellement que de connaître exactement la constitution chimique intime de tels corps pour être assuré à l'avance de leur synthèse. Mais déjà le regard perçant du chimiste pénètre plus loin ; les matières gommeuses et sucrées commencent à lui révéler leurs secrets et promettent à la synthèse organique le plus brillant avenir.

Si les barrières qui séparaient la matière inorganique et la matière organique sont tombées depuis longtemps, celles qui se dressent encore entre la forme inorganique et la forme organique sont ébranlées de plus en plus. Sans doute les types organiques les plus compliqués offrent des formes qui n'ont aucune analogie avec les formes de la nature inorganique (à l'exception du type des radiaires). Mais il ne faut pas oublier que la vie réside aussi dans le domaine si vaste des organismes unicellulaires ; et que la cellule a en fait son analogue dans la nature inorganique. D'abord la plupart des fluides ont à leur surface une épaisseur et une ténacité bien plus grandes qu'à l'intérieur : cette différence n'est nulle part plus sensible que dans l'albumine et ses solutions. Chaque goutte d'albumine offre une certaine analogie avec la membrane cellulaire, qui est souvent infiniment molle. La ressemblance devient une frappante identité de forme avec des granulations amylacées, dans le cas des corpuscules microscopiques de carbonate de chaux que Famitzin précipita par une solution saturée de chlorure de calcium et de carbonate de potasse. Ici on découvre le même noyau, la même stratification, la coalescence de plusieurs granulations, et, de la part de la couche supérieure, la même propriété de résistance énergique à l'action de l'acide acétique, que l'on remarque dans les granulations amylacées. Il suit de là d'abord que les granulations amylacées ne sont pas des cellules vivantes, mais des sécrétions sans vie d'autres éléments vivants et comme des provisions de matériaux destinés à être de nouveau consommées. Il suit encore que la *forme cellulaire* avec noyau et membrane ne suffit pas à indiquer la présence de la *vie* organique, lors même qu'elle contient de la matière organique. Il faut encore, pour que la vie se manifeste, quelque chose de tout *à fait différent* de la matière organique et de la forme organique; quelque chose d'*idéal* dont l'action se révèle par la conservation et le *développement* de la forme à l'aide du *renouvellement continuel de la matière*. La conservation de la forme par la conservation passive de la matière ne ressemble à la vie que comme une momie, qui fait illusion tout au plus à l'œil seul par l'apparence extérieure de la vie.

Je disais donc qu'il est vraisemblable qu'avant l'apparition des organismes les plus simples des combinaisons organiques, comme on les appelle, d'ordre inférieur se sont produites, d'où il devenait beaucoup plus facile de faire sortir un organisme, que de le tirer de l'eau, de l'acide carbonique et de l'ammoniaque, qui servent à la nutrition des organismes tout formés. Ces matières organiques ont dû jouer au moins, à l'égard du germe primitif qu'il s'agissait de former, le rôle du fumier qui résulte aujourd'hui de la décomposition des organismes. On admet généralement que ces premiers organismes vivaient dans l'eau. Ils devaient être très-simples, de simples cellules propres indifféremment à la vie de la plante et à celle de l'animal; nous l'avons déjà montré au chap. iv de la 3e partie. Quelque idée qu'on se fasse des détails de cette révolution, il faut affirmer que l'Inconscient comprit la première possibilité de la vie organique, et la réalisa. Nous avons jusqu'ici, à propos de la génération sexuelle, expliqué l'apparition de l'âme dans le germe naissant, comme si l'Inconscient n'apportait l'âme qu'au germe déjà formé. Nous nous en tenions alors à l'opinion traditionnelle qui rapporte à l'organisme des parents les actions spirituelles et inconscientes d'où dépend le développement du germe; mais cette distinction ne saurait être maintenue dans la doctrine de l'unité universelle de l'Inconscient. Nous devons rappeler maintenant que l'âme du germe n'apparaît pas après la naissance du germe, mais au contraire la précède. En d'autres termes, le germe n'existe qu'autant que l'Inconscient déploie pour le produire une activité spéciale, qui détermine à l'avance sa forme spécifique en rapport avec les conditions qui lui sont faites par les circonstances. C'est ainsi que la vertu curative de la nature, en reproduisant la forme typique de la patte chez la salamandre, est prédéterminée par l'action de l'Inconscient. Ici comme là, aucune loi de la nature inorganique n'est violée; aucune n'est paralysée dans son action à un seul moment : mais elles sont accommodées toutes à une fin supérieure. Une œuvre apparaît, que les seules lois de la nature inorganique n'auraient pu produire par leur action combinée; et qui n'est possible qu'autant que la volonté de l'Inconscient intervient et réalise les rapports nécessaires. Il n'est plus besoin après cela que de l'action régulière des lois de la nature inorganique, pour produire une forme organique nouvelle et douée de propriétés nouvelles.

A chaque heure l'Inconscient cherche à réaliser, à fixer la vie dans des millions de germes ; mais les conditions défavorables, où la nécessité impitoyable des lois inorganiques renferme son action, les détruisent bientôt, souvent même dès leur formation. Lorsque la vie fermenta pour la première fois à la surface de la terre, combien de millions de germes primitifs ont dû être détruits, avant que la vie réussît à se fixer en quelque sorte sur le sol! Mais, une fois ce premier résultat atteint, après la formation d'un ou de quelques organismes, l'Inconscient avait conquis une base d'opération, qui facilitait son œuvre. Il pouvait recourir à la génération sexuelle, et par cette voie nouvelle étendre à l'infini et consolider les conquêtes de la vie. Il est évidemment bien plus facile de concentrer autour d'un organisme existant, les matières organiques, qui existent dans l'eau à un état de raréfaction et de division extrême, que de les rassembler autour d'un point idéal. Il est beaucoup plus facile de produire les transformations, les modifications chimiques de ces matières par voie d'assimilation et avec le concours de l'action exercée au contact par un organisme préexistant, que de réaliser ces effets sans ce concours. Il est enfin beaucoup plus facile de créer la forme typique de la cellule, avec ses articulations intimes de plus en plus riches, par le simple procédé de la segmentation cellulaire préparée par la construction, que d'obtenir le même effet en travaillant sur une matière informe.

Il faut un effort infiniment moindre de volonté (1) pour former des organismes avec l'aide d'organismes préexistants, que sans eux. De même les animaux supérieurs ont besoin de moins d'efforts pour agir avec le secours des nerfs sur les tissus organiques, que sans cet auxiliaire. On peut donc admettre que la même dépense de force ou de volonté,

(1) Une réflexion superficielle pourrait faire croire que la résistance opposée à l'action organisatrice de l'Inconscient par la matière inorganique est une objection contre l'unité universelle de l'Inconscient. Il n'en est rien pourtant. Nous avons déjà vu plus haut que le conflit et la lutte des forces individualisées de la nature, comme fonctions de l'Inconscient, est la condition spéciale, nécessaire à l'existence du monde objectif des phénomènes et à l'apparition de la conscience (voir p. 190-197). Nous n'avons dans le cas qui nous occupe qu'un exemple particulier de cette loi générale. Si la pure matière inorganique ne peut produire un organisme sans l'intervention d'un principe organisateur, ce principe lui-même ne saurait davantage produire des organismes, s'il ne trouvait les éléments de son œuvre préparés dans la matière. L'Inconscient doit donc, pour créer des organismes, qui soient les supports de la conscience, créer à l'avance une matière et une matière soumise à des lois invariables : une matière de cette nature peut seule servir à la construction de mécanismes auxiliaires, capables d'exécuter toujours les mêmes fonctions. Mais une telle matière, qui se régit par ses lois propres, et ne tend pas d'elle-même à l'organisation, doit opposer une certaine résistance à l'action de l'Inconscient, qui veut la forcer à s'organiser. Cela se comprend de soi. Il n'est pas étonnant non plus que cette résistance, dont la force varie avec la forme que prend accidentellement à chaque point de l'espace l'action des forces naturelles, atteigne dans certaines circonstances un degré tel que l'Inconscient, qui s'intéresse non aux cas particuliers, mais à l'ensemble de la nature, renonce à triompher des résistances particulières qu'il rencontre; et qu'il préfère arriver plus facilement à son but par une autre voie, ou du moins servir à d'autres places les intérêts de la fin générale qu'il poursuit (on s'explique ainsi les monstruosités qui naissent des troubles occasionnés par la matière dans le développement embryonnaire). D'après ces considérations, le mot « effort », pourvu qu'on en écarte toute conception anthropomorphique, désigne assez bien la somme d'énergie volontaire que l'Inconscient doit dépenser dans l'intérêt de l'organisation, pour triompher des résistances accidentelles de la matière.

qui a été nécessaire pour produire la première cellule, suffit pour faire sortir des millions de cellules par voie de segmentation de cellules préexistantes.

Nous avons vu que la nature cherche toujours à réaliser ses desseins avec la moindre dépense de force possible. Elle préfère partout créer des constructions mécaniques, pour utiliser les forces moléculaires inorganiques préexistantes, que d'intervenir elle-même par une action directe. Comme elle ne peut absolument se dispenser d'intervenir, elle réduit du moins à son minimum la dépense de force qu'elle doit faire.

Ainsi nous avons vu (chap. VII, 1. *a* de la 1re partie) que le système nerveux des animaux n'est pas autre chose qu'une machine économique, qui, à l'aide des détentes et des leviers si faciles à mouvoir du cerveau, fait porter aisément aux membres des poids d'un quintal. Nous avons reconnu (1re partie, chap. III, V, VI, VIII, et 3e partie, ch. IV) dans les animaux et les plantes des mécanismes tels que les impulsions communiquées par eux ou leur pure action mécanique rendaient superflus des instincts spéciaux. Certains instincts nous ont, par contre, paru servir à prévenir des efforts trop considérables dans le développement des organismes. Ainsi (chap. II et V, de la 2e partie), l'instinct du choix sexuel se trouve servir au perfectionnement de la race, soit dans le sens de la beauté, soit à d'autres points de vue. Le chapitre suivant nous présentera bien d'autres exemples propres à montrer que l'Inconscient déploie la plus grande industrie pour atteindre son but, autant que possible, par les voies mécaniques, c'est-à-dire avec le moins de dépense.

Sous ce rapport la génération sexuelle n'est pour nous qu'un *mécanisme*, destiné à remplacer la génération spontanée avec une prodigieuse économie de forces.

De même qu'aucun homme de bon sens ne préfère marcher à travers champs que de prendre la grande route, qui se trouve à son côté; de même que l'Inconscient, après l'organisation du système nerveux chez l'animal, s'interdit de réaliser la contraction musculaire par une action directe de la volonté sur les fibres musculaires : ainsi il n'a plus *recours à la génération spontanée*, lorsqu'il peut *employer la génération sexuelle*.

Cette loi, qui se déduit de l'essence même de la génération primordiale, a reçu dans les derniers temps une pleine confirmation de l'expérience. Le microscope nous a révélé, partout où l'on croyait auparavant découvrir une génération spontanée, une véritable reproduction par parents. Aujourd'hui on n'a pas encore observé un seul cas bien constaté de génération spontanée; et pourtant le microscope a soigneusement étudié dans tous les sens les formes de la vie la plus imperceptible.

Je ne conteste pas que, jusqu'à présent, rien ne prouve qu'on ne saurait retrouver à un moment un exemple de génération spontanée. J'accorde même que la démonstration purement négative, qu'il ne peut plus y avoir actuellement de génération spontanée, ne sera jamais faite au nom de l'expérience ; cela tient à la nature même du problème. Mais je puis néanmoins admettre qu'une doctrine, qui s'accorde avec les données de la raison et les faits de l'expérience, a pour soi une grande vraisemblance.

Pour le lecteur, qui n'est pas familier avec les expériences intéressantes qui se rattachent à la question, je joins ici une courte notice.

Aristote croyait encore que la plupart des animaux inférieurs naissent par génération spontanée. Il y a quelques dix ans, on admettait la génération spontanée des vers intestinaux et des infusoires. Bien des voix pourtant s'étaient élevées depuis longtemps, et avaient affirmé la possibilité d'une génération dérivée. Les migrations et les métamorphoses diverses des vers intestinaux furent d'abord constatées scientifiquement. On découvrit ensuite que des infusions où l'ébullition avait duré plus de cinq heures, si elles n'étaient en contact qu'avec l'air enflammé, ne laissaient croître aucun organisme. Les défenseurs de la génération spontanée objectaient avec raison que la haute température de l'air devait détruire toute possibilité d'une génération spontanée des organismes.

Schröder et Dusch montrèrent d'abord qu'un bouchon de coton long de vingt pouces peut filtrer l'air de telle sorte qu'aucun organisme ne s'y rencontre plus. Pasteur analysa les germes qui sont en suspension dans l'atmosphère; il les interceptait avec du fulmi-coton, qu'il faisait dissoudre dans l'éther et l'alcool. Il trouva ces germes semblables sous tous les rapports aux germes déjà connus des animaux inférieurs. Les expériences démontrèrent d'une manière positive que ces germes sont la cause du développement des organismes dans les infusions. Pasteur introduisait une petite balle de coton chargée de germes en même temps que de l'air enflammé, et voyait toujours se développer des organismes, comme si l'air avait trouvé par là un libre accès. Il alla même jusqu'à mesurer par une méthode ingénieuse la quantité de germes tenus en suspension dans l'atmosphère en des lieux différents. Récemment Crace-Calvert, par ses observations précises, a démontré que des températures de 100° n'affectent pas sérieusement les organismes microscopiques dont il s'agit. A 149° ce sont seulement ceux qui se développent dans une solution gélatineuse qui deviennent incapables de vivre. Mais pour détruire la faculté de germer des organismes, qui se développent dans les autres solutions essayées, une température de 204° est nécessaire (1). L'hypothèse d'une génération spontanée dans les infusions est par là scientifiquement écartée pour toujours.

Citons encore un autre cas, la génération de la *Monas amyli*. On vit dans des grains de fécule se développer une multitude d'infusoires unicellulaires, et l'on crut être témoin d'une génération spontanée. Mais, en suivant plus loin le développement de ces êtres, on s'aperçut qu'après la décomposition des grains, ils reprenaient leur liberté ; chacun

---

(1) Ceux qui résistent le plus à une température élevée, ce sont d'après Ferd. Cohn les germes de *Penicilium*; selon le même auteur, les germes de *bactéries* seraient tués par une température de 80 degrés seulement.

cherchait ensuite un autre grain plus frais qu'il enveloppait comme un fourreau en s'étendant à la façon des amibes. Cette peau légère à la surface de la granulation était l'animal, qui avait en quelque sorte avalé la graine et la digérait par couches successives; on ne l'avait pas remarqué d'abord. La naissance du germe n'était plus qu'un phénomène de multiplication par endogénèse.

La loi de la reproduction est si généralement suivie dans la nature que non-seulement nous ne connaissons pas un seul cas de génération spontanée d'un animal ou d'une plante; mais *pas même un seul cas de génération spontanée pour une cellule à l'intérieur d'un organisme déjà formé.*

Si quelque part la génération spontanée devait se rencontrer, ce serait assurément pour les cellules au sein des liquides nourriciers d'un organisme existant, là où la température et la composition chimique de la matière organique fournissent les conditions les plus favorables au déploiement de la vie : mais vain espoir. *Même à l'intérieur de l'organisme, la cellule ne naît que de la cellule.*

Tous les naturalistes intelligents accordent que les résultats négatifs, auxquels l'habileté de nos savants et la perfection de leurs instruments d'expérience ont été conduites, rendent très-vraisemblable l'opinion qu'il n'y a pas de génération spontanée dans le présent. La vraisemblance de cette supposition oblige de conclure que la génération spontanée, même du plus simple monère, n'est pas une chose si facile et si simple; et que, pour la réaliser, il faut tout autre chose qu'une pure individuation mécanique de protéine préexistante. S'il en était autrement, on verrait des monères naître spontanément au sein de liquides protéiques : il suffirait que la température, la lumière, la quantité d'ozone contenue dans l'air fussent convenables; et l'on verrait les monères apparaître sous le microscope. Mais, même dans le cas où cela se produirait, il ne serait toujours pas croyable qu'un monère, qui appartient à une espèce d'êtres déterminée par son mode spécial de nutrition et de reproduction, pût sortir du simple jeu des forces de la matière inorganique et exercer ses fonctions vitales (voir p. 180-181 et 265 à 267), sans que l'intervention psychique de l'Inconscient vînt régulariser par une action idéale le travail des forces atomiques.

X

LE DÉVELOPPEMENT PROGRESSIF DE LA VIE ORGANIQUE SUR LA TERRE.

Nous avons, dans le chapitre précédent, démontré avec vraisemblance que l'Inconscient ne consent à dépenser sa force dans la génération spontanée qu'autant que cela est absolument nécessaire, c'est-à-dire que jusqu'au moment où la vertu reproductrice des parents peut se substituer à son action propre. La même loi universelle, qui veut la plus grande économie possible des forces naturelles, conduit immédiatement à cette autre, qui était naturellement sous-entendue dans les considérations précédentes, à savoir qu'une génération spontanée, c'est-à-dire une génération immédiate au sein de la matière inorganisée ne peut s'appliquer qu'aux formes les plus simples de la vie organique. Dans la production, au contraire, des formes supérieures, l'Inconscient ne suit pas la voie immédiate des générations spontanées, où la production des êtres les plus simples apparaît déjà comme si difficile; mais procède par des productions intermédiaires et progressives. Ce n'est pas que je refuse absolument à l'Inconscient le pouvoir de produire directement un animal supérieur. J'ai affirmé constamment le contraire. La Volonté peut ce qu'elle veut : il suffit qu'elle le veuille assez fortement pour triompher des actes de volonté qui s'opposent à elle. Je ne conteste pas davantage qu'il soit possible théoriquement que l'Inconscient, même au sein des lois de la nature inorganique, et à certains moments de l'histoire du monde, ait produit par une génération directe des animaux supérieurs : il serait insensé de vouloir décider la question. J'affirme seulement qu'une génération directe d'organismes supérieurs exigerait une dépense de forces considérable, qui dépasserait infiniment celle qu'exige la production immédiate des cellules rudimentaires; et que l'infaillible logique de l'Inconscient, obéissant au principe de la réalisation de toutes les fins par la plus petite dépense de forces possibles, devait préférer incontestablement à la formation directe des organismes supérieurs un mode de génération plus facile, où les espèces inférieures servissent progressivement à la réalisation des êtres supérieurs, tout en *réalisant leurs propres fins indépendantes;* et où chaque espèce serait réalisable avec une plus faible dépense de forces par de simples *modifications* introduites dans les conditions de la *reproduction.*

Demandons-nous maintenant quelles sont les conditions exigées pour la première formation d'un organisme supérieur. On répondra d'abord des matières organiques d'une composition chimique assez élevée, en quantité et dans une concentration suffisantes. Mais où les trouver plus facilement qu'*au sein d'un organisme inférieur préexistant?* La *transformation même directe* d'un organisme inférieur déjà existant en un organisme supérieur (par exemple d'un ver en poisson) présenterait assurément moins de difficultés, que la production directe du dernier sans l'intermédiaire d'un organisme antérieur. Mais là encore se rencontreraient de bien grandes difficultés, qui réclameraient pour être surmontées une dépense énorme de forces de la part de l'Inconscient. Les formes déjà créées et les organes déjà développés de l'organisme inférieur devraient être annihilés en grande partie dans leur constitution, pour faire place aux formes et aux organes, d'espèce différente, qui seraient destinés à leur correspondre dans l'être supérieur. Ce travail tout négatif mais assez considérable, qui ne ferait que défaire ce qui aurait été fait dans le développement embryonnaire de l'organisme inférieur, devient évidemment inutile, si le processus de la transformation commence dès les premières phases du développement de l'individu; si les formes et les organes de l'espèce inférieure n'arrivent pas à leur développement, et sont remplacés immédiatement par ceux de l'espèce supérieure. On ne pourra alors, à vrai dire, parler qu'au sens idéal d'un travail de transformation. Le type idéal, qu'aurait réalisé la marche régulière du développement embryonnaire dans l'organisme inférieur, aura fait place à la réalisation du type idéal d'une espèce différente. En fait, il n'y aura pas eu une transformation, mais seulement un développement embryonnaire modifié. Agassiz lui-même, un des principaux défenseurs des créations distinctes, accorde que chaque création n'a pu se faire que sous la forme d'*œufs* nouveaux; et que, pour le développement des œufs créés ainsi sans parents, la providence a dû réaliser en même temps des conditions semblables à celles où les œufs engendrés par des parents se développent maintenant : cela revient à dire que, pour remplacer les soins maternels, dont les œufs ont besoin, des *parents nourriciers*, naturellement d'une espèce *différente*, ont dû être prédisposés.

Je demande quelle conception est la plus étrange de celle qui fait sortir d'un œuf d'espèce inférieure un œuf d'espèce supérieure, ou de celle qui nous montre l'œuf d'une espèce supérieure formé tout d'une pièce par une action créatrice, un œuf tel qu'il ne donnerait le jour désormais qu'à des êtres de l'espèce supérieure, et dans lequel par conséquent tous les caractères de l'espèce supérieure seraient implicitement contenus à l'avance. Remarquons ici que les œufs des espèces supérieures et ceux des espèces inférieures sont si peu différents par la structure anatomique et la composition chimique, et que les premières phases du développement embryonnaire suivent une marche si uniforme, qu'on ne sait point ou que peu les distinguer, et que même dans ce dernier cas la distinction ne repose que sur des caractères accidentels. Il ne sert à rien de répondre qu'habituellement, dans l'œuf fécondé d'une espèce, tous les caractères de l'espèce sont implicitement contenus. Lors même que cette affirmation (d'ailleurs indémontrable) serait vraie, un œuf doit toujours avoir traversé des phases de développement nombreuses avant de pouvoir vivre d'une vie propre, avant de n'avoir plus besoin pour éclore que de la chaleur du soleil ou de la chaleur animale de ses parents nourriciers, ou de la chaleur que le sol peut émettre à un certain moment. Nous pourrions ajouter que les œufs des animaux vivipares n'arrivent jamais à cette vitalité indépendante. Où donc le développement de l'œuf se fera-t-il, avant qu'il puisse vivre de sa vie propre? D'où tirera-t-il la quantité d'albumine nécessaire, sinon de l'organisme maternel d'un autre animal? Où trouver le foyer primitif autour duquel se formera la première cellule vitelline, si ce n'est dans un ovaire? L'albumine n'est pas si abondante dans la nature inorganique, que la génération directe d'une cellule vitelline soit quelque chose de facile. En tout cas former de toutes pièces un œuf doué de tous les caractères de l'espèce nouvelle qu'il s'agit de produire serait infiniment plus difficile à l'Inconscient, que de faire sortir un individu nouveau d'ordre supérieur d'un œuf qui renfermerait les caractères d'une autre espèc einférieure, en supprimant ces caractères qui ne sont toujours contenus qu'en germe et en les remplaçant par de nouveaux ; ou que de développer l'œuf qui contient le germe de tous les caractères de l'espèce nouvelle et supérieure dans l'ovaire d'un individu d'espèce inférieure ; ou enfin que d'appliquer ensemble ces deux procédés auxiliaires, c'est-à-dire d'assurer à l'œuf, spécialement doué en vue de la production de l'espèce nouvelle, son développement dans l'ovaire d'un individu inférieur, et, après qu'il l'a quitté, de produire en lui les modifications nécessaires à la réalisation de l'espèce supérieure. Quel est le lieu d'origine naturelle de l'individu, sinon l'œuf? Et celui de l'œuf, sinon l'ovaire de la mère? Combien les difficultés que présente à l'Inconscient le développement d'un organisme supérieur dans la matrice d'un être inférieur sont insignifiantes, auprès des difficultés colossales qui s'opposeraient à la formation directe d'un organisme supérieur? Si nous n'avions donc que le choix entre ces deux modes de développement, nous adopterions sans hésiter le premier; et nous dirions que l'espèce supérieure naît de parents d'une espèce inférieure, mais par une genèse qui introduit des modifications dans le développement de l'œuf. Kölliker (Siebold et Kölliker : *Journal de zoologie et de médecine scientifiques*, 1865, 3ᵉ livraison) adopte cette manière de voir qu'il appelle « *génération hétérogène* ».

Nous avons ainsi un point d'appui pour ces degrés intermédiaires que nous avons supposés dès le début dans la formation des animaux supérieurs, à savoir une échelle d'espèces de plus en plus élevées, que gravit l'activité organisatrice de l'Inconscient pour s'élever à la réalisation des plus hauts organismes. Ce résultat général est juste; nous ne pouvons pas cependant nous en contenter.

Nous avons montré 1ʳᵉ partie, chap. VIII, que l'Inconscient intervient par son action à chaque moment du processus organique et à chaque place de l'organisme; que son action se fait sentir surtout dans le développement embryonnaire, qui est relativement si rapide. Il ne faut pas, d'un autre côté, méconnaître que, partout où cela est possible, et par conséquent pour le développement de l'œuf, l'Inconscient prédispose certains mécanismes en vue de faciliter sa propre intervention et de la réduire à un minimum d'action matérielle. L'Inconscient, selon toute vraisemblance, trouve dans les matières prolifiques du mâle et de la femelle une disposition, déposée intentionnellement par lui dans les phases antérieures de l'existence, laquelle aide ces matières, sans doute sous la direction psychique nécessaire, à se développer *plus facilement* dans le sens tracé par l'organisme des parents que dans un autre. L'Inconscient suit toujours la direction marquée au développement par les dispositions originelles qu'il a déposées dans les germes, parce qu'elle répond en général à ses desseins antérieurs, et lui offre les moindres résistances. Il faut, il est vrai, qu'il n'ait aucune raison de s'en écarter pour réaliser des fins spéciales; mais, dans la génération ordinaire, il n'y a aucune raison de ce genre, puisqu'il ne *s'agit que de la conservation de l'espèce.* L'Inconscient, dans la direction psychique du développement embryonnaire, suit donc habituellement la voie qu'il a marquée lui-même aux matières génétiques par les propriétés qu'il leur a imprimées à l'avance : car c'est pour lui la voie la plus simple. En un mot l'*enfant ressemble à ses parents;* et ce phénomène s'appelle : « la transmission ou l'hérédité des propriétés ».

Une règle téléologique générale est d'autant moins enfreinte par l'Inconscient, que sa portée est plus étendue : c'est ainsi qu'il ne s'écarte jamais des lois de la nature inorganique. Comme il est assez difficile de perfectionner une ancienne espèce et de l'enrichir de nouveaux caractères de manière à en faire sortir une espèce supérieure, l'Inconscient s'efforce de se soustraire autant que possible aux difficultés que lui présenterait la suppression des caractères propres à l'ancienne espèce, et qui ne peuvent ou ne doivent pas figurer dans l'espèce nouvelle. Il cherchera dans ce but à tirer l'espèce supérieure nouvelle d'espèces telles qu'il lui suffise de les enrichir de caractères nouveaux; et qu'il n'ait que très-peu ou point de caractères positifs existants déjà à supprimer : en un mot, d'espèces relativement imparfaites, n'ayant que peu de caractères spécifiques, se prêtant facilement à un développement supérieur, non d'espèces déjà très-développées, profondément différenciées et douées de caractères nombreux et bien définis.

Cette loi est confirmée par l'histoire du développement paléontologique du règne animal. Chaque ordre important du règne animal est comme un rameau tout entier de l'arbre; et se développe, dans une période géologique déterminée, en s'élevant des commencements les plus simples aux formes les plus parfaites. Ces dernières, qui sont comme les extrémités du rameau, ne donnent pas naissance elles-mêmes, après que les conditions nouvelles d'une période géologique ultérieure se sont produites, à un nouvel ordre d'espèces animales. Elles se sont enrichies de caractères profondément accusés, et ont épuisé leur faculté de se perfectionner dans la direction où elles se sont une fois engagées. Ce sont les pousses primitives et imparfaites du même rameau, lesquelles se sont péniblement conservées jusqu'à ce moment en luttant pour l'existence contre les rejetons bien supérieurs, et qui, comme des rejetons modestes, sont restées le plus près du tronc maternel, ce sont elles qui, en s'enrichissant de caractères tout à fait nouveaux et non encore manifestés ailleurs, constituent l'ordre nouveau. C'est là une loi générale de la nature, dont l'application spéciale au développement de l'humanité est depuis longtemps familière aux historiens. Si les races ou les nations, qui, à une certaine époque, représentent le plus haut développement de la culture humaine, deviennent stationnaires ou subissent une dégénération passagère, des races ou des peuples vierges apparaissent sur le théâtre de l'histoire, et atteignent rapidement à un développement qui surpasse en hauteur la croissance des races antérieurement les plus élevées (v. p. 421 à 423). Il en est de même du développement dans le règne animal. Mais là le perfectionnement de l'intelligence est accompagné pas à pas par celui de l'organisme : ce qui rend le progrès plus facile à constater que chez l'homme. Sans doute le développement du cerveau correspond chez ce dernier aux progrès de la civilisation; mais les autres organes, qui servent à son perfectionnement, sont des instruments qu'il crée et forme en dehors de lui-même, tandis que l'animal les produit au sein de son propre corps. — Quelque imparfaites que soient nos connaissances sur les espèces intermédiaires, qui ont précédé les formes conservées dans la faune actuelle ou les formes paléontologiques dont nous avons jusqu'ici trouvé les restes, elles suffisent néanmoins à justifier nos précédentes affirmations.

Après que les crustacés ont produit les écrevisses comme l'expression la plus parfaite de leur classe, les arachnides apparaissent en commençant par l'espèce très-imparfaite des mites. Lorsque la classe des arachnides s'est élevée jusqu'à sa forme la plus parfaite, celle des araignées, la classe des insectes traduit le retour en arrière de la nature par l'apparition de l'espèce inférieure des poux. Les formes les plus élevées de la classe des mollusques sont les sèches; de celle des articulés, les hyménoptères. Les deux espèces ont une organisation supérieure à celle des espèces de poissons les moins parfaites qui nous sont connues. Toutes deux vivaient à l'état de perfection où nous les trouvons aujourd'hui, avant qu'il y eut des vertébrés sur la terre. Mais elles étaient trop distinctes, trop nettement différenciées, pour que la nature pût tirer d'elles une classe d'animaux ayant un squelette tout différent du leur dans ses traits essentiels. Les poissons vinrent plutôt des ascidies, des vers et des crustacés. Les poissons fossiles les plus anciens n'appartiennent, pour une raison facile à saisir, qu'aux formes transitoires des crustacés : les deux autres espèces étaient d'une structure trop molle pour laisser des restes fossiles. Mais les formes intermédiaires, qui sont sorties de ces deux dernières espèces, se sont conservées vivantes jusqu'à nous dans deux espèces. Le poisson à lancette qui vit sur les côtes de la mer du Nord et de la Méditerranée, long de deux pouces et transparent, *l'amphioxus lanceolatus de Pallas*, ne possède encore ni crâne, ni colonne vertébrale. Il n'a qu'un simple cordon de masse fibreuse pour soutenir la moelle épinière; aucun cerveau distinct de la moelle épinière; ni cœur, ni rate; à la place du foie, un cæcum; pas de sang rouge, pas de rayons de nageoires, mais une nageoire caudale formée d'une peau tendre (embryonale (1). Linnée avait pris un autre poisson (le *myxine*)

---

(1) L'embryologie est devenue un des fondements les plus solides, une des sources de recherches les plus fécondes pour la théorie de la descendance. On peut dire en général que chaque animal, pendant son développement embryonnaire, reproduit rapidement les degrés progressifs du développement embryonnaire de tous ses ascendants directs. On ne rencontre jamais de formes qui ne se retrouvent chez quelqu'un des ascendants en ligne directe, et qui ne soient développées que dans les lignes indirectes. Mais les séries de développement des ascendants directs, surtout des ascendants éloignés, peuvent ne se reproduire qu'en abrégé, et presque par un saut : l'œil du naturaliste ne reconnaît les traits des ancêtres éloignés qu'en découvrant par l'étude de l'embryologie les degrés intermédiaires de l'organisation (ainsi, entre les mammifères et les ascidies, l'amphioxus).

pour un ver ; de même Pallas prit l'amphioxus pour un limaçon nu (*limax*). Seules les recherches des récents anatomistes ont montré que l'amphioxus est conformé d'après le type des vertébrés ; qu'il représente le type de l'espèce la plus infime connue des poissons, et qu'il peut être regardé comme le prototype ou la première forme du règne entier des vertébrés, comme le descendant immédiat des plus anciennes espèces de vertébrés que contenait le monde primitif ; et que ses parents ont dû certainement, en quantités innombrables, peupler les mers de l'ancien monde. L'amphioxus se rapproche de très-près des ascidies (espèce de mollusques). Non-seulement pendant le développement embryonnaire (comme chez certains vers inférieurs) la formation des feuilles embryonnaires, qui est considérée comme une caractéristique essentielle du type des espèces vertébrées, est absolument la même chez les ascidies que chez l'amphioxus ; mais, à un certain degré de leur développement, les ascidies présentent la même constitution gélatineuse de la colonne vertébrale que l'amphioxus : elles la perdent sans doute ensuite.

Montons des poissons aux amphibies. Les formes transitoires ne se rencontrent que dans les espèces imparfaites et inférieures ; mais les deux classes s'écartent d'autant plus l'une de l'autre, que s'accuse davantage la distinction de leurs caractères propres. La salamandre à écailles ou *lépidosiren paradoxa de Natt* est un animal long de trois pieds, analogue par la forme aux poissons ; il a des branchies et une enveloppe d'écailles qui répond parfaitement à celle des poissons osseux. Deux nageoires à la tête et au ventre représentent les membres antérieurs et postérieurs. Outre les branchies l'animal a encore une paire de poumons qui s'ouvrent par un conduit aérien dans l'œsophage, par suite une organisation qu'on ne rencontre jamais chez les poissons, mais bien chez les reptiles pisciformes, comme le *proteus*. Par la respiration et la circulation, la salamandre à écailles se range donc dans la classe supérieure des amphibies, mais, par tout le reste de son organisation, c'est encore un poisson. Si nous considérons maintenant la place qu'occupe l'animal dans la série des vertébrés, elle est aussi basse que possible. Son squelette est imparfaitement osseux ; la colonne vertébrale est encore un cordon cartilagineux sans division, sur lequel reposent les arcades osseuses des vertèbres. Analogue à celle du lépidosiren est la structure du *Protopterus*, qui vit dans l'Afrique occidentale. Cet animal respire par les branchies dans les marais que l'eau recouvre, et par des poumons dans les marais desséchés. Huxley, il y a une dizaine d'années, trouvait ces caractères suffisants pour admettre que la salamandre à écailles, dont le système respiratoire est double, descend des poissons cartilagineux à écailles circulaires. Cette conjecture a été rendue évidente par la découverte qu'à faite Krefft dans le fleuve Burnett (Queensland) d'un animal (*Ceratodus*), qui tient justement le milieu entre les poissons cartilagineux et les salamandres à écailles (*Portraits et descriptions* : feuilles supplément. VI, p. 227). On peut après cela considérer comme prouvé que les amphibies (et avec eux les animaux supérieurs) dérivent des poissons cartilagineux ; et que les poissons osseux, qui peuplent surtout les mers aujourd'hui, constituent une ligne indirecte dans l'arbre généalogique du monde animal, où ils occupent une place incontestablement plus élevée que celle des poissons cartilagineux. Ces exemples peuvent servir à justifier et à éclairer notre affirmation.

Mais ces faits, que Darwin ne conteste pas, ne sauraient s'expliquer par son principe, que la fixité et la constance dans la transmission héréditaire des caractères sont des propriétés acquises pour chaque espèce par la durée seule de la possession ; que chaque espèce est d'autant moins disposée à s'écarter de ses caractères spécifiques qu'elle les possède depuis plus longtemps. Le principe de Darwin est vrai en ce qu'il montre que les jeunes espèces sont plus semblables au genre, qui est leur souche commune, que les anciennes ; celles-ci, comme oublieuses de leur origine, se sont fixées dans leurs caractères particuliers. Il est vrai encore que les jeunes espèces issues d'une souche commune présentent entre elles une parenté plus étroite, une plus grande aptitude à se mêler que les plus anciennes. De jeunes espèces de ce genre, qui peuvent se croiser entre elles à volonté et produire des races métisses durables, reçoivent le nom d'espèces flottantes, par opposition aux espèces fixes qui sont comme enfermées en elles-mêmes, et dont les produits hybrides, les races dérivées, ne tardent jamais à retourner et à se perdre au sein de la race mère. On a des races flottantes de ce genre dans les races de chiens, de pinsons, de souris. Les races humaines tendent au contraire à passer de l'état mobile à l'état fixe ; tellement que, entre les représentants des races les plus distantes dans la série, les unions ne peuvent produire une race durable de métis. — Mais le principe énoncé plus haut de Darwin est faux, en tant qu'il affirme que la durée d'un caractère diminue en général et régulièrement son aptitude à varier. L'élevage artificiel des plantes et des animaux n'a permis jusqu'à présent de constater aucune différence dans l'aptitude des espèces vieilles et jeunes à se modifier. D'ailleurs, en admettant que le principe fût vrai, il conduirait à une conséquence contraire à l'explication qu'on en attend. Si les espèces les plus parfaites, les plus riches en caractères différents sont toujours plus récentes, par suite plus jeunes que les espèces primitives et plus imparfaites, ces dernières, comme plus anciennes, devraient être moins propres à commencer de nouvelles séries de développement : or les faits prouvent le contraire. Nous devons donc maintenir que les espèces les plus parfaites se prêtent en fait aussi facilement à des variations nombreuses que les espèces imparfaites, si les conditions modifiées de leur existence les y provoquent. Il est vrai seulement que les espèces les plus parfaites ne sont pas aussi portées que les autres à se transformer, pour donner naissance à des *classes supérieures*. Mais quelle est la cause de cette résistance et pourquoi cette transformation en une classe nouvelle n'a-t-elle lieu qu'après que, dans la classe actuellement existante, la série des formes plus parfaites a été épuisée? la théorie de Darwin ne peut absolument en rendre compte.

Nous avons trouvé que la génération hétérogène est le seul moyen dont se serve l'Inconscient pour faciliter la formation de nouvelles races : examinons encore ce point. Nous n'avons pas considéré jusqu'où doit aller la différence qui sépare le produit de ses parents. Il est évident d'abord que l'Inconscient, dans le développement et le perfectionnement des espèces, ne doit pas faire inutilement de grands sauts, mais rapprocher les limites de chacune d'elles autant qu'il est possible. Il faut toujours qu'un saut soit fait; autrement, d'une espèce à l'espèce la plus voisine, une série infinie de générations se déroulerait, ce qui est impossible avec la durée limitée qui est assignée sur la terre au développement organique. Mais chacun des pas de l'évolution organique ne doit pas du moins sauter un degré dans la série du développement en ligne directe : l'ascension se fera tout au plus d'une espèce à l'espèce immédiatement supérieure.

Nous sommes ici en présence d'une nouvelle question : Quelle distance sépare une espèce de l'espèce la plus voisine? Comment, dans la notion de l'espèce, les caractères spécifiques se distinguent-ils des caractères plus étendus du genre d'un côté et des caractères moins étendus de la variété de l'autre? En un mot, comment définir la notion de l'espèce? Tout naturaliste sans préjugé accorde que les limites précises, entre lesquelles nous renfermons le concept de l'espèce, ne se rencontrent pas dans la nature. L'espèce tend, par des intermédiaires essentiellement mobiles, à se rapprocher de la variété ou de la race d'un côté, et de l'autre de la famille ou du genre immédiatement supérieur, quelque nom qu'on lui donne. De même que pour tous les concepts dont la quantité est délimitée, le choix arbitraire de la volonté et les conventions décident seuls de l'extension donnée au concept de l'espèce. En gros, on s'est sans doute entendu sur les caractères anatomiques et extérieurs qui suffisent à la détermination d'une espèce; mais, lorsqu'il s'agira de fixer des limites précises, les opinions les plus différentes se produiront toujours dans l'application. Quelques auteurs ont cru couper court à ces débats, en donnant comme critérium de la différence spécifique de deux animaux l'impossibilité de faire sortir de leur accouplement des produits féconds. Mais, d'abord, si deux animaux diffèrent au delà d'une certaine mesure, ce n'est pas parce qu'ils ne peuvent donner des produits féconds; il faut dire qu'ils ne peuvent donner des produits féconds, parce que leurs différences dépassent une certaine mesure. Ce caractère ne constituerait donc pas le fond, mais serait seulement une conséquence de la diversité spécifique. En second lieu, la production de rejetons féconds est renfermée dans des limites aussi variables, que celles du concept lui-même de l'espèce. Assurément la proportion des unions donnant des produits féconds par rapport au nombre d'unions contractées est d'autant plus faible que deux animaux sont plus différents; mais, pour affirmer qu'entre ces deux animaux la production de rejetons féconds est impossible, il faudrait avoir fait une série infinie d'expériences. En troisième lieu, le caractère en question, dans bien des cas, se rencontre chez des animaux que l'usage général se refuse à réunir dans une même espèce. Des animaux, reconnus généralement pour appartenir à des espèces différentes, ont donné par le croisement des produits féconds : ainsi le cheval et l'âne (en Espagne), le mouton et la chèvre, le chardonneret et le serin, la *Mathiola maderensis* et l'*incana*, la *Calceolaria plantaginea* et l'*integrifolia*, etc. Des animaux sauvages ou à demi sauvages, d'eux-mêmes et sans l'intervention de l'homme, ont donné des produits hybrides (ainsi le chien et la louve, le renard et la chienne, le bouquetin et la chèvre, le chien et le chacal, etc.). Il y a de nombreuses races métisses dont les produits ont une fécondité illimitée : ainsi le métis du lièvre et du lapin, du loup et du chien, de la chèvre et du mouton, du chameau et du dromadaire, du lama et de l'alpaca, de la vigogne et de l'alpaca, du bouquetin et de la chèvre, etc. Les races elles-mêmes se comportent très-différemment sous le rapport de la reproduction. Les unes ne peuvent, les autres ne veulent pas absolument se croiser; chez d'autres enfin, la fécondité s'épuise à la longue après plusieurs générations successives. Si la fécondité des métis entre eux ne prouve pas qu'ils constituent une espèce, l'impossibilité où sont les animaux d'espèces différentes de produire des métis d'une fécondité durable ne saurait davantage être considérée comme une marque absolue pour distinguer sûrement les espèces fixes des espèces flottantes. La différence même n'est qu'une détermination extensive, puisqu'elle dépend toujours pour chacune du choix de l'espèce avec laquelle on a tenté l'hybridation. En second lieu, chez les espèces actuellement les mieux fixées (comme chez les jeunes races métisses qui sont intermédiaires entre deux races fixes), on voit de temps en temps, quoique rarement, des retours surprenants à la forme des ancêtres (atavisme).

Nous devons donc admettre que le caractère de l'espèce est conventionnel, et reconnaître qu'il n'y a dans la nature que des différences plus petites ou plus grandes qui se confondent par des intermédiaires nombreux. Depuis la nuance très-légère qui distingue deux individus jusqu'aux différences profondes qui séparent l'organisme le plus élevé du plus infime, la transition s'opère par des degrés imperceptibles (voir sur ce sujet Wallace, *Contributions à la sélection sexuelle dans la nature*, traduit en allemand par Mayer, p. 163, et suiv.). —Nous ne trouvons donc, ni dans le concept de l'espèce ni dans tout autre concept semblable plus ou moins étendu, aucune raison d'admettre que l'Inconscient soit forcé de limiter régulièrement, à tel minimum plutôt qu'à tel autre, les différences par lesquelles il sépare les espèces dans l'évolution organique. Le minimum de sauts, auxquels la génération hétérogène est condamnée, dépend seulement des résistances opposées aux transformations voulues et des fins poursuivies par l'Inconscient (par exemple la réalisation de certains degrés de l'organisation dans certaines périodes de temps). Chacun sait que les parents et les enfants ne sont pas d'ordinaire absolument semblables, mais seulement ressemblants. Les diverses conditions matérielles, qui influent sur la génération, font que les individus s'écartent toujours du type normal de l'espèce : vouloir niveler toutes ces différences exigerait une dépense de force inutile de la part de l'Inconscient, puisque ces déviations des individus du type spécifique sont corrigées d'ordinaire et pour l'essentiel par le croisement spontané des familles. On n'a donc pas à s'étonner des dissemblances, mais bien plutôt des ressemblances que présentent les parents et les enfants. Si l'Inconscient se comportait de la même manière dans toutes les générations qui s'effectuent au sein de la même espèce, et n'intervenait pas sans cesse pour corriger les différences, les producteurs et les produits seraient, par l'effet des déviations qui résultent de la diversité des conditions matérielles, bien plus dissemblables que l'expérience ne nous le montre. Nous voyons pourtant des cas se produire où l'Inconscient préfère laisser naître des monstres, que de dépenser sa force pour triompher des résistances de la matière. — Les autres différences, qui naissent ainsi entre les individus, sont toutefois assez grandes pour amener promptement une modification essentielle du type ; et l'Inconscient n'a besoin d'empêcher que le croisement des familles efface ces altérations, qu'autant que ces altérations répondent à son plan de développement organique, soit qu'il les maintienne directement, soit qu'il ait recours pour cela à un mécanisme extérieur : en tout cas, une grande dépense de force est évitée pour lui de cette manière.

Que des espèces se soient formées ainsi par l'accumulation des déviations individuelles du type normal, bien des classes d'animaux nous le montrent dans les collections géologiques, pourvu que le collectionneur n'ait pas rejeté les formes intermédiaires qui lui déplaisent, parce qu'elles ne peuvent se ranger dans aucune division régulière. « Innombrables sont les espèces d'ammonites déjà décrites; chaque année en découvre de nouvelles, et des armoires entières s'emplissent avec les livres qu'on a écrits sur les seules ammonites. Si on essaye de classer ces êtres, les différences de deux exemplaires sont en réalité si insignifiantes que l'on doit absolument les considérer comme des particularités purement individuelles. Les différences s'accumulent d'un individu à l'autre dans une douzaine ; et à deux douzaines elles sont devenues si grandes, qu'entre le premier et le dernier exemplaire on ne découvre plus aucune ressemblance. Il n'y a place pour aucune application solide du concept d'espèce, dès qu'on a rassemblé un nombre d'exemplaires assez grand pour rendre visibles les différences intermédiaires » (*Fraas : Vor der sündfluth*, p. 269). La même chose se présente pour les trilobites et plusieurs autres genres. Faisons encore une citation sur les hélices. « A Steinheim (Wurtemberg) s'élève un monticule de terrain tertiaire, qui est composé pour plus de la moitié de sa hauteur des coquilles blanches comme la neige de la *Vallata multiformis*. Une variété extrême de ces hélices est fortement turriculée, comme la paludine (mais une fois plus haute qu'épaisse) ; l'autre variété extrême est terminée par un ombilic tout à fait plat (discoïdal), plus haut d'un quart qu'il n'est épais. Le naturaliste le plus scrupuleux, qui veut utiliser toutes les différences pour déterminer l'espèce, se déclare impuissant devant la montagne du cloître de Steinheim. Il doit avouer que les millions de formes que son pied a foulées se fondent les unes dans les autres d'une manière si aisée et si imperceptible, qu'il ne peut être question que d'une espèce unique. » (*Fraas*, x, p. 30.) En creusant le sol de la colline, on trouve les formes les plus plates ; à la surface se trouvent les formes les plus turriculées. Les milliers d'années, qui ont été nécessaires à la formation de cette colline, ont amené dans l'espèce ce changement si radical. Ce même sable calcaire de Steinheim permet d'étudier, dans la diversité de ses couches successives, comment une forme primitive se transforme insensiblement en espèces, qui se subdivisent elles-mêmes et aboutissent à des différences de plus en plus tranchées (voir une communication d'Hilgendorf au *Compte rendu mensuel de l'Académie des sciences de Berlin*, juillet 1866).

S'il faut considérer comme prouvé que l'Inconscient se sert souvent, pour former une espèce nouvelle, de l'accumulation des déviations accidentelles qui écartent les individus du type normal, il n'est pas prouvé par là que ces modifications se produisent toujours dans toutes les direction que l'Inconscient a résolu de suivre. Il est toujours possible au contraire, que les progrès les plus importants de l'évolution organique ne dérivent pas de déviations accidentelles, mais ne puissent s'expliquer que par des processus réglés, où la déviation organique est soumise à un plan. Je crois même qu'il faut admettre que tous les progrès, par lesquels l'organisme s'élève à des formes essentiellement supérieures et s'enrichit d'organes qui n'existaient pas encore, ne doivent pas être rapportés aux accidents des déviations individuelles. Ces dernières toutefois peuvent avoir préparé en grande partie le travail, en épuisant dans toutes les directions la série entière des transformations possibles d'un type existant.

Comment un changement, qui se produit en même temps en diverses parties du corps et fait servir à un dessein unique ces parties différentes, pourrait-il s'expliquer suffisamment par les déviations accidentelles du type primitif ? La formation de la mamelle, par exemple, chez le premier marsupiau, ne devait-elle pas naturellement accompagner la première parturition ? Autrement les jeunes auraient péri misérablement après leur naissance. La transformation des organes sexuels de l'homme et de ceux de la femme ne doit-elle pas aussi se faire simultanément, pour que l'accouplement soit possible ? Le principe des déviations accidentelles ne suffit pas davantage à expliquer comment certaines formes animales présentent des particularités anatomiques qui sont inutiles aux animaux eux-mêmes, et ne peuvent avoir leur raison d'être que comme des formes transitoires, intermédiaires pour préparer des degrés supérieurs de développement, et n'existent que par anticipation en vue d'un but futur : ainsi la première formation d'un cordon dorsal gélatineux dans les espèces de poissons primitifs, qui avaient déjà, grâce à leur appareil extérieur de coquilles, une parfaite solidité, comme les crustacés d'où ils dérivent. Ces animaux ne pouvaient posséder pour eux-mêmes cette ébauche première d'un squelette intérieur ; elle ne pouvait servir qu'à leurs descendants reculés, qui devaient transformer leur cuirasse de coquilles en une enveloppe d'écailles. J'en dirai autant du cerveau des sauvages inférieurs et des hommes primitifs, dont la grosseur est égale aux 5/6 du cerveau des races les plus avancées dans la civilisation, tandis que les fonctions auxquelles il sert ne demanderaient qu'un cerveau aussi étroit que celui des singes anthropoïdes, lequel ne mesure que la moitié du cerveau de l'homme civilisé. Wallace lui-même le dit expressément : « La sélection sexuelle que la nature pratique ne pourrait donner au sauvage qu'un cerveau un peu supérieur à celui du singe ; en réalité, celui qu'il possède est peu différent de celui d'un philosophe. » (*Contrib.*, p. 409.) Si l'on songe, en outre, que l'homme n'a pas le dos velu ; que la main et le pied paraissent être pour le sauvage des organes d'une perfection inutile ; que les organes de la voix humaine, surtout le larynx de la femme, révèlent chez le sauvage des facultés merveilleuses et complétement inutiles et ignorées, qui ne sont appréciées que dans un état supérieur de civilisation : toutes ces raisons conduisent Wallace à cette conclusion, « qu'une intelligence supérieure gouverne le développement de l'homme et le dirige dans un certain sens et vers un but déterminé, absolument comme l'homme gouverne le développement des animaux et des plantes. » (*Contrib.*, p. 412.)

La théorie de Darwin a le mérite d'insister sur l'effet produit par *l'accumulation des déviations individuelles* dans une direction déterminée. Elle a montré quelles facilités un type existant trouve ainsi à se modifier pour former des variétés ou des espèces nouvelles, et a éclairé cette loi par de nombreux exemples. On doit pardonner au génie, qui apporte des vues nouvelles, d'en exagérer l'application et de croire tout éclairé par elles, alors qu'elles n'expliquent en réalité que quelques-uns, admettons même le plus grand nombre des faits. Le témoignage de Wallace est d'autant plus intéressant. Ce concurrent de Darwin avoue nettement que la théorie de Darwin est insuffisante pour expliquer l'origine de l'homme.

Examinons encore quels moyens emploie l'Inconscient, lorsque sa tâche unique consiste à maintenir les déviations accidentelles qui se sont produites dans une direction donnée, et à prévenir l'action du croisement pour les corriger et les effacer.

L'un des moyens employés, nous le connaissons déjà : c'est l'*instinct du choix individuel* dans la satisfaction de l'instinct sexuel. Nous avons vu, au chapitre v de la 2ᵉ partie, que la beauté du règne animal est par ce moyen accrue en perfection et en étendue. Le chapitre II de la même partie nous a montré combien cet instinct contribue au perfectionnement de la race humaine sous tous les rapports, et nous a conduits à jeter un regard rapide sur la possibilité de transformations semblables dans les espèces supérieures du règne animal. Sans doute la sélection sexuelle ne s'applique guère aux espèces inférieures; et son rôle augmente à mesure que l'on s'élève dans l'échelle zoologique. Mais il sert toujours plutôt à *fixer et à perfectionner* l'espèce elle-même, qu'à faciliter sa *transformation en une autre espèce*. Fréquemment d'ailleurs à la place du choix actif des mâles intervient le choix passif des femelles : les mâles amoureux, enflammés par une ardeur particulière pour la lutte, se disputent la possession de la femelle, et naturellement ce sont les plus forts et les plus habiles qui triomphent.

Pour transformer l'espèce, une autre cause agit avec encore plus d'efficacité : en avoir fait ressortir le rôle, c'est le mérite le plus original de la théorie darwinienne. Je veux parler de la *sélection naturelle* (natural selection) *dans la lutte pour l'existence.*

Chaque plante, chaque animal a une double lutte à soutenir pour l'existence : une lutte négative pour se défendre contre les ennemis qui la menacent, contre les éléments, contre les bêtes de proie, les parasites qui veulent vivre à ses dépens; une lutte positive pour la possession et la conservation de tout ce qui est nécessaire au développement de son existence, la nourriture, l'air, la lumière, le sol, etc. Les animaux les plus rapides, qui savent le mieux se cacher, ou qui par leur couleur et leur forme dissimulent le mieux leur présence, se dérobent très-aisément aux poursuites de leurs ennemis. Les animaux et les plantes les moins exposés aux outrages du temps, des orages, de la gelée, de la chaleur, de l'humidité, de la sécheresse, etc., sont ceux que leur organisation externe ou interne défend le mieux contre l'action de toutes ces causes. Les animaux de proie n'évitent de mourir de faim que par l'habileté, la légèreté, la vigueur et la ruse. Parmi les plantes, celles qui profitent le mieux dans les mêmes conditions, étouffent bientôt les autres sous leur croissance, et se font une si belle part à la lumière, à l'air, à la pluie, que les autres plantes les moins favorisées ne tardent pas à dépérir. Cette lutte pour l'existence éclate souvent entre espèces différentes, et se termine par l'entière destruction de l'une d'elles : ainsi le rat noir a été détruit par le surmulot. Pour être moins remarquée, la lutte des individus différents de la même espèce est bien plus générale. Cette dernière lutte conduit naturellement au perfectionnement de l'espèce. Les individus les plus faibles sont détruits et cessent de contribuer à la reproduction de l'espèce; et les plus habiles, les plus vigoureux s'acquittent le plus longtemps de cette fonction. Outre le perfectionnement, cette lutte peut amener au sein de l'espèce de telles modifications, que d'abord des variétés et des races, enfin de nouvelles espèces soient produites. Ce cas ne se réalise, sans doute, que si les conditions extérieures de l'existence sont changées pour l'espèce en question. La sélection naturelle perpétuera et favorisera les caractères individuels, qui se montreront les plus capables de lutter contre les circonstances nouvelles. Il en résultera une accommodation générale de l'espèce aux conditions extérieures. Puisque l'Inconscient veut cette accommodation, il n'a qu'à laisser, le cas échéant, la sélection naturelle faire son œuvre dans la lutte pour l'existence; il voit ainsi son dessein réalisé facilement sans aucune intervention de sa part.

Ces changements des circonstances extérieures peuvent se produire de bien des manières. D'abord la plante ou l'animal les provoquent par leurs migrations. En s'établissant à l'écart de ses congénères, en formant en quelque sorte une colonie, la nouvelle variété qui se prépare se protége contre les causes qui menaceraient sans cela de la faire disparaître en la ramenant à la forme de l'espèce maternelle. Le terrain que la variété s'est choisie peut lui être disputé par des espèces étrangères de plantes et d'animaux, qui émigrent également. Elle doit lutter contre elles, éprouver ainsi et développer ses forces. L'élévation ou l'abaissement du sol peut changer le rapport des terrains et leur hauteur au-dessus du niveau de la mer. Les montagnes peuvent devenir de simples collines, les plaines se transformer en montagnes, le fond de la mer en plaine, le sable mouvant faire place à la terre ferme, des régions séparées se trouver réunies, des pays voisins être séparés, etc. Les variations du climat s'ajoutent encore aux causes mentionnées. Enfin les changements qui surviennent dans le règne végétal modifient les conditions d'existence du règne animal, et réciproquement. Toutes ces circonstances produisent une riche diversité d'influences, que l'histoire du développement géologique de la surface terrestre nous montre en action non pas une fois, mais mille fois dans la plupart des régions du globe.

Si un végétal est transplanté sur un sol régulièrement humide, ses feuilles sont en général moins partagées, plus glabres et présentent la couleur verte de l'herbe; les fleurs sont plus petites et plus sombres. Au contraire, quand il est transporté sur un sol plus poreux et plus sec, ses feuilles prennent une teinte bleue; les lobes, les divisions ou les nervures se multiplient; les fleurs sont plus développées, plus brillantes; la plante s'enveloppe d'un épais fourreau de poils. C'est ainsi que sur un terrain sec, calcaire, l'*Hutchinsia brevicaulis* se transforme en *alpina*; l'*Arabis cœrulea* en *bellidifolia*; l'*Alchemilla fissa* en *vulgaris*; la *Betula pubescens* en *alba*. Sur un sol humide et sans calcaire, le *Dianthus alpinus* devient le *deltoïdes* (selon A. Kerner, dans le *Journal autrichien de Botanique*). Dans le règne animal, les modifications des conditions extérieures ne s'associent pas aussi étroitement que pour les plantes des divers terrains : les conditions géologiques et climatériques de l'époque actuelle restent en moyenne si peu variables que jusqu'aujourd'hui nous n'avons pas encore observé que la sélection naturelle amenât le changement d'une espèce dans une autre. Mais des variétés très-prononcées peuvent s'y produire, surtout sous l'influence inconsciente de l'homme. C'est ainsi que naissent les races si diverses d'animaux domestiques (les chiens, les races bovines, les moutons, les chevaux). Nous avons déjà dit avec quelle aisance la race se transforme en variété : il faut admettre qu'aux époques primitives, alors que les conditions extérieures subissaient souvent des changements plus brusques que ceux dont l'histoire nous a gardé le souvenir, à ces époques primitives, dis-je, des espèces nouvelles ont dû se former de bien des manières, par l'effet de la sélection naturelle dans la lutte pour l'existence. — On objecte que les formes intermédiaires qu'une espèce aurait traversées pour donner naissance à une autre espèce, devraient se trouver dans les couches géologiques; et que les différentes espèces de fossiles sont, au contraire, aussi profondément, et même plus profondément tranchées que les espèces vivantes. Mais cela ne prouve rien. Il est naturel que la forme fossile que nous retrouvons ait été la forme dernière, celle qui l'emportait en vitalité sur toutes les formes intermédiaires précédentes, et qui les avait toutes vaincues, détruites dans la lutte pour l'existence. Si la forme définitive a ainsi bientôt repoussé toutes les autres, ces dernières n'ont eu, par rapport à elle, qu'une courte existence. La forme définitive, étant la mieux appropriée aux conditions extérieures, a duré autant que ces conditions elles-mêmes. Il ne faut donc pas s'étonner de rencontrer parmi les fossiles si peu de formes intermédiaires entre les espèces différentes. Il n'est pas vrai, d'ailleurs, qu'on n'en ait trouvé aucune. Les espèces supérieures du règne animal, et surtout les espèces inférieures nous offrent de surprenants et nombreux exemples de ces intermédiaires.

Aux exemples apportés plus haut (p. 279-283), j'ajouterai les suivants. Du type radiaire nous nous élevons au type bilatéral par deux séries connues de formes intermédiaires : 1° les astéries, les échinides, les holothuries; dans la dernière espèce, ce qui était le bas et le haut est devenu le devant et le derrière; et puisque, par la disposition de ce qu'on appelle les pédicules, un bas et un haut se sont reformés, on a ainsi une droite et une gauche. 2° Les coraux, les rugoses, les conchifères à pantoufles. Chez les rugoses paléozoïques, les cloisons de l'enveloppe calcaire, qui répondent aux plis rentrants de la cavité abdominale, ne sont pas régulières comme chez les autres coraux; mais au moins les cloisons secondaires qui s'intercalent se rangent ici à côté d'une des cloisons principales, en sorte que, par rapport aux autres coraux, un type bilatéral apparaît. Que maintenant un opercule se développe comme chez la rugosa, on a le mollusque à pantoufle qui a jusqu'ici été rangé parmi les conchifères.

La faune australienne de la Nouvelle-Zélande doit être regardée en général comme un débris survivant d'une antique période géologique. Nous avons retrouvé récemment dans le lézard à ponts de la Nouvelle-Zélande un animal qui, par certains caractères (un corps de vertèbre biconcave comme celui des sauriens, un appareil générateur sans organe masculin), est resté au rang de la salamandre aquatique, et par le reste présente le développement extérieur d'un lézard, réunissant en soi, d'une façon merveilleuse, les caractères distinctifs des tortues (absence de dents), du crocodile (l'immobilité des quatre pattes), du serpent (la mobilité et la réunion par un ligament des branches de la mâchoire inférieure et la participation des côtes à la locomotion).

Huxley suit pas à pas la généalogie du cheval actuel en le rattachant par le cheval de l'ancien monde, par l'Hipparion et l'Hipparithérium au Plagiolophus, qui est lui-même une espèce du genre Paléothérium (l'ancêtre commun des solipèdes et des pachydermes). De la même manière, Huxley rattache le musc de l'âge contemporain par le Cainothérium de l'âge miocène, au Dichobune de l'éocène. — Gaudry a trouvé dans les couches miocènes de Pikermi, en Grèce, « le groupe des *Limocyonidæ*, qui tiennent le milieu entre les ours et les loups; le genre des Hyænictis, qui relie les hyènes aux civettes; l'Ancylothérium, qui se rattache aussi bien au mastodonte, dont l'espèce est éteinte, qu'au pangolin encore vivant ou au fourmilier écailleux; et l'Helladothérium, qui relie la girafe, aujourd'hui seule de son espèce, au cerf et à l'antilope. » (Wallace, p. 342.) L'étude du genre des crocodiles nous découvre un monde riche en formes variées. Les crocodiles de la période crétacée sont différents de ceux de l'époque éocène de la période tertiaire; et ceux-ci sont à leur tour aussi différents des crocodiles contenus dans les couches les plus récentes du terrain tertiaire, que de ceux du temps présent. Pourtant les différences, qui séparent dans la série une espèce d'une autre espèce, sont si faibles, qu'elles ne se révèlent qu'au connaisseur. — Les reptiles et les oiseaux semblent deux classes très-éloignées l'une de l'autre. Pourtant le schiste de Soolenhofer nous a révélé un oiseau (l'*Archæopterix*), qui, par sa stature allongée, par la séparation des os métacarpiens, par les ongles vigoureux de ses doigts ailés se rapproche beaucoup plus des reptiles que les autruches du présent; et, d'un autre côté, nous y découvrons un reptile (le *Compsognathus longipes*) qui ne marchait pas seulement (comme faisaient vraisemblablement la plupart des dinosauriens) sur les pattes de derrière exclusivement, mais qui est encore extraordinairement semblable à l'archœopteryx dans les parties qu'on a retrouvées de lui. Les traces de pieds, appartenant aux reptiles et aux oiseaux de cette période, présentent entre elles toutes les analogies imaginables ; et nous font espérer que nous retrouverons encore des débris nouveaux, qui nous aideront à relier les espèces encore séparées par des différences trop grandes.

Si l'on songe que, presque chaque année, de nouvelles formes intermédiaires sont produites au jour ; et que, dès maintenant, les anciennes classifications de la zoologie sont devenues absolument insoutenables, l'objection faite à Darwin par ses adversaires, au nom de l'absence prétendue des formes intermédiaires, doit être considérée comme sans valeur aucune. On peut regarder comme un fait certain que, si on pouvait reconstruire la généalogie entière des espèces actuellement vivantes, non pas les espèces, mais les genres actuels trouveraient dans les périodes géologiques antérieures leurs représentants respectifs, et que ces représentants de genres et de classes distincts ne diffèrent, à des époques plus reculées encore, que comme diffèrent entre elles aujourd'hui les diverses espèces d'un même genre, d'une même classe. Owen, dans sa paléontologie affirme « qu'il n'a jamais laissé échapper l'occasion de communiquer les résultats d'observations, qui prouvent que les animaux disparus diffèrent dans leur structure surtout par des caractères génériques, tandis que les formes de la faune actuelle diffèrent plutôt par des caractères spécifiques. » (Comparer, comme complément de ce chapitre et du précédent, l'ouvrage remarquable et populaire de Ern. Hæckel, *Histoire naturelle de la création*, 2º édit., Berlin, Reinser, 1870).

Si la transition des animaux aquatiques aux animaux terrestres se fait par des organismes amphibies, il en est de même pour les plantes. La tige et la feuille, qui séjournent dans l'eau, doivent, pour vivre, différer autant, par la structure anatomique, de celles qui vivent à l'air, que les branchies sont différentes des poumons. Ainsi l'*Utricularia vulgaris* se compose en quelque sorte de deux organismes différents : l'un est formé par la partie de la plante qui vit dans l'eau ; l'autre par les rameaux de la fleur qui s'élèvent dans l'air. Dans chacune des trois grandes divisions du règne végétal (cryptogames, monocotylédonés, dicotylédonés), il y a des plantes aériennes (*Marsilia, Sagittaria, Polygonum*) qui montrent qu'elles descendent des plantes aquatiques par ce fait que leurs jeunes pousses, si on les place sous l'eau, se garnissent de tiges et de feuilles d'une structure anatomique semblable à celle des plantes aquatiques. La plupart des plantes aériennes sont incapables de cette transformation ; elles semblent avoir oublié leurs ancêtres éloignés.

J'admets donc que la sélection naturelle, dans la lutte pour l'existence, exerce une action considérable sur la formation des espèces nouvelles. Je ne crois pas pour cela que ce principe suffise à expliquer l'origine du monde organisé. Ce n'est pas que cette hypothèse ne puisse s'accorder avec notre doctrine touchant la nature de l'Inconscient. Comme ce dernier emploie toujours les voies les plus simples pour réaliser son but, il semble, au premier abord, assez naturel qu'il ne demande pas mieux que de n'avoir à s'occuper que de l'individu, et qu'il laisse se produire, par une sorte de nécessité mécanique, le développement des espèces. Mais les faits qu'il s'agit d'expliquer ne sauraient *tous* s'expliquer par le principe de la sélection : je ne puis donc considérer ce principe comme suffisant.

L'intérêt général qui s'attache aujourd'hui à la théorie darwinienne, et la portée illégitime qu'on lui attribue si souvent, m'autorisent peut-être à insister quelques moments sur l'insuffisance de cette théorie (voir pages 317 à 320 du Ier volume).

Si l'on accorde que la concurrence vitale explique seule

toute l'évolution organique, depuis la cellule primitive jusqu'aux formes les plus élevées des organismes actuels ; que toute espèce supérieure n'a succédé aux inférieures, que parce qu'elle était douée d'une vitalité plus grande que la leur : il suit nécessairement que l'espèce supérieure, dans sa sphère propre d'existence, doit développer plus de vitalité que l'espèce inférieure, et d'autant plus qu'elle est plus élevée dans la hiérarchie des espèces. En effet, chaque degré du développement organique correspond à une nouvelle augmentation de l'énergie vitale ; et ces quantités s'additionnent. Mais cette conséquence directe du principe darwinien est en contradiction flagrante avec les faits. L'expérience nous montre que chaque classe, à quelque degré de l'échelle organique qu'elle se trouve placée, possède la même vitalité que toutes les autres. C'est seulement au sein de la même classe que les diverses espèces ou variétés se distinguent par une vitalité plus ou moins grande. Et cette vérité ressort de ce fait que la lutte pour l'existence est d'autant plus fréquente, plus acharnée, et aboutit d'autant plus fatalement à la destruction d'une des espèces en lutte, que les espèces ou les variétés entre lesquelles elle s'établit sont plus étroitement parentes. Au contraire, les espèces qui vivent en paix les unes près des autres et se prêtent mutuellement appui dans la vie, sont celles qui représentent les membres les plus éloignés de la grande famille organique. En chaque lieu, si on laisse de côté la différence des terres et des mers, tous les degrés de l'organisation ont leurs représentants, qui se développent les uns à côté des autres. D'après la théorie darwinienne, prise à la rigueur, en chaque lieu ne pourrait vivre qu'une seule espèce, et la plus parfaite en définitive, puisqu'elle l'emporterait sur toutes les autres en vitalité. Or la nature offre justement ceci de merveilleux et de grandiose, que chaque type final, auquel une classe aboutit dans la succession de ses espèces, est accompli en soi ; et que l'on ne peut le concevoir plus parfait qu'en le supposant enrichi de caractères nouveaux dans sa structure anatomique et morphologique, mais non pas en ajoutant à la perfection physiologique de sa forme actuelle ou à sa faculté de s'accommoder aux conditions extérieures ; car la classe a réalisé, sous ce double rapport, tout ce qu'elle pouvait donner. Si toutes les formes vivantes, correspondantes aux degrés successifs de l'organisation, n'avaient pas en moyenne une égale vitalité, toutes les espèces inférieures, au terme de cette lutte pour l'existence de plusieurs millions d'années, auraient été entièrement anéanties par les espèces supérieures. Mais les débris fossiles montrent que, malgré la diversité infinie des circonstances extérieures, il y a comparativement peu de classes végétales ou animales, qui n'aient encore dans le présent leurs représentants parfaitement vivaces.

L'aptitude à l'accommodation d'une classe et même d'une espèce dans *les limites de sa propre nature* est, en général, beaucoup plus grande qu'on ne croit. Ce qui le prouve, c'est la perpétuité d'un grand nombre d'espèces, depuis leur origine jusqu'à l'époque actuelle, où les conditions d'existence sont assurément bien différentes d'autrefois ; c'est encore l'*extension* qu'ont prise les classes et les espèces actuelles. Certaines classes peuplent la terre ou la mer tout entières ; beaucoup d'espèces sont répandues sur une étendue de plus de vingt, jusqu'à quarante degrés de latitude. Enfin qu'on songe à la *propriété de s'acclimater*, par laquelle tant d'espèces nous étonnent, pour peu que nos observations embrassent une période de temps assez vaste. Ainsi le pêcher, qui est originaire probablement de l'Inde, ne venait pas encore en Grèce du temps d'Aristote ; et aujourd'hui, dans le nord de l'Allemagne, nous cultivons d'excellentes pêches. Les espèces, dans les limites de leur vitalité propre, déploient une grande puissance d'accommodation, soit qu'elles se montrent capables intérieurement de modifications physiologiques qui échappent à l'observation, soit qu'elles donnent spontanément naissance à des variétés. Elles peuvent même se plier parfaitement à des changements considérables de climat ou autres, sans perdre leurs caractères distincts. On a des exemples nombreux d'espèces très-voisines, qui vivent à côté les unes des autres dans un même lieu, sans que le nombre des individus appartenant à chacune d'elles ait sensiblement changé. Et pourtant, au sein de chacune de ces espèces, les variétés et les autres formes flottantes, encore plus restreintes, luttent avec acharnement pour l'existence. La lutte peut s'engager ou non, suivant le cas; mais, dans aucun des cas étudiés jusqu'ici, les limites de l'espèce ne seront franchies. On ne verra pas enfin se produire facilement un tel changement des conditions extérieures pour une espèce, ni l'espèce se placer d'elle-même dans ses migrations au milieu de conditions si nouvelles, que sa capacité, si grande selon nous, d'accommodement et d'acclimatation dans les limites de sa vitalité spécifique, ne suffise plus aux exigences de la situation. Si plus tard un nouveau changement des conditions extérieures de la vie se produit au même lieu, comme ce sera d'ordinaire un retour aux conditions antérieurement existantes, l'espèce saura s'y accommoder en refaisant des pas en arrière dans la direction déjà suivie par elle (comme l'expérience l'a montré dans les cas cités plus haut, lorsque des plantes étaient transportées sur des terrains différents). Mais jamais la plante ne se transforme en une espèce nouvelle, et surtout en une espèce éloignée de sa classe. Si enfin le nouveau changement des conditions extérieures ne fait qu'accentuer d'avantage un changement précédent, l'espèce mourra dans le lieu où elle se trouve (ainsi la faune européenne de l'époque glaciaire) plutôt que de se transformer en une espèce nouvelle, laquelle serait plus éloignée du type fondamental de la classe que le point où la première est parvenue jusqu'ici.

Comment s'expliquer, dans la théorie de la concurrence vitale, que l'évolution organique n'entre dans une phase nouvelle qu'après que la classe, correspondant au dernier degré atteint de l'évolution, a épuisé toutes les formes dont elle est susceptible? Comment comprendre que la nature se soit reposée pendant des milliers d'années peut-être? Nous avons vu que, pour s'élever à un degré supérieur, l'évolution part justement des formes les plus imparfaites de la classe précédente. Nous ne ferons pas observer, comme nous l'avons déjà fait, que toutes ces formes spécifiques imparfaites de la classe inférieure sont aussi celles qui durent le plus longtemps sans altération; et que, par suite, selon le principe de Darwin, elles doivent être regardées comme les plus stables et les moins susceptibles de se modifier dans les individus et de se perfectionner. Nous ne dirons pas davantage que, si les formes dernières sous lesquelles la classe précédente a fini par se manifester, sont l'œuvre exclusive de la concurrence vitale, les formes primitives auraient dû déjà, par l'effet de la même cause et en vertu du même processus, se transformer en des formes supérieures de la même classe; ou que, du moins, elles auraient dû être, dans une période de temps immense, depuis longtemps détruites par les formes plus richement organisées qui se seraient une fois produites. Sans insister sur ces objections, je me bornerai à remarquer que, si, par quelque cause que ce soit, les formes primitives qui se sont maintenues ont été provoquées à une évolution nouvelle, les nécessités de la concurrence vitale auraient dû les pousser plutôt à se développer dans une direction qui leur est plus naturelle, celle de leur propre classe, où se rencontrent déjà des formes supérieures, que de se transformer en une classe supérieure dont les caractères morphologiques sont si différents de ceux de leur classe propre. Ne sait-on pas d'ailleurs que les formes les plus élevées de la classe inférieure manifestent, même dans les conditions nouvelles d'existence, une vitalité d'ordinaire aussi grande que les espèces de la classe supérieure? Cette remarque a d'autant plus de poids que la géologie reconnaît de plus en plus que les climats et les conditions de la vie dans les périodes géologiques antérieures (à l'exception des premiers temps qui suivirent le refroidissement de la surface du sol) étaient beaucoup moins différents de ce qu'ils sont aujourd'hui sur les divers points de la surface de la terre, que l'ancienne géologie ne l'acceptait avec sa doctrine de cataclysmes et de bouleversements imaginaires. — L'hypothèse darwinienne est avant tout hors d'état d'expliquer l'évolution des organismes unicellulaires. Les êtres unicellulaires sont justement d'une indifférence incroyable aux conditions extérieures de l'existence; c'est-à-dire qu'ils possèdent une très-grande aptitude à s'accommoder par des modifications relativement très-légères aux conditions les plus différentes. Il n'y a donc pas la moindre raison pour qu'ils se transforment en types plus compliqués.

Si nous demandons enfin de quelle nature sont positivement ces accommodations utiles, que provoque la concurrence vitale chez les organismes en lutte, on nous répond qu'elles sont de nature purement physiologique. Mais le principe de Darwin trahit ici son impuissance. Il suffit, sans doute, tant qu'il ne s'agit que de rendre compte du développement ou de la transformation d'un organe existant, en vue de l'accommoder à une fonction physiologique que les circonstance réclament. Mais il n'est pas en état de nous expliquer les modifications qui n'intéressent que la forme de l'organisme. Sans doute l'accumulation successive des déviations individuelles peut produire des changements morphologiques dans le type de l'espèce : on n'en saurait douter, et Darwin le démontre par de nombreux exemples, ainsi par la structure des pigeons. Mais tous les cas présentés ne nous montrent qu'une sélection *artificielle*. Une paire de dents, de vertèbres, un doigt de plus ou de moins, une vertèbre conformée de telle ou telle façon, ce sont là des caractères tout à fait indifférents pour la concurrence vitale. De tels caractères sont pourtant les signes les plus certains, auxquels le zoologue reconnaisse la distinction des espèces. La lutte pour l'existence ne peut évidemment modifier dans l'organisme que les éléments dont elle tire parti; elle doit en provoquer avec d'autant plus d'énergie la transformation, qu'ils peuvent la servir davantage. La concurrence vitale explique qu'un seul et même organe (au point de vue anatomique) serve aux fonctions les plus différentes ; elle n'explique pas comme des espèces qui vivent dans les mêmes conditions, mais sont d'origine diverse, exécutent souvent les mêmes fonctions avec des organes tout différents par la forme. (Ainsi les ascarides parasites qui vivent sur le poil des animaux ont un organe pour saisir le poil sur lequel ils circulent. Chez le listrophore, cet organe n'est qu'une transformation de la lèvre ; chez la myobia, il est formé par les pattes de la paire antérieure ; chez le mycopte, par la troisième paire, ou encore par la quatrième.) A travers tous ces changements, le type morphologique reste invariable et inaltérable dans ses traits essentiels.

Dans le règne animal, il est difficile de constater la vérité de cette proposition, que les modifications physiologiques, non les modifications morphologiques, intéressent la vitalité de l'espèce. C'est qu'on y rencontre, comme Darwin d'ailleurs l'a reconnu, des modifications *sympathiques* qui associent souvent au changement physiologique, que nécessite dans l'organe l'exercice d'une fonction, des changements purement morphologiques d'autres parties bien différentes de l'organisme. Ces modifications, qui résultent des lois particulières auxquelles obéit l'activité organogénique de l'Inconscient, sont bien propres à égarer le jugement de l'observateur. Mais la vérité de notre théorie est mise en pleine lumière par les phénomènes du règne végétal. Écoutons un juge compétent, Nägeli, sur cette question (*Origine et définition de l'espèce en histoire naturelle*, Munich, 1865, p. 26) : « La forme la plus parfaite de
» l'organisation se reconnaît à deux caractères : la plus
» grande variété dans les détails de la forme ; la division la
» plus étendue du travail dans la répartition des fonctions.
» Les deux caractères s'accompagnent d'ordinaire dans le
» règne animal : les mêmes organes y servent aux mêmes
» fonctions. Mais, dans les plantes, il n'en est pas ainsi. La
» même fonction peut être exécutée par des organes très-
» différents, même chez les plantes de la même famille ; et
» le même organe, exécuter toutes les fonctions physiolo-

» giques possibles. Il est remarquable que les appropriations
» intelligentes, que Darwin étudie chez les animaux et que
» l'on pourrait rencontrer en foule dans le règne végétal,
» sont exclusivement de nature physiologique, et qu'elles
» résultent toujours du développement et de la transforma-
» tion d'un organe en vue d'une fonction particulière.
» Mais je *cherche encore* dans le règne végétal une seule
» modification purement morphologique, que la théorie de
» Darwin soit en état d'expliquer; et je ne *vois même pas*
» *comment une telle modification pourrait s'y produire,*
» *puisque, en général, les processus qui intéressent la forme*
» *des plantes sont absolument indifférents à l'exercice des*
» *fonctions physiologiques.* La théorie de Darwin exige, et
» elle le reconnaît d'ailleurs, que les *caractères indifférents*
» à l'exercice des fonctions soient *variables;* et que les ca-
» ractères qui leur sont utiles au contraire soient *constants.*
» Les propriétés purement morphologiques des plantes
» devraient donc se prêter très-facilement au changement;
» les formes organiques, nécessitées par une fonction dé-
» terminée, y seraient au contraire très-rebelles. Or l'expé-
» rience prouve le *contraire.* Les rapports de position et
» la coordination des cellules et des organes sont, aussi bien
» dans les produits de la nature que dans ceux de notre
» art, les caractères les plus constants, les plus tenaces.
» Une plante, dont les feuilles sont opposées et qui a une
» fleur quadripartite, réussira plutôt à réaliser dans ses
» feuilles tous les changements qui intéressent leur fonction,
» qu'à les disposer en spirale; et cependant cette disposi-
» tion n'importe en rien à la concurrence vitale : la sélec-
» tion naturelle ne saurait donc en expliquer la constance. »
Si Darwin avait emprunté ses exemples plutôt aux plantes
qu'aux animaux, il aurait sans doute reconnu de lui-même
les limites auxquelles s'arrête l'action de la concurrence
vitale. Il est clair qu'elle ne modifie que le rapport des organismes aux circonstances extérieures, c'est-à-dire leurs
fonctions, et, par suite, ne provoque dans les organes que
les changements nécessités par l'exercice de ces fonctions.

Mais elle ne peut avoir aucune influence sur les propriétés des organismes, dont les modifications ne sont ni utiles ni nuisibles aux rapports de l'organisme et du monde extérieur. Or, chez les plantes et chez les animaux, les *caractères essentiels du type morphologique* appartiennent à cette dernière classe de propriétés : par exemple les *rapports numériques* des parties.

Nous avons donc en cela trouvé la justification de notre principe, que la sélection naturelle, dans la lutte pour l'existence, peut bien être un moyen auxiliaire très-précieux pour épuiser toutes les formes possibles auxquelles prête, dans une même classe, le développement complet d'un type réalisé, mais non à expliquer l'évolution organique d'une classe inférieure à une classe supérieure, puisqu'ici il s'agit purement d'un perfectionnement du type morphologique. Dans ses récentes recherches (*Communications sur la botanique*, 1868) sur la façon dont se comportent les individus d'une seule et même espèce de plantes d'une part, au milieu des mêmes circonstances extérieures, de l'autre dans des circonstances différentes, Nägeli aboutit à cette conclusion : que ces espèces donnent naissance aussi bien à des variétés différentes dans des conditions semblables, qu'à des variétés semblables dans des conditions différentes. Il en faut conclure : 1° que les causes extérieures ne suffisent pas à produire ces variétés, mais qu'il faut admettre une autre cause opposée aux premières, à savoir une propriété inhérente à la plante, une *tendance à changer* (et dans des directions déterminées); 2° que cette propriété intime de la plante suffit seule à produire des variétés *différentes* au milieu de circonstances extérieures *identiques*. Cela confirme nos précédentes propositions. Parmi les zoologistes, Kölliker s'est tout récemment déclaré en faveur de Nägeli. Selon lui, les transformations que subissent les organismes existants, en vertu de modifications accidentelles des conditions extérieures, sont bien inférieures en profondeur et en étendue à celles qui résultent de la tendance au développement, inhérente à tout organisme en vertu de causes internes et suivant des lois préétablies, qu'on donne à ce principe créateur, à cette activité créatrice le nom que l'on voudra. C'est en ce sens que Kölliker veut qu'on interprète aujourd'hui sa théorie précédente (1) de la « génération hétérogène » (voir plus haut, p. 285).

Avant d'abandonner la question, parlons encore d'un autre moyen auxiliaire propre à servir au même but que la sélection naturelle. On n'en a pas encore constaté l'application effective dans la nature; mais il suffit qu'elle soit possible pour qu'il mérite de nous intéresser; je ne puis le laisser ignorer du lecteur. Il y a une dizaine d'années, les savants admettaient encore que tous les animaux qui subissent une métamorphose ne se reproduisent que lorsqu'ils sont arrivés à leur forme la plus parfaite. Mais on connaît maintenant trois exceptions à cette règle. La *leptodera appendiculata*, une filaire parasite, qui se loge dans le pied de la limace commune et sans coquille des chemins, donne le jour à des petits qui rappellent par leur forme la larve de leurs parents. Une nourriture, une humidité abondantes ne réussissent pas à les transformer en chrysalides; ces larves peuvent se reproduire entre elles un très-grand nombre de fois sans perdre de leur fécondité. Un second exemple est celui de la *cecidomia*, que nous avons cité précédemment (p. 254). Un troisième, celui de l'*axolotl* mexicain. L'identité de cet animal avec l'*amblystoma*, depuis longtemps connu, a été constatée pour la première fois dans les aquariums, où la métamorphose de l'*axolotl* en amblystoma a pu être directement observée dans certains cas particuliers. La larve de l'animal a des branchies extérieures comme le *proteus* qui, lui, n'est pas un animal à métamorphose; mais l'animal, sous sa forme parfaite, n'a pas de branchies. La forme de la larve est évidemment ici

---

(1) *Morphologie et histoire du développement du genre des pennatules, accompagnées de considérations générales sur la théorie de la Descendance*, par A. Kölliker, Francfort-sur-le-Main, chez Winter, 1872, p. 26-27 et 30. Les réflexions très-générales de l'introduction forment un chapitre fort intéressant de la théorie de la Descendance, et une critique de la théorie de la Sélection naturelle.

la forme ancienne, originelle : on doit admettre que, par un heureux concours de circonstances, un de ces animaux, assez semblables à la salamandre, réussit pour la première fois à faire sa métamorphose complète, à réaliser une transformation qui fut ensuite, par l'hérédité, rendue plus facile à ses descendants. L'*axolotl* n'a pas encore atteint ce degré supérieur du développement organique où la métamorphose est devenue, comme chez la plupart des amphibies, une des lois de la vie de l'animal. Mais si les salamandres pisciformes se sont transformées en amphibies supérieurs, en faisant, par l'hérédité, de l'aptitude à se métamorphoser de quelques individus une loi de l'espèce entière, on peut imaginer que le passage des amphibies aux reptiles résulte aussi de ce que, par un heureux concours de circonstances, un de ces amphibies a réussi à mettre au monde des petits dont la forme était déjà complète, c'est-à-dire a renfermé la métamorphose dans les limites de la vie embryonnaire. Ce que nous disons des *métamorphoses* pourrait se dire aussi des *phases de la génération* (voy. Hæckel); mais nous avons encore trop peu de données, pour être sûrs des résultats où cette méthode nous conduirait.

Rassemblons dans leur ordre logique les principales idées de ce chapitre. Du principe que le but doit être atteint avec la plus petite dépense de forces possible, nous avons tiré les conséquences suivantes :

1° L'Inconscient dans la production des degrés supérieurs de l'organisation, renonce à la *génération absolument spontanée*; il préfère rattacher les formes ultérieures aux formes *déjà existantes*.

2° Il ne tire *pas directement* de la forme inférieure la forme supérieure; mais il fait sortir celle-ci d'un *germe* appartenant à l'espèce inférieure, après avoir disposé favorablement ce dernier.

3° Il procède par des gradations insensibles, autant que cela se peut; et les différences les plus manifestes résultent de l'*accumulation* d'une multitude de différences *imperceptibles* entre les individus.

4° Les déviations *accidentelles* du type spécifique, qui accompagnent la génération de chaque individu, sont mises à profit par lui, *tant qu'elles ne sont pas contraires au but qu'il poursuit.*

5° Il laisse à la *concurrence vitale* dans la lutte pour l'existence le soin de conserver les modifications du type spécifique, quelle qu'en soit l'origine, *qui peuvent assurer aux organismes une vitalité plus grande dans cette lutte.*

6° L'Inconscient (indépendamment de son intervention continuelle dans chaque formation organique, comme dans chaque génération) doit exercer une action directe sur le développement de l'organisation : d'un côté, pour provoquer dans les germes nouveaux les modifications qui ne s'y produisent *pas accidentellement* et qui cependant sont *réclamées par son plan ;* de l'autre, pour empêcher que les modifications réalisées, lorsqu'elles répondent à son plan, bien qu'elles ne *contribuent en rien à augmenter la vitalité des organismes* en *vue de la concurrence vitale,* ne soient effacées à leur tour par le croisement des individus.

Encore une dernière remarque : la même raison, qui fait qu'après que la génération sexuelle fut possible la génération spontanée n'eut pas lieu, veut aussi que le développement d'une espèce supérieure ne succède à celui d'une espèce inférieure, que si cette nouvelle espèce n'existe pas encore, ou du moins n'existe pas dans tel endroit. Le développement d'une espèce nouvelle ne devrait donc être regardé que comme un processus réalisé une fois ou du moins un petit nombre de fois sur différents lieux dans les mêmes circonstances. Les résultats favorables des dernières recherches concernant les régions d'origine ou les centres d'expansion des diverses espèces d'animaux ou de plantes confirment cette manière de voir. Au contraire, une fois que l'espèce nouvelle a paru, elle se perpétue uniformément ou avec de légères modifications, par un processus qui se reproduit régulièrement le même jusqu'à ce que l'espèce ait disparu. (D'après Darwin, le processus extraordinaire qui fait sortir certaines espèces supérieures des espèces inférieures du même genre devrait se répéter aussi souvent que les conditions extérieures qui l'ont une fois provoqué persistent ou se reproduisent. Mais cette supposition s'accorde peu avec les données de l'expérience; pour se justifier, elle est obligée d'admettre l'hypothèse, d'ailleurs très-peu vraisemblable, que les conditions extérieures dont il s'agit ne sont produites qu'une fois, n'ont duré que quelque temps et ne se sont jamais reproduites.) Que l'on conçoive le processus qui a donné naissance au développement d'une espèce nouvelle comme assez long, comme durant, par exemple, quelques centaines ou milliers d'années, cette période de temps sera toujours insignifiante en comparaison de la durée et de la constance dans ses caractères essentiels de l'espèce une fois formée (cent mille, jusqu'à dix millions d'années).

C'est une raison de plus à joindre à tant d'autres pour expliquer comment il se fait qu'on trouve beaucoup plus d'exemplaires fossiles homogènes, ne différant que par des caractères spécifiques, que des exemplaires appartenant à des variétés intermédiaires entre les espèces voisines.

CHAPITRE XI

L'INDIVIDUATION.

I. — POSSIBILITÉ ET CONDITIONS DE L'INDIVIDUATION.

Si l'être, dont le monde n'est que la manifestation phénoménale, est unique, indivisible, d'où vient la multiplicité des individus phénoménaux, d'où vient l'individualité de chacun d'eux? Quelle en est la raison, comment est-elle possible?

La réponse à ces questions a toujours été l'embarras capital de toute philosophie expressément monistique. C'est parce qu'il les écartait ou n'y répondait qu'imparfaitement, que le monisme a toujours conduit à un pluralisme réaliste; que, par exemple, Leibniz a succédé à Spinoza, Herbart à Schelling et Hegel, Bahnsen à Schopenhauer. Spinoza ne s'arrête pas plus que les anciens aux questions précédentes. Il déclare dogmatiquement que les individus sont les modes de la substance unique. Mais il ne nous dit pas du tout comment le mode naît de la substance; pourquoi chaque mode se distingue de tous les autres, et jouit d'une existence spécifiquement distincte. L'idéalisme subjectif (Kant, Fichte, Schopenhauer) croit avoir assez fait en affirmant que la multiplicité des êtres dans le monde sensible n'est qu'une apparence subjective, produite par les formes auxquelles est assujettie l'intuition du sujet, par le temps et l'espace. Il ne songe pas que la difficulté n'est que déplacée et transportée du domaine objectif dans le domaine du sujet; qu'elle n'est pas plus résolue ici qu'elle ne l'était là. Il ne répond pas davantage à la seconde question, et ne nous dit pas comment l'existence de cet individu, qui est seul en quelque sorte *sui generis*, et qui se distingue par son intuition sensible de tous ceux qui lui ressemblent, se concilie avec les principes du monisme. Car ou cet individu est un être substantiel au milieu d'une multitude d'individus substantiels comme lui, et alors la multiplicité inintelligible des substances réelles reparaît de nouveau dans le système qu'elle contredit; ou l'on admet le solipsisme, et la nature limitée de l'intuition chez ce sujet unique demeure incompréhensible.

Schelling a examiné la seconde partie du problème (*Œuvres*, I, 3, p. 483) : « Le problème est le suivant : Comment l'action du moi absolu explique-t-elle l'intelligence absolue, et comment l'action de l'intelligence absolue rend-elle compte du système entier des réalités finies, qui constitue mon individualité? » La réponse est donnée à la page suivante : « Si l'intelligence restait renfermée dans l'unité de la synthèse absolue, il y aurait bien un univers, mais il n'y aurait pas d'intelligence. Pour que l'intelligence existe, il faut qu'elle se place en dehors de la synthèse, pour la reproduire avec conscience. Mais cela n'est pas possible, tant qu'à cette première limitation ne vient pas s'en joindre une particulière ou une seconde, qui ne consiste plus cette fois en ce que l'intelligence voit l'univers en général, mais en ce qu'elle le voit justement de tel point déterminé. »

J'avoue que je serais jaloux de celui qui pourrait démêler la vérité de ce passage, s'il ne la connaissait déjà. Quant au système de Hegel, notre question met à découvert une de ses plus grandes faiblesses. D'après Hegel, la Notion est l'unique substance; rien n'existe en dehors de la Notion, et le mouvement de la nature n'est que la dialectique objective de la Notion. Hegel admet d'un autre côté que la Notion est, aussi peu que le mot, en état de saisir l'être sensible dans son individualité, l'individu particulier, qu'on peut seulement montrer, mais non pas décrire. L'unité de l'individu échappe à la prise de la Notion, et par suite au système de Hegel, si ce dernier veut être conséquent ; la multiplicité, comme phénomène réel, ne saurait même être expliquée par lui. On ne voit pas pourquoi, en sortant d'elle-même pour engendrer la nature, l'Idée absolue, à chaque degré de son évolution logique, engendrera autre chose qu'un degré correspondant de développement dans le processus de la nature. L'Idée, en divisant, dans sa dialectique spontanée, l'unité en multiplicité, ne nous donne que la multiplicité comme Notion, mais non la multiplicité comme accident de phénomènes réels. Jamais Hegel n'aurait affirmé qu'un thaler se divise de lui-même en plusieurs thalers ou groschen ; et, si la division spontanée de l'unité ne s'applique pas à ce cas, elle ne saurait se dire davantage de la division de l'âme du monde en une multitude d'individus réels. La multiplicité réelle est plus que la simple notion de la multiplicité. La première est une somme d'individus dont aucun ne ressemble à l'autre, dont chacun est un tel, un être pour lequel le langage n'a véritablement pas de nom, un individu (tout comme je suis moi-même un être sans nom, unique dans mon genre), dont chacun enfin n'est pas accessible à la notion, mais seulement à l'intuition sensible.

Celui qui n'éprouve pas le besoin et ne ressent pas la difficulté de concilier l'individualité avec le principe du monisme, celui-là peut passer sans regret toute la première moitié de ce chapitre jusqu'à la considération du caractère ; il n'y trouverait rien d'intéressant. Celui, au contraire, que le sentiment plus ou moins clair de cette difficulté a écarté jusqu'ici du monisme, et qui s'est contenté d'accepter comme un principe dernier la pluralité du monde des phénomènes réels, trouvera dans ce chapitre ajouté au chapitre VII de la 3º partie, le nœud de tout l'ouvrage. En fait, le pluralisme et l'individualisme ont une vérité qu'on ne nie pas impunément. Comme tout élément méconnu de la vérité, ils provoquent une réaction qui les venge par ses excès de l'oubli injuste où on les laisse. Chez Fichte, l'individu conscient est sans doute au premier plan; mais ce n'est plus un *individu* distinct, c'est un *type*, celui d'une limitation finie de l'intelligence absolue. Cette conception s'accuse davantage encore chez Schelling. Chez Hegel, ce type se volatilise en quelque sorte, et devient la catégorie abstraite de l'esprit subjectif. Mais l'autre face de l'individualité, l'existence distincte comme être naturel « singulier » Fichte n'en parle pas, puisque la nature n'est pour lui qu'une apparence subjective. Schelling et Hegel exercent bien leur réflexion spéculative sur les puissances abstraites de la nature, sur leurs combinaisons dialectiques; mais le rôle et les droits de l'individu dans la nature, ils les ignorent complétement, s'ils ne les nient pas expressément. C'est pour réagir contre ce caractère exclusif de l'idéalisme abstrait que Herbart leva le drapeau d'un Réalisme résolu à maintenir la pluralité des choses en soi : en cela consiste la valeur historique de sa doctrine. Il a raison d'affirmer que la *vérité de la pluralité et de l'individualité s'étend aussi loin que la réalité de l'existence. Mais son erreur est de contester l'essence phénoménale de toute réalité et de toute existence.* L'idéalisme subjectif avait eu le juste pressentiment que la réalité n'est que phénoménalité. Mais il avait gâté et défiguré cette pensée en ne reconnaissant d'autre phénomène que le sujet, en sorte que la multiplicité des êtres n'était plus pour lui qu'une illusion du sujet. Si l'on admet que la réalité sensible est le phénomène objectif (c'est-à-dire indépendant de la conscience du sujet qui le perçoit), ou la manifestation de ce qui est au-dessus de l'être; si on la considère encore comme l'*existence* de ce qui *subsiste* en soi : on reconnaît alors que les concepts de réalité et de phénoménalité objective sont identiques ; que la multiplicité, dont la réalité est moindre que celle de la réalité du monde, n'a, comme cette dernière, qu'une valeur phénoménale, nullement transcendante ou métaphysique. Schopenhauer tend évidemment à se placer à ce point de vue; mais il reste enfoncé dans l'idéalisme subjectif, et ne peut analyser, développer assez son concept, pour en faire sortir le concept de la phénoménalité objective, c'est-à-dire du caractère également objectif de tous les phénomènes. Ce défaut le conduit à contredire ses propres principes, et à placer la multiplicité et l'individualité au sein du principe transcendant et métaphysique (par sa doctrine du caractère intelligible et de la négation de la volonté, dans l'individu). On comprend que Bahnsen soit parti de là pour construire sa doctrine individualiste sur l'origine des caractères, et affirmer la pluralité au sein de la volonté métaphysique : Bahnsen rejette ainsi le monisme de Schopenhauer, dont il démêle les contradictions, et ne croit pas pouvoir autrement sauver les droits de l'individualité. Le concept de la phénoménalité objective, que Schelling et Hegel ont introduit dans la philosophie, et que les disciples de Schopenhauer, et particuculièrement Frauenstadt ont énergiquement défendu, résout toutes les difficultés d'une manière satisfaisante et moins exclusive. L'existence distincte de l'individu et ses droits dans le monde réel, je les défends et les soutiens hautement contre l'idéalisme et le monisme abstraits avec autant d'énergie que Herbart; mais je ne suis pas moins résolûment l'adversaire des prétentions qui revendiquent pour l'individu, en dehors de ce monde de l'objectivité phénoménale, une réalité transcendante et métaphysique. Une telle affirmation me paraît sans fondement, sans raison, tout à fait en l'air. Je considère même le pluralisme, qui *nie carrément* tout principe transcendant et métaphysique derrière le monde réel, comme plus *supportable et plus philosophique* que celui qui fait de l'individu, en le gonflant en quelque sorte, une essence éternelle et transcendante ou une substance. Le premier renonce seulement à la métaphysique dans l'intérêt de la physique; le second soutient une fausse métaphysique, et cela est beaucoup plus grave. Mais si la première espèce de pluralisme donne satisfaction à toutes les prétentions légitimes de l'individualité, la philosophie de l'Inconscient ne le fait pas moins. Elle accorde à l'individu la même importance que ce pluralisme sans métaphysique; mais aux vues du pluralisme sur le monde réel et la multiplicité, elle ajoute une métaphysique, et, ce qui est ici indifférent à la vérité, une métaphysique moniste. La philosophie de l'Inconscient est donc la véritable conciliation du monisme et de l'individualisme pluraliste. Elle considère comme vraie chacune des deux doctrines sur son terrain propre, là celui de la métaphysique, ici celui de la réalité physique; et elle *les embrasse dans une synthèse supérieure* comme éléments intégrants de la vérité entière.

Les conclusions des précédents chapitres résolvent aisément la question posée en tête de ce chapitre. Mais nous laissons provisoirement sans réponse la question : à quoi sert l'individuation? Nous n'examinons que l'autre : *Comment est-elle possible d'après les principes du monisme?*

Dans sa signification générale, la réponse revient à ceci : « Les individus sont des phénomènes dont l'objectivité a été voulue; c'est-à-dire ce sont des idées voulues de l'Inconscient ou des actes déterminés de sa volonté. L'unité de l'être n'est pas atteinte par la multiplicité des individus : ceux-ci ne sont que les *actions* (ou les combinaisons de certaines actions) de l'être unique. » Mais, pour que cette réponse générale soit acceptée, il faut entrer dans le détail du problème, et se représenter quelle sorte d'actions et quelle sorte de combinaisons donnent naissance à l'individu; et jusqu'où va la séparation nécessaire des individus entre eux, jusqu'où s'étend leur individualité.

Les individus d'ordre supérieur naissent, comme nous l'avons vu (chap. VI, 3ᵉ partie), par l'agrégation d'individus d'ordre inférieur, et par une intervention nouvelle de l'Inconscient en vue de faire sortir de là un individu supérieur. On doit donc, lorsqu'on étudie la notion de l'individualité, commencer par les individus d'ordre inférieur, par les atomes. Les théories actuelles de la physique nous conduisent à l'hypothèse de deux espèces distinctes d'individus atomiques, les forces de répulsion et celles d'attraction. Dans chacun de ces deux groupes les individus sont entièrement semblables et ne diffèrent que par la *place* qu'ils occupent dans l'espace.

Les forces atomiques A et B ne diffèrent que parce qu'elles agissent différemment sur les mêmes autres atomes ; et, comme les directions suivant lesquelles se fait sentir l'action de A se coupent en un seul point, de même que les directions suivies par la force B, on exprime encore bien la différence précédente par cette courte formule : A et B occupent des lieux différents. Mais, au fond et à la rigueur, la force n'occupe aucun lieu ; les actions seules qu'elle produit sont distinguées dans l'espace. Qu'on imagine deux atomes semblables, réunis en un même point mathématique, ils cesseraient non-seulement d'être *distincts*, mais même d'être *différents :* car ils ne seraient plus *deux* forces, mais *une même* force doublée.

La réponse générale faite plus haut trouve ici une application claire et intelligible. L'Inconscient produit en même temps des actes différents de volonté, dont l'objet n'est différent que parce que les rapports locaux des effets produits par chacun d'eux répondent à autant de représentations distinctes de l'Inconscient. En tant que la volonté réalise son objet, ces actes multiples de la volonté inconsciente se produisent comme autant de forces individuelles dans la réalité objective. Ces forces constituent la manifestation première, primitive de l'être. Chaque effet de la force atomique est représenté par l'Inconscient comme distinct de tous les autres, comme unique ; la réalisation en est également différente de celle de toute autre force atomique, donc comme individuelle ; cela n'empêche pas que, par leur concept, toutes ces forces soient semblables. L'Inconscient les voit dans sa pensée comme distinctes par leurs rapports locaux, indépendamment de leur concept : c'est ainsi qu'en voyant le gant de la main droite on le reconnaît comme le droit ; aucune notion, aucune combinaison de notions ne pourraient servir à faire cette distinction.

Que l'on se rappelle ici ce qui a été dit (ch. 1 de la 3ᵉ partie, 3 et 4) sur la représentation de l'Inconscient. La notion est le résultat d'un processus de division et d'abstraction : mais l'Inconscient embrasse constamment la totalité de ses représentations, sans établir entre elles aucune séparation. La notion est un produit de la pensée discursive, un misérable auxiliaire pour notre faiblesse. La pensée de l'Inconscient n'est pas discursive, mais intuitive. Il pense les notions, en tant qu'elles sont contenues dans l'intuition, comme éléments intégrants, mais non séparés. Il ne faut donc pas s'étonner si, parmi les intuitions de l'Inconscient, il s'en trouve que la pensée discursive est incapable de ramener à aucun concept, comme l'intuition que les effets de la force atomique A doivent se produire dans des directions telles qu'elles se coupent *ici à tel point*, tandis que les directions de la force atomique B se coupent *là en tel autre point*. La différence et la « singularité » des individus se ramènent, en fait et directement pour les atomes, à la diversité et à l'unité des idées que les actes de la volonté, qui constituent ces individus, effectuent comme leur objet, en sorte qu'à chaque individu correspond un acte simple de la volonté inconsciente.

Malheureusement la matière n'a jamais été conçue comme une combinaison d'actes de la volonté inconsciente, et le seul exemple où l'individuation se laisse facilement saisir est par suite demeuré ignoré. Dans tous les autres cas où il s'agit d'individus d'ordre supérieur, la définition de l'individualité est plus difficile, parce que la formation de l'individu y résulte d'une combinaison compliquée, modifiée à chaque moment, d'actes de la volonté inconsciente.

Arrêtons-nous encore un instant sur les forces atomiques de la matière, et demandons-nous quel est le moyen employé ici pour rendre l'individuation possible; interrogeons-nous sur ce qu'on appelle *principium individuationis*. On reconnaît bien vite que le principe dont il s'agit est l'union de l'espace et du temps. Nous avons déjà vu que les forces atomiques A et B sont semblables par leur concept, et ne diffèrent que par la diversité des places qu'occupent *dans l'espace* leurs actions, et, avec moins de propriété, mais d'une façon plus brève, par *leurs lieux*. Mais nous négligions alors d'ajouter « à leurs actions, dans le même instant ». Cette addition est nécessaire pour que la pensée soit complète : car avec le temps peut changer le lieu de l'atome. Le mot *principium individuationis* n'est pas lui-même bien choisi; il faudrait dire *medium individuationis*. L'origine, la vraie cause de l'individuation dérive, comme l'espace et le temps eux-mêmes, de l'Inconscient seul, dont l'idée explique la diversité et l'individualité *idéales*, des atomes en même temps que sa volonté rend compte de leur *réalité*.

Il pourrait sembler à une observation superficielle que nous tenions ici le même langage que Schopenhauer, qui fait également du temps et de l'espace le *principium individuationis*. Mais entre sa pensée et la nôtre il existe une différence essentielle. Pour Schopenhauer, le temps et l'espace ne sont que les formes de l'individuation *subjective*, laquelle résulte de l'organisation du *cerveau*. Ils n'ont rien à voir avec la réalité transcendante. Toute individuation n'est pour Schopenhauer qu'une pure illusion du sujet, sans réalité en dehors de la conscience cérébrale.

Selon moi, au contraire, l'espace et le temps sont aussi bien les formes de la réalité extérieure que de l'intuition cérébrale du sujet; non sans doute les formes de l'*être* transcendant et métaphysique, mais seulement de son *activité*. L'individuation n'est donc pas seulement une apparence qui n'a de réalité que pour la conscience. Je lui reconnais une réalité indépendante de toute conscience, sans que pour cela la substance absolue soit divisée.

C'est ici qu'il convient d'insister sur le concept de la phénoménalité objective, en opposition avec la doctrine de Kant, de Fichte et de Schopenhauer sur la phénoménalité subjective. Pour que la pluralité et l'individuation puissent exister indépendamment du sujet conscient qui les connaît, il faut que le *principium* ou *medium individuationis* soit donné comme indépendant de l'intuition du sujet conscient, c'est-à-dire que l'espace et le temps ne soient pas seulement des formes de l'intuition, mais aussi des formes d'existence de l'être en soi; en d'autres termes qu'ils ne dépendent pas de la représentation du sujet conscient. Celui qui nie cela doit nécessairement nier l'existence d'une pluralité, d'autres individus, que ceux dont la conscience affirme la réalité; et, par conséquent, sa femme et lui ne seront plus deux individus distincts, en dehors de l'idée que se fait sa conscience de cette distinction. Sans doute la matière est essentiellement volonté et idée; et son essence est une comme l'essence de tout être. La multiplicité vient de l'action; et il n'y a de multiplicité réelle qu'autant que les actes de la volonté inconsciente agissent simultanément les uns sur les autres (un atome seul ne serait plus un atome). Cela revient à dire que la pluralité et l'individuation (par suite, la réalité, l'existence) n'existent que dans la *manifestation* de la force métaphysique (voir plus haut 212-213), que dans *l'action* de la substance, dans la *révélation* du principe caché des choses, dans *l'objectivation* de la volonté, dans le *phénomène* enfin de l'être unique. La pluralité n'est pas simplement le phénomène purement *subjectif* (de l'être en soi), mais elle n'est toutefois que le phénomène de l'être Un : nous la nommerons pour cela un phénomène *objectif*. L'espace et le temps, en tant que principes d'individuation pour la multiplicité des phénomènes objectifs, ne sont également eux-mêmes que des formes objectives des phénomènes objectifs.

Si Schopenhauer ne s'était pas laissé égarer malheureusement par Kant, il aurait nécessairement trouvé la vérité; tandis qu'il persiste à soutenir que la multiplicité dans le monde n'existe qu'*avec* la première apparition de la conscience animale et *dans* les intuitions de la conscience. Il voit avec raison que le phénomène objectif, pour être réel, c'est-à-dire pour passer de l'existence proprement idéale au sein de l'Inconscient dans la réalité extérieure, réclame un conflit entre les divers actes de la volonté. Mais il se trompe en exigeant une autre condition : il veut que la volonté contrariée dans l'un de ses actes soit celle d'un sujet conscient. Que l'on supprime cette fausse exigence, la simple vérité apparaît : la phénoménalité objective, qui repose *sur* l'individualité, sur la transformation de l'unité en pluralité, n'est possible sans contradiction qu'*au sein* de cette pluralité. Une autre erreur de la théorie de Schopenhauer, c'est que, pour elle, le monde de l'individuation n'apparaît qu'avec le premier sujet connaissant, comme si la phénoménalité subjective, que l'intellect construit spontanément à l'aide des processus matériels qui se déroulent dans la phénoménalité objective de son cerveau, était la manifestation vraie et immédiate de l'être absolu. Elle est en fait très-différente de la phénoménalité objective (c'est-à-dire de la somme des individus qui composent la nature, de même que ces derniers sont eux-mêmes indépendants de l'intuition qui les saisit); et, sur bien des points même, elle est de tout autre nature. La phénoménalité objective est seule la vraie et immédiate manifestation de l'être véritable; la phénoménalité subjective n'est qu'une image de la phénoménalité objective, image que la conscience du sujet dénature et colore. Séparer ce qui n'appartient qu'au sujet, et, par une analyse scientifique des causes objectives auxquelles sont dues les modifications diverses du sujet, construire un portrait fidèle de la phénoménalité objective, et connaître ce qu'elle est, tel est l'objet et la tâche des sciences de la nature (de la physique au sens large du mot). La métaphysique s'efforce, au contraire, de connaître, dans ses attributs et le mode de ses manifestations, l'être véritable qui est le principe des phénomènes objectifs (des choses naturelles). Ainsi, par exemple, la matière est, comme phénomène subjectif, le sujet des qualités sensibles; comme phénomène objectif, un agrégat, aux dimensions déterminées, d'atomes occupant des points dans l'espace; dans son fonds substantiel, enfin, le principe du phénomène, l'Un-Tout inconscient avec ses attributs, la Volonté et l'Idée. La première est la matière sensible; la seconde, la matière des physiciens; la troisième, la matière au sens métaphysique.

Je me sépare encore de Schopenhauer sur un autre point. Il ne reconnaît pas d'atomes; et « l'individuation de la matière » ne signifie rien pour lui, puisqu'il ne peut dire ce que sont les individus dans la matière purement inorganique. Enfin Schopenhauer considère naïvement les individus organiques comme autant d'objectivations immédiates de la volonté, ainsi que sont pour moi les atomes dynamiques; tandis qu'à mes yeux et d'après les théories de la science actuelle, ils ne naissent que de la combinaison d'individus atomiques. Aussi, chez Schopenhauer, le temps et l'espace sont le *principium individuationis*, aussi bien pour les individus organiques que pour les atomes. Je soutiens, au contraire, que pour les individus d'ordre supérieur le seul *principium individuationis* immédiat, ce sont les individus d'ordre inférieur dont ils sont composés. Sans doute le temps et l'espace demeurent toujours, en dernier lieu, le *principium individuationis* médiat, puisque le monde matériel tout entier est construit avec des forces atomiques. L'idéalisme subjectif de Schopenhauer, qui fait de la matière comme du corps organique une pure apparence subjective, sans réalité apparente en dehors de la conscience, pouvait seule conduire Schopenhauer à définir le corps l'objectivation *immédiate* de la volonté individuelle. C'est là une affirmation qui ne saurait se soutenir en regard des faits où s'accuse l'impuissance de la volonté sur le corps, en face de cet échange perpétuel de matière, qui est la première condition de toute vie organique. L'expérience nous apprend d'abord que la matière, dont notre corps est construit, est pour nous quelque chose d'étranger et d'indifférent; qu'elle est sans cesse séparée du corps pour être remplacée par une autre, sans que le corps ait pour cela cessé d'être le même. La physique nous montre encore que la matière de notre corps est, en regard de notre âme, comme une volonté étrangère; qu'elle a une puissance très-réelle avec laquelle il faut toujours compter, si nous voulons la dominer et la faire servir à nos besoins pratiques; et que l'on continue de subir, alors qu'on croit pouvoir s'en affranchir, ou lorsqu'on veut la soumettre à des exigences que notre pouvoir spirituel n'est pas en état de lui imposer. L'expérience, en un mot, nous apprend que la matière se comporte comme les matériaux d'une construction : ils sont tout prêts et comme indifférents à l'œuvre à laquelle on les fera servir. L'âme de l'individu qui conçoit les formes les attire à soi ou les repousse selon ses besoins, mais sans cesser un seul instant d'en respecter les lois et sans pouvoir les enfreindre impunément.

Rappelons-nous les conclusions du chap. IX, 3e partie. L'Inconscient, disions-nous, réalise la vie partout où il en trouve la possibilité. Songeons d'abord que la vie organique n'est possible que sous la forme organique, et qu'elle a besoin de la matière pour se réaliser. On voit que l'individuation de la vie organique dépend des conditions indiquées. Elle demande, pour se réaliser, l'agrégation d'atomes renfermés dans un certain espace ; elle doit les disposer et les grouper comme il convient pour faciliter l'échange organique de la matière. Mais les atomes ainsi employés sont des unités : le composé organique qu'ils servent à construire et l'action exclusivement dirigée sur ce composé par l'Inconscient, qui concourent ensemble à produire l'individu supérieur, constituent donc aussi une unité particulière.

On reconnaît ici, comme nous l'avons observé plus haut, que les individus de l'ordre inférieur sont pour ceux de l'ordre supérieur comme le *medium individuationis*. Il est inutile à notre but que nous poussions plus loin notre analyse, et que nous montrions comment, pour les individus formés de plusieurs cellules, les cellules sont aussi une force dont les lois doivent être respectées, comme celles de la matière le sont par les cellules ; comment il y a dans le corps aussi bien un échange de cellules que de matière, bien que beaucoup plus lent. Ce qu'il faut avant tout remarquer, c'est que la vie organique ne s'individualise que dans et par la matière, tandis que l'individuation des atomes se fait dans et par l'espace et le temps. Chez tous les individus d'ordre supérieur, la forme générale a besoin d'un contenu ou d'une matière pour devenir concrète. Ce qui est matière pour les individus d'ordre supérieur est forme pour les individus d'ordre inférieur; ce n'est que dans la matière proprement dite que l'on atteint le dernier terme de la série. Là seulement la forme typique n'a pas besoin d'intermédiaire pour devenir concrète; elle devient *elle-même matière* en quelque sorte par un simple artifice, en se fixant à un point de l'étendue, en faisant que les directions de la force se coupent toutes ensemble en un seul et même point. Puisque les forces atomiques ne trouvent en dehors d'elles-mêmes aucune matière dont elles puissent se servir pour s'individualiser et n'ont pour cela que le lieu, elles ne se distinguent entre elles (indépendamment des différences qui séparent les atomes corporels des atomes d'éther) que par leur lieu, qui est ainsi le seul *medium individuationis*. Les individus supérieurs, qui trouvent dans la matière un *medium individuationis*, ne diffèrent pas seulement par les places qu'ils occupent, mais encore par la matière dont ils se servent : il y a donc place chez eux pour une riche diversité individuelle.

C'est ainsi que, pour les individus d'ordre supérieur, s'explique la possibilité du caractère individuel. Nous devons insister sur ce point; nous rencontrons le caractère individuel à tous les degrés de l'échelle de la vie organique, depuis la plus simple cellule jusqu'aux facultés de l'esprit humain : or c'est là un phénomène qui semble contredire au premier abord le principe du monisme.

II. — LE CARACTÈRE INDIVIDUEL.

Il y a deux théories opposées sur le caractère de l'homme : l'une, celle de Rousseau, d'Helvétius, etc., affirme que tous les hommes sont égaux dès la naissance; que, par conséquent, l'individu n'a pas de caractère distinctif; que l'âme, par rapport au caractère, est une table rase, comme par rapport aux idées; qu'elle acquiert le premier comme les secondes, sous l'action des impressions extérieures; que le caractère enfin est dû surtout à l'éducation et au hasard des circonstances.

L'autre, celle de Schopenhauer, affirme que le caractère est invariable; que, par l'effet de la diversité des conditions extérieures, des âges de la vie par exemple, il se manifeste différemment, mais sans cesser d'être au fond le même depuis la naissance jusqu'à la mort; qu'il représente la nature, le fond éternellement caché et immuable de l'homme.

Chacune des deux opinions éclaire très-bien une partie des faits, mais ne peut rendre compte des autres. Si l'on se demande laquelle des deux est la plus acceptable au point de vue métaphysique, on est tout surpris de voir que l'hypothèse des empiristes français ne prête à aucune objection métaphysique, tandis que le métaphysicien Schopenhauer, en affirmant que le caractère dérive d'une résolution formée en dehors du temps, et une fois pour toutes, n'est même pas d'accord avec ses propres principes.

Schopenhauer se donne comme un moniste absolu. Mais si la volonté dans l'univers est essentiellement une, et si le caractère, d'après sa propre affirmation, n'est qu'un attribut de la volonté individuelle, il faut évidemment que l'*individualité* du caractère résulte d'un acte ou d'une fonction individualisée de la volonté universelle, mais non pas qu'elle ait son principe immédiat dans l'essence même de la volonté universelle, qui reste toujours universelle. Comment d'ailleurs l'acte de la volonté, qui produit le caractère, peut-il se concevoir en dehors du temps? C'est ce que je ne comprends pas. Je puis concevoir que l'être soit en dehors du temps, mais non son activité, puisque l'activité engendre justement le temps. On dira peut-être que l'activité est possible dans un point indivisible; mais alors elle s'éteint au même moment. Le caractère, qui doit durer aussi longtemps que la vie de l'individu, demande évidemment que l'action de la volonté universelle ait une durée égale. En d'autres termes, la doctrine du *caractère intelligible dans l'individu* est en contradiction avec le principe du monisme, et aussi avec l'idéalité transcendantale de l'espace et du temps. Dans le monde intelligible, le *principium individuationis* n'a aucune application; il en faut dire autant de la pluralité et de l'individualité, par suite de la multiplicité des caractères individuels. Le caractère individuel suppose l'individu ou plutôt les individus, par suite la pluralité, l'individualité, le monde des phénomènes en un mot. Il n'est possible comme ce dernier que par le temps, que par l'activité successive de l'être universel et intelligible.

On ne voit pas aisément d'ailleurs pourquoi les caractères des divers individus ne reproduisent pas tous le même type, comme cela serait bien plus naturel. On comprend encore moins pourquoi, si les caractères ont été une fois créés accidentellement si différents les uns des autres, chacun d'eux, pendant toute la durée de la vie, c'est-à-dire tout le temps que se produit telle action déterminée de l'Inconscient, demeure toujours semblable à soi-même plutôt que de changer constamment.

Au point de vue métaphysique, l'hypothèse des empiriques français est bien plus acceptable. Selon elle, les caractères typiques des diverses espèces, mais non ceux des individus, sont innés. Le caractère spécifique, en se modifiant de diverses manières, donne insensiblement naissance au caractère individuel. Cette doctrine se ramène beaucoup plus facilement à celle de l'unité et de l'universalité de l'être véritable. Les changements individuels du caractère spécifique, qui est originellement le même, se réduisent alors aux impressions différentes que le cerveau reçoit. Chacune de ces impressions produit dans le cerveau un changement durable, qui fait que les molécules cérébrales se meuvent dans la suite plus facilement dans la direction nouvelle où cette première impression les a tournées (voir p. 36, 37). C'est ainsi que l'habitude devient une puissance, dans son application spéciale au caractère. La première action dans un sens déterminé se produit, si l'on admet que le caractère est encore indéterminé, sous la pure action des motifs. De quelle manière et avec quelle force les motifs agissent sur l'homme, cela dépend des circonstances extérieures. Une fois qu'une première action a eu lieu dans un sens déterminé, les motifs qui, au premier cas semblable, tendent à provoquer la même résolution que la première fois, auront un certain, quoique encore imperceptible avantage sur les motifs opposés; et chaque résolution prise dans le même sens ajoutera à leur force.

On s'explique ainsi que certains motifs exercent sur tel individu un empire plus grand, les autres un empire moindre, que sur la moyenne des individus de la même espèce : la *somme* de toutes ces *prévalences* constitue le caractère individuel.

D'après cette théorie, le caractère individuel résulte d'abord de la constitution individuelle du cerveau, laquelle dépend à son tour des impressions antérieures produites par les circonstances extérieures. L'habitude ne peut avoir une influence directe que sur l'organe de la conscience, non sur le principe inconscient lui-même. Néanmoins, avec la constitution du cerveau se modifie aussi l'action que l'Inconscient exerce sur lui. Cette action change quand l'organisme change lui-même, et le cerveau est une des parties les plus importantes de l'organisme. L'Inconscient, sous l'action du motif, provoque ordinairement dans le cerveau la réaction la plus simple et la plus naturelle. Mais, lorsque des intérêts importants, surtout généraux, se rattachent à l'action dont il s'agit, on peut admettre que l'Inconscient se donne la peine de répondre à l'excitation du motif par une autre réaction que celle qui se produirait le plus facilement. C'est ce que nous voyons dans toute action qui obéit à un but inconscient. La réaction, qui, sans cela, aurait dû immédiatement répondre au motif, est ici laissée de côté, et fait place à une autre réaction que produisent exclusivement des intermédiaires ignorés de la conscience. Mais dans tous les cas où l'Inconscient n'a pas de si grands intérêts à défendre qu'il doive substituer à la réaction la plus simple une autre sorte de réaction, l'action de l'Inconscient ne se modifie que parce qu'un changement est survenu en vertu de l'habitude, dans les réactions spontanées et naturelles du cerveau. La nature de cette activité constitue ce caractère lui-même ou, comme nous disions (chap. IV de la 2ᵉ partie), le fonds intime de l'homme. Il n'y a aucune contradiction à ce que le caractère ait son principe dans l'Inconscient, et sa condition dans la constitution du cerveau, l'organe propre de la conscience. L'organe de la conscience, avec tous les rapports de position de ses molécules, dans lesquelles il faut voir autant de *dispositions latentes* à certains états vibratoires de telle ou telle espèce, est tellement par lui-même étranger à toute conscience, qu'entre la fonction matérielle qu'il exécute et l'idée consciente intervient d'abord le jeu de tout cet ensemble de fonctions psychiques inconscientes, que nous avons étudiées précédemment. Il faut encore faire attention que les dispositions latentes du cerveau ne sont aucunement la cause complète et suffisante de l'apparition de l'idée ou de la volonté conscientes, mais seulement l'une des conditions qui concourent à la déterminer. Seules, les dispositions du cerveau n'auraient jamais produit un effet psychique quelconque. La spontanéité de l'Inconscient n'est déterminée par elles qu'à régler dans tel ou tel sens la nature et la forme de son intervention; mais elle n'est jamais tellement enchaînée qu'elle ne puisse les modifier spontanément dans un but supérieur.

Il suit de ces considérations que l'homme, même s'il était né sans caractère individuel, se serait formé en grandissant un caractère individuel plus ou moins écarté du type caractéristique de son espèce. Si cet homme a des enfants, la loi de l'hérédité, nous le savons, veut que les dispositions particulières de son cerveau, qui s'écartent du type général du cerveau humain, se transmettent plus ou moins complètement à quelques-uns de ses enfants. L'enfant, qui naît avec ces dispositions latentes, porte en soi le germe d'un caractère individuel; les circonstances n'auront qu'à provoquer ces dispositions, et le caractère inné se manifestera. Les phénomènes d'atavisme, le mélange d'aptitudes héritées de tant de côtés différents, font qu'il est très-malaisé, dans le détail, de remonter aux origines d'un caractère inné; mais l'existence incontestable d'un caractère inné ne doit pas s'expliquer autrement. Le premier homme avait-il en naissant un caractère propre? c'est là une question tout à fait oiseuse. Son caractère spécifique était en même temps son caractère individuel, puisque, étant le premier individu de son espèce, il en était le représentant parfait. La théorie de la descendance, que nous avons développée au chapitre précédent, fait de l'espèce un principe essentiellement flottant. Chaque individu organique (par suite aussi le premier homme) n'est qu'un membre dans la série du développement organique. Il hérite de ses ascendants immédiats tout un trésor de dispositions de caractère, qu'il modifie à son tour sous l'influence des impressions de sa vie, jusqu'au moment où il engendre un autre être, et qu'il transmet ainsi à ses descendants.

Chaque homme apporte donc en venant au monde un caractère déjà formé pour la meilleure partie. Il peut enrichir ce fonds primitif : cela dépend de la nouveauté, de la nature extraordinaire des conditions dans lesquelles son activité trouvera à se déployer. Dans la plupart des cas, les conditions habituelles de la vie humaine ne suffisent pas à produire de profonds changements dans le caractère qu'on tient de l'hérédité. Les transformations du caractère inné se réduisent d'ordinaire à peu de chose : quelques facultés nouvelles mais insignifiantes se développent; on fortifie par l'exercice celles qu'on possède déjà, ou on les laisse s'éteindre dans l'inaction.

Le dernier cas est relativement rare : si le plus difficile, lorsqu'on apprend, est d'oublier ce que l'on a déjà appris, de tous les changements de caractère le plus difficile est aussi celui qui consiste à supprimer, à affaiblir les dispositions existantes.

C'est ce que Schopenhauer voulait dire par l'invariabilité du caractère (1).

Je renvoie celui qui doute que les facultés acquises puissent se transmettre par l'hérédité, aux exemples qui montrent que des propriétés, acquises d'ailleurs, sont devenues héréditaires. Personne ne contestera que, dans certaines familles, la disposition héréditaire à une espèce de maladie ne puisse être rapportée, en remontant le cours des générations, à un ascendant qui ne l'a pas héritée lui-même, mais l'a directement contractée. Si les bras et les jambes amputés et d'autres mutilations ne se transmettent pas d'ordinaire, cela ne prouve rien contre notre théorie. Ce sont là des déviations trop graves, trop évidentes au type de l'espèce, pour que l'on puisse attendre que la nature les reproduise dans l'enfant. Et pourtant on rencontre de curieuses exceptions. Suivant Hæckel, un taureau, dont par accident la queue avait été emportée jusqu'à la racine, engendra des veaux absolument sans queue; et on a, par une section de la queue régulièrement pratiquée pendant plusieurs générations, obtenu une race de chiens sans queue. De petits marsouins, qu'on avait rendus épileptiques par une lésion artificielle de la moelle épinière, transmirent cette maladie à leurs descendants. En général, les facultés acquises se transmettent d'autant plus facilement qu'elles altèrent moins le type de l'espèce, qu'elles consistent en modifications organiques plus minimes. C'est surtout le cas pour toutes les dispositions du cerveau à certains états vibratoires. On sait que les petits des animaux apprivoisés s'apprivoisent eux-mêmes plus facilement que les petits des animaux sauvages. Parmi les animaux domestiques, ceux-là sont les plus faciles à apprivoiser, les plus obéissants, les plus dociles, etc., qui

---

(1) Pour l'analyse plus approfondie de cette question et sur le rapport de la volonté et des motifs, je renvoie à mon article sur les écrits de Julius Bahusen (*Contributions à la science des caractères et sur le rapport de la volonté et des motifs*) — dans les *philosoph. Monatshefte*, vol. IV, 5° livraison.

viennent de parents déjà remarquables par tous ces caractères. Il y a d'autant plus de chance de réussir dans l'éducation d'un animal, que le même genre d'éducation a réussi davantage avec ses parents. De jeunes chiens de chasse qu'on n'a pas encore dressés, mais qui viennent de parents signalés par leurs aptitudes se comportent d'eux-mêmes à la chasse d'une manière presque parfaite. Les chiens dont les parents n'ont jamais chassé redoutent d'être dressés pour la chasse. Les enfants qui naissent dans les familles de cavaliers se tiennent d'aplomb et en équilibre dès le premier essai. Tous ces exemples montrent que les facultés acquises peuvent se transmettre par hérédité. Ils se rapportent absolument à l'objet de nos recherches, l'étude du caractère individuel au sens large du mot, c'est-à-dire de la somme des dispositions physiques et morales, qui distinguent un individu d'ordre supérieur de tous les autres individus, indépendamment de la distinction qu'établissent entre eux et lui la place spéciale qu'il occupe dans l'espace et les matériaux dont son corps est formé.

Si, en considérant le caractère de l'individu humain, nous n'avons jusqu'ici parlé du caractère que dans son sens restreint, dans son acception pratique, cela tient à ce que les controverses portent surtout sur le caractère envisagé en ce sens; ce n'est pas que les différences des dispositions, des aptitudes, des talents intellectuels ne contribuent pas aussi essentiellement à l'explication des différences individuelles. Celui qui approuve notre explication du caractère, au sens restreint du mot, reconnaîtra sans doute que les autres différences des caractères s'expliquent encore bien moins aisément par d'autres causes : nous répéterions donc inutilement ici notre démonstration. Il est évident que le caractère, *comme qualité individuelle de la volonté*, ne saurait être séparé des aptitudes intellectuelles. D'un côté la possession d'une faculté ou d'une aptitude intellectuelle est toujours accompagnée du désir de l'employer; et d'un autre côté le caractère, dans son acception restreinte, contient des dispositions intellectuelles. Il n'est que la somme des différents modes de réaction, par lesquels la volonté répond aux diverses espèces de motifs. Chaque mode de réaction ne se distingue des autres que parce que le vouloir, qui répond à un motif donné, présente chez un individu un contenu idéal différent de celui du vouloir des autres individus. Si le caractère est inné (c'est-à-dire héréditaire), il en est de même des idées, qui forment l'objet poursuivi par la volonté sous l'impulsion d'un motif, et constituent le mode particulier de réaction qui est inné en elle. Mais ces idées ne peuvent être innées, c'est-à-dire héréditaires, que comme un souvenir endormi, c'est-à-dire comme une disposition des molécules cérébrales à certaines espèces de vibrations (voir p. 36-37). C'est de cette manière qu'il faut expliquer la conduite du jeune chien de chasse non encore dressé (l'attention qu'il donne au gibier, ses mouvements d'arrêt, sa disposition à rapporter les objets qu'on lui jette). Il a hérité de ses parents une mémoire spéciale, mais les souvenirs que les dispositions héréditaires de son cerveau font naître en lui dans les occasions convenables ne sont pas perçues par sa conscience à titre de souvenirs : ils ne se manifestent que comme le contenu des actes volontaires provoqués par les excitations extérieures (par les motifs). (Nous trouvons ici une justification particulière de la doctrine de Platon, pour qui apprendre n'est que se ressouvenir d'une vie antérieure : mais ajoutons que cette doctrine est très-insuffisante, et que la vie précédente n'est pas ici celle du même individu, qui se souvient.) Chez l'homme aussi, une grande partie des manières extérieures et des caractères particuliers de la démarche, du mouvement et de la conduite s'expliquent par des prédispositions du cerveau, que les ascendants doués de ces dispositions ont transmises à leurs héritiers. Certains talents intellectuels sont héréditaires dans une famille pendant plusieurs générations : de nombreux exemples l'attestent (peintres, mathématiciens, astronomes, comédiens, généraux, etc.). Toutes ces prédispositions héréditaires concourent à constituer l'individualité particulière de chaque homme.

J'ajoute que, tandis que le caractère, au sens moral et restreint, tend à devenir uniforme dans les différents individus par l'effet du croisement, et demeure vraisemblablement au même point dans l'espèce humaine (quoique, au sein de ce caractère, les oppositions des éléments soient toujours plus nombreuses et plus tranchées), les aptitudes et les facultés intellectuelles sont, au contraire, dans une voie de progrès continu. Cela tient à ce que les différents caractères, pourvu qu'ils ne soient pas trop excentriques, se tirent à peu près d'affaire de la même manière dans la vie : tandis que l'homme doué de facultés intellectuelles supérieures a toujours l'avantage dans la lutte pour l'existence. La vérité de cette opposition entre les aptitudes morales et les aptitudes intellectuelles est encore plus vraie pour les peuples que pour les individus. Le caractère décide beaucoup moins du succès des nations dans la lutte pour l'existence, que leurs aptitudes, leur culture intellectuelle. Quelquefois c'est le peuple le plus franc, le plus juste, le plus brave, quelquefois le plus rusé, le plus perfide, le plus lâche; tantôt le plus lent, le plus patient, tantôt le plus ardent mais le moins persévérant dans ses entreprises : tantôt le plus vertueux, tantôt le plus corrompu; mais dans tous les cas, c'est toujours en même temps le peuple *le plus élevé par l'intelligence*, qui l'emporte d'une façon durable dans le combat pour l'existence. Cette lutte fortifie, perfectionne les aptitudes intellectuelles et accumule les différences individuelles que créent soit le hasard, soit la finalité inconsciente qui préside à la génération, soit les conditions extérieures de la vie ou l'effort conscient des individus (voir chap. x, 2ᵉ partie).

Si nous jetons, au contraire, un coup d'œil au delà du commencement de l'histoire humaine, sur l'histoire du développement de la vie organique, dont l'humanité est comme le fruit le plus mûr, nous voyons le caractère et l'intelligence s'accompagner dans une correspondance parfaite. Nous devons vraisemblablement monter haut dans le règne animal, avant de trouver une intelligence dont les manifestations soient autre chose que le simple effet de l'action immédiate exercée sur la volonté par le motif présent. Aussi les modes innés de réaction ou les souvenirs endormis héréditaires jouent dans ces sphères inférieures de la pensée un rôle relativement très-considérable (voir p. 99 et 100 du tome I). Mais si l'Inconscient se crée ici dans les dispositions du cerveau ou des ganglions des mécanismes propres à faciliter dans certains cas les réactions de la volonté sous l'action des choses extérieures (par exemple le penchant des abeilles à la construction des cellules à six côtés), il peut très-bien en être de même pour les idées abstraites de l'homme qui se reproduisent souvent, et influent d'une manière considérable sur le développement de la pensée en général (ainsi les concepts mathématiques, les catégories logiques, les formes du langage, etc.). Recourir, pour caractériser ces prédispositions latentes du cerveau, à l'expression d'idées innées, c'est se servir d'une expression aussi impropre que cette autre « souvenirs endormis » (voir p. 332, t. I, Remarque). L'idée ou la représentation n'apparaît qu'après la réaction idéale, dont l'Inconscient fait suivre le fonctionnement matériel de l'organe. La prédisposition cérébrale ne saurait tenir lieu de l'idée, elle ne fait qu'en favoriser l'apparition. Il ne faut jamais oublier que, lors même que l'hypothèse non encore démontrée jusqu'ici de l'existence de prédispositions cérébrales correspondant aux concepts ci-dessus pourrait se justifier, l'action inconsciente du principe psychique précéderait toujours la première apparition des vibrations spéciales, qui doivent donner naissance au premier germe de la disposition intellectuelle correspondante. Songeons d'ailleurs que, pour tous les autres éléments formels de la pensée, des raisons déterminées s'opposent à la supposition précédente (voir t. I, p. 377-379). En tout cas on peut affirmer que le perfectionnement de l'intellect conscient, dans l'histoire des progrès de l'organisation et de l'humanité, ne tient pas seulement à ce que les qualités de l'esprit et l'étendue du savoir ainsi que l'aptitude aux combinaisons de la pensée s'augmentent tous les jours, mais aussi à ce que les prédispositions héréditaires pour toutes les applications utiles de l'activité pratique ou intellectuelle y sont dans une voie de perfectionnement progressif. Il ne faut pas se laisser tromper par ce fait que chez l'homme (et déjà chez les singes anthropoïdes) le développement embryonnaire du cerveau se prolonge assez longtemps après la naissance (voir aussi p. 387-388).

Les mêmes conclusions, auxquelles nous avons préféré nous élever par une autre voie, nous aurions pu naturellement y arriver, si nous avions immédiatement édifié notre théorie sur les données des deux chapitres précédents, et si nous avions analysé une seconde fois les diverses causes des déviations individuelles du type primitif depuis l'origine de la première cellule. Les conclusions communes, auxquelles conduisent les deux modes de raisonnement, se fortifient mutuellement. Mais il y a encore à constater une différence secondaire.

Chez les organismes inférieurs, où les modifications se produisent principalement dans la conformation du corps et les fonctions organiques, nous avons dû chercher l'origine des différences individuelles surtout dans cette période de la vie qui oppose aux modifications la plus faible résistance, c'est-à-dire la période embryonale. Chez l'homme, au contraire, où les modifications des facultés intellectuelles sont beaucoup plus intéressantes que celles des facultés physiques, nous devons chercher naturellement l'origine de ces modifications dans la période de la vie où les fonctions intellectuelles s'exercent déjà, donc après la naissance, et encore un certain temps au delà. Pourtant, ici encore, ce n'est pas dans les dernières périodes de la vie, où le développement est comme suspendu, mais dans l'enfance et la jeunesse, que nous devons surprendre le secret de ces transformations.

Au fond, le principe de toutes les différences qui séparent les individus est le même à travers le monde entier des organismes. Les circonstances extérieures amènent des modifications dans l'organisme, qui provoquent, à leur tour, une modification de l'action exercée sur cet organisme par l'Un-Tout inconscient. Ces différences s'ajoutent à la différence qui résulte déjà de la diversité des matériaux dont l'organisme est formé; et toutes ensemble forment cette somme de différences, qui constitue à chaque être une individualité distincte.

XII

L'INCONSCIENT A LA SAGESSE ABSOLUE; ET LE MONDE, TOUTE LA PERFECTION POSSIBLE.

De tout temps et chez tous les peuples on a admiré, célébré la sagesse de l'être qui a créé, qui a ordonné, qui gouverne enfin le monde. Aucun des peuples, qui ont, dans le cours de l'histoire, atteint seulement à une civilisation moyenne, quelles que fussent d'ailleurs ses idées religieuses et philosophiques, n'a été assez grossier pour que son intelligence ne s'ouvrît pas à cette conception, pour qu'il ne trouvât à l'exprimer sous une forme plus ou moins inspirée. Sans doute le langage des peuples trahit en partie sur ce point les calculs égoïstes d'une flatterie, qui cherche à se rendre les dieux favorables : il n'en doit pas moins être considéré, en grande partie, comme l'expression d'une conviction sincère. Cette conviction s'impose à l'âme de l'enfant, aussitôt qu'il commence à comprendre la merveilleuse combinaison des moyens et des fins dans la nature. Il faut nier la finalité de la nature pour échapper à cette conviction. Mais on ne peut être conduit à une telle négation que par tout un système d'abstractions philosophiques; la première impression que les choses font naturellement sur nous, la contredit absolument. Avant que les hommes fassent des abstractions, ils subissent profondément l'action de la réalité concrète; chez une nation naïve, il ne faut aux têtes douées du sens philosophique qu'un simple cas particulier, pour que la découverte d'une finalité frappante les plonge dans un étonnement profond, et une sorte de crainte respectueuse. On raconte d'un brahmine du temps passé que la vue d'une plante qui saisit les insectes lui causa un tel étonnement, qu'il en oublia le boire et le manger, et s'absorba dans sa contemplation jusqu'à en mourir. Quand l'homme est capable d'induire sur les faits concrets, il s'exprime ainsi : « La nature ne fait rien en vain ; la nature fait tout pour le mieux ; la nature se sert, pour réaliser ses fins, des moyens et des voies les plus simples ». C'est en ces termes que l'homme s'exprime de bonne heure sur la sagesse qui gouverne le monde. Cette conviction a trouvé son expression, sa formule rationnelle la plus rigoureuse au temps de Leibniz et de Wolff. Sans doute Leibniz, en niant l'existence du mal dans l'univers, a dépassé le but ; sans doute une grande partie des glorifications enthousiastes, qu'ont répétées après lui les partisans de l'optimisme, ne sont que de creuses et trompeuses déclamations qui ont nui auprès de la postérité à la cause qu'elles voulaient servir : un fond éternel de vérité se cache cependant sous toutes ces exagérations.

Examinons la question à la clarté de nos précédentes conclusions : voici comment elle se présente à nous. D'après le chapitre 1er de la 3e partie, l'Inconscient ne peut jamais se tromper, pas même douter ni hésiter. Aussitôt que l'apparition d'une idée inconsciente est nécessaire, elle se montre instantanément, embrassant dans l'instant indivisible de son apparition toutes les idées que le processus de notre réflexion déroule successivement et séparément dans la conscience. L'Inconscient, à coup sûr, ne connaît pas l'erreur, puisque sa clairvoyance s'étend sur toutes les données que nous concevons sans les connaître, et les embrasse toujours et dans un seul moment. Rien chez lui de cette réflexion consciente qui va chercher laborieusement dans la mémoire, les unes après les autres, les données des problèmes, et se trompe si souvent et si complétement sur elles. C'est ainsi qu'au même instant les fins futures les plus prochaines comme les plus éloignées, et toutes les considérations relatives à la possibilité d'agir de telle ou telle façon, sont présentes à l'Inconscient, et qu'apparaît l'idée nécessaire. Aussi toute intervention de l'Inconscient se produit toujours au moment le plus convenable, quand le plan général du monde l'exige. L'idée inconsciente, qui détermine la nature et le mode de cette intervention, est par suite la mieux appropriée de toutes les idées possibles à ce plan total. Cette intervention de l'Inconscient, suivant les exigences particulières des différents cas, nos recherches, nous l'ont montrée se produisant à chaque moment dans le domaine de la vie organique. La conservation n'est qu'une réparation par la nutrition des matériaux usés de l'organisme, qu'une lutte incessante contre les causes de désordre qui le menacent. Le développement organique consiste en partie dans la régénération des parties accidentellement détruites, en partie dans le perfectionnement de la forme propre à la vie de l'individu; et la reproduction n'est qu'un mode de développement, par lequel l'individu se renouvelle dans de nouveaux individus. Ces trois fonctions ne s'expliquent que par une intervention constante, à chaque instant renouvelée, de l'Inconscient, qui agit simultanément à chaque place particulière de l'organisme. Chacune de ces interventions se modifie suivant la diversité des circonstances; et, dans chacune, les fins générales auxquelles toutes servent en commun sont présentes à la pensée de l'Inconscient.

Chaque cause dans la nature nous apparaît donc comme un moyen propre à réaliser les fins suprêmes de la Providence; chaque cause dans le règne organique agit avec la participation immédiate de l'Inconscient. Mais cette intervention incessante de l'Inconscient est elle-même *naturelle*, c'est-à-dire nullement *arbitraire*, mais *régulière* : la fin suprême, établie une fois pour toutes, et les circonstances momentanées, au milieu desquelles il faut agir, la déterminent *avec une nécessité logique*.

La doctrine chrétienne soutient que l'action divine n'est pas seulement le gouvernement général et en gros du monde; mais que la grandeur infinie de Dieu se révèle et se fait surtout admirer, en ce qu'il est partout présent et agissant, jusque dans les plus petits détails des choses. Nos vues sur la vie organique sont absolument conformes à cette doctrine.

La sagesse qui préside à l'activité de l'Inconscient ne se borne pas là. Combien plus on loue pour son habileté celui qui sait s'épargner la peine de recommencer sans cesse la même tâche par la construction d'un mécanisme intelligent, que celui qui sans doute exécute très-bien son travail, mais est obligé à chaque fois de le faire lui-même. Ainsi la sagesse de l'Inconscient est bien plus admirable, là où elle se dispense en partie d'intervenir, soit à l'aide de mécanismes intelligents, soit par un emploi habile des circonstances extérieures (par exemple en laissant agir la concurrence vitale, ou les forces déjà existantes des atomes), que là où, dans l'accomplissement de sa tâche, elle est obligée d'intervenir elle-même d'une manière directe e continue, bien qu'avec l'art le plus merveilleux. Nous avons multiplié les exemples de cette sagesse supérieure dans le cours de nos recherches. Je crois à peine qu'il soit nécessaire de les rappeler, encore moins de les énumérer tous. Le plus considérable et le plus vaste de tous ces mécanismes est assurément le système des lois physico-chimiques de la nature.

Néanmoins, quelque variés que soient les mécanismes dont l'Inconscient sait faire usage pour faciliter sa tâche, ils ne peuvent jamais le dispenser complétement d'une intervention directe et continue. Ils ne s'appliquent naturellement, comme tout mécanisme, qu'à des cas *absolument semblables;* or, dans la réalité, chaque cas est différent des autres. Le mécanisme le plus intelligent laisse donc toujours une partie de la tâche inachevée ; et, après comme avant, l'intervention directe de l'Inconscient est nécessaire pour adapter complétement l'effet du mécanisme au cas particulier qui se présente. Quand la dépense de force que nécessite la construction d'un mécanisme est supérieure à l'économie qui en doit résulter (et c'est le cas pour toutes les combinaisons de circonstances qui, d'après leur nature, ne se présentent que très-rarement, comme là où, pour pour d'autres raisons, un mécanisme ne se laisse que difficilement construire), l'intervention directe de l'Inconscient doit alors naturellement se faire sentir. Telles sont les actions que l'Inconscient exerce sur le cerveau des hommes, qui déterminent et dirigent l'évolution historique et la marche en tous sens de la civilisation, vers le but marqué par l'Inconscient.

Après tout cela, nous ne pouvons nous empêcher d'accorder à l'Inconscient d'abord une clairvoyance absolue (ce qui répond au concept théologique de l'omniscience); secondement, une logique infaillible qui coordonne à la fois toutes les données d'un problème, et l'art d'agir de la façon la plus intelligente au moment le plus convenable (attribut que les théologiens réunissent à l'omniscience sous le nom de sagesse absolue); en troisième lieu, une activité qui agit sans cesse en tout lieu et en tout moment (ce que les théologiens appellent l'omniprésence; ils devraient ajouter et l'éternelle omniprésence). Songeons encore qu'au premier moment où se produit l'action de l'Inconscient, au moment donc de la première création, de la première préformation de ce monde, le monde idéal des possibles tout entier, par conséquent l'idée de tous les mondes, de toutes les fins, de tous les buts possibles, et des moyens de les réaliser reposaient dans la pensée omnisciente de l'Inconscient. — Enfin considérons que la chaîne de la finalité ne peut être de sa nature conçue comme infinie, ainsi que celle de la causalité; et qu'elle doit être suspendue à une fin dernière, parce que chaque anneau antérieur de la chaîne de la finalité est dépendant du suivant. Il faudrait autrement que la pensée se représentât une infinité déterminée de buts; ce qui est contradictoire. Et d'ailleurs, tous les anneaux infiniment nombreux de cette chaîne de fins seraient suspendus en l'air, attendant en vain la fin suprême qui doit les déterminer. Nous pouvons donc nous abandonner avec une légitime confiance à la pensée que le *monde est disposé et gouverné avec toute la sagesse et la convenance possibles;* que si, parmi tous les possibles qu'embrasse l'omniscience de la pensée inconsciente, la possibilité d'un monde meilleur s'était rencontrée, certainement ce monde meilleur aurait été réalisé à la place du monde actuel. L'Inconscient, dans son infaillibilité, n'a pu, en créant le monde, se tromper sur sa perfection. L'éternelle ubiquité de l'Inconscient ne permet pas davantage que son action s'arrête en un seul point; et que cette négligence d'un instant dans le gouvernement du monde puisse altérer une œuvre prédisposée avec toute la perfection possible. Nous tiendrons donc pour vraie cette pensée de Leibniz que « le monde réel est le plus parfait de tous les mondes possibles ». Sans doute nous ne sommes arrivés que par une voie *indirecte* à établir la haute probabilité de ces hypothèses. Il est évidemment impossible d'y réussir par une démonstration directe. Comment à priori nous faire une idée des autres mondes possibles, qui sont en nombre infini; comment connaître suffisamment celui qui a été réalisé, et le comparer d'une manière rigoureuse avec les premiers? Mais nous démontrons que l'Inconscient possède des attributs qui lui permettent d'embrasser comme d'un seul regard tous les mondes possibles, et de réaliser parmi eux celui qui satisfait à *la fin la plus digne de la raison, de la manière la mieux appropriée.*

Si, sous ce rapport, nous nous accordons avec Leibniz, nous ne pouvons cependant *approuver sa théorie du mal*. Il la tenait d'Athanase et d'Augustin. Elle considère le mal comme une pure privation, comme *un moindre degré de bien*. Définir le mal comme une négation, au sens propre du mot, cela pourrait s'entendre et se justifier. Le plaisir et la peine, le bien et le mal sont en regard l'un de l'autre comme le positif et le négatif, comme la thèse et l'antithèse. Mais il faut bien remarquer ici que le négatif a autant de réalité que le positif; et que la dénomination dépend du point de vue auquel se place le sujet. Par conséquent, puisque le choix seul décide de ce point de vue, on peut arbitrairement regarder l'un des deux opposés comme le positif, l'autre comme le négatif.

Leibniz est un esprit trop pénétrant et en particulier une tête trop mathématique pour vouloir conclure la non-réalité du mal de ce que le mal est logiquement une négation. Mais, comme il construit sa démonstration *in majorem Dei gloriam*, il n'hésite pas à faire violence aux faits. Il attribue au mal non pas un caractère négatif, mais le caractère d'une privation pure, il est vrai, d'une privation relative. Il s'exprime ainsi : « Le mal n'est pas l'opposé, mais le manque d'un bien; le mal absolu serait le manque absolu du bien; le mal relatif n'est qu'une privation relative ou un moindre degré du bien. »

Mais ce principe est essentiellement erroné : il conduirait à cette conséquence immédiate que l'union du mal *a* au bien A devrait être préférée à la possession du dernier tout seul. Le mal *a* n'est pas, en effet, un mal absolu, un non-bien, mais seulement un faible degré de bien : il viendrait donc toujours s'ajouter au bien A pour en augmenter le degré. D'après la théorie de Leibniz, ce serait le *non plus ultra* de la folie que de vouloir, pour éviter un grand mal, renoncer à un bien quelconque; et l'état de l'homme qui endure à la fois toutes les souffrances imaginables de l'esprit et du corps devrait être déclaré plus heureux, au même moment, que l'état d'insensibilité produit par le chloroforme, pour ne pas dire que la paix du dernier sommeil. C'est à de telles aberrations qu'on est conduit par une hypothèse imaginée de parti pris.

Si nous nous demandons à quel but on voulait la faire servir, l'erreur trop évidente du but suffit à condamner absolument l'hypothèse.

On croyait, en effet, que l'existence d'un mal réel est en contradiction avec la perfection du monde. Le mot perfection a, de tout temps, donné lieu à bien des erreurs grossières. Déjà Platon (*Timée*, 7), et Aristote regardaient le monde comme une sphère, et les mouvements des astres comme circulaires, parce que la sphère était, à leurs yeux, la forme la plus parfaite et le mouvement circulaire le plus parfait des mouvements. De même les vieux livres d'artillerie enseignent qu'on doit tirer avec des balles sphériques, parce que la sphère est la forme la plus parfaite.

Si le mot « parfait » a un sens, il ne peut signifier que « le meilleur possible de son espèce » : ce qui est meilleur que possible ne saurait exister. C'est en ce sens seulement qu'on aurait le droit de considérer le monde comme parfait. Mais un autre concept s'est glissé, sans qu'on s'en aperçût, sous celui de la perfection : c'est le concept d'une *chose sans tache*, sans défaut, ayant un prix absolu, et propre à remplir d'une félicité inaltérable le cœur de celui qui la possède. Mais l'existence d'une telle perfection n'avait pas été, tant s'en faut, rendue vraisemblable dans le monde ; on avait fait une supposition sans fondement, à la faveur de la confusion des concepts. On s'imagina que le meilleur possible doit aussi être bon : on oubliait que savoir qu'une chose est aussi bonne que possible, c'est ignorer absolument si elle est réellement bonne. La chose peut être aussi mauvaise qu'on voudra, sans cesser d'être aussi bonne que possible. Dans certains cas, il n'y a aucune différence entre être aussi bon et être aussi mauvais que possible, par exemple lorsqu'un seul cas est possible, ou lorsque tous les cas possibles ont un degré identique de perfection. Ainsi ce monde peut être le meilleur possible, sans cesser pour cela d'être très-mauvais. Il peut avoir toute la perfection possible, sans que cela nous prouve qu'il est bon. Démontrer victorieusement qu'il est mauvais, ce n'est nullement prouver qu'il n'est pas le meilleur possible. En réfutant ceux qui raisonnent ainsi, on ne défend pas réellement la cause de l'optimisme, et l'on se donne en ce sens une peine tout à fait inutile.

Il faudrait que les défauts et les imperfections reconnus dans le monde témoignassent que la fin suprême du monde est mauvaise, ou que les moyens employés pour atteindre des fins, reconnues bonnes, ne sont pas appropriés à ces fins, pour qu'on pût révoquer en doute la sagesse absolue de l'Inconscient, et, par une conséquence indirecte, mais seulement indirecte, soutenir que le monde n'est pas le meilleur possible. Mais ni le mal physique, ni le mal moral, ni la félicité des méchants, ni les souffrances des bons ne prouvent qu'il en soit ainsi. Les fins, que ces accidents du monde contrediraient, sont le règne universel de la félicité, de la moralité et de la justice. Mais la moralité et la justice n'ont de signification qu'au point de vue de l'individuation, c'est-à-dire qu'elles n'appartiennent qu'au monde des phénomènes, non à l'être véritable. L'individuation repose sur un instinct essentiel, celui de la conservation des individus, dont la condition essentielle est l'égoïsme. Sans égoïsme, pas d'individuation; mais avec l'égoïsme naît le mépris des droits d'autrui quand l'intérêt l'exige, c'est-à-dire l'injustice, le mal moral, l'immoralité, etc. Tout cela est donc un mal nécessaire et inévitable, qu'exigent les intérêts de l'individuation. Ainsi que je l'ai déjà montré au chap. VIII, sect. A, p. 210 du 1er vol., en parlant des organismes, certains maux inévitables doivent être supportés, bien qu'ils contrarient certaines fins : les supprimer, ce serait compromettre des fins plus importantes que celles qu'on voudrait servir.

Nous n'avons donc qu'à célébrer la sagesse de l'Inconscient, qui a su contre-balancer les maux nécessaires de l'égoïsme et mettre dans le cœur de l'homme d'autres instincts, comme la pitié, la bienveillance, la reconnaissance, le sentiment de l'équité et le désir de rendre le bien et le mal, qui préviennent bien des injustices et produisent des biens positifs. Parmi ces instincts, ceux de la vengeance et de la justice, associés à l'instinct qui pousse à la formation des États, font naître l'idée de la justice, après que le soin des vengeances privées a été confié à la puissance publique. Et la justice sociale, à son tour, en plaçant la peine devant le coupable, fait que son égoïsme est intéressé à éviter l'injustice, et qu'il se détruit lui-même par ses propres excès.

Mais, en dehors de ces merveilleux effets, la moralité et la justice ne sont toujours que des idées abstraites, qui ne s'appliquent qu'aux rapports des individus entre eux ou avec les associations d'individus, mais n'ont aucun sens par rapport à l'être véritable qui constitue l'essence des individus, l'Un-tout inconscient, si on l'envisage indépendamment de la forme sensible sous laquelle il se manifeste. L'Un-tout, en définitive, ne peut être intéressé au monde, qu'autant que son être propre le remplit et y participe. La forme de la phénoménalité est, sans doute, un moyen important que l'Inconscient fait servir à ses fins; mais, en dehors de son rapport au fond de l'être lui-même, elle ne saurait constituer la fin dernière des choses. La moralité et la justice ne sont que des formes de rapports entre les phénomènes; et elles ne peuvent avoir une valeur téléologique pour l'Inconscient qu'indirectement, par l'influence que la totalité des phénomènes a sur le *fond* de son être.

Pour apprécier cette influence, il nous faut mesurer la somme de plaisir ou de souffrance que la moralité et l'immoralité, la justice et l'injustice font naître dans tous les individus qu'elles intéressent, qu'ils soient actifs ou passifs. Le plaisir et la peine seuls sont quelque chose de tout à fait réel, et non pas seulement, comme la moralité et la justice, de *pures idées de la conscience*. L'Inconscient est le *sujet commun* qui ressent l'un et l'autre, puisqu'il est au fond de toutes les consciences particulières. Ce n'est donc pas en soi que l'acte moral a un prix pour l'Inconscient : il ne vaut pour lui que parce qu'il diminue la somme de ses souffrances. La justice n'a pas davantage de valeur par elle-même, non plus que par la moralité qu'elle favorise, mais seulement parce qu'en diminuant le nombre des actions mauvaises, elle diminue la souffrance qui en résulte. La moralité et la justice par elles-mêmes ne sont pas des fins dans le processus de l'univers; mais elles pourraient bien l'être comme *servant à la félicité*, si celle-ci devait être considérée comme une fin ; et, comme elle intéresse d'une façon immédiate l'essence même de l'Inconscient, on est bien obligé de le croire. La moralité et la justice peuvent assurément être regardées comme des fins dans ce sens relatif, et l'expérience ne contredit pas cette manière de voir : car les instincts mentionnés plus haut, et particulièrement la justice sociale dans son perfectionnement constant doivent être considérés comme des moyens de diminuer le nombre des actions immorales et injustes. Mais la moralité et la justice ne sauraient prétendre à se donner comme des fins absolues ; elles doivent se contenter d'un rôle subordonné et d'une valeur très-relative. Ajoutez encore que, si l'injustice est un mal inévitable, sans lequel il n'y aurait pas d'individuation possible, réclamer l'intervention immédiate, dans tous les cas, de la justice divine, c'est un non-sens théologique, qui, pour un très-médiocre intérêt, suspendrait constamment le cours des lois naturelles. Quant au bonheur, c'est-à-dire quant à la plus grande diminution possible de la souffrance et au plus haut développement possible du plaisir, on doit croire, dans tous les cas, qu'il intéresse l'être même de l'Inconscient, qu'il est quelque chose de réel, et par suite qu'il est la fin suprême, surtout si l'on songe qu'aucun autre sujet que l'Un-tout inconscient ne ressent le plaisir et la peine. Aussi voyons-nous qu'en réalité une foule de moyens ont été employés par l'Inconscient pour écarter la douleur et augmenter le plaisir.

Nous ne pouvons pas nier davantage que, étant donnés l'individualité et l'égoïsme qui en est inséparable, la nécessité de la douleur dans la lutte pour l'existence et la mort de l'individu sont inévitables. Une foule de faits pourtant semblent s'opposer à ce que la félicité soit la fin suprême, et ne s'expliquer qu'autant que les autres buts auxquels ils servent, comme par exemple le perfectionnement de la conscience, sont plus importants que la félicité ; et c'est justement ce qui arrive dans l'individuation. Mais comment comprendre qu'une fin soit supérieure à la poursuite du bonheur, puisque aucune n'intéresse plus directement l'essence même de l'Inconscient? Comment comprendre que quelque chose mérite le sacrifice de la félicité, à moins que ce ne soit l'espoir d'une félicité supérieure; mérite qu'on s'impose une souffrance, si ce n'est pour en éviter une plus grande? Ne serait-ce pas enfoncer ses dents dans sa propre chair? Si donc la félicité doit être la fin suprême, on ne doit accepter les souffrances qu'autant qu'elles servent à atteindre une félicité plus haute dans un autre sens ou à une époque plus reculée, ou du moins qu'elles préviennent des souffrances plus grandes, plus étendues ou plus durables. L'existence d'un processus universel ou d'un monde, où ces espérances n'existeraient pas, ne s'expliquerait pas pour la raison; et l'on n'aurait aucun motif sensé de préférer la souffrance au plaisir en vue de je ne sais quel autre but.

Nous nous rapprochons ici de Leibniz. Il serait très-étonnant que la confusion d'un monde parfait, entendu comme le meilleur possible, et du monde parfait conçu comme absolument bon et sans tache, ne dissimulât pas chez un esprit aussi pénétrant que celui de Leibniz une raison capable de justifier dans un certain sens les tendances de sa théodicée. Cette raison existe en effet : ce n'est pas, comme on l'a prétendu, pour sauver le dogme de la plus grande perfection possible du monde que Leibniz cherche à en élever le prix, en faisant du mal physique et moral une pure privation; mais il veut justifier le Créateur d'avoir créé son œuvre.

La doctrine des mondes possibles n'examine pas le cas où aucun monde n'existerait, parce qu'un monde non existant n'est pas un monde, et par suite n'est pas un monde possible. Mais si l'on prouvait que le monde réel vaut moins que l'absence même du monde, on pourrait toujours accuser le Créateur d'avoir créé d'une manière générale, puisqu'il aurait mieux valu ne rien créer. La création, quelle que soit d'ailleurs l'œuvre produite, devrait son origine à un acte inintelligent. Il faudrait admettre que la raison du Créateur n'a eu aucune part à cet acte primitif ; et qu'elle n'a d'autre tâche que d'achever, que de développer de la meilleure manière possible une œuvre qui a été créée et dont l'existence a été voulue sans son concours, ou de croire que la sagesse déployée incontestablement par le Créateur dans le détail, s'associe à une erreur fondamentale dans l'ensemble, et par conséquent s'est contredite elle-même essentiellement. On ne saurait penser autrement, dans le cas où l'on voudrait soutenir que le Créateur est tout entier responsable de la résolution primitive d'où le monde est sorti, par conséquent dans son entendement aussi bien que dans sa volonté. Mais la seconde supposition est trop monstrueuse. Comment la sagesse absolue se serait-elle démentie elle-même au point de commettre l'acte le plus déraisonnable au moment le plus important ? Quant à la première explication, Leibniz ne voulait et ne pouvait pas davantage l'accepter, lui qui ne reconnaît pas en Dieu des attributs opposés. Il ne lui restait donc plus qu'à s'assurer d'avance contre la possibilité que l'existence du monde vaille moins que sa non-existence ; et pour cela il inventa la doctrine qui ne reconnaît au mal qu'un caractère négatif.

Nous qui visons avant tout à l'impartialité, nous essayerons dans le chapitre suivant de résoudre par le simple témoignage des faits la question de savoir ce qui est préférable de l'existence ou du néant du monde. Si nous devons affirmer la dernière supposition, nous n'hésiterons pas à conclure que l'existence du monde est due à un acte de *déraison*; mais nous n'admettrons pas pour cela que la *raison* soit devenue *tout à coup* sur ce point unique *la déraison*: nous dirons seulement que cet acte a été accompli *sans* raison, et que la raison n'y a *pas eu de part*. Rien ne nous est plus facile, puisque nous reconnaissons *deux* modes d'activité dans l'Inconscient, dont l'un, la volonté, est l'activité illogique (non *antilogique*, mais *illogique*) étrangère à la raison. Or nous savons depuis longtemps que toute existence réelle doit son origine à la volonté ; il serait donc à priori *étonnant que l'existence comme telle ne fût pas dénuée de raison.*

Quelle que soit notre solution, on n'en pourra rien conclure contre la sagesse absolue de l'Inconscient, et contre la proposition que « de tous les mondes possibles, le monde réel est le meilleur ».

XIII

LA DÉRAISON DU VOULOIR ET LE MALHEUR DE L'EXISTENCE.

Remarques préliminaires.

L'objet de ce chapitre est de rechercher ce qui vaut le mieux de l'existence ou du néant du monde actuel. J'ai besoin ici surtout d'implorer l'indulgence du lecteur. Pour épuiser la question, tout un livre serait nécessaire. Des raisons matérielles ne me permettent de la traiter que comme une sorte d'épisode : d'ailleurs le résultat de cette recherche, tout en ayant son importance pour l'explication des derniers principes de la philosophie, ne se rattache pas directement à l'objet que le titre de mon livre me faisait un devoir d'étudier avant tout, « l'Inconscient ». J'espère toutefois, dans une rapide étude, présenter assez de considérations nouvelles et intéressantes aux adversaires des idées que je soutiens ici, pour me faire pardonner en quelque sorte cette digression.

Si nous passons en revue les opinions personnelles des plus grands esprits de tous les temps, tous ceux qui ont été amenés à s'expliquer sur ce point, se prononcent résolument pour la condamnation de la vie.

Platon s'exprime ainsi dans l'*Apologie* : « Si la mort est la privation de tout sentiment, et comme un sommeil où le dormeur ne fait aucun songe, quel merveilleux avantage n'est-ce pas que de mourir ! Car, que quelqu'un choisisse une nuit ainsi passée dans un sommeil profond, que n'aurait troublé aucun songe, et qu'il compare cette nuit avec tous les jours qui ont rempli le cours entier de sa vie ; qu'il réfléchisse et qu'il dise en conscience combien dans sa vie il y a eu de journées et de nuits plus heureuses et plus douces que celle-là ; je suis persuadé que non-seulement un simple particulier, mais que le grand roi de Perse lui-même en trouverait un bien petit nombre et qu'il serait aisé de les compter. » On ne saurait trouver une image plus expressive et plus belle pour faire ressortir combien le non-être est préférable en moyenne à l'être.

Kant dit de son côté (*Œuvres*, VII, p. 381) : « Il faut être bien aveugle sur le prix de la vie, pour souhaiter encore de la prolonger au delà de sa durée naturelle : ce serait vouloir continuer *un jeu, où l'on est constamment aux prises avec la souffrance seule* ». Il nomme la vie (393 p.) « un temps d'épreuves auxquelles succombe le plus grand nombre, et où le plus favorisé n'est pas davantage content de la vie ».

Fichte déclare que le monde réel « est le pire des mondes possibles », et ne s'en console que par la pensée qu'il peut s'élever à la félicité d'un monde supra-sensible par la pensée pure. Il dit (*Œuvres*, V, p. 408-409) : « Les hommes se lancent avec ardeur à cette poursuite de la félicité, s'attachant du fond du cœur et se donnant entièrement au premier objet venu qui leur plaît et promet de satisfaire leur passion. Mais aussitôt qu'ils font un retour sur eux-mêmes et se demandent : « Suis-je heureux ? » — une voix retentit au fond de leur cœur et leur crie distinctement : « Non, tu es encore aussi pauvre, aussi vide qu'auparavant. » Ils rentrent alors en eux-mêmes et se disent qu'ils se sont seulement trompés d'objet ; et ils se précipitent vers un autre. Mais le second ne les satisfait pas plus que le premier : *car aucun objet ne les contentera de ceux qui sont sous le soleil ou sous la lune...* Ils errent inquiets, tourmentés pendant toute leur vie. Dans chacune des situations où ils se trouvent, ils pensent qu'il ne leur manquerait que de changer pour être plus heureux ; et, après qu'ils ont changé, ils ne se sentent pas plus heureux qu'auparavant. Quand ils ont atteint une position, ils croient qu'il suffirait de monter plus haut, à la hauteur que leur œil embrasse de loin, pour voir cesser leur tourment. Mais leur ancien tourment toujours fidèle les accompagne sur la hauteur désirée. Quelques-uns peut-être renonceront aux satisfactions d'ici-bas, et se plairont à espérer au delà de la tombe une félicité que la tradition leur promet. Mais quelle lamentable erreur les égare! Il n'y a de félicité au delà du tombeau que pour celui qui l'a déjà rencontrée ici-bas : car il ne suffit pas de se faire enterrer pour entrer dans la félicité. Ils poursuivront aussi vainement la félicité dans l'existence future, dans la série infinie des existences futures, qu'ils l'ont poursuivie vainement dans la vie présente, s'ils la cherchent ailleurs qu'au sein de l'être qui est si près d'eux ici-bas, qu'ils ne pourront s'en rapprocher davantage dans toute l'infinité, au sein de l'être éternel. Ainsi erre à l'aventure le pauvre rejeton de l'éternité, chassé par ses désirs loin de la demeure paternelle, sans que l'héritage céleste cesse d'être à sa portée ; mais il craint de le saisir avec sa main, et il erre inquiet et fugitif dans le désert d'alentour, cherchant partout à s'y bâtir une demeure : heureusement que chacune de ses vaines constructions l'avertit par sa ruine prochaine qu'il ne trouvera le repos que dans la maison de son père. »

Schelling s'exprime à son tour de la sorte (*Œuvres*, I, 7, p. 399) : « De là le voile de tristesse qui est étendu sur la nature entière, la profonde et incurable mélancolie de la vie ». Plus loin (*Œuvres*, I, t. X, p. 266-268), il nous dit dans une de ses plus belles pages, que je recommande de lire tout entière, et dont je ne puis ici que détacher un fragment : — « C'est assurément un chemin de douleurs que chaque être gravit pendant qu'il traverse la vie : regardez, pour vous en convaincre, les traces que la douleur a gravées sur la face de la nature entière, sur le visage des animaux ; mais le malheur de l'existence est supprimé, dès que l'homme accepte l'être comme une chose qui n'a pas de vérité, dès qu'il cherche à se soutenir dans la plénitude de sa liberté idéale contre l'existence brutale... Qui osera se plaindre des misères communes et habituelles d'une vie passagère, après avoir compris quelle souffrance s'étend sur tout ce qui vit, et quelle lamentable fatalité pèse sur tout l'univers? » — « L'inquiétude est le sentiment dominant dans toute créature vivante » (I, 8, 322). « La douleur est quelque chose de général et de nécessaire dans toute vie... Toute douleur a sa source exclusive dans le seul fait d'exister » (I, 8, 335). — « L'inquiétude de la volonté et du désir, qui fatigue chaque créature de ses sollicitations incessantes, est en soi-même le malheur » (II, 1, 473, voy. aussi I, 8, 235-236; II, 1, 556-557-560).

Je veux me borner à ces citations : on pourra lire sur le même sujet quelques pages de Schopenhauer (ch. 46, 2ᵉ partie, *Le Monde comme volonté et représentation*).

Mais que signifient des opinions toutes personnelles, si elles ne s'appuient sur de solides raisons? Ne doit-on pas s'en défier, justement parce qu'elles émanent d'esprits supérieurs, en qui l'on trouve cette tristesse mélancolique qui semble être le partage du génie, et qui vient de ce que le génie ne peut se sentir chez lui, dans le monde inférieur à lui? (Voir Aristote, Probl. 30, 1.) Mais le monde doit être apprécié avec sa propre mesure et non avec celle du génie : cherchons d'autres juges.

Imaginons un homme qui n'est pas un génie, et n'a reçu que la culture générale de tout homme moderne; qui possède tous les avantages d'une position enviable, et se trouve dans la force de l'âge; qui a pleinement conscience des avantages dont il jouit, quand il se compare aux membres inférieurs de la société, aux nations sauvages et aux hommes des siècles barbares; qui ne porte pas envie à ceux qui sont au-dessus de lui, et sait que leur vie est assaillie d'incommodités qui lui sont épargnées; un homme enfin qui n'est ni épuisé, ni blasé par la jouissance, non plus qu'opprimé par des infortunes exceptionnelles; supposons que la mort vienne trouver cet homme et lui parle en ces termes : « La durée de ta vie est épuisée; l'heure est venue où tu dois devenir la proie du néant. Il dépend de toi pourtant de décider si tu veux recommencer, dans les mêmes conditions avec l'oubli complet du passé, ta vie qui est maintenant achevée : choisis. »

Je doute que notre homme préfère recommencer le jeu précédent de la vie que d'entrer dans le néant, s'il est assez calme, assez ferme d'esprit pour examiner la question ; s'il n'a pas vécu jusque-là dans l'insouciance et l'irréflexion, au point d'être incapable de rassembler dans une critique sommaire les expériences de sa vie passée ; et s'il ne se laisse pas dicter sa réponse ou du moins ne laisse pas fausser son jugement par l'instinct de la vie à tout prix. Combien plus cet homme préférera-t-il le néant à une seconde vie, qui ne lui garantirait pas les conditions favorables au sein desquelles sa vie précédente s'est écoulée, et laisserait au hasard le soin de décider quelles conditions nouvelles d'existence lui seront faites ; une vie où il a tout lieu, en un mot, de croire que les conditions de la vie seront moins favorables pour lui que celles qu'il dédaignait auparavant.

L'Inconscient se trouverait justement, à chaque naissance nouvelle, dans la situation de cet homme, s'il avait réellement la possibilité d'un choix volontaire.

Mais l'homme, que nous interrogeons dans cet exemple, n'échappe pas à la critique que nous adressions précédemment aux jugements du génie. Il représente une intelligence élevée par la culture bien au-dessus de la moyenne. Or, chaque phénomène particulier demande à être jugé à sa propre mesure. Le monde dans l'ensemble ne peut être jugé avec une vérité suffisante, qu'autant que le jugement porte sur la moyenne des existences phénoménales et particulières qui le composent. L'exemple précédent, s'il est juste, prouve toutefois que l'intelligence, au degré où nous l'avons trouvée dans l'homme en question, condamne la vie dont elle est le produit, et qu'elle est incontestablement seule compétente pour bien juger. Son erreur vient seulement de ce qu'elle se croit autorisée à condamner l'existence qui lui est inférieure, tandis que cette dernière ne peut être jugée qu'avec sa propre mesure.

Cette erreur n'est pas étonnante ; on la retrouve également partout où l'intelligence n'est pas assez haute pour condamner la vie où elle s'est développée. Qu'on interroge un bûcheron, un Hottentot, un orang-outang, et qu'on demande à chacun d'eux ce qu'il aime le mieux du néant ou d'une vie nouvelle dans le corps d'un hippopotame ou d'un pou. Tous répondront vraisemblablement qu'ils aiment mieux le néant : mais ils n'hésiteront pas à préférer leur propre vie au néant ; et l'hippopotame et le pou tiendront le même langage.

Cette erreur vient de ce que celui qui interroge, au moment de se prononcer, se met en quelque sorte avec son intelligence actuelle à la place et comme dans le corps de l'être inférieur ; il est naturel qu'il trouve le mode d'existence de ce dernier insupportable. Mais il oublie que, s'il vivait sous cette forme inférieure d'existence, il n'aurait pour la juger qu'une intelligence inférieure du même degré.

Il ne reste donc plus qu'à juger toutes les formes que revêt, à ses degrés différents, l'existence phénoménale de l'Inconscient, d'après la mesure qui convient à l'intelligence propre à chacune d'elles ; qu'à faire la moyenne de tous ces jugements particuliers. On aurait alors un jugement réellement un et inconscient, qui représenterait la totalité des sentiments subjectifs portés sur l'être de l'Un-Tout. Le jugement porté du point de vue d'autrui ne donne que des résultats inacceptables : chaque être est heureux dans la mesure où il se sent l'être, non dans la mesure où je le serais avec mon intelligence, si j'étais à sa place, car la substitution est justement irréalisable.

La douleur et le plaisir n'existent qu'autant qu'ils sont sentis. En dehors du sujet sentant, ils n'ont aucune réalité. Leur réalité objective ils ne la doivent pas à eux-mêmes, mais à la réalité objective du sujet en qui ils existent. Leur réalité propre, en d'autres termes, est *subjective*; ils ne peuvent qu'*indirectement* en avoir une autre, une objective. Il suit de là qu'il n'y a aucune autre mesure pour apprécier la réalité de la sensation, que la sensibilité même du sujet; et que la sensation comme telle ne peut être ni fausse ni illusoire.

La sensation peut, sans doute, être déclarée fausse, si les idées qui la font naître sont fausses. Mais l'illusion ne se rencontre toujours que dans l'idée que l'on se forme de l'objet, non dans la sensation elle-même : que celle-ci repose sur un fondement réel ou sur une illusion, elle est toujours également vraie, et mérite toujours d'être comptée dans l'appréciation totale du bonheur.

La seule différence entre le jugement que l'intelligence du pou porterait sur sa propre existence et celle que mon intelligence porte sur la vie du pou, consiste uniquement en ce que le pou a des illusions que je ne partage pas, et que ces illusions lui donnent un excédant de félicité ressentie et par suite réelle, qui lui fait préférer sa vie au néant. Mais le pou, en cela, a évidemment raison, et moi tort. La vérité, dans le cas dont il s'agit, n'est pas d'ailleurs facile à déterminer. Si je suis exposé à des causes d'erreur, le pou de son côté n'est pas moins aveuglé dans sa réponse par d'autres influences. Sans doute, le prix de l'existence ne peut être mesuré pour chaque être qu'à sa propre mesure; et, en ce sens, l'illusion vaut autant pour lui que la vérité. Mais tout cela ne prouve pas que chaque être soit en état de faire la moyenne exacte des impressions qui ont pendant toute la durée de sa vie affecté sa sensibilité; et que son jugement d'ensemble sur sa propre vie résume exactement toutes les expériences successives de sa sensibilité. Outre qu'il faut, pour porter ainsi un jugement d'ensemble, un certain degré d'intelligence, nous devons tenir compte encore des erreurs auxquelles sont exposés les souvenirs et les calculs ainsi formés, tout comme de l'*influence exercée sur le jugement par la volonté et le sentiment inconscients.*

On peut admettre que les erreurs de la première espèce

se neutraliseraient, si on opérait sur un grand nombre de jugements individuels : mais les erreurs du second genre ne se feraient que plus vivement sentir. Celui qui sait combien est puissante sur l'idée et le jugement l'influence de la volonté, des instincts, des émotions et des sentiments, celui-là mesurera sans peine l'étendue des erreurs qui en peuvent venir. Qu'on songe d'abord comment les impressions désagréables s'effacent promptement de la mémoire, tandis que les impressions agréables y restent fixées : même l'événement ou l'aventure la plus lamentable se présente à la mémoire sous la couleur la plus agréable (*juvat meminisse malorum*). Il suit de là que la mémoire nous fait porter sur la somme des plaisirs de l'existence un jugement beaucoup plus favorable qu'il n'aurait été, si les illusions du souvenir n'avaient faussé l'appréciation des plaisirs et des peines véritablement ressenties dans le cours de la vie. Si la mémoire ne suffit pas à nous tromper sur la nature des douleurs réellement éprouvées, l'instinct de l'espérance, qui anticipe les impressions futures, ne manque certainement pas d'achever l'illusion (voir plus bas, n° 12). Chez les jeunes gens, le bilan des impressions passées est toujours faussé involontairement par l'idée d'un avenir, que l'espérance leur représente soustrait à l'influence des causes principales auxquelles sont dues les souffrances passées, et où elle se refuse à prévoir l'action possible des causes nouvelles de la douleur. Ce n'est donc pas la vie propre de chaque individu, telle que le passé l'a faite, telle que l'avenir nous l'offrira, mais telle que, dans le miroir charmant du souvenir et à travers les illusions dorées de l'espérance, l'esprit peu philosophique croit la voir, qui nous sert à dresser la balance des plaisirs et des peines. Il n'est pas étonnant après cela que le résultat soit si peu d'accord avec la réalité. — Qu'on songe encore que la sotte vanité des hommes leur fait préférer de paraître plutôt que d'être en réalité non-seulement bons, mais heureux. Chacun dissimule soigneusement où le soulier le blesse, et cherche à faire parade d'une satisfaction, d'un contentement, d'une félicité qu'il ne ressent pas au fond. Toutes ces causes d'erreur faussent le jugement qu'on porte sur les autres, en se fondant sur ce qu'ils disent eux-mêmes et font paraître de leur félicité ou de leur misère totale : de même les deux causes énoncées tout à l'heure font que l'individu lui-même se trompe sur son propre passé. Ainsi en mesurant la félicité totale de l'existence des autres par ce qu'ils ont coutume d'en dire eux-mêmes, il est clair qu'on se confie au produit de deux facteurs également faux. On voit par là avec quelle réserve il faut accepter les jugements que les hommes portent sur leur félicité personnelle.

Qu'on songe enfin combien il est vraisemblable *a priori* que la même volonté inconsciente, qui a créé les êtres avec certains instincts et une certaine sensibilité, doit agir aussi par ces instincts et cette sensibilité sur la pensée consciente, et l'influencer dans le sens de son désir propre de vivre. Ce qui est vraiment étonnant, c'est que l'amour instinctif de la vie permette à la conscience de porter sur cette même vie un jugement qui la condamne. De même l'Inconscient, qui veut la vie, et, pour atteindre ses fins déterminées, cette vie particulière en dépit de ses misères, ne doit pas manquer certainement d'entretenir chez les êtres vivants toutes les illusions capables de faire qu'ils trouvent la vie supportable; et même qu'ils y prennent assez de goût, pour garder le ressort et la fraîcheur d'impression nécessaires à l'accomplissement résolu de toutes les tâches diverses qui leur sont imposées, pour se faire enfin illusion sur le malheur de l'existence.

Dans ce sens Jean-Paul Richter dit très-bien : « Nous aimons la vie, non parce qu'elle est belle, mais parce que nous devons l'aimer; aussi faisons-nous souvent ce faux raisonnement : puisque nous aimons la vie, c'est qu'elle est belle. » Ce que nous appelons ici l'amour de la vie n'est pas autre chose que l'instinct de la conservation, cette condition *sine quâ non* de l'individuation. Cet instinct a son expression négative dans l'instinct d'éviter et d'écarter les troubles qui pourraient menacer la vie et surtout dans la crainte de la mort, dont nous avons déjà parlé au commencement du chapitre I de la 2º partie. La mort en soi n'est pas un mal ; la souffrance qui l'accompagne appartient encore à la vie, et ne causerait pas plus d'effroi qu'une souffrance égale, lorsqu'elle est produite par la maladie, si la privation de l'existence individuelle n'en devait être la conséquence : mais cette privation ne peut plus être ressentie, et ne saurait être considérée comme un mal. La crainte de la mort ne s'explique que par l'instinct aveugle de la conservation, tout comme l'amour de la vie. Ce qui est vrai, en général, de la crainte de la mort et de l'amour de la vie, ne l'est pas moins en particulier des formes diverses, sous lesquelles se déploie l'envie de vivre chez l'être vivant. L'instinct nous y attache énergiquement, nous sollicite à y dépenser toute notre énergie. Le jugement que nous portons sur la valeur moyenne des joies et des peines qui en dérivent se trouve par là faussé : les impressions, que laissent en nous les souvenirs du passé, sont toujours modifiées par les illusions de nos espérances nouvelles. C'est ce qui arrive dans toutes les excitations violentes de la sensibilité qui sont dues à la faim, à l'amour, l'ambition, la cupidité, etc.

Il faudrait ici à la rigueur étudier les diverses tendances, les formes variées de l'activité humaine, et nous demander jusqu'à quel point le désir et la passion contribuent dans chacune d'elles à fausser le jugement sur la somme des plaisirs ou des peines qu'elles procurent. Mais chaque lecteur ne pourrait être d'accord avec nous qu'autant qu'il contrôlerait ses jugements antérieurs sur chacun de ces points, avec un esprit entièrement dégagé des influences trompeuses du désir et de la passion. Il est difficile d'espérer de chacun une telle impartialité : après s'être observé sévèrement soi-même, pendant des années, on n'y réussit que très-imparfaitement. La peine que nous prendrions ainsi aurait naturellement peu de chances de nous conduire au résultat désiré : elle nous attirerait d'ailleurs un nouvel embarras. L'examen dont il s'agit ne nous dispenserait pas de soumettre à notre critique tous les sentiments, qui, bien qu'ils soient parfaitement réels, reposent cependant sur des illusions, et *par suite, à mesure que ces illusions seront dissipées par les progrès de la pensée consciente, devront disparaître avec elles.*

Nous ne pouvons nous dispenser de cette recherche, parce que tout le progrès du monde tend au perfectionnement de la pensée consciente.

Les animaux inférieurs et les plantes sont, depuis le commencement de la vie organique, de plus en plus sacrifiés aux animaux supérieurs; les animaux supérieurs, à l'homme; et l'humanité s'élèvera en moyenne avec le temps à un degré d'intelligence et de science, où un petit nombre d'esprits cultivés seulement se trouvent aujourd'hui placés.

Savoir jusqu'à quel point les sentiments reposent sur des illusions, cela importe beaucoup à la solution de notre problème; car savoir quel est l'effet véritable, le but réel de la vie, cela incontestablement nous permettra bien mieux de mesurer le prix de la vie, que l'examen des formes provisoires sous lesquelles elle se développe actuellement.

Nous aurions donc à considérer, à ce second point de vue, les penchants et les formes actuelles de l'activité, dont nous avons parlé. Et il est évident que certaines redites nous seraient imposées, soit par le devoir de ne pas laisser d'obscurité dans notre analyse, soit parce que, dans l'examen des faits concrets, les deux points de vue sont si étroitement associés, qu'il paraît à peine possible de les séparer. Je préfère donc mêler l'examen de ces deux questions.

Dans bien des cas, le lecteur pourrait n'être pas disposé à reconnaître que l'hypothèse, habituellement admise en théorie, que le plaisir l'emporte dans telle situation donnée sur la peine, repose sur une erreur, c'est-à-dire sur la corruption du jugement soit par le désir, soit par toute autre cause d'erreur : mais le même lecteur ne pourra s'empêcher d'avouer que le plaisir lui-même, qu'on prétend supérieur à la peine, lors même qu'il serait réellement ressenti, ne repose que sur une illusion, et par conséquent doit disparaître lorsque l'illusion aura complétement disparu. Les deux conclusions servent également à notre dessein. S'il est vrai que le développement progressif de l'intelligence dans le monde doit amener insensiblement la ruine de toutes les illusions, et conduire les hommes à reconnaître l'absolue vanité de toute chose : il suit que le monde sera d'autant plus malheureux, qu'il approchera davantage du terme de son évolution. Il serait donc plus raisonnable d'arrêter au plus tôt le développement du monde ; et le mieux aurait été de l'anéantir au moment même de sa première apparition.

Avant tout, je prie le lecteur d'avoir toujours présent à l'esprit en parcourant les analyses qui vont suivre, que les causes énumérées plus haut de nos erreurs sur l'appréciation de la vie tendent constamment à prévenir et à égarer son jugement, et l'inclinent à exagérer la part du plaisir et à diminuer celle de la souffrance. Les idées, les opinions que l'expérience directe ou indirecte lui a suggérées sur la vie, et qu'il apporte avec lui dans cette recherche philosophique, sont des données qu'a déjà contribué à fausser l'influence des causes d'erreur mentionnées : il ne faut voir en elles que des préjugés, qui s'opposent à l'examen impartial des vraies données de la réalité.

Premier stade de l'illusion.

LE BONHEUR EST CONÇU COMME UN BIEN QUI PEUT ÊTRE ATTEINT DANS L'ÉTAT PRÉSENT DU MONDE, COMME UN BIEN RÉALISABLE SUR CETTE TERRE POUR L'INDIVIDU ACTUEL.

1. — Critique de la théorie de Schopenhauer sur le caractère négatif du plaisir.

Je dois dans cet examen supposer connu ce qu'on appelle le pessimisme de Schopenhauer (voir : *Le Monde comme volonté et représentation*, vol. I. § 56-59, vol. II, chap. XLVI; *Parerga*, 2ᵉ éd., vol. I, p. 430-39, et vol. II, chap. XI et XII). Je prie qu'on veuille bien lire les fragments cités dans l'ordre où je les donne. Le style piquant de Schopenhauer me permet d'assurer au lecteur, qui ne connaît pas ces passages, qu'il me remerciera de les lui avoir indiqués. On sait déjà en grande partie, par ce qui a été dit précédemment, jusqu'à quel point je m'écarte des vues de Schopenhauer. La démonstration qu'il essaye (*Du Monde comme volonté et représent.* 3ᵉ éd., vol. II, p. 667-668), pour prouver que ce monde est le pire de tous les mondes possibles, est un sophisme évident. Au fond d'ailleurs Schopenhauer n'affirme et ne prouve qu'une chose, à savoir que l'existence de ce monde est pire que sa non-existence; et je tiens cette affirmation pour vraie. Le mot pessimisme n'est ici qu'une imitation maladroite du mot optimisme. — Si j'ai soutenu l'insuccès des tentatives de Leibniz pour nier le mal de la vie et glorifier la sagesse absolue et la plus haute perfection possible du monde, je ne puis pas approuver davantage Schopenhauer d'avoir méconnu la sagesse qui a présidé à l'organisation du monde pour ne voir que le malheur de l'existence. Il ne la nie pas absolument sans doute; mais il l'étudie le moins possible et en fait assez peu de cas. — Je rejette aussi l'application que Schopenhauer fait au créateur du monde du concept de la responsabilité. J'ai déjà eu l'occasion de protester contre l'usage transcendant des notions morales; elles ne valent selon moi que pour les individus conscients dans leur commerce avec d'autres individus conscients. Le malheur de l'existence ne me paraît autoriser Schopenhauer à conclure qu'une chose, c'est que la création est due à un acte dénué de raison, c'est-à-dire à un acte où la raison n'intervint pas, autrement à une pure volonté que n'éclairait pas l'intelligence. — Je dois encore signaler la fausse application que fait Schopenhauer du concept du caractère négatif. Le caractère exclusivement négatif que Leibniz attribuait à la douleur, Schopenhauer l'attribue au plaisir. Sans doute ce caractère négatif n'a pas chez lui le sens d'une pure privation. Mais il soutient que la douleur seule est directement sentie; le plaisir ne l'est qu'indirectement, et n'est possible que par la suppression ou la diminution de la souffrance. Je n'ai pas le moins du monde l'intention de contester que le plaisir ne résulte souvent de la cessation ou de la diminution de la souffrance; mais je prétends que le plaisir n'est pas seulement la cessation ou l'amoindrissement de la souffrance : et d'ailleurs, on doit dire que la cessation ou la diminution du plaisir est, à son tour, également une souffrance.

Sans doute, il faut ici faire une réserve qui est tout entière en faveur de la suprématie revendiquée par Schopenhauer en faveur de la douleur. Le plaisir et la douleur agissent sur le système nerveux, et y produisent une sorte de fatigue, qui, lorsque le plaisir a été très-vif, conduit en quelque sorte à l'épuisement, à la mort de la sensibilité. La durée et la vivacité de la sensation engendrent donc le besoin, la volonté (consciente ou inconsciente) de la faire cesser ou de la suspendre. Pour la douleur, le besoin qui naît de la fatigue des nerfs, s'accorde avec la résistance immédiate que la volonté oppose à la douleur. Mais pour le plaisir, ce besoin contrarie le désir qui aspire directement à prolonger le plaisir; il tend à le diminuer et peut finir par l'emporter sur lui (qu'on songe à l'épuisement produit par les plaisirs de l'amour). La douleur (indépendamment de l'entier énervement qui suit les grandes douleurs) est d'autant plus vive, le plaisir au contraire d'autant plus indifférent et fatigant qu'il dure plus longtemps.

Nous découvrons ici la première cause pour laquelle, même dans le cas où la somme immédiate des plaisirs et celle des douleurs dans le monde seraient égales, la fatigue nerveuse qui accompagne les uns et les autres ferait pencher la balance en faveur de la douleur. — Puisque le besoin de la cessation, qui accompagne toute sensation prolongée, diminue dans une mesure relative la douleur indirecte (c'est-à-dire celle qui naît de la cessation du plaisir); tandis qu'au contraire il augmente d'une manière relative le plaisir indirect (celui qui naît de la cessation d'un déplaisir), il est évident à priori qu'une partie relativement plus considérable du plaisir que de la douleur a une origine indirecte, et résulte de la cessation de l'état contraire. Mais, comme il y a dans le monde et cela résultera avec évidence de notre recherche, beaucoup plus de douleurs que de plaisirs, il n'est pas étonnant qu'en réalité la plus grande partie des plaisirs que l'on éprouve dans la vie doive son origine à la cessation de ces douleurs, et qu'un très-petit nombre seulement de nos plaisirs soient produits directement.

La pratique semble donc justifier l'affirmation de Schopenhauer (que le plaisir a une cause indirecte, la douleur une cause directe); mais cela ne détruit pas la vérité de notre principe. Il est, et demeure incontestable qu'il y a aussi des plaisirs qui ne doivent pas leur origine à la cessation d'une douleur, mais qui succèdent immédiatement à l'état de parfaite indifférence. Qu'on songe aux jouissances du palais, à celles de l'art, et de la science. Schopenhauer en rejetait les dernières, parce qu'elles ne s'accordent pas avec sa théorie du caractère négatif du plaisir; et il les considérait comme les joies sans douleur d'un entendement affranchi de la volonté, comme si l'entendement affranchi de la volonté pouvait encore éprouver une jouissance, comme si la sensation du plaisir pouvait exister sans une volonté, dont elle exprime la satisfaction. Mais nous devons soutenir que les plaisirs du goût, que le plaisir sexuel au sens purement physique et indépendamment de sa signification métaphysique; que les jouissances de l'art et de la science sont des sentiments de plaisir, qui n'ont pas besoin d'être précédés d'une douleur, ni d'être descendus d'abord au-dessous de l'état d'indifférence ou de parfaite insensibilité pour s'élever ensuite positivement au-dessus de lui. Si nous nous en tenons enfin à notre principe que le plaisir ne consiste que dans la satisfaction d'un désir, la doctrine de Schopenhauer est nécessairement fausse; et le plaisir n'est pas seulement la disparition ou la cessation d'une douleur.

Schopenhauer dit pour le prouver que le désir (la volonté), tant qu'il existe, n'est pas satisfait, puisque autrement il cesserait d'exister, et que le désir non satisfait est justement le manque, le besoin, la souffrance; qu'aussitôt que le désir est satisfait, la souffrance disparaît, et qu'en cela consiste justement la satisfaction ou le plaisir : qu'il n'y a pas enfin d'autre plaisir. Ce raisonnement paraît irréfutable; et pourtant les conséquences, comme nous l'avons montré, sont en désaccord avec l'expérience. Il est facile de résoudre la difficulté et d'opérer la conciliation de la théorie et des faits; on n'a qu'à examiner de près le plaisir du goût ou celui de l'art, et qu'à se demander où pourrait bien s'y cacher la volonté qui, tant qu'elle n'est pas satisfaite, assure le déplaisir. Or on ne constate la présence ni d'un déplaisir ni d'une volonté contrariée. Il faut admettre que la volonté se manifeste au même moment où elle est satisfaite, et qu'il n'y a pas un moment pendant lequel elle n'aurait connu que la contrariété. Et cela s'accorde avec ce fait que la même cause motive (excite) la volonté et la satisfait : on peut s'en convaincre aisément, lorsqu'au milieu de morceaux savoureux, on en rencontre un qui répugne, ou lorsque dans un air de musique on est choqué par des dissonances fautives. La volonté est bien motivée (excitée), mais non satisfaite : et le déplaisir naît immédiatement. Dans l'autre cas, la volonté, qui aussitôt formée rencontre la satisfaction qui la fait cesser, nous montre clairement que le plaisir résultant des satisfactions de la volonté est quelque chose d'immédiat, et n'a pas besoin pour paraître que la douleur soit diminuée. Il faut même dire plutôt que le plaisir indirect, qui naît de la diminution de la douleur, doit être considéré comme la satisfaction directe de la volonté d'échapper à la douleur. Si Schopenhauer n'avait pas porté dans son analyse l'idée préconçue que les plaisirs de l'intellect sont indépendants de la volonté, il aurait reconnu le rapport dont nous parlons, et n'aurait pas persisté à définir le plaisir une pure négation.

Tout cela n'aurait peut-être pas suffi à le pénétrer de cette vérité ; mais autre chose peut l'excuser. Nous avons vu (chap. III, p. 52-55 du II° vol.) que les contrariétés de la volonté doivent de leur nature être toujours perçues par la conscience; les satisfactions qu'elle reçoit, au contraire, ne sont jamais connues immédiatement, mais seulement lorsque l'entendement conscient, en comparant l'impression qu'il ressent à des impressions opposées, reconnaît que la satisfaction ressentie dépend des circonstances extérieures, et n'est rien moins qu'une conséquence immédiate et infaillible de la volonté. Je prie que l'on relise les exemples apportés précédemment pour me dispenser de les répéter ici.

Il faut bien remarquer que, dans le règne végétal tout entier et aux degrés inférieurs du règne animal, le degré du développement que la conscience doit avoir atteint, pour être en état de comparer ses impressions et en reconnaître la dépendance vis-à-vis des causes extérieures, ne saurait se rencontrer nulle part. On ne doit donc pas considérer les êtres dont il s'agit comme capables de prendre conscience des satisfactions que la volonté reçoit en eux, par suite d'aucune sensation de plaisir : la douleur et le déplaisir, au contraire, s'imposent à la conscience la plus obscure avec une impitoyable nécessité. Mais les animaux supérieurs eux-mêmes ont peut-être en général bien moins souvent conscience des satisfactions que la volonté éprouve en eux, qu'on n'est tenté de le croire habituellement par analogie avec ce qui se passe chez l'homme. En ce qui concerne l'homme lui-même, comme il ne s'attache pas à chaque moment à comparer les petites satisfactions que sa volonté peut recevoir avec les expériences contraires qu'il a faites, il ne perçoit en général et par suite ne ressent comme plaisirs que les satisfactions de sa volonté, dont les circonstances particulières provoquent involontairement, par le contraste même, le souvenir d'expériences tout opposées ; en un mot, que les satisfactions inaccoutumées, extraordinaires, soit par leur nature, soit par leur degré, qui lui rappellent, en vertu de l'association des idées, des expériences contraires, soit des autres, soit de lui-même.

Toutes les satisfactions de la volonté, qui sont devenues ordinaires et habituelles, sont d'autant moins ressenties comme telles, c'est-à-dire comme plaisirs, qu'elles réveillent dans la mémoire moins de souvenirs opposés. Aussi la plus grande partie (non les plus fortes, mais les plus nombreuses), des satisfactions de la volonté est perdue pour la conscience, tandis que les contrariétés sont ressenties jusqu'à la moindre. Aussi Schopenhauer dit-il justement (*du Monde comme représentation et volonté*, 3ᵉ édit., note II, p. 657) : « Nous sentons le désir comme la faim et la soif : aussitôt qu'il est satisfait, il en est de lui comme du morceau savoureux que nous cessons de goûter aussitôt qu'il est avalé. Les jouissances, les joies, nous font amèrement sentir leur absence, aussitôt qu'elles cessent ; les peines, même lorsqu'elles ont duré longtemps avant de disparaître, ne nous font pas immédiatement sentir leur absence. Il faut que nous fassions un effort pour nous les rappeler. Dans la mesure où croissent les plaisirs, diminue la faculté de les ressentir; un plaisir habituel n'est plus un plaisir. Mais l'habitude étend la faculté de la souffrance; car nous ressentons amèrement la disparition de ce qui nous était devenu habituel. » — (*Parerga*, 2ᵉ éd. vol. II, p. 312) : « De même que nous ne sentons pas la santé générale du corps, mais seulement les petites parties où le soulier nous blesse; aussi nous ne sentons pas la somme des biens qui font la perfection de la vie. Mais une contrariété insignifiante blesse notre sensibilité. » Schopenhauer a tort d'ajouter : « Le caractère négatif du bien-être et du bonheur, que j'ai si souvent affirmé par opposition au caractère positif de la douleur. trouve dans ce fait sa confirmation. » Sans doute cette distinction s'applique, dans une certaine mesure, au plaisir et à la douleur : la douleur se révèle à la conscience directement par elle-même, tandis que le plaisir ne se fait connaître que par son opposition à la douleur. Sans doute encore les faits se passent souvent comme si la théorie de Schopenhauer sur le caractère négatif du plaisir était vraie. Mais il n'en subsiste pas moins une différence considérable entre l'opposition établie par Schopenhauer et la distinction que nous admettons. Il demeure prouvé que le plaisir et la douleur, en général, ne se distinguent que comme le positif et le négatif en mathématiques : on peut indifféremment choisir pour l'un ou l'autre des termes comparés le nom de positif ou celui de négatif.

Nous venons de montrer, une fois de plus, qu'il vaut infiniment moins se borner à critiquer les grands hommes, qu'à réfléchir sur les raisons qui les ont conduits à de fausses hypothèses. Nous avons reconnu que l'hypothèse de Schopenhauer sur le caractère négatif du plaisir n'était pas plus fondée que celle de Leibniz sur le caractère purement négatif du mal. Mais, en même temps, nous avons été conduits à trois conséquences qui viennent à l'appui de notre théorie sur le rôle de la douleur, et qui dans l'application conduisent ensemble au même résultat que la théorie de Schopenhauer. Voici ces conséquences : 1° l'excitation, la fatigue des nerfs, font naître le besoin que le plaisir ait un terme, comme la souffrance; 2° il est nécessaire de considérer comme des émotions indirectes tous les plaisirs qui ne naissent que par la cessation ou la disparition d'un déplaisir, et non par une satisfaction immédiate que recevrait la volonté au moment où elle entre en jeu; 3° de nombreuses difficultés s'opposent à ce que la conscience perçoive la satisfaction de la volonté, tandis que la peine éveille avec soi la conscience. Nous pouvons ajouter que : 4° la satisfaction donnée à la volonté est très-courte, dure à peine un moment, tandis que la contrariété dure autant que la volonté en acte; et, puisqu'il n'y a presque aucun moment où une volonté n'agisse pas réellement, on peut dire que la contrariété est éternelle, et n'est interrompue que par les courtes satisfactions que nous devons à l'espérance.

Le premier point résulte de la nature de la vie organique, spécialement des fonctions nerveuses sur lesquelles repose la conscience; les trois derniers dérivent de la nature de la volonté. Les derniers incontestablement sont vrais non-seulement de notre monde, mais de tout monde, où la volonté peut trouver à s'objectiver. Mais on devra tenir compte du premier point, partout où il s'agira de dresser en quelque sorte le bilan de la peine et du plaisir. Puisque le plaisir ne peut naître, qu'en vertu du contraste qu'il présente avec la douleur, et que dans une conscience déjà très-développée; puisque la conscience, à son tour, suppose l'individuation de l'être à l'aide de la matière ou d'un principe analogue: le principe analogue à la matière, que nous rencontrerons dans tout autre monde et qui pourra servir à l'objectivation de la volonté, sera soumis à la loi de la fatigue et par suite à celle de l'affaiblissement du plaisir qui est la conséquence de la première. Nous pouvons donc considérer les quatre points comme des conséquences nécessaires de la nature de la volonté par rapport au plaisir et à la peine; et les regarder comme les limites éternelles que l'Inconscient ne peut franchir dans tout essai de création, limites qui rendent à priori impossible la création d'un monde où la peine serait inférieure au plaisir. Ces quatre remarques ont encore une autre importance : elles devront, dans le cours de nos recherches à postériori sur les divers objets de notre étude prochaine, servir de correctifs, objectifs en quelque sorte, aux préjugés que l'instinct porte avec lui, de la même manière que les réflexions précédentes sur les causes les plus importantes des erreurs du sujet (357-358) pouvaient être prises comme des correctifs subjectifs. Je prie donc le lecteur d'avoir toujours les unes et les autres présentes à sa pensée.

Présentons encore quelques remarques sur le quatrième point. Quand on cherche des exemples de sensation de plaisir, telles qu'elles consistent dans la cessation ou la disparition de la douleur, il faut bien prendre garde de ne pas choisir des cas, où le plaisir est fortifié par l'addition d'une satisfaction éprouvée par la volonté en vertu d'une tout autre cause que la cessation de la douleur. Ainsi aux satisfactions propres de la faim et de la soif peuvent s'ajouter celles que causent le bon goût des aliments, la fraîcheur de la boisson : au contentement de l'amour partagé, la jouissance purement physique. On a des exemples de sensations simples, au physique, dans la douleur du mal de dents ; au moral, dans la joie de voir un ami relever d'une maladie dangereuse. Aussitôt qu'on envisage des exemples aussi simples, personne ne peut douter que le plaisir résultant de la cessation de la douleur ne soit bien moindre que cette douleur elle-même : de même que le déplaisir naissant de la cessation d'un plaisir est bien moindre que ce dernier.

Il pourrait paraître surprenant, au premier abord, que l'on fasse dépendre la vivacité de la sensation du changement plus ou moins profond survenu dans la sensibilité, et non de l'écart plus ou moins grand qui sépare le commencement ou la fin du changement de l'état de parfaite indifférence. Pourtant, à mon avis, dans le cas où il s'agit de la cessation de la douleur, l'irritation qu'on ressent d'avoir si longtemps supporté la souffrance agit pour diminuer le plaisir. Nous nous trouvons en quelque sorte moins obligés d'être reconnaissants envers la fortune de nous avoir délivrés de la douleur, qu'autorisés à murmurer contre elle, et à lui demander compte des douleurs qu'elle nous a imposées, parce que le résultat de tout cela nous paraît inférieur à l'état de la pure indifférence. De l'autre côté, quand il s'agit de la cessation du plaisir, la fatigue, en émoussant notre sensibilité, nous a rendus indifférents à la cessation de la jouissance. Conformément à cette explication, l'amoindrissement du plaisir par rapport à la douleur, dans la cessation de laquelle il consiste, ne se produit qu'autant que la conscience sait que toute l'activité déployée par l'âme la laisse au-dessous de l'état de pure indifférence. Moins la conscience de l'être sensible considère la vanité de ces émotions, plus le plaisir est en fait égal en vivacité au déplaisir, dont la cessation le constitue. L'illusion n'est guère possible avec les douleurs physiques. Aussi personne ne se fera étendre sur l'instrument de torture, pour goûter ensuite le plaisir d'être délivré de la souffrance; mais, au moral, la lutte contre la misère et la joie que cause chaque victoire remportée, qui semble assurer l'avenir immédiat, prouve la puissance de ces illusions. Aussitôt que les hommes seront persuadés que les joies de ce genre ne sont pas dans un autre rapport avec l'inquiétude qui les précède, que la cessation des souffrances avec les douleurs de la torture; et que la sensibilité n'est pas élevée dans tout cela au-dessus du zéro de l'état d'indifférence : ils ne trouveront pas plus de plaisir à lutter contre la nécessité, que le torturé à se délivrer des instruments de torture.

Ce que l'on appelle aujourd'hui le spectre de la misère, n'est que l'éveil chez les masses de la conscience, que la lutte contre le besoin, et la diminution des inquiétudes qu'il cause ne sont que des négations de la douleur, ne font qu'assurer l'état d'indifférence de la sensibilité; tandis que, lorsque la misère générale était dix fois plus grande, cette conscience manquait, et le peuple supportait sa misère comme une grâce de Dieu. Et c'est une preuve nouvelle que les progrès de l'intelligence rendent les hommes plus malheureux. Cette lutte de l'homme contre la misère n'est qu'un exemple particulier. Si on compare les joies possibles de la vie, on voit bientôt que, à l'exception des jouissances physiques et sensibles, des plaisirs esthétiques et scientifiques, il n'y a pas une félicité qui ne repose sur l'affranchissement d'une peine antérieure. Ces joies-là sont justement comptées parmi les plus grandes et les plus vives. Voltaire l'a dit : « *Il n'est de vrais plaisirs qu'avec de vrais besoins* ».

A cette considération on en peut rattacher une autre. Le plaisir est-il une compensation suffisante de la douleur ; et quel coefficient ou exposant fixer à un degré du plaisir pour qu'il soit l'équivalent d'un degré de douleur? Schopenhauer cite un vers de Pétrarque : *Mille piacer non vagliono un tormento* (mille plaisirs ne valent pas une peine); et soutient cette proposition excentrique qu'une douleur ne peut en aucune façon trouver une compensation dans un plaisir si élevé qu'il soit ; qu'ainsi un monde, où la douleur se rencontre d'une manière générale, est dans toutes les conditions, et quelle que soit la somme de félicité qu'il présente, un état pire que le néant. Cette manière de voir peut à peine se soutenir : mais ne contient-elle pas un fond de vérité? Le coefficient nécessaire pour établir l'égalité n'est peut-être pas égal à l'unité, comme on l'admet d'ordinaire ; et cela mérite bien quelque examen.

Si j'ai le choix de ne rien entendre ou d'entendre pendant cinq minutes des sons faux, et cinq minutes ensuite une belle musique; si j'ai le choix de ne rien sentir ou de sentir d'abord une odeur puante et ensuite un parfum; si j'ai le choix de ne rien goûter ou de goûter d'abord un mets répugnant et ensuite un mets savoureux : je préférerai ne rien entendre, sentir ou goûter, quand bien même les sensations contraires de chaque espèce qui doivent se succéder seraient absolument égales par le degré : il est vrai qu'il est bien difficile de constater cette dernière égalité. Il suit de là que le plaisir doit être sensiblement supérieur en vivacité à la douleur de même espèce, pour que les deux s'équilibrent dans la conscience, de telle façon que leur réunion équivaille à l'état de parfaite indifférence ; et qu'on doit accroître un peu le plaisir ou diminuer un peu la peine, pour rendre cette même réunion préférable à l'état de pure indifférence. Du reste, ce coefficient oscille vraisemblablement chez des individus différents entre certaines limites ; et la mesure moyenne seulement pourrait être supérieure à l'unité.

Je n'ose faire aucune supposition sur les causes de cet étonnant phénomène. Il est seulement certain que, si le fait est vrai, il nous fournit un argument en faveur de la prédominance des maux dans le monde. En admettant que la somme du plaisir et celle de la peine fussent en soi égales, leur combinaison au sein du sujet donnerait un état inférieur à la pure indifférence, comme l'union d'une odeur puante et d'un parfum est inférieure à l'indifférence pure. Le monde ressemble donc à une loterie. On doit mettre au jeu exactement toutes les douleurs comme sa vade : mais on n'encaisse les gains qu'avec une retenue, qui répond à la différence où sont de l'unité les coefficients constants qu'on emploie dans la comparaison du plaisir et de la douleur. Si cette merveilleuse inégalité du plaisir et de la douleur, qui me paraît très-vraisemblable, trouvait ailleurs sa justification, elle s'ajouterait aux quatre corrections précédemment exposées, comme une cinquième. Dans ce sens Schopenhauer dit (*Parerga*, II, 313) : « Cela s'accorde avec ce fait que les joies sont d'ordinaire bien au-dessous, les douleurs bien au-dessus de notre attente » ; et p. 321 : « Personne n'est à envier beaucoup ; mais un grand nombre d'hommes sont à plaindre. » (*Du Monde comme Vol. et Représ.*, II, 658). « Avant d'affirmer si hardiment que la vie est un bien enviable ou digne de gratitude, qu'on compare seulement de sang-froid la somme des joies qu'un homme peut goûter dans sa vie et celle des peines qui peuvent l'atteindre. Je crois que la balance ne sera pas difficile à établir. »

Notre problème est de rechercher si la vie de l'individu contient une somme de plaisirs supérieure à celle des maux ; si la vie de l'individu comme tel permet un concours de circonstances assez favorables pour que le plaisir l'emporte sur la douleur. L'espace que nous avons à parcourir est trop étendu pour que nous l'embrassions d'un seul regard ; nous tâcherons d'en rendre l'étude plus facile, en examinant séparément les situations principales de la vie sous le rapport du plaisir et de la douleur. Pendant les considérations qui vont suivre, le lecteur devra se rappeler les remarques générales qui précèdent. Les circonstances que nous y mentionnons, comme des coefficients propres à diminuer toujours le plaisir, y font sentir leur action continuelle, en même temps que les mêmes causes contribuent à laisser à la douleur toute sa force ou même à l'augmenter.

II. — La santé, la jeunesse, la liberté, le bien-être comme condition de l'état d'indifférence pour la sensibilité, et le contentement.

Les états que nous énumérons ici sont toujours considérés comme les plus grands biens de la vie, et non sans raison ; pourtant ils ne procurent par eux-mêmes aucun plaisir positif, excepté lorsqu'ils succèdent immédiatement aux états douloureux qui leur sont opposés. Tant que rien ne vient en troubler le cours, ils ne procurent pas autre chose que l'état d'indifférence, et ne dépassent pas le niveau au-dessus duquel doivent s'élever les joies de la vie pour être senties. Ce qui le confirme, c'est que le maintien de ces états ne cause pas plus de plaisir que de souffrance, puisque dans l'état d'indifférence il n'y a place pour aucune sensation ; mais tout ce qui s'abaisse au-dessous de ce niveau est amèrement ressenti sous forme de maladie, de vieillesse, de servitude et de besoin. Ces biens n'ont donc, en réalité, que le caractère purement négatif que Leibniz voulait assigner au mal. Ils ne sont que la privation de la vieillesse, de la maladie, de la servitude, du besoin. De leur nature, ils sont incapables de nous élever au-dessus de l'état de pure indifférence jusqu'au plaisir, incapables donc de produire un plaisir, si ce n'est en diminuant une peine antérieure, et lors même que cette dernière n'existerait que dans la pensée, soit comme un mal redouté, soit comme un mal dont elle cherche à se délivrer. Cela est bien évident pour la santé. On ne sent un membre que s'il est malade; il faut avoir mal aux nerfs pour s'apercevoir qu'on a des nerfs, mal aux yeux pour songer à cet organe. L'homme bien portant ne connaît qu'à la vue et au toucher qu'il a un corps. Il en est de même pour la liberté. Personne n'a conscience de se déterminer soi-même à l'action : vouloir est nécessairement l'état naturel. Mais on sent douloureusement toute contrainte extérieure; toute atteinte à notre indépendance est comme une violation du droit primitif et originel de nature, que l'homme partage avec chaque animal, avec chaque force atomique.

La jeunesse est le seul âge de la vie, où se rencontrent la santé parfaite et le libre fonctionnement du corps et de l'esprit. Avec l'âge apparaissent les infirmités, qui se font amèrement sentir. La jeunesse seule connaît la plénitude de la jouissance, laquelle demande l'exercice absolument libre du corps et de l'esprit : avec l'âge, la fatigue, les incommodités, l'ennui, les contrariétés, les tourments sont doublement ressentis; et la capacité de jouir décroît de plus en plus. Mais cette dernière aptitude n'est toujours qu'une condition propice; elle n'est que la capacité, la possibilité, non encore la possession, la jouissance. A quoi servent de bonnes dents pour qui n'a pas à manger?

Enfin le bien-être ou la certitude d'être à l'abri du besoin et des privations ne peut être considéré comme un avantage ou une jouissance positive, mais seulement comme la condition *sine quâ non* de la vie toute nue, qui attend encore les jouissances propres à l'enrichir. La faim, la soif, le froid, le chaud, l'humidité sont pénibles à supporter; mais on ne peut considérer comme un bien positif d'être à l'abri de ces maux par une habitation, des vêtements, des aliments indispensables (les jouissances de la table ne figurent pas dans cet examen). S'il suffisait que la vie toute nue fût assurée dans ses conditions d'existence pour que l'on goûtât un véritable plaisir, le fait seul de vivre devrait par lui-même nous contenter, nous satisfaire. Mais on sait tout le contraire. Une vie assurée est un tourment, si rien ne vient en combler le vide. Ce tourment, qui se traduit par l'ennui, peut être assez insupportable, pour que la souffrance et le malheur nous semblent les bienvenus, s'ils réussissent à nous y soustraire.

Contre le vide de la vie, le remède habituel est le *travail*. Mais il n'est pas douteux que le travail pour celui qui doit travailler est un mal, lors même que les conséquences en seraient très-profitables à celui même qui travaille, ou à l'humanité et au progrès général. Personne ne travaille sans y être contraint, c'est-à-dire ne se décide au travail que comme au moindre de deux maux, — que le mal auquel il s'agit d'échapper soit le besoin, les tourments de l'ambition, ou simplement l'ennui; — ou qu'en vue de se procurer, à l'aide de ce mal nécessaire, des biens positifs supérieurs (par exemple la satisfaction de rendre la vie plus douce à soi-même ou à ceux qu'on aime, ou de produire par son travail des œuvres méritoires). Tout ce qu'on peut dire sur le prix du travail se réduit à célébrer ses avantages économiques (nous en parlerons plus loin), et son action bienfaisante pour écarter de plus grands maux (la paresse est la mère de tous les vices). Le meilleur résultat que l'homme en puisse attendre, c'est « de s'accoutumer à travailler avec plaisir, car le travail est son lot », c'est-à-dire d'apprendre par l'habitude à supporter volontiers ce qu'il ne peut éviter : c'est ainsi que le cheval finit par traîner avec assez de bonne humeur la charrette à laquelle il est attelé. L'homme se console du travail par l'espoir du repos; mais il a dû d'abord chercher dans le travail une consolation à l'inaction. En résumé, le repos et le travail ne font autre chose en quelque sorte que changer l'homme de position : ainsi le malade dans son lit se tourne d'un côté dans l'espoir de se trouver mieux, et ne tarde pas à reprendre son ancienne position, lorsqu'il voit que la seconde ne vaut pas mieux que la première.

D'ordinaire le travail est le prix dont se paye la sécurité de l'existence. Ce n'est pas assez que la sécurité de l'existence ne soit point par elle-même un bien positif, mais ne réponde qu'à la parfaite indifférence de la sensibilité: ce bien purement négatif doit encore être acheté par la souffrance, tandis que la santé et la jeunesse sont de purs dons. Et quelle somme de souffrances le travail n'impose-t-il pas au pauvre? Je ne veux pas rappeler le travail des esclaves : je ne parle que du travail auquel sont assujettis les ouvriers de nos grandes villes. « Ils entrent à l'âge de cinq ans dans une filature ou toute autre fabrique ; et successivement, pendant dix heures d'abord, puis douze, puis quatorze heures de la journée, ils restent assis, exécutant constamment le même travail mécanique. C'est payer cher le plaisir de respirer. » (*Le Monde comme Vol. et Représent.*, II, 661.)

Si on n'assure son existence qu'au prix de pareils sacrifices, il ne faut pas s'en imposer de moins grands pour acquérir une liberté relative: et personne ne songe à demander une liberté absolue. Toutefois, il ne dépend que de nous de conquérir les moyens de subsister et la jouissance d'une liberté relative ; et par là ces biens l'emportent sur la jeunesse et la santé, qui sont tout à fait indépendantes de notre volonté.

Une fois qu'on est en possession de ces quatre biens négatifs, on possède les conditions extérieures du contentement : qu'il s'y joigne une condition intérieure, la résignation, la soumission à la nécessité, et la paix intérieure régnera dans une âme ainsi disposée, tant qu'elle ne sera pas troublée par des calamités, des douleurs excessives. La paix de l'âme ne réclame aucun bien positif ; elle consiste plutôt dans le renoncement aux biens extérieurs. Elle ne demande que d'échapper aux grands maux, aux grandes douleurs, et, s'il se peut, de rester dans l'état de parfaite indifférence. C'est que les biens positifs, la félicité matérielle ne peuvent rien ajouter au contentement de l'âme, tandis qu'ils le menacent sans cesse. Plus les biens et la félicité extérieure sont grands, plus il est vraisemblable qu'en les perdant l'âme ressentira de vives douleurs, qui supprimeront pour un temps le contentement intérieur. La paix de l'âme est si peu la marque de la félicité positive, que les pauvres et ceux qui n'ont pas de besoins arrivent plus facilement à la posséder d'une manière durable. Pourtant le contentement intérieur a été sous mille formes célébré comme un bien, comme le premier des biens réalisables (Aristote, Éth. à Eudème VII, 2 : ἡ εὐδαιμονία τῶν αὐτάρκων ἐστί, le bonheur ne se rencontre que dans le contentement de soi-même; Spinoza, Éth. Th. 4, prop. 52, Rem. : « être content de soi-même, c'est la plus haute félicité que nous puissions atteindre »). Mais cela ne peut être vrai qu'autant que l'absence de douleurs, le renoncement volontaire à toute félicité positive méritent en soi d'être préférés à la possession toujours éphémère d'une félicité positive. Si, comme je le crois, il est juste de nommer la santé, la jeunesse, la liberté, une existence exempte de soucis, les plus grands des biens, et d'appeler le contentement de l'âme la forme la plus haute de la félicité, il faut, après cela, reconnaître à priori que les biens et la félicité positive sont peu de chose, puisqu'on est autorisé à leur préférer des biens purement privatifs, qui ne consistent que dans la pure conscience d'être affranchi de la douleur. Car que nous assure cet affranchissement de la douleur? Rien de plus que ce que le non-être nous assurerait lui-même. Les biens positifs, la félicité positive sont toujours mêlés d'une restriction qui les place en général au-dessous du simple contentement de l'âme, au-dessous de l'état de la pure indifférence, laquelle est en quelque sorte l'état permanent du non-être : il suit de là évidemment qu'ils sont aussi inférieurs au non-être. Le non-être ne pourrait être égalé que par une vie où le contentement serait absolu, s'il s'en rencontrait une semblable. Mais il n'en existe pas de telle : l'âme dont le contentement paraît le plus véritable n'est jamais satisfaite, ni complétement ni sous tous les rapports. Toute vie vaut donc moins que le contentement absolu, par suite, que le non-être.

III. — La faim et l'amour.

« Tant que la philosophie ne gouvernera pas la machine du monde, la faim et l'amour seront les deux principaux ressorts qui en assurent le mouvement », dit Schiller avec raison. Ces deux besoins sont pour le progrès et le développement du règne animal, comme pour les origines du développement de l'humanité et l'état sauvage qui les caractérise, les mobiles presque exclusifs de toute activité. S'il faut condamner ces deux mobiles de l'individu, on ne voit pas à quel prix la vie individuelle en elle-même pourrait encore prétendre.

Les souffrances de la faim sont infinies; il faut, pour le savoir, les avoir ressenties. La jouissance qu'on éprouve à manger n'est pour le cerveau que la pure cessation d'une souffrance; mais, pour les centres nerveux subordonnés, elle constitue une sensation positive, qui n'est plus l'état de la pure indifférence, et consiste dans le bien-être qui accompagne la digestion. Cette sensation n'enrichit pas la sensibilité consciente ou le bien-être général de l'individu d'un élément important : les centres nerveux inférieurs sont peu de chose relativement au cerveau; et ce dernier ne reçoit du bien-être de la digestion que de vagues impressions. Ce qu'il ressent surtout, c'est que la digestion affaiblit l'activité et le travail de la pensée. Pour celui qui se trouve heureusement en état de satisfaire sa faim aussitôt qu'elle s'annonce, et que l'impuissance cérébrale, que produit momentanément la digestion, n'incommode pas, pour celui-là, sans doute, le plaisir d'une bonne digestion fait que dans la faim le plaisir l'emporte en une certaine mesure sur la peine; mais combien peu d'hommes réunissent ce double avantage si enviable? Des 1300 millions d'habitants de la terre, le plus grand nombre n'ont qu'une nourriture péniblement obtenue, insuffisante, et qui ne prolonge qu'à peine leur existence. Ou bien ils vivent un temps dans l'abondance, sans que pour cela leur plaisir soit sensiblement accru ; et doivent ensuite jeûner, souffrir de la faim. Les souffrances de la faim les torturent longtemps, tandis que le plaisir d'être rassasiés complétement ne dure pour eux que quelques heures. Comparez au plaisir confus de se sentir rassasié et de bien digérer les tortures que la faim fait ressentir si distinctement à la conscience cérébrale, ou les souffrances infernales que la soif cause si souvent aux bêtes dans les déserts, les steppes, les régions enfin qui sont complétement desséchées dans la saison brûlante. Combien, dans l'existence de la plupart des animaux, les souffrances de la faim tiennent plus de place que le plaisir d'être rassasié! Souvent, en certaines saisons, la famine détruit des portions d'espèces, des espèces presque entières; ou bien on les voit pendant des semaines et des mois sur le point de mourir de faim, et se soutenir péniblement jusqu'à des temps meilleurs. Cela est aussi vrai des herbivores et des oiseaux qui habitent les régions polaires, ou les zones plus tempérées, ou les régions torrides des tropiques, que des carnivores et des bêtes sauvages qui cherchent en vain une proie pendant des semaines entières, jusqu'à ce qu'ils meurent d'épuisement. Le temps n'est pas si loin, où l'on comptait en Europe une famine en moyenne par sept années. Nos moyens actuels de communication ont remplacé la famine par la cherté des vivres, c'est-à-dire fait peser exclusivement sur les classes les plus pauvres les souffrances de la disette. La proportion lamentable, dont nous venons de parler entre les années d'abondance et celles de disette, reste toujours la même certainement pour la plus grande partie de la terre habitée.

Même dans nos grandes villes, nous entendons constamment parler de gens qui sont morts de faim littéralement. L'abondance, au sein de laquelle peuvent nager des milliers de débauchés, compense-t-elle les tortures de la faim chez un seul homme ?

La mort est le plus rare et le moindre des maux que la faim cause parmi nous. L'appauvrissement physique et intellectuel de la race, la mortalité des enfants, les maladies particulières qu'elle engendre, voilà les maux plus effrayants dont nous sommes redevables à la faim. Qu'on lise seulement les rapports officiels sur les districts de la Silésie où domine l'industrie des tissus, sur les repaires où se réfugie à Londres l'affreuse misère d'une grande ville. Moins le développement de la population est contenu par les ravages de la guerre, moins sont fréquentes les épidémies par suite de l'assainissement progressif et des précautions hygiéniques, et plus aussi les difficultés de l'alimentation doivent devenir l'unique barrière à l'extension exagérée de la population. La moyenne des naissances, en effet, demeure invariable; et l'hypothèse de Carey, que dans l'avenir la faculté de se reproduire et de s'accroître baissera dans l'espèce humaine, est tout à fait arbitraire, et n'est justifiée par aucune analogie historique.

L'économie politique et la chimie auront beau faire des progrès : il y a nécessairement une limite que la production des ressources alimentaires ne saurait dépasser. L'accroissement de la population est, au contraire, illimité, s'il n'est pas contenu par les difficultés de l'alimentation. Tel a été de tout temps l'obstacle principal au développement de la population; et avec le temps il n'y en aura plus d'autre. Mais cette limite n'est pas rigoureuse et fixe : entre le bien-être et l'impossibilité absolue de vivre, il y a une infinité de degrés; et, à mesure que l'on s'éloigne du point de départ, on voit croître la souffrance et la disette. Pour tromper l'instinct, on commence par remplir l'estomac d'aliments qui n'ont ni goût ni vertu nutritive. C'est ainsi qu'en Chine les classes les plus pauvres, ne pouvant acheter assez de riz, se nourrissent d'une sorte de varechs qui n'a presque aucune propriété alimentaire. Considérez encore les masses d'hommes qui vivent d'aliments sans goût ou peu savoureux, comme le riz, les pommes de terre : comment oser affirmer, après cela, que les souffrances causées par la faim dans le monde sont compensées en une certaine manière par les jouissances du goût, qui se mêlent à l'acte de manger?

L'analyse de la faim nous a conduits à reconnaître que l'individu, par le seul fait de satisfaire sa faim, n'élève pas sa sensibilité au-dessus de l'état de la pure indifférence. Il peut sans doute, grâce à un concours favorable de circonstances, faire prédominer le plaisir positif sur la souffrance par les jouissances du goût et le plaisir de la digestion qui accompagnent la satisfaction de la faim; mais, dans le règne animal et dans l'humanité, prise en général, les tortures, les souffrances causées par la faim et ses conséquences l'emportent de beaucoup et continueront de l'emporter sur les jouissances attachées à la satisfaction de ce besoin. Le besoin de manger, considéré en soi, est donc un mal : le progrès qui résulte des efforts auxquels il nous excite dans la lutte pour assurer notre subsistance, non son propre prix, voilà ce qui justifie ce mal au point de vue téléologique.

Je ne puis me dispenser de citer ici les paroles de Schopenhauer (*Parerga*, II, 313) : « Pour constater rapidement si dans le monde la jouissance l'emporte sur la douleur, ou du moins si l'une fait équilibre à l'autre, il suffit de comparer la sensation de la bête qui en dévore une autre aux sensations de cette dernière. »

Parlons maintenant de l'autre mobile auquel la nature soumet nos actions, de l'amour. Je commence par rappeler le principe posé au chap. II de la 2ᵉ partie. Le règne animal ne nous présente presque aucun exemple de sélection sexuelle, où les mâles soient véritablement actifs. Tout au plus découvre-t-on quelques traces de véritable choix chez les oiseaux et les mammifères supérieurs. Il ne peut être question que d'une sélection passive, qu'opèrent la lutte des mâles et le triomphe du plus fort : et encore ces luttes ne se rencontrent que chez un petit nombre d'espèces élevées. Dans tout le reste du règne animal, l'instinct sexuel ne s'attache spécialement à aucun individu ; il a un caractère purement générique. Chez la plupart des animaux, on ne trouve pas même d'organes destinés à la jouissance et propres à favoriser le rapprochement des sexes. L'union sexuelle n'est plus, dans ce cas, un acte capable d'intéresser l'égoïsme de l'individu : elle ne dépend plus que des impulsions irrésistibles de l'instinct. C'est de même par une pure sollicitation instinctive que l'araignée tisse sa toile, que l'oiseau construit son nid pour y déposer plus tard ses œufs. Ce qui prouve que le plaisir est étranger à l'acte de la reproduction chez la plupart des animaux, ce sont les modes variés, indirects, bien différents de l'accouplement direct, suivant lesquels il s'accomplit. Si, chez les vertébrés, l'individu paraît en retirer une jouissance physique, cette jouissance commence dans les espèces inférieures par être aussi vague, aussi insignifiante que possible. Bientôt les mâles se disputent les femelles dans des combats qui sont ordinairement d'une violence extrême, qui causent souvent des blessures cruelles, et même la mort d'une partie des combattants. Ajoutez que parmi les animaux qui forment au temps du rut le troupeau du mâle vainqueur, les mâles plus jeunes sont condamnés à une continence forcée, soit qu'ils s'éloignent pour former un troupeau distinct, soit qu'ils restent avec le chef du troupeau, qui réprime cruellement toute entreprise sur ses droits de chef de famille. Cette continence forcée du plus grand nombre des mâles, les souffrances et la rage des vaincus dans la lutte, me paraissent l'emporter cent fois sur les plaisirs amoureux du mâle favorisé par le succès. Quant aux femelles, elles goûtent bien plus rarement que les mâles vainqueurs les plaisirs de l'amour : et d'ailleurs les souffrances qui accompagnent la parturition l'emportent évidemment de beaucoup sur les jouissances de l'union sexuelle.

Dans l'espèce humaine, surtout chez les races civilisées,

l'enfantement est beaucoup plus pénible, plus laborieux, que chez les autres animaux, et presque toujours un affaiblissement maladif de longue durée lui succède : je n'hésite pas à déclarer que les souffrances générales de l'enfantement sont bien plus grandes pour la femme, que les jouissances physiques de l'acte amoureux. Il ne faut pas nous étonner si la femme, dans la pratique et peut-être même en théorie, se prononce toujours dans le sens contraire sous l'impulsion de l'instinct. Nous avons là un exemple frappant des illusions que l'instinct impose au jugement. Qu'on se rappelle cette femme, qui, après avoir subi heureusement plusieurs opérations césariennes, ne pouvait renoncer aux plaisirs de l'amour; et l'on comprendra toute la portée de notre affirmation. L'homme paraît en cela plus heureux que la femme; mais ce n'est là qu'une apparence.

Kant, dit dans son Anthropologie (Œuvres, VII, 2ᵉ partie, p. 266) : « Selon la première (l'époque naturelle de son développement physique), l'homme, dans l'état de nature du moins, commence à ressentir dès la quinzième année les sollicitations de l'instinct amoureux, et se montre en état d'engendrer et d'élever une famille. Selon la seconde (l'époque assignée par les lois civiles à son entier développement), il ne peut en moyenne songer à être père avant la vingtième année. Si le jeune homme a d'assez bonne heure, comme homme, la faculté de satisfaire son inclination et celle de sa femme, comme membre de la société, il n'a pas encore, tant s'en faut, le moyen de nourrir une femme et un enfant. Il doit apprendre un métier, se faire connaître avant de fonder une maison avec une femme. Dans la classe polie, la vingt-cinquième année s'écoule avant qu'il soit en état de remplir sa destinée. Et comment passe-t-il tout le temps de ce renoncement contre nature qui lui est imposé? Presque toujours dans le vice. »

Ces vices émoussent le sens du beau, corrompent la délicatesse de l'esprit, et conduisent souvent à une grossière immoralité. Comme ils sont incapables par eux-mêmes de mesure, ils s'égarent dans des excès qui, joints à d'autres causes, épuisent la santé et préparent souvent pour la génération future les germes de la destruction.

Si, par exception, le jeune homme échappe à tous les vices de cet état provisoire, et résiste, par une lutte incessante contre lui-même et par l'effort de sa raison, aux sollicitations de ses sens et aux souffrances qu'elles lui font endurer, l'espace qui s'écoule de la puberté au mariage, époque non de la vigueur la plus durable, mais des ardeurs débordantes de la sensibilité, sera rempli pour l'homme chaste de tant de souffrances, qu'elles ne trouveront jamais une compensation suffisante dans les jouissances que l'amour peut lui ménager pour plus tard. L'âge du mariage recule pour les hommes avec les progrès de la civilisation : le provisoire dont nous parlons se prolonge de plus en plus et devient excessif pour les hommes justement, qui appartiennent aux classes dont les nerfs et la sensibilité, et, par suite, pour qui les tortures de la privation ont aussi le plus de vivacité.

Dans l'espèce humaine, le besoin purement physique de l'union des sexes est subordonné à la recherche amoureuse de tel individu ; et l'amour se promet de la possession de son objet, plus que de tout autre, une félicité illimitée et sans fin.

Examinons en général les effets de la passion. L'un des amants aime en général plus ardemment que l'autre. Celui qui aime le moins s'éloigne d'ordinaire le premier, et l'autre se sent abandonné et trahi indignement. Celui qui pourrait voir et contempler à la fois toutes les souffrances que l'amour trompé, que les serments violés causent à un moment dans le monde, trouverait assurément qu'elles dépassent à elles seules toutes les félicités que l'amour satisfait y peut faire naître au même moment. C'est que la douleur de la déception, l'amertume de la trahison sont bien plus durables que la félicité produite par l'illusion. La souffrance de la femme est surtout au-dessus de toute mesure : l'amour de la femme est plus sincère, plus profond ; elle se sacrifie tout entière à l'objet aimé pour ne plus vivre que de sa vie, comme le lierre enlacé à l'ormeau. Quand ces liens sont brisés et dédaignés, elle ne sait plus dans sa chute où s'attacher : elle erre sans force, brisée, privée de l'amour sur lequel elle s'appuyait : comme la fleur qu'on a détachée de sa tige, elle se dessèche et meurt, à moins qu'elle ne se plonge dans le vice pour oublier.

Combien de fois l'amour furtif n'a-t-il pas troublé la paix des ménages et des familles? quels sacrifices immenses l'amour funeste n'impose-t-il pas aux individus? Il faut qu'ils lui livrent sans mesure le bonheur, le bien-être dont ils jouissaient autrement! Maudits par leurs parents, bannis de leur famille, et même du milieu où ils avaient grandi, le jeune homme ou la jeune fille se résignent à tout pour s'unir à l'objet aimé. La pauvre fille, couturière ou servante, qui gagne à la sueur de son front les moyens de soutenir sa triste existence, succombe elle-même, quelque soir, à l'irrésistible puissance de l'amour. Pour quelques rares et courtes jouissances, elle devient mère ; et n'a plus que le choix ou de tuer son enfant, ou de dépenser pour l'élever presque tout le produit d'un travail qui lui suffit déjà à peine pour vivre. Elle doit, avec un héroïque courage, supporter pendant de longues années les inquiétudes et les privations, à moins qu'elle ne préfère se jeter dans le vice, et s'asssurer, pendant qu'elle est jeune, des ressources faciles, qui lui préparent pour la vieillesse une misère d'autant plus lamentable. Et tout cela pour un pauvre morceau d'amour !

Il est regrettable qu'on n'ait pas une statistique des liaisons amoureuses qui aboutissent au mariage, dans les diverses classes de la société. On serait effrayé d'en trouver la moyenne si faible. Indépendamment des vieux garçons et des vieilles filles, combien peu d'individus sur cent, parmi les gens mariés eux-mêmes, qui n'aient eu dans le passé quelque liaison amoureuse rompue dans la suite ; il serait aisé, au contraire, d'en rencontrer beaucoup qui en ont eu plusieurs. Dans le plus grand nombre des cas, l'amour n'a pas atteint son but : et d'ailleurs les satisfactions qu'il a pu goûter en dehors du mariage n'ont guère rendu les individus favorisés plus heureux que les autres. Les unions régulières, à leur tour, sont très-rarement conclues par amour; presque toujours des considérations étrangères à l'amour les décident. On voit par là combien peu de liaisons amoureuses abordent au port du mariage. Dans le petit nombre de ces dernières elles-mêmes, combien peu sont couronnées par une félicité conjugale véritable! Les mariages heureux sont, en général, bien moins fréquents qu'on ne serait tenté de le croire, tant les hommes sont habiles à dissimuler leur misère sous l'apparence du bonheur. D'ailleurs, parmi les mariages heureux, les plus rares sont ceux qui ont été conclus par amour. Ainsi pour le petit nombre des liaisons amoureuses, qui se sont terminées par le mariage, la conclusion contraire eût été préférable dans la plupart des cas. Celles enfin, et elles sont bien rares, qui trouvent la félicité dans le mariage, la doivent non à l'amour lui-même qui les a formées, mais à cette circonstance que les caractères et les personnes se conviennent par un heureux hasard; que le conflit des volontés est par là rendu possible; et que l'amitié peut y succéder à l'amour. Mais combien peu de mariages voient la félicité de l'amour faire place doucement, insensiblement, aux joies de l'amitié, et échappent à l'amertume du désenchantement. Les mariages malheureux, que l'amour pourtant a conclus, compensent plus qu'amplement la félicité des premiers. Quant aux liaisons amoureuses qui n'aboutissent pas au mariage, le plus grand nombre n'atteint pas son but; pour les autres, les amants satisfaits, surtout la femme, y trouvent plus de souffrances que si leurs vœux n'avaient pas été couronnés.

Nous ne pouvons douter, après ces réflexions générales, que l'amour ne cause beaucoup plus de douleurs que de jouissances, aux individus qui le ressentent. Mais aucun aveu ne coûte plus à l'instinct que celui-là; ceux-là seuls, et en bien petit nombre s'y associeront, chez qui l'âge a éteint toute l'ardeur de l'instinct amoureux.

Considérons maintenant, dans le détail, l'amour satisfait; et montrons que même ici la félicité repose tout entière sur une illusion. En général la vivacité du plaisir est proportionnée à l'énergie de la volonté satisfaite. Il faut toutefois que la conscience perçoive pleinement cette satisfaction qui lui est donnée. Cette condition est d'autant moins réalisable, que la volonté et son objet sont plus obscurs, et, en descendant de la région de l'Inconscient dans celle de la conscience, sont enveloppés d'une obscurité plus profonde.

Mais laissons de côté cette considération ; accordons que la volonté énergique, quelle qu'en soit l'origine, qui aspire à la possession de l'objet aimé, soit clairement perçue par la conscience. La satisfaction de cette volonté sera ressentie assurément comme une joie profonde, d'autant plus vive que l'amant aura pleinement conscience que la réalisation de ses vœux dépend de la faveur des circonstances extérieures, et que les joies de la possession contrasteront davantage avec les difficultés et les obstacles qui l'ont précédée.

Un calife, qui sait qu'il n'a qu'à faire un signe pour posséder l'esclave qui lui plaît, n'aura, par contre, qu'une conscience confuse du désir qu'il ressent, lors même que ce désir serait très-vif. Il faut donc acheter le plaisir de la satisfaction par la peine antérieure, que cause l'impossibilité supposée d'arriver à la possession. Des difficultés qu'on est assuré à l'avance de surmonter ne sont plus des difficultés.

Mais nos observations précédentes nous montrent déjà que le déplaisir antérieur à la possession, lequel accompagne la pensée que le succès est impossible ou peu vraisemblable, l'emporte sur les joies correspondantes de la possession. Toutefois, on ne peut nier la réalité de la jouissance finale que procure la passion satisfaite, puisque cette jouissance naît de la satisfaction d'une volonté réellement agissante. Mais l'idée sur laquelle cette jouissance repose n'en est pas moins une pure illusion. La conscience, en effet, trouve en elle-même un désir violent de posséder l'objet aimé, désir dont l'énergie passionnée n'est égalée par aucun des autres penchants de la volonté. La conscience ignore en même temps le but inconscient que poursuit cette volonté (et ce but c'est la constitution la plus parfaite possible de l'enfant qui doit être engendré). Elle s'imagine que son désir infini poursuit la jouissance infinie qu'elle a en vue; et l'instinct favorise cette illusion de la conscience. Si l'homme, en effet, s'apercevait qu'il ne s'agit en tout cela que de duper son égoïsme dans l'intérêt d'une fin qui lui est étrangère, il chercherait bientôt à étouffer l'instinct amoureux qui l'emporte. Ainsi se forme l'illusion qui accompagne l'amant dans l'acte amoureux : il suffit pour la reconnaître d'observer que la satisfaction de la volonté dans la possession de l'objet aimé reste absolument la même, si l'on parvient à substituer une autre personne à celle que l'amant croit posséder, une autre personne avec laquelle sa volonté rougirait, dédaignerait de s'unir.

Néanmoins le plaisir qui résulte de la volonté satisfaite est très-réel; mais ce n'est pas là véritablement le plaisir que l'amant poursuivait : il recherchait bien plutôt cette félicité infinie, qui, seule, semblait justifier son violent désir de la possession.

Or une telle félicité, un tel plaisir n'existe pas : la jouissance réelle résulte purement de la satisfaction obtenue par le désir de la possession, dont il reste toujours à justifier la violence, et par la jouissance habituelle dans tout acte physique de ce genre. Aussitôt que la violence de la passion s'affaiblit et permet à la conscience de se reconnaître et de voir clair en elle-même, celle-ci ne tarde pas à découvrir son erreur. Cette déception remplaçant le plaisir attendu cause une souffrance d'autant plus amère, que le plaisir espéré paraissait plus grand et plus assuré. La félicité infinie qui était attendue avec une absolue confiance ne se présente plus que comme une pure illusion (quant aux deux autres éléments réels, ceux-là, de la jouissance, on prévoyait naturellement qu'ils viendraient s'ajouter à cette félicité). La douleur de la déception doit être très-vive, si vive qu'elle compense entièrement, si elle ne le dépasse pas, le plaisir véritablement ressenti. Sans doute la passion n'est pas anéantie tout d'un coup; elle persiste quelque temps, bien qu'avec une énergie décroissante : et la conscience ne mesure pas immédiatement toute l'étendue de sa déception. Le désir se renouvelle et aspire encore à se satisfaire; il trompe ainsi le jugement, l'empêche de réfléchir sur la nature de la jouissance passée, et continue à opposer aux démentis de l'expérience l'illusion du bonheur espéré pour l'avenir.

Mais le jugement conscient finit par se soustraire aux mensonges de l'instinct. On s'habitue à la possession du bien tant désiré; le contraste des joies présentes et des difficultés vaincues, qui ajoute tant de prix au bonheur, s'efface insensiblement de la pensée; la volonté de la possession n'est plus que vaguement sentie, parce qu'aucun trouble ne la menace; et les satisfactions qu'elle reçoit lui font éprouver de moins en moins du plaisir. Le désenchantement se fait graduellement dans la conscience.

Il n'y a pas que cette seule illusion qui s'évanouisse pour la conscience : bien d'autres aussi sont dissipées. L'amant s'était imaginé qu'il entrait dans une autre vie; que ses félicités nouvelles allaient le transporter de la terre au ciel. Et il reconnaît que son nouvel état ressemble à l'ancien; et que les misères de la vie sont demeurées pour lui les mêmes. Il avait pensé trouver un ange dans l'objet aimé : maintenant que la passion n'aveugle plus son jugement, il ne voit en lui qu'un être humain avec ses vices et ses faiblesses. Il avait cru à la durée éternelle de sa félicité infinie : et il commence à se demander s'il n'a pas été déçu complétement dans son attente. Il voit enfin que tout est comme par le passé, et que son rêve était celui d'un sot. La seule jouissance réelle, celle qui a suivi immédiatement la possession, à savoir la satisfaction de la volonté qui s'est éveillée, cette jouissance est évanouie : mais toutes les illusions auxquelles l'amant s'était complu en rêvant une félicité éternelle ont été dissipées, et lui laissent une tristesse durable qui ne disparaît que lentement sous l'action de l'habitude et sous la monotonie assoupissante de la vie quotidienne.

Il est rare que le mariage n'exige pas des sacrifices de l'un des époux, ne serait-ce que le sacrifice de la liberté. Ces sacrifices apparaissent maintenant à la conscience comme contraires au but poursuivi, et ajoutent à l'amertume de la déception. Si la vanité nous décide à dissimuler notre déplaisir, notre malheur, et à faire étalage d'une félicité, d'une joie qui n'existent pas, la honte qui nous oblige à ces mensonges ne nous fait pas moins souffrir, car elle se mêle à la conscience que notre malheur n'est dû qu'à notre sottise. Les jeunes amants non-seulement cherchent à cacher au monde et à l'objet aimé la douleur qu'ils ressentent de la déception; mais chacun d'eux veut, s'il est possible, se la dissimuler à soi-même, et ces efforts ne font qu'ajouter aux souffrances de l'état présent.

Ainsi la jouissance réelle que les amants goûtent dans leur union est achetée à l'avance par la crainte, l'inquiétude, le doute, souvent le désespoir, et payée encore après par l'amertume du désenchantement. — Et cette jouissance elle-même ne doit qu'à la violence de la passion qui aveugle ou suspend le jugement, au moment même de la possession, de n'être pas reconnue immédiatement pour une pure illusion.

Nous n'avons pas encore analysé l'état qui précède l'union définitive des amants; et c'est là pourtant que les impressions les plus douces, les plus délicieuses se font sentir : il semble qu'ils se baignent dans l'azur des cieux, sous les premiers feux de l'aurore. D'où vient cette félicité incontestablement réelle? De l'espérance, de l'espérance seule qui se borne à pressentir la satisfaction prochaine, et n'en sait qu'une chose, c'est qu'elle y goûtera une félicité infinie; de l'espérance, qui a conscience à peine de n'être qu'une espérance, mais qui en devient à chaque moment plus convaincue. Les plus grandes difficultés s'opposent en vain à l'union désirée : elles ne peuvent dissiper l'espérance ni détruire la félicité qui s'y joint; mais ce qui prouve bien que cette félicité vient tout entière de l'espérance, c'est que les amants tombent dans le désespoir et se donnent volontiers la mort, s'ils acquièrent la certitude que leur union est à jamais impossible. Si la félicité amoureuse qui précède la possession repose uniquement sur l'espoir du bonheur attendu, il faut avouer qu'elle n'est qu'une illusion, puisque le bonheur attendu est reconnu lui-même comme illusoire.

Et voilà pourquoi le premier amour seul est un véritable amour; le second et le suivant sont trop contrariés par le souvenir d'une première expérience, et par la conscience, que l'on a plus ou moins clairement, que l'amour n'est qu'une illusion. Aussi Gœthe dit-il dans *Vérité et poésie*, à l'occasion de son Werther : « Rien ne contribue plus à cet ennui (à ce dégoût de la vie) qu'un second amour... Le caractère d'éternité, d'infinité qui porte et élève l'amour au-dessus de tout le reste s'est évanoui : l'amour paraît éphémère comme tout ce qui recommence. »

Celui qui a reconnu une fois que le bonheur d'aimer, après comme avant la possession, n'est qu'une illusion; qui sait que dans l'amour la souffrance l'emporte sur le plaisir : celui-là déclarera tout amour une chose mauvaise, et sa conscience ne lui permettra pas de faire servir un tel moyen à la réalisation d'une fin, qu'il ne reconnaît pas comme la sienne. Le bonheur d'aimer est pour lui mort et entièrement anéanti : il n'en voit dans toute son étendue que les souffrances. Un tel homme n'échappera peut-être pas complètement pour cela au besoin d'aimer : mais la raison s'attachera, et elle réussira au moins à diminuer l'amour qu'il aurait ressenti dans le cas donné, s'il avait été novice; et par là elle amoindrira la souffrance et la disproportion de la peine et du plaisir, qui aurait été autrement son partage. Il aura conscience en même temps qu'il se trouve, malgré sa volonté consciente, engagé à nouveau dans les liens d'une passion qui doit lui causer plus de tourments que de félicité; et cette conviction est, au point de vue de l'individu, l'arrêt de mort de l'amour. (V. p. 256-259 du 1" vol.)

Mes dernières considérations n'ont porté que sur l'amour qui est assez heureux pour atteindre son but. Rassemblons encore une fois tout ce qui a été dit: combien le prix de l'amour en est rabaissé! Dans les cas les plus favorables, une félicité illusoire, et, en revanche, des souffrances très-réelles et bien autrement vives; dans la plupart des cas, la volonté contrariée, impuissante à réaliser son but, condamnée à la douleur et au désespoir; enfin l'avenir brisé pour toutes les femmes qui sacrifient à l'amour leur honneur, leur position sociale : tels sont les résultats que nous avons dû constater.

Après cela, comment douter que la raison ne conseille l'entier détachement de l'amour; mais l'instinct, qui ne se laisse pas détruire et qui réclame impatiemment qu'on le satisfasse, nous causerait plus de tourments si on le contrariait absolument, que nous n'avons à en redouter d'un amour mesuré (v. p. 266). On doit donner raison au mot d'Anacréon :

χαλεπὸν τὸ μὴ φιλῆσαι, il est difficile de ne pas aimer, χαλεπὸν δὲ καὶ φιλῆσαι, il est difficile également d'aimer.

Si l'amour est reconnu comme un mal, s'il n'est préféré que comme le moindre de deux maux, tant que le besoin d'aimer se fait sentir, la raison ne conseille-t-elle pas nécessairement qu'on prenne un troisième parti, celui de déraciner le besoin, c'est-à-dire que l'on se mutile pour échapper ainsi au désir amoureux? (Voir *Math.* 19, 11-12.) « Que tous ne cherchent pas à comprendre, mais ceux-là seulement pour lesquels la chose est écrite. Il y en a qui sont mutilés dès le ventre de leur mère; d'autres qui ont été mutilés par les hommes; d'autres qui se sont mutilés eux-mêmes pour gagner le ciel. Que celui-là qui peut comprendre médite cette parole ! »

Si on ne se place qu'au point de vue de l'égoïsme, cette conclusion paraît d'accord avec les vues qui précèdent. On ne peut la réfuter sérieusement qu'en invoquant les principes, qui demandent à l'individu d'oublier son égoïsme et de voir au delà. Nous aboutissons sur l'amour à la même conclusion que sur la faim : il est en soi et pour l'individu un mal véritable. On ne peut le justifier qu'en montrant qu'il contribue au progrès du monde, comme nous l'avons fait voir au chap. II de la 2ᵉ partie.

IV. — La compassion, l'amitié, les joies de la famille.

La compassion, dont Aristote fait le principe même du plaisir de la tragédie (voy. mes *Aphorismes sur le drame*), sur laquelle, selon Schopenhauer, toute moralité doit reposer, est, comme chacun sait, un sentiment mêlé de peine et de plaisir. La peine qu'il contient s'explique aisément : elle naît de la souffrance qu'éveillent en nous par sympathie les souffrances d'autrui, dont nous sommes témoins. Cette peine peut être si vive que toute trace de plaisir disparaisse de la compassion; et que la violence de notre souffrance nous oblige de nous soustraire au spectacle. Qu'on songe à la vue d'un champ de bataille après le carnage, ou d'un homme qui se tord dans des convulsions générales.

On comprend moins facilement d'où provient le plaisir, qui se mêle habituellement dans une mesure modérée à la compassion. La satisfaction qu'on ressent d'avoir efficacement concouru au soulagement d'un malheureux ne doit pas être comptée ici : elle est étrangère au sentiment lui-même de la compassion. Le plaisir méchant de voir souffrir autrui est le seul plaisir que la vue de la souffrance puisse éveiller directement; mais ce sentiment est trop différent des douces émotions de la compassion pour être confondu avec elles.

Je ne vois aucun autre moyen d'expliquer le plaisir attaché à la compassion, et je n'ai vu nulle part qu'on ait essayé une autre explication, que de le rapporter au contraste de la souffrance d'autrui avec notre état actuel. La volonté secrète, qui proteste en nous contre une semblable souffrance, est à la fois éveillée, satisfaite; et la conscience perçoit immédiatement cette satisfaction. Le plaisir de la compassion n'est, en ce sens, qu'un plaisir égoïste; mais je ne vois pas que cela diminue le prix ou les beaux effets de la compassion. Ajoutez d'ailleurs que pour les âmes sensibles, absolument étrangères à l'égoïsme, la compassion est une émotion très-pénible, une véritable souffrance qu'elles cherchent à éviter par tous les moyens possibles; et que l'homme se complaît d'autant plus dans de telles émotions, qu'il est plus grossier. Remarquons encore que la vue de la souffrance d'autrui, si cette souffrance est excessive, fait oublier même aux âmes grossières qu'il s'agit d'autrui; et produit sur elles la même impression que la vue d'une souffrance légère cause aux âmes sensibles, c'est-à-dire que la compassion leur devient très-pénible. La foule brutale se plaît parfois, sans doute, à contempler la souffrance d'autrui; mais il ne faut pas oublier qu'elle garde encore quelque chose des appétits de la bête, et qu'elle associe plus ou moins à la compassion la joie cruelle qui se repaît des souffrances d'autrui. Il ne faut qu'avec réserve s'éclairer de l'exemple de la foule pour décider si, dans la compassion, le plaisir ou la peine prédominent. D'après mon opinion, c'est la peine qui l'emporte. Quelle que soit d'ailleurs l'opinion des autres, il est incontestable que la brutalité tend en moyenne à disparaître parmi les hommes; et qu'en même temps la peine doit dominer de plus en plus dans le sentiment complexe de la compassion.

Ce rapport apparaît plus manifeste, si l'on considère les effets immédiats de la compassion. Elle éveille le désir de soulager la souffrance d'autrui; l'instinct qui la provoque n'a pas d'ailleurs d'autre but. Mais ce désir ne trouve que très-rarement et presque toujours d'une manière incomplète à se satisfaire; et de là résultent encore pour nous plus de peines que de plaisirs.

Si l'instinct de la compassion corrige et limite l'égoïsme

et l'injustice qui en naît, on ne peut refuser de le considérer comme le moindre de deux maux. Mais il reste toujours qu'en elle-même la compassion est un mal, puisqu'elle cause plus de peine que de plaisir à l'âme qui la ressent.

Comparez Spinoza (Ethiq., Th. 4, prop., 50). « La compassion est pour l'homme, qui n'obéit qu'aux conseils de la raison, un sentiment mauvais et stérile. — Preuve : car la compassion est (d'après la définit. 18) une peine, donc (d'après la prop. 48) une chose mauvaise en soi. Quant au bien qu'elle produit... nous devons chercher à le réaliser par les seules aspirations de la raison, etc. »

On ne peut en dire autant de la sociabilité et de l'amitié, bien qu'on l'ait souvent affirmé et dans un certain sens avec raison. La Bruyère ne dit-il pas : « Tout notre mal vient de ne pouvoir être seuls. » Qu'on lise sur ce sujet Schopenhauer, *Parerga*. I, 444-458).

Personne ne peut nier que le besoin de la société ne naisse instinctivement de la faiblesse et de l'impuissance de l'individu isolé. En satisfaisant ce besoin, nous ne faisons, comme par la possession de la santé et de la liberté, que préparer le terrain favorable et comme le fondement social sur lequel s'élèvera l'édifice de notre félicité positive. Quant à la vraie amitié, et combien elle est rare, elle ne peut d'ordinaire nous assurer autre chose que des plaisirs purement négatifs.

Comme les animaux qui vivent en troupe, l'homme est un animal fait pour la société. Sans force, sans défense, il serait la victime des forces naturelles et de ses divers ennemis, si l'instinct ne le portait à s'unir à ses semblables. Le sentiment pénible de l'impuissance engendre ici le besoin de la société ; et le plaisir de la sociabilité naît de la suppression de ce sentiment pénible.

La vie en commun ne protége pas seulement l'individu contre le besoin et les agressions de ses ennemis : elle est plus efficace que l'isolement pour lui assurer des biens véritables, tels que les travaux de l'agriculture, la production industrielle ou artistique, les rapports des sexes, le progrès de la culture ou du savoir par l'échange des idées, la vulgarisation des nouveautés intéressantes. La communauté sociale prépare à tout cela, mais elle ne le produit pas. Elle ne fait que préparer des ressources, qu'on peut laisser inutiles ou employer de bien des façons différentes. Elle n'est donc que la possibilité du plaisir, non le plaisir lui-même : le plaisir résulte bien plutôt des œuvres qui se développent sur le terrain préparé ainsi, et dépend de ces œuvres, non de la communauté sociale elle-même. Disons même que le plaisir positif qu'elles donnent peut être atteint en grande partie d'une manière semblable ou peu différente par l'individu isolé.

D'ailleurs la vie sociale oblige l'individu à se préoccuper des autres, et lui impose des obligations générales, qui lui créent de sérieuses contrariétés, et vont même jusqu'à provoquer chez lui des douleurs sans espoir : l'histoire de nos associations en est la preuve.

La vie sociale engendre la solidarité des intérêts, c'est-à-dire qu'elle accroît la sympathie. Si en chaque individu la somme des plaisirs dépassait la somme des peines, on pourrait dire qu'en chaque individu les plaisirs de la sympathie l'emportent sur les peines du même genre, à moins que l'envie ne vienne les amoindrir ; et l'envie, on le sait, n'épargne pas même les amitiés les plus sincères. Mais dans la vie de l'individu la somme des peines est supérieure à celle des plaisirs. La compassion que les autres nous inspirent doit donc nous causer, à son tour, plus de peines que de plaisirs ; et ce n'est pas une compensation suffisante, que la certitude de trouver dans le sein de l'amitié une sympathie égale pour nos peines et pour nos joies. Sans doute on recherche cette consolation ; mais que peut être, si l'on y réfléchit sérieusement, une consolation qui consiste à troubler la joie de nos amis par la confidence de nos déplaisirs et de nos contrariétés.

Pourtant il est si pénible de supporter seul ses souffrances et ses inquiétudes, qu'on se sent relativement heureux de pouvoir les épancher dans le sein d'un ami, lors même qu'on devrait subir en retour la triste confidence de ses ennuis. Il ne peut donc être question ici encore, que de considérer le développement de la sympathie réciproque entre amis comme le moindre des deux maux, dont notre faiblesse fait seule l'inégalité apparente.

Le bonheur si vanté de l'amitié n'a besoin que d'être sérieusement analysé, pour qu'on reconnaisse qu'il repose en partie sur l'impuissance de l'individu à supporter seul ses misères (les caractères très-énergiques se passent très-aisément d'amis); en partie sur la communauté du but poursuivi ou des intérêts (les amitiés en apparence les plus indissolubles se brisent ou se détendent lentement, lorsque les intérêts dominants de l'un se modifient et ne concordent plus avec ceux de l'autre). Le plaisir, qu'on ressent à poursuivre en commun les mêmes intérêts, ne peut être rapporté immédiatement à l'amitié, mais seulement à ces intérêts eux-mêmes. C'est dans le mariage qu'on rencontre la plus étroite solidarité des intérêts : la communauté des biens, des profits, du commerce sexuel, de l'éducation des enfants. Ces liens puissants, si l'on y joint la diversité harmonieuse des facultés spirituelles, qui se complètent d'un sexe à l'autre, suffisent à fonder une solide et durable amitié, qui, même sans l'intervention de l'amour proprement dit, explique complètement les belles et nobles manifestations du dévouement conjugal. Tenez compte encore de la force irrésistible de l'habitude. Le chien ne montre-t-il pas l'amitié, la fidélité la plus absolue, la plus touchante au maître auquel le hasard et l'habitude et non son propre choix l'ont uni ? L'attachement des époux est aussi en grande partie l'effet de l'habitude : de là vient que les mariages de convention et les mariages d'amour finissent au bout de quelques années par présenter en moyenne une physionomie semblable.

Duhring dans son livre sur le « prix de la vie » plaide la cause de l'amour, et soutient que le mariage ne lui est point contraire. Il aboutit (p. 113-114) à la conséquence suivante : « L'amour conjugal pourrait bien n'être pas inférieur, par ses effets, aux formes les plus passionnées de l'amour. La sensibilité s'y trouve seulement plus contenue, mais elle éclate avec toute son énergie en présence d'un danger imprévu. Les forces, qui entretenaient autrefois la vie et le jeu de la sensibilité, sont maintenant en équilibre et ont fait place à la paix de sentiments plus mûrs; mais qu'un accident vienne troubler cet équilibre et ce calme, et la sensibilité reprend aussitôt sa première énergie. » Mais, répondrons-nous, si la sensibilité est contenue, la conscience l'ignore entièrement; et, s'il faut que la sensibilité soit contrariée pour que la conscience en reconnaisse les dispositions latentes, il suit de là que les sentiments de l'amour conjugal ne se manifestent que par la douleur, et que dans un cas, comme dans l'autre, ils n'ajoutent rien au bonheur de la vie, ce dont il s'agit ici. Les effets puissants qu'on leur attribue s'expliquent aussi bien d'ailleurs par la seule amitié et par l'habitude.

On trouve tant de déplaisirs et d'ennuis dans la plupart des mariages, si on les observe d'un œil non prévenu et qu'on ne s'en laisse pas imposer par la dissimulation des hommes, qu'il en existe à peine un sur cent que l'on doive véritablement envier. Il en faut chercher la cause dans la maladresse des individus qui ne savent pas s'accommoder dans le détail à leurs faiblesses mutuelles; au hasard qui associe les caractères dans le mariage; à l'impatience des époux à soutenir leurs droits réciproques, alors que l'indulgence et l'amitié peuvent seules opérer la conciliation; à la faculté que la vie conjugale donne à chacun des époux d'épancher son mécontentement, son ennui, son mauvais caractère sur la personne la plus proche, qui doit tout souffrir en silence; à la vivacité, à la violence réciproque, qui s'accroît à chaque nouvelle injustice imaginaire; à l'irritation de se savoir enchaînés l'un à l'autre, alors que la facilité de rompre contiendrait dès l'origine par la crainte des conséquences bien des mouvements imprudents et des dissentiments. Toutes ces misères de l'état conjugal, et elles sont loin d'être l'exception, donnent à Lessing le droit de dire :

« Il y a tout au plus une seule mauvaise femme dans le monde ; le malheur, c'est que chacun en est l'époux. »

Cela n'empêche pas que l'habitude garde toujours ses droits ; et qu'elle s'oppose à tout ce qui vient troubler et menacer l'existence de l'union conjugale. Mais, dans un cas comme dans l'autre, la conscience ne perçoit toujours que les peines de l'état conjugal. La rupture par la mort de l'union la plus détestable, de celle qui n'a été pour les époux qu'un enfer, cause toujours à celui qui survit une peine très-grande. Et j'ai entendu dire à un homme d'expérience que, puisque le mariage devait être fatalement rompu par la mort, le plus tôt était toujours le meilleur. Plus l'habitude a eu le temps de resserrer ses liens, plus la rupture est douloureuse. Si l'on veut tirer la conséquence dernière de ce jugement incontestablement vrai, il faut reconnaître qu'il vaut mieux se séparer avant de s'enchaîner.

Les esprits sérieux, dont l'instinct ne trouble pas le jugement, entendent clairement qu'au point de vue de la pure raison et de l'intérêt bien entendu de l'individu, il vaut mieux ne pas se marier que se marier. Quand l'amour ou des considérations extérieures de rang, de fortune ne poussent pas au mariage, la seule raison en réalité qu'on ait de s'y décider, c'est qu'on le considère comme le moindre de deux maux. La jeune fille le choisit parce qu'elle craint de rester fille ; l'homme parce qu'il redoute les inconvénients du célibat : tous deux encore pour échapper aux souffrances par lesquelles se venge l'instinct méconnu, et ne pas s'exposer aux conséquences des voluptés illégitimes.

En général l'expérience se charge de leur apprendre qu'ils se sont amèrement trompés. La honte et une délicatesse excessive les empêchent seules d'avouer que le plus grand des deux maux n'était pas celui qu'ils pensaient. Nous ne méconnaissons pas d'ailleurs tout ce qu'il en coûte, pour résister à l'instinct qui pousse chaque individu à fonder une maison et une famille : nous avons parlé au chap. I de la

2⁰ partie, des souffrances que le célibat réserve aux vieux garçons et aux vieilles filles.

Aussitôt mariés, les époux soupirent après un enfant. — C'est là encore un pur instinct, que l'entendement ne partag nullement. L'instinct va même si loin, que, si leur union est stérile, il porte les époux à adopter des enfants étrangers, et à les élever comme leur propre enfant.

Mais cette adoption n'est pas un acte de raison : on le voit bien par l'exemple des singes, des chats et d'autres mammifères et oiseaux, qui se comportent de la même manière. D'ailleurs on ne fait que choisir un enfant déjà existant, pour lui faire une situation meilleure que celle où il se serait trouvé placé autrement. Il n'en serait plus de même, s'il s'agissait de fabriquer soi-même de toutes pièces, et de composer comme dans un alambic, par une sorte d'opération chimique, l'enfant qui doit tenir lieu de celui que la nature nous refuse.

« Qu'on s'imagine un seul instant, dit Schopenhauer (*Parerga*, II, p. 3213-22), que l'acte générateur ne résulte ni des excitations de l'instinct, ni de l'attrait de la volupté, et ne soit qu'une affaire de pure réflexion : la race humaine pourrait-elle subsister? Chacun ne prendrait-il pas en pitié l'avenir de cette génération nouvelle, et ne voudrait-il pas lui épargner le fardeau de l'existence, ou du moins ne refuserait-il pas de prendre sur soi la responsabilité de l'en charger de sang-froid? »

A côté de l'instinct spontané qui porte l'homme à désirer des enfants, les personnes qui passent leur vie à augmenter leur bien-être et leur richesse ont encore une autre raison de désirer des enfants. Elles s'aperçoivent à un certain âge qu'elles ne pourront jouir elles-mêmes du superflu de leur richesse : mais, s'il leur fallait renoncer à l'étendre encore, la vie serait pour elles dépouillée de tout attrait; elles ne sentiraient plus que le vide et l'ennui de l'existence.

Pour échapper à ce mal, elles préfèrent s'exposer à un mal moindre, celui d'avoir des enfants; leur égoïsme s'étend, et a une raison ainsi de travailler à faire de nouveaux gains!

Mais comparez ce qu'il y a de réel, d'un côté, dans les joies; de l'autre, dans les tourments, les inquiétudes, les ennuis, les soins que les enfants causent à leurs parents : comment douter que la peine ne l'emporte encore ici sur le plaisir? C'est vainement que l'instinct trouble le jugement et résiste à cette conclusion, surtout chez les femmes, que l'instinct de la maternité domine le plus impérieusement.

Comparez les joies que la naissance; les douleurs, l'affliction que la mort d'un enfant cause à toute une famille. Ce n'est qu'après avoir calculé toute l'étendue de ces souffrances, qu'on peut apprécier la paternité à son juste prix. Je recommande sur ce sujet le chapitre intitulé : « l'illusion maternelle » de Bogumil Goltz dans son livre « *Caractéristique et histoire naturelle des femmes.* »

Dans les premiers temps de la vie de l'enfant, dominent les incommodités sans nombre, les soins continuels de la surveillance, l'irritation contre les domestiques peu soigneux, les désagréments avec les voisins, les tourments causés par les maladies de l'enfant ; puis le souci de marier les filles, les tracas pour réparer les sottises et payer les dettes des garçons ; et par-dessus tout la préoccupation d'assurer à l'enfant les ressources nécessaires, préoccupation si pénible pour les pauvres gens pendant les premières années de l'enfant, et qui pèse lourdement dans la suite sur les parents des classes aisées. Au milieu de tous ces travaux, de ces peines, de ces tourments, de ces soucis, de l'inquiétude continuelle de les perdre, où est la félicité réelle que les enfants assurent à leurs parents? Laissons de côté l'amusement qu'ils procurent comme une sorte de passe-temps; les satisfactions accidentelles que les flatteries hypocrites de quelque obligeante voisine ménagent à la vanité des parents : je ne vois que l'espérance, rien que l'espérance de l'avenir, qui puisse rendre heureux les parents.

Quand le temps arrive où ces espérances doivent se réaliser, si les enfants ne sont pas morts ou perdus, ils quittent la maison paternelle, suivent leur voie, se lancent à travers le monde, et n'écrivent plus à leurs parents que pour demander de l'argent. Si l'espérance des parents était égoïste, elle est toujours trompée; si elle ne songeait qu'au bien de l'enfant, et n'attendait rien de lui, elle n'en vaut guère mieux.

Les hommes, comme nous le verrons, reviennent de tout avec l'âge; mais ils sont toujours dupes d'une dernière et indestructible illusion : ils ne peuvent renoncer à fonder sur cette vie misérable, dont la vanité s'est révélée à eux sous toutes les formes, des espérances nouvelles en faveur de leurs enfants. S'ils vivent assez vieux, pour voir leurs propres enfants devenir vieux à leur tour, ils reviennent sans doute de leurs premières espérances, mais c'est pour recommencer à en fonder de nouvelles sur le bonheur de leurs petits-enfants, de leurs arrière-petits-enfants : — l'homme sur ce point ne s'instruit jamais.

V. — La vanité, le sentiment de l'honneur, l'ambition, la passion de la gloire, l'amour de la domination.

Amour, sentiment de l'honneur, passion du gain, ce sont dans l'âme les trois mobiles les plus puissants. Occupons-nous du second. On peut dans l'honneur distinguer les formes objectives et les formes subjectives. Au point de vue objectif, l'honneur d'un homme est, d'une manière générale, l'estime que font de lui les autres hommes.

On distingue dans l'honneur ainsi entendu :

L'honneur positif.
- A La considération attachée au mérite extérieur.
  - a. A la fortune.
  - b. A la condition.
  - c. Au rang.
  - d. A la beauté.
- B La considération qui s'attache au mérite intérieur.
  - a. Au travail.
  - b. A l'intelligence et à la culture.
  - c. L'honneur qui s'attache aux qualités morales.
    - α A la charité.

L'honneur négatif.
- β A la justice.
- d. L'honneur civique.
- e. L'honneur de la femme (sexuel).

L'honneur négatif, chacun le possède naturellement, jusqu'à ce qu'il le perde ; l'honneur positif exige certaines conditions (la naissance, les actes, les œuvres). Le premier marque en quelque sorte le zéro du mérite ; le second répond au mérite réel. L'honneur qui s'attache à la richesse, tient à la puissance qu'elle donne ; celui de la condition, à la puissance et aux œuvres qu'elle permet : mais il se fixe avec le temps dans des formes traditionnelles. L'honneur du rang, en tant qu'il contient plus que l'honneur accordé aux œuvres et à la puissance, auquel il est si souvent associé, est une création artificielle de l'État, qui se dispense par là de payer des salaires élevés. L'honneur d'être beau n'est plus apprécié chez nous, et n'existe que chez les peuples qui ont le sentiment de la beauté, comme les anciens Grecs. L'honneur attaché au travail est proportionnel à la valeur que la société attribue au travail. L'honneur accordé à l'intelligence et au savoir remplace spécialement l'honneur accordé au travail, là où le travail intellectuel n'est pas considéré comme un travail (estime des paysans pour l'instruction). L'honneur attaché à la moralité n'est positif que lorsqu'il résulte de la charité effective. L'honneur d'être juste est purement négatif, comme l'honneur civique, et l'honneur féminin qui n'existe que pour la femme.

Au sens subjectif, l'honneur est double : direct, il répond à l'estime qu'un homme a de lui-même ; indirect à l'estime qu'il fait de l'estime des autres, ou à l'estime qu'il a pour l'honneur objectif.

On appelle le premier l'estime de soi-même, l'amour-propre, la fierté, l'orgueil. S'il est inférieur au mérite véritable que l'on a, il prend le nom de modestie, d'humilité. S'il le dépasse, ceux d'estime exagérée de soi-même, d'illusion, de présomption. On donne au contraire à la seconde forme de l'honneur subjectif le nom de vanité. Bien que les hommes refusent d'appliquer ce dernier mot aux nobles efforts, il n'y a pas de différence au fond entre la vanité qu'une jeune fille tire de sa beauté, ou celle qu'un poëte ressent de ses œuvres. Les deux dispositions opposées, l'orgueil et la vanité, constituent donc ensemble l'honneur subjectif; mais, à son tour, suivant les objets auxquels il se rapporte, il peut se diviser comme l'honneur objectif. Par rapport aux biens que poursuit l'honneur négatif, il s'appelle le sentiment de l'honneur; par rapport aux biens que recherche l'honneur positif, l'ambition. Les formes directes ou indirectes de l'honneur subjectif ont une force relative très-variable : mais généralement la forme indirecte l'emporte et tellement sur l'autre, que fréquemment il semble que l'honneur subjectif ne consiste que dans le cas que l'on fait de l'estime des autres. Mais c'est la surtout le propre de la pure vanité qui consiste à tenir compte du mérite que les autres nous reconnaissent, tout en ne nous accordant à nous-mêmes aucun mérite, et en considérant le jugement des autres comme faux.

L'orgueil, la haute estime qu'on fait de soi-même est une disposition assurément enviable; peu importe que cette estime soit fondée ou non, pourvu qu'on la croie méritée. Sans doute on voit rarement un orgueil que rien ne saurait ébranler. D'ordinaire, l'orgueil ne se soutient que par des luttes intérieures contre le doute, le désespoir; et ces luttes causent plus de peine que l'orgueil ne donne de plaisir. L'orgueil, d'ailleurs, rend plus sensible aux impressions du dehors. Il est souvent obligé de se couvrir du masque de la modestie, pour ne pas s'attirer trop de désagréments. Tout cela peut bien assurément compenser la haute félicité de l'amour-propre. Quand l'orgueil ou l'ambition ne reposent en grande partie ou exclusivement que sur la pure vanité, on ne peut nier, quelque utilité pratique que ces instincts aient pour notre développement, qu'ils sont vains, c'est-à-dire fondés sur des illusions; ensuite que celui qui en est possédé en ressent mille fois plus de peine que de plaisir.

L'honneur féminin, dans les relations du sexe, est sans doute la garantie des rapports sociaux; l'honneur civique

détourne le bon citoyen de fautes ou de crimes, dont i
n'aurait été écarté ni par la crainte des châtiments terrestres, ni par la terreur des peines éternelles. L'honneur
qui s'attache au savoir excite l'enfant et le jeune homme à
étudier sans relâche, pour amasser les connaissances qui
constituent la culture de son temps. L'honneur de faire un
beau travail, qui, lorsqu'il provoque à des entreprises
rares et importantes, s'appelle l'amour de la renommée,
soutient le savant et l'artiste dans leur misère ; et empêche
qu'ils ne se découragent, comme cela arriverait, s'ils se
croyaient absolument incapables de satisfaire, dans une
mesure quelconque, leur amour de la considération ou de
la renommée. Le sentiment de l'honneur prévient donc de
grands maux ; et l'ambition concourt au progrès de l'humanité. Mais le besoin de l'honneur subjectif peut être rendu
inutile par la culture et la puissance de la raison ; et les
mêmes bons effets obtenus par de tout autres moyens.
Qu'on songe à la différence de la bravoure française inspirée
par le point d'honneur, et de la bravoure allemande qui
s'inspire surtout du sentiment du devoir. Tant que l'honneur ne peut être remplacé par d'autres ressorts moraux,
l'individu, qui est ici l'instrument employé par l'instinct,
doit souffrir sous l'impulsion de l'instinct.

La possession de l'honneur négatif ne peut procurer
aucun plaisir, à moins que, après une perte apparente (par
la calomnie), il ne nous soit rendu. En soi, il répond au
zéro de la sensibilité et au zéro du mérite. Mais il est,
comme tous les sentiments semblables, une source féconde
de tourments, non de plaisirs ; à moins qu'on ne puisse
rendre la pareille à ceux qui nous le ravissent, ce qui est
particulièrement rare pour cette espèce d'honneur.

L'ambition est certainement un besoin réel ; et un de
ceux qui nous laissent d'autant plus altérés, comme l'eau
salée, qu'on en a bu davantage.

Prêtez partout l'oreille : vous n'entendez que les plaintes,
consacrées en quelque sorte, des fonctionnaires, des officiers
sur les passe-droits, sur les avancements immérités ; les

lamentations des artistes et des savants sur l'envie et la cabale qui les oppriment ; partout l'irritation contre les faveurs imméritées qui sont prodiguées aux indignes. Pour cent blessures, l'ambitieux compte à peine une satisfaction. Il ressent amèrement les premières ; et l'autre n'est à ses yeux qu'un hommage tardif, et qu'il reçoit même sans plaisir, parce qu'il s'est fait trop attendre. La vanité générale fait que chacun a des prétentions excessives ; et la commune envie, la disposition à se déprécier réciproquement s'opposent à ce que les droits les plus légitimes soient reconnus. Les satisfactions données à l'ambition n'ont d'autre effet que de surexciter ses prétentions : il faut que le prochain succès dépasse le premier pour être agréablement senti ; et tout hommage moins flatteur que celui qui l'a précédé ne nous laisse sentir que l'amertume de la différence.

Qu'on se représente une jeune cantatrice : elle monte degré par degré dans la faveur du public, jusqu'à une certaine hauteur. Les triomphes qu'elle reçoit, dans la période de sa plus grande faveur, elle les regarde comme lui étant dus : ils sont comme l'air qu'elle respire, et qui est nécessaire à sa vie ; elle s'emporte, si on les lui fait attendre. Mais une autre plus jeune apparaît sur la scène, et la fait descendre au second rang, comme elle y avait elle-même relégué ses devancières. Elle souffre mille fois plus de sa chute qu'elle n'avait joui de son élévation ; et la durée de sa propre royauté l'avait à peine rendue heureuse.

Cet exemple s'applique à toutes les formes de l'ambition, et de la passion de la renommée. Alors même que les œuvres ou les ouvrages qu'elles ont provoqués demeurent indestructibles, elles n'obtiennent pas toujours auprès du public la même faveur.

Ajoutez enfin à tout cela que l'ambition est vaine, c'est-à-dire repose sur une illusion. La mesure du mérite, que fournit l'honneur objectif, est une mesure illusoire. Je me contente de rappeler ici tout ce qu'il y a d'exagéré et de factice dans la considération qui s'attache au rang, et aux titres de noblesse, que le moyen âge nous a légués, mais dont la valeur est parmi nous presque entièrement nulle aujourd'hui. Là même où le mérite, que mesure l'honneur objectif, n'est pas purement illusoire, l'appréciation en est toujours très-défectueuse. Le proverbe, *vox populi, vox Dei*, n'est vrai que là où le peuple est appelé à se prononcer sur des questions qui intéressent sa prospérité, et où par conséquent les instincts suggérés par l'Inconscient dirigent le jugement de la masse. Mais, dans tout le reste, le peuple se montre aveugle; l'apparence le trompe, les claqueurs l'égarent; il n'écoute que ce qui est vulgaire, et n'a aucun sens du vrai, du beau, du bien. On peut donc dire bien plutôt qu'il fait presque toujours fausse route (voir Schopenhauer, *Parerga*, ch. xx). Dans toutes les questions qui n'intéressent pas essentiellement la vie d'une nation, ou que les savants suffisent à résoudre, on peut affirmer à priori que la majorité a tort et la minorité raison : juger en commun est si difficile, que, là où des hommes de sens se réunissent en grand nombre, ils ne réussiront à faire en commun que des sottises.

Et c'est de tels jugements, que dépend le bonheur de celui qui n'obéit qu'aux conseils de l'ambition. Dans les choses ordinaires, on peut dire qu'aucun homme ne voudrait certainement se préoccuper des jugements des autres, s'il pouvait savoir toutes les calomnies, toutes les appréciations méchantes, que ses amis et ceux qu'il connaît font derrière lui sur son compte. Que penser après cela de l'ambition qui court après les décorations, les dignités, les titres! Chacun sait pourtant que toutes ces faveurs ne se donnent pas au mérite, mais dans les cas les plus favorables à ceux que le hasard a favorisés, ou à la durée des services, aux recommandations des cousins, des protecteurs, à la bassesse, à la flatterie; ou qu'elles sont le prix de basses complaisances. Et, chose incroyable, les hommes n'en sont pas moins avides!

Supposons maintenant que l'objet, auquel s'attache l'honneur objectif, ait une valeur par lui-même, et que le jugement de ceux qui dispensent cet honneur ait également son prix : l'ambition n'en serait pas moins vaine. Quel prix l'homme peut-il attacher à ce que les autres pensent ou disent de lui? Aucun, s'il ne suppose pas que leur conduite à son égard sera déterminée par le jugement qu'ils font de lui. L'opinion des autres nous est donc en elle-même indifférente : nous ne la considérons que comme un moyen de déterminer en notre faveur leur conduite. Mais ce n'est pas là véritablement l'ambition, pas plus que l'avarice ne consiste à désirer beaucoup d'argent pour le dépenser aussitôt. Il faut attacher un prix à l'honneur objectif en lui-même, pour que l'on puisse être considéré comme ayant de l'ambition, de l'amour-propre. Et si l'honneur objectif que nous conquérons dispose les hommes à modifier en partie leur façon d'agir à notre égard, à nous être plus favorables, ce n'est là pour l'ambition véritable qu'une conséquence agréable sans doute, mais accidentelle des satisfactions, qu'elle recherche avant tout.

D'ordinaire le seul changement que nous remarquerons dans la conduite des hommes à notre égard se bornera aux témoignages de leur respect, à la reconnaissance matérielle de l'honneur objectif que nous avons reçu. Mais l'homme intelligent est aussi indifférent à ces témoignages, qu'à l'opinion des hommes eux-mêmes. L'honneur objectif et positif ne procure donc en réalité aucun avantage ; et l'honneur objectif mais négatif ne fait que nous exposer à la souffrance de le voir outragé, de sorte que l'honneur objectif n'a d'autre effet que de nous obliger à nous préserver des blessures qui pourraient atteindre l'honneur négatif. D'ailleurs le prix subjectif qui s'attache à l'honneur objectif comme tel repose évidemment sur l'imagination. Car mes peines et ma joie n'existent que dans ma tête, et non dans celle des autres. Mon bonheur ni mon malheur ne sont ni diminués ni accrus au fond par ce que les autres pensent de moi. Leur opinion sur mon compte n'a aucune valeur effective pour moi : l'ambition est donc tout à fait vaine. Le sentiment de l'honneur, qui se rapporte à l'honneur négatif, est en soi aussi peu réel. On peut cependant le justifier en disant que, puisqu'on vit avec les hommes, il faut se comporter comme si l'on ajoutait quelque prix à l'honneur négatif et objectif : sans cela, les hommes se jetteraient les uns sur les autres, comme les corneilles font sur un hibou, quand elles le rencontrent pendant le jour.

Si je considère l'orgueil et l'ambition comme de vaines illusions, je ne me prononce pas pour cela sur la valeur des objets auxquels l'honneur est attaché. Je les ai même en partie en très-grande estime, par exemple la moralité. Mais si de tels objets ont un prix, ils ne l'ont pas uniquement parce qu'ils sont honorés, bien que l'opinion égarée soit portée à le croire, mais parce qu'ils contribuent directement au bonheur. Cela est vrai, par exemple, pour la renommée. Assurément Spinoza ne retire aucun avantage de l'opinion que l'étudiant A porte sur lui lorsqu'il dit : Celui-là était une forte tête; mais il était avantageux à Spinoza de pouvoir former de grandes pensées. Je puis aussi me sentir heureux par la conscience que j'ai de contribuer au bien des autres par mes actes et mes œuvres ; mais ce n'est toujours là que la joie causée par la pensée d'un bien réel, tandis que l'hommage que les autres payent au mérite de mes actes ou de mes œuvres ne leur cause aucun plaisir, mais bien plutôt de la peine. De même si, en faisant l'aumône à un mendiant, je me réjouis d'adoucir momentanément sa misère par mon offrande, ma joie a un objet réel : mais si j'attends pour me réjouir qu'il m'ait adressé son Merci, ou Dieu vous récompense, je me conduis comme un sot, comme un fou.

Ainsi le besoin de la considération, pour être utile, n'en repose pas moins sur une illusion, et cause plus de peine que de plaisir (voir Schopenhauer, *Parerga*, I; *Aphorismes pour la sagesse de la vie*, chap. I, II et part. IV).

Il en est de même de la passion du commandement. Tant qu'elle n'est que l'aspiration vers la liberté, elle n'est pas encore un désir dont l'objet soit réel. Si l'on recherche le pouvoir pour se procurer, grâce à lui, des satisfactions d'autre nature, l'ambition du pouvoir n'est qu'un moyen pour des fins étrangères, et doit être jugée par elles. Mais il y a une passion proprement dite du commandement et du pouvoir. Il est clair que cette dernière ne peut d'abord se satisfaire qu'en blessant le même penchant, et qu'en portant atteinte au désir de la liberté, chez les autres. On doit dire d'ailleurs de cette passion ce que l'on a dit de l'ambition et de l'amour de la gloire. Plus on y goûte, plus on en est avide. Le pouvoir qu'on a pris l'habitude d'exercer ne procure plus de jouissances : mais toutes les résistances qu'il rencontre se font amèrement sentir, et les plus grands sacrifices ne paraissent pas trop chers pour en triompher. En général, et envisagée dans ses conséquences pour les autres hommes, la passion du pouvoir est encore plus funeste que la recherche de l'honneur.

VI. — La dévotion religieuse.

Nous avons déjà fait observer, au chap. IX de la 2º partie, que la piété, la dévotion, qui sont toujours d'une nature plus ou moins mystique, communiquent à l'âme une félicité si haute, que les souffrances de la terre disparaissent devant elle. Mais ces formes supérieures de la piété sont rares : comme elles sont essentiellement de nature mystique, elles ne dérivent ni du travail, ni de l'effort. En second lieu, ainsi que le talent artistique, elles sont toujours mêlées d'une peine particulière. On comprend très-bien tout cela, si l'on étudie la vie des pénitents et des saints. On ne s'élève aux degrés supérieurs de l'exaltation mystique, qu'autant qu'on a étouffé en soi, non-seulement les appétits des sens, mais tout désir des joies du monde. Ce renoncement est rarement accompagné de la conscience que les joies de la terre sont purement illusoires, et qu'elles sont toujours payées par des peines plus grandes. Il faut pour cela de la philosophie; et la plupart du temps

PREMIER STADE DE L'ILLUSION.

les saints, en renonçant aux biens du monde, croient sacrifier un bien véritable. Ils ne font ce sacrifice, que dans l'espoir d'obtenir une félicité religieuse et mystique d'ordre supérieur. Aussi le croyant ne peut-il jamais s'empêcher de gémir sur la perte du bonheur terrestre. Quoi qu'il en soit, les instincts naturels, longtemps comprimés, se réveillent de temps en temps avec plus d'énergie. L'ardeur des luttes, que les ascètes ont à soutenir contre les retours toujours plus rares, mais aussi plus violents de la nature, témoignent des souffrances qu'ils s'imposent pour mériter le ciel, jusqu'à ce qu'enfin l'habitude, l'épuisement physique les plongent insensiblement dans un état d'indifférence. Je ne parlerai pas ici des souffrances et des privations physiques de l'ascétisme; elles constituent un moyen efficace sans doute, mais non indispensable pour s'élever au mysticisme religieux.

Parlons des formes inférieures de la piété, qui peuvent s'accorder avec la vie du monde. Nous y découvrons des souffrances profondes, dont il n'a pas été question jusqu'ici. L'âme pieuse tremble devant sa propre indignité; elle doute de la grâce divine, elle frémit devant le jugement futur; elle se lamente sous le poids de ses iniquités, quelque léger que les autres puissent le trouver. Tout bien examiné, le plaisir et la peine se font contre-poids dans les sentiments religieux. Lors même qu'on admettrait que le plaisir pût l'emporter ici, et je nie moins ici que partout ailleurs la possibilité d'une telle prédominance (je fais exception cependant pour l'art et la science), il ne faudrait pas oublier pourtant, que ce plaisir est purement illusoire. Nous avons dissipé cette illusion, au chap. IX de la 2ᵉ partie. Elle revient en résumé à ce que l'identité de l'Un-Tout inconscient et du sujet conscient, qui est réelle au fond, et que l'entendement saisit facilement comme une vérité rationnelle, ne peut-être directement pour la conscience l'objet d'une sensation, d'une jouissance; et que toute tentative dans ce sens est nécessairement condamnée à l'impuissance. La conscience ne peut en effet s'affranchir de ses propres limites ; et l'Inconscient comme tel, l'unité de l'Inconscient et de l'individu conscient échappent entièrement à sa prise.

Si le progrès de l'humanité doit l'amener à se rendre compte, à s'affranchir de toutes les illusions, c'est assurément surtout de l'illusion religieuse qu'il la délivrera. On ne peut dire que l'incrédulité du temps présent ne durera pas plus que celle du monde lettré avant la naissance du Christ. Mais, lors même qu'on reverrait des périodes plus religieuses que l'époque actuelle, une époque de foi, comme le moyen âge catholique, est, à coup sûr, pour jamais rendue impossible par le progrès et la culture universelle de l'esprit moderne. Le moyen âge lui-même ne fut possible que parce que la culture classique de l'esprit avait été ensevelie sous les ruines : nous n'avons plus à redouter aujourd'hui une pareille révolution. Plus les peuples développent leurs facultés rationnelles, plus ils apprennent à se conduire par eux-mêmes, c'est-à-dire avec les seules lumières de la conscience ; et plus aussi les dispositions mystiques tendent à disparaître. Ces dispositions ne sont que des dons subrogatoires de la jeunesse : la maturité de l'entendement conscient suffit à l'âge viril des peuples. La ruine progressive des illusions religieuses nous permet de pressentir le sort semblable que l'histoire réserve sûrement aux autres illusions, aussitôt qu'elles ne seront plus nécessaires au progrès, soit que d'autres impulsions (venant par exemple de la raison) deviennent assez puissantes pour les remplacer, soit que le but assigné à leur activité spéciale ait été réalisé. Nous parlerons plus bas des joies religieuses, qui se fondent sur l'espérance d'une félicité transcendante après la mort.

VII. — L'immoralité.

L'action immorale ou l'injustice vient de l'individuation et de sa conséquence inévitable, l'égoïsme. Elle consiste d'abord en ce que, pour m'assurer une jouissance, ou m'épargner une peine, bref, pour satisfaire ma volonté individuelle, je cause une peine, plus grande que le plaisir qui m'en revient, à un ou plusieurs autres individus. Toutes les formes de l'injustice dérivent de cette forme première. Il est donc clair que l'essence de l'immoralité ou de l'injustice tient à ce que le rapport antérieur, dans lequel se trouvent vis-à-vis l'un de l'autre le plaisir et la peine, est altéré au profit de la peine : en effet, la souffrance de celui qui subit l'injustice est plus grande que le plaisir de celui qui la commet (ou, si l'on veut, que la peine qu'il cherche à s'épargner). D'où il suit que, plus l'immoralité est grande, plus la souffrance croît aussi dans le monde. (Dire que ce rapport du plaisir et de la douleur dans le monde est un rapport voulu par la justice n'est plus permis, après ce que nous avons dit plus haut.) Supposé que le plaisir et la douleur fussent dans le monde dans un rapport de parfaite égalité (et cette possibilité, entre une infinité d'autres rapports possibles, ne présente à priori qu'une vraisemblance infiniment petite), l'existence de l'immoralité assurerait dans le monde la prédominance à la souffrance. A plus forte raison, dans un monde déjà condamné à la souffrance, elle ajoute à la prédominance du mal : d'autant plus qu'aucune souffrance imposée par la fatalité n'afflige jamais l'homme, autant que celles qui lui viennent de ses semblables. La méchanceté, l'indignité, la perversité, la vulgarité des hommes ont été décrites par Schopenhauer en traits saisissants; je ne puis songer à les peindre mieux que lui, et je ne veux pas m'exposer à le répéter. J'ajouterai seulement que la sottise des hommes cause souvent autant de mal que leur méchanceté; et fait qu'ils offensent amèrement ceux qui les entourent, sans en retirer un profit ou un plaisir, ce que recherche évidemment l'homme méchant.

Tandis que l'injustice augmente la souffrance dans le monde, la justice est impuissante au contraire à la diminuer. Elle ne fait que travailler au maintien du *statu quo* avant la première injustice; elle n'édifie rien qui n'existât déjà. Personne ne se réjouira de voir simplement ses droits respectés, à moins qu'il n'ait eu lieu de craindre qu'ils ne soient violés. Quant à celui qui respecte le droit d'autrui, il n'a aucune raison de se réjouir pour cela : car ce respect lui coûte souvent le sacrifice de sa volonté individuelle; et d'ailleurs il ne fait que son devoir strict. Il n'y a de vraie joie que dans la pratique de la moralité positive, de la charité active : mais cette dernière coûte toujours à celui qui l'exerce certains sacrifices pénibles, et n'éveille chez celui qui en est l'objet que l'humiliation douloureuse d'être l'obligé d'un autre. D'ailleurs le bien que la charité fait dans le monde n'est rien auprès de la somme de maux que la violation de la justice y produit. En tout cas, la moralité positive de l'homme charitable ne doit être considérée que comme un mal nécessaire, qui en prévient un plus grand. Il est plus fâcheux qu'il y ait des gens pour accepter des aumônes, qu'il n'est bon qu'il y ait des gens pour les distribuer. Le Talmud seul trouve que la pauvreté et la misère sont dans l'ordre, en fournissant aux riches l'occasion de pratiquer la charité. Dans le même sens, on peut dire que la charité ne sert qu'à adoucir les souffrances, grandes ou petites, qui naissent des besoins de l'homme. Si l'homme savait, comme un Dieu, garder sa liberté d'esprit, se suffire à lui-même et n'avoir pas de besoin, à quoi lui servirait la charité ?

VIII. — Jouissances de la science et de l'art.

Comme le voyageur fatigué, qui, après avoir erré longtemps dans le désert, rencontre enfin une oasis, nous éprouvons un soulagement à parler de l'art et de la science. C'est comme un rayon de soleil ami dans la nuit, que la lutte et la souffrance étendent sur la vie entière. Schopenhauer même dans les *Parerga* (2ᵉ édit., II, 448) persistait à soutenir que l'état d'esprit de l'artiste ou du savant, dans la simple jouissance ou la production des choses de l'esprit, n'est pour la sensibilité qu'un pur état d'indifférence. On serait tenté de croire qu'il n'a jamais connu cet état d'extase, ce ravissement qu'une œuvre d'art, qu'une découverte scientifique nouvelle causent à l'esprit. S'il avait mesuré tout ce qu'il y a de réel dans ces hautes jouissances, il n'aurait certainement pas affirmé que la volonté de l'âme y demeure inactive et désintéressée. Il aurait reconnu que l'âme y goûte la satisfaction la plus haute et la plus véritablement positive; — et cette satisfaction peut-elle être autre chose que celle d'une volonté? Non pas sans doute d'une volonté commune, qui ne s'intéresse qu'à des fins pratiques; mais de la volonté qui tend à la connaissance, ou à l'harmonie, à l'accord de la logique inconsciente et de la forme sensible, bref à ce que nous appelons la beauté, quelle qu'en soit d'ailleurs la nature. Ce ravissement extatique (qu'une composition musicale, qu'un tableau, qu'un poëme, qu'un traité philosophique peuvent produire), est assurément très-rare. Les natures privilégiées seules sont en état de le ressentir; et encore n'en jouissent-elles dans toute leur vie qu'à d'assez rares moments. Il semble que ce soit comme une compensation ménagée par la nature aux êtres d'une sensibilité excessive, pour les dédommager des misères de la vie, qu'ils ressentent bien plus profondément que les autres hommes, dont la sensibilité plus obtuse est moins impressionnable.

Il n'est guère douteux que la disposition de ces derniers ne soit en gros préférable à celle des natures plus délicates. La souffrance tient la plus grande place dans la vie : on ne paye donc pas trop cher l'insensibilité, qui la fait plus aisément supporter, par l'absence d'un plaisir, dont on ne ressent même pas la privation, et qui, pour être élevé, n'en est que beaucoup plus rare et plus limité dans sa durée. Ce qui tend à le prouver, c'est que les hommes, en moyenne, font d'autant moins de cas de la vie, qu'ils ont une sensibilité plus délicate et une intelligence plus haute. Ce qui est vrai de ces natures exceptionnelles, l'est dans une mesure relative pour toutes celles qui occupent le milieu entre les natures capables de ces félicités extatiques, et ces natures plus grossières, qui sont absolument insensibles à toute espèce d'art. Observons ici qu'il ne suffit pas pour déclarer qu'un homme est absolument dénué de toute sensibilité en ce genre, qu'il se montre indifférent à telle ou telle espèce d'art : il faut qu'il soit fermé à toutes les émotions de l'art, quelles qu'elles soient.

Qu'on se demande maintenant combien d'hommes en moyenne sont accessibles d'une manière sérieuse aux jouissances de l'art et de la science; et l'on ne sera plus tenté d'exagérer l'influence de l'art et de la science sur la félicité générale des hommes. Qu'on observe combien peu de ceux qui ressentent la jouissance d'admirer les œuvres des autres sont capables de se procurer à eux-mêmes la jouissance de la production esthétique ou scientifique, qui est pourtant bien supérieure à la première.

D'ailleurs, avant de se prononcer sur l'aptitude de la foule à goûter les œuvres de l'art, il ne faut pas oublier de faire, dans l'intérêt qu'elle y prend, la part d'influences tout à fait étrangères. Le goût de la nouveauté, celui du laid ou de l'horrible ajoutent au plaisir qu'elle trouve aux chants ou aux récits populaires. Le goût de la danse se mêle à celui qu'elle ressent pour la musique. La considération des applications pratiques fait qu'elle s'attache aux communications scientifiques; et, parmi les personnes cultivées, beaucoup affectent de s'intéresser et de se complaire aux œuvres de l'art et de la science, alors qu'elles n'éprouvent rien de semblable. Qu'on compte tous ceux que la perspective d'une carrière, où ils espèrent trouver plus de liberté qu'ailleurs, a poussés à se faire savants ou artistes sans aucune vocation véritable. Si l'on voulait écarter tous ceux qui n'ont ni vocation, ni talent, les rangs des savants et des artistes seraient singulièrement éclaircis. La carrière scientifique plaît surtout parce qu'elle promet une position pour l'avenir, et que l'accès en est facilité par des bourses. La carrière artistique attire par la liberté qu'elle laisse à celui qui l'embrasse, par la nature du travail qui ressemble assez à un jeu facile, souvent aussi par l'espoir des profits à réaliser. Qu'on songe aux malheureuses filles qui se préparent à donner des leçons de musique. Qu'on tienne compte encore des vocations qui ne sont pas inspirées par le pur amour de l'art ou de la science, mais par l'ambition ou la vanité. Qu'on suppose enfin qu'on a enlevé à l'artiste ou au savant tout espoir de voir son nom au bas de ses œuvres (et cela même ne suffirait pas à décourager l'ambition, qui se dit qu'après tout le nom de l'auteur est tout à fait accidentel, indifférent, et n'intéresse pas la postérité). — Si vous écartez toutes ces excitations, vous enlèverez au savant et à l'artiste la moitié du plaisir qu'ils prennent à leurs œuvres. S'il y avait un moyen d'arracher à la fois et d'une manière définitive du cœur de tous les artistes et savants toute l'ambition et la vanité qui les excitent, la production des œuvres de l'esprit s'arrêterait probablement aussitôt : ou ne serait plus qu'un gagne-pain, comme tout autre métier.

Parlerai-je maintenant de la foule des dilettantes? Combien est rare parmi eux le sens et l'amour des choses de l'esprit! Quelle effrayante pauvreté de jugement! Quelle servilité à l'égard de la mode régnante, et de tout ce qui jette quelque éclat! Et malgré tout cela, quel concours d'amateurs pour étudier l'art et la science! En veut-on la raison? Ce n'est pas pour eux-mêmes que les arts sont cultivés; mais on veut s'en faire comme une parure pour embellir son cher moi. Les spectateurs, aussi inintelligents que l'auteur lui-même, sont ravis à la vue de la bagatelle qu'il a produite, si sa personne leur plaît; ils la dédaignent, s'ils n'ont aucune raison de le flatter. L'œuvre de l'amateur leur paraît au fond d'autant plus méprisable, qu'elle a plus de valeur par elle-même; ils repoussent avec une sorte d'indignation convenable l'objet audacieux, qui semble vouloir se faire admirer pour lui-même. Naturellement il ne s'agit dans tout cela que de briller à tort et à travers, et d'éblouir les sots par tous les moyens possibles.

De quoi se compose l'éducation moderne, surtout celle d'une jeune fille? On lui apprend un ou deux airs de salon pour piano, quelques romances; elle sait dessiner des feuilles, peindre des fleurs; elle babille dans plusieurs langues modernes; lit les barbouillages littéraires du jour : et avec cela on la déclare parfaite. Qu'est tout cela, sinon une véritable école de vanité dans toutes les acceptions du mot? Comment tous ces artifices de culture développeraient-ils l'amour de l'art? Tout au plus inspirent-ils un dégoût artistique; on s'en aperçoit bien vite, après que la jeune fille est mariée, si toutefois la vanité ne lui fait pas dissimuler sa répugnance. Les garçons ne sont guère mieux élevés. La vanité des parents les oblige aussi à faire les dilettantes. Et, pour comble de misère, on ne connaît plus en musique qu'un seul instrument, le piano infortuné, bon à tout, le piano sans âme ! Dans la science l'ambition et la vanité trouvent aussi à se déployer. Seuls, les enfants, doués de quelque ambition, vont volontiers à l'école : si l'enfant n'a pas le désir d'arriver, comment les généralités et les méthodes scolaires de notre enseignement ne lui causeraient-ils pas le plus profond ennui?

Ajoutez que dans la science, bien plus que dans l'art, le plaisir de connaître ce qui a été fait par d'autres n'est rien auprès de celui de trouver soi-même du nouveau. C'est qu'on est moins passionné pour une connaissance, qu'on sait à l'avance pouvoir acquérir sûrement et avec facilité. Qui ressent aujourd'hui en étudiant la théorie de la photographie ou de la télégraphie électrique un plaisir qui approche seulement de celui que goûta l'inventeur, ou même qu'éprouvèrent les contemporains, qui suivaient avec une impatiente curiosité les progrès de l'invention?

Si nous écartons maintenant des jouissances véritablement attachées à la contemplation esthétique et à la connaissance scientifique, tout ce qui n'est qu'apparence, qu'affectation, tout ce qui tient à l'ambition, à la vanité, à l'intérêt, ou aux raisons étrangères qui ont fait adopter l'une des deux carrières, on verra s'évanouir une part considérable, et je dirai volontiers la plus considérable de beaucoup, des prétendues jouissances dont le monde serait redevable à la science et à l'art. Quant aux jouissances véritables qu'il faut bien reconnaître, elles doivent être achetées par une certaine peine : bien que je ne conteste pas sans doute que la jouissance n'y soit supérieure à la peine. Mais enfin personne ne niera qu'il en coûte de produire une œuvre, quelque plaisir qui se mêle à sa production. Le génie ne tombe pas du ciel tout formé : l'étude qui doit le développer, avant qu'il soit mûr pour porter des fruits, est une tâche pénible, fatigante, où les plaisirs sont rares d'ordinaire, sauf peut-être ceux qui naissent de la difficulté vaincue et de l'espérance. Chaque art comporte une partie mécanique dont il faut d'abord se rendre maître. Le savant doit connaître tout ce qui a été trouvé avant lui dans le genre d'études auquel il s'est adonné; autrement son œuvre n'est pas au courant de ce qui a été fait. Que de livres ennuyeux il faut lire, uniquement pour s'assurer qu'ils ne contiennent rien d'utile, ou pour extraire péniblement un grain d'or de tout un monceau de sable. Ce ne sont pas assurément là des peines médiocres. Si, au prix de toute cette préparation et de ces études préliminaires, on s'est mis en état de produire quelque chose soi-même, les seuls moments heureux qu'on traverse sont ceux de la conception; mais bientôt leur succèdent les longues heures de l'exécution mécanique, technique, de l'œuvre. Et l'on n'est pas toujours disposé à la production. Si l'on n'était pas pressé par le désir d'en finir dans un espace de temps déterminé, de ne pas trop tarder; si l'ambition ou l'amour de la réputation n'aiguillonnait pas l'auteur; si des considérations extérieures ne lui commandaient pas de se hâter; si enfin le spectre baillant de l'ennui ne se dressait pas derrière la paresse : le plaisir qu'on se promet de la production ne suffirait pas à en faire oublier les fatigues ; et, malgré tout, il arrive assez souvent qu'on ne peut travailler à son cher ouvrage.

Le musicien et le savant, s'il est en même temps professeur, sont souvent obligés d'oublier leur vocation pour s'acquitter des devoirs uniformes et mécaniques de l'emploi qu'ils exercent. Le dilettante est encore moins heureux, lorsqu'il essaie de produire. Comme son goût et son jugement sont bien supérieurs à son génie, il n'est jamais satisfait de ce qu'il produit, à moins de se repaître d'illusions vaniteuses. — Les déplaisirs du simple amateur sont relativement bien moindres. La science lui en impose cependant de plus pénibles que l'art. Lire un gros livre de science n'est pas un petit travail : pour l'entreprendre, il faut se faire violence ; et c'est là un effort dont la plupart des gens seraient incapables, s'ils devaient n'en retirer qu'une simple jouissance.

Le plaisir d'entendre ou de contempler les œuvres de l'art est à coup sûr celui qui donne le moins de peine. On me trouvera peut-être bien délicat d'attacher tant d'importance aux incommodités qu'il présente. Et cependant elles sont assez sérieuses pour que, avec les progrès de l'âge et le souci croissant du bien-être, les simples amateurs renoncent aux jouissances de l'art. Au nombre de ces incommodités, je citerai la visite des galeries de tableaux, la chaleur et l'exiguïté des salles de théâtre ou de concert, le danger de prendre froid, la fatigue de voir ou d'entendre. Ce qui ajoute à la fatigue, c'est qu'on veut en parcourant la galerie être admiré pour sa démarche, et faire dans la salle de concert une entrée remarquée : on aurait bien assez de voir ou d'entendre la moitié des choses. Je ne dirai rien du plaisir que l'on peut tirer de la contemplation des œuvres d'amateur et des compliments obligés dont il la faut accompagner : mes lecteurs pourraient être aussi des auteurs amateurs.

Concluons : peu d'hommes, parmi ceux qui semblent avoir le goût des plaisirs de la science ou de l'art, en ont véritablement la vocation. La plupart la simulent par ambition, vanité, par un intérêt professionnel ou pour d'autres raisons. Ceux qui sont capables de ressentir ces jouissances, doivent les acheter par toutes sortes de sacrifices, gros ou petits. La somme des plaisirs que la science et l'art par eux-mêmes procurent au monde est donc insignifiante en regard de la somme des maux qui le désolent. Et d'ailleurs ces plaisirs s'adressent surtout à des âmes qui ressentent plus vivement que les autres le malheur de l'existence ; qui le ressentent même si profondément, que ces autres plaisirs ne suffisent pas à les en consoler. Ajoutez enfin que les plaisirs de cette espèce sont plus que tous les autres plaisirs de l'esprit limités au présent, tandis que presque toutes les autres joies sont anticipées par l'espérance. Cela tient à une raison exposée plus haut, à ce que la volonté qui agit ici n'est éveillée que par la perception sensible qui la satisfait en même temps.

IX. — Le sommeil et le rêve.

Quand le sommeil n'est pas accompagné de rêves, il constitue un état parfait de repos pour le cerveau et la conscience cérébrale. Aussitôt que le cerveau entre en activité, le jeu des rêves recommence. Cet état d'inconscience absolue rend impossible toute sensation de plaisir ou de peine. S'il survient une excitation nerveuse capable de provoquer le plaisir ou la peine, elle interrompt aussi l'état d'inaction du cerveau. Le sommeil inconscient est donc par rapport à la conscience humaine, c'est-à-dire à la conscience cérébrale, comme le zéro même de la sensibilité. Cela n'empêche pas que les autres centres nerveux, comme la moelle épinière et les ganglions, ne continuent d'exercer leur conscience spéciale. Il est même nécessaire qu'il en soit ainsi pour que la respiration, la digestion, le mouvement du sang puissent se continuer. Mais il n'y a là qu'une conscience profondément animale, qui ne dépasse pas le niveau de la conscience inférieure d'un poisson ou d'un ver. Elle n'est qu'un élément sans importance du bonheur humain. Pourtant, dans cette conscience animale des centres nerveux inférieurs, le plaisir et la peine peuvent successivement trouver place. Mais il faut que les fonctions de la vie négative suivent leur cours normal et sans interruption pour que le plaisir se produise, en admettant toutefois qu'une telle conscience animale soit capable de percevoir ce plaisir; tandis que tout désordre est immédiatement ressenti, et que la souffrance se crée toujours une conscience capable de la percevoir.

On est toujours exposé à croire à tort que le sommeil inconscient est accompagné d'un sentiment de bien-être plus clair qu'il n'est en réalité : c'est qu'on pense alors au sentiment de bien-être qu'on éprouve souvent au moment de s'endormir ou de se réveiller, c'est-à-dire dans les états qui forment la transition du sommeil à la veille, et vice versâ. La conscience cérébrale intervient bien ici, et le bien-être est perçu par la conscience cérébrale; mais on oublie que cette perception cérébrale s'évanouit dans le sommeil sans rêves. Le bien-être que ressentent mes centres nerveux inférieurs ne produit en moi aucune idée, parce que le moi, auquel on devrait le rapporter pour cela, est justement le moi de la conscience cérébrale. Malgré tout, le sommeil inconscient est l'état relativement le plus heureux, puisqu'il est le seul état, à nous connu dans la vie normale du cerveau, d'où la douleur soit complétement absente.

Pendant le rêve, au contraire, toutes les misères de la vie réelle troublent le sommeil; et les plaisirs de la science et de l'art, qui pourraient réconcilier l'homme intelligent avec la vie, sont justement les seuls qui ne s'y laissent pas ressaisir. Ajoutez que la joie ne se présente d'ordinaire dans le sommeil que sous la forme vague d'une disposition agréable, joyeuse, comme un sentiment général d'être délivré du corps, d'être suspendu, de voler en l'air, etc. La souffrance, au contraire, n'y a pas le caractère d'une disposition vague, mais se produit sous les formes les plus déterminées, comme l'irritation, l'ennui, la dispute, la lutte, l'impossibilité incompréhensible d'atteindre ce que l'on veut, ou les chicanes et les contrariétés de toute sorte. En moyenne, le jugement qu'on porte sur le prix du rêve doit être le même qu'on porte sur la vie réelle, et même, pour toute une partie, plus défavorable.

Il y a sans doute un plaisir à s'endormir promptement, parce que la fatigue rend la veille intolérable et que le sommeil nous délivre de cette souffrance. Le réveil doit être un plaisir pour certaines gens : il ne m'a jamais produit cet effet. Je crois même que l'on confond l'état du réveil avec l'état agréable où l'on se trouve parfois lorsqu'en se réveillant on se sent encore fatigué, qu'on n'est pas obligé de se lever, et qu'on peut continuer de sommeiller à demi-éveillé. Mais combien peu d'hommes sont en état de goûter ce plaisir! Je ne puis croire qu'il soit agréable de passer promptement du sommeil à la pleine activité de la veille; je trouverais plutôt une souffrance à me sentir obligé d'échanger la douceur du repos et du sommeil contre les incommodités de la journée. Après qu'on a entièrement réparé ses forces par un sommeil suffisant, la fatigue de la veille au soir est complétement dissipée, et les facultés qui servent au travail et à la jouissance se retrouvent dans le *statu quo ;* mais ce n'est pas là un plaisir positif; la sensibilité se trouve prête seulement pour de nouvelles impressions. C'est une souffrance incontestable que de se sentir encore fatigué par le manque de sommeil. L'impossibilité de se réserver un temps de repos suffisant avant le travail est la condition d'un grand nombre d'hommes appartenant aux classes pauvres. J'ai entendu dire à des paysans westphaliens que toute la famille, après avoir donné la journée au travail des champs, devait filer encore la nuit pendant plusieurs heures, pour gagner misérablement trois pfennigs de plus par heure.

X. — Désir d'amasser et recherche de l'aisance.

Par le désir d'amasser j'entends surtout la recherche du nécessaire, c'est-à-dire : de l'habitation, de la nourriture, des vêtements, pour soi et pour les siens. Je ne rappellerai pas combien est faible en moyenne le chiffre de la population, même des grandes villes, qui réussit à satisfaire ces besoins élémentaires : la statistique moderne contient à ce sujet des révélations effrayantes. Demandons-nous seulement quels avantages peut procurer une fortune, qui dépasse la mesure des ressources nécessaires. A l'aide du capital ou plutôt des rentes que produit le capital, elle défend de la misère à venir et empêche de la redouter. Mais ce n'est pas là un avantage positif. On ne fait ainsi que prévenir le mal futur, écarter le mal présent (la crainte, les soucis). La richesse encore donne le pouvoir de se procurer des jouissances positives. Une certaine considération s'attache à la fortune. La richesse me rend maître et seigneur de ceux qui espèrent en partager avec moi les avantages. Elle me permet d'acheter les joies de la table, et même celles de l'amour. Bref la richesse ou son symbole, l'argent, est la baguette magique qui ouvre l'accès de toutes les joies de la vie. Mais nous avons déjà vu que toutes ces joies ne sont qu'illusoires ; que la poursuite en est plus pénible qu'agréable ; qu'il est donc doublement insensé de les rechercher. Je ne fais d'exception que pour les jouissances de la table et celles de la science et de l'art. Les premières ont pourtant l'inconvénient de faire sentir plus amèrement la privation lorsque le changement de notre fortune nous les interdit, qu'on ne la ressentait avant d'être riche. Pour se procurer des jouissances scientifiques, esthétiques, l'argent fournit bien des commodités : néanmoins il n'en faut pas beaucoup pour cela. L'amour qui s'achète suggère deux réflexions : Gœthe traduit ainsi la première. « C'est en vain » que, pour être maître de son cœur, tu couvres d'or le » sein de ta bien-aimée : obtiens qu'elle te donne gratuite- » ment à son tour les joies de l'amour, si tu veux les res- » sentir véritablement ». Les femmes qui se vendent, bien plus que celles qui se donnent librement, ressentent, de ce marché et des suites qu'il entraîne pour le reste de la vie, beaucoup plus de souffrances que l'homme qui les achète n'en retire de plaisir. En tant que la richesse nous pousse à rechercher les femmes et augmente l'ambition ou le désir de la domination, elle est donc directement contraire au bonheur de la vie. Mais le désir de posséder est bien plus funeste encore, s'il nous fait oublier que la fortune n'est en soi que le moyen sans valeur par lui-même, qui sert à réaliser des fins étrangères. Le désir, considérant la richesse comme la fin elle-même, se transforme alors en cupidité et en avarice. Il n'est plus, comme l'ambition et l'amour, qu'une illusion; sa soif insatiable, que rien ne peut satisfaire, la souffrance que lui causent les moindres privations en font un véritable tourment.

Si tout était dit par là, le désir de posséder ne contribuerait au bonheur de la vie qu'en protégeant contre la misère future, qu'en procurant des jouissances scientifiques et esthétiques, et au moins les plaisirs de la table. On devrait lui attribuer plutôt une valeur économique comme à un instinct favorable au progrès de l'humanité, qu'une influence directe sur le bonheur de ceux qui lui obéissent. Mais nous n'avons pas encore parlé de son plus grand avantage. Il assure les commodités de l'existence. Posséder de nombreux domestiques, des équipages, de riches habitations à la ville et à la campagne, avoir des majordomes, des intendants; à quoi sert tout cela, sinon à rendre la vie plus commode? Le prix du luxe en soi est pourtant tout à fait illusoire.

Mais toutes les commodités que procure la fortune constituent-elles un plaisir positif, ou ne valent-elles pas plutôt parce qu'elles suppriment les incommodités, et nous ramènent à l'état d'indifférence de la sensibilité? La marche. l'activité, l'effort, le travail sont pénibles; le mouvement passif, et le repos sont agréables. On voit bien comment l'effort et le mouvement, fatiguant le corps par la dépense de force qu'ils lui imposent, doivent causer la souffrance. Mais on ne comprend pas comment le repos, l'inaction continue pourraient engendrer le plaisir, et faire autre chose que maintenir la sensibilité dans l'état d'indifférence.

La richesse, cet objet de tant d'envie, laisse donc notre

sensibilité, à notre grand étonnement, dans le même état indifférent où elle se trouvait auparavant, lorsque notre vie s'écoulait au sein de la pauvreté. Cette observation est certainement importante et caractéristique pour le prix de la vie.

N'oublions pas que le désir de posséder n'est toujours qu'un moyen pour atteindre des fins étrangères; que son prix doit se mesurer au prix de ces dernières; qu'il n'a par lui-même aucun prix; et que toute prétention sous ce rapport le range dans la classe des désirs illusoires qui engendrent plus de peines que de plaisirs. — Comparez Saint Luc, XII, 15 : « Veillez et gardez-vous de la cupidité. Malgré toute son abondance, le riche ne puise pas la vie à la source des biens extérieurs. » Et Matth., VI, 19-21 et 24-34.

XI. — L'envie, la malveillance, l'irritation, la souffrance, la douleur du passé, le repentir, la haine, la vengeance, la colère et la susceptibilité.

Les autres dispositions ou passions dont le simple bon sens sait qu'elles causent plus de peine que de plaisir (ch. XI, § 7, 2ᵉ partie) ne seront pas ici l'objet d'un examen particulier. On peut espérer que le temps et la raison tendront à les supprimer. Mais si l'on veut apprécier l'état présent du monde, on reconnaît qu'elles pèsent encore lourdement dans la balance.

XII. — L'espérance.

« Et pour que, dans toutes les épreuves de la vie, il ne désespère pas de son salut, la fortune le mène par le nez jusqu'à la tombe avec la corde de fou de l'espérance. »

Quelque malheureux que soit un homme, tant qu'une étincelle d'énergie et de vie couve encore en lui, il se cramponne à l'espoir d'un avenir meilleur. Si l'espérance abandonnait le monde, le désespoir serait l'état habituel des âmes; et nous aurions, en dépit de l'instinct de la conservation et de la terreur de la mort, des suicides sans nombre à enregistrer.

L'instinct de l'espérance est l'auxiliaire indispensable de l'instinct de la conservation; c'est l'espérance qui nous attache à la vie, pauvres sots que nous sommes, et nous fait mépriser la raison.

L'espérance est un des traits du caractère de l'homme. Les uns voient naturellement l'avenir en noir; les autres tout en rose (dyscolie, eucolie). L'eucolie naît d'une certaine élasticité de l'esprit, d'une plénitude de force et d'ardeur que les expériences les plus rudes n'amoindrissent pas; et qui, après les coups les plus violents de l'adversité, nous fait redresser la tête avec notre confiance première. Aucune disposition du caractère ne dépend autant que cette tendance à espérer toujours le succès, de la constitution générale du corps et des influences, que le mouvement du sang exerce sur l'activité des nerfs et du cerveau. Aucune propriété du caractère ne décide autant des jugements, que nous portons sur le prix ou la misère de la vie. L'espérance est assurément un instinct utile à cause des misères infinies de la vie : au contraire, on ne saurait dire quel avantage peut se tirer de l'existence d'une disposition pessimiste du caractère. Il faut encore songer que la plupart des hommes sont doués du premier instinct, qui tend à égarer leur jugement sur la vie dans le sens d'une conclusion optimiste. Aussi la recherche du philosophe doit-elle se tenir en garde contre les suggestions trompeuses de l'instinct de l'espérance : il n'est guère nécessaire de prendre la même précaution contre la disposition contraire.

Sans doute l'espérance est un plaisir très-réel. Mais qu'espère-t-on au fond? Saisir et garder le bonheur dans la vie. Mais puisque le bonheur n'existe pas dans la vie; puisque, tant que dure la vie, la peine l'emporte sur le plaisir, il suit de là que l'espérance est fausse et vaine; qu'elle est l'illusion, κατ'ἐξοχήν qu'elle nous dupe et s'amuse de nous; et ne sert qu'à nous retenir jusqu'à ce que nous ayons rempli notre tâche, que nous ne comprenons pas et qui est toute différente de celle que nous poursuivons. Celui qui est une fois convaincu que l'espérance est aussi vaine et illusoire que son objet verra bientôt l'instinct de l'espérance affaibli, supprimé chez lui par la science de l'entendement. Le seul objet auquel pourra encore s'attacher son espérance, ce ne sera plus le plus grand bonheur possible, mais le plus petit malheur possible. C'est ce que dit Aristote (Eth. à Nicom. VII, 12) ὁ φρόνιμος τὸ ἄλυπον διώκει, οὐ τὸ ἡδύ.) Celui qui accepte cette affirmation abandonne l'illusion que l'espérance ait une valeur positive.

Celui même qui n'arrive jamais ou du moins qu'incomplétement à démêler l'illusion de l'espérance, ne peut s'empêcher de reconnaître que dans le passé au moins (l'instinct le trompe toujours sur l'avenir) les neuf dixièmes et même plus de nos espérances se changent en amères déceptions; et que, dans la plupart des cas, la souffrance du désenchantement a été plus grande que la douceur de l'espérance. La justesse de cette affirmation est confirmée par ce précepte de la sagesse très-vulgaire : il faut en toute chose espérer le moins possible, si l'on veut jouir complétement du bien que l'on peut rencontrer. Autrement le plaisir immédiat du présent est toujours diminué par le chagrin de la déception. L'instinct de l'espérance est donc illusoire ; et les illusions dont il se nourrit nous causent toujours plus de peine que de plaisir.

XIII. — Résumé du premier stade de l'illusion.

Imaginons un instant que le produit brut de la volonté soit une quantité égale de plaisir et de peine dans le monde ; la proportion définitive de la peine et du plaisir serait en général modifiée, dans le produit net, par les cinq causes suivantes, en faveur de la peine.

a). La fatigue des nerfs augmente l'antipathie que nous

cause la souffrance, diminue notre volonté de retenir le plaisir; elle ajoute ainsi à la peine et retranche au plaisir.

b). Le plaisir qui naît de la cessation ou de la disparition de la souffrance est bien loin de compenser cette souffrance; et la plus grande partie de nos plaisirs est de ce genre.

c). La souffrance s'impose à la conscience et se fait toujours sentir; il n'en est pas de même du plaisir. Il faut que la conscience le découvre en quelque sorte par un raisonnement : aussi échappe-t-il souvent à la conscience, lorsqu'elle n'a pas de motif pour chercher à le découvrir.

d.) Le plaisir est court et disparaît promptement; la durée de la peine, à moins qu'elle ne soit limitée par l'espérance, est égale à celle du désir contrarié (et quand ne ressent-on pas quelque contrariété?)

e). Des quantités égales de plaisir et de peine, lorsqu'elles sont perçues simultanément par la conscience, n'ont pas le même poids et ne se compensent pas : la souffrance prédomine toujours, ou du moins l'on préfère ne rien sentir du tout que d'associer ses sensations dans une telle union.

Ces cinq causes, en agissant de concert, produisent dans la pratique le même résultat que si le plaisir, comme le veut Schopenhauer, était quelque chose de négatif, d'imaginaire; la peine seule, une chose positive et réelle.

Si l'on considère maintenant les diverses conditions de la vie, les divers désirs, instincts, affections, passions, états de l'âme, sous le rapport de leur influence sur le bonheur, on peut établir les distinctions suivantes :

a). Ceux de ces états qui ne procurent que de la souffrance, ou presque aucun plaisir (voy. n° XI).

b). Ceux qui correspondent au zéro de la sensibilité, qui ne font que préparer le terrain pour le bonheur futur, et ne représentent que l'absence de certaines espèces de souffrances; comme la santé, la jeunesse, la liberté, le bien-être, l'aisance, et, en grande partie, la vie en commun avec les autres hommes ou la société.

c). Ceux qui ne servent qu'à réaliser des fins étrangères, et dont la valeur dépend des fins auxquelles ils concourent, et qui sont illusoires du moment où on les prend pour des fins véritables; le désir de la fortune, de la puissance, de l'honneur, et en partie le besoin de la société ou de l'amitié.

d). Ceux qui procurent bien à l'homme qui y joue un rôle actif un certain plaisir, mais à la personne ou aux personnes qui n'y figurent qu'à titre passif une peine bien supérieure au plaisir du premier; en sorte que l'effet total, et, comme tout est réciproque, que l'effet pour chaque individu se traduit par la souffrance. Ainsi l'injustice, la soif de la domination, la colère, la haine, la vengeance (même lorsqu'elle se contient dans les limites du droit), les tentatives de séduction, enfin les appétits des carnivores.

e). Ceux qui en moyenne causent à celui qui les ressent beaucoup plus de souffrance que de plaisir, comme la faim, l'amour sexuel, l'amour des enfants, la compassion, la vanité, l'ambition, la passion de la gloire, celle du commandement, l'espérance.

f). Ceux qui reposent sur des illusions que le progrès de l'intelligence doit dissiper; dont les peines aussi bien que les jouissances tendront à disparaître, mais les dernières plus rapidement, au point qu'il n'en restera presque plus rien, comme l'amour, la vanité, l'ambition, la passion de la gloire, la piété, l'espérance.

g). Ceux qui sont clairement reconnus comme des maux par la conscience, et qu'on accepte pourtant pour échapper à d'autres maux, qu'on considère comme plus redoutables (peu importe qu'ils le soient ou non en réalité); ainsi le travail (qu'on préfère à la misère ou au désœuvrement), le mariage, l'adoption des enfants, et aussi la faiblesse devant les instincts qu'on sait ne pouvoir être satisfaits sans beaucoup plus de peine que de plaisir; mais dont on redoute les réclamations comme plus douloureuses encore.

h). Ceux qui procurent plus de plaisir que de peine, mais dont le plaisir est plus ou moins acheté par la peine, comme l'art et la science; qui ne peuvent être le partage que d'un nombre d'hommes comparativement restreint; et ne trouvent que chez un moins grand nombre d'hommes encore un goût véritable et une vraie aptitude à les éprouver. Ajoutons même que ces rares privilégiés doivent les payer par une sensibilité plus vive pour les tourments et les peines de la vie.

On doit avoir toujours présente à l'esprit la pensée de Spinoza : « nous ne poursuivons, ne voulons, ne recherchons, ne désirons pas les choses, parce que nous les trouvons bonnes : mais nous les trouvons bonnes, parce que nous les poursuivons, les voulons, les recherchons et les désirons » (*Ethiq.*, Théor. 3, prop. 9, Rem.). Cette vérité doit nous servir à corriger les jugements, que le sentiment oppose toujours et partout aux données de la raison.

Si on réunit toutes les considérations d'ensemble et de détail qui précèdent, on aboutit à cette conclusion incontestable, que la douleur l'emporte beaucoup dans le monde sur le plaisir, non-seulement en général, mais encore dans l'existence particulière de chaque individu, même de celui qui paraît le plus favorisé. Il suit de là que les individus les moins sensibles, ceux dont le système nerveux est moins impressionnable, sont plus heureux que les natures plus sensibles. Les premiers, en effet, ressentent moins vivement les plaisirs et les peines; et pour eux la peine ne l'emporte pas autant sur le plaisir. L'expérience constate la vérité de cette proposition dans l'humanité; mais notre raisonnement s'appuie sur des prémisses et conduit à des conséquences universelles, et s'étend aux animaux et aux plantes.

En effet, l'expérience nous apprend que les individus appartenant aux classes inférieures et aux peuples plus voisins de la nature et plus grossiers sont aussi plus heureux que les hommes des classes cultivées et riches, chez les peuples civilisés. Cela ne dépend pas évidemment de ce que les premiers sont plus pauvres et ont plus de besoins et de misères; mais de ce qu'ils sont plus grossiers et moins impressionnables. Qu'on songe « à la chemise de l'homme heureux », conte qui cache une grande vérité. J'affirme aussi que les animaux sont plus heureux (c'est-à-dire moins misérables que l'homme). Le surcroît de peine qui pèse sur l'existence d'un animal est moindre que celui qu'un homme supporte. Quelle existence facile que celle d'un bœuf, d'un pourceau! Il semble qu'Aristote leur ait enseigné à vivre sans souci et sans trouble, au lieu de courir comme l'homme après le bonheur. Combien l'existence du cheval, dont la sensibilité a plus de délicatesse, est plus pénible que celle du grossier pourceau, que celle du poisson dans l'eau, dont le bonheur est devenu proverbial. C'est que le système nerveux du dernier est d'un ordre tout à fait inférieur. La vie du poisson est plus heureuse que celle du cheval; celle de l'huître plus heureuse que celle du poisson; et la vie de la plante à son tour plus heureuse que celle de l'huître. Nous arrivons enfin aux derniers degrés de l'organisme où expire la conscience, et par suite la souffrance de l'individu.

La sensibilité supérieure des hommes de génie suffit à expliquer qu'ils se trouvent beaucoup plus malheureux dans la vie que le commun des hommes. Ajoutez encore que les penseurs de génie démêlent mieux que les autres hommes la plupart des illusions. Notre étude nous a en effet démontré que l'individu est d'autant plus heureux, qu'il se laisse plus naïvement duper par les illusions de l'instinct. « Ajouter au savoir, c'est ajouter à la souffrance. » (Koheleth.) Ces illusions trompent son jugement sur le vrai rapport des plaisirs et des peines passés; il sent moins le malheur de la vie et est moins accablé par la conscience de sa misère. Il est toujours ouvert à l'espérance; et les déceptions qu'il reçoit font promptement place à de nouvelles espérances, qui le portent confiant soit dans la même, soit dans une autre direction. Il passe ainsi d'un rêve à un autre, et se console de tous les maux présents par l'illusion qui lui promet un avenir doré. (Qu'on songe à Catherine d'Heilbronn de Henri de Kleist ou à M. Micawber dans *David Copperfield*.)

Ce bonheur de l'illusion caractérise surtout la jeunesse. Le jeune homme, la jeune fille se voient plus ou moins comme le héros, comme l'héroïne d'un roman ; et se consolent des misères et des déboires du présent, comme dans la lecture d'un roman, par l'espoir d'une brillante conclusion. La seule différence, c'est que le roman s'arrête à la conclusion, tandis que, derrière les brillantes conclusions du roman de leurs rêves, les misères de la vie sont là qui les guettent.

De toutes ces riches espérances de la jeunesse, l'âge et l'expérience démontrent successivement la vanité ; et l'homme fait est déjà beaucoup plus pauvre d'espérance que le jeune homme. Il ne lui reste plus habituellement que l'ambition ou l'amour du gain.

Ces deux dernières passions, à leur tour, trahissent bientôt leur illusion au vieillard, à moins que son ambition ne dégénère en vanité puérile ; que la passion d'amasser ne se pétrifie, chez lui, sous la forme de l'avarice. Les vieillards intelligents ne gardent plus en réalité beaucoup d'illusions relativement au bonheur individuel ; il faut naturellement excepter celles qu'entretient chez eux leur amour instinctif pour leurs enfants et leurs petits-enfants.

La vie de l'individu aboutit donc au complet désenchantement. On finit par reconnaître avec Koheleth que « tout est absolument vain », c'est-à-dire illusion et néant.

Dans la vie de l'humanité, le premier stade de l'illusion, et le désenchantement qui la dissipe sont représentés par le monde antique (Juif, Grec, Romain). Dans les premiers empires asiatiques, les diverses conceptions sur la vie et le monde, qui paraîtront plus tard, sont encore trop confusément mêlées. Le mosaïsme exprime de la façon la plus nette la foi dans la possibilité de réaliser ici-bas la félicité de l'individu, soit dans les espérances qu'il enseigne, soit dans l'optimisme de ses conceptions générales sur le monde, qui n'ont absolument rien de transcendant. La conscience grecque cherche une satisfaction plus noble au même besoin de bonheur terrestre, dans les jouissances de l'art et de la science, dans une théorie en quelque sorte esthétique de la vie. Mais chez les Hellènes eux-mêmes se manifeste la tendance, sans doute raffinée, au bonheur terrestre des individus : l'État ne sert qu'à protéger, à défendre les individus. On se rappelle le mot d'Achille aux enfers dans l'*Odyssée* (XI, 488-491) :

« Ne cherche pas à me consoler de la mort, noble Ulysse. J'aimerais mieux cultiver comme mercenaire le champ d'un pauvre homme sans patrimoine et sans fortune que de régner sur la foule entière des ombres légères. »

Le passage célèbre du chœur, où le vieux Sophocle exhale son pessimisme dans son dernier chef-d'œuvre, ne peut être considéré comme l'expression de la conception générale des Grecs sur la vie. Elle témoigne, ainsi que d'autres places semblables, ainsi que la tristesse qui est répandue comme un pressentiment sur tous les chefs-d'œuvre de l'art grec, en dépit de la vie dont ils semblent déborder, que les individus de génie, même dans cette période, étaient en état de pénétrer les illusions de la vie, auxquelles le génie de leur temps s'abandonnait sans éprouver le besoin de les contrôler.

La république romaine introduit un élément nouveau. Le désir de la félicité cherche maintenant à se satisfaire par la poursuite et au moyen de la puissance et de la gloire de la patrie, au sens le plus restreint. Une fois que ce désir de la domination universelle s'est montré impuissant pour la réalisation du bonheur, les Romains tombent dans les sèches doctrines d'un grossier épicurisme, qui s'abaisse au niveau de la foule. L'ancien monde se survit et finit par le dégoût le plus profond de la vie.

Second stade de l'illusion.

LE BONHEUR EST CONÇU COMME RÉALISABLE POUR L'INDIVIDU,
DANS UNE VIE TRANSCENDANTE APRÈS LA MORT.

Au milieu de ce dégoût extrême de la vie, où meurt l'ancien monde, brille tout à coup comme un éclair l'idée chrétienne. Le fondateur du christianisme est pénétré aussi du mépris et du dégoût de la vie terrestre; et il n'hésite pas à en appliquer les conséquences dernières, quelque choquantes qu'elles soient (voir F. A. Müller, *Lettres sur la religion chrétienne*, Stuttgart, Kötzle, 1870).

C'est à ceux qui sentent le malheur de la vie, aux pécheurs, aux méprisés (Samaritains, publicains), aux opprimés (esclaves et femmes), aux pauvres, aux malades, à ceux qui souffrent et non pas à ceux qui sont heureux et contents sur la terre, qu'il apporte son évangile (Matth., II, 5; Luc, VI, 20-23; Matth., XIX, 23, 24; Matth., II, 28). Il a horreur de tout ce qui vient de la nature; il n'en reconnaît même pas les lois (Matth., XVII, 20); il parle avec mépris des liens de la famille (Matth., X, 35-37; Matth., XIX, 29; Matth., XI, 47-50); il recommande la continence absolue (Matth., XIX, 11-12); professe le dédain du monde et de ses biens (Luc, XII, 15; Matth., VI, 25-34; Jean, I, 15-16; Luc, XVI, 15); déclare qu'il est impossible de poursuivre en même temps les biens de la terre et ceux du ciel (Matth., VI, 19-21 et 24; Jean, 12-25; Matth., XIX, 23-24), et recommande la pauvreté volontaire (Matth., XIX, 21-22; Luc, XII, 33; Matth., VI, 25 et 31-33). Le Christ ne prescrit nulle part et sous aucun rapport l'ascétisme, mais seulement le renoncement volontaire, l'abstention la plus complète possible. Il est évident par là que les besoins et les désirs ne lui paraissent tous propres qu'à augmenter la souffrance. Il considère son temps comme si corrompu (Matth., 23-27; Matth., xvi, 2-3) qu'il affirme que le jour du jugement dernier est proche (Matth., xxiv, 33-34); et le fond de son enseignement est qu'il faut traverser cette vallée de larmes, en portant patiemment comme une croix les douleurs de la vie (Matth., x, 38); et imiter son propre exemple en se préparant dignement à l'espoir joyeux de la félicité et de l'éternité future (Matth., x, 38, 39). « Je vous ai dit ces choses, afin que vous ayez la paix en moi. Dans le monde, vous ne trouverez que l'affliction; mais ayez confiance, j'ai vaincu le monde » (Jean, xvi, 33).

Là est la différence profonde du vieux judaïsme et du christianisme. Les promesses du premier ne s'appliquent qu'à la vie présente (« afin que tu sois heureux, et que tu vives longtemps sur la terre »); celles du second, à la vie future. La terre, cette vallée de larmes, n'est qu'une préparation, un temps d'épreuves, en vue de la vie future (I Pierre, i, 5-7). Par elle-même la vie ne vaut rien; elle ne consiste au contraire que dans l'affliction (Jean, xvi, 33), dans les misères et les calamités de chaque jour (Matth., vi, 34) : « Chaque jour est assez riche en calamités ». La charité seule rend supportable cet enfer anticipé : elle est en même temps la pierre de touche de la vertu (Rom., xiii, 8-10; Matth., xxii, 37-39). La foi et l'espérance dans l'autre vie font « triompher du monde », ou « délivrent du monde », c'est-à-dire du mal et du péché.

Le salut du monde par Christ n'est donc possible, qu'autant que tous les hommes l'imitent dans son mépris du monde, dans sa charité, sa foi, et son espérance en l'autre vie. Il ne résulte pas de sa mort, conçue dans l'interprétation judaïque, qui a été donnée plus tard comme un sacrifice d'expiation et de purification pour tous les hommes : le Christ n'aurait certainement pas admis cela.

Telle est la signification historique et seule intéressante

de l'enseignement apporté par Jésus. Il faut y joindre le mépris de tout rite extérieur, de toute intervention des prêtres dans le culte rendu à Dieu. La vertu chrétienne résulte, dans son élément négatif, du mépris de la chair qui engendre tous les péchés; dans son élément positif, du commandement suprême de pratiquer la charité.

Tout ce qui tient aux rapports terrestres est si peu important, si indifférent aux yeux du Christ, qu'il ne s'accommode aux règles établies qu'avec un dédain ironique (Matth., XXII, 21; Matth., XVII, 24-27); ou laisse entendre, sans doute d'une façon discrète, que ce qui est le plus souhaitable, c'est l'autonomie, la juridiction indépendante, l'association communiste (Matth., XVIII, 15-17). Toutes les autres idées, que le christianisme a répandues, étaient déjà présentes à la conscience de l'ancien monde. Mais associer le mépris de la vie à l'espoir d'une félicité transcendante et d'une vie éternelle, voilà ce qui était nouveau pour le monde occidental. Ce fut là l'idée vraiment régénératrice, qui sauva l'antiquité du désespoir et du dégoût de la vie, où elle se consumait. La chair fut condamnée; mais l'esprit, élevé sur le trône. La nature fut considérée comme l'empire du diable (Jean, XIV, 30 et XVII, 9); mais le monde transcendant de l'esprit devint le règne de Dieu (I Jean, IV, 4 et 5, 19). Et ce règne, selon le Christ lui-même, peut déjà se réaliser, dès cette vie, dans le cœur du croyant. Paul le dit très-bien (Rom., VIII, 24): « Nous avons déjà la félicité, mais en espérance ».

Le mépris du monde, associé à la vie transcendante de l'esprit, était professé déjà dans l'Inde par l'enseignement ésotérique du Bouddhisme. Mais le monde occidental n'en connaissait rien. Dans l'Inde même, cet enseignement n'était accessible qu'à un cercle restreint d'initiés, engagés dans le célibat. Le monde extérieur n'en avait pris que la lettre qui tue; et son influence ne se manifestait que sous les formes extravagantes de la vie des solitaires et des pénitents. A son origine, cette doctrine ne trouva pas un sol fécondé par une pourriture antérieure, aussi avancée que celle du monde romain. Elle ne possédait pas d'ailleurs un caractère cosmopolite, la croyance à la fraternité universelle des enfants de Dieu (Matth., xxiii, 8-9). Enfin, et c'est la différence essentielle, si le Bouddhisme parle de la félicité transcendante et éternelle de ceux qui se sont définitivement affranchis de la vie, il ne leur promet pas, comme le christianisme, l'immortalité individuelle. Le christianisme, au contraire, enseigne la résurrection de la chair, et l'espérance d'une vie éternelle de l'individu dans le règne transcendant de Dieu. Il s'adresse par là beaucoup plus directement à l'égoïsme de l'homme; et le soutient pendant la durée de la vie présente par une espérance bien faite pour le rendre heureux. Le monde chrétien a vécu jusqu'à aujourd'hui de cette espérance bienheureuse, et en vit encore en grande partie.

Nous avons vu plus haut, en parlant de la piété, que les joies de l'espoir et de la dévotion ne sont pas achetées sans peine. L'instinct résiste à la violence contre nature qui lui est faite; le croyant doute de son propre mérite, craint de n'être pas l'objet de la grâce divine, redoute le jugement dernier. Ajoutez que le repentir est la condition indispensable de l'expiation; que le pécheur doit être contrit en pensant qu'il a péché, et qu'il peut pécher lors même qu'il n'aurait conscience d'aucune faute. C'est essentiellement du caractère du croyant, qu'il dépend que la peine ou le plaisir l'emportent dans la vie religieuse; mais fréquemment, chez le croyant, l'espérance domine. Malheureusement cette espérance, comme toutes les autres, repose sur une illusion. Je ne crois pas devoir m'étendre ici sur la doctrine de l'immortalité de l'âme. Je me borne à rappeler simplement ce que j'ai dit, aux chap. ii et vii de la 3ᵉ partie. L'individualité, aussi bien du corps organique que de la conscience, nous a paru n'être qu'un phénomène, qui s'évanouit avec la mort. Le seul être qui survive, c'est l'Un-Tout inconscient qui a produit ce phénomène, d'abord en s'individualisant dans les atomes, ensuite en agissant directement sur les groupes d'atomes combinés pour former un corps.

J'observe que la philosophie de Jésus était beaucoup trop naïve et trop enfantine, pour qu'il pût croire à la possibilité de la séparation du corps et de l'âme, et à l'immortalité séparée de la seconde. La doctrine de la résurrection du corps, qui forme le troisième article du *Credo*, est tout à fait conforme à la pensée du Christ. Certains passages de Jean et de Paul interprètent sans doute la nature de la vie éternelle dans un sens philosophique, qui s'accorde peu avec les promesses du Christ ; mais ils sont restés sans influence. Apoc. de Jean, x, 5-6 : « Et l'ange... jura, au nom du Dieu qui vit d'éternité en éternité..., qu'il n'y aurait plus de temps désormais. » — I Corinth., xiii, 8 : « La charité ne finira jamais ; mais les prophéties cesseront et les langues aussi, et la science aura un terme. »

Le dernier passage annonce la suppression de toute conscience ; le premier, la fin de tout changement dans l'autre vie ; tous deux enseignent que l'individualité, ou, du moins, son rôle expirera. Tous les grands systèmes de la philosophie moderne (à part la doctrine inconséquente de Kant, et le dernier système qui marque le déclin de Schelling) ne parlent pas d'une immortalité de l'individu : il faut être aveugle pour se tromper sur ce point. Je vais énumérer rapidement quelques-unes des vues des anciens et des modernes à ce sujet.

On lit dans le *Timée* de Platon (ed. Steph., III, p. 69) : « Et il produit lui-même les êtres divins ; mais il a confié à ses enfants le soin de former les êtres condamnés au devenir et à la mort. Ce sont eux qui, à l'imitation du Dieu suprême, après qu'ils eurent reçu de lui la substance immortelle dont l'âme est faite, enfermèrent l'âme dans un corps mortel, et lui donnèrent le corps entier comme un vaisseau destiné à la porter. Ils y placèrent une autre espèce d'âme, l'âme mortelle, qui perçoit les impressions dangereuses et nécessaires : d'abord le plaisir, cet appât si puissant sur les méchants ; puis les peines, cet effroi du bon ; puis la confiance et la crainte, deux conseillères également insensées ; puis la colère, qui s'apaise si difficilement; l'espérance, si facile à tromper. Enfin, mêlant à tout cela la perception aveugle des sens et l'amour qui ne recule devant rien, ils composèrent comme il était nécessaire le genre des mortels. »

La théorie platonicienne de la connaissance oblige de conclure de ce passage que Platon place exclusivement l'âme humaine dans la connaissance vraie, c'est-à-dire dans la contemplation des Idées ; mais, de sa nature, cette contemplation est étrangère à toute distinction individuelle, bien que Platon n'ait jamais eu clairement conscience de cette conséquence.

Aristote se place au même point de vue : *De anim.* I, 4, 408, a, 24 et sq. Il refuse au νοῦς ποιητικός, c'est ainsi qu'il nomme la partie immortelle de l'âme, non-seulement l'amour et la haine, mais encore la mémoire et la pensée discursive (διανοεῖσθαι). On sait d'ailleurs que le νοῦς ποιητικός, ou entendement actif, est dans l'homme l'élément éternel, universel, immuable, étranger à toute impression extérieure; il est vrai qu'on ne comprend absolument pas comment il peut être en même temps individuel.

Spinoza, qui s'appuie assurément sur de tout autres principes, aboutit au même résultat : « L'esprit humain ne peut disparaître absolument avec le corps; il ne reste de lui que ce qui est éternel en lui » (*Éth.*, Th. V, prop. 23). Il ressort clairement de la démonstration de cette proposition, qu'il faut par « éternel » entendre tout autre chose que « une durée continue » ; il s'agit seulement de l'être logique et nécessaire au sein de l'Idée de la Substance absolue (Partie V, prop. 22). « On ne peut parler de la durée de notre esprit, et fixer dans le temps les limites de son existence, qu'autant qu'il contient en soi l'existence réelle du corps » (Id.). Si nous nous demandons quelle partie de l'esprit doit être regardée comme éternelle, c'est-à-dire comme contenue en Dieu à titre de moment nécessaire de l'Idée éternelle, nous pouvons d'abord affirmer sûrement que cette partie n'est que l'intelligence pure, active, non l'intelligence passive, qui dépend du corps. A cette dernière appartiennent toutes les affections, tous les mouvements de l'âme, la perception sensible, l'idée et le souvenir. Tout cela dépend de l'existence du corps, et ne peut durer après sa mort (partie V, prop. 34, 21). L'amour lui-même se rapporte aux mouvements de l'âme, et doit disparaître avec le corps. Il n'y a que l'amour qui naît de l'intuition intellectuelle (partie V, prop. 33), l'amour intellectuel avec lequel Dieu s'aime lui-même, et qui n'est mêlé ni d'affection ni de sentiment (prop. 17, coroll.), il n'y a que cette absorption de la pure contemplation dans la nécessité logique de l'absolu, qui soit éternelle (prop. 34, coroll.). A proprement parler, il n'y a d'éternel dans l'esprit que la troisième classe de connaissances, l'intuition intellectuelle (prop. 33, preuves : voir plus haut p. 24, remarq.). Cette espèce de connaissance, et ce qui en vient, la conscience de soi-même, de Dieu et de l'éternelle nécessité des choses, ainsi que la paix de l'âme qui en dérive, n'appartiennent proprement qu'au sage. L'intelligence de l'ignorant ne se forme que dans la partie passive de l'être. Aussitôt que « l'ignorant cesse de pâtir, il cesse d'être » (prop. 42, rem.). Il ne peut donc être question d'une partie éternelle de l'esprit, que pour le philosophe et le sage. Si nous cherchons enfin à nous faire une idée de l'être éternel de cette partie active de l'esprit, la partie II prop. 8 nous donne les éclaircissements désirés (1). L'esprit n'est que l'idée du corps; l'esprit, avant et après l'existence réelle du corps, n'est donc plus que l'idée d'une chose non-existante. De telles idées, nous dit la proposition dont il s'agit, sont contenues dans l'idée infinie de Dieu, comme les essences formelles des choses particulières ou des modes

---

(1) On sait que Gœthe inclinait aussi à réserver l'immortalité à l'aristocratie des esprits. En fait, si l'on veut maintenir l'immortalité de l'intelligence supérieure, sans accepter en même temps l'immortalité des âmes d'infusoires ou celle de l'âme de l'œuf humain immédiatement après qu'il a été fécondé, il est toujours plus raisonnable de tracer la ligne de démarcation, qui sépare les immortels du reste des êtres, immédiatement au-dessous des esprits supérieurs de l'humanité, que de la placer arbitrairement entre le boschiman et l'orang-outang, et de ne la tirer qu'entre le 7º et le 9º mois de la vie embryonnaire.

le sont dans les attributs de Dieu. La remarque explique qu'il en est ici comme de l'idée d'un cercle donné : elle contient toutes les idées, infinies en nombre, des rectangles qu'on y peut inscrire, bien que ces rectangles n'y soient pas tracés, en réalité. Nous dirons que ces rectangles sont contenus en puissance, formellement, dans le cercle : de même, dans l'Idée éternelle et absolue, l'idée d'un esprit individuel et déterminé est renfermée éternellement, en puissance, et d'une manière formelle comme un élément éternel. Cette possibilité implicite ne sera explicitement réalisée, qu'au moment et au lieu où l'esprit individuel atteindra dans un organisme à la réalité. Entendue dans ce sens, l'éternité que Spinoza reconnaît aux esprits individuels n'est pas plus contestable, que celle des vérités particulières des mathématiques.

Leibniz, remarquons-le bien, ne conçoit la limitation qui fait l'individualité de la monade que comme résultant du corps; et il ne croit pouvoir affirmer l'immortalité de l'âme, qu'en affirmant en même temps celle du corps particulier qui lui est indissolublement uni. Mais la science actuelle réfute suffisamment cette hypothèse.

Schelling tient un langage identique à celui de Spinoza, I, VI, 60-61. « Le principe éternel de l'âme n'est pas éternel en ce sens que sa durée n'aurait ni commencement ni fin, mais en ce qu'il n'a aucun rapport avec le temps. On ne peut, lorsqu'on parle de son immortalité, entendre l'immortalité de l'individu. C'est méconnaître le véritable esprit de la philosophie, que de placer l'immortalité au-dessus de l'éternité de l'âme et de son être dans l'Idée; c'est aussi, à ce qu'il nous semble, un évident non-sens, que d'admettre que l'âme se dépouille dans la mort de sa sensibilité, et pourtant de soutenir qu'elle continue d'exister dans son individualité ». Fichte et Hégel s'associent complétement à cette manière de voir. Schopenhauer va plus loin encore : il n'accorde l'immortalité qu'à la Volonté, non à l'Idée.

Les systèmes monistiques, qu'ils soutiennent le naturalisme, le panthéisme pur ou la doctrine d'une personnalité panthéiste, ne peuvent parler d'une immortalité individuelle, sans les plus grossières inconséquences. Il en faut dire autant du pluralisme matérialiste. L'immortalité ne peut être discutée qu'au point de vue du spiritualisme individualiste, ou par le théisme proprement dit. En ce qui concerne le premier, je ne connais aucun système complet de spiritualisme individualiste, qui n'arrive à la conséquence, plus ou moins ouvertement avouée, que le pluralisme ne peut être le principe dernier d'une doctrine métaphysique. Leibniz aboutit à la doctrine de la monade centrale, qui embrasse toutes les autres ; et, par là, détruit véritablement la monadologie. La philosophie de Herbart aboutit au dualisme contradictoire de la croyance et du savoir. Elle soutient, d'un côté, le dogme traditionnel du Dieu créateur ; et, de l'autre, la doctrine des positions absolues, des nombreuses réalités simples, comme dernière limite de la science. Nous n'avons à la rigueur affaire ici qu'au théisme, et encore à un théisme timide. Mais, même dans le théisme, comme nous l'avons vu déjà (p. 237-240), la durée de l'existence individuelle ne se prolonge qu'aussi longtemps que Dieu veut bien ne pas l'anéantir, ou plutôt que Dieu renouvelle constamment l'acte créateur qui l'a produite. On pourrait admettre comme une possibilité abstraite que Dieu prolonge jusqu'à la fin du monde la durée de l'individu d'après l'analogie qu'il présente avec les atomes, lesquels, bien qu'ils ne soient aussi que de pures manifestations de la volonté divine, continuent cependant d'exister depuis le commencement jusqu'à la fin du monde. Nous renvoyons le lecteur au chap. VI et XI de la 3ᵉ partie où le concept de l'individu est analysé, et où nous avons exposé la grande différence qui sépare l'atome comme acte simple de la volonté, et l'individu très-complexe que nous nommons l'homme. La volonté qui anime l'atome peut être éternelle, parce qu'elle est simple ; mais les actions multiples, que l'Inconscient exerce sur tel individu organique déterminé, ne sauraient durer plus longtemps que l'individu lui-même. Lorsque l'organisme s'est dissous, et que l'individu organique a perdu son existence, on voit cesser immédiatement en lui la conscience. Elle était associée à cet organisme ; et les dispositions des molécules cérébrales formaient comme la provision des souvenirs et le fondement naturel des prédispositions spéciales, qui constituaient le caractère de l'individu. Les actions de l'Inconscient, qui étaient la substance et comme le fondement métaphysique de cet esprit individuel, sont devenues sans objet et ne peuvent se prolonger. Sans doute la puissance de reproduire ces actes volontaires n'est pas affaiblie dans l'Inconscient ; mais cette puissance ne se manifeste pas dans un être individuel : elle repose au sein de l'être inconscient, de l'Un-Tout. Lors même qu'un organisme tout semblable au précédent serait créé, et que l'Inconscient exercerait sur cet organisme les mêmes actions que sur ce dernier, on aurait affaire à un autre individu, non au même que celui qui serait mort, parce que la continuité de l'existence, cette condition de l'unité individuelle, ferait ici défaut. On n'est pas fondé à dire que, avant le développement organique de l'œuf et des spermatozoïdes, d'où doit sortir l'homme futur, la vie de cet homme soit déjà animée par une âme individuelle ; mais on ne saurait soutenir davantage qu'après la destruction de son organisme l'âme de cet homme continue de vivre d'une vie individuelle. Ce qui subsiste, c'est l'être qui se manifestait dans cet homme ; mais cet être n'est pas un individu.

L'espérance d'une immortalité individuelle de l'âme n'est donc qu'une illusion. Les promesses chrétiennes perdent ainsi tout leur prix ; l'idée chrétienne est dépouillée de toute sa force. La lettre de change tirée de la vie présente sur l'autre vie, qui doit indemniser des misères de la première, n'a qu'un défaut : c'est que le lieu et la date où elle doit être acquittée sont tout à fait imaginaires. L'égoïsme est désolé par une telle conclusion. L'immortalité était pour lui un postulat du sentiment ; et faire observer que les postulats du sentiment ne peuvent fonder aucune vérité métaphysique (comme le croient Jacobi et Scheiermacher), c'est troubler la quiétude de l'égoïsme. Mais le sentiment sincère et moral qui repose sur le détachement de soi-même et sur l'amour, ne trouve pas cette conclusion aussi lamentable. Celui qui est détaché de soi-même n'attache aucun prix à la promesse de l'immortalité individuelle; et ne la trouve propre qu'à l'inquiéter, qu'à l'épouvanter. Toutes les tentatives qu'on fait pour démontrer l'immortalité comme un postulat du sentiment ne lui paraissent reposer que sur le plus grossier égoïsme, et sont à ses yeux absolument illégitimes (voir mon essai : « Le monisme pessimiste n'est-il que la doctrine du désespoir? », dans mes *Studien und Aufsätze*, A. VII). Même la forme la plus adoucie du désir de l'immortalité, le désir de se survivre dans ses œuvres, dans ses actes, dans ses productions, est égoïste aussi. Il est sans doute permis de souhaiter que l'efficacité des bonnes actions soit immortelle; que les œuvres utiles et sages ne périssent jamais. Mais associer le cher moi à ce vœu, demander que ce soient les œuvres signées de mon nom qui contribuent victorieusement au progrès de l'avenir; c'est un vœu égoïste, qu'excuse sans doute la faiblesse humaine, mais que la morale ne saurait justifier. La vanité seule de l'individu lui fait désirer que son nom et son souvenir soient conservés avec reconnaissance dans la mémoire des hommes, qui profiteront de ses actes et de ses ouvrages.

Puisque tout désir d'immortalité est égoïste, tous ceux qui ont vécu jusqu'ici de la foi dans l'immortalité, et « qui ont connu la félicité de l'espérance, » ne s'intéresseront pas à la question de savoir si, après que l'espérance de l'immortalité individuelle est détruite, le christianisme, avec son optimisme transcendant, a encore le droit ou non de soutenir la vérité d'une félicité éternelle, à l'encontre du bouddhisme et du caractère purement négatif de sa doctrine primitive. Celui qui fait de l'immortalité un postulat du sentiment est tellement enfoncé dans son égoïsme, qu'il n'hésite pas à dire : « Que me fait cette haute félicité future, si je ne la ressens ni n'en jouis ! »

Mais que peut-être cette félicité éternelle, d'après nos

prémisses? L'Un-Tout inconscient a toute science et toute sagesse : on ne peut donc rien ajouter à sa prudence. Comme dit Aristote, il n'a pas de mémoire : les expériences qu'il a faites dans la vie ne lui ont donc pu rien apprendre. Aussitôt que le monde a cessé d'exister, et que l'instant rapide, où s'accuse pour lui le contraste de l'amertume du vouloir et de la paix du non-vouloir, s'est écoulé, l'Inconscient se retrouve tel qu'il était avant la création du monde. Il en est aussi heureux qu'il était auparavant, ni plus, ni moins. Le processus du monde ne peut avoir contribué à le rendre plus heureux, qu'il n'était auparavant : il faudrait pour cela qu'il eût trouvé sa félicité dans ce processus lui-même (nous n'examinons pas ici ce dernier cas; ce serait revenir sur l'existence du monde, et nous cherchons ici à définir la félicité de l'état de l'Inconscient en dehors du monde). Si, en traversant la vie du monde, nous n'avons rien ajouté à la félicité de l'état antérieur à la vie, à la fin du processus du monde nous nous retrouvons justement dans ce même état. On se demande quelle était la nature de cet état. Il est évident qu'aucun vouloir n'y était associé; autrement l'acte, par suite, le processus de l'existence s'y seraient rencontrés, et le monde aurait existé au sein de l'Inconscient. Il faut donc que, en dehors du monde, l'état de l'Inconscient soit celui du non-vouloir. Nous avons vu, au chap. VI de la 3ᵉ partie, que l'Idée n'a pu être amenée du néant à l'être que par le Vouloir, tant que le monde n'existait pas encore. L'Idée en soi n'avait aucun désir, aucun intérêt qui la poussât à sortir du non-être pour entrer dans l'être. Avant l'apparition du Vouloir, aucune Idée n'est en acte. Avant l'origine du monde, il n'y a ni Vouloir ni Idée, c'est-à-dire rien n'existe en acte; il n'y a rien que l'essence en repos, inactive, tout entière renfermée en soi-même, étrangère à l'existence. Tant que dure la Volonté, le processus de l'être et sa manifestation phénoménale dans la conscience, le monde, durent aussi. Si un jour le monde doit être anéanti, aucun Vouloir, aucune idée n'existera plus, puisque l'Idée inconsciente n'est en acte, qu'autant que l'intérêt de la Volonté l'appelle. En un mot, le néant dans le même sens du mot qu'auparavant sera de nouveau. Tel est l'état auquel s'appliquent les paroles des apôtres, qu'il n'y aura plus ni temps ni connaissance. Tant que le monde existe, le processus du monde existe aussi ; et, par suite, il y a autant de félicité ou de misère que ce processus en comporte. Avant le commencement et après la fin du monde et de la vie du monde, rien n'est plus en acte ; il n'y a plus que le néant.

Où se rencontre la félicité promise? Elle ne peut ni ne doit se trouver dans le monde. Le néant, qui suit l'existence du monde, ne peut être heureux ou malheureux, que si on le compare à un état antérieur ; mais il n'est par lui-même ni heureux ni malheureux (voir Aristote, *Eth. n.* I, 11, 1100, a, 13). Sans doute si le monde est un état de malheur pour l'être universel, le néant sera le bonheur relativement à cet état. Mais malheureusement ce contraste ne peut être apprécié par le non-être, puisque, dans l'état de ce dernier, ne se rencontrent ni la pensée ni le sentiment ; et que chacun des deux devrait y exister en acte, ce qui est contraire à la notion du néant. Il faudrait supposer à la fois dans l'Inconscient une pensée en acte, une réflexion également en acte, sur le souvenir de l'état antérieur que l'Inconscient goûtait dans le monde, et une comparaison de ce dernier avec l'état présent ; il faudrait encore que la Volonté s'intéressât à cette réflexion pour qu'elle se produisît : mais ce sont là autant de suppositions impossibles.

Telle est la doctrine bouddhique du Nirwana ; telle est celle de Schopenhauer, mais non pas celle du christianisme. Ce dernier ne peut s'accommoder d'un état qui équivaut au zéro de la sensibilité, à l'absence de tout sentiment, de toute félicité, pas plus que l'égoïsme habituel de l'entendement humain qui réclame, comme son droit naturel, la satisfaction de son besoin instinctif du bonheur. Le christianisme, sans doute, ne nous reconnaît pas un droit strict au bonheur ; mais il ne nous demande d'y renoncer que pour exalter davantage le prix infini du don gratuit, que la grâce divine nous fait en nous octroyant la félicité de l'autre vie ; et l'individu, dans le christianisme, ne renonce à son prétendu droit, que parce qu'il se sent assuré d'une belle compensation, en l'échangeant contre les faveurs de la grâce divine. Le christianisme doit assigner un but positif au monde, ou renoncer à la distinction profonde qui sépare son principe de celui du bouddhisme, c'est-à-dire abdiquer lui-même. Mais aucune raison solide ne peut rendre intelligible ce postulat pratique d'une félicité ultramondaine. Toute tentative pour démontrer en dehors de la promesse divine, qu'on avoue ne pas comprendre, la réalité d'une félicité transcendante ne peut aboutir qu'à une justification plus ou moins déguisée et fantastique du Nirwana; et naturellement l'idée que chacun se fait d'un tel état varie suivant le degré de sa culture. La croyance chrétienne est incapable de renoncer au bonheur : l'ascétisme chrétien lui-même est absolument égoïste. Il n'est pas étonnant si tous ceux qui sont attachés plus ou moins (je ne dis pas à la foi chrétienne) mais à la conception chrétienne de la vie repoussent avec indignation toute exhortation au renoncement absolu. Il faut qu'une longue préparation historique et une période de civilisation non plus chrétienne, mais purement mondaine, mettent l'humanité en état de prêter l'oreille à une aussi étonnante exhortation. Nous allons trouver dans le 3ᵉ stade de l'illusion une période de ce genre.

Si la félicité des espérances chrétiennes repose sur une illusion que les progrès de la pensée consciente dissiperont nécessairement; si l'apparition de l'Évangile et l'accueil passionné qu'il reçut des peuples, bien que le point de vue enfantin auquel il se place eût été dépassé depuis longtemps par la philosophie grecque, doivent être rapportés à l'action directe de l'Inconscient sur le génie du fondateur de la religion chrétienne et sur l'instinct des masses affamées de conversion, on se demande à quel but l'Inconscient a voulu faire servir cette nouvelle illusion. On ne peut répondre qu'une chose, c'est que le second stade de l'illusion est un degré nécessaire entre le premier et le troisième. Le désespoir qui succède aux illusions du premier stade n'a pas encore suffisamment étouffé l'égoïsme humain, pour qu'il ne se rattache pas de toutes ses forces à la dernière espérance qu'il rencontre encore : l'espérance de la félicité future. Il faut que cette dernière ancre de salut lui soit arrachée, et qu'il désespère complétement d'atteindre la félicité avec son cher moi, pour qu'il puisse donner accès dans son cœur à des pensées de détachement absolu, pour qu'il consente à travailler uniquement au bonheur des générations futures et n'aspire qu'à se dévouer au processus universel, au bien futur du tout.

Le monde romain avait bien ressenti et pratiqué le détachement de l'individu ; mais il ne travaillait qu'à étendre la puissance d'une race, d'une communauté politique très-restreinte. Il avait agrandi l'égoïsme de l'individu en lui substituant celui de la race, et poursuivi dans l'intérêt de ce dernier les fantômes de la gloire et de la domination. Il s'agit aujourd'hui d'élargir la conscience humaine, et d'en faire une conscience et une volonté cosmiques ; en quelque sorte de faire succéder à la personnalité égoïste le désintéressement de la volonté impersonnelle ; de s'élever à la conscience que les individus comme les nations ne sont que des rouages ou des ressorts dans le grand mécanisme de l'univers, et n'ont comme tels d'autre tâche, d'autre devoir que de travailler à l'évolution universelle, l'unique fin qu'il faille poursuivre.

Une telle conception, un tel oubli de soi-même ne trouvait pas naturellement l'ancien monde assez mûr pour être accepté de lui. On peut encore justifier l'intérim du christianisme par une considération accessoire et extérieure : il fallait que les progrès de l'industrie eussent rendu possible la communication des diverses parties du monde, et que les grands instruments de la communauté future dans la vie terrestre, les nationalités, eussent eu le temps de se constituer. Indépendamment de tout cela, on doit reconnaître qu'un progrès considérable vers la vérité a été fait de la première à la seconde période de l'illusion, puisqu'on y a conquis la conviction que le bonheur ne réside pas dans le présent du processus. On ne réalise pas un progrès moindre dans le passage du second au troisième stade, puisqu'on y comprend que le moyen de s'affranchir des maux présents ne doit pas être cherché dans l'individu, mais en dehors de l'individu; non en dehors du processus du monde, mais dans le processus lui-même; que le salut futur du monde ne s'obtiendra point par le renoncement, mais par le dévouement à la vie; et que ce dévouement à la vie, qui serait insensé si on l'appliquait à l'individu, n'a un sens que s'il sert l'avenir du processus universel.

Sans doute, la faiblesse humaine ne permet pas que le passage du second au troisième stade soit autre chose qu'une négation partielle de cette dernière vérité, c'est-à-dire qu'un retour partiel au premier stade de l'illusion. Comment l'homme croira-t-il fortement à la possibilité d'une félicité future sur la terre, s'il considère l'état présent de la vie comme absolument mauvais, et tout espoir de félicité dans la vie présente comme absolument vain.

Aussi les principes, posés par la Réforme, de libre recherche et de libre critique conduisent indirectement sans doute à la destruction graduelle du dogme chrétien, à la condamnation absolue de ses espérances; mais nous voyons en même temps succéder à « cette espérance d'une autre existence, qui fait toute la félicité chrétienne » le réveil de l'art et de la science antiques, l'épanouissement de l'activité politique et commerciale, le développement de l'industrie, le mouvement de la pensée dans tous les sens, en un mot l'amour de la vie partout renaissant.

Les progrès gigantesques réalisés dans toutes les directions, après le long arrêt du moyen âge, enflammèrent l'espérance de progrès bien plus considérables encore; et l'on vit, comme dans toutes les époques où les progrès réalisés semblent pleins de promesses, un siècle d'optimisme, dont le représentant théorique est surtout Leibniz. (Aujourd'hui le développement politique des peuples, en se rapprochant rapidement de son but, engendre un semblable optimisme sous le rapport politique.) Mais néanmoins l'empire d'une idée aussi grandiose que l'idée chrétienne ne se laisse que lentement et insensiblement détruire. Il est curieux d'étudier sous ce rapport l'histoire de la philosophie moderne. Kant, effrayé de l'abîme où l'entraînent les conséquences de ses principes, fait un retour en arrière et se hâte de confier son âme au Dieu chrétien, dont il rétablit triomphalement la doctrine à l'aide du concept pratique de l'impératif catégorique. Hégel cherche, par le jeu d'une dialectique qui combine des symboles, à sauver quelques-uns des principes essentiels du christianisme. Schelling s'arrête par un mouvement désespéré devant l'abîme, et prétend très-sérieusement tirer de l'analyse de l'Être la déduction des trois personnes de la Trinité chrétienne; il revient humblement dans la conclusion de son dernier système au *dogme de la révélation positive*.

Un seul philosophe rompt absolument, et sans réserve, avec le christianisme, et lui refuse tout rôle dans l'avenir. C'est Schopenhauer. Il paye sans doute cette supériorité, en se perdant dans l'ascétisme suranné du bouddhisme. Incapable de s'élever à la conception d'un principe positif de développement historique pour l'avenir, il se montre inintelligent et indifférent en face des grands efforts de notre temps, qui ont trouvé chez tous les autres philosophes modernes de si dévoués apologistes. Évidemment l'œuvre que poursuit le génie du monde croît tous les jours en étendue, en puissance, en intérêt. L'Antechrist agrandit incontestablement son empire. Bientôt le christianisme ne gardera plus que l'ombre de la puissance qu'il avait au moyen âge, et redeviendra ce qu'il était au commencement, la consolation dernière des pauvres et des affligés.

Troisième stade de l'illusion.

LE BONHEUR EST CONÇU COMME RÉALISABLE DANS L'AVENIR DU PROCESSUS DU MONDE.

Cette période est dominée surtout par la croyance à l'évolution progressive et spontanée des choses, par l'application qu'on fait de cette idée au monde comme un tout, et par la foi dans le progrès. La philosophie antique, à l'exception d'Aristote, ne nous en offre aucune trace. Aristote lui-même limite l'application de l'idée du progrès au développement organique de l'individu. En tout cas, il n'a exercé, ni chez ses contemporains, ni au moyen âge, aucune influence sérieuse sur le développement de la doctrine du progrès intellectuel.

Les Romains n'admettent d'autre progrès que celui de la puissance romaine. L'esprit juif, de sa nature stationnaire et immobile, est étranger et même hostile à l'idée du progrès, au point qu'un Mendelssohn lui-même ose bien soutenir et défendre contre un Lessing l'impossibilité d'une marche progressive du monde.

Le christianisme catholique n'est pas moins que le judaïsme fermé à tout changement, et constitué une fois pour toutes. Il n'aspire qu'à étendre ses idées, non à rendre plus profond l'empire de Dieu. S'il a développé son dogme durant les premiers siècles, c'est comme malgré lui, et en cherchant uniquement à le fixer. Les hommes de la Réforme eux-mêmes n'avaient nullement l'intention de perfectionner la doctrine chrétienne, mais seulement de la purifier des abus qui s'y étaient glissés et de lui restituer sa première forme.

Chez Spinoza, l'inflexible nécessité de l'activité éternelle sans âme et sans but, qui fait ressembler la mobile diversité des formes de l'existence finie au jeu indifférent, je dirais presque à la fantaisie capricieuse du hasard, ne se prête en aucune façon à l'idée du progrès. C'est Leibniz le premier qui a, comme à nouveau, découvert ce principe; et qui, en même temps, l'a développé dans toute son étendue, et suivi dans ses applications les plus variées. On peut dire, en ce sens, qu'il est le véritable apôtre du monde moderne.

Lessing a fait de ce principe une grandiose application dans son éducation de l'humanité; les œuvres de Schiller en sont profondément pénétrées. Herder s'en inspire dans ses idées sur la philosophie de l'histoire; et Kant, dans plusieurs essais d'un esprit éminemment philosophique sur la philosophie de l'histoire (*Œuv.*, vol. VII, n°ˢ XII, XV, XIX). L'idée du progrès vit surtout dans la philosophie de Hégel, pour qui la vie universelle n'est que l'évolution progressive et spontanée de l'Idée. (Voir mes *Études et essais* sect. D, N° III, le *Panlogisme de Hégel*.)

Le mécanisme total du monde n'est que le processus grandiose d'un développement unique. C'est ce qui ressort de plus en plus clairement des découvertes des sciences modernes. L'astronomie n'est plus condamnée à étudier seulement la genèse de notre système planétaire. Les ressources nouvelles, que l'analyse spectrale fournit à ses investigations, lui permettent de pénétrer plus avant dans le cosmos. Elle compare, dans leur état actuel, les divers soleils ou étoiles fixes, les nébuleuses les plus éloignées; et arrive à les concevoir comme les différentes phases d'un long développement. Les unes ont été plus rapides; les autres plus lentes : mais elles nous représentent dans leur ensemble l'évolution totale du cosmos. La photométrie et l'analyse spectrale s'unissent, pour suivre ensemble cette évolution dans l'histoire des diverses planètes. La chimie et la minéralogie cherchent à étudier notre propre planète avant la période de ce refroidissement, dont le progrès graduel jusqu'à l'époque présente nous est raconté par le témoignage, en quelque sorte mystérieux comme le langage des hiéroglyphes, des monuments de pierre, qu'interprète chaque jour plus sûrement la géologie. La biologie nous découvre, à l'aide des restes pétrifiés des époques antérieures, l'évolution du règne végétal et du règne animal (voir chap. x de la 3ᵉ partie); et l'archéologie, soutenue par la science comparée du langage et par l'anthropologie, éclaire la période préhistorique du développement de la race humaine; tandis que l'histoire nous explique la marche grandiose de la civilisation, et nous ouvre en même temps de nouvelles perspectives (voir chap. x de la 2ᵉ partie). Les sciences particulières fournissent les matériaux, que la philosophie doit réunir dans une vue d'ensemble. A elle de reconnaître le mouvement progressif de la vie universelle, et l'évolution qui, sous la direction providentielle de l'Inconscient, et conformément au plan immuable de la sagesse absolue, entraîne le monde vers une fin bienfaisante.

Il n'est pas difficile de se convaincre de la réalité du progrès dans l'histoire de l'individu : on le suit quotidiennement en chacun de nous sans exception. Mais justement, pour cela, il est plus difficile de se représenter vivement le développement d'un tout composé de nombreux individus, de manière à s'y intéresser sans aucune préoccupation égoïste. Rien n'est plus difficile que de se débarrasser de l'instinct de l'égoïsme.

Il est très-intéressant, sous ce rapport, de lire l'ouvrage de Max Stirner. « *Le moi comme absolu, et le monde comme sa propriété* », livre que tout esprit qui s'intéresse à la philosophie pratique ne devrait pas négliger de lire. L'auteur y soumet à une critique mordante toutes les idées qui exercent une influence sur la conduite; et démontre qu'elles sont toutes des idoles. Elles n'ont d'empire sur le moi, que celui que ce dernier leur accorde dans sa faiblesse, qui le porte à se méconnaître soi-même. Stirner réduit en pièces, d'une manière ingénieuse et piquante et par des raisons décisives, les tentatives idéales du libéralisme politique, social et humanitaire : et montre que, sur les ruines de toutes ces utopies qui se perdent dans le néant et l'impuissance, le moi railleur établira son empire et ses droits d'héritier exclusif. Si ces considérations n'avaient d'autre but que de fortifier la démonstration de cette vérité, que, comme moi, je ne puis pas plus sortir des formes de la vie individuelle que de ma peau, il n'y aurait rien à ajouter. Mais Stirner prétend avoir trouvé dans l'idée du moi, le principe absolu de toute activité. Il commet la même erreur qu'il avait reprochée aux défenseurs des autres idées, comme celles de l'honneur, de la liberté, du droit. Il se livre sans merci à la domination impérieuse d'une idée, dont il admet la souveraineté absolue, non pour telle ou telle raison, mais aveuglément, instinctivement. S'il conçoit le moi, non comme idée, mais comme réalité, il n'aboutit qu'à une tautologie entièrement vide et insignifiante. Il se borne à répéter que, comme moi, je ne puis vouloir que ma volonté, penser que mes pensées, et que mes pensées seules peuvent être les motifs de ma volonté : ce que ses adversaires ne contestent pas plus que lui. S'il admet, et sa théorie n'a pas de sens autrement, qu'on doit considérer l'idée du moi comme l'idée souveraine, et que les autres idées n'ont de vérité qu'autant qu'elles servent à l'idée du moi, il aurait dû au moins soumettre à son analyse l'idée du moi. Il aurait alors trouvé que, de même que toutes les autres idées ne sont en quelque sorte que l'étiquette de certains instincts spéciaux, ainsi le mot *moi* n'est que l'étiquette d'un instinct universel, l'égoïsme, qui est aux autres instincts spéciaux comme un billet de laissez-passer est aux billets du jour. Les instincts spéciaux ne sont souvent que les manifestations de cet instinct suprême dans les cas particuliers; et l'on se tirerait très-bien d'affaire avec cet instinct tout seul, si l'on bannissait tous les autres instincts : l'égoïsme seul est l'instinct indispensable dans la vie.

Il est sans doute pardonnable d'accorder à cet instinct, plus qu'à tout autre, une souveraineté absolue. Mais il ne faut pas oublier que l'erreur est la même dans les deux cas, et surtout qu'il est plus dangereux d'obéir exclusivement à l'égoïsme. Les autres instincts, quand ils sont assez énergiques, trouvent fréquemment à se satisfaire, bien que d'ordinaire il en coûte des sacrifices au bonheur général, que les joies individuelles ne compensent pas. L'égoïsme, au contraire, d'après nos recherches précédentes, ne peut jamais être assouvi, parce qu'il cause toujours plus de peines que de jouissances.

Comprendre que, du point de vue du moi ou de l'individu, la négation de la volonté ou le renoncement au monde, le renoncement à la vie est la seule conduite raisonnable, c'est une idée tout à fait étrangère à Stirner. Elle est le plus sûr remède contre la tentation d'exalter le moi. Celui qui s'est une fois rendu compte de la souffrance, qui est dans la vie le lot inconscient ou non de chaque individu, ne tardera pas à dédaigner et à mépriser l'illusion du moi, qui veut se conserver et jouir, en un mot qui affirme son existence. Celui qui sait le peu que valent son égoïsme et son moi sera difficilement porté à en considérer l'idée comme le principe absolu auquel tout doit être rapporté ; il fera moins de cas qu'auparavant de ses sacrifices personnels, et sera moins rebelle aux conclusions d'une philosophie qui définit le moi comme le pur phénomène de l'être un et identique, vivant au fond de tous les individus.

Le mépris du monde et de la vie est la voie la plus facile pour arriver au détachement absolu de soi-même. C'est seulement en suivant cette voie que la morale de renoncement, celle du christianisme ou du bouddhisme, par exemple, s'est produite dans l'histoire. Le pessimisme contribue de la même manière à faciliter le détachement infiniment difficile de soi-même ; voilà pourquoi il a une valeur morale incomparable qu'on ne saurait assez apprécier.

Si Stirner avait abordé l'examen philosophique et direct du moi, il aurait vu que cette idée n'est qu'une apparence produite dans le cerveau, et n'a pas plus de vérité (voir *Fondement critique du réal. transc.*, 3ᵉ partie, « Le sujet transcendantal ») que l'idée de l'honneur ou du droit, par exemple. La seule réalité qui réponde à l'idée que je me fais de la cause intérieure de mon activité, est celle de l'être qui n'est pas un individu, de l'Un-Tout inconscient. Cette réalité se retrouve aussi bien au fond de l'idée que Pierre se fait de son moi, que de celle que Paul se fait du sien. Ce principe si profond est le fondement sur lequel repose la morale ésotérique du bouddhisme ; non la base de la morale chrétienne. Persuadez-vous fermement et intimement de cette vérité qu'un seul et même être sent ma douleur et la vôtre, mon plaisir et le vôtre, et n'est associé qu'accidentellement à tel ou tel cerveau : alors seulement l'égoïsme exclusif sera extirpé en vous jusqu'à la racine. Il n'avait été encore qu'ébranlé, bien que fortement, par la doctrine qui apprend à mépriser le monde et la vie. Alors on a triomphé définitivement de la doctrine de Stirner, qu'il est bon d'avoir partagée une fois complétement, si l'on veut bien mesurer l'étendue du progrès réalisé. Alors, enfin, on a vaincu tout à fait l'égoïsme et conquis la conscience qu'il ne forme qu'un élément dans le processus universel, où il a d'ailleurs son côté nécessaire et sa place jusqu'à un certain point légitime.

A la fin de chacune des périodes précédentes de l'illusion et avant la découverte de la suivante, on voit apparaître le sacrifice volontaire de l'individu, le suicide, comme une conséquence nécessaire. Aussi bien le païen fatigué de la vie, que le chrétien, qui désespère à la fois du monde et de sa foi, doivent se donner la mort, s'ils sont conséquents. Si, comme Schopenhauer, ils ne croient pas pouvoir par ce moyen atteindre leur but et s'affranchir de l'existence individuelle, ils doivent du moins détourner leur volonté de la vie et s'enfermer dans le quiétisme, le renoncement ou l'ascétisme. C'est se duper soi-même au plus haut point que de voir dans ces efforts pour soustraire le cher moi à l'incommodité de l'existence autre chose que l'égoïsme le plus décidé, qu'un épicurisme très-raffiné, qui n'a pris une direction contraire à l'instinct, que parce que la philosophie qui l'inspire contredit la nature. Que le quiétisme se contente de boire et de manger dans une sorte de paresse bestiale; qu'il se borne, comme les bergers de l'idylle, aux simples joies de la nature; que, dans une sorte de rêverie naturelle ou artificielle (provoquée par les narcotiques), il s'abandonne paresseusement aux fantaisies de l'imagination; ou qu'il se laisse, au sein d'un luxe raffiné, défendre contre l'ennui par les jouissances les plus délicates de l'art ou de la science, à condition qu'elles ne lui coûtent aucun effort : sous toutes ces formes du quiétisme se retrouve le principe essentiel des épicuriens, à savoir le désir de passer la vie de la façon la plus agréable pour la constitution de chaque individu avec le minimum d'efforts et de peine, sans se tourmenter de manquer à ses devoirs envers les hommes et envers la société. L'ascétisme lui-même, qui semble le contraire de l'égoïsme, est toujours égoïste, là même où il n'est point, comme chez le chrétien, soutenu par l'espérance de l'immortalité individuelle, et où il ne se préoccupe que de diminuer les douleurs de la vie en s'imposant volontairement des souffrances passagères, ou espère se soustraire à la nécessité de revivre après la mort (nécessité d'une seconde naissance, etc.). L'homme, qui se suicide, et l'ascète, ne méritent pas plus d'être admirés pour leur détachement d'eux-mêmes, que le malade, qui, pour éviter les souffrances d'un mal de dents prolongé, se résout sagement à l'extraction douloureuse de sa dent. Dans les deux cas, on n'a affaire qu'à un égoïsme qui sait bien calculer, mais n'a aucune valeur morale; ou plutôt à un égoïsme qui viole la morale, même dans les circonstances de la vie où il n'est pas absolument hors d'état de remplir ses devoirs envers la famille et la société.

Il en est tout autrement si le dévouement au progrès général prend racine dans le cœur de l'individu; et si ce dernier se reconnaît comme membre du Tout, comme un membre plus ou moins important sans doute, mais dont le rôle n'est jamais indifférent au développement du Tout. Ce rôle exige que l'individu s'intéresse et se sacrifie avec joie à la vie, tandis que, du point de vue de son égoïsme, il la condamnait, non-seulement comme un bien inutile, mais comme un véritable tourment. On comprend alors que le suicide d'un individu capable encore d'agir, non-seulement n'épargne aucune souffrance au Tout, mais au contraire augmente le mal général et le prolonge par la nécessité de remplacer le membre retranché, ce qui cause une perte de temps inutile. De là découle l'obligation naturelle de consacrer cette vie, conservée uniquement par dévouement pour le Tout, non plus aux intérêts de l'individu, mais au bien du Tout. Il ne suffit plus ici d'assister en spectateur passif à la vie, de s'abandonner à l'inertie du repos, de se dérober lâchement aux luttes de la concurrence vitale; mais il faut agir et produire, travailler sans trêve, se précipiter sans regret dans la mêlée de la vie, et s'associer à l'œuvre générale du développement économique et intellectuel de la société. Ce qui condamne comme un crime capital le quiétisme, c'est que, si l'esprit qui l'inspire venait à se répandre, toutes les conquêtes que la civilisation a faites si péniblement dans la lutte incessante des siècles ne tarderaient pas à être remises en question; et le progrès finirait par faire place à une réaction de plus en plus triomphante. L'histoire nous apprend combien il en coûte aux peuples qui veulent marcher en sens contraire de la civilisation; combien même un peuple est malheureux de demeurer stationnaire, de ne pouvoir avancer. Comme la vie de l'organisme individuel n'est qu'une somme d'actes non interrompus de la vertu curative de la nature, ainsi la vie de l'organisme politique et social n'est possible que par la résistance continuelle de toutes les forces combinées contre les causes de désordre et de ruine qui le menacent constamment de tous côtés.

Ainsi l'instinct de l'égoïsme, ou l'amour de l'individu pour la vie, est dans une certaine mesure ressuscité par la conscience; mais le moi n'est plus une puissance absolue et souveraine. Il puise sa règle dans la subordination au Tout comme à la fin suprême de sa propre existence, et se reconnaît limité par le devoir de respecter le droit des autres individus à travailler également au progrès général.

Avec l'instinct général de l'égoïsme, la conscience ramène aussi ces autres penchants, comme la compassion, le sentiment de l'équité, qui ont un prix social ; ou ceux qui, comme l'honneur et l'amour ont un prix pour l'avenir du développement individuel ou pour la génération future. L'individu saura en leur obéissant qu'il se sacrifie au progrès du Tout, et fera volontiers ce sacrifice. Ce sacrifice de l'individu à la vie, par dévouement pour la vie, trouve sa récompense dans l'espoir du progrès futur, qui doit réaliser des conditions meilleures pour l'existence, et assurer la félicité de l'être universel, dont la vie est aussi la mienne.

Cette espérance d'un bonheur positif pour l'humanité dans l'avenir, et les efforts qu'elle provoque de la part des individus dans l'intérêt du processus général, constituent le troisième stade de l'illusion, que notre tâche est maintenant de dissiper sous cette forme comme sous les précédentes. Il faut espérer, il est sûr que la plupart des lecteurs, qui ont approuvé jusqu'ici ce chapitre, vont se séparer de l'auteur. Ils ne peuvent ni ne doivent faire autrement, s'ils veulent continuer d'être les fils de leur temps. Le siècle présent ne fait qu'entrer dans la troisième période de l'illusion. Dans l'enthousiasme et l'enchantement de ses espérances, il se précipite à la réalisation des promesses d'un nouvel âge d'or. La Providence ne permet pas que les prévisions du penseur isolé troublent la marche de l'histoire par une action prématurée sur un trop grand nombre d'esprits. Si les pressentiments du philosophe paraissent déjà justifiés par le pessimisme politique et social où se débattent aujourd'hui certaines nations, il n'y faut voir qu'un effet de l'exubérance de la sève juvénile ou de la décrépitude produite par la vieillesse, et ne les regarder que comme l'effet particulier mais passager de certaines influences. Ce pessimisme fera nécessairement place à un optimisme politique et social, et n'a d'ailleurs rien à voir avec mon pessimisme métaphysique, qui, loin d'exclure l'optimisme politique et social, le contient en soi au contraire.

Lorsque nous avons présenté la critique des illusions de

TROISIÈME STADE DE L'ILLUSION.

la première période, nous n'avons pu nous abstenir de jeter à l'occasion un coup d'œil sur la forme future du monde ; on peut même affirmer qu'un lecteur attentif aura trouvé déjà, dans cette première critique, la condamnation des illusions de la troisième période.

Afin d'éviter les redites, je prie le lecteur de revoir à ce point de vue le résumé (n° 13) de la critique de la première période. Il sera convaincu de la vérité de ce que j'avance ; et reconnaîtra que les conclusions présentées alors s'étendaient plus loin que la question spéciale dont il s'agissait. Je rappellerai, par exemple, la démonstration de ce principe, que les contrariétés de la volonté ont toujours et pleinement leur écho dans les souffrances de la sensibilité. Les satisfactions, au contraire, qui sont données à la volonté, n'éveillent dans la conscience un sentiment de plaisir que dans certaines circonstances favorables, et toujours d'une manière très-incomplète. Or cette vérité ne s'applique pas seulement au présent, mais à tous les temps.

Quels que soient les progrès réalisés par l'humanité, jamais elle n'écartera, ni même ne parviendra à diminuer les maux les plus pénibles de tous : la maladie, la vieillesse, la dépendance où l'individu se trouve à l'égard de la puissance et de la volonté des autres, la pauvreté et le mécontentement. On aura beau multiplier les moyens de guérison : les maladies, surtout les maladies légères, mais chroniques, dont les tourments s'accumulent par leur durée, s'étendront dans une progression plus rapide que les progrès de l'art de guérir. Toujours l'humeur joyeuse de la jeunesse ne sera le privilége que d'une fraction de la vie humaine, tandis que l'autre partie sera dévorée par l'humeur chagrine de l'âge. Toujours la faim fixera à la multiplication de l'espèce humaine une limite tracée par cette couche de population qui a plus d'appétit qu'elle n'en peut satisfaire ; au sein de laquelle, par suite, le manque de nourriture élève la moyenne de la mortalité, et la lutte amère contre la faim fait toujours un grand nombre de victimes (voir p. 434 du 1ᵉʳ vol. et 381-383 du 2ᵉ vol.). Les peuples les plus heureux sont ceux qui vivent dans l'état de la simple nature comme les tribus sauvages ; et, parmi les nations civilisées, celles qui sont le moins cultivées. Au progrès de la civilisation correspond, l'expérience nous l'apprend, celui du malaise général.

Cette couche de la population, qui vit sur la limite où l'alimentation cesse d'être assurée, n'était avertie de sa misère, autrefois et aujourd'hui encore en partie, que par les murmures et les souffrances de l'estomac. A mesure que le monde marche, le spectre de la pauvreté des masses devient plus menaçant ; les malheureux ont une conscience plus claire de leur misère. La question sociale qui agite l'époque actuelle repose sur le sentiment plus vif que la masse des travailleurs a aujourd'hui des misères de sa situation. Et pourtant, en réalité, la vie est actuellement un véritable âge d'or, auprès de ce qu'elle était il y a deux cents ans, alors qu'on ne parlait pas encore de question sociale.

L'immoralité, depuis la fondation de la première société humaine jusqu'à aujourd'hui, si on l'apprécie d'après la mesure de la conscience, n'est pas devenue moindre dans le monde : la forme seule, sous laquelle le mal moral se produit, a changé. Laissons de côté les fluctuations du caractère moral de chaque peuple : en gros et en totalité, on voit partout le même rapport se maintenir entre l'égoïsme et la charité. Si l'on est choqué de la cruauté, de la brutalité des temps passés, il ne faut pas oublier que la droiture, la sincérité, le vif sentiment de la justice, le pieux respect devant la sainteté des mœurs caractérisent les anciens peuples ; tandis que nous voyons régner aujourd'hui le mensonge, la fausseté, la perfidie, l'esprit de chicane, le mépris de la propriété, le dédain de la probité instinctive et des mœurs légitimes, dont le prix souvent n'est plus compris. (Qu'on lise les descriptions, les réflexions de Wallace sur la pureté de mœurs et la simplicité des Malais qui rappelle celle des premiers hommes, à la fin de la relation de son voyage à l'archipel Malais, traduit en allemand par Meyer.) Le vol, le mensonge, la fraude augmentent malgré la répression des lois, dans une proportion plus rapide, que ne diminuent les délits grossiers et violents (comme le pillage, le meurtre, le viol, etc.). L'égoïsme le plus bas brise sans pudeur les liens sacrés de la famille et de l'amitié, partout où il se trouve en opposition avec eux. Et si l'État et la société n'assuraient pas l'infaillible exécution des lois répressives, on reverrait la brutale sauvagerie des premiers temps. Elle se montre, en effet, et fait apparaître la bestialité humaine sous ses couleurs les plus repoussantes, partout où les liens de la loi et de l'ordre sont affaiblis ou brisés. C'est ce qui est arrivé dans la révolution de Pologne, dans la dernière année de la guerre civile d'Amérique, dans les fureurs sauvages de la commune de Paris, au printemps de 1871. Non, il n'est pas vrai que la méchanceté et l'égoïsme de l'homme, qui foule aux pieds tout ce qui n'est pas lui, se soient jusqu'à ce jour amendés. La loi et la société civile ont bien pu les emprisonner par des digues artificielles; mais, au lieu de les franchir ouvertement, ils ont su se créer mille conduits dérobés, qui leur permettent de passer inaperçus à travers ces barrières. Le degré de la corruption morale est resté le même, mais elle a quitté le sabot et va en frac. La cause et les effets demeurent les mêmes : la forme seule est plus élégante.

Nous sommes déjà près du temps où le vol et le mensonge, que la loi condamne, seront méprisés comme des fautes vulgaires, comme une maladresse grossière, par les adroits filous qui savent respecter le texte de la loi, tout en violant le droit d'autrui. J'aurais assurément mieux aimé vivre pour mon compte parmi les anciens Germains, au risque d'être tué à l'occasion, que d'être obligé dans nos cités modernes de tenir chaque homme comme un escroc ou un coquin, tant que je n'ai pas de preuves évidentes de sa probité. Nous pouvons conclure par analogie, que, lors même que l'injustice prendrait à l'avenir des formes plus raffinées encore, elle restera longtemps égale à elle-même, toujours aussi féconde en souffrances pour tous ceux qui en subiront les atteintes. On peut dire sans doute que la moralité des sociétés primitives et patriarcales reposait sur l'action inconsciente des mœurs ; et que, si elle a dû disparaître avec elles, sans avoir pu trouver un équivalent dans les préceptes religieux ou philosophiques de la morale individualiste, la morale sociale de l'avenir saura la remplacer progressivement par une doctrine qui substituera les préceptes d'une conscience éclairée aux impulsions aveugles de l'éducation. On fera encore observer peut-être que la sensibilité, en s'éclairant, en devenant moins grossière, trouvera, pour exercer ses tendances morales, une sphère plus étendue d'applications ; qu'elle s'y est déjà donné carrière par l'institution des établissements de bienfaisance en faveur des indigents, des infirmes, des fous, des aveugles, des sourds-muets, des criminels, par les associations pour la protection des animaux, etc. Mais si le fonds de la moralité reçoit ainsi une augmentation réelle ; si ces institutions exercent une influence salutaire sur le caractère par l'effet des bonnes habitudes, et facilitent, par les ressources immédiates qu'elles mettent à leur disposition, l'œuvre des âmes bienfaisantes, ces avantages sont bien compensés par la vivacité plus grande de la sensibilité, que les injustices, même les plus minimes, les moins brutales font cruellement souffrir. C'est un passe-temps, une plaisanterie goûtée des hommes grossiers que de se donner de grands coups sur la tête : la sensibilité excessive des hommes cultivés, au contraire, leur fait sentir amèrement le manque d'égards le plus insignifiant, à plus forte raison les traits subtils d'une méchanceté ingénieuse. En examinant quelle est la somme des souffrances causée par la corruption morale, il ne faut donc pas oublier qu'en même temps que l'injustice devient plus rare, la sensibilité souffre plus vivement des moindres injures. On peut dire encore que les progrès de la civilisation élèvent les exigences de la conscience, qui condamne plus sévèrement qu'auparavant les mêmes actes ; et on peut affirmer que les exigences de la conscience ne peuvent se multiplier, sans que le nombre des actes coupables s'élève dans la même proportion : c'est que la perfection de la volonté morale ne se développe pas dans la même mesure que le jugement moral, mais lui est toujours inférieure. Supposons même que la moralité atteigne réellement une perfection idéale : elle ne placerait encore la sensibilité que dans l'état de la parfaite indifférence. La moralité négative ne ferait que bannir du monde l'injustice, et ne nous donnerait pas pour cela le bonheur ; la moralité positive, à son tour, ne ferait qu'adoucir les maux incurables de l'humanité (voy. p. 415 et 416). Cette dernière considération peut être présentée encore sous une autre forme. On peut dire que le but de l'avenir doit être de rendre inutile la bienfaisance privée et les œuvres volontaires de la charité, et de les remplacer par l'organisation définitive de la solidarité sociale sous ses formes les plus variées.

Un genre de vie qui semble bien capable, lorsqu'il s'associe à certaines dispositions du cœur, de produire un bonheur véritable, la vie pieuse, n'est plus évidemment dans la troisième période de l'illusion qu'une forme surannée de l'existence. En tout cas les deux sources qui l'alimentent, la foi dans l'immortalité et la prière, sont complétement taries. S'il n'en est pas ainsi, c'est que l'on n'est pas entré réellement dans la troisième période de l'illusion, et que l'on a encore gardé quelques-unes des dispositions caractéristiques de la seconde. C'est assurément ce qui arrive habituellement dans la réalité ; mais notre analyse théorique nous oblige de séparer nettement les différents points de vue. En tout cas, on ne niera pas que l'illusion religieuse diminue à mesure que la culture s'élève, et que son influence devienne de moins en moins sensible sur le niveau de la félicité générale. Le temps n'est pas éloigné où un homme instruit ne pourra plus être accessible aux joies de la conscience religieuse, au sens où nous l'avons entendue jusqu'ici. On cherchera tout au plus, dans la conscience du lien religieux de tout être à l'Un-Tout, les éléments d'une sorte de religion particulière.

Les deux autres causes dont nous avons reconnu l'action efficace sur le bonheur de la vie, la science, l'art, verront aussi leur rôle profondément changé dans l'avenir. Plus nous regardons loin en arrière, plus le progrès scientifique nous apparaît comme l'œuvre exclusive de quelques rares génies, que l'Inconscient suscite pour achever l'œuvre que les forces réunies des intelligences moyennes ne sont pas en état de réaliser. Plus nous sommes voisins de l'époque actuelle, et plus aussi la science voit croître le nombre de ceux qui la cultivent, plus l'œuvre devient collective. Les génies des premiers temps ressemblent à ces magiciens, qui font surgir tout à coup du néant tout un monument : les ouvriers qui travaillent à l'édifice intellectuel du présent ressemblent à une corporation de constructeurs diligents, qui apportent successivement leur pierre à un monument gigantesque, et chacun, selon ses forces, une plus grosse ou une plus petite. La méthode de l'avenir tendra à devenir exclusivement inductive ; et l'œuvre de la science, à se recommander moins par la profondeur que par l'étendue. Aussi le besoin des hommes de génie se fera-t-il de moins en moins sentir, et l'Inconscient en produira-t-il moins souvent. Tous les rangs de la société sont confondus sous l'universel habit noir : nous marchons vers un nivellement analogue des intelligences, sous la mesure commune d'une solide médiocrité. La jouissance de la production scientifique diminuera donc sans cesse ; et le monde finira par ne plus connaître que les plaisirs de la connaissance passive. Mais si nous voulons y être sensibles, il faut encore qu'il nous en ait coûté des efforts et des luttes, pour arriver à l'intelligence de la vérité. On ne goûte pas les plaisirs de la science, si la vérité se présente à nous comme un gâteau tout préparé. Or le plaisir de la connaissance compense à peine la fatigue de l'étude ; et l'intérêt pratique ou la gloire qui s'attache au savoir doivent souvent soutenir notre effort.

Il en est de même de l'art, bien que la condition de l'art dans l'avenir promette d'être meilleure que celle de la science. Même dans l'art, les génies créateurs sont destinés à devenir de plus en plus rares, à mesure que l'humanité laissera derrière elle la vie, tout entière attachée au présent, qu'elle menait dans son enfance, et s'éloignera de l'idéal transcendant qui charmait les rêves de sa jeunesse; qu'elle s'attachera modestement à bâtir dans un but d'utilité pratique, et en le disposant prudemment pour l'avenir, l'édifice qui doit lui servir d'abri sur la terre; à mesure enfin que l'âge mûr de l'humanité consacrera ses plus grands efforts aux problèmes de l'économie sociale ou de la science pratique. L'art n'est plus ce qu'il était pour la jeunesse de l'humanité, le Dieu auguste qui dispense la félicité; il n'est plus qu'un amuseur, qu'on écoute d'un esprit distrait pour se délasser des fatigues du jour; un remède contre l'ennui ou un divertissement, qui repose du sérieux des affaires. Aussi voit-on se répandre de plus en plus ce goût superficiel qui constitue le dilettantisme dans l'art. L'art sérieux, dont les jouissances demandent à être conquises par des efforts dévoués, est délaissé tous les jours. Que peut être la production artistique? L'âge mûr de l'humanité, qui n'a plus d'idéal, ne se montre plus naturellement capable que des œuvres superficielles d'un dilettantisme facile, habile à manier la forme et à vivre sur les trésors du passé. Il ne naît plus d'artiste de génie, parce que le temps n'en a plus besoin, parce que ce serait, comme on dit, jeter des perles à des pourceaux; ou encore parce que l'âge favorable à l'éclosion du génie artistique a disparu, et fait place à un âge plus sévère. Pour prévenir tout malentendu, je ferai remarquer expressément que je ne prétends pas tracer ici le portrait du présent; je décris un avenir, au seuil duquel nous nous trouvons, et dont le présent peut nous donner un avant-goût. L'art est condamné en général à n'être pour l'âge mûr de l'humanité que ce que sont le soir pour les boursicotiers de Berlin les farces des théâtres de notre capitale. Cette manière de voir se fonde sur l'analogie que présentent avec le développement de l'humanité les divers âges de la vie de l'individu, et sur la confirmation que ce rapprochement reçoit de l'évolution déjà accomplie et du but assez évident auquel la prochaine période paraît tendre.

Les instincts pratiques, qui reposent sur l'illusion, comme l'amour et l'honneur, peuvent être examinés à un triple point de vue. Ou les hommes ne réussiront pas à en dissiper l'illusion, et alors la souffrance qu'ils causent est sans remède; ou les hommes s'en affranchiront complètement: alors avec les plaisirs qui en viennent disparaîtront sans doute aussi les maux qu'ils engendrent, et les hommes deviendront relativement beaucoup plus heureux; mais ils n'auront fait ainsi que se rapprocher de l'état d'indifférence, où la sensibilité est égale à zéro; ils auront acquis en même temps la conscience de leur pauvreté et du vide de leur cœur. On peut assurément comparer ce double état à celui de l'avare, qui se sent heureux en pensant aux trésors qu'il croit renfermés dans sa cassette, et qui, un beau jour, ouvre la cassette et la trouve vide. Encore cet exemple ne nous rappelle-t-il pas la souffrance réelle, qui se mêlait dans la première période à l'illusion du bonheur. Le troisième cas possible et en même temps le plus vraisemblable, c'est que les hommes ne réussiront qu'à se soustraire en partie à l'empire de ces instincts. Ils seront bien capables d'en démêler parfaitement la nature illusoire, et par là sauront affaiblir à l'aide de leur raison la force du désir; mais ils ne seront pas en état d'étouffer complètement le désir en eux-mêmes. Nous trouvons réunis dans ce troisième état les maux des deux autres. L'avare, qui a bien vu que sa cassette est vide, devient assez fou pour affirmer qu'elle est encore pleine, bien que sa raison lui affirme clairement le contraire: il n'a pourtant pas tellement perdu tout bon sens, qu'il ne reconnaisse qu'il est devenu fou, mais il ne peut se guérir de sa folie. L'homme, dans cet état, a donc à la fois la conscience de la misère extrême de la vie, de la nature illusoire du plaisir et de la peine, qui naissent de ses instincts, et sait que la peine l'emporte de beaucoup sur le plaisir. Il connaît clairement les souffrances auxquelles il est condamné; et, en même temps que la raison fait effort pour comprimer les instincts qui le tourmentent, il a le sentiment douloureux de l'impuissance de sa volonté raisonnable à triompher des impulsions de l'instinct. Goethe dit avec une grande raison : « Celui qui détruit l'illusion en soi et chez les autres est bientôt châtié par la nature, ce tyran impitoyable » (*Œuvres*, XL, p. 386); et pourtant l'illusion de l'humanité sera détruite, cela doit être et sera. Ce sera une tâche douloureuse et lamentable que d'en finir avec l'illusion : quelque chose comme la pression brutale de la main qui arrache le dormeur à ses rêves charmants, et le ramène aux tourments de la réalité. Mais le monde doit marcher en avant. L'humanité ne saurait atteindre son but en rêvant. Ce n'est qu'à travers les luttes, les efforts, la douleur qu'elle arrivera à la délivrance. L'individu comprend sagement que le seul moyen de faire cesser l'antagonisme de la raison et de l'instinct, c'est de sacrifier complètement l'égoïsme. Il s'élève au renoncement absolu, et conçoit que l'amour et l'instinct de fonder une famille servent les intérêts de l'humanité future, en créant une génération nouvelle qui travaillera aux fins de l'évolution des choses. Mais il serait évidemment contradictoire qu'une génération n'existât jamais que dans l'intérêt de la suivante, et que chaque génération fût en soi malheureuse. Cette marche en avant, poursuivie sans trêve, suggère inévitablement la pensée que l'évolution de l'humanité n'a pas sa raison d'être en elle-même, et tend à la réalisation d'un but caché et étranger. Nous réfuterions aisément de ce point de vue ceux qui nous objecteraient que les instincts illusoires, comme l'honneur, le désir d'acquérir, l'amour, favorisent le développement de l'humanité. On ne peut leur contester cela; mais ces instincts n'en doivent pas moins être considérés comme stériles pour le bonheur, puisque nous sommes obligés de reconnaître que le progrès de l'humanité ne sert en rien à sa félicité. On oublie, en faisant ces objections, que le processus du monde n'est en soi que la somme de ses moments successifs.

Examinons les progrès si vantés que le monde aurait réalisés. En quoi consistent-ils? quelle félicité procurent-ils? — On n'est sans doute pas en droit d'exalter les progrès de l'art. Si les œuvres de l'art moderne sont plus riches par l'idée, celles de l'art ancien l'emportaient par la perfection de la forme. Si les Grecs revenaient au monde, ils auraient parfaitement le droit de déclarer que notre art, dans tous les sens, est barbare au plus haut point. (Qu'on songe à nos romans, à nos pièces de théâtre, à nos expositions de statues et de tableaux, à nos monuments, au goût dominant dans la musique.) Plus l'idée que doit traduire l'œuvre d'art menace de briser la forme esthétique où on l'enferme comme insuffisante pour son expression, plus les œuvres produites s'écartent de la véritable fin de l'art : l'harmonie de la forme et de l'idée. L'espace nous fait défaut malheureusement pour développer ces indications.

Les progrès de la science, au point de vue purement théorique, contribuent peu ou point au bonheur du monde : au point de vue pratique, ils favorisent le progrès politique, social, moral et industriel. L'influence de la science sur le progrès moral me paraît insignifiante, et je ne vois pas que le progrès politique et social ait beaucoup à en attendre ; la théorie fait presque toujours place aux instincts pratiques dans la réalisation des diverses formes du progrès. La science est sans doute d'un prix incontestable pour le progrès industriel. Mais à quoi servent pour le bonheur de l'homme les perfectionnements de notre industrie ? A rien autre chose, évidemment, qu'à faciliter le progrès social et politique, qu'à multiplier les commodités de la vie, et certainement aussi à augmenter le luxe inutile. La science produit ces résultats en partie directement, en partie parce qu'elle facilite et perfectionne les associations industrielles. Mais les fabriques, les bateaux à vapeur, les chemins de fer, les télégraphes n'ont produit rien de positif pour le bonheur de l'humanité. Ils n'ont fait qu'amoindrir en partie les embarras, les incommodités qui resserraient, comprimaient jusqu'ici l'activité humaine. Si une culture plus intelligente du sol et la facilité plus grande des communications avec les régions moins peuplées ont assuré aux peuples civilisés des approvisionnements plus abondants, le résultat obtenu a été uniquement l'élévation considérable du chiffre de la population chez les nations civilisées. Mais il s'agit de savoir si le bonheur ou l'infortune, soit de l'individu, soit de la société, ont été par là augmentés? Que l'on songe que le progrès de la population augmente le nombre de ceux qui sont toujours sur le point de mourir de faim : et l'on en compte déjà des millions! L'accroissement des productions du sol, le progrès du bien-être et du luxe mesurent ensemble le progrès de la richesse nationale, et, par suite, des biens de la terre. Mais ce dernier progrès ne correspond pas à l'accroissement du bonheur positif. Il ne fait, d'un côté, qu'augmenter la population, et, par suite, la souffrance humaine; de l'autre, il tire tout son prix de l'illusion produite par le désir de la richesse; enfin, son résultat le plus heureux se réduit en définitive à diminuer la souffrance, et à rapprocher seulement l'humanité de l'état d'indifférence absolue, que la sensibilité n'atteindra jamais. Le seul avantage positif, que l'humanité retire du progrès du bien-être général, c'est que les forces qu'elle dépensait autrefois dans sa lutte contre la nécessité, sont maintenant libres pour les travaux de l'esprit, et servent à rendre plus rapide l'évolution du monde. Mais ce résultat intéresse le progrès de l'évolution générale, nullement le bonheur des individus ou des nations engagés dans l'évolution. C'est par suite d'une illusion qu'ils croient travailler pour eux, en augmentant la richesse nationale.

Les derniers grands progrès du monde, que nous avons à considérer, sont les progrès politiques et sociaux. Supposons que l'idéal de l'État soit réalisé, et que l'humanité ait entièrement achevé son évolution politique. Qu'est-ce, au fond, que l'état politique qu'elle aura ainsi constitué? Une coquille d'escargot sans habitant, une forme vide dont le contenu doit être emprunté ailleurs. L'humanité ne vit pas pour avoir un gouvernement; mais elle crée un gouvernement afin de pouvoir vivre (dans le sens le plus élevé du mot). L'État ne fait qu'accomplir une tâche purement négative. Il protége, assure, défend, etc. Là où l'État se charge d'un rôle positif (comme lorsqu'il veut instruire les citoyens), il empiète sur les attributions de la société : cette intervention, sans doute, est nécessaire, lorsque la société n'est pas encore mûre pour sa tâche. L'établissement du gouvernement le meilleur ne fait que permettre à l'homme de commencer à vivre, sans avoir à redouter les aggressions injustes; de développer ses forces et ses facultés dans toutes les directions, à condition de respecter chez les autres les mêmes droits que l'État lui accorde. L'État idéal se borne donc, en quelque sorte, à préparer le terrain sur lequel il reste ensuite à l'individu à construire, s'il le peut, l'édifice de sa félicité propre.

La réalisation de l'idéal économique de la société n'aurait pas non plus un autre résultat. Les hommes y apprendraient à rendre plus facile aux individus la lutte qu'ils soutiennent contre la misère, par l'application des principes de la solidarité et de l'association, et par d'autres moyens de secours. Ils sauraient adoucir les tourments, les soucis, que le désir de fonder une famille attire sur chacun d'eux, par une organisation meilleure des relations domestiques; à remplir, au prix de sacrifices moins pénibles, le devoir d'élever leurs enfants, etc. — Mais il ne serait toujours question, dans tout cela, que d'adoucir des maux, non d'atteindre une félicité positive. On serait trompé par l'apparence, si l'on croyait devoir faire une exception pour l'accroissement par l'association du bien-être général; mais nous avons déjà traité ce point.

Telles sont les formes générales, sous lesquelles peut être conçu le progrès du monde. En tant qu'un avantage positif s'y trouve réalisé, elles ne font que tirer l'homme de l'abîme de misères où il était plongé, pour rapprocher de plus en plus sa sensibilité de l'état de la parfaite indifférence. Si les fins idéales que le progrès poursuit se trouvaient réalisées, l'humanité aurait atteint le zéro ou l'état d'indifférence dans toutes les directions de son activité.

TROISIÈME STADE DE L'ILLUSION.

Mais l'idéal reste toujours l'idéal; l'humanité peut s'en rapprocher sans cesse sans l'atteindre jamais. Le monde n'arrivera donc jamais à cet état de haute indifférence vers lequel il tend sans cesse : il restera toujours enfoncé dans la souffrance de l'état inférieur à celui-là.

On peut se rendre compte encore de l'influence sur la félicité générale des progrès réalisés dans le monde, sans se préoccuper de savoir en quoi ils consistent. Il suffit de s'éclairer de l'exemple de ce qui se passe chez l'individu. Celui qui s'élève à une condition meilleure ressent du plaisir, dans la transition d'un état à l'autre. Mais il voit cette satisfaction s'évanouir bien vite, à son grand étonnement. L'état nouveau et ses avantages lui paraissent maintenant tout naturels; et il ne se sent pas le moins du monde plus heureux que dans l'état précédent. (Il lui serait beaucoup plus pénible de déchoir qu'il ne lui a été doux de s'élever.) Il en est de même d'une nation, de l'humanité entière. Qui se sent plus heureux de vivre aujourd'hui qu'il y a trente ans, parce qu'il voit des chemins de fer qui n'existaient pas alors? Et si les personnes âgées ont conservé le sentiment de la révolution qui s'est opérée dans les voies de communication, ceux-là n'en ressentent rien, à coup sûr, qui sont nés depuis que les chemins de fer existent. Le développement de nos ressources n'a fait qu'ajouter à nos désirs, à nos besoins, et par suite à notre mécontentement. Lors même que l'humanité parviendrait à prévenir les maladies contagieuses par la prophylaxie et la nosophorie; les maladies héréditaires en faisant présider la raison aux unions sexuelles (en laissant se produire en toute liberté et en débarrassant des entraves contre nature qu'on lui a imposées la concurrence vitale dans les relations des sexes); à écarter enfin les autres maladies par les progrès de l'hygiène et de la médecine; quand même nous réussirions à tirer nos aliments par des procédés chimiques de fabrication des matières inorganiques, et que nous saurions les accroître sans avoir besoin de mesurer les satisfactions données à l'instinct de la reproduction sur les ressources alimentaires que la terre fournit elle-même : tous ces progrès ne nous assureraient aucun bien positif, et ne feraient qu'écarter ou du moins amoindrir les maux les plus affligeants et en partie les plus contraires à la nature, parmi ceux qui tiennent aux conditions physiques et sociales du temps présent. Mais en même temps s'imposerait plus impérieusement à la conscience la question de savoir que faire de cette vie nouvelle. Par quel bien d'un prix véritable absolu en combler le vide? Quelle raison aurait-on de supporter une vie, dont les considérations précédentes nous ont appris à peser le fardeau?

Auparavant, les souffrances que la vie nous fait éprouver étaient rapportées aux conditions mauvaises, aux imperfections des choses extérieures comme à leurs causes ; et l'on croyait qu'il suffisait, pour réaliser un état meilleur, d'écarter les maux qui se font le plus vivement sentir dans chaque cas particulier. On reconnaît chaque jour davantage qu'il est faux de projeter ainsi au dehors la cause de nos peines. A mesure que le progrès supprime les imperfections les plus sensibles du monde, on s'aperçoit davantage qu'il n'est pas possible de se faire illusion sur l'imperfection essentielle de notre volonté propre, et de la rejeter sur des choses extérieures. On acquiert la conviction que la douleur est inhérente à la volonté ; que le mal de la vie est attaché à la vie même, et paraît plus dépendant des circonstances extérieures qu'il ne l'est en réalité. C'est ainsi que plus on approche de l'idéal de la vie la meilleure qui puisse être atteinte sur la terre, et plus on se sent pressé impérieusement de s'interroger sur le prix absolu de la vie. Le temps ne fait qu'éclairer davantage la nature illusoire de la plupart de nos joies positives; et nous convainct chaque jour que le malheur habite dans notre propre cœur, comme un démon changeant qui se rit éternellement de nous et que rien ne peut chasser dehors. Selon saint Paul, la loi donnée aux Juifs était justement de donner au péché toute sa force (I Cor., xv, 56); ainsi le *plus grand progrès que le monde puisse réaliser, c'est de donner toute sa force à la conscience pessimiste dans l'humanité*. Et c'est parce que le progrès consiste en cela, et uniquement en cela, que le devoir de travailler le plus possible au progrès du monde est un postulat pratique. Tandis que les hommes ne désirent d'ordinaire la réalisation du progrès que parce qu'ils espèrent y trouver le bonheur, nous ne pouvons voir dans leur espérance que l'illusion salutaire propre à la troisième période de l'illusion. L'Inconscient, dans un but pratique, provoque les hommes à des actes qu'ils n'auraient pas eu d'ordinaire le courage d'entreprendre, s'ils avaient démêlé les véritables desseins de l'Inconscient. En travaillant à développer la conscience jusqu'à ce que la conscience de l'humanité entière soit devenue pessimiste, nous réalisons la fin de l'Inconscient, laquelle prépare immédiatement la fin suprême (comme nous le verrons au chapitre suivant). Il faut reconnaître que, de notre point de vue, la réalisation du progrès du monde n'est un devoir si impérieux, que parce qu'elle sert à ce but.

En résumé, dans la première période de l'illusion, nous avons vu que les peuples voisins de la nature ne sont pas plus malheureux, au contraire, sont plus heureux que les peuples civilisés; que les hommes des conditions pauvres, si basses et si grossières, sont plus heureux que ceux des classes riches, élevées et cultivées; que les pauvres d'esprit sont plus heureux que les gens intelligents : qu'en un mot un être est d'autant plus heureux que son système nerveux est plus obtus, parce que le plaisir y domine moins la douleur, et que l'illusion y est plus complète. Or le développement progressif de l'humanité provoque celui non seulement de la richesse et des besoins, mais encore de la sensibilité du système nerveux, des aptitudes et de la culture de l'esprit, par suite amène la prédominance des sensations de la souffrance sur celles du plaisir et la ruine de l'illusion; c'est-à-dire éveille la conscience de la misère de la vie, de la vanité de presque toutes nos jouissances et de nos entreprises, rend enfin plus profond le sentiment du malheur de la vie. La conscience de notre malheur s'accroît donc avec notre malheur lui-même, ainsi que l'expérience le montre. L'affirmation tant de fois répétée que le bonheur du monde correspond au progrès de sa perfection repose sur une vue toute superficielle. (Je recommande cette réflexion à ceux qui ne reconnaissent pas avec moi qu'actuellement la somme des souffrances dans le monde l'emporte sur celle des plaisirs.)

La souffrance n'a fait que croître dans le monde avec le développement organique depuis la cellule primitive jusqu'à l'apparition de l'homme. Elle suivra le développement progressif de l'esprit humain, jusqu'à ce que le but suprême soit atteint. Rousseau jugeait avec la légèreté d'un enfant, lorsque, de ce fait que la souffrance va toujours en augmentant, il tirait cette conclusion : que le monde doit revenir en arrière et reculer, s'il est possible, jusqu'à son enfance. Comme si l'enfance de l'humanité n'avait pas aussi connu la souffrance ! C'est en vain que l'on reculerait plus loin, plus loin encore, jusqu'au jour de la création. Mais nous n'avons pas le choix; il faut marcher en avant, lors même qu'on ne le voudrait point. Non pas que l'âge d'or soit devant nous : c'est l'âge de fer qui nous attend. Le rêve d'un âge d'or futur est encore bien plus vain que celui d'un âge d'or passé. Si le voyageur sent d'autant plus son fardeau qu'il l'a porté plus longtemps, la souffrance de l'humanité et la conscience de sa misère ne feront aussi que croître à l'infini. On peut encore ici s'éclairer de l'exemple de l'individu. L'enfant commence par vivre tout entier dans le présent; le jeune homme rêve un idéal transcendant; l'homme fait aspire à la gloire, puis à la fortune, puis à la sagesse pratique; enfin le vieillard, reconnaissant la vanité de tous les efforts, n'aspire plus qu'après la paix, et penche sa tête fatiguée pour se reposer : il en est de même de l'humanité. Nous voyons les nations naître, grandir et disparaître : l'humanité aussi nous montre qu'elle vieillit par les symptômes les plus évidents. Comment douter qu'après avoir déployé toute sa force dans sa maturité, elle entrera aussi dans la vieillesse ! Elle se bornera alors à vivre sur le fond de la sagesse pratique et théorique des âges écoulés ; et, mûre pour la contemplation, elle rassemblera douloureusement dans une vue d'ensemble toutes les souffrances et les folles agitations de sa vie passée, et reconnaîtra la vanité des fins qu'elle croyait poursuivre jusque-là.

Il y a pourtant une différence entre l'humanité et l'individu. L'humanité vieillie ne laissera pas après elle d'héritier qui puisse tirer profit des richesses accumulées dans son sein : elle n'aura ni enfants, ni petits-enfants, pour troubler par les illusions de l'amour paternel la sûreté de son jugement. Elle tombera alors dans cette mélancolie supérieure que les hommes de génie ou encore les vieillards de grande intelligence ressentent habituellement. On la verra flotter en quelque sorte au-dessus de son propre corps, comme un esprit détaché de la matière ; ou, comme Œdipe à Colonne, goûter par anticipation la paix du néant et assister aux souffrances de sa propre existence, comme à des maux étrangers. Ses maux ne lui causeront plus aucune souffrance, mais ne lui inspireront qu'une sorte de compassion pour soi-même. C'est là cette clarté céleste, cette paix divine qui s'étend sur toute l'éthique de Spinoza. Les passions s'y sont évanouies dans les profondeurs de la raison, et résolues en idées à la pure clarté de la pensée. Supposons que cet état d'insensibilité absolue ait été enfin réalisé ; admettons qu'au lieu de pâtir, l'individu ne ressente plus pour lui-même qu'une sorte de compassion purement intellectuelle : la douleur, c'est-à-dire la peine, ne cesse pas pour cela. Les illusions sont tuées, l'espérance est anéantie : car, qu'espérer encore ? L'humanité fatiguée de mourir traîne son enveloppe fragile de terre, et traverse péniblement la série de ses jours. Le but le plus haut qu'elle poursuive doit être l'absence de douleur : elle ne peut plus songer à rechercher un bonheur positif. Le demanderait-elle à la vaine satisfaction de savoir que tout est vanité, ou que, dans sa lutte contre les vaines puissances du désir, la raison est désormais habituellement victorieuse? Assurément non. Cette vanité la plus vaine de toutes, l'orgueil de la science, est pour jamais bannie de son cœur. L'humanité vieillie ne doit donc pas espérer l'absolue délivrance de la douleur. Elle n'est pas un pur esprit; elle reste faible et fragile; elle doit continuer de travailler pour vivre; et elle ne sait pourquoi elle vit. Elle a laissé en arrière toutes les illusions de la vie, et n'atteint et n'espère plus rien de la vie. Comme tout vieillard, qui se rend compte de son état, elle n'a plus qu'un vœu à former : elle demande le repos, la paix, le sommeil éternel sans rêve, pour calmer son ennui. Après avoir traversé les trois périodes de l'illusion, de l'espoir en un bonheur positif, elle a enfin compris la folie de ses poursuites; elle renonce définitivement à tout bonheur positif, n'aspire plus qu'à l'insensibilité absolue, au néant, au Nirwana. Ce n'est plus, comme précédemment, tel ou tel individu, mais l'humanité qui aspire au néant, à l'annihilation. Telle est la seule conclusion à laquelle puisse aboutir la troisième et dernière période de l'illusion.

Nous avons commencé ce chapitre, en nous demandant ce qui est préférable de l'existence ou de la non-existence du monde. Après un examen sérieux, nous avons dû répondre que toute existence dans le monde porte avec soi plus de peine que de plaisir; qu'il aurait été préférable que le monde n'existât pas. Les causes de cette prédominance de la douleur nous ont paru se réduire, dans l'étude de la première période de l'illusion, à celles qui font que tout vouloir produit nécessairement plus de peine que de plaisir, que tout vouloir est insensé et déraisonnable. Il était facile déjà d'entrevoir la conclusion. Toute l'étude qui a suivi n'a été que la démonstration empirique et inductive de cette conclusion : nous ne pouvions nous abstenir de la présenter, si nous voulions assurer notre marche.

Si le lecteur, qui a eu la patience de me suivre jusqu'ici, trouve cette conclusion désolante, je dois lui déclarer qu'il s'est trompé, s'il a cru trouver dans la philosophie une consolation et une espérance. De tels besoins trouvent leur satisfaction dans les livres de religion et de piété. La philosophie poursuit à tout prix la vérité; et n'a pas à se préoccuper de savoir si ce qu'elle trouve plaît ou non au jugement sentimental de ceux qui sont encore engagés dans l'illusion de l'instinct. La philosophie est dure, froide et insensible comme la pierre. Elle ne vit que dans l'éther de la pure pensée, et ne poursuit que la froide connaissance de ce qui est, des causes et de l'essence des choses. Si l'homme n'est pas assez fort pour admettre courageusement les conclusions de la pensée; si son cœur, contracté par l'affliction, se glace d'horreur, se brise de désespoir, ou se fond dans la conscience de la douleur universelle; et si, pour ces raisons, les ressorts de la volonté pratique sont détendus en lui : — la philosophie enregistre tous ces faits comme des données précieuses pour ses recherches psychologiques. Elle n'observe pas avec moins d'intérêt les dispositions plus énergiques avec lesquelles une autre âme accepte la vérité; la sainte indignation, la colère virile qui lui font grincer des dents; la rage froide et contenue que lui inspire le carnaval insensé de la vie; ou, encore, la fureur méphistophélique qui se répand en plaisanteries funèbres, et, dans un mélange de pitié contenue et de raillerie sans frein, jette un regard de souveraine ironie sur les malheureux qui s'enivrent de l'illusion du bonheur, comme sur ceux qui se répandent en lamentations sur la vie; ou, enfin, l'effort d'une âme qui lutte contre la fatalité pour sortir de cet enfer par une suprême tentative d'affranchissement. La philosophie elle-même ne voit dans le malheur sans nom de l'existence — que la manifestation de la folie du vouloir — qu'un *moment transitoire du développement théorique du système.*

XIV

LE BUT DE L'ÉVOLUTION UNIVERSELLE ET LE RÔLE DE LA CONSCIENCE

(Passage à la philosophie pratique.)

Nous avons déjà reconnu, au chapitre xii de la 3º partie (340-342 du 2º vol.), que la série des fins ne saurait être, comme celle des causes, infinie. Chaque fin dans la série n'est, par rapport à la suivante, qu'un moyen; et l'intelligence qui conçoit les fins doit avoir présente à la pensée toute la série des fins qui seront successivement réalisées. Or, une série infinie ne peut être, comme un tout achevé, présente à la pensée (voir nos « *Études et Essais* sur le panlogisme de Hégel. La série des fins doit donc être finie : il faut qu'il y ait une fin dernière ou suprême, à laquelle soient suspendues toutes les fins intermédiaires. Nous avons vu encore, p. 346-415 et 465 du 2ᵉ vol., que la justice et la moralité ne sauraient être par nature des fins absolues, mais seulement des fins intermédiaires. Le chapitre précédent a établi que le bonheur positif n'est pas le but de l'évolution universelle. Aucune période de l'évolution ne nous le montre réalisé, et nous découvre plutôt que son contraire, le malheur et la souffrance, se produisent seuls, et que le progrès du monde, en détruisant l'illusion et en développant la conscience, ne fait qu'accroître le mal Il est tout à fait déraisonnable, d'un autre côté, de vouloir que l'évolution du monde soit à elle-même sa propre fin, c'est-à-dire d'en faire le bien absolu. Elle n'est que la somme des moments successifs qui la composent; et, si chacun de ces moments n'a aucun prix ou même est mauvais, la somme, à son tour, l'évolution totale est mauvaise. On donne quelquefois la liberté comme le but de l'évolution. La liberté, à mes yeux, n'est rien de positif, mais une pure privation, l'affranchissement de toute contrainte.

Je ne comprends pas pourquoi on la regarderait comme la fin du processus du monde. Si l'Inconscient est l'Un-Tout, rien n'existe qui puisse exercer sur lui une contrainte. Si le mot de liberté s'applique à quelque chose de réel, ce ne peut être qu'à la conscience de la nécessité intérieure, au caractère formel d'une existence raisonnable, comme dit Hégel. Le progrès de la liberté est identique en ce sens à celui de la conscience. Nous arrivons ici à une conséquence plusieurs fois présentée déjà. Si la fin de l'évolution universelle doit se rencontrer quelque part, ce ne peut être que dans la direction où nous voyons, autant qu'il nous est possible, la marche de l'évolution correspondre à un progrès déterminé, constant, à un perfectionnement graduel.

Or, cela ne se rencontre que dans le développement de la conscience, de l'intelligence consciente. Le progrès se réalise ici sans interruption, depuis l'apparition de la première cellule jusqu'à l'humanité dans son état actuel, et très-vraisemblablement se continuera plus loin encore, tant que le monde subsistera : Hégel le dit (XIII, p. 36). « Tout ce qui arrive dans le ciel et sur la terre, ce qui arrive éternellement, la vie de Dieu, et tout ce qui se produit dans le temps, n'exprime que la tendance de l'Esprit à se connaître, à faire de soi son propre objet, à se retrouver, à exister pour soi, à s'unir à soi. L'Esprit se dédouble, devient étranger à soi, mais afin de pouvoir se retrouver soi-même, afin de pouvoir revenir à soi-même. » Schelling dit dans le même sens : « Pour la philosophie transcendantale, la nature n'est que l'organe de la conscience de soi; tout dans la nature est nécessaire, parce que la conscience de soi n'est possible que dans une nature ainsi conformée » (Œuv. I, 3, p. 273); « La conscience, voilà la fin unique de la création tout entière » (II, 3, p. 369). A la production de la conscience sert l'individuation avec son cortège d'égoïsme, d'actions injustes, et de souffrances imméritées ; au développement de la conscience concourent le désir de la richesse, lequel, en augmentant le bien-être, assure la liberté des forces de l'esprit ; la vanité, l'ambition, la passion de la gloire, ces stimulants de l'activité intellectuelle ; l'amour des sexes, qui amène le perfectionnement des aptitudes intellectuelles ; bref, tous les instincts utiles, qui causent à l'individu plus de souffrance que de plaisir, et imposent souvent les plus grands sacrifices. C'est donc dans la direction tracée par le développement de la conscience, que la fin de l'évolution universelle doit être cherchée. La conscience est sans doute la fin la plus élevée dans la nature, dans le monde. Il reste encore à se demander si elle est réellement la fin suprême, sa propre fin à soi-même ; ou si elle ne sert pas à une autre fin.

La conscience ne peut être certainement sa propre fin à soi-même. Elle est engendrée dans la douleur ; elle ne prolonge son existence que dans la douleur ; c'est au prix de la douleur, enfin, qu'elle achète son développement. Et quelle compensation pour tant de maux ? Elle n'est que le miroir, où l'être goûte la vaine satisfaction de se contempler. Si le monde était bon et beau, on pourrait approuver cette vaine complaisance en soi-même qui le porte à contempler sa propre image dans le miroir de la conscience : ce serait toujours une faiblesse pourtant. Mais un monde absolument malheureux, qui ne peut trouver aucune joie à voir sa propre misère ; qui doit maudire son existence, du moment où il sait la juger : un tel monde regarderait ce redoublement apparent et purement idéal de soi-même dans le miroir de la conscience comme la fin raisonnable, la fin absolue de son être ? N'y a-t-il pas assez de souffrances dans la réalité ? est-il nécessaire de les reproduire encore une fois dans la lanterne magique de la conscience ? Non, la conscience ne peut être la fin suprême d'un monde, dont l'évolution est dirigée par la haute sagesse de l'Inconscient.

Autrement l'Inconscient n'aurait fait que doubler le malheur de l'existence, que déchirer ses propres entrailles. On doit encore moins admettre que la détermination purement formelle de l'action par les lois de la raison consciente puisse être raisonnablement la fin absolue. A quoi sert à la raison de déterminer l'action, ou à l'action d'être déterminée par la raison, si cela ne doit pas contribuer à diminuer la souffrance? Si l'être et le vouloir, le malheur de l'être et du vouloir n'existaient pas déjà, la raison n'aurait pas besoin de se fatiguer à les gouverner. La conscience et son perfectionnement progressif, dans le processus du développement universel, ne sont donc en aucun cas la fin véritablement absolue. La conscience n'est qu'un moyen en vue d'une autre fin. Autrement, il faut dire qu'elle ne répond à aucune fin, qu'elle est comme suspendue en l'air. Et, par suite, tout le processus du monde cesse d'être un développement véritable; la série des fins, dans la nature, n'aboutit pas à une fin dernière, et ne se rattache à rien, elle n'est plus, à vrai dire, un système de fins et doit être déclarée sans raison. Une telle hypothèse contredit la sagesse absolue que nous avons reconnue à l'Inconscient. Il nous faut donc chercher une fin, dont le développement de la conscience soit le moyen.

Où prendre une telle fin? L'observation du processus lui-même et de l'élément qui, en lui, croît et progresse essentiellement, nous a déjà conduits à reconnaître que cet élément, c'est la conscience : la moralité, la justice, la liberté ont été déjà écartées.

Nous avons beau creuser, réfléchir, nous ne découvrons aucun autre principe auquel un prix absolu puisse être attribué, que nous puissions considérer comme fin en soi, rien qui touche si profondément la nature propre, l'essence interne du monde, que *le bonheur*. Tout ce qui vit tend au bonheur; la recherche du bonheur fait la force des motifs qui agissent sur notre volonté, détermine nos actions conscientes ou inconscientes. C'est sur le bonheur que reposent, malgré leurs formes diverses, tous les systèmes de philosophie pratique, lors même qu'ils renient leur principe. L'aspiration au bonheur est le plus profond de tous les instincts, l'essence même de la volonté qui cherche à se satisfaire. Pourtant les recherches du chapitre précédent nous ont appris que ce désir est insensé; que l'espoir de le satisfaire repose sur une illusion, et ne nous prépare que la souffrance de la déception; que ce qu'il y a de vrai au fond de ce désir, c'est que l'existence est un mal. Nous avons reconnu que le développement progressif de la conscience n'aboutit qu'à un résultat négatif : il nous permet graduellement d'entendre la nature illusoire de l'espérance, la folie du désir du bonheur. Il y a donc un antagonisme profond entre l'instinct de la volonté qui aspire à une satisfaction, à une félicité absolue, et l'intelligence que la conscience affranchit de plus en plus de la servitude de l'instinct. Plus la conscience s'élève et se perfectionne dans le cours du développement universel, plus elle s'émancipe de la sujétion aveugle qui la soumettait au début à la volonté sans raison; plus elle démêle la vanité des illusions que l'instinct éveillait en elle, afin de dissimuler sa déraison; plus elle s'oppose énergiquement aux efforts de la volonté pour atteindre le bonheur positif. L'histoire nous la montre, en effet, luttant pied à pied contre le vouloir, renversant l'une après l'autre les illusions derrière lesquelles il s'abrite. Son œuvre ne sera entièrement achevée, que lorsqu'elle aura complétement anéanti son ennemi. Après qu'elle aura détruit toutes les illusions, il n'y aura plus place en elle que pour la conviction que tout vouloir conduit au malheur; et que le renoncement nous mène au meilleur état qui se puisse atteindre, à l'absence de toute souffrance. Cette lutte victorieuse de la conscience contre la volonté ressort pour nous, comme une vérité empirique, de l'étude du processus du monde. Mais ce n'est là rien moins qu'une vérité empirique : cette lutte résulte logiquement de l'idée même de la conscience, et le développement de la conscience la produit comme une conséquence nécessaire. Le chapitre III a établi que la conscience est essentiellement l'émancipation de l'intellect à l'égard de la volonté. Dans l'Inconscient, au contraire, l'Idée n'apparaît que comme la servante de la Volonté, parce que rien n'existe alors que la Volonté, d'où elle puisse recevoir l'existence qu'elle ne peut se donner à elle-même (voir ch. I, p. 16 du t. II).

Nous savons, en outre, que dans le domaine de l'Idée domine la logique, la raison ; et que la Volonté est de sa nature aussi étrangère à la raison que celle-ci l'est à la Volonté. Aussi doit-on s'attendre à ce que l'Idée, aussitôt qu'elle aura conquis le degré nécessaire d'indépendance, ne pourra s'empêcher de condamner le principe opposé à la raison (antilogique) qu'elle découvre dans la Volonté, laquelle est par elle-même sans raison (alogique); et qu'elle s'efforcera de l'anéantir totalement. Le chapitre précédent nous a aussi montré que le vouloir engendre toujours plus de peine que de plaisir; que la Volonté en poursuivant le bonheur n'atteint que son contraire, la souffrance; qu'elle ne fait, dans sa lamentable folie, que travailler à son propre mal, qu'enfoncer elle-même ses dents dans sa chair; et que l'excès de sa déraison est tel qu'aucune expérience ne peut l'éclairer assez pour qu'elle renonce à son funeste vouloir. Il suit nécessairement de cette triple considération que la conscience, aussitôt qu'elle est assez éclairée, assez pénétrante, assez étendue, démêle de plus en plus la déraison du vouloir et la folie de l'aspiration au bonheur ; et qu'elle doit la combattre et travailler à l'anéantir. Cette lutte, que nous n'avions jusqu'ici constatée qu'à posteriori, n'est donc pas un fait accidentel, mais elle résulte nécessairement de la création même de la conscience ; elle y était à priori préconçue. Mais, d'un côté, la conscience est la fin dernière qui se réalise dans la nature ou dans le monde ; et nous devons rapporter la conscience elle-même à une autre fin supérieure, qui ne peut être que la plus haute félicité possible. D'autre part, tout effort vers une félicité positive, et le vouloir n'est pas autre chose, est déraisonnable, puisqu'il ne conduit qu'à la souffrance, et que la plus haute félicité qu'il nous soit permis d'atteindre est seulement l'absence de la douleur. Enfin la conscience doit par essence conduire à l'émancipation de l'entendement à l'égard de la volonté, et aboutir par une lutte constante à l'anéantissement du vouloir. Il n'est donc plus douteux que l'Inconscient, dans sa science absolue, qui embrasse à la fois la fin et le moyen, n'a créé la conscience que pour affranchir la volonté de son vouloir funeste, auquel elle ne sait se soustraire elle-même. La fin suprême du processus universel, et la conscience n'en est que l'instrument définitif, c'est donc la réalisation de *la plus haute félicité possible*, qui n'est autre que *l'absence de toute douleur.*

Nous savons que l'organisation du monde actuel est la plus sage et la meilleure ; que le monde doit être considéré comme le meilleur possible, et qu'il est pourtant absolument malheureux, qu'il est pire que le néant. Cela revient à dire (voir concl. du chap. xii de la 3ᵉ partie) que si « la nature, le comment » du monde (son essence) ont été déterminés par une raison souverainement sage, le « fait » de son existence doit être rapporté à un principe absolument étranger à la raison : ce principe ne peut être que la Volonté. Cette considération s'applique au monde dans son ensemble comme aux individus qui le constituent, ainsi que nous l'avons vu depuis longtemps. L'atome corporel est une force attractive ; ce qu'il est et comment il est, c'est-à-dire l'attraction qu'il exerce suivant telle loi déterminée, voilà en lui la part de l'Idée ; le fait de son existence, sa réalité, sa force, voilà la part de la Volonté. De même, le monde envisagé tel qu'il est n'est qu'une Idée de l'Inconscient ; et l'Idée inconsciente, esclave de la Volonté, à laquelle elle doit son existence actuelle et en face de laquelle elle n'a aucune force propre, n'a été ni consultée ni entendue sur le fait de l'existence du monde. La Volonté n'est, essentiellement et avant la création, qu'un principe étranger à la raison (sans raison, sans logique) ; mais, aussitôt qu'il entre en action, les conséquences de son vouloir en font un principe contraire à la raison (déraisonnable, antilogique), parce qu'il poursuit le contraire de ce qu'il veut réellement, à savoir la souffrance (1). Ce vouloir, contraire à la raison, qui est responsable de l'existence du monde, ce vouloir funeste doit être ramené au non-vouloir, à l'absence de douleur, que le néant seul peut assurer : telle est la tâche que se propose le principe logique dans l'Inconscient; et c'est là ce qui détermine « la nature et le comment » du monde. Il s'agit pour la raison de corriger les fautes de la Volonté déraisonnable. L'Idée inconsciente ne se représente pas sans doute la Volonté positivement comme volonté, mais négativement comme la négation du principe logique ou comme sa propre limite, c'est-à-dire comme l'illogique. Mais elle n'a, comme Idée, aucun pouvoir sur la Volonté, parce qu'elle ne peut lui opposer aucune force propre. Elle est obligée de recourir à la ruse; elle profite de l'aveuglement de la Volonté; elle rend le contenu du vouloir tel, que ce dernier, en se réfléchissant sur lui-même dans l'individuation, tombe en lutte avec lui-même, et donne naissance ainsi à la conscience. En d'autres termes, l'Idée fait créer par la Volonté une force indépendante, capable de s'opposer à la Volonté, et va en faire usage pour commencer la lutte contre cette dernière. C'est ainsi que l'évolution de l'univers n'est qu'un combat incessant du principe logique contre le principe illogique, et ce combat doit aboutir à la victoire du second. Si ce triomphe était impossible, le processus de la vie universelle cesserait d'être

---

(1) Ce principe étranger à la raison qui, après coup, devient l'opposé de la raison n'a pas pour cela changé en lui-même. Il est resté en soi simplement étranger à la raison, tant qu'il est sans aucun rapport, sans aucun contact avec le principe logique, et se tient à l'écart de ce dernier. Mais il se pose comme l'adversaire du principe logique, aussitôt que par son acte il entre en rapport avec lui. Car ce dernier ne peut s'empêcher de voir dans cette action de la Volonté aveugle une opposition à sa nature propre, et comme l'opposition de la déraison contre la raison; et, par suite, de combattre en ce sens la Volonté. S'il n'y avait pas un principe raisonnable, si l'autre principe qui est étranger à la raison existait seul, son action ne pourrait être appelée contraire à la raison. C'est donc par un accident que ce qui n'était primitivement qu'étranger à la raison est devenu l'opposé de la raison, et, dans le même sens, il est indépendant de la nature de ce principe qu'il y ait à côté et en dehors de lui un principe logique.

un mouvement progressif vers un but digne d'être poursuivi. On n'aurait plus qu'une évolution sans fin ou un processus, que la nécessité ou le hasard viendrait peut-être quelque jour arrêter à l'aveugle. Ce serait épuiser en vain son intelligence que de vouloir conduire la barque au port. La vie serait absolument désolée, et comme un enfer sans issue. La seule philosophie consisterait alors dans une sourde résignation. Pour nous qui reconnaissons dans la nature et l'histoire le mouvement grandiose et admirable d'un développement progressif; qui croyons au triomphe final de la raison de plus en plus éclairée sur les résistances et l'aveuglement du vouloir déraisonnable : nous confessons notre foi dans la réalité d'une fin, qui sera la délivrance de toutes les souffrances de l'existence ; et nous n'hésitons pas à contribuer pour notre part, sous la direction de la raison, à achever et hâter l'œuvre suprême. (Voir ma démonstration de la suppression de l'évolution par le concept même de l'évolution, *Études et Essais*, sect. D, N° III; fin de l'essai.

La difficulté du problème consiste surtout à définir quelle peut être cette fin suprême de la lutte, la délivrance finale des souffrances du vouloir et de l'existence, et le passage à l'insensibilité du non-vouloir et du néant, bref la suppression totale du vouloir par la conscience. Je ne connais qu'une seule tentative pour résoudre la question, celle de Schopenhauer, au paragraphe 68-71 du premier volume du *Monde comme Volonté et Représentation*. Ce philosophe s'inspire en grande partie des théories obscures présentées dans le même sens par les ascètes mystiques de tous les temps et par la doctrine bouddhiste : Schopenhauer le reconnaît d'ailleurs lui-même. (Voir *Du Monde comme Vol. et Repr.*, t. II, chap. XLVIII.)

L'idée qui domine cette théorie, c'est que l'individu peut individuellement, en s'élevant à la conscience du malheur de la vie et de la déraison du vouloir, supprimer son vouloir propre, et rentrer après la mort dans le néant; ou, comme s'exprime le bouddhisme, cesser de renaître à la vie. Mais il est évident que cette hypothèse est tout à fait en désaccord avec les principes essentiels de Schopenhauer. Son absolue incapacité, qui se trahit partout, de s'élever à la notion du progrès peut seule expliquer sur ce point l'étroitesse de sa manière de voir, et l'impossibilité où il se trouvait de corriger dans son système cette évidente inconséquence. Exposons rapidement en quoi consiste cette contradiction. La Volonté est pour Schopenhauer ἓν καὶ πᾶν, l'essence universelle et unique du monde. L'individu n'est qu'une apparence subjective, et, à la rigueur, non pas même un phénomène véritablement objectif de l'Être. D'ailleurs, lors même qu'il aurait ce dernier caractère, comment pourrait-il anéantir sa volonté individuelle comme un tout distinct, non-seulement par une négation théorique, mais par un anéantissement réel, si le vouloir, qui constitue son individualité, n'est qu'un rayon de la Volonté universelle et unique? Schopenhauer reconnaît lui-même avec raison que le suicide n'assure pas la négation de la volonté; mais il admet que la mort volontaire par inanition est la forme la plus parfaite sous laquelle cette négation puisse se réaliser. (Voir *Monde c. Vol. et Représ.*, 3ᵉ éd., I, 474.) Cette pensée ressemble à une absurdité, si l'on en rapproche cette autre affirmation que « le corps est la Volonté elle-même, comme phénomène objectif perçu dans l'étendue ». On arriverait à cette conséquence directe que la suppression de la volonté individuelle devrait entraîner celle du phénomène extensif ou l'anéantissement du corps lui-même. En tout cas, d'après notre interprétation, la suppression de la volonté individuelle devrait au moins causer momentanément la suspension de toutes les fonctions organiques qui dépendent de la volonté inconsciente, comme les pulsations du cœur, la respiration, etc.; et le corps tomberait en ruines comme un cadavre. Mais cela est impossible matériellement, personne ne peut en douter. D'ailleurs celui qui, pour tuer son corps, est obligé de renoncer à prendre de la nourriture, montre par là qu'il n'est pas en état de nier, et de supprimer directement la volonté inconsciente qui en lui s'attache à la vie.

Admettons d'ailleurs que cette impossibilité se réalisât, qu'en résulterait-il? Un des rayons multiples, une des formes individuelles sous lesquelles la volonté de l'Un-Tout s'est objectivée, celle qui se rapporte à l'individu dont il s'agit, cesserait d'appartenir à la réalité; et cet homme mourrait aussitôt. Mais il ne se produirait rien de plus ni de moins que ce qui a lieu toutes les fois qu'un individu meurt, par quelque cause que ce soit. Pour la Volonté de l'Un-Tout, le cas serait le même que si une tuile était venue tuer l'individu dont il s'agit en tombant sur lui. La volonté inconsciente continue après comme avant, sans avoir rien perdu de ses forces, sans que son désir infini et insatiable de la vie ait été amoindri, à développer la vie partout où elle la rencontre et peut la réaliser. L'Inconscient ne fait pas d'expérience et ne s'instruit pas par l'expérience; son être ou sa substance ne subissent aucune réduction, parce qu'il a cessé d'agir dans une direction particulière. L'effort pour anéantir la volonté de vivre, qui agit dans l'individu, est aussi insensé, aussi stérile, ou plutôt est plus insensé que le suicide, puisque, au prix de plus longues tortures, il n'aboutit qu'à un résultat semblable. Il détruit cette manifestation phénoménale, mais non l'essence même de la volonté inconsciente, qui, pour une individualité phénoménale qui a disparu, s'objective sans cesse dans de nouveaux individus. Toute forme d'ascétisme, toute tentative pour anéantir la Volonté dans l'individu est donc reconnue et démontrée comme une erreur; mais ce n'est qu'une erreur dans le choix des moyens, non dans le but poursuivi. Le but qu'y poursuit l'individu est légitime. Aussi l'ascétisme est-il, à titre d'enseignement isolé, un exemple rare et comme un appel lancé au monde, comme un *memento mori* qui rappelle aux individus le terme où doivent aboutir tous leurs efforts : et en cela consiste le prix de l'ascétisme. Il est au contraire dangereux et mortel, lorsque, s'étendant à des nations entières, il menace d'arrêter l'évolution du monde et de perpétuer le malheur de l'existence. A quoi servirait-il, par exemple, que l'humanité tout entière disparût peu à peu en renonçant à se reproduire? Le monde comme tel continuerait de vivre, et ne se trouverait pas dans une situation essentiellement différente de celle où il était immédiatement avant l'apparition du premier homme sur la terre. L'Inconscient devrait saisir la première occasion de créer un nouvel homme ou une autre espèce analogue ; et toutes les misères de la vie reprendraient leur ancien cours.

Si nous entrons plus profondément dans l'essence de l'ascétisme et de la négation individuelle de la volonté de vivre ; si nous étudions le rôle que l'ascétisme a joué dans l'histoire au temps de son épanouissement dans le bouddhisme pur, il nous apparaît comme le couronnement de la période asiatique de l'évolution qui a précédé l'hellénisme. En lui s'associent le désespoir, qui renonce à la vie présente et à la vie future, et l'égoïsme encore vivace, qui ne songe pas au salut du tout, mais ne se montre préoccupé que du salut de l'individu. Nous avons montré plus haut (p. 461-462) tout ce qu'il y a de corrupteur et de mortel dans cette disposition de la volonté, pour l'humanité et le progrès. Nous voyons maintenant combien est insensé l'individu qui se repose en elle. Elle trompe l'individu par une espérance illusoire de salut; et tous les moyens qu'il emploie dans ce but (par conséquent le quiétisme, je parle non de ce quiétisme des individus ou des nations qui n'est qu'une forme dissimulée de l'épicurisme, mais de celui qui tend à la délivrance de l'individu par la négation individuelle de la volonté de vivre) se découvrent à nous comme également déraisonnables.

Schopenhauer au fond veut dire tout autre chose que ce qu'il dit réellement. Lui aussi il comprend que le seul but qui mérite nos efforts, c'est la négation universelle de la volonté de vivre. Cette pensée s'agite confusément dans son esprit, comme l'indique le passage suivant : « Après ce qui a été dit dans le II⁰ livre sur la solidarité de toutes les manifestations phénoménales de la volonté, je crois pouvoir admettre que la disparition de la manifestation la plus haute de la Volonté (à savoir l'humanité) entraînerait celle du règne animal (qui n'est qu'un reflet affaibli de l'humanité), et aussi celle des degrés inférieurs de l'objectivation de la volonté. C'est ainsi que devant la pleine clarté du jour la pénombre s'évanouit. » (*Monde c. Volonté et Représ.*, 3ᵉ éd., I, 449.) A la page suivante, il renvoie au passage de la Bible (Rom. viii, 22) où il est dit : « Car nous savons que toute créature soupire comme nous » après la délivrance; mais elle attend sa délivrance « de nous qui sommes les premiers-nés de l'esprit ». Ces profonds pressentiments comptent à peine cependant, en regard des affirmations précises et toutes différentes de Schopenhauer. Non-seulement il n'aurait pu développer les premiers qu'en rejetant les dernières; mais l'idée que son idéalisme subjectif se forme de l'évolution historique du monde ne lui permettait pas de développer de telles pensées. Il faut, pour les entendre, admettre la réalité du temps; et la réalité positive du progrès historique à travers la durée. Schopenhauer aurait compris alors que, de la somme de tous les progrès réalisés, pourra sortir pour l'humanité future une condition telle que le résultat, qu'il semble absurde de vouloir réaliser aujourd'hui, sera un jour atteint.

Celui qui a compris le sens de l'évolution universelle ne saurait douter que le terme de la lutte que se livrent la conscience et la volonté, le principe logique et le principe illogique, ne sera réalisé qu'au terme de l'évolution, qu'à l'entier achèvement du processus du monde. Celui qui croit avant tout à l'unité universelle de l'Inconscient ne peut voir dans la délivrance, dans la transformation du vouloir en non-vouloir, qu'un acte même de l'Un-Tout, une résolution non pas de la volonté individuelle, mais de la volonté universelle et cosmique. Cet acte, qui doit mettre un terme au processus du monde, ne lui apparaît plus que comme l'acte du dernier moment, après lequel il n'y aura plus ni Volonté, ni activité, « après lequel le temps aura cessé d'exister ». (Apocalypse S' Jean, x, 6.) Cela suppose que le processus du monde aura un terme dans le temps, et ne durera pas éternellement. Si le but était éloigné de nous à l'infini, le monde déroulerait son processus pendant un temps infini, à la poursuite d'un but qui serait toujours aussi éloigné de lui qu'au premier jour. L'évolution universelle ne serait plus un moyen destiné à la réalisation d'une fin ; elle resterait sans fin et sans but. Si l'idée du progrès est incompatible avec l'affirmation d'une durée infinie du monde dans le passé, puisque dans cette infinité passée auraient dû se produire déjà tous les progrès imaginables (ce qui est contraire à l'idée même du progrès actuel), nous ne pouvons davantage assigner au processus universel une durée infinie dans l'avenir. Dans un cas comme dans l'autre, on supprime l'idée même du progrès vers un but déterminé ; et le processus du monde ressemble au travail des Danaïdes. La victoire définitive du logique sur l'illogique doit avoir le même terme que la durée du monde, et finir avec lui au dernier jour.

L'humanité sera-t-elle capable de ce haut développement de la conscience, qui doit préparer le renoncement absolu de la volonté ? Une race supérieure d'animaux apparaîtra-t-elle sur notre terre, pour continuer l'œuvre de l'humanité et atteindre le but ? ou notre terre elle-même n'aura-t-elle été que le théâtre d'un effort avorté vers ce but ; et, après que notre petite planète aura depuis longtemps augmenté le nombre des astres glacés, verra-t-on quelqu'une des planètes pour nous invisibles, qui gravitent autour d'une étoile fixe, atteindre le but que nous poursuivons en vain ici-bas, et le réaliser dans des conditions meilleures ? Il serait difficile de le dire. Il est seulement certain qu'en quelque endroit que le processus s'achève heureusement, le but et les éléments de la lutte seront toujours les mêmes que dans notre monde. Si l'humanité est destinée par ses aptitudes à conduire le processus du monde à son couronnement, elle n'achèvera l'œuvre à coup sûr, que lorsqu'elle sera parvenue au point culminant de son évolution, et lorsqu'elle aura réuni sur la terre les conditions d'existence les plus favorables. Nous n'avons pas à nous préoccuper pour ce cas de la perspective, que nous ouvrent les sciences de la nature, d'une période future de congélation et d'inertie complète sur la terre. Longtemps avant que se produise ce refroidissement du globe, l'évolution du monde aurait eu son terme, et l'existence de ce cosmos avec tous ses archipels et ses nébuleuses se serait évanouie.

Schopenhauer n'hésite pas à croire que l'homme est destiné à trancher ce problème ; mais il n'est si confiant que parce qu'il considère la solution comme dépendant de l'individu seul, tandis que nous la considérons comme intéressant l'univers entier. Il est naturel qu'elle suppose alors des conditions toutes différentes de celles qu'énonce notre devancier ; nous les énumérerons tout à l'heure. Quoi qu'il en soit, nous sommes les fils préférés de l'esprit dans le monde connu, et nous devons combattre vaillamment. Que la victoire trahisse nos efforts, nous n'aurons rien du moins à nous reprocher. C'est seulement si nous étions faits pour vaincre et si nous perdions la victoire par notre lâcheté, c'est alors que nous tous, c'est-à-dire l'être du monde qui vit en nous, serions directement punis par nous-mêmes, et condamnés à supporter plus longtemps le tourment de l'existence. En avant donc, travaillons au progrès universel, comme les ouvriers de la vigne du Seigneur : le processus du monde peut seul conduire à la délivrance (1).

Nous sommes enfin arrivés au point où la philosophie de l'Inconscient se reconnaît en possession du principe qui seul est en état de fournir une base solide à la philosophie pratique. Le premier stade de l'illusion nous avait conduits à cette vérité, que l'existence présente est mauvaise ; nous

---

(1) Je n'ai pas besoin d'observer au lecteur intelligent que le concept de la délivrance ne contient pas ici l'idée de faute volontaire, mais ne s'applique qu'aux souffrances de l'individu, de l'humanité, de l'être universel et unique, qui vit en elle et dans le reste de la nature. La première interprétation n'aurait aucun sens ; la seconde résulte forcément de la philosophie du Monisme.

avions reconnu dans le deuxième stade que la vie future est une illusion ; enfin le troisième stade nous avait enseigné le renoncement absolu au bonheur positif. Mais toutes ces conséquences sont purement négatives. La philosophie pratique et la vie exigent un principe positif d'action ; nous le trouvons dans *l'entier dévouement de la personne au processus universel en vue de sa fin : l'universelle délivrance du monde* (non plus, comme dans le troisième stade de l'illusion, en vue de l'espoir pour une période future du processus). En d'autres termes, le principe de la philosophie pratique est que l'homme *fasse des fins de l'Inconscient les fins de la conscience*. Cette conclusion résulte immédiatement des deux prémisses que nous avons posées : la première, que le but de la conscience est la délivrance du monde à l'égard du malheur du vouloir ; la seconde, que la conscience est persuadée de la sagesse absolue de l'Inconscient, et reconnaît, par suite, tous les moyens employés par l'Inconscient comme les plus sages possibles, alors même que, dans le détail, elle serait disposée à concevoir quelque doute à ce sujet. L'égoïsme, cette source de toute perversité, a bien été condamné comme illusion par l'affirmation du Monisme ; mais, pour en triompher efficacement dans la pratique, il faut que l'on reconnaisse la nature illusoire de tout effort vers le bonheur positif. Il est évident que, du point de vue de notre doctrine plus que de tout autre, l'absolu dévouement de la personne au Tout est possible (p. 458). La crainte de la souffrance, la crainte de prolonger éternellement les maux de la vie présente et sensible suggèrent un motif bien plus énergique d'agir résolûment que l'espoir d'une félicité future : aussi cette considération est-elle bien plus efficace que la pure suppression de l'égoïsme (p. 459-460), au troisième stade de l'illusion, *pour rétablir l'instinct dans ses droits, et proclamer l'affirmation de la volonté de vivre comme la vérité provisoire*. C'est seulement par l'absolu dévouement à la vie et à ses souffrances, non par le lâche renoncement de l'individu qui se retire de la lutte, que le processus du monde peut être efficacement servi. Le lecteur intelligent comprendra aisément quelle philosophie pratique pourrait se construire sur ces principes. Il entendra sans peine qu'elle n'enseignerait pas le divorce, mais l'absolue *réconciliation* avec la vie. Il est évident de soi que l'accord, dont il est ici question, entre l'optimisme et le pessimisme est un idéal, que chaque homme entend confusément et cherche à réaliser dans sa conduite. Seule cette doctrine est en état de communiquer une impulsion énergique, et, à la vérité, l'impulsion la plus forte possible à l'action. Le pessimisme, par son désespoir qui aspire au néant, l'optimisme véritablement conséquent, par sa confiance sans limites dans la bonté providentielle, doivent également conduire au quiétisme, lorsqu'ils dominent exclusivement. S'il y a des lecteurs qui tiennent pour vrai ce que j'appelle ici la conception dominante dans notre temps, dans la troisième période de l'illusion, mais qui ne veulent pas admettre que cette conception, par suite du développement historique de la conscience humaine, sera reconnue comme illusoire de la façon que j'ai dite, je leur ferai remarquer que les principes énoncés plus haut (faire des fins de l'Inconscient les fins de la conscience, etc.), restent toujours vrais pour eux, de même que les remarques, dirigées dans l'examen du troisième stade de l'illusion contre l'égoïsme (qui se traduit par le suicide ou le quiétisme), conservent leur valeur au point de vue où nous nous plaçons ici. Il est indifférent, pour apprécier la valeur des uns et des autres, que le dernier terme de l'évolution universelle soit conçu comme négatif ou positif.

Nous avons à rechercher maintenant de quelle manière il faut se représenter la fin du processus universel, l'anéantissement de tout vouloir dans le non-vouloir absolu, qu'accompagne naturellement la suppression, la cessation de tout ce que nous appelons l'existence (à savoir l'organisation, la matière, etc.). Nos connaissances sont beaucoup trop imparfaites, notre expérience trop courte, nos analyses

---

(1) Voir mes *Études et Essais* sect. A, n° VII : « Le pessimisme est-il la philosophie du désespoir? »

trop défectueuses pour que nous puissions, avec quelque certitude, nous faire une idée de la fin du processus du monde. Je prie le lecteur bienveillant de ne pas prendre ce qui suit pour une sorte d'apocalypse de la fin du monde, mais seulement pour des indications destinées à montrer que la chose n'est pas aussi incompréhensible, qu'elle pourrait paraître au premier abord à quelques personnes. Ceux, d'ailleurs, que ces courtes réflexions sur l'idée qu'on peut se faire de cet événement choqueraient plus que la simple affirmation du fait, sont priés de ne pas douter de la nécessité du seul but possible du processus du monde, après qu'elle leur a été démontrée, parce qu'ils trouvent des difficultés à comprendre la nature de l'événement; et il n'est pas étonnant qu'il en soit ainsi pour nous autres hommes, qui sommes encore si éloignés de la fin du monde (1). Nous n'avons à nous préoccuper naturellement que du cas où l'humanité, et non une autre espèce à nous inconnue d'êtres vivants, serait appelée à résoudre le problème.

La première condition nécessaire au succès de l'entreprise, c'est que la partie de beaucoup la plus considérable de l'esprit inconscient qui se manifeste dans le monde se rencontre en fait dans l'humanité. Il faut que la partie négative du vouloir dans l'humanité surpasse la somme de toute la volonté qui se manifeste dans la nature organique et inorganique, pour que, par la négation de la volonté de vivre dans l'homme, toute la volonté de vivre qui s'exprime dans le reste du monde soit annihilée entièrement; et que le monde entier, par l'abdication du vouloir auquel

---

(1) L'expérience m'a montré que toutes les précautions oratoires pour bien déterminer le caractère purement hypothétique des indications suivantes ne sauraient suffire à prévenir les malentendus volontaires ou involontaires, qui les font prendre pour des affirmations positives sur la façon dont le monde finira. Si je n'écrivais qu'en vue du succès, j'aurais sans doute eu l'habileté, très-facile, de supprimer, dès la 1ʳᵉ édition, ces quatre pages, qui sont indifférentes d'ailleurs à l'intelligence du livre entier. Il est toujours sage pour un auteur de ne pas trop mettre à nu les difficultés de la question qu'il traite, lorsqu'il est impossible de les résoudre encore; mais le progrès de la science tire, au contraire, grand profit de ces sincères aveux.

il doit toute sa réalité, soit tout d'un coup anéanti (c'est de cela qu'il s'agit ici et non d'un suicide en masse de l'humanité : nous en avons déjà montré la stérilité absolue pour la réalisation de la fin suprême du processus). L'hypothèse que la plus grande partie de la volonté en acte ou des fonctions de l'esprit inconscient peut se rencontrer dans l'humanité ne saurait soulever aucune difficulté de principe. Sur la terre, l'homme réduit de plus en plus le nombre des animaux et des végétaux; et ne conserve plus que les animaux et les plantes qu'il fait servir à ses besoins. Les progrès futurs, non encore soupçonnés, de la chimie et de l'agriculture, permettront d'élever considérablement la population du globe : elle dépasse déjà 1300 millions d'hommes, et pourtant on ne trouve que sur un espace de terre ferme relativement restreint une population aussi nombreuse que les productions alimentaires de notre culture actuelle nous donneraient le moyen d'y réunir. Des étoiles, une infiniment petite partie seulement se trouve dans cette courte période de refroidissement, qui permet la formation des organismes. Sans avoir besoin de dire que, pour l'apparition d'une riche variété de formes organiques, outre la convenance de la température, d'autres conditions encore sont nécessaires (l'action des rayons de la lumière, une pression atmosphérique mesurée, la présence de l'eau, un mélange convenable des éléments chimiques de l'atmosphère, etc.), de ce nombre infiniment petit des étoiles capables d'être le théâtre de la vie, une partie plus imperceptible encore sera en état de produire des organismes d'un degré analogue à celui de l'homme. Le développement des astres demande des périodes de temps si considérables, qu'il paraît à priori très-invraisemblable que l'existence d'une espèce élevée sur l'échelle organique puisse, dans une autre étoile, coïncider avec la durée de l'existence de l'humanité sur la terre. — Combien, d'un autre côté, l'esprit qui se manifeste dans un homme cultivé est plus grand que celui d'un animal ou d'une jeune plante, et, à plus forte raison, que celui d'un agrégat inorganique d'atomes. Il faut bien se garder de mesurer la force de la Volonté agissante par le seul effet mécanique qu'elle produit, c'est-à-dire par la masse de résistance des forces atomiques qu'elle surmonte. Ce serait une appréciation très-étroite, puisque la manifestation de la Volonté dans les forces atomiques n'est que d'une espèce très-inférieure. La Volonté poursuit bien d'autres fins que des effets mécaniques. Une lutte très-énergique peut se produire entre les désirs, sans exercer sur la position des atomes une action sensible. Je ne vois donc rien de contradictoire dans l'hypothèse qu'un jour, à l'avenir, l'humanité concentrera dans son sein une telle masse d'Intelligence et de Volonté, que la somme d'Intelligence et de Volonté, répartie dans le reste du monde, paraîtra insignifiante en comparaison.

La seconde condition pour que la victoire dont il s'agit soit possible, c'est que la conscience de l'humanité soit profondément pénétrée de la folie du vouloir et de la misère de l'existence ; qu'elle soit possédée par un désir si profond de la paix et de l'absence de douleur du non-être, et ait si bien démêlé la vanité et le néant de tous les motifs qui nous attachaient jusqu'ici au vouloir et à l'existence, que l'aspiration vers la négation du vouloir et de l'existence devienne sans aucun effort le motif de la conduite. Le précédent chapitre nous a prouvé que cette condition se réalisera très-vraisemblablement dans la vieillesse de l'humanité. Déjà la certitude théorique du malheur de l'existence est admise comme une vérité ; et cette certitude triomphe de plus en plus des résistances du jugement instinctif de la sensibilité. Elle exerce même l'action pratique d'un sentiment complexe, où la souffrance présente, le souvenir pénible du passé, les soucis et les craintes pressentis pour l'avenir entrent comme éléments, et forment pour chacun un sentiment qui embrasse la vie entière de l'individu et par la sympathie le monde entier, et qui finit par régner avec une puissance absolue sur la volonté. Douter de la puissance universelle d'un tel motif, parce qu'il se présentera d'abord sous une forme plus ou moins abstraite, c'est oublier que l'histoire de toutes les idées, qui ont mené le monde après s'être produites dans la tête d'un individu, nous montre que, malgré la forme abstraite, sous laquelle seulement elles peuvent être communiquées, elles finissent par pénétrer profondément à la longue dans le cœur des masses, et par exercer sur leur volonté une action si profonde, qu'elle engendre presque le fanatisme. D'ailleurs, si une idée se présente dès sa naissance comme un sentiment, c'est assurément la compassion que le pessimiste ressent pour lui-même et pour tout ce qui vit, et son aspiration vers la paix du néant. Et si une idée est appelée à triompher sans violence, sans passion, et à exercer sur les âmes une action pacifique, mais profonde et durable, qui assure le succès de son rôle historique, c'est assurément celle-là. L'expérience nous prouve que la négation individuelle de la volonté de vivre, bien qu'elle soit en désaccord avec les fins de l'Inconscient, a suffi dans bien des cas pour triompher de l'amour instinctif de la vie ; et a conduit à la mort volontaire des quiétistes et des ascètes (assurément sans produire aucun résultat métaphysique). Qui peut s'opposer à ce que la fin du processus universel, la négation, universelle cette fois, de la volonté de vivre, négation conforme à la fin suprême de l'Inconscient, devienne un motif capable de triompher de la volonté de vivre instinctive ? Qu'on songe que toute entreprise difficile est d'autant plus aisément exécutée, qu'elle est exécutée par le concours d'un plus grand nombre de volontés. D'ailleurs l'humanité a encore devant elle bien des générations, pour vaincre les résistances que les passions opposent au sentiment pessimiste et au désir de la paix éternelle ; pour les adoucir et les émousser peu à peu par l'influence de l'habitude et de l'hérédité ; pour accroître à la longue, par l'effet de l'hérédité, les dispositions pessimistes de l'humanité. Dès maintenant, nous remarquons que la passion, malgré son énergie naturelle et sa puissance démoniaque, a considérablement perdu de son empire dans la vie moderne, et a été vaincue par les influences qui tendent à égaliser et à émousser les caractères.

Cet affaiblissement de la passion sera d'autant plus sensible, que le droit et les mœurs emprisonneront dans des règles plus étroites la volonté capricieuse des personnes ; et que le bon sens et la sagesse vulgaires régneront plus exclusivement dans la vie de l'individu, et le gouverneront dès son enfance. Ce sera encore un caractère de la vieillesse de l'humanité, que le progrès de l'entendement et de la conscience correspondra non au développement, mais à l'affaiblissement du sentiment et de la passion. L'influence incontestable, dans cette période de l'humanité, de l'intellect conscient sur le sentiment et la volonté ira donc en grandissant constamment pour cette double raison ; et finira dans l'extrême vieillesse de l'humanité par être absolument dominante. A ce point de vue, on ne peut se refuser d'admettre que la conscience pessimiste deviendra un jour le motif dominant des résolutions de la volonté. Nous pouvons modifier encore cette seconde condition : il n'est pas nécessaire que l'humanité entière, mais seulement la majeure partie, soit dominée par la conscience que l'esprit, qui agit en elle, est la portion la plus considérable de l'esprit, qui agit dans l'univers entier.

Comme troisième condition, il faut que les peuples de la terre se communiquent assez facilement pour pouvoir prendre en même temps une résolution commune. Sur ce point, dont l'exécution dépend du perfectionnement et de l'application de plus en plus ingénieuse des inventions de notre industrie, l'imagination peut se donner une libre carrière.

Admettons que toutes ces conditions soient réalisées, et que nous ayons démontré la possibilité que la majorité de l'esprit agissant dans le monde forme la résolution d'anéantir le vouloir.

Nous avons encore à nous demander si la nature de la Volonté, la manière dont elle fonctionne et est déterminée par les motifs, permettent en général de réaliser une négation universelle de la Volonté. Nous supposons le cas où la plus grande partie de la volonté en acte dans le monde se trouverait concentrée dans cette quantité d'esprit conscient, qui se résout en un même moment à cesser de vouloir. Il importe peu que cette résolution se produise au sein de l'humanité ou dans une autre espèce ; ou exige que de tout autres conditions d'existence soient réalisées dans une phase nouvelle du progrès cosmique. Pour résoudre cette dernière question, rappelons-nous ce que nous savons de la nature du vouloir et des lois qui président aux motifs (voy. ch. xi de la 2ᵉ partie). Nous admettons que cette nature et ces lois demeurent identiques dans toutes les formes possibles sous lesquelles la volonté peut s'objectiver.

Il n'est pas douteux qu'un vouloir particulier chez l'homme, qu'un désir, qu'une émotion ou une passion puisse être supprimée, suivant les circonstances, par l'influence de la raison consciente dans chaque cas particulier. Si, par exemple, je m'efforce d'accomplir un acte ou d'exécuter un ouvrage en vue d'obtenir de l'honneur, et que la raison me dise que les personnes dont je cherche le suffrage sont des sots et des imbéciles, cette conviction, pourvu qu'elle soit profonde et énergique, suffira à étouffer mon ambition, pour ce cas du moins. Tous les psychologues s'accordent à reconnaître que cette action ne résulte pas de l'influence directe de la raison sur le désir, mais de la production, de l'excitation d'un désir contraire, qui entre en conflit avec le premier : les deux réussissent par leur mutuelle opposition à se neutraliser. C'est de la même manière qu'il faut concevoir la suppression de la volonté positive du monde, que Schopenhauer appelle la volonté de vivre. La connaissance consciente ne peut directement amoindrir ou supprimer la volonté. Elle ne peut que provoquer une volonté opposée, et par suite négative, qui diminue la volonté positive de toute l'énergie dont elle dispose elle-même. On ne saurait soutenir la doctrine de Schopenhauer, que le vouloir peut être conduit par une connaissance spéciale qu'il appelle le calmant (*Quietu*) de la volonté, à renoncer à toute action et à devenir insensible aux motifs : ce qui serait le seul cas possible où la liberté transcendante de la Volonté agirait dans le monde des phénomènes. (Voir le *Monde c. V. et R.*, vol. II, p. 476-477.) De tels miracles, qu'on ne saurait comprendre et que rien ne justifie, sont superflus selon notre manière de voir. Schelling l'a dit déjà (II, 3, p. 306) : « Dieu lui-même ne peut triompher de la Volonté que par la Volonté elle-même. »

Si, dans la lutte des désirs spéciaux, deux désirs, malgré leur opposition, ne peuvent s'annuler, cela vient ou de ce qu'ils ne s'opposent qu'en partie; ou de ce qu'ils poursuivent des fins différentes, et de ce que leurs directions forment comme les deux côtés divergents d'un angle; ou encore cela provient de ce qu'un désir, tout en étant en fait annulé, est reproduit de nouveau par la cause inconsciente qui agit instinctivement, en sorte qu'il semble n'avoir pas été modifié. L'opposition entre l'affirmation et la négation du vouloir est d'une rigueur tellement mathématique, que le premier cas ne saurait se rencontrer. Quant à croire que la Volonté du monde, après sa suppression totale, reparaisse immédiatement, il n'existe entre cette Volonté et le désir particulier aucune analogie qui nous pousse à le supposer. Le désir particulier laisse toujours durer la Volonté actuelle de l'univers; la Volonté du monde, après qu'elle a disparu, ne laisse plus rien exister. (Du reste, la possibilité d'un réveil de la Volonté sera examinée au chapitre suivant.) Tant que la volonté d'opposition provoquée par la conscience n'aura pas égalé l'énergie de la Volonté de vivre qu'il s'agit de supprimer, la partie détruite de la Volonté renaîtra constamment, en s'appuyant sur la partie survivante qui continuera d'assurer le maintien de la Volonté positive de vivre. Mais aussitôt que la première aura atteint l'énergie de la seconde, il n'y aura pas de raison pour que les deux ne s'annulent pas réciproquement, sans rien laisser après elles. On ne saurait d'ailleurs concevoir la survivance d'aucun vouloir négatif, parce que le néant est le but même de la volonté négative, et ne peut être dépassé par elle.

La connaissance consciente motive ou excite la volonté négative de la même manière que la science rationnelle provoque un désir particulier et négatif : cela n'est pas seulement possible, mais nécessaire. L'action que la raison exerce sur la volonté générale comme celle qu'elle produit sur les volontés particulières, et qui décide de l'opposition faite par la conscience, ne repose sur rien autre chose que sur la recherche du bonheur, sur le désir d'atteindre à l'état le plus heureux ; tandis que la volonté inconsciente, qui affirme la vie, s'égare dans son aveuglement sur son véritable but et n'aboutit qu'à la souffrance. Cette tendance vers l'état de la satisfaction la plus haute, que la volonté aveugle poursuit par ignorance dans une fausse direction, est essentielle d'une manière universelle à la nature de la volonté. Partout où dans le cosmos paraît une conscience assez haute pour comprendre que la route ne conduit pas au but poursuivi, cette connaissance engendre nécessairement la volonté consciente d'atteindre par une voie opposée, par la négation du vouloir, l'état recherché, la félicité la plus haute.

Le résultat de nos trois chapitres est le suivant. Le vouloir de sa nature produit plus de peine que de plaisir. Le vouloir, qui produit l'existence du monde, est en même temps la condamnation du monde à la souffrance, quelle que soit la constitution du monde. Pour échapper à cette calamité du vouloir, que l'Idée inconsciente malgré sa logique et son omniscience ne peut prévenir, parce qu'elle n'a aucune *initiative* en face de la Volonté, l'Inconscient a recours à la conscience, qui doit émanciper l'Idée, en divisant la Volonté par l'individuation, et en l'entraînant ainsi dans des directions opposées qui se neutralisent. Le principe logique conduit de la façon la plus sage le processus du monde jusqu'au développement de la conscience, de telle sorte que la volonté actuelle soit réduite à néant. Le processus du monde finit alors, et sans laisser après lui les éléments d'un nouveau processus. Le principe logique fait donc que le monde est le meilleur possible ; qu'il aboutit à la délivrance, et que la souffrance n'y est pas indéfinie.

XV

LES DERNIERS PRINCIPES.

Nos précédentes recherches nous ont mis constamment en présence de deux principes, la Volonté et l'Idée ; rien ne nous a paru s'expliquer sans eux. Nous les considérons comme les principes, c'est-à-dire comme les éléments irréductibles des choses, parce que toute tentative pour les ramener à des éléments plus simples est condamnée d'avance à l'insuccès, et que les efforts essayés jusqu'ici pour les résoudre l'un dans l'autre doivent être considérés comme infructueux. Nous n'avons pas besoin d'ailleurs de recourir à d'autres principes qu'à ces deux-là. Le sentiment ou la sensation et la conscience, que nous avons vu présenter ailleurs comme des premiers principes, nous ont paru n'être que des phénomènes dérivés de nos deux principes. Nous n'avons pas rencontré, et nous ne croyons pas qu'on ait jamais cherché jusqu'ici à introduire d'autres activités élémentaires que la représentation, le vouloir, la conscience, la sensation ou le sentiment, dans les diverses philosophies spiritualistes qui ont paru jusqu'à ce jour. Pour critiquer notre doctrine de la Volonté et de l'Idée, il faut qu'on nous prouve que les fonctions élémentaires qu'on a jusqu'ici distinguées dans l'esprit ne sont pas véritables, et qu'on nous dise par quelles autres fonctions elles doivent être remplacées.

Notre définition de ces principes, nous l'avons demandée elle-même à l'expérience et à l'induction. Nous les prenions provisoirement d'abord dans l'acception où le bon sens naturel les entend, guidé qu'il est par l'usage de la langue allemande ; nous ne modifiions, n'étendions, ou ne restreignions cette première signification, qu'autant que les exigences de la science, que l'explication des faits le réclamaient. Notre philosophie débute donc par l'anthropologie, puisque la conscience populaire, que traduit le langage et l'empirisme philosophique, puisent tous deux à l'expérience interne que l'homme a de son activité spirituelle. En fait, un peu de réflexion suffit à reconnaître qu'il n'y a pas d'autre méthode à suivre. Le monde ne nous est intelligible, que par l'analogie qu'il offre avec nous. Si nous n'étions pas nous-mêmes un fragment du monde, et si toutes les fonctions élémentaires de la vie humaine ne dérivaient pas comme les autres phénomènes du monde des principes élémentaires qui sont les fondements communs des choses, le défaut de ressemblance et d'analogie entre nous et le monde qui nous entoure supprimerait pour nous toute possibilité d'entendre ce dernier. Appuyés justement sur cette parenté intime de notre être avec les autres produits de la nature, et persuadés que l'univers entier est sorti des mêmes racines métaphysiques que nous, nous n'hésitons pas à nous confier au sage emploi de l'analogie, et à étendre par analogie les principes que l'anthropologie nous découvre à la nature entière. Notre seule précaution critique est d'en écarter les propriétés particulières, par lesquelles nous nous distinguons du reste de la nature.

C'est ainsi que nous avons étendu les deux principes anthropologiques, la Volonté et la Représentation, en les reconnaissant d'abord dans la série descendante du règne animal, puis dans les centres nerveux inférieurs mais indépendants de l'organisme humain, successivement au monde des animaux inférieurs et des protistes, puis au règne végétal, enfin au règne de la matière inorganique. Mais notre règle critique nous obligeait, à mesure que nous nous éloignions de l'homme, en descendant l'échelle zoologique, d'écarter de plus en plus la propriété qui frappe le plus vivement l'homme qui s'observe lui-même, à savoir la conscience. Nous devions reconnaître en même temps que l'activité spirituelle de l'homme, sous ses formes les plus hautes, ne fait que nous offrir, en traits beaucoup plus manifestes, le même Vouloir, la même Représentation que nous retrouvons ailleurs indépendants de la conscience. L'homme n'est ce qu'il est que parce que le même esprit inconscient vit en lui, qu'il révérait en silence depuis longtemps déjà dans les phénomènes de la nature, où la conscience apparaît moins développée. Nous avons compris, en outre, que cet esprit inconscient est le lien commun de toutes les parties du monde, l'unité à laquelle est suspendu le plan qui se réalise dans la création ; qu'il est, d'une manière générale, la substance métaphysique, unique ; et que les individus dans la nature ne sont qu'en apparence des substances distinctes, et, au fond, simplement les phénomènes objectifs de la substance unique. Ainsi nos recherches nous conduisaient à faire de la substance, à laquelle nous rapportions nos deux principes, la « Volonté inconsciente » et « la Représentation inconsciente », la substance spirituelle, l'être universel du monde. C'est ce principe suprême que l'instinct confus de l'humanité a de tout temps poursuivi par les voies les plus diverses, et désigné par les noms les plus différents, mais, partout où quelque culture se rencontrait, toujours conçu comme l'esprit. Nous ne pouvons, comme il a été dit, entendre de la nature d'un tel être que ce que notre expérience intime nous permet d'en saisir en nous-mêmes. Nous ne le comprenons qu'autant que nous sommes nous-mêmes les phénomènes de sa substance, et que nous nous reconnaissons comme tels ; qu'autant que les principes de son être se déploient manifestement en nous. Celui-là seul qui nie l'unité substantielle et la continuité de l'être universel, qui méconnaît l'identité des principes qui agissent dans le monde et de ceux qui le créent, pourrait reprocher à notre méthode de conduire à l'anthropomorphisme. Le renoncement absolu à toute pensée, qu'enseigne le scepticisme conséquent, serait l'unique ressource des esprits, qui repoussent le principe même de notre méthode. Le reproche d'anthropomorphisme ne s'applique qu'à une doctrine, qui n'écarte pas, avec une critique assez pénétrante, de sa définition des derniers principes tous les attributs qui ne se rencontrent que dans une forme spéciale des manifestations phénoménales de la substance universelle, soit dans l'homme, soit dans le règne animal, soit dans tout autre groupe d'objectivations de l'Un-Tout, qui n'épuise pas la nature dans sa totalité. Sous ce rapport, nous croyons avoir scrupuleusement satisfait aux plus rigoureuses exigences. Nous n'avons besoin pour le prouver évidemment que de rappeler que nos deux principes, la Volonté et la Représentation, sont dépouillés de tout caractère empirique, particulier, et conçus dans la plus haute généralité possible, autant que le permet du moins la nécessité de garder un concept positif et précis. L'anthropomorphisme, en tant qu'il est illégitime et faux, est donc très-soigneusement évité par nous; mais nous ne nous interdisons pas pour cela la seule méthode, que notre place dans le monde nous donne la possibilité, disons mieux, le droit d'employer, si nous voulons comprendre le monde. Nous n'allons pas, par une sorte de scepticisme exagéré jusqu'à suspecter et à mépriser l'anthropomorphisme légitime, qui est vrai dans la mesure où nous sommes nous-mêmes d'essence métaphysique ou (pour parler le langage de la théologie) de race divine.

Après les résultats de nos recherches précédentes, nous devons considérer la Volonté et la Représentation, conçues dans l'unité métaphysique de leur essence, comme deux principes suffisant à l'explication de tous les phénomènes que le monde connu offre à nos investigations. Ces principes forment la pointe en quelque sorte de la pyramide élevée par la science inductive. Nous n'avons plus qu'à soumettre une dernière fois à notre analyse cette conclusion suprême de nos raisonnements. Il ne paraîtra pas sans intérêt de la confronter avec les derniers principes des divers systèmes de philosophie. Ce chapitre forme le complément direct des chapitres: IV, VII et VIII de la 1ʳᵉ partie et aussi XI, XII et xiv de la 3ᵉ partie. Je demande au lecteur bienveillant de les avoir présents à sa pensée.

Le lecteur qui n'a pas une préparation philosophique suffisante trouvera peut-être peu d'intérêt aux considérations présentées dans ce chapitre. Plus que dans tout ce qui précède, la recherche s'enfonce dans l'analyse de concepts, qui confinent aux dernières limites de l'abstraction et de l'entendement. Pourtant la démonstration approfondie que je présente ici pour la première fois, du rapport de ma doctrine avec les systèmes des philosophes les plus considérables, l'analyse plus rigoureuse de concepts, dont le sens et les relations mutuels avaient été jusqu'ici plutôt supposés que démontrés, présenteront assurément quelque profit au lecteur qui s'est intéressé au reste. Elles pourront servir à éclairer ce qui précède et à dissiper quelques obscurités. Ce dernier chapitre mérite donc peut-être d'être lu.

Si on mesure le prix des conclusions scientifiques seulement au degré de leur certitude ou de leur infaillibilité, il est incontestable que ce prix est d'autant plus faible, que ces conclusions s'éloignent davantage des données de l'expérience : le principe qui forme, en quelque sorte, le sommet de la pyramide scientifique serait donc la moins solide des affirmations. Cependant on n'est pas réduit pour mesurer la valeur d'une affirmation à ne tenir compte que du degré de vraisemblance qu'elle présente. Il faut s'appuyer encore sur d'autres considérations, qui se ramènent toutes à celle de l'importance que ces conclusions peuvent avoir par comparaison à nos autres connaissances ; en supposant que tous les objets de la comparaison aient également une vraisemblance du premier degré, c'est-à-dire une certitude absolue. A ce point de vue, le principe suprême qui couronne la science humaine l'emporte sur tous les autres objets de la connaissance. Aussi je ne puis me lasser d'apporter ma pierre à la construction d'une solide théorie des derniers principes métaphysiques. J'espère que bientôt un autre viendra qui continuera l'œuvre commencée. En tout cas, j'espère que mes successeurs trouveront que les fondements de la pyramide ont été par moi convenablement et solidement édifiés, se prêtent à de nouvelles constructions ; et qu'enfin ils n'auront pas besoin d'être refaits dans leurs parties essentielles.

1. — Revue des philosophes du passé.

Les grands philosophes, ceux dont les principes se rapprochent le plus des nôtres, sont Platon et Schelling, Hégel et Schopenhauer. Les deux derniers représentent chacun exclusivement un principe extrême (Hégel, le principe logique ; Schopenhauer, la Volonté). Platon et Schelling associent et combinent les deux principes, mais sans que, chez aucun d'eux, les deux éléments soient dans un parfait équilibre. Chez Platon, l'Idée ; dans le dernier système de Schelling, la Volonté tend à prédominer.

Le principe le plus connu, le plus important de la doctrine platonicienne (voir l'exposition magistrale des principes platoniciens dans Zeller : *Philos. des Grecs*, 2ᵉ édit., II, I, p. 441 à 471), c'est l'Idée platonicienne : le monde des Idées ou le royaume des Idées multiples est contenu dans une Idée unique (l'ἕν), la plus excellente des Idées ou d'une manière absolue l'Idée, que Platon définit avec plus de précision encore, l'Idée du Bien, c'est-à-dire la fin absolue, et qui est identique pour lui à la raison divine. Platon conçoit l'Idée comme reposant éternellement dans la paix immuable de l'être en soi ; ce n'est qu'exceptionnellement, et par une évidente inconséquence avec le reste de son système, qu'il lui attribue ici et là (surtout dans ses descriptions mystiques) une action, une activité.

L'Idée renfermée en soi n'a aucune raison de sortir de soi. Platon a donc recours à un second et non moins important principe : le principe auquel les choses doivent l'éternelle mobilité que reconnaissait Héraclite, et qui engendre le processus universel.

Ce second principe, en regard de l'éternel repos de

l'Idée, est le principe du changement absolu; il naît et disparaît sans cesse et n'a jamais l'être véritable. Platon le nomme le non-être relatif (μὴ ὄν); pourtant, ce principe reçoit dans son sein les Idées comme son contenu, et les entraîne avec lui dans l'agitation du processus du monde. Tandis que l'Idée est un principe de mesure parfaite, un principe parfaitement défini en soit, ce autre principe est étranger à la mesure, indéfini en soi (ἄπειρον). L'Idée (même le nombre) n'a en soi que des déterminations qualitatives, l'autre principe apporte au monde des phénomènes les déterminations quantitatives. C'est à lui qu'il faut rapporter « tout ce qui est susceptible du plus ou du moins, tout ce qui devient plus fort ou plus faible, tout ce qui peut, enfin, dépasser la mesure »; aussi Platon l'appelle-t-il « le grand et le petit ».

Tandis que l'Idée est le Bien et que d'elle dérive tout ce qui est bon dans le monde, l'autre principe, l'ἄπειρον, représente le mal; il est la cause de tout le mal physique et moral dans le monde (Aristote, *Métaphys.*, I, 6, conclusion). Il est cette nécessité aveugle que trouve devant soi l'entendement du démiurge, cette cause dénuée de raison, dont la raison ne peut entièrement triompher, ce fond inintelligible, que nous rencontrons toujours, après que nous avons retranché des choses tout ce qui, en elles, nous rappelle l'Idée.

L'union de ces deux principes engendre le monde que nos sens nous découvrent. Ces deux principes ont cela de commun, qu'ils échappent également à la mobilité des phénomènes et la dominent comme des essences transcendantes (χωρισταί).

On voit aisément en quoi les conclusions de Platon s'accordent avec les nôtres. Il suffit de transporter le monde des Idées, des êtres en soi, au sein de l'Idée inconsciente (que nous définissons aussi comme un principe intuitif et supérieur au temps, c'est-à-dire comme éternel), et de placer dans la volonté le principe intensif du changement absolu.

Il est à remarquer encore que Platon déclare cet ἄπειρον absolument inintelligible, inaccessible à l'entendement et aux sens : ne disons-nous pas aussi que la volonté comme telle est un principe éternellement inaccessible à la conscience ? (Platon appelle quelquefois l'ἄπειρον des noms de χωρά, τόπος; mais, ce ne sont là que des images, comme lorsqu'il le nomme encore δεξαμένη (une citerne) et ἐκμαγεῖον (une masse molle dans laquelle s'imprime la forme, chez lui l'Idée). Il ne veut désigner par là, comme lorsqu'il emploie les expressions ἐν ᾧ γίγνεται et φύσις τὰ πάντα σώματα δεχομένη, rien autre chose que le principe en qui les Idées trouvent la place, la position, le lieu, l'espace où elles sont reçues et se développent. C'est ainsi qu'il appelle parfois le monde des Idées un monde intelligible, suprasensible (τόπος νοητός). Il faut encore moins prendre à la lettre l'expression, qui n'est pas de Platon lui-même, mais qu'ont pour la première fois employée Platon et ses successeurs, la substitution de ὕλη (la matière), au terme ἄπειρον.

La philosophie de Schopenhauer est contenue dans la proposition suivante : la Volonté seule constitue la chose en soi, l'être du monde. Il suit de là que l'Idée n'est qu'un produit, évidemment accidentel du cerveau; et que, dans le monde entier, on ne rencontre pas plus de raison que le cerveau, ce produit tout-à-fait accidentel, n'a bien voulu y en mettre. Qui peut bien sortir d'un principe absolument inintelligent, dénué de tout sens et aveugle, sinon un monde inintelligible et absurde ? S'il se rencontre dans le monde quelque trace de sens le hasard seul, peut en être l'auteur !

Une Volonté aveugle ne peut pas plus se proposer une fin, que choisir et réaliser les moyens appropriés à une fin. L'intellect conscient n'apparaît en vérité dans le système de Schopenhauer que comme un *parasite* au sein de la Volonté. Bien loin d'avoir été voulu par elle, il est venu Dieu sait d'où, d'une manière incompréhensible, s'abattre sur elle, comme la nielle sur la plante. Comment nier que l'absolue inintelligence, prise comme principe, soit beaucoup plus pauvre, ait une bien moindre fécondité que l'absolue rai son, l'idée et la pensée? Il faut une étonnante étroitesse d'esprit, pour se contenter d'un principe aussi pauvre que l'absolu inintelligent. De là vient que, malgré tout l'éclat du talent, la philosophie de Schopenhauer a le caractère d'une philosophie d'amateur. C'est avec un soupir de soulagement qu'on rencontre dans le III° livre *du Monde comme Volonté et Représentation*, l'Idée qui est la grande inconséquence du système.

Comment, d'un autre côté, assez admirer et louer la sagesse de l'Inconscient, qui a su associer dans le même homme tant de génie à tant d'étroitesse, pour montrer aux philosophes futurs ce qu'on peut tirer de la *Volonté comme principe unique*, et ce qu'elle ne peut donner? Dans l'intérêt du développement des idées philosophiques, il était aussi nécessaire que ce principe fût affirmé exclusivement, qu'il l'était que le principe opposé fût exalté outre mesure par Hegel. Le rapport étroit des deux philosophes ressort encore de cette circonstance, que l'œuvre capitale de chacun d'eux parut en même temps en 1818, surtout si l'on se rappelle, en même temps, la pensée suivante de Hegel (xv, p. 619): « Quand plusieurs philosophies paraissent en même temps, il faut les considérer comme les faces différentes d'une même vérité totale, qui les soutient également. »

De même que Schopenhauer était incapable de comprendre Hegel, ainsi Hegel a dû certainement hausser les épaules devant l'œuvre de Schopenhauer, s'il l'a connue. Ils sont aux deux extrémités opposées; et rien ne peut les rapprocher pour leur permettre de s'apprécier réciproquement.

La critique de Kant rejetait toute tentative d'une métaphysique théorique. Fichte, le premier, commence véritablement le développement métaphysique de la philosophie contemporaine par l'analyse dialectique de la conscience de soi. Hégel résume tout le développement de la métaphysique nouvelle jusqu'au premier tiers du siècle, et emprunte à Schelling le principe qui avait jusque-là inspiré d'une façon plus ou moins inconsciente l'évolution métaphysique, à savoir : que l'Idée seule constitue l'être du monde, que la logique ne se distingue pas de l'ontologie, que la dialectique spontanée de la Notion est identique au processus universel des choses. En face du principe absolument vide de Schopenhauer, le principe de Hégel est d'une fécondité inépuisable. Le monde n'est ce qu'il est que par l'Idée. On pouvait partir de là pour construire quelque chose : il n'est pas étonnant que ce principe ait engendré quatre systèmes, tandis que le principe diamétralement opposé fut épuisé par la production d'un seul.

Hégel explora dans sa logique le royaume platonicien de l'Idée qui existe en soi. Il entreprit de surprendre l'Idée dans le processus de cette génération éternelle, par laquelle elle sort de l'être le plus vide ; et jusque-là le principe était dans son droit. Après avoir parcouru dans tous les sens le domaine de l'Idée en soi, le principe avait épuisé toute sa vertu. L'Idée pouvait bien tout tirer de son propre sein ; mais une chose lui échappait, les *res*, la réalité. « Le réel est justement ce que la pure pensée est impuissante à créer » (Schelling, I, III, p. 354).

Mais le principe avait été ainsi une bonne fois envisagé dans son rôle exclusif. Il fallait que cette interprétation exclusive eût reçu tout le développement dont elle est susceptible, pour qu'on vît bien ce que le principe peut dans ce sens et ce qu'il ne peut pas. Il suffisait de réfléchir sur l'essence de l'évolution dialectique pour voir à l'avance que l'Idée logique, après avoir épuisé tout ce qu'elle peut produire dans son domaine, dans la sphère de la pure logique, devait être poussée par une nécessité dialectique à rechercher autre chose qu'elle-même, un principe qui la nie ; et ce principe ne pouvait être que le non logique.

Mais, par cet aveu implicite, le principe logique se dépouillait de sa souveraineté absolue ; il reconnaissait à côté de soi un principe également vrai. Il admettait que la lutte et en même temps la combinaison de ces deux termes extrêmes et opposés constituent la vérité et la réalité des choses. En même temps la logique aurait dû avouer que cet illogique n'est le négatif qu'accidentellement, c'est-à-dire à son point de vue à elle ; et qu'en réalité et d'un point de vue supérieur, il faut voir en lui le positif, qui donne au logique toute sa réalité ; et que le principe logique sans le positif serait avec toute sa provision d'Idées semblable au néant.

Attendre que l'idéalisme absolu reconnût tout d'un coup la vérité de son contraire, c'était trop demander à un homme, surtout à celui qui l'avait le premier porté à cette hauteur. Sans doute Hégel laisse çà et là percer le sentiment que le principe négatif du principe logique mérite l'attention du philosophe ; et que, sans le premier, le passage de l'Idée à la réalité est impossible. Mais Hégel étouffe presque aussitôt ces pressentiments, pour ne pas compromettre la dignité de sa chère Idée. Il ne peut échapper pourtant à la nécessité de faire sa part à l'illogique, qui, partout, s'impose dans le monde à l'observateur. Il cherche à se tirer de la difficulté en introduisant hardiment l'illogique, la contradiction de soi-même, au sein du logique. En effet, sa méthode dialectique (qui veut être idéale et réelle tout à la fois) place la contradiction au sein de l'Idée même comme un élément intégrant du processus dialectique, tandis qu'en vérité, la contradiction ne peut éclater au sein de l'Idée que sous l'action de l'illogique qu'elle trouve devant soi, mais qu'elle n'a pas créé. D'ailleurs Hégel reconnaît lui-même qu'il est loin d'épuiser avec la catégorie de la contradiction l'explication que réclame le caractère illogique de la réalité sensible. Il avoue encore qu'il est obligé, en essayant cette explication, de faire peser sur l'Idée logique la responsabilité de choses qui compromettent son caractère de principe essentiellement logique. Il cherche à se tirer d'embarras en introduisant la catégorie de l'accident, et l'invoque toutes les fois que les détails d'un phénomène refusent de se laisser expliquer par le principe logique, ou semblent du moins s'y refuser. Mais l'accident ne se comprend pas plus que le contradictoire au sein du principe logique, et dans un monde dont ce dernier aurait déterminé l'essence. Le principe logique n'a que des déterminations logiques, c'est-à-dire nécessaires, qui excluent l'accidentel et le renvoient à la sphère de l'illogique. Cette nécessité même, qui obligeait Hégel à recourir en dehors du contradictoire qu'il avait déjà introduit dans l'Idée à la catégorie de l'accident, aurait dû instruire le philosophe que les phénomènes, après qu'on en a retranché tout ce qu'il y a en eux de logique, contiennent encore un élément illogique; que l'illogique réside par conséquent en dehors et non pas simplement au sein de l'Idée. Cette pensée aurait délivré Hégel de la nécessité d'admettre un non-sens, l'existence de l'illogique au sein du logique. Il aurait pu ainsi, à son processus dialectique, qui se heurte sans cesse à des contradictions, substituer le processus logique d'un développement exempt de contradictions; et l'illogique n'aurait été pour lui que le principe qui communique l'impulsion primitive au processus et en soutient le mouvement par son action perpétuelle.

On reconnaît généralement que la logique de Hégel ne se rattache à sa philosophie de la nature que d'une manière confuse et embarrassée. Hégel n'ose rester conséquent à son principe et affirmer, comme Michelet, qu'appeler la nature la logique sortie hors de soi ou la logique différente de soi, c'est indiquer seulement que les moments du processus dialectique, qui sont réunis en un dans l'Idée, se sont séparés les uns des autres dans la nature. Hégel craint instinctivement qu'en restant ainsi conséquent avec son principe, il ne devienne infidèle à sa méthode, qui exige absolument la négation du principe logique comme un principe coordonné. Mais il ne satisfait pas pour cela aux exigences de sa méthode, tant il a peur, en affirmant l'illogique, d'aboutir à des conséquences qui détruisent évidemment son principe, à savoir que l'Idée logique est la substance unique.

Cette contradiction explique pourquoi le passage de l'idée à la nature, partout où il en est question chez Hégel (dans la *Phénoménologie*, p. 610, dans la *Logique*, t. II, p. 399-400, dans l'*Encyclopédie*, t. I, § 43 et § 244), est présenté avec une brièveté inaccoutumée ; pourquoi l'auteur, sur ce point, se corrige fréquemment dans les nouvelles éditions, et traduit sa pensée dans un langage imagé, qui manque de propriété (« L'Idée se sacrifie, se déploie, abdique, s'épand au-dehors, a son reflet dans la nature, etc. »). Cette diversité des vues de Hégel s'accuse clairement dans la divergence de ses disciples sur la même question.

Insistons cependant sur le sentiment profond qu'a eu Hégel de la nécessité de chercher dans l'illogique une sorte de contre-poids au logique. Il dit, en terminant la grande Logique, que l'Idée absolue, tant qu'elle est renfermée dans la sphère de la pensée pure, est encore logique. Il est naturel d'en conclure que l'Idée, en passant dans une autre sphère, entre dans la sphère de ce qui n'est plus logique, dans le domaine de l'illogique.

Nous lisons dans la *Phénoménologie*, p. 510 : « Le savoir ne se connaît pas seulement soi-même, mais il connaît encore la négation de soi-même ou sa limite. » On serait en droit de supposer que cette négation n'est autre que l'illogique. Mais Hégel affaiblit l'effet de ses paroles lorsqu'il affirme que « cette pure science de sa limite » (du principe qui la nie), est suffisante pour que l'Idée se sacrifie et s'offre pour ce dernier. Dans la *Logique*, vol. II, p. 400 : « En tant que l'Idée pure du savoir est enfermée dans la subjectivité, elle est *l'effort* pour dépasser cette subjectivité », Hégel semble soupçonner ici qu'il appartient exclusivement à l'effort, à la Volonté de faire sortir l'Idée pure d'elle-même. Mais il est impossible de lui accorder que « cette tendance de l'Idée qui aspire à sortir d'elle-même » soit l'œuvre propre de l'Idée, et se produise au sein de l'éternel repos de l'Idée enfermée en elle-même. Le repos de l'Idée ressemble bien plutôt à la paix absolue du contentement de soi-même, à la satisfaction de l'être qui vit enfermé en soi-même.

Non-seulement on ne comprendrait pas ce que peut être cette impulsion spontanée, qui porte l'Idée à laisser s'obscurcir l'éternelle clarté dont elle jouit, et à se précipiter dans l'agitation confuse de la réalité et de son processus ;

mais il faudrait la supposer entièrement déraisonnable pour croire qu'elle, qui porte en soi le savoir absolu, puisse se décider sans une contrainte extérieure à sacrifier la paix bienheureuse de l'éternel repos et s'engager dans les tourments du processus, dans le malheur du vouloir, dans l'infortune de l'existence réelle. Non, la raison absolue ne peut tout d'un coup devenir déraisonnable. La déraison doit être le fait d'un second ou d'un autre principe placé en dehors de la raison.

S'il était dans la nature du principe logique de devenir de lui-même illogique, cette transformation serait nécessaire et éternelle; et il ne pourrait être question d'une fin du processus, d'une délivrance.

C'est par une détermination purement négative, relative, puisqu'elle le rapporte à l'Idée logique, qu'on définit le principe opposé à l'Idée, lorsqu'on l'appelle l'Illogique. En soi, et si l'on veut le définir par une détermination positive, il doit être conçu comme le principe du changement, l'origine de la réalité, la Volonté enfin. Lorsque Hégel lui donne tout à coup, dans le passage cité plus haut, la dénomination d'effort, il est clair qu'il a purement cédé à un besoin empirique, celui d'expliquer la réalité de la nature.

L'expérience seule, en effet, nous peut conduire à connaître la Volonté. La science à priori ne peut tout au plus saisir que l'Idée et les conséquences qui en découlent: l'existence de la Volonté ne se conclut qu'à postériori. Une philosophie à priori, purement logique ou purement rationnelle, n'affirme que des rapports d'idées, non des existences réelles. Elle est tout au plus en droit de dire : « Si une chose existe, elle doit être ainsi »; mais elle ne saurait prouver que quelque chose existe. Il faut pour cela l'expérience, c'est-à-dire le conflit de deux volontés en acte (de deux existences) dans la conscience qui perçoit. Cela répond tout à fait au rapport déjà indiqué que l'Idée détermine l'essence; et la Volonté, l'existence des choses. L'Idée ne comprend les choses qu'autant qu'elle les détermine;

elle ne saurait donc comprendre leur existence réelle qu'elle n'a point déterminée.

Ce pas nécessaire, que Hégel n'était pas en état de faire, fut fait par Schelling dans son dernier système (1). Ainsi que nous l'avons déjà montré au chap. vii de la 3ᵉ partie, Schelling reconnaît le caractère purement logique de la philosophie du passé, et la définit une philosophie purement négative. En opposition avec elle, il demande une philosophie positive, qui commence par l'être, qui précède toute pensée et qui ne se révèle qu'à l'expérience. (Voir dans Schelling *la Critique de la philosophie hégelienne*, I, x, p. 126-164, particulièrement p. 146 et 151-157; en outre, II, iii, 4ᵉ et 5ᵉ leçons.)

Tant que Schelling se borne à la critique et aux considérations préliminaires, il est excellent : mais sa faiblesse se trahit aussitôt qu'il commence à exposer sa propre philosophie positive. On le voit tour à tour procéder par définitions et raisonnements, appliquer la méthode dialectique, puis affirmer tout à coup en son nom et sans apporter de raisons, des concepts de la plus haute importance qui apparaissent pour la première fois, pour finir bientôt par se perdre dans une théogonie mystique et superficielle, dans les détails de la théologie chrétienne. Et tout cela parce qu'il ne sait pas se dégager de son passé, de ses habitudes; et qu'il ne maintient pas la vérité du principe qu'il vient de trouver, à savoir que la philosophie positive doit chercher son principe à postériori dans l'expérience et la méthode inductive.

(Schopenhauer procède par induction dans la démonstration de ses principes essentiels (*le Monde c. Vol. et Rep.*, IIᵉ livre; et *Sur la volonté dans la nature*); aussi va-t-il beaucoup plus loin que Schelling; mais il ne s'explique pas clairement sur la méthode et sur les raisons qui font que seule elle est vraie.)

(1) Voir mon traité sur « la philosophie positive de Schelling comme conciliant Hégel et Schopenhauer » dans les « *Études et Essais* », sect. D : il contient le complément et l'éclaircissement nécessaire de tout ce chapitre.

Pourtant le dernier système de Schelling (*Unité de la philosophie positive et de la philosophie négative*) ne saurait être trop apprécié. L'auteur y combine le principe de Hégel (l'Idée) et celui de Schopenhauer (la Volonté), comme les deux éléments coordonnés, également légitimes, également indispensables d'un seul principe (voir I, x, 242-53; I, viii, 328). Dans « cette nature extralogique de l'existence » (II, 3-95), dans « ce fondement incompréhensible de la réalité » (I, vii, 360), Schelling reconnaît expressément la Volonté elle-même. L'existence d'une chose ne se reconnaît que par la résistance qu'elle oppose, et la Volonté seule est capable de résistance (II, iii, 206). La Volonté est donc le principe d'existence du monde entier et de chaque chose particulière : l'Idée n'en détermine que l'essence. Déjà, dans son *Traité sur l'essence de la liberté humaine*, qui parut en 1809 (longtemps avant les écrits de Schopenhauer), Schelling s'exprime ainsi (*Œuvres*, I, vii, p. 350) : « Il n'y a, en dernière analyse, d'autre être que le vouloir. Le vouloir est l'être primitif ou le fond même de l'être : tous les attributs de l'être ne s'appliquent qu'au vouloir. Lui seul n'a pas besoin d'une raison suffisante; lui seul est éternel, affranchi du temps; lui seul s'affirme spontanément. Tout l'effort de la philosophie est d'aboutir à cette formule suprême. » Et dans son « *Schema anthropologique* » (I, x, p. 289), on lit : « I. Volonté, la substance proprement spirituelle de l'homme, le principe de tout, la cause primordiale de la matière, ce qu'il y a d'individuel dans l'homme, la cause de l'être enfin. »

Par opposition à la Volonté, Schelling définit l'Entendement « le principe qui ne crée pas, mais qui donne la règle, la limite, la mesure à la volonté infinie sans limites. »

Ces idées s'accordent parfaitement avec les principes des pythagoriciens : l'ἄπειρον (l'illimité) et le περαῖνον (le limitant) ou εἰδοποιοῦν, qui donne la forme ou l'Idée à la matière (I, x, 243). Si le principe idéal est Entendement, s'il n'a pas de volonté (II, ii, 112; II, i, 375, ligne 14-16), le principe réel est une « Volonté qui n'a pas d'entendement » (I, vii,

359). « Tout vouloir doit vouloir quelque chose » (II, i, 462). Un vouloir sans objet n'est qu'un désir, « le désir qu'éprouve l'Un éternel de s'engendrer lui-même » (I, vii, 359). Le mot de ce désir est la Représentation, cette Représentation, qui est en même temps l'Entendement (I, vii, 361), ou « le principe idéal » (I, vii, 395). Dire ce mot, c'est réaliser l'accord du principe idéal et du principe réel, c'est donner naissance à l'existence qu'il s'agit d'expliquer.

Dans les expositions ultérieures de son système, Schelling cherche à faire sortir ces principes du concept de l'être, comme les éléments intégrants de ce concept. Mais la stérilité de cette tentative se trahit par l'impossibilité d'aboutir vraiment à un résultat, sans introduire dans le concept des déterminations empruntées à l'expérience. Ici la Volonté est représentée par la puissance d'être (*potentia existendi*), l'idée par l'être pur (idéal sans aucune puissance antérieurement). Schelling dit de la puissance d'être (II, iii, p. 205-206) : « La puissance d'être dont il est ici question n'est pas une puissance conditionnée, mais la puissance absolue de l'être : ce qui absolument et sans aucun intermédiaire peut passer *a potentiâ ad actum*. Nous ne connaissons de passage *a potentiâ ad actum* que dans le vouloir. La Volonté en soi est la puissance κατ'ἐξοχήν. L'être en puissance actuellement est donc ce qui n'a besoin pour être que de passer du non-vouloir au vouloir. L'être consiste pour elle justement dans le vouloir; il n'y a rien autre chose dans son être que le vouloir. Aucun être réel n'est compréhensible que comme l'effet d'un vouloir réel, que comme un vouloir de plus en plus déterminé. » L'être en puissance est la Volonté en soi; la Volonté qui n'a pas encore d'objet, mais primordiale, indépendante, qui peut bien vouloir (autrement elle ne serait plus la Volonté), mais qui ne veut pas encore; la Volonté, avant sa manifestation (II, iii, p. 212 et 213).

Aussitôt que cette Volonté se manifeste par le vouloir et qu'elle entre en acte, elle se dépouille de sa liberté, du pouvoir de n'être pas; elle tombe à l'état d'un être aveugle, comme la Substance de Spinoza. Elle devient alors le « principe sinistre », « la source de tout déplaisir, de tout mécontentement » (II, III, 226).

L'être pur ou l'Idée n'est ni en puissance ni en acte, car l'acte dérive de la puissance. Schelling appelle l'état de l'idée, l'*actus purus*. — Je ferai observer en passant que Schelling, égaré par son culte pour la trinité chrétienne, cherche à en transformer les principes et l'unité substantielle en autant de personnes. Dans ce but, il prête à chacune des trois une Volonté propre, ce qui est inadmissible. Pour rendre cette erreur moins sensible, Schelling passe, autant qu'il le peut, sous silence dans ses explications ultérieures l'affirmation que la détermination concrète de « l'être pur » c'est l'Idée. (Pour plus de détails, voir mon écrit précédemment mentionné.) —

On trouve dans Irénée (I, XII, 1) un passage remarquable où ce père parle de Ptolémée; ce passage montre combien de bonne heure on a clairement entendu que la création du monde ne s'explique point par l'Idée seule; je me bornerai à la citation suivante : « πρῶτον γὰρ ἐννοήθη προβαλεῖν, φησίν, εἶτα ἠθέλησε. — Τὸ θέλημα τοίνυν δύναμις ἐγίνετο τῆς ἐννοίας. ἐνενόει μὲν γὰρ ἡ ἔννοια τὴν προβολήν. Οὐ μέντοι προβάλλειν αὐτὴν καθ' ἑαυτὴν ἠδύνατο, ἃ ἐνενόει. Ὅτε δὲ ἡ τοῦ θελήματος δύναμις ἐπεγένετο, τότε, ὃ ἐνενόει, προεβάλε. » (D'abord il songea à créer, ensuite il voulut créer. La Volonté donna donc à la pensée la force d'agir. La pensée concevait bien l'acte créateur, mais ne pouvait par elle-même réaliser ce qu'elle concevait. Lorsque la force de la Volonté intervint, alors la pensée put réaliser ce qu'elle avait conçu.)

L'accord essentiel de nos principes avec ceux des plus grands systèmes métaphysiques (nous réservons encore Spinoza) est bien propre à nous fortifier dans la conviction que nous sommes dans la véritable voie. Entrons maintenant plus avant dans l'analyse de chacun des deux principes.

II. — La Volonté.

Le vouloir est ce qui distingue le réel de l'idéal. L'idéal, c'est l'Idée en soi; le réel, l'Idée voulue ou l'Idée comme contenu de la Volonté.

Si la croyance à la matière est très-répandue, la doctrine du théisme vulgaire ne l'est pas moins, que le réel n'est pas la manifestation de l'activité volontaire elle-même de l'être universel, mais un produit mort, définitif, le *caput mortuum* d'un acte de Volonté antérieur et depuis longtemps évanoui, en un mot, d'un acte créateur, et que la matière ne représente à vrai dire que ce *caput mortuum*. Nous nous sommes affranchis de ce préjugé au chap. VII de la 3ᵉ partie. Nous avons reconnu qu'il n'y a de réel au monde que l'Inconscient et son activité, mais pas un troisième principe. Tant qu'on n'a pas triomphé du préjugé de la matière morte, il n'y a que deux manières de la concevoir: ou comme la substance éternelle, incréée, ainsi que les matérialistes la définissent; ou comme le résidu d'un acte de création, réalisé une fois pour toutes, quelque difficulté qu'on trouve à se faire une idée claire de ce produit sans vie. Mais la matière simple a été reconnue par nous comme une chimère. La matière, au sens des physiciens, n'est qu'un système de forces atomiques; et le monde matériel n'est qu'un état d'équilibre mobile, toujours changeant, entre un grand nombre d'actions volontaires qui s'opposent (voir p. 212-213 du t. IIᵉ). Nous n'avons donc aucune raison d'admettre ce résidu sans vie d'une activité antérieure, qu'on appelle la matière. Pour nous, le réel n'est, à chaque moment du processus, que l'action présente de la Volonté. La conservation du monde n'est qu'*un acte perpétuel de création* (v. 227-240). Tel est bien le sens du second corollaire au début de la philosophie de la nature de Schelling (*Œuvres*, I, III, p. 16): « La nature n'existe nulle part comme produit: tous les produits particuliers de la nature ne sont que des produits apparents, non le produit absolu, qui seul épuise l'activité absolue et qui se réalise toujours et n'est jamais achevé. »

Cette conception ne contredit nullement, malgré l'apparence contraire, le principe physique, que l'effet d'une cause persévère toujours. L'état nouveau de la matière qui résulte de l'action de la cause physique (par exemple le mouvement avec telle direction et telle vitesse) n'est indestructible, qu'à condition que l'objet matériel, dont ce mouvement constitue l'état, continue d'exister lui-même, c'est-à-dire qu'autant que cet objet est sans cesse créé de nouveau.

Cette manière d'entendre la conservation du monde comme un acte de création continue nous oblige de considérer le vouloir comme indissolublement associé à l'acte; *le vouloir c'est l'acte lui-même.*

Cette vérité ressort clairement de l'analyse que nous avons présentée, aux chapitres v et xi de la 3° partie, de la volonté atomique. S'il paraît en être autrement aux psychologues, cela s'explique par les raisons suivantes :

1° L'acte doit être pris dans un sens plus large, que celui de réalisation extérieure du vouloir. L'on entend l'acte, au sens étroit, comme la réalisation exacte de l'acte conçu; il n'y a plus alors de vouloir identique à l'acte, que celui qui réalise complétement sa volonté, non celui qui agit et fait effort, mais est contrarié dans la réalisation de son intention par des obstacles extérieurs insurmontables;

2° Le vouloir qui porte sur le présent peut seul être regardé comme identique à l'acte; le vouloir dont l'objet est futur n'est pas, à proprement parler, un vouloir catégorique, mais seulement un vouloir hypothétique, un projet ou une intention;

3° On entend par acte, en psychologie, l'action de la volonté tout entière de la personne, non les mouvements, produits pourtant par la volonté, des molécules cérébrales, lorsqu'ils ne sont pas assez puissants en soi pour se traduire par une action extérieure du corps, ou qu'ils sont contrariés par d'autres vibrations cérébrales qui agissent en sens opposé.

Il suit de là que les psychologues n'identifient à l'acte que le vouloir total et présent de l'individu, c'est-à-dire la résultante de tous les désirs partiels et simultanés qu'il produit, et non pas les volontés élémentaires dont les actions simultanées se neutralisent à l'intérieur du cerveau et n'aboutissent pas à l'acte. Mais, au sens rigoureux, le mouvement des molécules cérébrales est aussi une manifestation extérieure de l'activité volontaire, c'est-à-dire un acte. En ce sens, chaque désir particulier dans l'individu est un acte. Il peut arriver seulement que d'autres vibrations cérébrales l'empêchent en le neutralisant de produire tout son effet matériel. Ainsi, la faim provoque dans le cerveau du mendiant des vibrations qui le forceraient d'allonger la main vers le pain qu'il voit sur le comptoir du boulanger, si la honte du vol ne provoquait en même temps d'autres vibrations qui s'opposent à l'effet des premières. Mais le désir positif, comme le désir négatif, se traduisent tous deux en réalité par des vibrations cérébrales.

« La volonté en soi c'est la puissance κατ'ἐξοχήν; le vouloir est l'acte κατ'ἐξοχήν » : nous ne pouvons que souscrire à cette distinction de Schelling. On reconnaît généralement que le vouloir doit être considéré comme l'acte ; et, comme tel, suppose la puissance. Celle-ci, dont nous ne savons qu'une chose, à savoir qu'elle peut vouloir, nous l'appelons la Volonté. Le principe auquel appartient la puissance de vouloir doit aussi avoir la possibilité de ne pas vouloir, selon les circonstances (1); en d'autres termes, dans le

---

(1) Dans un certain sens on voit *a priori*, il est évident par soi que ce qui crée actuellement le phénomène du monde doit être capable aussi de ne pas créer, c'est-à-dire de demeurer en repos, ou en d'autres termes que la διαστολή, que nous voyons maintenant dans le principe suprême, doit avoir pour corrélative une συστολή. A la première correspond le phénomène de vouloir la vie; à la seconde correspondra celui de ne la pas vouloir. Pour prévenir de sottes remarques, je ferai observer que la négation de la volonté de vivre ne signifie pas pour moi l'anéantissement d'une substance, mais l'acte pur du non-vouloir (ou encore la négation de l'acte du vouloir).

concept de la possibilité de vouloir est contenue celui de la possibilité du non-vouloir ; ou encore, il n'est permis d'attribuer au principe suprême le pouvoir de vouloir qu'à condition de lui reconnaître en même temps le pouvoir de ne pas vouloir, selon les circonstances. Si cette possibilité de ne pas vouloir à l'occasion était enlevée au principe qui peut vouloir, il deviendrait le principe qui ne peut pas ne pas vouloir ; le principe qui doit vouloir, non pas d'une manière conditionnelle suivant les circonstances ou pour un certain temps, mais presque d'une façon immuable. Ce serait détruire le concept même du vouloir en puissance ou de la puissance, et ne garder que celui du vouloir absolu, sans cause, qui veut d'éternité en éternité. Si le concept de force ne s'applique pas à un mouvement éternellement en acte, le concept de la Volonté (comme puissance du vouloir) ne saurait davantage s'appliquer à un vouloir éternel ; le vouloir serait alors un *actus purus* sans puissance. Cette manière de voir supprimerait la possibilité de la délivrance, non-seulement pour les individus, mais même pour l'univers entier. Tout espoir d'une cessation de processus serait détruit (qu'elle dût résulter d'un acte de volonté intelligente, ou d'une nécessité aveugle, c'est-à-dire du hasard). Le désespoir auquel nous condamnerait une

« La même volonté qui a voulu jusqu'ici cesse à un moment de vouloir. Nous
» ne connaissons l'essence des choses, la Volonté comme chose en soi, que
» dans et par l'acte du vouloir ; nous sommes donc incapables de dire ou
» comprendre ce qu'elle est ou ce dont elle s'occupe encore après qu'elle a
» cessé l'acte du vouloir » (les mots « ce dont elle s'occupe » sont, on le comprend sans peine, très-mal choisis). « De là vient que la négation du
» vouloir, pour nous qui en sommes la manifestation phénoménale, est le
» passage au néant » (Schopenhauer, *Parerga*, § 162.) Sans doute l'essence inactive « qui demeure dans le repos » est pour nous, qui ne jugeons les choses qu'au point de vue de la réalité actuelle, absolument semblable au néant. Nous pouvons néanmoins dire et entendre ce qu'est en soi cette essence inactive ; elle est le principe qui peut vouloir ou ne pas vouloir. Schopenhauer n'a pas remarqué cela ; et pourtant il le dit lui-même sans y penser, lorsqu'il la désigne plus haut comme le principe « capable » (de créer le monde ou de ne le pas créer). Le passage précédent montre que les disciples de Schopenhauer, qui entendent la Volonté comme le principe qui doit vouloir et ne peut pas ne point vouloir, s'écartent en cela de la doctrine du maître et corrompent ses plus profondes conceptions.

telle hypothèse ne suffit pas sans doute à prouver qu'elle n'est ni acceptable ni vraisemblable. Nous devons donc chercher, par une autre considération, à en mesurer la valeur.

Un vouloir éternel produirait un processus infini dans le passé comme dans l'avenir. On peut admettre sans difficulté l'infinité future du processus, parce qu'elle n'est à chaque moment présent qu'une infinité purement idéale, un postulat de la pensée, non une réalité donnée. Elle demeure toujours une tâche à effectuer, un développement progressif. L'esprit ne vient pas s'y heurter contre la conception contradictoire d'une infinité achevée. Au contraire, chaque partie du processus réalisée à chaque moment nous met sans cesse aux prises avec une difficulté de ce genre. La pensée peut sans doute, en partant du mouvement actuel, remonter le cours du temps et appliquer au passé le postulat d'une infinité irréalisable, comme elle l'a fait pour l'avenir; mais cela ne nous apprend rien sur le processus réel du monde, qui s'est déroulé en sens inverse de ce retour en arrière de la pensée. L'infinité qui demeure pour la pensée dans son mouvement régressif un postulat idéal, auquel ne peut correspondre aucune réalité, doit pour le monde, dont le processus est, au contraire, un mouvement progressif, aboutir à un résultat déterminé; et ici apparaît au jour la contradiction. L'infinité (bien que dans une seule direction) doit y être considérée comme définitivement réalisée. Schopenhauer a très-bien entendu la contradiction (*le Monde c. Vol. et Rep.*, 3ᵉ édit. T. I, p. 592, ligne 23-27 et p. 593, lig. 9 jusqu'au bas de la page); mais il ne l'étudie pas en vue de résoudre le problème qui nous occupe. Il nie la réalité du temps, et, par suite, du processus. Il traite la question de la naissance ou de l'éternité passée du monde au sens d'un idéalisme subjectif, pour lequel la pensée qui crée le temps ne trouve en soi ni dans l'avenir aucune limite (*Idem*, p. 594). Mais, du moment où l'on admet la réalité du processus, il faut reconnaître qu'il doit être limité dans le passé, qu'il a commencé et a une durée finie. Le commencement du processus, qui est le commencement même du temps, sépare donc le temps de l'éternité étrangère au temps. C'est dans le temps que s'est produite l'action de la Volonté; dans l'éternité, la Volonté ne voulait pas encore. Il suit de là que le vouloir peut aussi, à l'occasion, devenir le non-vouloir. Il faut admettre que, derrière le vouloir actuel, réside la possibilité de vouloir (et aussi de ne vouloir pas), le vouloir en puissance, la Volonté, en un mot. Tant que le processus n'a pas commencé, cette Volonté en puissance n'a pas encore passé à l'acte. Il se peut également qu'elle devienne à l'occasion une puissance inactive, c'est-à-dire que le processus réel ait une fin dans l'avenir. (Ce n'est pas l'idée du processus ou du temps, mais seulement celle du progrès, qui doit servir à démontrer la fin future du processus, dans l'hypothèse toutefois, que le processus du monde soit un véritable progrès.—J'ai traité cette question dans mon Essai, souvent mentionné déjà, « le *Panlogisme de Hégel* », et ma polémique contre Bahnsen (*Schopenhauerianismus und Hegelianismus*, Berlin, Duncker, 1877).

L'impossibilité d'un processus du monde, infini dans le passé ou dans l'avenir, nous conduit à entendre que le vouloir comme tel ne peut être éternel; qu'il n'est pas un principe dernier, qu'on n'a ni le besoin ni le pouvoir d'expliquer. Il faut reconnaître, au contraire, qu'avant l'apparition du vouloir, quelque chose existait qui n'était pas encore le vouloir, mais contenait en soi le pouvoir de vouloir. Ce principe, nous l'appelons la Volonté pure. Nous tirons ce concept de l'expérience que le même être peut vouloir et ne pas vouloir; nous y distinguons, en conséquence, la puissance de vouloir et celle de ne pas vouloir, comme deux éléments distincts. Ces éléments s'opposent, non comme contraires, mais comme contradictoires. L'opposition des contraires, nous la trouvons dans la lutte du vouloir positif et du vouloir négatif, qui divisera la Volonté, comme nous l'avons admis, à la fin du processus universel. L'antagonisme des deux espèces opposées de vouloir se produira alors au sein d'un même genre, le vouloir. Mais le non-vouloir, qui précède le commencement du processus, n'est que la privation du vouloir en général. Il faut qu'un vouloir positif soit donné, pour que la négation du vouloir se présente comme un vouloir négatif en acte. La possibilité de ne pas vouloir ne doit donc pas s'entendre, ainsi que la puissance de vouloir, comme un pouvoir actif, mais seulement comme la possibilité purement passive de ne pas faire usage du pouvoir actif.

Le rapport de la puissance et de l'acte, de la volonté et du vouloir, après cette explication, nous semble tout à fait clair et intelligible. Mais nous y trouvons de nouvelles difficultés, aussitôt que nous étudions le passage réel de la pure puissance (de celle qui n'a pas encore l'actualité) à l'acte même du vouloir. Le chapitre v de la 1re partie nous a montré que le vouloir n'a une existence véritable qu'autant qu'il est déterminé ; c'est-à-dire qu'il veut un objet déterminé, et nous savons que la détermination de l'objet du vouloir est une détermination idéale, c'est-à-dire que le vouloir doit avoir son contenu dans une idée.

Nous savons par le chapitre i de la 3e partie que l'Idée par soi n'existe pas ; qu'elle ne peut passer d'elle-même du non-être à l'être. Elle serait autrement la puissance ou la Volonté, et contiendrait la volonté en soi. Elle ne tient son existence que de la Volonté. Mais nous sommes ici enfermés dans un cercle : le vouloir ne peut exister que par l'Idée, et l'Idée que par le vouloir. La Volonté en soi, en tant qu'elle est une pure puissance et n'a point passé à l'acte, n'exerce certainement aucune influence (action) sur l'Idée ; et la Volonté n'agit évidemment que dès qu'elle cesse d'être une pure puissance. D'un côté, la Volonté, comme puissance pure, est incapable d'aucune action, par suite d'action sur l'Idée ; de l'autre, le vouloir comme acte proprement dit ne reçoit son existence que de l'Idée ; enfin l'Idée par elle-même ne peut arriver à l'existence. Il ne reste donc qu'à admettre que la Volonté se trouve comme dans un état intermédiaire entre la pure puissance et l'acte vrai, lorsqu'elle agit sur l'Idée ; et que, dans cet état, elle est déjà sortie du mystérieux repos où elle n'était encore qu'en pure puissance, qu'elle est passée à un état tout différent, à l'acte, mais sans être entrée encore dans la réelle existence, sans avoir atteint à la plénitude de l'acte, sans cesser encore sous ce rapport d'appartenir à la possibilité. On ne doit pas regarder cet état intermédiaire comme un intervalle qui séparerait le repos de la Volonté avant la création et le processus du monde réel; nous verrons plus tard que cela serait impossible. L'état dont il s'agit représente le moment de l'initiative de la Volonté. Celui qui est habitué à désigner surtout par le mot Volonté l'activité initiale elle-même, pourrait dire qu'il n'y a pas de Volonté en ce sens dans le processus du monde. Le vouloir, au sein du processus de la réalité, est un état constant, devenu fatal, dont le contenu idéal seul peut changer. La Volonté n'agit véritablement qu'au moment où se produit la détermination initiale, qui décide de toute la durée du processus du monde. Il reste certain toutefois que des deux principes, la Volonté et l'Idée, la première seule a l'initiative ; et que la Volonté au moment de l'initiative est dans un état différent du précédent; et qu'elle devient autre encore lorsque l'effet de l'impulsion initiale s'est produit, et qu'en se mêlant à l'Idée elle a donné naissance à un acte parfaitement déterminé. Cet état initial de la Volonté (qui correspond dans le processus de l'absolu à « l'impulsion primitive » de Fichte dans le processus du moi) doit être l'objet d'une analyse plus approfondie : nous avons besoin d'un terme définitif pour le désigner, et nous l'appelons « le vouloir *vide* » (qui n'a pas encore d'objet).

Schelling reconnaît l'existence de ce vouloir vide. Il dit (II, 1, p. 462) : « Une distinction importante pour toute la suite s'impose à nous d'elle-même : celle du vouloir qui n'a pas encore d'objet, qui veut seulement vouloir et qui semble se chercher, et du vouloir qui est en possession de son objet et demeure comme le produit déterminé du premier vouloir. »

Le vouloir vide n'est pas encore, puisqu'il n'a encore ni actualité ni réalité ; et nous ne désignons pas autre chose par l'attribut de l'être. — Mais il n'est cependant plus la pure possibilité comme la Volonté en soi, comme la pure puissance, puisqu'il en est la conséquence, et est vis-à-vis d'elle comme l'acte par rapport à la puissance. Pour nous servir d'un juste prédicat, nous dirons que le pur vouloir devient — et nous prenons le devenir dans le sens absolu où il n'exprime pas le passage d'une forme à une autre, mais du non-être (de la pure possibilité) à l'être. Le vouloir vide est l'effort vers l'être, effort qui ne peut aboutir à l'être, qu'autant qu'une certaine condition extérieure se trouve remplie. Si la Volonté en soi est la Volonté qui peut vouloir et par suite aussi ne pas vouloir, en un mot qui est *velle et nolle potens*, le vouloir vide est, à son tour, la Volonté qui s'est décidée à vouloir (qui ne peut donc plus ne pas vouloir), la volonté qui veut vouloir, mais est incapable par elle seule de réaliser son vouloir (*velle volens, sed velle non potens*), tant que l'Idée, comme objet de son vouloir, ne vient pas se joindre à elle.

Le vouloir vide est donc actuel en tant qu'il aspire à se réaliser, mais non actuel en tant qu'il ne peut aboutir à se réaliser sans le concours d'un principe étranger. Il n'est qu'une forme vide sans existence réelle, tant qu'il n'a pas de contenu; et ce contenu, il ne peut le trouver en soi-même, puisqu'il n'est qu'une forme et rien de plus. Tandis que le vouloir déterminé cherche à réaliser son contenu (à en affirmer la réalité contre des efforts contraires), le vouloir vide ne poursuit d'autre but que de se réaliser soi-même comme forme vide, de se saisir soi-même, d'arriver à l'être ou, ce qui revient au même, au vouloir, c'est-à-dire *de parvenir à soi-même*.

Il n'y a pas au sein de la Volonté, absolument étrangère à l'Idée et aveugle, d'autre tendance que celle-là, que cette aspiration à sortir du vide de la forme pure qui n'a pas encore l'être. On pourrait dire que le contenu ou le but du vouloir vide est la négation même de cette absence de tout contenu. Mais cela serait contradictoire et au fond inadmissible, car ce serait prêter à la Volonté une Idée et un contenu idéal. Le vouloir vide aurait alors un contenu idéal; et cela suffirait pour qu'il pût arriver à l'existence. Le rapport de ces déterminations ontologiques est plutôt un rapport positif. La puissance contient la forme de l'acte en soi comme étant en soi, mais non encore comme réalisée. L'initiative de la volonté s'efforce de réaliser ce qu'elle est en soi, comme pure forme de l'acte; mais elle n'y peut réussir qu'autant que l'autre élément, également indispensable, à savoir le contenu de l'acte, fait défaut. Tant que le contenu ne s'ajoute pas au vouloir vide, la Volonté semble comme prendre sans cesse son élan pour réaliser un saut qu'elle ne fait jamais; elle est engagée dans un devenir d'où rien ne sort, d'où rien ne provient. Elle veut vouloir et aspire à un contenu ; et la forme du vouloir ne peut être réalisée avant qu'elle ait saisi un contenu. Aussitôt et seulement alors qu'il y a réussi, le vouloir n'est plus un vouloir vide, une simple volonté de vouloir, mais un vouloir déterminé, l'acte de vouloir quelque chose. L'état du vouloir vide est donc une éternelle aspiration vers un contenu qui ne peut lui être donné que par l'Idée : c'est une souffrance absolue, un tourment sans mélange de plaisir, même sans trêve. Avec le vouloir vide, en tant qu'impulsion momentanée, qui, au moment même où elle se manifeste, saisit l'Idée comme son contenu (l'Idée qui est d'essence identique à la sienne et ne peut par conséquent se soustraire à lui), on n'a pas encore réellement l'existence distincte d'une souffrance antérieure au monde ; et pourtant cette dernière souffrance est la condition de la naissance du monde et par suite *natura prius*. Mais dans le vouloir vide se rencontre réellement une souffrance extramondaine, en même temps que la Volonté du monde est satisfaite de son côté. Car la Volonté est infinie en puissance ; et, dans le même sens, son initiative, le vouloir vide, est infini. Mais l'Idée est finie de sa nature (quoiqu'elle puisse se développer indéfiniment) ; il n'y a donc jamais qu'une partie finie du vouloir vide qui soit satisfaite la possession de l'Idée (un monde fini peut seul exister (1).

(1) Sur le problème de l'infinité de l'absolu, comparer ma polémique contre J. Behmke dans l'œuvre citée plus haut (*Schopenh. und Hegel.*).

A côté et en dehors de la Volonté qui se satisfait par la production du monde, il y a donc dans le vouloir vide tout un excédant de désirs impuissants qui, en fait, le condamnent inexorablement à la souffrance, jusqu'à ce que la Volonté totale redevienne la pure puissance. Que le lecteur se souvienne que, d'après le chapitre III de la 3ᵉ partie, toute contrariété de la Volonté engendre *eo ipso* la conscience. Le seul contenu de cette conscience extra-mondaine et spéciale, comme nous l'avons déjà vu (p. 227-258 du 2ᵉ vol.), n'est pas une idée, mais la peine, la souffrance absolue, tandis que dans le monde (dans le vouloir satisfait) la souffrance n'est que relative, c'est-à-dire que la souffrance ne fait que l'emporter sur le plaisir.

La Volonté et l'Idée, qui toutes deux, avant le commencement du processus de la réalité, sont antérieures à l'être, ou, comme dit Schelling, supérieures à l'être, s'unissent donc dans la satisfaction (partielle) que le vouloir pur doit à l'Idée (tout entière), et engendrent le vouloir satisfait ou l'Idée voulue ; le vouloir est alors en acte, et atteint la réelle existence. Dans cette union du vouloir et de l'Idée d'où naît le vouloir satisfait et réellement existant, la Volonté attire à elle et saisit l'Idée ; et également de son côté l'Idée se livre à la Volonté. Cet abandon que l'Idée fait d'elle-même est purement passif, n'exige aucune activité positive de sa part ; et suppose seulement qu'elle n'oppose à la Volonté aucune action négative, aucune résistance. On voit clairement ici que la Volonté et l'Idée sont vis-à-vis l'une de l'autre dans le rapport du principe masculin et du principe féminin. Le principe purement féminin ne fait que se donner passivement, que se borner à ne pas résister. Développons l'image. L'Idée avant l'existence réelle (comme être pur) est dans l'état de l'innocence bienheureuse. La Volonté qui, en s'élevant de la pure puissance au vouloir vide, s'est placée dans l'état de la souffrance, entraîne violemment avec elle la Représentation ou l'Idée dans le tumulte de l'existence et la souffrance du processus. L'Idée cède, sacrifie son innocence virginale pour sauver à la fin la Volonté qui ne peut se sauver elle-même. L'Idée est incapable de résister activement à la Volonté; et le vouloir aveugle, qui, s'il était capable d'une telle recherche, chercherait partout autour de lui un objet auquel s'attacher, ne peut s'empêcher de saisir l'Idée qui s'offre à lui. L'Idée est en effet le seul objet qui s'offre au vouloir; elle se jette en quelque sorte au-devant de lui. En un mot, l'essence identique de la Volonté et de l'Idée rend impossible qu'elles ne se rencontrent pas, une fois la première impulsion donnée. Mais le rapport des deux n'est pas pour cela modifié. Il n'était qu'un fait inexplicable jusque-là : il devient maintenant une vérité nécessaire. On a en outre ainsi la preuve de l'affirmation précédente, que le vouloir pur n'est pas séparé par un intervalle de temps du moment de l'initiative et du processus réel du monde. En effet l'Idée se voit nécessairement entraînée dans l'agitation du processus dès le premier moment de l'initiative; et le commencement du temps indéterminé, que crée le vouloir vide, coïncide avec le commencement du temps déterminé par l'Idée. Cet embrassement des deux principes supérieurs à l'être, du principe qui peut être et se décider à l'existence et s'est résolu à faire usage de sa puissance, et de celui qui n'a par lui-même que l'être pur, engendre l'être réel. Comme nous le savons déjà, ce dernier doit à son père « le fait de son existence »; à sa mère, « la nature de son essence ».

Nous avons vu que la Volonté est insatiable. Plus elle a, plus elle veut avoir : elle est infinie en puissance. Et pourtant elle ne peut recevoir une satisfaction infinie; l'infinité ne peut être comblée ou achevée sans contradiction. Il importe peu, à vrai dire, que cette portion du vouloir vide, qui a trouvé dans l'Idée son objet, soit grande ou petite, c'est-à-dire que le monde soit grand ou petit (au sens intensif). Le vouloir satisfait sera toujours au vouloir vide comme le fini à l'infini, car il est vis-à-vis de lui dans le rapport de l'acte à la puissance. Puisque le vouloir vide est et demeure infini, la misère absolue et infinie de ce pur vouloir rend tout à fait indifférent qu'à côté de cette souffrance infinie, qu'aucun plaisir si faible qu'il soit ne vient diminuer, un monde de souffrance et de plaisir existe ou n'existe pas.

Nous ne savons sans doute rien de cette souffrance extramondaine de la Volonté vide. Nous appartenons au monde, au vouloir qui a trouvé son objet. Mais nous ne pouvons pas croire entièrement que la Volonté, qui a trouvé son objet dans l'Idée, ne ressente pas de grandes contrariétés, de grandes souffrances (par exemple dans les forces atomiques), tandis que nous devons dire avec certitude qu'avant l'apparition de la conscience organique aucune satisfaction de la Volonté n'est accompagnée de plaisir. La création de la nature inorganique ajoute donc à la misère de l'état antérieur au monde ; celle de la nature organique introduit sans doute le plaisir, mais beaucoup moins encore que la souffrance au sein de l'être. Il suit de ces considérations que la souffrance se perpétuerait à l'infini, si la possibilité d'un affranchissement radical n'était donnée.

Pour qu'il en soit ainsi, nous le savons, l'Idée doit être affranchie de la Volonté par la conscience. Il en coûtera sans doute à la Volonté, dans le cours du processus, de grands sacrifices. La conscience seule nous rend accessibles au plaisir, mais elle rend par la réflexion la douleur bien plus pénible ; la souffrance, en général, à l'intérieur du monde, comme nous l'avons vu, loin de diminuer, ne fait que croître avec le développement de la conscience. Toutefois ce progrès de la souffrance a sa raison d'être, puisqu'il prépare la délivrance finale. Cette délivrance finale s'accorde très-bien avec nos principes. Sans doute, à la fin du monde, c'est exclusivement au sein de la Volonté réalisée que la transformation se produit immédiatement ; mais cette Volonté est la seule qui existe en acte et réellement. Sa puissance réelle la place vis-à-vis du vouloir vide, qui est encore à l'état d'aspiration et lutte pour arriver à l'existence, dans le rapport du réel au non-réel, de l'être au néant, bien que les deux espèces de Volonté soient de la même nature. Une fois que le vouloir réel a été tout à coup transformé en néant par la Volonté, réelle aussi, du non-vouloir, et que le vouloir s'est déterminé ainsi à ne plus vouloir; après que le vouloir total, se divisant en deux volontés contraires, s'est dévoré lui-même, la Volonté vide du vouloir cesse naturellement: la Volonté retourne au sein de la puissance pure qui n'est qu'en soi. La Volonté est de nouveau ce qu'elle était avant tout vouloir, une Volonté qui peut vouloir et ne pas vouloir. Il va de soi que le pouvoir de vouloir ne saurait lui être ravi.

Il n'y a en effet pour l'Inconscient ni expérience, ni souvenir. Le processus du monde s'est déroulé sans que rien soit changé pour cela en lui. Il n'a rien acquis qu'il ne possédât déjà, rien perdu de ce qu'il possédait antérieurement. Ni le riche processus du monde ne peut remplir le vide où il se trouvait avant la création, ni l'expérience qu'il y a faite ne saurait le préserver de courir de nouveau la même aventure (il faudrait pour tout cela le souvenir et la mémoire, et aussi la réflexion). En un mot, sous aucun rapport, l'Inconscient ne se trouve après le processus dans un état différent de celui qu'il avait auparavant. S'il en est ainsi et si l'impossibilité d'admettre un souvenir dans l'Inconscient nous oblige d'abandonner, comme une pieuse illusion, l'espoir flatteur qu'après la conclusion du processus universel l'Inconscient se renfermera dans une paix définitive et saura jouir de ce repos définitif (voir p. 448-449 du 2ᵉ vol.), il est incontestablement possible que la puissance de la Volonté se décide encore une fois et de nouveau à vouloir; et par suite il est possible que le processus du monde recommence capricieusement et souvent de la même manière. Arrêtons-nous un instant et mesurons la probabilité de cette reprise du vouloir.

La Volonté qui peut vouloir et ne pas vouloir ou la puissance qui peut se déterminer ou non à l'être, est le principe absolument libre. L'Idée est par sa nature logique condamnée à la nécessité logique; le vouloir est la puissance déchue qui a perdu la liberté de pouvoir encore ne pas vouloir. La Puissance n'est libre qu'avant l'acte : elle est jusque-là le principe qui n'est déterminé ni déterminable par aucune raison, le principe qui ne dérive lui-même d'aucun principe, et qui est le principe de tout. Sa liberté ne connaît ni limitation extérieure ni limitation intérieure. Pour subir une limitation intérieure, il faut qu'il s'anéantisse lui-même, que la Puissance renonce à elle-même. On voit donc que cette absolue liberté est ce qu'il y a de plus pauvre au point de vue de la raison, et ne peut se concevoir que comme l'illogique.

Puisque rien ne peut plus après l'achèvement du processus déterminer la Volonté à vouloir plutôt qu'à ne pas vouloir, le hasard seul, dans toute la rigueur mathématique du terme, décidera, dans ce moment, si la puissance de vouloir voudra ou ne voudra pas : la vraisemblance d'une résolution nouvelle est donc $= 1/2$. C'est seulement quand chacun des cas possibles a une vraisemblance égale à $1/2$, quand le hasard règne en maître absolu, que la liberté absolue est possible. Liberté et hasard sont deux concepts identiques, lorsqu'on les envisage en eux-mêmes, indépendamment des relations qu'ils ont avec d'autres notions. Schelling entend leur rapport de la même manière (II, 1, p. 464) : « Le vouloir, qui est pour nous le commencement d'un autre monde, d'un monde posé en dehors de l'Idée... est le hasard primordial, le hasard en soi. »

Si la Puissance se déterminait dans le temps, il serait d'une vraisemblance égale à l'unité, équivalant à la certitude, que la puissance dans la suite des temps se résoudra de nouveau à l'acte. Mais, puisque la Puissance est en dehors du temps, lequel doit lui-même son origine à l'acte de la puissance; puisque, au point de vue de la durée, l'éternité étrangère au temps ne diffère en rien du moment (de même que par rapport à la couleur la grandeur et la petitesse ne sauraient être distinguées) : la vraisemblance que la Puissance dans son éternité extratemporelle se déterminera de nouveau à vouloir équivaut à la vraisemblance, qu'elle s'y déterminera en un moment unique, par conséquent elle est égale à $1/2$. D'où il suit que l'on ne peut considérer comme définitif le renoncement de la volonté au vouloir; mais que la probabilité 1 de ce renoncement (que la durée infinie du processus lui donnait) est réduite à une 1/2 probabilité, et, avec lui, la souffrance du vouloir ou de l'être : ce qui constitue toujours un avantage qui n'est pas méprisable dans la pratique. Naturellement le passé n'influe pas sur les probabilités de l'avenir; et le degré de la probabilité que nous avons fixé à 1/2 pour qu'une manifestation nouvelle du vouloir se produise au sein de la Puissance n'est pas amoindri par cela que la Puissance s'est déjà déterminée une fois à vouloir. Mais, si on considère à priori la vraisemblance que le vouloir est sorti de la Puissance n fois pendant tout le cours du processus du monde, cette vraisemblance devient évidemment égale à $\frac{1}{2^n}$. C'est ainsi qu'à priori la vraisemblance de retourner face en jetant en l'air une pièce d'argent diminue avec le nombre de fois qu'on l'a déjà retournée.

Puisque la fin du processus du monde est aussi celle du temps, il n'y a pas d'intervalle de temps jusqu'au commencement du nouveau processus. Ce dernier se produira donc, comme si la puissance au moment où elle anéantissait son acte primitif recommençait un nouvel acte. Mais il est clair que la vraisemblance $\frac{1}{2^n}$ diminue à mesure que croît n, en sorte qu'elle suffit à nous rassurer dans la pratique.

III. La Représentation ou l'Idée.

Étudions maintenant l'autre principe supérieur à l'être, l'Idée; examinons en d'abord et encore une fois le rapport à l'Idée platonicienne.

Aristote appelle les Idées platoniciennes οὐσία. C'est une expression dont Platon ne s'est jamais servi à notre connaissance, et qui, en tout cas, signifie tout autre chose chez Aristote que ce que nous appelons aujourd'hui substance : on pourrait très-bien traduire ce mot par essence. Quant à Platon lui-même, on ne peut guère affirmer qu'une chose, c'est qu'il a défini les Idées comme des existences objectives, et nié qu'elles n'existassent seulement que dans l'âme, qu'elles fussent purement le savoir d'un esprit. Il n'est pas allé plus loin dans l'analyse de leur essence. D'ordinaire il se contente de les opposer à l'écoulement des choses périssables et sensibles comme l'être véritable (ὄντως ὄν), comme le principe qui existe en soi et pour soi (ὃ αὐτὸ καθ' αὑτὸ), comme l'immuable (οὐδέποτε οὐδαμῇ οὐδαμῶς ἀλλοίωσιν οὐδεμίαν ἐνδεχόμενον). Aristote est plus précis et appelle les Idées οὐσίαι; mais des platoniciens postérieurs et l'école néoplatonicienne ont entendu par les Idées les pensées éternelles de la divinité.

Probablement Platon associait les deux sens. Les pensées éternelles de la divinité ne peuvent être sans doute des substances au sens moderne du mot ; mais il n'est pas contradictoire de les nommer οὐσίαι avec Aristote, puisqu'elles résident éternellement dans la pensée divine et qu'elles y ont par conséquent une essence éternelle et immuable.

Platon n'aurait pas accordé sans doute qu'elles constituent en Dieu un savoir proprement dit, des pensées conscientes. Elles perdraient ainsi leur réalité objective; et c'est le caractère que leur attribue surtout Platon. Quand Platon identifie l'Idée avec la raison divine, il faut sans doute entendre par là qu'il veut, par une licence de langage qui s'explique très-bien, identifier l'essence avec son éternelle et unique activité.

Il ne reste donc qu'à entendre par les Idées platoniciennes les pensées éternelles, inconscientes (d'un être impersonnel); et le mot éternel n'exprime pas seulement ici la durée infinie, mais l'essence indépendante du temps et supérieure au temps des Idées. Pour nous aussi, l'Idée inconsciente est une pensée indépendante du temps, inconsciente, intuitive, qui, en regard de la conscience, s'affirme comme une essence tout à fait objective. La différence essentielle entre la conception de Platon et la nôtre tient à la signification que ce philosophe donne au mot « être » Tandis qu'après Parménide il considère l'*immutabilité* comme le critérium de l'être véritable, l'immutabilité nous paraît aujourd'hui indifférente pour l'être; ce que nous demandons à l'être comme une condition absolue de sa vérité, c'est *la réalité*.

Platon arrive ainsi à définir l'Idée l'être au sens spécial du mot, tandis que nous la considérons comme quelque chose qui n'est pas; mais nous reparlerons de cette distinction.

Dans le monde des Idées de Platon, les êtres en soi dépendent si étroitement les uns des autres qu'ils sont tous contenus dans une seule Idée. Dans ma doctrine aussi, j'ai souvent insisté sur la pénétration réciproque des Idées au sein de l'Inconscient et sur leur subordination (par exemple celle du but et du moyen). J'ai montré que cette corrélation intime tient à ce que, l'Idée inconsciente étant étrangère au temps, les éléments de l'Idée, qui, pour la pensée discursive, sont séparés dans le temps, se trouvent nécessairement confondus dans l'Inconscient. Platon désigne cette subordination de toutes les Idées d'abord avec les pythagoriciens par le nom d'Unité; ou bien encore il détermine la nature de cette unité en l'appelant le Bien. Aucune de ces déterminations ne nous satisfait. Le concept du Bien, au sens moral, comme nous l'avons souvent remarqué, ne peut être appliqué à l'Un-Tout. Platon paraît en avoir lui-même le sentiment. Aussi ne nous écartons-nous pas sensiblement de la pensée platonicienne, en considérant le Bien comme la fin la plus haute de la raison, comme la fin suprême d'où les fins intermédiaires et les moyens tirent leur détermination, comme le but que la raison omnisciente de l'univers se propose. Dans ce sens nous pouvons admettre l'unité platonicienne de l'Idée. L'Idée qui se réalise à chaque moment du processus universel est une; elle renferme dans son sein toutes les Idées élémentaires qui doivent se réaliser au même instant comme des parties intégrantes d'un seul tout. Chacune de ces Idées se rattache ainsi qu'à l'unité centrale à la fin universelle, qui demeure éternellement la même depuis le commencement jusqu'à la fin du processus du monde, ou encore à la fin dernière du processus universel, laquelle est présente à chaque moment mais implicitement dans l'Idée de l'Inconscient, et détermine tout le contenu de son intuition à chaque moment, à titre de moyen. La fin est fixée par l'Idée même; l'intuition de l'Un-Tout est à chaque moment déterminée dans son contenu par la logique de l'Idée en vue de la fin. C'est ainsi que tout le contenu de l'intuition de l'Un-Tout n'est, depuis le commencement jusqu'à la fin du processus, que le mouvement spontané par lequel l'Idée pure se détermine elle-même.

Mais nous ne pouvons nous en tenir là; nous devons nous demander pourquoi l'Idée se détermine de telle façon et non de telle autre. Cette détermination spontanée résulte nécessairement de la nature de l'Idée; nous devons l'admettre. Il s'agit de définir cette nature propre de l'Idée en vertu de laquelle elle est obligée de se déterminer ainsi, et non autrement. Une fois cette nature intime de l'Idée reconnue, nous avons le principe d'où tout le contenu de l'Idée se détermine nécessairement en vertu d'une préformation autonome; nous avons le caractère le plus profond et le plus spécial du principe que nous avons appelé jusqu'ici l'Idée, mais qui ne devient véritablement l'Idée que du moment et dans la mesure où il arrive à la réalité, c'est-à-dire devient le contenu de la Volonté. La détermination cherchée de la nature intime de l'Idée ne peut plus être la détermination d'un contenu idéal, d'une matière quelconque; elle doit être indifférente à tout contenu idéal (puisqu'elle est antérieure au commencement du processus du monde). Le principe générateur, d'où sort et se développe le monde tout entier des Idées, dans la richesse de ses éléments, le principe qui contient en soi le germe de toutes les déterminations que l'Idée se donne d'elle-même, ne peut être qu'un principe formel et non encore un principe matériel. Il doit être le principe formel, immanent de l'Idée, lequel se manifeste dans la détermination autonome de l'Idée des moyens pour l'Idée de la fin; en un mot le principe formel de la logique inconsciente.

Sous le nom de logique, on entendait précédemment, et maintenant encore en partie, la science de la pensée dans toute son étendue; mais, pour comprendre ce que nous désignons ici sous le nom de logique, il faut de ce concept trop étendu abstraire d'abord tout l'élément purement psychologique et anthropologique, ainsi la science spéciale des méthodes, qui enseigne à l'homme la meilleure manière d'atteindre à la vérité dans les différents domaines de la science humaine, et la théorie de la connaissance, qui examine de quel droit et de quelle manière la conscience peut franchir la limite du moi et atteindre jusqu'à la réalité. On doit encore mettre de côté les constructions de l'ontologie, ces notions abstraites que la conscience humaine s'est formées en vue de mieux entendre la réalité à l'aide des catégories, mais qui ne constituent qu'un des éléments contenus implicitement dans l'Idée, et ne paraissent être de pures formes que parce qu'elles sont des abstractions. Enfin il faut écarter tout ce qui n'appartient qu'à la forme discursive de l'activité propre à la logique consciente, et non à la logique en elle-même, par conséquent cette séparation des éléments logiquement inséparables, qui ressemble à une ligne brillante formée par la division d'un point brillant en une succession de points lumineux au moyen d'un miroir qu'on tourne rapidement. Pour le principe formel de la logique, les éléments que la logique discursive de la conscience et de l'entendement a pour objet de rattacher les uns aux autres (ainsi les membres d'un raisonnement) sont entre eux dans un rapport réel de liaison logique. Si les éléments sont séparés dans la pensée discursive, cela tient à la constitution de la pensée consciente, non à la nature du principe logique, qui est éternellement inconscient, et qui, même dans le processus par lequel la logique discursive et la conscience réunissent deux éléments distincts, agit comme un facteur inconscient étranger au temps, en sorte qu'il ne faut pas s'étonner s'il se présente avec ce caractère dans la pensée intuitive et implicite de l'idée inconsciente et dans ses déterminations spontanées (voir chap. VII de la 2ᵉ partie, p. 346-350 du 1ᵉʳ vol). Le principe logique au sens théologique est la raison divine; au sens métaphysique, le principe absolument simple de toute raison. Comme raison primordiale, il est le régulateur formel du mouvement spontané par lequel l'Idée détermine son contenu; il représente surtout l'élément formel de l'intuition inconsciente de l'Un-Tout, dont l'Idée au sens restreint représente le contenu ou l'élément matériel. Enfin il est le germe d'où l'Idée qui n'existe pas encore se développe au commencement du processus universel.

Nous avons maintenant à déterminer ce qu'est le principe logique ou la raison primordiale, non plus pour l'Idée, mais en lui-même; nous devrons nous en tenir à l'ancienne définition du principe logique de la forme par les principes d'identité et de contradiction, non à la forme discursive sous laquelle s'expriment ces propositions, mais à l'élément logique qu'elles contiennent. Les deux principes n'en font qu'un. Ils expriment la même chose sous une forme positive et négative, et traduisent l'action positive et négative du même principe. Le principe logique de toute forme, en tant qu'il s'exprime par le principe d'identité, est absolument improductif (l'égalité $A = A$ ne conduit à rien). C'est l'erreur de philosophes exclusivement logiciens de considérer le principe logique comme un principe positif, de s'imaginer pouvoir arriver avec lui au contenu positif du monde, à la fin positive et dernière. Toute téléologie positive est dans ces conditions un enfant mort-né; la fin positive devrait être une création du principe logique, pris dans un sens positif. Mais ce principe sous sa forme positive est absolument improductif : il n'arriverait pas de lui-même à un processus, et devrait demeurer purement identique à lui-même.

Il en est autrement du principe logique sous sa forme négative. Sous cette forme, le principe logique peut sans doute agir efficacement, mais à condition qu'un principe illogique lui soit opposé, et que le principe logique ait à élever sa négation contre ce dernier. Le combat intérieur de la Volonté vide qui veut et pourtant ne peut vouloir, qui cherche sa satisfaction et ne rencontre que contrariétés, est un principe illogique de ce genre. Le vouloir lui-même est la négation du principe de l'identité, puisqu'il supprime la permanence de l'identité et exige que A (la pure puissance) cesse d'être A et se change en B (en acte). Il est donc la négation de l'élément positif contenu dans le principe logique, et veut que le principe logique se manifeste sous sa forme négative (1).

Le principe logique nie la négation de soi-même et dit : « La contradiction (qui est une opposition contre moi, le principe logique) ne doit pas être! » Et en disant cela, il détermine son but, à savoir la suppression de l'illogique, du vouloir. Sans doute ce but, qui résulte de l'activité négative du principe logique, est un but négatif dirigé contre l'activité vraiment positive du vouloir, et qui n'apparaît comme négatif que relativement et du point de vue du principe logique. Dans le même sens et au point de vue de l'Idée, poursuivre la suppression de la Volonté, c'est-à-dire nier la négation de soi-même, c'est là une double négation qui donne un résultat relativement positif. Mais, au point de vue de l'illogique, la fin de l'Idée demeure une fin purement négative, et le résultat qu'elle poursuit, c'est-à-dire le retour au néant, suffit à le prouver. Nous nous bornerons donc à parler d'une fin négative de l'Idée; il nous paraît

---

(1) Il est à peine nécessaire de rappeler ici que les déterminations d'illogique et de logique, qui sont dérivées de la nature des deux principes « la Volonté » et « l'Idée intuitive inconsciente », ont été démontrées déjà par la méthode inductive. Le chapitre qui traite du malheur de l'existence a établi, par voie d'induction, que l'existence de ce monde en est pire que la non-existence; que la réalité du monde où son existence est due à l'action d'un principe inintelligent ou illogique; et aussi que ce principe inintelligent, qui contribue à faire de ce monde un monde de souffrances, est le vouloir. D'un autre côté, toutes nos recherches précédentes ont montré que le monde dans sa constitution est disposé avec un art et une sagesse parfaits, et témoigne par là de l'action d'un principe sage et logique, que nous avons reconnu à ses effets comme l'idée intuitive, inconsciente. Il m'a paru utile de faire observer encore une fois que la voie contraire conduit également à l'intelligence du Tout, c'est-à-dire que des deux attributs de l'Un-Tout ou des fonctions élémentaires de son activité « le vouloir et le penser », on peut sans long raisonnement déduire le caractère illogique et logique de ces deux fonctions. De cette manière l'enchaînement et la dépendance de tous les membres de notre raisonnement ressortent avec plus de clarté.

impossible de parler d'une fin positive (dans le sens d'un produit du principe logique sous sa forme positive). Nous affirmons que la téléologie ne peut être enfin sauvée qu'autant que la vanité de tout effort pour atteindre une fin positive et l'impossibilité de toute téléologie positive en vertu du principe logique est comprise, et qu'on lui substitue une téléologie négative, c'est-à-dire une téléologie qui affirme une fin absolument négative. Sans doute, au point de vue logique, la double négation que cette dernière contient en fait une téléologie aussi positive, que pourrait l'être une téléologie directement positive.

Nous devons ainsi aller au delà de la définition platonicienne de l'Idée Unique comme du Bien ou du But : nous devons définir d'une manière supérieure le principe des Idées comme un principe logique. L'éternité des Idées ne signifie pas qu'elles sont déjà présentes de toute éternité dans l'ensemble et le détail au sein de l'idéal absolu, sous les formes où elles seront réalisées plus tard, et où elles n'attendent que la Volonté qui doit les réaliser. Le vouloir vide et infini pourrait réaliser tout d'un coup cette somme toute prête d'Idées ; et cela ne donnerait que l'éternel chaos, et ne produirait aucun développement. Nous devons plutôt admettre que les Idées se développent spontanément sous l'action du principe formel, dans la mesure où elles doivent être réalisées par la Volonté dans le cours du processus du monde ; et cette mesure est déterminée, d'un côté, par la fin constante et suprême et, de l'autre, par le degré que le développement du monde a atteint. L'éternité des Idées n'est pas une existence éternelle, bien que purement Idéale, mais une préformation ou une possibilité éternelle. Le principe logique doit être conçu en soi comme principe purement formel, qui a besoin qu'un autre que lui-même, que l'illogique l'excite à déployer son activité pour produire un contenu idéal. On peut dire qu'il n'y a pas de logique pure ; le principe logique ne déploie pas en soi une activité *pure*. Il n'y a qu'une logique *appliquée*, c'est-à-dire que le principe logique n'entre en action que sous l'impulsion d'un autre principe, l'illogique. C'est par la logique appliquée que le principe idéal, qui n'est, *primo loco*, qu'un pur principe formel, s'enrichit d'un contenu idéal (d'abord celui du but et, ensuite, celui de la série des moyens pour atteindre ce but).

En ce sens, notre principe idéal s'accorde essentiellement avec celui de Hégel. L'Idée absolue de Hégel n'est rien que le contenu, dont la forme vide de la pensée, le concept de l'être pur, identique au néant, s'est enrichi en se développant sous l'action du principe logique et immanent. — Il faut remarquer seulement que dans le mot « Idée absolue », nous n'avons qu'une dénomination vide, dont le contenu ne se détermine qu'après que l'Idée a parcouru tout son développement ; le nom de principe logique, au contraire, désigne pour chacun le principe formel de la détermination autonome de l'Idée et de son développement idéal.

Le processus de l'Idée en soi est, comme dit Hégel, un processus éternel, c'est-à-dire indépendant du temps ; à vrai dire, ce n'est pas un processus, mais un résultat éternel, l'union intime de tous les éléments qui se déterminent réciproquement d'éternité en éternité ; et cette union des éléments, qui se déterminent simultanément les uns les autres, ne se manifeste comme processus, qu'autant que la pensée discursive les sépare artificiellement. Pour cette raison, je ne puis admettre que la détermination logique de ce qui se manifeste à chaque moment dans la réalité résulte de la dialectique telle que Hégel l'entend. Dans le domaine de l'éternité étrangère au temps, où l'on pourrait parler, tout au plus, d'une coexistence, d'une subordination pacifique d'idées opposées, il n'y a pas de processus. C'est qu'un processus suppose nécessairement le temps. L'élément de l'Idée absolue qui, à un moment donné, fait son apparition dans la réalité, ne contient pas en lui-même la condition essentielle de la dialectique hégélienne, l'existence d'une contradiction. Nous pourrions ajouter que le processus de la dialectique hégélienne ne peut se produire qu'entre les concepts, ces béquilles de la pensée discursive : or, la pensée inconsciente se meut au sein d'intuitions concrètes.

Si Platon, qui n'avait, à proprement parler, aucune idée des lois de la nature, considérait comme idées transcendantes tous les concepts généraux et abstraits qu'il pouvait former, c'était un point de vue enfantin qui, comme Aristote l'a constaté, doit lui avoir inspiré à lui-même, vers la fin, de légitimes soupçons.

Nous savons maintenant que toute la nature inorganique est la conséquence des forces atomiques agissant d'après leurs lois immanentes (lesquelles font partie de l'Idée des atomes); et qu'il faut attendre l'apparition des organismes pour voir se manifester des Idées vraiment nouvelles. Nous savons encore que toutes les Idées sont des déterminations spontanées du principe logique ; qu'elles ne sont, ni dans l'ensemble, ni dans le détail, rien autre chose que les applications du principe logique aux cas donnés; c'est ainsi que l'idée du processus du monde n'est que l'application du principe logique au vouloir vide. Chez Hégel, le vouloir est remplacé par l'être pur qui forme le point de départ de la logique et est identique avec le néant. Cet être pur est, en effet, la seule forme sous laquelle la tendance à sortir de soi-même, qui est étrangère au principe logique, peut être conçue par lui.

Nous avons vu que l'Idée n'existe qu'après que la Volonté l'a saisie comme son contenu et, par suite, réalisée. Qu'était l'Idée auparavant? Elle n'existait assurément pas encore, elle n'était qu'un principe supérieur à l'être comme la Volonté ou le pur vouloir. Comme la Volonté (en tant que puissance) sort d'elle même par le vouloir; ainsi l'Idée, comme principe supérieur à l'existence, sort d'elle-même sous l'action de la volonté. Et c'est en cela que diffèrent radicalement les deux principes. Le vouloir sort spontanément de soi-même. L'Idée est entraînée hors de soi et dans la réalité par la Volonté ; elle n'était jusque-là que dans le non-être.

Si l'Idée pouvait de soi passer à l'être, elle serait la

puissance d'être, et, par suite, la Volonté. D'un autre côté, l'Idée, avant d'être appelée à l'existence, ne peut être un non-être absolu (οὐκ εἶναι), autrement la Volonté ne pourrait faire rien d'elle. Il faut donc qu'elle soit un non-être relatif, ou une essence qui manque encore de l'être. Si elle n'est ni l'être véritable, ni la puissance de l'être, ni un pur néant, que peut-elle être? Le langage n'a pas de mots pour traduire la conception qu'il convient de s'en faire. On pourrait, tout au plus, désigner cet état comme un être latent, qui, alors même que la Volonté l'appelle à se manifester, n'arrive jamais à être pour soi, mais ne participe à l'être que comme contenu idéal d'un être en acte. L'être latent de l'Idée, avant qu'elle ait été saisie par la Volonté, se distingue de l'acte, en ce que le mot acte fait involontairement penser à une puissance antérieure, qui ne se rencontre pas ici, et à un être réel, à une réelle activité, qui est justement le contraire de cet état de repos, de calme, qui caractérise l'être latent, où l'Idée est renfermée en elle-même et d'où elle ne sort jamais spontanément. Le mot acte ne convient ici, tout au plus, que pour désigner l'opposition à la puissance, mais une opposition toute différente de celle de l'acte proprement dit. Schelling cherche à éclairer le rapport de ses concepts, en définissant l'état de l'Idée comme *actus purus*, c'est-à-dire comme un acte pur ou affranchi en soi de la puissance, et traduit ce μὴ ὂν en allemand par « l'être pur » (étranger à la puissance). Mais il est clair que ces expressions ne sont pas heureuses. En dépit des explications les plus habiles, elles font l'effet d'un morceau de bois de fer. Cette insuffisance de langage, que les plus grands efforts ne peuvent surmonter, n'enlève rien à l'évidence de cette vérité que l'Idée, avant d'être entraînée dans le tourbillon de l'être, par la Volonté d'être qui s'éveille au sein de l'Inconscient, doit être conçue comme dans un état de non-être relatif. Cet état, supérieur à celui de l'être réel, lequel résulte de l'action combinée de la Volonté et de l'Idée, cet état supérieur à l'être est, dans ce sens, comme celui de l'être affranchi de la puissance, de

l'être caché dans son repos et sa pureté ineffables. Schelling devait nécessairement aboutir à le définir ainsi ; et Hégel, de son côté, ne pouvait s'empêcher de donner à l'Idée, comme première et primordiale détermination, celle de l'être pur, qui, par comparaison à l'être déterminé qu'elle deviendra plus tard, est comme le néant. Mais, dans le Panlogisme de Hégel, cette définition de l'Idée pure fait entrer l'illogique comme élément dans l'initiative du processus.
— Si nous avons considéré la Volonté, avant qu'elle se soit élevée au vouloir, comme la pure puissance ou le pur *pouvoir*, l'Idée, avant qu'elle soit engagée dans l'être, doit être regardée comme constituant le monde de la pure *possibilité*. Les deux expressions déterminent également leur objet, par rapport à une éventualité future. La différence est que ce rapport est actif pour le pouvoir, passif pour la possibilité. La Volonté, qui n'est en soi qu'un principe simple et purement formel, ne comporte aucune distinction. Dans l'Idée nous avons à distinguer le principe logique comme élément formel de la détermination spontanée, et l'Idée comme le monde infini des formes possibles de développement, qui sont cachées au sein du principe. L'ordre d'apparition de ces dernières est déterminé, pour le cas possible où elles seraient appelées à la vie, par le principe logique qui n'a part qu'à l'être pur ; et elles y sont contenues implicitement comme autant de pures possibilités idéales, dans le même rapport logique et éternel où leur manifestation dans la réalité nous les montre. Si elles constituent avant leur apparition le monde des possibilités logiques dans le sens le plus abstrait, elles sont encore plus éloignées de l'être que le principe logique qui les détermine toutes formellement et d'où elles sortent quand leur heure est venue ; ainsi le prédicat d'être latent (ou, suivant Schelling, d'être pur), qui convient au germe commun d'où elles sont tirées, ne saurait leur être appliqué, et doit être réservé au principe logique et formel de leur développement idéal et spontané.

Nous avons vu que la Volonté, et plus exactement, que

le vouloir vide transforme l'être en soi et pour soi de l'Idée en une existence pour un autre. Le vouloir en effet entraîne l'Idée à soi comme son contenu. Mais l'Idée, comme contenu du vouloir, se détermine et se développe d'elle-même par la puissance de son principe formel.

Cette proposition vaut du premier moment où l'Idée est entraînée hors de soi par la volonté, jusqu'au moment où l'être cesse par la transformation du vouloir. A chaque moment, la somme des Idées qui forment le contenu de la Volonté est déterminée et répond à tel degré déterminé dans le développement de l'Idée unique qui représente l'univers, et dont cette somme d'Idées fait la diversité intérieure. Cette somme d'Idées est déterminée par une logique absolue, puisque ce processus de développement n'est pour l'Idée du monde qu'un processus purement logique, ou, ce qui revient au même, un processus dont la nature est déterminée avec une nécessité logique. Mais nous savons déjà que le « comment » du monde n'est à chaque moment que le contenu réalisé de la Volonté ; le « comment » du monde est donc, à chaque moment du processus, déterminé par une nécessité logique. C'est parce qu'il est logiquement nécessaire (en vue de la fin suprême) que le monde se développe, grâce à l'apparition et au perfectionnement de la conscience ; c'est parce que la nécessité d'un développement renferme la nécessité du temps, et qu'ainsi le temps et le changement du contenu de la Volonté dans le temps font partie du développement logique et nécessaire de l'Idée; c'est pour cela, dis-je, que la réalisation de ce contenu se manifeste sous la forme d'un processus déterminé et successif (voir ce qui a été dit t. II, p. 148 sur l'espace).

La proposition précédente vaut pour chaque événement particulier, comme pour le vaste ensemble des faits. Chaque fait particulier forme une partie intégrante du tout, et est comme tel déterminé par le tout. Chaque existence, chaque événement particulier, en effet, est déterminé dans son essence par l'Idée, est comme un membre dans la diversité intime qui constitue la vie totale de l'Idée une du monde.

Le contenu total de l'Idée du monde est à chaque moment, déterminé par une logique absolue (d'un côté par la fin immuable et suprême, de l'autre par le degré de développement universel réalisé au dernier moment). Chaque partie est déterminée par le tout ; donc chaque existence et chaque fait sont, à chaque moment, déterminés et conditionnés logiquement. Ainsi, par exemple, si je lâche cette pierre, elle tombe avec une certaine vitesse déterminée uniquement par une nécessité logique, parce qu'il serait contraire à la logique qu'en ce moment la chute de cette pierre présentât une vitesse différente. Sans doute, si cette pierre peut tomber en ce moment, si elle existe en ce moment, si la terre elle-même existe pour l'attirer, tout cela dépend de l'action continue de la Volonté. Si cette dernière cessait en ce moment de vouloir, le monde cesserait d'exister ; et il n'y aurait plus de raison logique pour que cette pierre tombât.

Nous voyons ici les deux principes, d'où résulte la causalité. Si la pierre que je lâche maintenant tombe sur le sol, cela tient à ce que la Volonté agit au delà du moment présent. Si la pierre tombe avec une certaine vitesse, cela tient à ce que la logique demande qu'il en soit ainsi, et que le contraire serait illogique. Si le fait et sa conséquence se produisent, cela dépend de la Volonté. Mais si l'effet qui se produit a nécessairement telle nature et non telle autre, cela tient à la logique des choses. Assurément la cause aussi détermine indirectement l'effet, puisque c'est seulement dans les conditions qu'on réunit sous le nom de cause qu'il est logique que tel effet se produise.

La causalité nous apparaît donc comme une nécessité logique, qui doit sa réalité à la Volonté.

Nous avons reconnu la fin comme le côté positif du principe logique ; nous pouvons souscrire maintenant d'une manière absolue à la proposition de Leibniz : « *Causæ efficientes pendent a causis finalibus.* » Mais nous savons aussi qu'elle n'exprime qu'une partie de la vérité ; et que le processus total du monde est dans son contenu un processus logique, et dans son existence un acte continu de Volonté. Il faut que la causalité et la finalité soient conçues comme obéissant également à une nécessité logique; il faut que la nécessité logique du processus soit reconnue à tous les moments du processus comme le principe général, dont la causalité et la finalité (nous pouvons ajouter et la motivation) ne sont que des manifestations différentes par lesquelles le principe commun de la détermination universelle se présente sous des points de vue différents; alors seulement on peut essayer une explication téléologique du processus universel. Si chaque moment du processus est à la fois et tout entier un membre dans la série des causes et dans la série des fins, cela n'est possible qu'à trois conditions : ou la causalité et la finalité se confondent dans l'unité d'un principe supérieur et ne représentent que les points de vue différents sous lesquels la pensée discursive de l'homme envisage les choses; ou les deux séries sont reliées par l'harmonie préétablie; ou l'accord actuel de tel membre de la série des causes avec tel membre de la série des fins n'est qu'un rapport accidentel, et le hasard seul nous les fait paraître comme les éléments d'un seul et même fait.

Le hasard peut produire cet accord, mais non expliquer qu'il se reproduise constamment. L'harmonie préétablie n'est que le recours au miracle ou le renoncement à comprendre. Le premier cas seul est admissible, si l'on ne veut pas avec Spinoza nier la finalité.

Le concept de la nécessité logique est donc le principe supérieur d'où dérivent la causalité, la finalité et la motivation. Toute nécessité causale, finale, morale n'est nécessité que parce qu'elle est nécessité logique. Il est faux d'affirmer avec Kant et de nombreux penseurs modernes qu'il n'y a pas d'autre concept de la nécessité qu'un concept subjectif; mais il est vrai que tout événement, toute existence ne seraient que de purs accidents sans nécessité, si le principe logique ne soumettait la réalité objective aux lois absolues de la nécessité, de la même manière que la pensée subjective les manifeste à la conscience. Celui qui admet la réalité objective du monde (c'est-à-dire son existence indépendante de la conscience du sujet), celui-là ne peut plus nier que les lois de la matière aient une action nécessaire, à moins d'admettre une absurdité, c'est-à-dire de supposer que les rapports des faits, que confirment les lois empiriques et inflexibles, dégagées par l'abstraction, sont l'œuvre du hasard. Mais il est infiniment peu probable que le hasard reproduise constamment ces rapports, qui nous obligent d'admettre des lois abstraites. Il est au contraire infiniment probable, et par suite presque certain, que la règle trouvée par l'abstraction du sujet répond à une nécessité de l'objet. S'il est certain qu'une nécessité objective persiste dans le monde, il est aussi certain que toute nécessité dans le monde est le résultat de déterminations, de conditions logiques. La nécessité ne peut être acceptée que comme produit d'une logique éternelle. C'est ainsi que peuvent se résoudre les difficultés que le concept de causalité a soulevées depuis Hume jusqu'à Kirchmann.

IV. — La substance identique des deux attributs.

Il s'agit maintenant de savoir si l'Idée est attribut ou substance, si elle est la pensée d'un être antérieur, inférieur ou supérieur à elle, ou si elle est de son côté un dernier principe. Nous avons vu que Platon ne se prononce expressément pour aucune de ces solutions. Hégel affirme que l'Idée est l'unique substance, qu'elle est Dieu. Schelling, au contraire, nie que la Notion, comme le veut Hégel, puisse se développer d'elle-même (*Œuvr.*, I, x, p. 132) : « Il y a une double erreur dans ce mouvement prétendu nécessaire :

1. La Notion est substitué à la pensée, et est représentée comme un principe qui se meut de lui-même; pourtant la Notion en soi serait absolument immobile, si elle n'était

pas la Notion d'un sujet pensant, c'est-à-dire si elle n'était pas une pensée;

2. On s'imagine que la pensée est mise en mouvement par une nécessité intérieure, tandis qu'elle poursuit évidemment un but en dehors d'elle. »

Je dois d'abord remarquer que la différence des deux doctrines, qui est assez grande théoriquement, n'a cependant pas l'importance qu'elle paraît avoir au premier abord. C'est que nous nous trouvons ici dans la région des principes supérieurs à la réalité, et que nos concepts nous abandonnent; et que, là même où ils paraissent suffisants, ils sont difficilement en état de traduire l'objectivité de ces principes transcendants, comme la métaphysique le croit trop facilement.

Pourtant il est certain que, quelle que soit la nature du ou des derniers principes métaphysiques d'un système, notre pensée se trouve toujours soumise à l'inévitable nécessité de les concevoir ou comme des substances actives, ou comme les attributs d'une substance, qui remplit les fonctions de sujet actif, lorsque ces principes se manifestent. Nous ne pouvons nous représenter l'Idée de Hégel ou la représentation intuitive de l'Inconscient, que comme une substance ou comme l'attribut d'une substance. De même la Volonté de Schopenhauer doit être conçue comme une substance ou comme un attribut. Notre pensée est absolument incapable de concevoir une fonction sans un sujet actif qui, comme dernier et absolu principe, doit être une substance métaphysique. L'Idée ne se conçoit pas sans un sujet pensant, la Volonté sans un sujet voulant. La seule question est de rechercher si nous pouvons et voulons regarder comme sujet pensant l'Idée elle-même, comme sujet voulant la Volonté même; ou si nous sommes forcés d'admettre derrière ces attributs du vouloir et du penser un être qui en soit le fondement. Cette nécessité de la pensée nous oblige même d'aller chercher derrière les fonctions elles-mêmes, et d'étudier les principes dans l'état de repos et de mystère où ils sont supérieurs à l'être.

Nous devons là aussi distinguer dans le principe « qui peut être et celui qui a l'être pur » le sujet qui peut être, et celui qui a l'être pur, et les états différents qui caractérisent le pouvoir d'être et l'être pur. La nécessité de ces distinctions est incontestablement une loi de notre pensée. Il s'agit seulement de savoir si on veut la négliger comme subjective ou l'examiner comme objective et transcendante ; et c'est là une question qui ne saurait facilement se résoudre à priori.

Hégel prendrait le premier parti s'il se trouvait en présence de l'alternative ; le second parti a été adopté par Schelling. Dans le premier cas, l'Idée totale ou la Volonté totale sont considérées comme substances, sans qu'on se préoccupe des distinctions dont nous venons de parler ; dans le second cas, l'agent ou le sujet auquel appartient l'état est considéré comme substance ; la fonction ou l'état, comme attribut. Dans le premier cas, l'Idée et la Volonté sont le tout, à la fois substance et attribut ; dans le second, elles ne sont que la fonction ou l'état au sens restreint, par suite des attributs, et supposent une substance derrière elles comme le sujet fonctionnant qui les porte.

La distinction ne devient importante que lorsqu'il s'agit d'une dualité de principes, et qu'il faut en déterminer le rapport. Hégel et Schopenhauer, qui n'admettent chacun qu'un seul des deux principes, n'ont aucune raison de faire la distinction ci-dessus : elle n'a aucune importance pour eux. Mais, aussitôt que le besoin d'unir les deux principes, l'Idée et la Volonté, se fait sentir, la distinction doit être entièrement faite. Quoique les fonctions ou les états de penser et de vouloir soient différents, cela n'empêche pas que la substance des deux principes, que le sujet des deux fonctions, que ce qui pense et ce qui veut ne soient un seul et même principe. Si l'on admet l'identité substantielle, et seulement la différence de fonction et d'état des deux principes, on a la substance unique de Spinoza avec deux attributs.

Comme on ne peut échapper au besoin de démontrer

l'identité substantielle de la Volonté et de l'Idée, c'est là une raison décisive pour se poser la question de savoir si l'Idée en soi et la Volonté en soi sont des substances ou des attributs. Ce besoin est tout à fait impérieux. En effet, supposer que la Volonté et l'Idée sont des substances séparées, c'est se condamner à ne savoir expliquer la possibilité de l'influence exercée par l'une sur l'autre, de même qu'un pluralisme conséquent est hors d'état d'expliquer l'action réciproque d'individus indépendants (voir *supra*, p. 200 et suiv.). On ne comprendrait pas comment l'un des deux principes entre en rapport avec l'autre; comment la Volonté entraîne le principe logique à sa suite et s'en fait un contenu; et comment le principe logique est provoqué à réagir, comme il le fait, contre un principe étranger et qui ne le toucherait en rien, contre l'illogique et son activité déraisonnable. Si, au contraire, ces deux principes se rattachent au fond à une seule et même substance, dont ils ne sont que les attributs, leur liaison intime se comprend très-bien, et l'on serait étonné que le contraire eût lieu. Le même être est à la fois l'un et l'autre; ce qui veut est aussi ce qui pense, et ce qui pense est ce qui veut. C'est le vouloir et le penser qui diffèrent, non l'être qui veut et pense. La Volonté est étrangère à la raison; mais l'Idée est justement la raison de l'être qui veut. La pensée est incapable d'agir; mais le vouloir est justement la force de l'être qui pense. On n'est pas en présence de l'opposition de deux forces contraires au sein d'une seule et même activité; un tel conflit conduirait à un résultat nul, ou laisserait tout au plus subsister celle des deux forces qui l'emporterait. On n'a pas affaire non plus à l'opposition de deux contradictoires qui se nieraient; dont l'un serait un principe positif, l'autre la privation ou la négation du premier : mais on a l'opposition de deux contradictoires également positifs, où chaque membre est positif dans son domaine distinct, tout en étant la négation de l'autre lorsqu'il se trouve en rapport avec ce dernier. Une telle opposition ne contient aucune opposition logique. La Volonté et l'Idée, ou la force et la sagesse ne se contredisent pas dans l'Absolu, pas plus que la couleur et le parfum dans la rose, la bonté et la sincérité dans un homme. On ne saurait les regarder comme des tiroirs dans l'un desquels l'Inconscient renfermerait la Volonté sans raison, et dans l'autre l'Idée sans force : ce sont les deux pôles d'un aimant aux propriétés opposées et dont l'opposition et l'accord assurent tout à la fois l'unité du monde. On ne peut dans un aimant isoler la fonction magnétique qui agit vers le nord de celle qui agit vers le sud. On a beau diviser l'aimant, la double action ou la polarité se retrouve dans les moindres parcelles. C'est ainsi que les deux attributs de l'Inconscient se manifestent dans chaque fonction particulière, si faible qu'elle soit, de l'Un-Tout. Ils constituent la matière et la forme, l'élément idéal et l'élément réel inséparables en chaque chose. La Volonté n'est pas un aveugle qui porte sur son dos l'Idée paralytique qui lui indique le chemin. L'Inconscient est comme l'individu complet et sain, mais qui ne peut voir avec les jambes ni marcher avec les yeux.

Si la Volonté et l'Idée étaient des substances distinctes, un dualisme insupportable dominerait dans le monde et dans l'âme de l'individu ; or nous ne remarquons rien de pareil. Le monisme, auquel toutes les doctrines conspirent, comme nous l'avons vu, serait entièrement supprimé ; et un pur dualisme s'installerait à sa place. Le péril secret d'un tel dualisme, qui se faisait surtout sentir au chap. VII de la 3ᵉ partie, n'a été écarté que par la doctrine qui se borne à soutenir le dualisme de deux attributs, lequel n'enlève rien à l'unité de la substance ; et ce dualisme des attributs doit être nécessairement admis, si l'on veut expliquer une existence quelconque. L'unité absolue est comme la multiplicité absolue une notion contradictoire, comme Platon l'a montré déjà dans le *Parménide*. Pour que l'unité, soit comme concept, soit comme existence, puisse être conçue, il faut que l'unité de l'Un soit l'unité d'une diversité ou d'une pluralité intérieure ; et l'expression la plus simple de la pluralité, c'est la dualité. La dualité intérieure est donc la condition nécessaire à l'existence de l'Un-Tout ; ou, en d'autres termes, si le dualisme absolu est insoutenable, la doctrine d'un dualisme relatif au sein de l'être un lui-même est nécessaire à la vérité du monisme absolu. Cela paraîtra plus évident encore, si l'on songe à la nécessité d'expliquer le processus. Si l'Un pouvait exister sans pluralité, il n'existerait que comme un être immobile, inflexiblement identique à lui-même ; et nous n'arriverions jamais à comprendre la possibilité d'un processus. Pour expliquer un processus, il faut nécessairement que la paix immuable de l'Un-Tout soit troublée par un principe qui prend l'initiative de ce mouvement. Mais une telle initiative ne suffirait pas à produire un processus réel ; elle ne conduirait tout au plus qu'à la pure intention du processus (au vouloir sans objet). Pour qu'un processus réel apparaisse, il faut qu'en dehors du principe qui prend l'initiative, un autre principe existe qui aille au-devant du premier, et, dans le double sens du mot, pour lui venir en aide et pour le combattre. De l'accord et de l'opposition des deux principes seulement peut sortir un processus. Le second principe aide le premier à réaliser ce dont il a pris l'initiative, à savoir le processus, comme nous l'avons expliqué plus haut. Mais le second n'intervient que parce que le premier, au point de vue du second, ne doit pas exister — que le second se sent poussé par sa nature à combattre le premier, et à réduire à n'être pas le principe qui ne doit pas être. Schelling dit dans ce sens (I, x, 247) : « Il n'y aurait pas de processus, si quelque chose n'existait pas qui ne doit pas exister, ou du moins n'existait pas sous une forme qu'il ne devrait pas avoir. » En effet le principe qui peut vouloir ne doit pas être un vouloir aveugle ; ou, comme dit habituellement Schelling, la puissance d'être ne doit pas faire place à une existence aveugle.

Déclarer qu'une chose ne doit pas avoir tel caractère, cela ne peut se dire que d'un certain point de vue et d'un point de vue opposé à celui où se trouve l'être qui a justement ce caractère. Ainsi ce n'est que du point de vue propre du principe logique, que l'illogique, comme tel, peut être déclaré mauvais. En dernière analyse, l'opposition du logique au vouloir, et par suite la possibilité du processus suppose qu'une opposition logique sépare les deux attributs, c'est-à-dire que l'un est le contraire de l'autre (que la Volonté n'est pas logique et que l'Idée est sans volonté). C'est l'opposition logique des deux attributs au sein d'une même substance, qui rend possible le processus. Il ne faut pas croire que cette opposition logique se traduise de suite par un antagonisme réel, comme ce conflit que nous observons entre les volontés contraires de l'Un-Tout. Nous savons qu'il faudrait pour cela que l'Idée logique existât par elle-même, fût indépendante de la Volonté, et eût enfin une activité propre : or, il en est tout autrement. L'opposition de la Volonté et de l'Idée est donc d'abord purement logique ; ce n'est qu'indirectement qu'elle conduit à une opposition réelle. Une partie du vouloir dans le cours du processus est amenée, par suite de l'émancipation de l'Idée consciente vis-à-vis du vouloir, à se tourner comme vouloir négatif contre le vouloir positif. La conscience, en se développant sans cesse, donne au vouloir négatif une force capable de paralyser la résistance du vouloir positif ; et c'est ainsi que le principe qui ne doit pas exister est rejeté dans le néant. L'opposition réelle vient donc toujours du vouloir, mais du vouloir poursuivant deux objets contraires. Quant à la Volonté et à l'Idée, elles n'entrent jamais elles-mêmes et directement en opposition réelle : elles ne connaissent que l'opposition logique, qui est inhérente à la contradiction de leur nature. Si l'opposition mutuelle des deux parties contraires du vouloir porte la marque de cette opposition logique, c'est que dans le vouloir positif, l'idée encore inconsciente, qui doit céder à la volonté de vivre, réussit à amener cette dernière au point où le développement de la pensée consciente et de la conscience pessimiste permet d'entendre la folie du vouloir; et détermine la volonté du renoncement au vouloir.

Il fallait écarter toute confusion entre l'opposition logique et l'opposition réelle au sein de l'Un-Tout. L'hypothèse d'un conflit réel et direct entre les attributs aurait compromis et même détruit l'unité indivisible des deux attributs.

Schelling entend comme nous l'accord du dualisme et du monisme (*Œuvres*, II, III, p. 218) : « L'identité doit plutôt être prise à la rigueur comme identité substantielle. Car nous n'admettons pas que la puissance d'exister et l'être pur soient chacun un être en soi, c'est-à-dire une substance (car la substance est l'être qui existe indépendamment de tout autre). Nous ne croyons donc pas que la puissance d'exister soit indépendante de l'être pur. Selon nous, c'est le même être, c'est-à-dire la même substance dans son unité inviolable qui, sans pour cela devenir deux, est à la fois la puissance d'exister et l'être pur. »

Cette substance identique sous les deux attributs de la Volonté et de l'Idée, cette essence individuelle sur laquelle reposent ces attributs généraux et abstraits, pourrait s'appeler « le sujet absolu, puisqu'elle est le principe qui n'est l'attribut de rien et dont tout le reste est l'attribut. » (Schelling, II, I, 318.) Malheureusement le mot sujet a tant de significations diverses, qu'il pourrait conduire facilement à des malentendus (on serait peut-être tenté d'en faire le corrélatif d'un objet). Mais, si on est en droit d'appeler un principe primordial du nom d'esprit absolu, tout lecteur qui ne sera pas déterminé à l'avance à restreindre avec Hegel l'application de ce mot à la forme spéciale, sous laquelle l'esprit se manifeste dans la conscience, reconnaîtra sans peine que le nom d'esprit convient à cette unité de la volonté et de la conscience, de la puissance et de la sagesse, à cette substance une qui est partout volonté et pensée, — que nous avons enfin désignée plus haut sous le nom d'Inconscient. L'un, « supérieur à l'être, qui est tout être », peut donc être appelé un esprit pur, inconscient (impersonnel, mais aussi indivisible et par suite individuel). Notre monisme peut donc s'appeler encore un monisme spiritualiste. Nous avons atteint ainsi le sommet de la pyramide et transformé en certitude démonstrative les explications préliminaires que nous avions présentées, dès l'introduction du Concept de l'Inconscient.

Pour nous distinguer de Spinoza, nous insisterons sur les différences suivantes de sa doctrine et de la nôtre. Ce serait une grande erreur de concevoir le rapport de la Substance et des attributs dans notre doctrine comme certains interprètes ont soutenu que Spinoza l'avait entendu ; et de considérer la première comme la puissance des attributs, et ceux-ci comme les actes ou les actions de la puissance. Nous avons écarté depuis longtemps le concept de la puissance. La puissance d'être ou de vouloir est justement pour nous l'un des attributs ; l'autre a été expressément défini par nous comme l'être pur, qui n'est dérivé en aucune façon de la puissance. La Substance n'est par rapport à aucun des deux attributs dans le rapport de la puissance à l'acte ; et aucun des deux attributs à son tour n'est comparable à l'acte qui sort de la puissance. C'est là une différence capitale entre nous et Spinoza, chez qui la Substance paraît être évidemment la puissance des attributs. Mais nous nous accordons avec Spinoza pour soutenir que l'existence n'appartient qu'au mode détaché de la Substance (ἐξιστάμενον ou ἐξισταμένον), tandis que la Substance par elle-même ainsi que ses attributs ne fait que subsister (elle est le fondement (*subsistit*) sur lequel repose le mode qui s'en détache).

La seconde différence qui nous sépare de Spinoza porte sur la définition de l'un des deux attributs. Spinoza, suivant les traces de Descartes, appelle cet attribut l'étendue. Mais la pensée et l'étendue ne sont pas opposées, puisque l'étendue se rencontre aussi dans la pensée. On ne peut opposer que la pensée et l'étendue réelle ; et c'est, du reste, de cette dernière seulement que Spinoza veut parler. Ce n'est pas même entre les concepts de la pensée et de l'étendue réelle, mais entre la « pensée » et le « réel », ou entre « l'idéal et le réel », que l'opposition existe réellement. L'étendue ne suffit pas à produire la réalité ; et il faut qu'elle soit d'abord devenue réelle, pour être en opposition avec la pensée. Le second attribut de Spinoza devrait donc être ce qui rend réel non-seulement l'étendue, mais toutes les autres Idées; et ce principe n'est pas autre que la Volonté. Il suffit donc de substituer à l'étendue la Volonté pour que la métaphysique de Spinoza soit vraie; mais alors les derniers principes qui couronnent notre édifice métaphysique ne diffèrent plus de la Substance unique; celle-ci de ce philosophe n'est chez ce dernier, il est vrai, qu'un postulat mystique.

Aucune philosophie ne peut dépasser la Substance qui est au fond de toute existence; nous nous trouvons ici en présence du problème primitif, lequel est de sa nature insoluble. La terre repose sur l'éléphant : l'éléphant sur la tortue; mais sur quoi repose la tortue? Il faut savoir s'arrêter dans un mystérieux effroi devant le problème de la Substance absolue, comme devant la tête de la Méduse. C'est là le véritable signe de l'aptitude métaphysique. Se contenter de remonter jusqu'à la matière éternelle ou à un Dieu créateur, c'est la marque évidente de l'irréflexion et de la légèreté d'esprit. Chercher à expliquer le premier principe par l'évolution spontanée de la dialectique, c'est le comble de la sophistique et la ruine même de toute pensée. Du reste, pour la pensée, le néant et l'être sont corrélatifs et ont le même droit, mais seulement pour la pensée; or celle-ci suppose déjà l'être de la Substance pensante. Mais d'où vient cette Substance qui précède la pensée? S'il n'y avait rien, ni monde, ni processus, ni Substance, et par suite ni esprit philosophique pour s'étonner, l'étonnement n'existerait pas, tout serait absolument naturel; aucun problème ne serait à résoudre. Mais la Substance existe comme un principe dernier d'où tout dépend (ne serait-ce que la notion hégélienne); c'est là ce qui nous cause un étonnement sans fin, ce qui échappe à toute raison, à toute explication. L'homme, dans sa misérable petitesse, ne peut comprendre ce problème suprême. Il consume sa raison en vains efforts pour secouer en quelque sorte les barreaux de la prison, où la nécessité inexplicable de l'être la tient emprisonnée. Imaginez un savant moderne, qui, dans un voyage aérien entrepris par amour de la science, rencontrerait au delà des nuages un château féerique habité par les esprits de l'air : il ne pourrait s'empêcher d'être profondément étonné jusqu'à en perdre la respiration par le seul fait de l'existence d'un tel château, et oublierait de s'intéresser aux détails de sa disposition intérieure. Ainsi l'homme, tant que le problème de l'être comme tel se dresse devant sa conscience, est à peine en état de ressentir un étonnement philosophique devant les détails de l'organisation du monde. Il est absolument indifférent, pour ce problème métaphysique, que l'on considère comme le dernier principe, soit le Dieu personnel, soit la Substance de Spinoza, soit l'Idée ou la Volonté, soit l'illusion subjective ou la matière : il n'en demeure pas moins établi qu'une substance dernière existe avec ses attributs. Mais d'où vient qu'elle existe et existe avec ses caractères propres, puisque rien ne vient de rien? Un Dieu personnel deviendrait fou ; ou, s'il se pouvait, se donnerait la mort, dans son désespoir de ne pouvoir résoudre l'énigme de l'éternité substantielle, qu'il trouverait en lui-même comme donnée indépendante de sa volonté et de sa conscience. Pour un Dieu, il doit être insupportable d'exister malgré lui et sa divinité. L'esprit humain est sans doute trop grossier et trop bas pour ne pas s'accoutumer promptement au plus grand des mystères qui l'enveloppent, pour ne pas se contenter de poser exactement le problème sans chercher à le résoudre. Et pourtant il est bon que le pathos philosophique n'éclate que dans les instants rares où la spéculation atteint à une pénétration extraordinaire, afin que les problèmes inférieurs provoquent la curiosité à laquelle ils ont droit.

V. — La possibilité de la connaissance métaphysique.

Nous sommes enfin au bout de la carrière ; mais, avant de terminer, examinons encore une question. La connaissance métaphysique est-elle possible, et comment est-elle possible du point de vue de la philosophie de l'Inconscient?

Cette question a son importance. Souvent les systèmes de métaphysique les plus importants, qui réussissent à expliquer l'univers entier de la façon la plus conséquente et la plus acceptable, ne savent comment prouver que leurs propres principes suffisent à justifier le système métaphysique qu'ils ont construit et qu'ils affirment. On ne doit pas sans doute s'attendre à trouver ici une théorie de la connaissance, mais seulement un aperçu de la manière dont nous envisageons la question.

La philosophie grecque et romaine aboutit au scepticisme, parce qu'elle ne réussit pas à trouver un critérium de la vérité ; elle devait mettre en doute que l'on pût démontrer la possibilité de la connaissance. Le dogmatisme de la philosophie moderne ne sut pas mieux résister aux coups de Hume ; Kant ne fit qu'étendre et approfondir d'une manière sensible la critique impitoyable de Hume.

Mais, en même temps, le génie de Kant ouvrit l'ère de la philosophie contemporaine. La philosophie grecque s'était fatiguée sans profit à une recherche impossible : elle avait voulu trouver dans la connaissance elle-même un caractère qui fût comme la marque de la vérité. Kant débuta par une hypothèse, et posa ainsi la question : « Qu'il y ait ou non une connaissance véritable, quelles en devraient être les conditions métaphysiques pour qu'elle fût possible? »

Toute la philosophie contemporaine, à l'exception du dernier système de Schelling, se place à ce point de vue d'une manière plus ou moins consciente ; *et la métaphysique consiste pour elle dans l'analyse des conditions de la possibilité de la connaissance.* La condition première et fondamentale de la possibilité de toute connaissance, c'est l'affirmation que la pensée et son objet transcendant et réel sont identiques. Admettre que la pensée et la chose en soi diffèrent de nature, c'est rendre impossible absolument tout accord entre elles, et par suite toute vérité et surtout toute conscience de cet accord ; c'est rendre, en un mot, la connaissance impossible. En dehors de cette hypothèse, il n'y a que deux points de vue possibles : celui du réalisme naïf et celui de l'idéalisme subjectif. La première doctrine méconnait que tout ce que je traduis par mes paroles, tout ce que je saisis par la pensée n'est toujours au fond que ma propre pensée, et jamais une réalité placée en dehors de ma pensée ; la pensée ne peut jamais sortir d'elle-même. On confond par erreur la chose pensée ou concevable (intelligible) avec l'objet transcendant qui échappe à la pensée (le supra-intelligible). C'est ce dernier que poursuit la pensée, comme une grandeur vraiment imaginaire, où elle n'embrasse toujours que ses propres idées. La seconde doctrine échappe à cette erreur que Kant avait laissé subsister dans sa théorie de la chose en soi : mais elle tombe dans l'erreur opposée, et nie la réalité d'un principe placé en dehors de la pensée, parce qu'il échapperait à la pensée. Elle anéantit ainsi la possibilité de toute connaissance : elle fait de la pensée un rêve sans objet réel et par suite sans vérité. La philosophie de l'identité soutient une opinion contraire : elle admet que l'objet transcendant de la connaissance est identique à la pensée, et elle soutient avec raison « que la science n'est pas possible sans cette condition » (Schelling, I, 0, 198). En effet, on ne saurait autrement concevoir l'accord de la pensée et de l'objet pensé (l'objet transcendant). Cette démonstration tout à fait indirecte que l'on donne de l'identité de la pensée et de l'être (et les anciens étaient bien étrangers à une pareille conception) est désormais le fondement inébranlable de toute philosophie : mais on tire de ce principe des conséquences bien diverses. Dans le système de l'identité de Schelling, on retrouve comme chez Leibniz une sorte d'harmonie préétablie. Chaque conscience individuelle déroule en soi-même de son point de vue limité la représentation toute subjective d'un monde soumis aux mêmes formes, aux mêmes catégories, aux mêmes lois particulières, auxquelles le monde réel est assujetti en dehors d'elle. Il est vrai que cette harmonie s'explique bien mieux avec le monisme de Schelling, qui admet l'unité de l'intelligence absolue ou de la raison, que dans la monadologie de Leibniz. Hégel échappe à la difficulté en ramenant tout au processus dialectique de l'Idée une, où les éléments de l'être cessent d'être étrangers, opposés les uns aux autres, ainsi que le sont chez Schelling et Leibniz les monades « sans fenêtres »; mais où chaque élément de l'être est uni à tous les autres par tous les rapports possibles (par conséquent par ceux de la causalité et de la réciprocité d'action). La philosophie de Hégel constitue ainsi un grand progrès sur celle de Schelling; mais elle fait un pas en arrière d'un autre côté, en confondant entièrement et d'une manière systématique, dans la mêlée des notions générales que combine sa dialectique, la pensée et son objet, la pensée subjective et la chose en dehors du sujet, le point de vue de la pensée individuelle, et celui de la pensée absolue, la pensée consciente et enfin la pensée inconsciente. Insister sur ces différences, séparer de nouveau et fortement ces points de vue opposés, telle est la tâche que je me suis proposée. Le principe placé en dehors de la pensée consciente est pour moi la pensée inconsciente. C'est là un objet inaccessible aux prises de la conscience, car la conscience ne peut penser d'une manière inconsciente. Si la conscience pense « la pensée inconsciente », elle ne pense en réalité que la pensée consciente qu'elle en a, tout en songeant à autre chose. C'est ainsi du reste qu'elle conçoit « la chose réelle » (voir *Fondem. du Réal. transc.*, p. 104-108). En tout cas ce qui est en deçà comme en delà de la conscience est toujours la pensée. L'identité des deux est la condition de leur accord, de la vérité, de la connaissance. Il faut faire ici plusieurs remarques : 1° le principe situé en delà de la pensée consciente est aussi bien placé au-dedans qu'en dehors de notre individualité propre; 2° l'accord réel concret de la chose avec l'idée consciente qu'on s'en fait dépend de deux causes : de l'action de la chose sur la partie inconsciente de l'individu (et le corps en est un élément), et de l'action de cette partie inconsciente sur la conscience du même individu; 3° la nécessité causale que

LES DERNIERS PRINCIPES.

perçoit la conscience et qu'elle rapporte à une réalité transcendante est bien différente de la nécessité purement logique qui relie entre eux les êtres par des rapports simplement idéaux; et cette distinction suppose que des deux côtés une Volonté s'associe au conflit idéal et le transforme en un conflit de réalités. Cette Volonté, qu'on l'étudie en soi ou chez les autres, n'est pas seulement un principe situé en dehors de la conscience (comme la pensée inconsciente), mais en dehors du principe idéal en général, aussi bien de l'idée consciente que de l'idée inconsciente. Si la Volonté est pourtant beaucoup plus facile à entendre que la pensée inconsciente, c'est qu'elle ne modifie en rien le contenu idéal auquel elle s'applique, et se borne à le transformer en contenu réel sans rien changer à la nature de l'objet connu.

Après ces considérations, on ne peut plus hésiter sur le sens que la philosophie de l'Inconscient donne à ces oppositions, la pensée et la chose, *mens* et *ens*, *ratio* et *res*, l'esprit et la nature, l'idéal et le réel, le subjectif et l'objectif. Nous savons que l'être est un produit de l'illogique et du logique, de la Volonté et de la Représentation; qu'il doit son existence au vouloir et sa nature au contenu idéal de ce vouloir. L'être n'est pas seulement semblable, mais puisqu'il est Idée lui-même, identique dans toute la force du mot à l'idée. Le réel ne se distingue de l'idéal que par l'intervention du principe qui donne la réalité à l'idéal, par l'action de la Volonté. L'esprit et la nature ne sont donc plus différents. L'esprit primitif et inconscient est en soi la même chose qu'il est comme nature dans la liaison actuelle de ses éléments, l'esprit comme résultat du processus de la nature n'est pas autre chose que l'esprit conscient ou simplement l'esprit au sens étroit (hégélien) du mot. La distinction du subjectif et de l'objectif ne répond qu'à des rapports absolument relatifs, et ne se manifeste qu'avec l'origine de la conscience. Dans le vouloir inconscient et la représentation inconsciente, ces distinctions n'ont aucune place. L'Inconscient est supérieur à ces oppositions. Sa pensée n'est pas subjective et n'est que par rapport à nous objective; en réalité elle ne peut s'appeler qu'une pensée absolue et transcendante. On ne doit donc pas dire proprement que l'Inconscient est le sujet absolu, mais seulement qu'il est le seul principe qui puisse devenir aussi bien sujet qu'objet, parce qu'il n'y a rien en dehors de l'Inconscient. Dans ce sens, on peut l'appeler le sujet absolu et l'objet absolu; mais il ne faut pas oublier qu'il est comme Inconscient élevé au-dessus de l'opposition du subjectif et de l'objectif.

Nous avons vu que la conscience résulte du conflit des actions opposées de la Volonté; chacune de ces actions est objective pour l'autre, et subjective pour soi en opposition à cette autre objective. Mais il faut que les deux actions volontaires soient entre elles dans des rapports qui permettent à la conscience de se produire, c'est-à-dire ne soient pas au-dessous de ce que nous avons appelé la limite de la conscience.

Si l'on supposait par exemple que l'activité des atomes se déployât au-dessus de la limite en question, la force atomique A deviendrait l'objet de la force B, et vice-versâ; et la première à son tour serait pour elle-même et par opposition à la force objective B une force véritablement subjective. Aussi l'Inconscient prendrait doublement conscience de lui-même dans A et dans B, puisqu'il serait à la fois sujet et objet pour lui-même en chacun d'eux.

Après avoir vu que toutes les oppositions énumérées plus haut se concilient aisément dans notre doctrine, il nous reste à examiner le problème de la possibilité de la connaissance. La philosophie contemporaine a démontré qu'un système fondé sur la suppression de ces oppositions peut seul être vrai, en admettant qu'il y ait une connaissance vraie. Mais elle ne savait pas plus que ses devancières démontrer qu'il y en a une pareille. Elle en affirmait l'existence d'une façon aussi dogmatique, que le dogmatisme antérieur à Kant le faisait lui-même. Elle ne soupçonnait même pas qu'il soit possible et même légitime de nier la réalité de la connaissance absolue (de la raison), tant que la preuve n'en a pas été faite (voir Schelling, II, 3, p. 74).

Toutes ses constructions philosophiques reposaient sur une condition tout à fait en l'air, sur une hypothèse non démontrée.

La philosophie récente devait donc aboutir, à son tour, au scepticisme. Ce scepticisme, dans le monde des jeunes philosophes (qui ont secoué le joug d'un dogmatisme sans fondement), tend à devenir prédominant; on ne peut guère en douter. Si ce scepticisme n'a pas encore reçu son expression systématique (l'Ænesidéme ne répond qu'à Kant, auquel il succède immédiatement), cela tient à ce que les résultats palpables des sciences exactes, et les intérêts pratiques qui absorbent tout le reste sont très-défavorables à la recherche philosophique : ils dispensent trop de la pensée spéculative et ne lui permettent ni d'enchaîner logiquement, ni d'approfondir ses théories. Pour aller plus loin que l'esprit scientifique, deux voies seulement sont ouvertes. Ou l'on justifie l'hypothèse qui forme la conclusion de la philosophie de l'identité, en démontrant directement qu'il y a une connaissance vraie; mais alors on recommence les tentatives forcément stériles des Grecs (voir *Œuvre de Kant*, édit. Rosenkr., II, p. 62-63). Ou l'on met à profit les méthodes récemment découvertes, et on aborde le problème dans un sens diamétralement opposé aux Grecs. En d'autres termes, on doit chercher à démontrer l'identité fondamentale de l'être et de la pensée par une méthode toute différente de celle qui a été suivie jusqu'ici, par une méthode accessible et lumineuse pour tous. Cette méthode est celle que nous avons suivie. Elle s'élève successivement par induction jusqu'aux premiers principes, en partant de l'expérience.

Il faut sans doute que la démonstration trouvée ainsi ait elle-même le caractère d'une connaissance, autrement elle ne prouverait rien : il semble donc qu'on n'a fait qu'un pas apparent, et qu'on reste en réalité aussi peu avancé que précédemment. Il n'en est pas ainsi pourtant, et voici en réalité ce que nous avons trouvé.

Auparavant on disait : « S'il y a une connaissance, la pensée et l'être sont au fond identiques » ; on devait s'en tenir à cette formule hypothétique.

On doit dire maintenant : « 1° s'il y a une connaissance, elle doit reposer sur l'identité substantielle de la pensée et de l'être, et se justifier en conséquence par les témoignages directs de l'expérience (les impressions que la réalité fait sur la pensée), comme par les conclusions logiques qui s'en déduisent ; 2° les données de l'expérience et les raisonnements démontrent l'identité substantielle de l'être et de la pensée ; 3° cette identité prouve la possibilité de la connaissance. »

Nous avons une démonstration complète dont chaque membre sert à prouver les deux autres, quel que soit celui par lequel on commence. Auparavant nous n'avions qu'une proposition hypothétique qui ne reposait sur aucun point d'appui. Sans doute il est toujours possible que tout cet enchaînement de conditions psychologiques et métaphysiques ne repose que sur une apparence purement subjective ; et que la conscience soit contrainte de le former par une nécessité qu'elle est incapable de s'expliquer. Il se peut qu'il n'y ait en réalité aucune connaissance, qu'aucune identité n'existe entre la pensée et l'être, et que le raisonnement apparent qui se fonde sur la dépendance réciproque de l'un et de l'autre soit purement chimérique. La vérité transcendante et non plus seulement subjective de ce rapport ne peut être considérée comme susceptible d'une démonstration absolument rigoureuse. La conscience est enfermée dans ce raisonnement et ne peut en sortir pour le juger ; c'est qu'elle ne peut se passer de la connaissance pour démontrer la possibilité de la connaissance.

On ne peut donc absolument établir l'impossibilité du scepticisme ; néanmoins notre raisonnement ajoute beaucoup à la vraisemblance de cette proposition, qu'il n'y a de connaissance qu'autant que l'être et la pensée sont identiques. La vraisemblance est plus grande qu'elle n'était auparavant, alors que l'on se bornait à une proposition hypothétique, qu'aucun autre principe, qu'aucune conséquence ne venait justifier. La vraisemblance est devenue si grande qu'elle équivaut dans la pratique à la démonstration de l'impossibilité du contraire. Le scepticisme n'est sans doute pas anéanti pour cela; nous reconnaissons sa valeur théorique: c'est qu'il vaut mieux en réalité que le retour à cette crédulité grossière qui aspire à la science absolue, et croit que la possession de la vérité absolue est le seul digne objet de la science des sciences, de la philosophie. Nous considérons donc le scepticisme en soi comme éternel et comme assuré d'exister, en dépit de tous les progrès de la science; mais nous réduisons, d'un autre côté, tellement son rôle, que ni la vie ni la science n'ont à s'en préoccuper dans la pratique.

Cette conclusion de notre étude sur la possibilité de la connaissance en général est parfaitement d'accord avec cette règle qui s'applique à la connaissance de toute vérité spéciale (qui n'est pas purement logique), à savoir qu'il n'y a pour nous aucune vérité, ou aucune probabilité du degré 1, mais une probabilité plus ou moins haute, qui n'atteint jamais à l'unité; et que nous devons être contents d'atteindre avec notre savoir à une probabilité telle, que la possibilité du contraire n'ait pratiquement aucune importance (voir l'Introduction, I, B).

ADDITIONS

A LA MÉTAPHYSIQUE DE L'INCONSCIENT

Page 6, ligne 29 (voir aussi 1ᵉʳ vol, p. 109 et 147).

Le temps n'est introduit dans les processus psychologiques (comme nous l'avons vu page 381 du 1ᵉʳ volume) que par la succession des vibrations moléculaires. Que, par exemple, une excitation soit transmise par le nerf sensible à une place centrale pour y être ressentie, transformée en volonté, et communiquée ensuite par les conduits moteurs comme impulsion motrice aux muscles. On aura d'abord à séparer le temps nécessaire à la transmission, à travers le nerf sensible comme à travers le nerf moteur, de la durée totale du processus réflexe. Reste alors le temps qui s'écoule dans les cellules ganglionnaires du centre d'abord pour que l'excitation transmise s'évanouisse au sein des oppositions qu'elle rencontre (durée de l'irritabilité latente) ; et secondement pour que les forces d'excitation puissent s'accroître jusqu'au point où elles deviennent capables d'agir par innervation sur le nerf moteur (on pourrait appeler ce point la limite de l'innervation motrice). La somme des deux derniers temps pourrait constituer, au sens physiologique, la durée de la réaction dans les centres. Cette durée s'accroît considérablement par ce fait qu'une seule cellule ganglionnaire ne suffit pas à la production d'un réflexe, mais que constamment plusieurs y concourent à la fois : en sorte que, dans chacune d'elles, se répète le double phénomène, l'absorption de l'excitation et la décharge de la force accumulée. La durée de la réaction est au minimum, lorsque les points d'insertion du nerf sensible et du nerf moteur (comme dans les réflexes de la me... épinière) sont très-voisins l'un de l'autre. Elle est d'autant plus longue, qu'un plus grand nombre de cellules ganglionnaires sont traversées par l'excitation, avant que cette dernière se décharge au dehors comme impulsion motrice. La durée de ce travail atteint son maximum dans les grands hémisphères, pendant la transformation que la réflexion consciente y fait subir aux impressions transmises. L'incertitude, l'hésitation, le doute sont d'autant plus prolongés, qu'un plus grand nombre de cellules prennent part à l'action, c'est-à-dire que la réflexion s'étend davantage, avant que la détermination d'agir soit prise. Mais toujours chacune des interventions de l'Inconscient pendant le processus est étrangère à la durée. En d'autres termes, il ne s'écoule aucun temps dans chaque cellule particulière entre la sensation et la volonté, bien que les deux, par suite de la répétition des ondulations moléculaires, aient une certaine extension dans la durée, qui est en partie identique pour les deux. (C'est ainsi que l'extension dans la durée est la même pour l'action de la cause et celle de l'effet, à part de légères différences.)

Page 43, ligne 11 (voir l'addition précédente).

Page 47, ligne 27.

Examinons encore la question au point de vue physiologique. A la place des atomes, la classe d'individus que nous aurons à considérer tout d'abord, ce sont les cellules ganglionnaires comme éléments simples du système nerveux doués d'une conscience simple. La cellule ganglionnaire dispose d'une certaine énergie individuelle, ou possède une volonté individuelle, que son caractère individuel (en langage physiologique les énergies spécifiques qu'elle doit à l'hérédité ou qu'elle a développées en soi par elle-même) porte à se manifester de préférence dans certaines directions. La satisfaction de cette volonté individuelle ne peut, comme nous le verrons bientôt, être ressentie comme un plaisir, que par une comparaison réfléchie avec le déplaisir de la non-satisfaction. Au contraire, lorsque cette volonté est refoulée, qu'elle est opprimée et empêchée de se manifester, la sensation de déplaisir se fait immédiatement sentir à elle (et reçoit sa détermination qualitative des idées inconscientes qui l'accompagnent). Nous savons, par l'Appendice au premier volume, que la satisfaction de la volonté individuelle d'une cellule ganglionnaire, ou, en termes physiologiques, que la réalisation de ses prédispositions latentes en énergies spécifiques actuelles, consiste au point de vue chimique en une décomposition, c'est-à-dire que la décharge de la force ou la transformation de la force de tension en force vive résulte de la décomposition de combinaisons chimiques complexes en combinaisons plus simples. La combinaison chimique, qui rassemble la force de tension ou les provisions pour le travail, s'accomplit, à l'état de repos et comme processus normal de la nutrition, d'une façon si lente, en comparaison de la soudaineté avec laquelle se produit la décharge, que, dans chaque moment particulier, la limite de l'excitation n'est assurément pas dépassée (du moins pour la conscience collective de la cellule ganglionnaire). Il en est autrement si une excitation extérieure est transmise à la cellule par les filets nerveux afférents. Dans ce cas, l'excitation se perd tout d'abord au sein des influences opposantes. Ce n'est qu'en second lieu et après un intervalle de temps, pendant lequel l'excitation est devenue latente, que la cellule répond par une décharge de force active. L'excitation consiste dans un courant d'innervation, c'est-à-dire dans une série d'impulsions de force vive. Si cette force vive est détruite ou absorbée par les influences opposantes des cellules, cela ne signifie pas physiquement autre chose sinon qu'elle se transforme en force de tension ; et cette transformation est une quantité de travail condensée dans un espace de temps assez étroit, pour être sentie comme opposition à la direction naturelle de la volonté individuelle, c'est-à-dire comme déplaisir. Le déplaisir ainsi déterminé et ressenti agit comme motif de manifester la volonté; et la réaction de la volonté est comme la tentative de la cellule pour échapper au déplaisir résultant de la contrainte imposée. Cette seconde phase du processus réflexe dans la cellule ganglionnaire n'apparaît pas tout d'abord à la conscience, mais seulement autant que, la cellule réussissant à manifester au dehors sa volonté ou à décharger la force de tension, le déplaisir que provoque et que fait sentir la contrainte imposée se trouve paralysé et disparaît de la conscience. Le contenu de la conscience se compose essentiellement des sensations, qui résultent de l'absorption des excitations transmises dans les cellules ganglionnaires par l'action des influences opposantes.

Au contraire, le simple processus de la transmission nerveuse, en tant qu'il n'est entendu que comme la communication mécanique de l'excitation reçue sans absorption et reconstitution active de la force vive, ne peut donner naissance à une sensation (1), du moins dans les éléments nerveux, mais tout au plus dans les atomes qui les constituent (où l'absorption et la reconstitution de la force vive se reproduit à la suite de chaque vibration particulière).

Il pourrait sembler, d'après cela, que la fibre nerveuse comme telle, est incapable de ressentir une sensation, parce qu'elle n'a d'autres fonctions que de transmettre mécaniquement les énergies des excitations périphériques ou centrales; mais nous avons déjà vu, dans l'appendice du premier volume, que la fibre nerveuse aussi possède une force

---

(1) Maudsley dit, page 124-125 : « Si toute l'énergie de l'idée se traduit immédiatement au dehors par l'activité idéomotrice, l'idée ne peut arriver à la conscience. Pour qu'il en soit ainsi, il faut non-seulement que l'excitation atteigne un degré convenable d'intensité, il faut surtout que toute son énergie ne se dépense pas immédiatement au dehors dans la réaction. On pourrait sûrement fixer comme condition à l'éveil de la conscience, que l'énergie des cellules pensantes conserve pendant quelque temps un certain degré d'intensité. » (Mais cela n'est possible qu'autant que l'énergie de l'excitation est absorbée par la cellule, c'est-à-dire transformée en force de tension.)

emmagasinée, qu'elle déploie sous le coup des excitations; et que, chez elle aussi, une partie de l'excitation est absorbée. Il faut dire seulement que la tendance à la décomposition est beaucoup plus grande dans la fibre que dans la cellule; qu'en même temps la provision de force active et les influences opposantes y sont beaucoup moindres que chez cette dernière. D'un autre côté, ce serait une grande exagération de croire que dans la cellule ganglionnaire toute la force vive de chaque excitation est absorbée, et que l'innervation par laquelle elle réagit est le produit exclusif et formé à nouveau de la force de tension dont elle est approvisionnée. Il est plus vrai de dire que ce n'est là qu'un cas extrême, qui ne se produit que dans une cellule prédisposée uniquement pour des fonctions centrales. En outre, toutes les cellules ganglionnaires sont plus ou moins organisées pour la transmission directe (par exemple toutes les douleurs corporelles sont transmises au cerveau par les cordons gris de la moelle épinière, tandis que les cordons blancs ne conduisent que les sensations indifférentes du toucher et des muscles). Plus une cellule ganglionnaire a transmis souvent une excitation dans une direction déterminée, plus en conséquence elle s'habitue à cette transmission, et moins elle a besoin de dépenser de son énergie propre pour l'exécuter; c'est-à-dire plus elle restitue sans l'absorber une grande quantité de l'énergie communiquée par l'excitation ou moins elle absorbe d'énergie, et moins elle a besoin de reconstituer de la force avec ses propres ressources. Mais, d'un autre côté, plus est petite la quantité d'énergie absorbée, plus est faible, à son tour, la sensation : en d'autres termes, la sensation qui accompagne le passage de l'excitation à travers une cellule est d'autant plus faible, que la cellule s'habitue d'avantage à la voie suivie par l'excitation; et cette sensation finit même avec l'habitude par descendre au-dessous de la limite de la conscience. Mais l'habitude ne produit cet effet que pour une espèce déterminée d'excitations (pour une forme déterminée de vibrations) : toute excitation d'espèce nouvelle, inaccoutumée, qui se produit demande la formation d'une nouvelle habitude. Il est donc bien possible que la portion d'énergie absorbée par les fibres nerveuses reste au-dessous de la limite dans les conditions normales pour les espèces habituelles d'excitations : tandis que la fibre nerveuse peut déployer de nouveau sa faculté de recevoir la sensation, si une excitation inaccoutumée lui est transmise, ou si elle est placée dans des conditions anormales (par exemple lorsque son irritabilité est accrue par suite de sa séparation d'avec son centre).

L'observation physiologique confirme absolument l'hypothèse précédemment exposée, que la conscience est due au conflit de deux volontés qui s'opposent par leur contenu. La volonté individuelle de l'élément nerveux est troublée dans son équilibre par la volonté qui vient interrompre violemment son repos. Elle manifeste sa souplesse à supporter cette perturbation en absorbant l'excitation, c'est-à-dire en transformant la force vive de cette dernière en force de tension. C'est là pour la cellule un processus de conservation individuelle, qui contrarie diamétralement sa tendance à manifester au dehors sa volonté, c'est-à-dire à décharger sa propre force de tension, et à la transformer en force vive. Cette lutte de la force de l'excitation avec la volonté individuelle, ce dérangement violent de l'équilibre de la cellule, qui la contraint à prendre une direction contraire à sa tendance naturelle se fait sentir comme déplaisir; et la restitution de la force reçue, ou le second acte du processus de la conservation de l'élément nerveux consiste dans une décharge par réaction, dont le but immédiat est le rétablissement de l'équilibre, mais qui, une fois donnée l'occasion de manifester au dehors la volonté, ne se borne pas à revenir à l'état où la cellule se trouvait au début de l'excitation, et décharge le surcroît de force de tension que la nutrition a emmagasiné en elle.

Page 52, ligne 16.

(Voir pour ce chapitre, mes *Éclaircissements à la métaphysique de l'Inconscient*, p. 42-49.)

Page 78, à la fin.

(Voir mes *Éclaircissements à la métaphysique de l'Inconscient*, p. 49-51.)

Page 112, ligne 3.

D'après les récentes recherches de Kleinenberg (*Hydra*, Leipzig, 1872), on voit commencer déjà chez l'hydre ou le polype d'eau douce, la différenciation du protoplasma en nerfs et en substance musculaire. Mais c'est ici la même cellule, dont la partie périphérique et circulaire continue de fonctionner comme cellule sensitive de la peau, tandis que ses expansions centrales et filiformes jouent le rôle de l'élément contractile, c'est-à-dire, forment comme le prototype de la cellule musculaire, puisqu'elles sont provoquées à la contraction par la partie extérieure. Kleinenberg a donné à ces cellules le nom de « cellules neuromusculaires ». Elles marquent la transition des organismes les plus infimes, où toutes les parties du protoplasma d'une cellule remplissent indifféremment le rôle des éléments nerveux et des éléments musculaires, aux organismes supérieurs, où les fonctions ne sont pas seulement distribuées entre les parties différentes de la même cellule, mais où les éléments, dont les fonctions sont différentes, se distinguent en couches séparées de cellules.

Page 119, fin de la remarque.

Un essai pour écarter de la physique moléculaire le concept de force a été tenté récemment par Alexandre

Wiesner (*L'Atome*, Leipzig, 1874). Mais la pénétration dans l'analyse philosophique et la solidité des connaissances mathématiques font également défaut à ce savant ; et ses explications, même considérées purement du point de vue de la physique, paraissent peu acceptables et plausibles. Il ne faut donc pas attendre de cet essai une grande influence sur le développement de la physique moléculaire. Bien que Wiesner comprenne très-bien la nécessité logique qui commande d'écarter de la notion d'atome celle de matière, son atome garde cependant quelque chose de la matière, parce qu'autrement, par la réduction de toute force à une énergie motrice, on ne trouverait plus de sujet auquel attribuer la fonction motrice. La tentative de définir les atomes corporels comme des atomes convergents, et l'éther comme la somme des atomes parallèles, mérite à peine l'examen, d'autant plus que les combinaisons de ses atomes manquent des forces de cohésion, et par suite de stabilité.
— Un autre écrit incomparablement plus important de A. Pfeilsticker porte le titre de : *Système du mouvement, ou élimination des forces répulsives et principalement du concept de force de la physique moléculaire* (Stuttgart, 1873). On entendrait mal la pensée de l'auteur si l'on concluait du titre de son livre qu'il nie en général la notion de force. Il ne s'agit ici plutôt que du dessein, d'ailleurs parfaitement légitime, d'éliminer le concept de force comme tel du domaine de la physique mathématique, pour le reléguer simplement dans la métaphysique; et pour substituer dans la mécanique de l'atome à la force sa manifestation la plus immédiate, la vitesse. L'effet d'une force se mesure immédiatement au degré de la vitesse qu'elle communique au mouvement des autres atomes. La mécanique emploie ainsi la mesure de la force à la place de la notion de force. Cette idée n'est assurément pas nouvelle, et Pfeilsticker ne fait que modifier le sens de certaines expressions et formules, pour rendre plus exact l'accord du concept métaphysique de la force et de son équivalent mathématique. Mais il ne songe pas un instant à nier que la « propriété », que possède un

atome « de provoquer des changements dans les mouvements d'autres atomes d'après certaines lois » (p. 14), ne doive être philosophiquement considérée comme la cause métaphysique de ces changements réguliers de mouvements, c'est-à-dire comme une force cachée derrière la vitesse.

Page 122, ligne 34.

On admettait précédemment que l'éther remplit seul l'espace entre les corps célestes. Cette conception disparaît chaque jour devant celle qui fait occuper cet espace par des gaz permanents dans un état de raréfaction extrême. Il paraît assez bien prouvé aujourd'hui que les intervalles des planètes sont occupés par des gaz permanents; mais on peut aussi considérer, dès maintenant, comme vraisemblable qu'entre les divers soleils de notre monde sont aussi répandues des molécules de corps gazeux. Si, d'après cela, l'éther a perdu sa signification comme milieu hypothétique pour remplir l'espace cosmique, il a en échange gagné sans cesse en importance dans les derniers temps comme hypothèse pour expliquer la constitution de la matière. La théorie si remarquable d'Edlund sur l'électricité, à laquelle je prédirais volontiers un brillant avenir, repose sur l'hypothèse que l'état non électrique d'un corps est l'état d'équilibre statique entre les atomes d'éther qu'il contient et l'éther tout entier qui l'environne, tandis que les troubles positifs ou négatifs de cet état d'équilibre représentent les deux espèces d'électricité (voir le *Naturforscher*, 1872, n°* 21 et 23; 1875, n°* 24, 39 et 41). La transmission des vibrations lumineuses, dont la direction transversale doit être considérée comme bien démontrée, ne peut dans ce cas s'expliquer mathématiquement que si les atomes, qui en sont les agents, suivent des lois essentiellement différentes de celles auxquelles obéissent les atomes corporels, soumis à la loi de la gravitation. Certaines expériences sur les interférences paraissent démontrer que l'éther, en tant que milieu des vibrations lumineuses, doit être considéré comme en repos par rapport au mouvement de la terre, en sorte que pour nous, qui sommes en observation sur la terre, il paraît traverser les pores de notre atmosphère avec une rapidité presque égale à celle de la terre dans son mouvement à travers l'espace, mais dans une direction opposée. Récemment, Maxwell a inventé une « Théorie électromagnétique de la lumière », laquelle repose sur l'idée fondamentale que le milieu de l'électricité et celui de la lumière sont un seul et même milieu, à savoir l'éther (*Naturforscher*, VI, p. 159). Il a établi théoriquement, comme une conséquence de son hypothèse la proposition que la racine carrée de la constante diélectrique est égale au pouvoir de réfraction de la lumière. La confirmation empirique que cette proposition a reçue des expériences de Boltzmann sur différentes matières, comme sur les différents axes d'un cristal (*Naturforscher*, VI, p. 247), est bien propre à fortifier la théorie de Maxwell. Mais, indépendamment de la théorie de l'électricité et de la lumière, l'hypothèse de l'éther est indispensable pour expliquer la constitution des corps solides, fermes. Il faut toujours recourir, pour en rendre compte, non pas à des forces attractives seules, mais au jeu combiné des forces attractives et répulsives. Tous les physiciens mathématiciens l'ont reconnu jusqu'ici. Le premier essai intéressant pour constituer les corps solides avec les seules forces attractives et pour éliminer de cette partie de la physique mathématique les forces répulsives ou les atomes d'éther a été fait par Pfeilsticker dans son écrit *Das Kinetsystem* (Stuttgart, 1873). Malheureusement les hypothèses que ce livre contient (comme celle de l'infinité de la matière) sont trop suspectes, et les explications produites si concises et si provisoires (l'écrit n'est donné que comme l'introduction à une « Kinetologie » plus étendue), que l'on ne peut juger si le problème a été résolu, comme l'auteur l'affirme. Tout bien considéré, l'hypothèse des atomes répulsifs d'éther peut être considérée jusqu'à présent comme aussi bien fondée que celle des atomes attractifs des corps.

Page 123.

Si on reconnaît que les atomes se pénètrent réciproquement (voir page 135), il résulte de la considération d'atomes corporels, animés d'un libre mouvement, qu'ils peuvent se traverser dans leurs vibrations sans se heurter ou s'arrêter mutuellement (parce que la rapidité avec laquelle ils se traversent est aussi infiniment grande que l'attraction à une infinie petite distance); et qu'après avoir exécuté des mouvements vibratoires en sens contraire, ils reviennent à leurs points de départ, pour recommencer le même jeu (Pfeilsticker, *Kinetsystem*, parties II et VI). Une diminution graduelle de l'amplitude des vibrations pour les atomes corporels qui se pénètrent ainsi, et une réduction finale de cette amplitude à zéro ne seraient possibles que si le frottement opposait une résistance; mais cette supposition est écartée par l'hypothèse que les atomes se meuvent librement. Il en va autrement si l'on examine le cas empirique de combinaisons relativement solides, effectuées entre des groupes d'atomes, de quelque manière qu'on les explique. Le libre mouvement des atomes vient ici se heurter contre un obstacle, qui finit par le détruire. Si, comme Pfeilsticker l'affirme, les groupes consolidés d'atomes corporels s'expliquaient sans forces répulsives, on comprendrait aussitôt que les atomes corporels pussent graduellement s'unir en un point; ce savant n'est donc pas fondé à soutenir que plusieurs atomes ne peuvent s'unir en un point, que s'ils ont été disposés à l'origine sous cette forme. Au contraire, son autre remarque (p. 29) est très-juste. Des atomes identiques (à quelque espèce qu'ils appartiennent), lorsqu'ils se sont une fois combinés en un point, ne sauraient plus être séparés par aucune influence externe ou interne, quand même ils n'exerceraient aucune force attractive l'un sur l'autre.

C'est que toute action faite sur ces deux atomes les atteindrait uniformément à la fois, et ne pourrait produire sur chacun des deux un effet différent.

Page 135, au bas.

En affirmant que les atomes corporels se pénètrent complétement, je sais que j'émets un paradoxe pour certains physiciens habitués au dogme de l'impénétrabilité. Il me suffit pour ma défense, d'invoquer le témoignage d'un savant comme le docteur Albert Pfeilsticker. Tous les calculs de ce savant dans son *Kinetsystem* reposent sur la pénétrabilité absolue des atomes, comme sur une supposition qui s'entend d'elle-même. Si le docteur Alexandre Wiesner, dans son écrit *l'Atome* (Leipzig chez Thomas, 1874), combat la théorie de Pfeilsticker sur la pénétrabilité, il obéit simplement au vieux préjugé de la matière, dont il ne s'est pas délivré complétement, malgré toutes ses protestations. D'ailleurs, il ne saurait plus où trouver ailleurs l'objet « qui se meut », puisque, comme nous l'avons observé plus haut, le concept de la force est écarté par lui.

Page 137, ligne 7.

Albert Lange nous apporte un exemple instructif de la ténacité du préjugé sensible, dans un chapitre particulier intitulé « Force et matière » de son *Histoire du matérialisme* (2ᵉ édition, 2ᵉ vol., p. 181-220). On y trouve une savante esquisse du développement historique qu'a suivi la théorie physique et chimique de l'atome, et des vues actuelles des savants sur le rapport de la force et de la matière.

Lange partage pour l'essentiel les vues critiques que j'ai précédemment exposées sur le sujet, mais il reste indécis et comme n'osant avancer entre Charybde et Scylla (p. 213). Il voit bien qu'il est impossible de conserver le concept de la matière; mais il n'ose pas faire le seul pas qui soit conséquent, et qui résolve complétement le problème. Il accuse Büchner de se placer au point de vue du vulgaire « et de ne savoir pas suffisamment s'affranchir de la représentation sensible des corps composés, et en apparence compactes, que le toucher et la vue nous suggèrent. Le physicien de métier, du moins le physicien mathématicien, ne peut faire le plus petit pas sans se débarrasser de ces idées » (p. 198). Son étude historique aboutit à cette conclusion que « le progrès des sciences nous a obligés à substituer de plus en plus des forces à la matière; et qu'un examen de plus en plus exact des données de l'observation conduira à résoudre la matière en force. Les deux concepts ne sont pas simplement deux abstractions qui se juxtaposent; mais l'abstraction et l'analyse réduisent le premier au second, sans pouvoir l'y résoudre entièrement » (p. 204). Il n'y aurait rien à objecter à cette dernière remarque, si elle voulait dire seulement que, dans toutes les transformations progressives qu'a traversées jusqu'ici la physique moléculaire, un tel élément irréductible de matière est toujours resté et s'est conservé. Mais il ne suit pas de là que la réduction dont il s'agit doive s'arrêter pour cela à un point déterminé; et que, derrière les forces, les seuls principes qui aient quelque valeur pour le physicien, il se conserve nécessairement et à jamais un fond de matière indéfinissable et inutile aux explications du physicien. Au contraire, la marche de la science jusqu'aujourd'hui conduit incontestablement à rejeter ce résidu du préjugé sensible, que Lange condamne chez Büchner. Une fois qu'on a réduit la matière en forces, il va de soi que la substance réclamée par les exigences de notre pensée comme le sujet des manifestations de la force ne peut plus être la matière proprement dite, puisque la matière en ce sens est constituée justement par ces manifestations dynamiques (p. 217). C'est encore bien moins le fantôme de la matière abstraite, qui demeure après qu'on a écarté toutes les forces : puisqu'on ne peut plus définir cette abstraction que comme la substance qui supporte les manifestations dynamiques. S'il ne reste donc plus de cette union de la force et de la matière rien autre chose que l'union de la force et d'une catégorie nécessaire à la pensée, celle de la substance, le problème déclaré insoluble par Lange se résout très-facilement. Il suffit de reconnaître qu'à la force, et à la force seule, convient le prédicat de la substantialité. Le sujet « indispensable » des manifestations de la force cesse aussitôt d'être « incompréhensible » (p. 218) ; et cette prétendue limite, où le préjugé des sens voulait borner la connaissance, s'évanouit comme une illusion purement subjective. Si la matière concrète ne peut être une substance, puisqu'elle n'est que la résultante de phénomènes dynamiques ; si le concept abstrait de la matière s'est réduit à la pure catégorie de la substance, on ne comprend réellement pas pourquoi Lange « ne peut se résoudre » (p. 219) à associer à la catégorie indispensable de la substance la seule qualité, le seul contenu, que l'analyse de la matière nous y découvre comme en constituant le fond essentiel, à savoir la force ; pourquoi, en un mot, il ne reconnaît pas, avec Leibnitz, cette dernière comme la vraie et unique substance. La seule raison qu'on en puisse donner, c'est que Lange s'imagine pouvoir dans sa philosophie conserver *l'intuition sensible* parmi les derniers et suprêmes principes (p. 212) ; et croit qu'on ne peut l'en exclure, sans voir le sol se dérober sous les pieds du savant (p. 213). Or, c'est là naturellement un préjugé du plus grossier empirisme sensualiste, qui ne soupçonne pas que la science ne commence qu'au moment où l'intuition sensible est élevée à la dignité de concept. On comprend aussi par là que sa résistance à sacrifier l'intuition se produit en ce point d'une manière beaucoup trop tardive, car la catégorie de la substance, à laquelle se réduit par lui-même le concept de la matière, est une catégorie aussi abstraite que possible. Il avoue lui-même (p. 198) que « la force ne se laisse pas même représenter pour les sens d'une manière adéquate ; qu'on a recours à des images, comme on éclaire par les lignes des figures tracées les démonstrations géométriques, sans que ces images puissent se confondre avec le concept de la force. » Si Lange avait tiré rigoureusement les conséquences de cette vérité, l'incompréhensibilité apparente qu'il croit trouver dans les premiers principes, parce qu'il s'efforce en vain d'en faire des objets d'intuition sensible, se serait évanouie d'elle-même.

Page 168, ligne 20.

Haeckel affirme encore récemment dans son *Anthropogénie* (p. 246) l'équivalence morphologique des métamères chez les articulés et les vertébrés. Il se fonde pour cela sur ce que dans l'embryon du vertébré les rudiments primitifs des vertèbres antérieures, qui apparaissent les premiers, donnent naissance habituellement, comme chez les annélides, aux autres vertèbres par voie de *bourgeonnement terminal*. Mais, si *duo faciunt idem, non est idem*, c'est-à-dire que la signification morphologique d'un métamère, qui se produit par la voie de l'ontogénèse, ne peut se déterminer que par l'histoire de son développement phylogénétique. Si l'on remonte la généalogie des annélides, on voit qu'ils dérivent d'une succession d'organismes individuels de la même espèce. Les ancêtres d'un vertébré ne nous présentent jamais une telle chaîne, mais seulement un organisme simple en soi (comme l'amphioxus), dont la corde dorsale ne s'est ossifiée qu'à un certain degré de développement, afin de préparer la formation d'un squelette solide, en même temps qu'elle s'est divisée intérieurement en métamères, en vue d'assurer à l'animal une plus grande mobilité.

Page 181, ligne 33.

Haeckel affirme que l'homogénéité de la masse se démontre dans les monères sans noyau par l'examen microscopique des corpuscules pigmentaires, que l'on voit exécuter dans les corps des monères des mouvements libres et uniformes en tous sens, après qu'on les a donnés « à manger » aux monères. Il faut incontestablement reconnaître après cela que : « chaque partie peut recevoir et digérer la nourriture; que chaque partie est irritable et sensible; se meut spontanément elle-même; est capable enfin de se reproduire et de se régénérer » (*Anthropogénie*, p. 381). Mais il faut par « partie » entendre un fragment d'une grosseur empiriquement appréciable, et nullement une molécule chimique de la substance albuminoïde(1). C'est dans le premier sens seulement qu'on peut parler de l'homogénéité des monères, par opposition aux amibes qui ont un noyau. Il n'en est pas de même, si l'on prend le mot dans l'acception qu'il a en chimie. Les organismes les plus infimes eux-mêmes ne sont pas dénués de toute structure, ainsi que l'est une solution d'albumine : on le constate à l'œil nu, en voyant la répartition des corpuscules nucléaires dans toute la masse protoplasmatique. Les fonctions de la nutrition, du mouvement et de la sensation sont accomplies, même dans les cellules à noyau, non par le noyau, mais par le protoplasma qui contient les granulations. C'est seulement la fonction de la reproduction, c'est-à-dire l'initiative de la segmentation de la cellule qui est, pour ces cellules, centralisée dans le noyau, tandis que chez les monères cette fonction n'est pas centralisée. Quel rôle jouent les granulations dans toutes ces fonctions, je ne veux pas me hasarder à faire des hypothèses sur ce point. En tout cas, on est autorisé à parler d'une structure morphologique du protoplasma en dehors de sa structure chimique; et à distinguer les globules vivants de protoplasma de tous les globules d'albumine, qui leur ressemblent extérieurement. Si la structure chimique de la protéine suffisait à produire les phénomènes vivants du protoplasma, il serait au moins très-surprenant que toutes les tentatives faites pour produire des monères, à l'aide de gouttes finement divisées d'albumine, soient restées jusqu'ici sans résultat.

(1) C'est l'affirmation expresse de Haeckel dans son écrit : *Die Perigenesis der Plastidule* (Berlin, 1876).

Page 217, *ligne* 20.

J. H. v. Kirchmann affirme la proposition suivante dans son écrit *Sur le principe du réalisme*, page 43 : « En vérité la pensée de l'Inconscient réunit tous les caractères qui font donner au savoir humain la qualification de conscient ». Et voici comment il cherche à le démontrer : « La forme du savoir conscient dépend des conditions suivantes : 1° Le contenu en est donné sous la forme de la connaissance ; 2° ce savoir connaît cette forme, ou autrement le savoir, outre son contenu, se connaît lui-même comme savoir (est conscient de soi) ; 3° le savoir peut rassembler les éléments nombreux et reçus les uns après les autres, et les rattacher entre eux dans tous les sens par les concepts de rapport qu'il contient ; 4° le savoir, malgré la riche diversité de son contenu et l'apparition successive de ses idées qui sont séparées dans le temps, se saisit lui-même comme une unité. De ces déterminations propres à la forme du savoir la pensée inconsciente possède incontestablement la 1re, la 2e et la 4e même, d'après les explications de l'auteur. La pensée inconsciente en effet possède la raison, et la manifeste surtout parce qu'elle rattache les idées particulières les unes aux autres par le lien du moyen à la fin, et c'est là le troisième attribut ; quant au 4e, il résulte suffisamment de l'universelle unité accordée à l'Inconscient. Mais même la seconde détermination ne peut être refusée à la pensée de l'Inconscient : les idées des moyens appropriés ne pourraient être tirées sans cela de la masse totale d'idées contenues dans la pensée inconsciente, pour toutes les interventions où l'Inconscient se fait sentir dans les cas particuliers. En outre, l'opposition du vouloir et de la pensée doit se trouver en lui à titre d'opposition consciente, pour que la fin suprême, la suppression du vouloir par la pensée consciente, soit au moins connue par lui. »

Ces affirmations appellent les remarques suivantes. Les

attributs 3 et 4 concernent la faculté d'unir les matériaux de la pensée, qui sont donnés empiriquement à la conscience, ou de lier entre eux par des rapports les éléments de la pensée, que la nature étroite et discursive de la perception brise et divise dans le l'espace et dans le temps. Or la pensée inconsciente n'a pas besoin de ramener après coup à l'unité la diversité interne de son contenu, puisqu'elle a originellement l'unité d'un tout, et qu'elle n'est pas un agrégat de fragments dispersés. Elle n'a pas besoin d'avoir conscience de son unité, parce que la multiplicité interne de son contenu ne lui est pas donnée, comme à la perception consciente, mais qu'elle la crée elle-même, et sans rien perdre de son unité inviolable. Si la forme de l'unité n'est pas ajoutée après coup au contenu de l'idée inconsciente, il en faut dire autant des rapports dans lesquels les nombreux éléments et les parties de ce contenu sont entre eux et avec le tout. Dans la mesure où l'intuition intellectuelle, en général, de l'esprit conscient peut contenir en germe ces rapports, ils sont aussi renfermés implicitement dans le contenu de la pensée inconsciente, mais sans que cette dernière soit forcée de prendre conscience de les posséder par une analyse explicite et abstraite. En tant que les relations des éléments de l'entendement conscient reposent sur la nature discursive de notre pensée, ils ne peuvent en aucune façon faire partie de la pensée inconsciente. L'affirmation de Kirchmann, que les conditions 3 et 4 s'appliquent à la pensée inconsciente au sens où je le prends, est donc incontestablement une erreur. En ce qui concerne la 1re condition, l'expression « forme du savoir », dont se sert le critique, prête à une équivoque. Si elle signifie seulement « forme de l'idéalité », par opposition à la forme de la réalité ou de l'existence, elle n'exprime rien autre chose, sinon que la pensée inconsciente comme la pensée consciente ont un contenu idéal commun sans réalité propre : et c'est ce que j'affirme, comme Kirchmann l'a lui-même reconnu peu auparavant. Mais si par « forme du savoir », on entend « forme de la conscience », la question est justement de savoir si cette détermination convient à la pensée inconsciente; et, de ce que Kirchmann l'affirme pour son compte, il ne suit pas que cela suffise pour le prouver.

Il est donc clair que, des quatre conditions analysées par Kirchmann, l'examen de la seconde contient le nœud de la question; mais le langage du critique laisse ici quelque chose à désirer pour la précision. Kirchmann nous dit que la forme caractéristique du savoir conscient, c'est que la conscience y sait non-seulement le contenu, mais qu'elle sait aussi le contenu dans son opposition avec la forme, c'est-à-dire qu'elle le saisit comme objet, et que, par suite la science de soi comme sujet lui est donnée. En réalité, pour saisir l'opposition qu'il y a entre la forme de la conscience comme telle et le contenu de la conscience, il faut que l'intellect conscient ait atteint un degré supérieur de développement. Il suit de là que le fait d'une opposition entre la forme et le contenu de la conscience, et l'objectivité du contenu, qui résulte de là, ne caractérisent que la pensée consciente. Et s'il en est ainsi, c'est que la pensée inconsciente ne connaît pas cette séparation et cette opposition de la forme et du contenu du savoir, du sujet et de l'objet dans l'acte de la pensée; c'est qu'ici le sujet et l'objet sont intimement identiques, ou plutôt que rien absolument ne les distingue, qu'ils ne sont pas encore sortis de leur originelle indifférence. Cette opposition ne se produit que par le conflit réel de volontés individuelles, qui s'opposent et se limitent réciproquement. On ne voit pas ce qui dans l'Un-Tout, en dehors duquel rien n'existe, pourrait troubler l'identité du sujet-objet de la pensée inconsciente, et provoquerait la séparation du savoir réfléchi et de l'objet connu par la conscience — Kirchmann donne bien deux raisons, pour expliquer que le savoir inconscient est en même temps le savoir de soi-même comme savoir, c'est-à-dire doit être conscience (ou pour parler plus exactement) conscience de soi : mais l'argumentation de l'auteur, même en me plaçant à son point de vue, ne me paraît pas ici suffisamment claire. Il affirme d'abord que le choix entre les

PAGINATION DECALEE

moyens appropriés dans la masse totale des idées, et secondairement que l'idée du principe volontaire comme s'opposant au principe logique ne sont pas possibles, sans que le savoir ait conscience de soi-même. Mais les moyens appropriés ne sont pas tirés de toute une masse d'idées inconscientes actuelles ; c'est du sein de toutes les idées purement possibles que sont tirées et appelées à l'existence celles-là seulement que la logique demande (par exemple celle du moyen pour la fin poursuivie). On ne voit pas en quoi la détermination logique ou téléologique de la qualité de l'idée appelée à l'existence peut contribuer en quelque chose à troubler l'identité absolue du sujet et de l'objet, ou celle de la forme et du contenu dans l'idée inconsciente. (Nous répondrons plus loin, page 225, à d'autres objections faites, au nom de la détermination du but qu'elle poursuit, contre l'inconscience de l'idée absolue.) On ne voit pas mieux comment, de ce fait que le vouloir doit être connu par l'idée, on prétend tirer cette autre affirmation, que l'idée ne peut connaître le vouloir sans en avoir conscience, ou que le savoir ne peut pas ne pas réfléchir sur soi-même. Ce n'est pas, ainsi que Kirchmann le pense, comme fin représentée, mais comme point de départ du processus universel, que le vouloir doit dans une certaine mesure être conscient : autrement le processus du monde ne pourrait commencer (nous revenons sur ces considérations aux pages 227-229, et ch. xv, 2). En tout cas, cette conscience est tout à fait indéterminée dans son contenu : elle ne fait que donner l'impulsion au développement de l'idée, mais ne se confond pas avec le contenu lui-même de l'idée. Un examen attentif démontre donc le peu de solidité des arguments que Kirchmann emploie pour démontrer que l'Inconscient possède l'ensemble, ou seulement une seule des déterminations, qui font que le savoir de l'homme est un savoir conscient.

Page 242, ligne 18.

Comparez mon écrit : *la Décomposition du christianisme et la religion de l'avenir*, traduit chez Germer-Baillière, Paris 1875, et en particulier le chapitre VII.

Page 242, au bas.

Lorsque parut la 6e édition de mon livre, j'ignorais que le postulat que j'expose ici avait déjà trouvé un commencement de satisfaction dans la *Dogmatique chrétienne* publiée à Zurich, chez Orell et Fussli, 1869, en même temps que paraissait la 1re édition de mon livre. L'auteur (le professeur A. E. Biedermann à Zurich), dont je considère l'ouvrage non-seulement comme l'une des œuvres théologiques les plus considérables, mais comme l'une des productions spéculatives les plus éminentes de la génération actuelle, pourrait prétendre à exercer sur le dernier tiers de ce siècle une action semblable à celle que Schleiermacher exerça sur le premier tiers parmi les théologiens protestants, et serait à Hégel ce que Schleiermacher est à Platon et à Spinoza. Mais tandis que la pensée de Schleiermacher se noie dans le vague, Biedermann réunit la concision, la richesse et la profondeur de la pensée spéculative. Il s'appuie sur la critique historique de notre temps. Bien loin d'en dissimuler les résultats comme les théologiens de la conciliation, il les reproduit et les accepte dans toute leur étendue ; et n'y voit qu'une critique négative destinée à préparer la spéculation positive, et à développer le fond véritable des dogmes historiques, qui dans leur forme traditionnelle se détruisent pas à pas par leurs contradictions immanentes. Si la continuité historique du christianisme pouvait être sauvée de quelque manière, ce serait sans doute par ce moyen. Selon moi, le sens maintenu aux dogmes par la tradition, et l'interprétation qui leur a été donnée finalement par les esprits spéculatifs, sont si loin de s'accorder ensemble, que le même nom ne couvre plus qu'une chose toute nouvelle. Nous avons seulement à remarquer ici que, du sein même des écoles de théologie protestante, sortent des essais de réforme spéculative, qui doivent à la longue rallier tous les esprits désireux de garder un christianisme vivant; qui sont ennemis d'une inflexible orthodoxie, mais non moins hostiles à ce plat rationalisme, à cette sentimentalité sans vraie religion du protestantisme libéral, comme à l'obscurité inintelligible, au système d'équivoques, que l'école théologique de la conciliation paraît avoir adoptés. Les spéculations de cette nouvelle théologie réformée constituent comme une sorte de renouvellement de l'Hégélianisme par l'esprit moderne, et se rapprochent beaucoup de mes principes, puisqu'il n'y a entre nous, en dehors de quelques dissentiments sur le fond, que des différences de terminologie (voir spécialement les chapitres suivants : « l'Essence de Dieu », 617-631 ; « l'Existence de Dieu », § 632-640 ; et « le Concept de l'esprit absolu », § 696-717).

Biedermann, comme moi, aspire à concilier dans l'unité d'une synthèse supérieure la conception du monde qui fait de l'Absolu la force de vie répandue dans le Tout, et celle qui le conçoit comme un esprit personnel. Il ne voit dans ces deux conceptions du monde que deux expressions exlusives de la vérité, qu'il faut fondre ensemble dans la notion supérieure de l'esprit absolu et impersonnel (page 645). Biedermann donne à la première de ces deux doctrines le nom de panthéisme. Il semble que ce ne soit là qu'un changement insignifiant d'acception, mais je trouve que l'étymologie du mot « panthéisme » ne permet pas qu'on écarte l'élément spirituel, immatériel de la réalité. Une philosophie qui ne voit dans l'Absolu que la force matérielle de la nature n'a droit qu'au nom de naturalisme ou de monisme naturaliste, mais non à celui de panthéisme. Ce dernier nom convient très-bien au principe d'un esprit absolu et impersonnel, que Biedermann a seulement négligé de désigner par son vrai nom. La prétendue synthèse du théisme et du panthéisme est au fond la même chose que ma synthèse du monisme naturaliste et du théisme, à savoir un monisme spiritualiste ou un panthéisme.

Biederman reconnaît ouvertement que l'entendement est invinciblement conduit à concevoir le principe unique et absolu qui préside à la finalité interne du monde comme un principe impersonnel et immanent; et que toute tentative, pour rapporter les lois de cette finalité immanente à la volonté et à la sagesse d'un Dieu personnel et créateur, aboutit à dépouiller cette finalité de son caractère absolu, et à établir une antinomie absolue entre la finalité immanente du monde et les fins personnelles du créateur § 628. Il dit expressément que Dieu n'est pas seulement immanent dans le monde par son action, tandis qu'il serait transcendant par son être; mais qu'il est immanent au monde comme le fondement même de l'existence du monde, et n'a pas d'autre réalité en dehors de celle-là, § 629. On ne peut parler de la réalité transcendante de Dieu par opposition au monde, qu'en tant que Dieu est étranger aux formes de l'existence du monde (l'espace et le temps); qu'autant qu'il est partout et toujours immanent à l'existence finie comme son principe, sans être lui-même en aucun temps et en aucun lieu. Nulle part, je n'ai trouvé les arguments contre la personnalité de l'esprit absolu exposés avec autant d'étendue, de clarté, de pénétration que chez Biedermann. Il montre que toutes les preuves pour l'existence de Dieu ne conduisent qu'à affirmer le concept d'un esprit absolu et impersonnel comme fondement de l'ordre naturel et moral du monde. C'est par une brusque conclusion que rien ne motive, que la pensée arrive à supposer la personnalité de l'esprit absolu (§ 632-640). Biedermann continue et établit que tous les attributs prêtés à Dieu par les théologiens conduisent logiquement à une antinomie entre la nature absolue et la personnalité de Dieu; et cette antinomie n'est toutefois qu'un cas spécial de l'opposition générale qui existe entre ces concepts (§ 617-631). Notre auteur examine enfin cette opposition sous sa forme générale, et met en lumière l'impuissance de tous les efforts tentés des côtés les plus différents pour la dissimuler ou en triompher (§ 716). Je renvoie à ces démonstrations de Biedermann, qui complètent heureusement les miennes, tous ceux de mes lecteurs que mon analyse, resserrée par le cadre de mon livre et condamnée à ne pas creuser trop avant le terrain de la théologie, n'aurait ni satisfaits ni convaincus.

Si l'on réfléchit que l'ouvrage de Biedermann a été composé avant l'apparition de la première édition de la philosophie de l'Inconscient, on ne s'étonnera pas que l'auteur s'attache encore aux catégories hégéliennes de l'être en soi et de l'être pour soi de l'esprit absolu ; qu'il parle de la réflexion des processus naturels et des actes des esprits individuels dans le pur être dans soi de l'esprit absolu (*Insichsein*, p. 638) et par conséquent d'une conscience de soi chez ce dernier (p. 561). Mais on voit aisément que, du point de vue métaphysique où se place Biedermann, il n'y a aucune nécessité de conserver l'hypothèse empruntée par lui au vulgaire théisme, à savoir : que tous les éléments de l'idée absolue, que la volonté absolue réalise dans la nature, ont besoin encore et par surcroît, bien qu'ils ne cessent pas d'être présents à l'idée créatrice de l'esprit absolu, d'être réfléchis dans l'Absolu, et ainsi d'être perçus en lui par une conscience. Sans doute une réflexion de ce genre se produit pour certains actes de l'Absolu. Mais ce ne sont relativement à l'activité totale de l'Absolu que des réflexions partielles, qui ne peuvent correspondre qu'à l'apparition de consciences partielles, c'est-à-dire engendrer que des consciences finies et individuelles, mais non donner naissance à une conscience unique totale de l'esprit absolu, à une conscience vraiment divine. S'il existait réellement une telle conscience de soi absolue, ce serait celle du Moi absolu, c'est-à-dire la personnalité absolue, du moins au sens intellectuel. Les preuves de Biedermann contre la personnalité de l'Absolu auraient alors été dirigées en vain contre ce concept ; mais puisque cette affirmation n'est dans le panthéisme métaphysique de Biedermann qu'une maladroite réminiscence du théisme, il faut espérer que la rigueur de ses vues sur l'impossibilité d'admettre la personnalité de l'esprit absolu le décideront à rejeter la conscience de soi, et même la conscience au sein de l'être divin, et le ramèneront aux principes de ma doctrine. Il est facile de voir combien il s'en rapproche, malgré l'opposition apparente de son langage, si l'on étudie seulement sa *Dogmatique chrétienne*, surtout le paragraphe 627, qui traite de l'omniscience de Dieu. Voici ce qu'on y trouve : « Pour entendre la science de Dieu comme absolue, comme omniscience, la doctrine chrétienne recommande d'écarter tous les éléments qui constituent la science discursive de l'homme (§ 409). Mais plus on fait cette abstraction, plus on voit s'évanouir toute analogie entre le savoir divin et un savoir personnel ; on ne trouve plus que la pensée impersonnelle du principe immanent du monde, au sein de laquelle tous les faits qu'elle produit sont par suite immédiatement réfléchis ? » Si l'on écarte ce mot de « réflexion », qui gâte ici la pensée de l'auteur, il est assez évident que « la pure pensée du principe un en soi qui préside au processus universel du monde » (§ 566), n'offre plus aucune analogie avec le savoir d'un être personnel ; et ne signifie pas autre chose que ce qu'est pour moi l'intuition inconsciente de l'idée absolue. La seule différence, c'est que l'auteur n'a pas encore élevé à la clarté de la conscience scientifique cette vérité que la forme du savoir humain, dont il faut faire abstraction quand il s'agit de savoir absolu, n'est pas autre chose que la forme de la conscience.

Avant d'en finir avec Biedermann, je veux encore signaler chez lui une autre contradiction, que l'on peut considérer comme une concession au théisme traditionnel. Il affirme que, bien que la personnalité doive demeurer exclue du concept de l'esprit absolu, elle est cependant la seule forme possible sous laquelle la pensée puisse se représenter l'être de Dieu, sans doute d'une façon inadéquate ; et que le sentiment religieux ne peut se passer d'une représentation quelconque de Dieu (p. 645-646). En admettant que la conception défectueuse d'une personnalité spirituelle soit une représentation toujours plus vraie de Dieu que celle qui l'assimile à une force matérielle de la nature; en admettant encore que la pensée humaine ne se détache jamais entièrement de la représentation sensible, il ne suit aucunement de ces deux prémisses que « la personnalité absolue » soit la seule forme possible, et qu'elle doive demeurer la forme unique sous laquelle Dieu puisse être représenté à la conscience. Il n'y a pas de dualisme entre le concept et la représentation dans la pensée humaine ; mais la pensée n'est elle-même « comme pensée pure que le produit d'un travail scientifique sur nos représentations » (p. 646). Si ce travail est arrivé au point que la détermination de la personnalité doit être absolument exclue de la représentation de l'esprit absolu, il faut absolument s'interdire tout retour en arrière à une période dépassée du travail des représentations. On pourrait ajouter que ce qui constitue, après cette élimination, le concept de l'esprit absolu est encore un composé d'éléments empruntés à la représentation, et que, par conséquent, le sentiment religieux trouve toujours son aliment.

Page 259, ligne 12.

La levure continue d'agir comme un ferment vivant même après un refroidissement de 113° centigrades au-dessous de zéro (*Naturforscher*, 1874, n° 37, p. 351).

Page 260, ligne 15.

Comme ces faits scientifiques, de tous ceux que contient mon livre sont parmi les plus attaqués, je suis d'autant plus satisfait de pouvoir invoquer l'autorité d'un récent et exact naturaliste (le professeur W. Preyer, sur *l'Étude de la vie*, Iena, chez Mauke, 1873). Cet auteur ne donne pas seulement (p. 25-31 et 49-64) une histoire complète des découvertes qui se rattachent à la question (à partir des découvertes de Leuwenhoek en l'année 1701); mais il pense, tout à fait comme moi, que l'état dont il s'agit répond à la cessation absolue de la vie par opposition à tous les états où les fonctions de la vie ne sont qu'imperceptibles et réduits à leur plus faible degré. Il dit, p. 31 : « Bien des gens contesteront sans doute la vérité des observations et des expériences que j'ai racontées, et même de celles que j'ai faites moi-même. Mais puisqu'il est facile de les renouveler (je les reproduis fréquemment depuis des années dans mon laboratoire et dans mon cours), les doutes finiront peu à peu par s'évanouir; et l'on sera obligé d'abandonner les vieilles conceptions sur la vie. » Je prie tous ceux qui songent à contester les faits en question, de prendre connaissance d'abord des passages cités de la brochure mentionnée. Les naturalistes doivent d'autant moins contester le témoignage de Preyer, qu'il est un matérialiste décidé. Du fait que la vie peut abandonner complétement un organisme pendant un certain temps et se ranimer ensuite, Preyer se hâte précipitamment d'en tirer avantage pour son matérialisme.

Page 265, ligne 12.

Un cas analogue à celui des granulations superposées de Famintzin s'est produit dans les expériences intéressantes de Moritz Traube (*Journal de la réunion des naturalistes de Breslau*, 1874, page 191). En introduisant une goutte de gélatine dans de l'acide tannique raréfié, ce savant réussit à obtenir le précipité chimique d'une membrane colloïde. Cette imitation d'une cellule organique se comportait comme un organisme qui s'accroît, quand l'eau y pénétrait par intussusception. A un degré convenable de concentration des deux agents, « l'épaisseur de la couche des molécules devient telle dans la membrane, qu'elle ne se laisse plus traverser par des molécules chimiquement différentes, tandis que l'endosmose des molécules d'eau dans l'intérieur de la cellule continue sans obstacle. La goutte gonfle ainsi; et la membrane, sous la pression de l'intérieur, s'étend comme une bulle de savon. Elle éclaterait bientôt, si la gélatine qu'elle renferme à l'intérieur et qui n'est pas encore dissoute ne formait un réservoir, où elle peut puiser pour se reconstituer. L'eau introduite, en effet, dissout en partie la gélatine; et, aussitôt que les interstices entre les molécules de la membrane sont devenus assez larges par suite de l'extension de cette dernière, pour que les molécules de la gélatine et de l'acide tannique puissent en les traversant communiquer entre elles, de nouvelles molécules se forment par un précipité à ce contact chimique, viennent se disposer dans le tissu de la membrane, et par suite le consolider. Si la goutte de gélatine se fixe et se suspend au bâton de verre qui la porte, la concentration de la solution gélatineuse est à peu près partout la même dans toute l'étendue de la cellule, et par suite l'accroissement s'y fait à toutes les places d'une manière presque uniforme, en sorte que la forme sphérique se maintient à travers les grossissements successifs de la cellule. Si, au contraire, la goutte repose, se tient à l'extrémité supérieure du bâton de verre, la solution gélatineuse, sous l'action de la pesanteur, se dispose en couches horizontales, qui sont d'autant moins denses qu'elles s'approchent de la partie supérieure et s'éloignent du réservoir de gélatine. Les parties de la membrane situées au sommet de la cellule sont par suite moins favorablement placées par rapport aux matériaux de leur nutrition. Elles deviennent plus fines que les autres, et cèdent pour cela davantage à la pression hydrostatique qui s'exerce uniformément sur tous les points. Il suit de là que l'extension de la membrane est surtout très-grande au sommet de la cellule, et par suite la tendance à l'accroissement; en d'autres termes que la cellule s'étend surtout dans le sens opposé à la pesanteur, par suite se développe sous la forme d'une utricule perpendiculaire. Ces expériences sont bien propres à éclairer les conditions mécaniques les plus élémentaires de la croissance organique des cellules, et l'action partielle que la pesanteur exerce sur la direction suivie de préférence par le développement de l'organisme, puisqu'on y reproduit des conditions analogues, mais assurément seulement analogues. La différence saute tout d'abord aux yeux. Dans l'accroissement organique de la cellule, les matériaux de l'alimentation sont empruntés au dehors : ici ils sont produits avec la cellule comme provision intérieure de substance gélatineuse, et la cellule ne se gonfle que par l'intussusception de l'eau. La cellule vivante traverse les phases de la jeunesse, de la vieillesse et de la mort, et porte en elle-même le germe de ces transformations morphologiques. La cellule de gélatine dépend absolument pour sa croissance de la quantité de l'approvisionnement qu'elle apporte en naissant. Elle ne meurt pas par l'effet de la vieillesse, mais parce qu'elle a vidé le réservoir qui sert à l'alimenter (pourvu que la membrane dure assez longtemps pour cela). La vie de la cellule organique n'est qu'une série de transformations morphologiques et chimiques, c'est-à-dire un échange de matière perpétuel; et cela demande non pas seulement un travail d'absorption mais d'excrétion. La cellule gélatineuse ne sécrète pas, et voilà pourquoi elle ne fait pas d'échange de matière, pourquoi elle ne vit pas. En elle ne se produit aucun processus chimique, encore moins le processus morphologique de la mue. La seule réaction chimique qu'elle présente, c'est d'abord le précipité, et ensuite la consolidation progressive de la membrane. Ce processus, dans les cellules organiques, ne fait partie des processus vitaux, que comme la sécrétion fait partie de la vie de l'organisme. L'humeur sécrétée, comme telle, ne peut pas plus être appelée vivante, que la coquille du limaçon, la toile de l'araignée ou l'urine de l'homme ne constituent une partie vivante de ces organismes. Comme les monères, la plupart des cellules vivent le temps de leur jeunesse, où elles déploient la plus grande activité et accomplissent la plupart de leurs fonctions, sans qu'une membrane s'y forme par un précipité. Lorsqu'elles commencent à sécréter cette dernière, elles entrent dans la période de l'enveloppement capsulaire, où le commerce actif avec l'extérieur est diminué, ou tout à fait supprimé pour elles. Cette membrane cloisonnante, que forme le précipité, est aussi peu que la capsule calcaire du fy ou de la trichine une partie vivante de l'organisme, mais tout au plus un *caput mortuum* de son activité intérieure. Cette activité vitale se manifestait par la sécrétion; mais la sécrétion ne peut être reconnue comme fonction vitale, que si elle se produit comme résultat de l'échange de la matière ou de la mue d'un organisme vivant. Mais jamais on ne peut conclure de la ressemblance extérieure d'un précipité chimique de la surface avec les sécrétions de la surface des cellules vivantes, que le premier est dû à un processus vivant, là où le critérium de ce dernier, l'échange régulier et préformé de la matière, fait manifestement défaut. Il paraissait nécessaire de rappeler ces différences profondes entre la cellule organique et la cellule inorganique de gélatine, pour prévenir les conclusions précipitées qui pourraient se tirer, au point de vue matérialiste, de ces expériences en soi si intéressantes. Il faut dire que leur auteur, est pour sa part, bien éloigné de méconnaître la diversité essentielle des phénomènes à cause des ressemblances qu'ils présentent.

Page 306, ligne 30.

Un autre botaniste remarquable, N. Pringsheim, en terminant une étude sur la série régulière des formes des Sphacélaires, qui des simples Ectocarpées, tribu voisine des Conferves, conduit par les espèces Halopteris, Stypocaulon, etc., à l'espèce Cladostephus voisine des Cormophytes, s'exprime de la manière suivante (*Mémoires de la classe de physique de l'Académie des sciences de Berlin*, 1873, dont on trouve des extraits dans le *Naturforscher*, 1874, n° 4) : « Nulle part on ne peut supposer et démontrer ici une adaptation continue et progressive des différences réalisées aux circonstances, puisque ces différences se produisent au milieu des mêmes conditions d'existence. Les différences de formes qui apparaissent ne correspondent jamais à des propriétés physiologiques évidemment plus favorables que les précédentes. Elles reposent essentiellement sur de faibles différences qui ne s'accusent que peu à peu, dans la structure anatomique et la situation réciproque des ramures. — Chez ces organismes élémentaires, la lutte pour l'existence se réduit à une lutte pour conserver leur place. Le seul point qui aurait ici quelque importance, la diversité, le nombre, l'aptitude à se conserver des formes de la reproduction, n'explique nullement d'une manière évidente la constance de la direction que la série a suivie dans son développement. L'observation de cette série et d'autres semblables de plantes inférieures ne permet pas de méconnaître que les premières modifications de la forme, dans ces organismes très-élémentaires, sont de nature purement morphologique, c'est-à-dire qu'elles n'ont aucun rapport à une fonction physiologique quelconque, laquelle serait importante pour la conservation de l'existence. L'existence de ces séries d'espèces, qui ne se distinguent que par des caractères morphologiques, me paraît trancher d'une façon décisive la question de l'origine des espèces. Pour ne parler ici que des algues, est-ce que les séries des Protococcacées, des Palmellacées, des Desmidiacées, des Diatomées, des Conferves, des Ulothrithées, des Céramiées, des Polysphoniées, ne sont pas différenciées par de purs caractères morphologiques, en contradiction flagrante avec la doctrine darwinienne? Pourtant, on observe dans toutes ces séries un développement des formes, qui va toujours du simple au composé, ou, si l'on veut, du moins parfait au plus parfait? Ces séries inférieures purement morphologiques prouvent évidemment que la lutte pour l'existence ne suffit pas seule à expliquer l'accumulation des différences morphologiques dans la direction, constante à travers la création entière, du simple au composé. Cette lutte suppose même nécessairement que les variétés naissantes ont une constitution physiologique plus favorable; et que ces propriétés favorables s'accumulent dans la direction préférée. Mais, dans le développement des séries d'espèces ces conditions font défaut à la production des différences purement morphologiques des végétaux inférieurs. Ici les forces intimes, directrices, qui accumulent les différences progressives dans la direction préférée, se manifestent avec toute leur pureté, et agissent indépendamment de la lutte pour l'existence; et leur action se révèle par des phénomènes incontestables. »

Page 307, ligne 5.

Un autre zoologiste, Moritz Wagner, est, comme Kölliker partisan de la théorie de la descendance; mais, en même temps, il regarde la théorie de la sélection non-seulement comme insuffisante, mais encore comme erronée et tout à fait sans valeur. L'opposition est ici sans doute portée trop loin. Mais les arguments de Wagner contre l'application excessive que fait Darwin de la théorie de la sélection méritent certainement l'attention. Wagner les a rassemblés dans divers essais, et récemment encore dans l'*Ausland* (1875, mai à juillet). Ses conclusions sont que la séparation locale d'un ou de quelques individus d'avec ceux de leur espèce ne sert pas seulement à favoriser, comme Darwin aussi l'admet, la formation d'une espèce nouvelle, mais est la condition indispensable, et en même temps la raison suffisante de cette transformation. Si Wagner avait raison de soutenir que le retour de la variété produite et sa disparition au sein de l'espèce maternelle, par l'effet du croisement, ne peut être prévenue que par la séparation locale d'un ou de plusieurs couples du reste de l'espèce (et cela en tout cas n'est pas encore démontré), la séparation ne serait toujours que la condition, mais jamais la cause de l'apparition de l'espèce nouvelle. La question relative à la cause qui produit véritablement ces variétés importantes au sein des individus séparés, et dont les effets ne se conservent que par la séparation locale, serait aussi peu résolue qu'auparavant. Les exemples apportés par Wagner sont de telle nature que recourir pour les expliquer au principe posé par Geoffroy de l'action des circonstances extérieures différentes sur l'organisme, réussit encore moins ici, qu'en appeler comme Darwin à la sélection. Wagner lui-même, pour compléter sa théorie de la séparation locale et la rendre applicable en fait, est obligé de reconnaître « des forces internes, directrices », ou une « tendance inhérente au développement », c'est-à-dire un principe organisateur qui détermine le sens de la variation.

Page 308, ligne 20.

L'hypothèse que j'émettais ici a trouvé sa confirmation dans la découverte du pharmacien de marine A. Bavay sur les roches volcaniques de l'île de la Guadeloupe. Une espèce de petites grenouilles (*hylodes martinicencis*), que l'on y rencontre en quantités considérables, ne trouvant pas de marais et d'eaux douces pour vivre de la vie d'un têtard, accomplit simplement dans l'œuf la phase de son évolution comme têtard et sort de l'œuf à l'état de petite grenouille toute formée mais sans queue (*Naturforscher*, 1873, n° 17). Dans ce cas spécial, la métamorphose est renvoyée à la période de la vie embryonnaire, mais ne conduit au développement d'aucun organisme supérieur. L'exemple nous aide du moins à entendre par analogie comment les reptiles, d'où sont sortis les ordres supérieurs du règne animal, ont pu naître de salamandres.

Page 310, à la fin.

Comparez à ce chapitre mon écrit : *Vérité et erreur dans le Darwinisme. Exposition critique de la théorie de la descendance.* Traduit chez Germer-Baillière, 1876.

Page 313, ligne 23.

(Voir mes *Éclaircissements à la métaphysique de l'Inconscient*, page 52-57.)

Page 324, ligne 27.

(Rapprochez de ce chapitre mes *Éclaircissements à la métaphysique de l'Inconscient*, p. 57-74.)

Page 354, ligne 14.

Et dans A. Taubert : *le Pessimisme et ses adversaires* (Berlin, chez C. Duncker, 1873), page 70-76. L'Hégélianisme lui-même n'est pas hostile au pessimisme, et le comprend comme l'une des phases de l'évolution universelle. On peut seulement lui reprocher de voir écraser sans pitié et avec trop d'indifférence sous les roues d'airain du char du progrès les destinées sans nombre des individus; mais il reconnaît que toute existence finie est condamnée à la loi douloureuse de se détruire elle-même par ses propres contradictions : c'est ce que Volkelt a très-habilement mis en lumière dans *l'Inconscient et le Pessimisme*, page 246-255.

Page 362, à la fin.

(Voir, en outre, Taubert, *le Pessimisme et ses adversaires*, n° II : « Le prix de la vie et la façon dont on la juge ».

Page 364, au bas.

(Voir Taubert, *le Pessimisme*, page 27-28.)

Page 366, ligne 35.

Ou si réellement une volonté inconsciente devait exister,

elle serait toujours trop faible pour que ses contrariétés soient senties; et l'on doit conclure de là que ce degré de volonté doit surtout être bien trop faible, pour que ses satisfactions soient remarquées.

Page 380, *ligne* 6.

Rapprocher de ce passage le chapitre III du *Pessimisme* de Taubert : « sur les biens privatifs et sur le travail ».

Page 395, *ligne* 2.

(Voir aussi 1er vol; page 267, ligne 26.) La conciliation de l'instinct avec les conceptions philosophiques de la conscience éclairée par le monisme ne peut être tout d'abord qu'un postulat théorique, qui ne doit être réalisé au point de vue pratique que par un combat perpétuel, par une lutte morale contre les résistances toujours renouvelées de l'égoïsme. La conciliation, que promet la philosophie, à savoir la moralisation de l'instinct naturel, n'est pas un résultat conquis une fois pour toutes, un bien dont la possession ne sera plus après troublée et disputée. Elle exige de la raison de l'Un-Tout inconscient, après qu'elle aura été élevée à la conscience, une lutte incessante contre l'égoïsme nécessaire de l'individualité naturelle. Cette lutte seule, si elle est soutenue avec une énergie infatigable et favorisée par les dispositions du caractère, peut conduire à l'harmonie et à l'habitude de la vertu. Mais ce n'est pas là l'état ordinaire de la conscience humaine de notre temps, pas plus que la disposition à se sacrifier naïvement, absolument à l'instinct de la nature. L'état normal est plutôt le conflit de la conscience individuelle et de son égoïsme avec les exigences de la raison instinctive et philosophique, qui vont bien au delà des intérêts de l'individu : soit que cette opposition ne se montre qu'en germe dans l'innocence naïve de l'état de nature, soit qu'elle apparaisse déjà développée et présente le caractère d'un conflit en apparence insoluble, soit enfin que la conscience elle-même ait su reconnaître dans l'obligation morale de subordonner la volonté individuelle à la volonté universelle la fin du conflit et la voie vers la conciliation. Et comme chaque nouvel homme a la mission d'engendrer à nouveau en lui-même et de faire cesser ce conflit; et, comme il n'en triomphe au plus tôt que lorsqu'il a traversé les luttes de la jeunesse (qui est pourtant l'époque proprement dite de l'amour sexuel), je me suis cru autorisé pour cela à faire reposer mes réflexions sur l'état d'opposition de la volonté consciente de l'individu à la fin inconsciente de la raison inconsciente, comme sur l'état normal que l'expérience nous donne (voir t. I, p. 258, ligne 11.)

Page 395, ligne 6.

Rapprocher de ce passage le chapitre IV, *De l'amour*, dans le *Pessimisme* de Taubert.

Page 396, ligne 6.

Voir le *Pessimisme* de Taubert, n° V : « La compassion ».

Page 403, ligne 16.

L'instinct de contracter l'union matrimoniale et de fonder des familles, et le désir d'avoir des enfants et de les élever nous paraissent comme un ensemble d'instincts multiples, qui servent mal les intérêts de l'égoïsme par les espérances dont ils le bercent, mais sont du plus haut prix pour favoriser l'activité de la société et le progrès du monde. Si l'amour a pour but de produire une génération ultérieure aussi parfaite que possible, l'instinct du mariage et de la famille sert à favoriser le plus possible l'éducation de la génération ainsi produite. Tant qu'il sera incontestable qu'aucun hospice d'enfants trouvés, qu'aucun orphelinat ne peuvent remplacer les soins maternels et l'éducation de la famille : aussi longtemps toutes les attaques qui ont pour but de renverser le mariage et la famille se briseront impuissantes contre la raison inconsciente qui mène l'histoire. On peut démontrer tant que l'on voudra que le mariage (et cela n'est pas douteux) entraîne à sa suite les plus grands tourments, et que les gens (mais ceci est très-douteux) seraient beaucoup plus heureux si l'on supprimait cette institution, la félicité des parents n'est toujours qu'une considération accessoire dans la question du prix du mariage, puisque la famille existe tout d'abord en vue des enfants et non en vue des époux. C'est ce qui fait le sens profond, la vérité cachée dans la croyance, si déraisonnable au point de vue subjectif, qu'ont les amants dans l'éternité de leur amour. Cette illusion est l'amorce puissante qui rend l'égoïsme capable de sacrifier son indépendance, et de s'engager pour la vie dans les liens légaux d'une union sociale : sans cette illusion, il lui serait bien plus difficile de s'y décider.

Page 416, ligne 25.

Voir encore dans le *Pessimisme* de Taubert le chapitre VIII : « Du bonheur par la vertu ».

Page 423, ligne 2.

Voir encore dans le *Pessimisme* de Taubert, le chapitre VII : « Du bonheur par la contemplation esthétique du monde », et chapitre VI : « Les plaisirs de la nature ».

Page 416, ligne 26.

La critique la plus brève, mais en même temps la plus complète et la plus décisive de l'idée de l'immortalité se trouve exposée avec une rigueur toute scientifique dans la *Dogmatique chrétienne* de Biedermann (§ 949-973). L'auteur montre que l'intérêt attaché par la conscience religieuse au dogme de l'immortalité ne s'est développé dans le christianisme de l'histoire qu'à la faveur de suppositions inadmissibles ; et qu'en réalité la question de savoir si l'âme est immortelle est absolument indifférente à l'âme vraiment religieuse ; et que, au point de vue de l'anthropologie et de la métaphysique, elle ne comporte qu'une solution négative.

Page 447, ligne 12.

Voir aussi dans le *Pessimisme* de Taubert le chapitre IX : « Le bonheur dans l'autre vie ».

Page 477, ligne 1.

Voir *Pessimisme* de Taubert, chapitre X : « Le bonheur cherché dans les perspectives historiques de l'avenir ».

Page 492, ligne 26.

On voit par là que la négation individuelle de la volonté, lors même qu'elle aboutirait à un résultat, n'atteindrait que le phénomène concret, mais n'aurait aucun effet sur l'être véritable, caché au fond du phénomène. Si l'on devait affirmer sérieusement que la négation individuelle de la volonté peut affecter et nier l'essence même de la volonté de vivre, les principes de notre monisme obligeraient de conclure que le premier individu, qui réaliserait complétement en soi la négation de la volonté, devrait supprimer la volonté de vivre dans sa totalité absolue, et par suite anéantir d'un seul coup le monde tout entier. Schopenhauer se voit forcé lui-même de reconnaître en passant cette conséquence. Il dit (*le Monde comme Volonté et Représentation*, t. Ier, page 153), après avoir expliqué comment les degrés multiples de l'objectivation et la multitude des individus qui existent à chacun de ces degrés, n'altèrent en rien l'unité absolue du vouloir : « On pourrait donc affirmer aussi que si *per impossibile* un seul être, fût-ce le plus infime, était entièrement anéanti, le monde entier disparaîtrait avec lui. C'est le sentiment de cette vérité qui inspirait les vers suivants au grand mystique Angelus Silesius :

« Je sais que, sans moi, Dieu ne peut vivre un seul instant; si je dois être anéanti, il doit nécessairement mourir. »

Schopenhauer reconnaît, à cette place, qu'une telle hypothèse repose sur une impossibilité. Mais, dans sa doctrine de l'affranchissement de l'individu, il a évidemment perdu de vue cette impossibilité, puisqu'il s'efforce de maintenir une différence entre l'effet du suicide, et la destruction, par les pratiques de l'ascétisme, du corps et de la volonté de vivre.

Page 506, en bas.

Voir mes *Éclaircissements à la métaphysique de l'Inconscient*, p. 33 à 35, et 74 à 80.

Page 520, ligne 9.

Voir mes *Écl. à la mét. de l'Inc.*, p. 12-22.

Page 540, ligne 19.

Comparer avec le chapitre précédent mes *Éclairciss. à la mét. de l'Inc.*, p. 35-40. Contre l'application du calcul des probabilités au cas précédent, Kirchmann a élevé une protestation (dans son *Principe du Réalisme*, p. 46-47). Les principes du calcul des probabilités ne sont acceptables, selon lui, qu'autant qu'on admet l'action régulière de la causalité; or cette condition n'est pas remplie dans ma doctrine. Il faut remarquer, au contraire, qu'une causalité rigoureuse et réglée exclut l'application du calcul des probabilités. Ce dernier suppose l'hypothèse du hasard, qui est l'affranchissement même de tout lien causal, et n'est possible que dans cette hypothèse. Nous savons, sans doute, qu'au sein du processus du monde, il n'y a aucune place pour le hasard et l'indépendance de toute causalité. A la rigueur, le calcul des probabilités repose tout entier sur une fausse hypothèse. Une telle fiction n'est possible que parce que notre science n'embrasse pas toutes les causes qui agissent dans un cas particulier : autrement, nous ne parlerions pas de probabilité, mais seulement de certitude. Néanmoins cette hypothèse est indispensable à notre connaissance ; la probabilité est la seule chose que nous puissions substituer à la certitude, qui nous fait éternellement défaut. Si, malgré le fondement fictif sur lequel il repose, le calcul des probabilités conduit à des résultats relativement si exacts, cela tient à ce que, quand les mêmes faits se reproduisent très-fréquemment, une partie seulement des causes concourantes agit constamment, tandis que l'autre partie varie tellement, que ses effets se compensent d'autant plus complétement que les faits se répètent plus souvent. Les causes constantes, qui sont reconnues comme telles, ne peuvent plus être le fondement sur lequel repose le calcul des probabilités, puisque leurs effets sont reconnus comme nécessaires. Quant aux causes variables qui se compensent, ce n'est point parce qu'elles agissent avec une régularité causale dans chaque cas particulier qu'elles permettent l'application du calcul des probabilités, mais c'est plutôt parce que leurs effets se compensent dans une longue série de cas, c'est-à-dire parce qu'on y voit le même résultat se produire, comme si aucune causalité n'avait fait sentir son action, et comme si les différences de cas particuliers étaient purement l'effet du hasard. Ce qui n'est qu'une pure fiction dans le processus de notre monde (fiction sans doute innocente dans la pratique et même utile pour tenir lieu de la vraie connaissance des choses), peut, dans l'exemple d'une résolution indépendante de toute nécessité causale, comme celle de la volonté au vouloir, présenter une entière vérité. Le calcul des probabilités, qui n'est appliqué que par abus aux processus, à proprement parler rigoureusement nécessaires, qui se déroulent à l'intérieur du monde, convient très-bien à cet exemple, unique il est vrai.

Page 551, ligne 35.

L'Idée ne signifie pas à cette place (et Kirchmann se trompe sur ce point — voir *Principes du Réalisme*, p. 36-37), la totalité inconsciente des représentations du premier attribut, mais l'Idée comme principe formel et logique, comme principe générateur d'un développement, possible à l'infini, d'intuitions inconscientes. D'une somme actuelle de représentations, il ne saurait être question, cela s'entend de soi, au début du processus, au moment où la volonté entraîne l'Idée à sa suite dans le mouvement.

Page 553, ligne 30.

Voir les discussions sur l'essence de la causalité, qui sont contenues dans mon livre : *J. H. v. Kirchmann's erkenntnisstheoretischer Realismus.* N°° 15-22. (Berlin, librairie de C. Duncker.)

Page 555, ligne 19.

Comparez avec ce chapitre mes *Éclaircissements à la métaphysique de l'Inconscient*, p. 28-35.

Page 562.

Voir mes *Éclairc. à la mét. de l'Inc.*, p. 22-28.

FIN DES ADDITIONS DU DEUXIÈME VOLUME

TABLE

DU TOME SECOND

TROISIÈME PARTIE

MÉTAPHYSIQUE DE L'INCONSCIENT

- **I.** Les différences entre l'activité consciente et l'activité inconsciente de l'esprit; l'unité de la volonté et de l'idée dans l'Inconscient. — 3
- **II.** Le cerveau et les ganglions, comme conditions de la conscience animale — 19
- **III.** L'origine de la conscience — 36
  - 1° Comment la pensée devient consciente — 36
  - 2° Comment la peine et le plaisir deviennent conscients — 52
  - 3° L'inconscience de la volonté — 55
  - 4° La conscience n'a pas de degrés — 64
  - 5° Unité de la conscience — 74
- **IV.** L'Inconscient et la conscience dans le règne végétal — 79
  - 1° L'activité inconsciente dans l'âme des plantes — 80
  - 2° La conscience dans les plantes — 101
- **V.** La matière comme volonté et comme pensée — 118
- **VI.** Le concept de l'individualité — 153
- **VII.** L'Inconscient comme l'Un-Tout — 191
- **VIII.** L'Inconscient et le Dieu du Théisme — 215
- **IX.** L'essence de la génération du point de vue de l'unité et de l'universalité de l'Inconscient — 248
- **X.** Le développement progressif de la vie organique sur la terre — 273
- **XI.** L'Individuation — 311
  - 1° Possibilité et conditions de l'Individuation — 311
  - 2° Le caractère individuel — 324
- **XII.** L'Inconscient a la sagesse absolue; et le monde, toute la perfection possible — 337
- **XIII.** La déraison du vouloir et le malheur de l'existence — 351
  - Remarques préliminaires — 351

  Premier stade de l'Illusion : Le bonheur est conçu comme un bien qui peut être atteint dans l'état présent du monde, comme un bien réalisable sur cette terre pour l'individu actuel (l'ancien monde, l'enfance) — 363

1° Critique de la théorie de Schopenhauer sur le caractère négatif du plaisir....................................	363
2° La santé, la jeunesse, la liberté, le bien-être et le contentement...	275
3° La faim et l'amour..	380
4° La compassion, l'amitié, les joies de la famille.........	395
5° La vanité, le sentiment de l'honneur, la passion de la gloire, l'amour de la domination........................	404
6° La dévotion religieuse.....................................	412
7° L'immoralité...	
8° Les jouissances de la science et de l'art...............	416
9° Le sommeil et le rêve.....................................	423
10° Désir d'amasser et recherche de l'aisance...........	425
11° L'envie, l'irritation, le repentir, etc...................	428
12° L'espérance...	428
13° Résumé...	430

Second stade de l'Illusion : Le bonheur est conçu comme réalisable pour l'individu, dans une vie transcendante après la mort. (Moyen âge, temps de la jeunesse.)....................... 437

Troisième stade de l'Illusion : Le bonheur est conçu comme réalisable dans l'avenir du processus du monde. (Temps moderne, l'âge d'homme.) Conclusion. (La vieillesse.).................. 454

XIV. Le but de l'évolution universelle et le rôle de la conscience. (Passage à la philosophie pratique.)................................ 482

XV. Les derniers principes.. 506

1° Revue des philosophes du passé.......................	512
2° La Volonté...	525
3° La Représentation ou l'Idée.............................	540
4° La substance identique des deux attributs...........	555
5° La possibilité de la connaissance métaphysique.....	56

Notes additionnelles à la métaphysique de l'Inconscient......... 574

FIN DE LA TABLE DU TOME SECOND

PARIS. — IMPRIMERIE DE É. MARTINET, RUE MIGNON 2

www.ingramcontent.com/pod-product-compliance
Lightning Source LLC
Chambersburg PA
CBHW060402230426
43663CB00008B/1363